Christopher James
Annabel James
Antoine Tirard

DICTIONNAIRE DES RESSOURCES HUMAINES

DICTIONARY OF PERSONNEL MANAGEMENT

Français/Anglais – English/French

EDITIONS
LIAISONS

1, avenue Edouard-Belin 92856 RUEIL-MALMAISON

ISBN : 2.87880.281.0

© **Les Éditions LIAISONS 1999**
Groupe Liaisons S.A.

REMERCIEMENTS

Nous remercions tous ceux qui nous ont aidés, conseillés et soutenus dans la réalisation de ce dictionnaire et plus particulièrement :

Brian J. Cordery
Nathalie Genton-Tirard
Alain Nutkowicz
Pascal Payet
Brigitte Soustiel
Vivianne Stulz

ACKNOWLEDGEMENTS

We wish to express our sincere thanks to all those who helped, advised and supported us in the completion of this dictionary, and especially :

Brian J. Cordery
Nathalie Genton-Tirard
Alain Nutkowicz
Pascal Payet
Brigitte Soustiel
Viviane Stulz

LES AUTEURS

CHRISTOPHER JAMES, de nationalité britannique, a vécu et travaillé au Royaume-Uni, en Italie et pendant 22 ans en France. Licencié en Philosophie et en Linguistique Appliquée (Université de Kent), il est également titulaire d'une Maîtrise de Gestion des Ressources Humaines (CELSA). Fort d'expériences dans les ressources humaines sur des secteurs d'activité variés au sein de la DIAC, Europcar International, Méridien SA, et Warner Bros, il est aujourd'hui Directeur des Ressources Humaines de Plastic Omnium Equipements Extérieurs, équipementier automobile.

ANNABEL JAMES a la double nationalité française et anglaise. Elle est titulaire d'une Licence de Psychologie (Paris X), d'une Maîtrise d'Anglais (Université de la Sorbonne) et d'un DESS d'Administration des Entreprises (IAE). Après différentes expériences au sein de Renault et d'une filiale de la BRED, elle a rejoint le groupe industriel Framatome où elle a exercé différentes fonctions dans le domaine des ressources humaines. Elle est aujourd'hui Responsable du Développement des Ressources Humaines d'Intercontrôle, au sein du même groupe.

ANTOINE TIRARD, français, est titulaire d'un MBA (INSEAD) et d'une Maîtrise de Gestion des Ressources Humaines (CELSA). Il est membre de l'*Institute of Personnel and Development* (IPD) et de l'*European Foundation for Management Development* (EFMD). Ancien administrateur de Euromanagers (aujourd'hui EMDS Consulting), il a exercé diverses responsabilités dans la fonction ressources humaines, en France et à l'étranger, au sein des groupes Renault, L'Oréal et Clifford Chance. Il travaille actuellement à la direction des ressources humaines du groupe pharmaceutique NOVARTIS où il est en charge du Développement du Leadership et de la Gestion du Changement.

THE AUTHORS

CHRISTOPHER JAMES, a British national, has lived and worked in the United Kingdom, Italy and for 22 years in France; A graduate in Philosophy then Applied Linguistics (University of Kent), he obtained a Master's in Human Ressource Management (CELSA, Paris). Expirienced in international personnel management in a variety of business fields notably with DIAC, Europcar International, Méridien SA, and Warner Bros, he is currently Human Ressources Director for Plastic Omnium, Exterior Automotive Components Division, a leading automotive supplier.

ANNABEL JAMES has dual French and British nationality. A graduate in Psychology (Paris), she obtained a Master's in English (University of Sorbonne, Paris) and a Postgraduate Diploma in Business Administration (IAE). After various operational experiences in Renault and a subsidiary of a leading French bank (BRED), she worked for several years in various human resource positions in the industrial sector at Framatome. She is currently Head of Human Resources Development at Intercontrôle, a subsidiary of Framatome.

ANTOINE TIRARD, a French national, holds an MBA (INSEAD) and a Master's in Human Resources Management (CELSA). He is a member (lic. IPD) of the *Institute of Personnel and Development* and the *European Foundation for Management Development* (EFMD). A former director of Euromanagers (now EMDS Consulting), he has held various positions in personnel management in France and abroad with Renault, L'Oréal and Clifford Chance. He currently works at the corporate human resources department of the pharmaceuticals group NOVARTIS where he is in charge of Leadership Development and Change Management.

PRÉFACE À LA DEUXIÈME ÉDITION

Quatre ans après la parution de ce dictionnaire, l'opportunité nous est donnée de poursuivre notre ambition première : celle de mettre à la disposition des professionnels des ressources humaines un dictionnaire bilingue abordant tous les aspects du métier, de manière toujours plus claire, actuelle, précise et exhaustive.

Pour aborder cette deuxième édition, nous nous sommes donnés deux objectifs principaux.

D'une part, mettre à jour la première version afin de suivre au plus près les évolutions de la fonction ressources humaines. En quatre ans, de nombreux nouveaux termes et expressions sont venus enrichir le vocabulaire des professionnels : de la loi sur les 35 heures au plus récent MEDEF (ancien CNPF), de la mise en place des Comités d'Entreprise Européens aux *stock options*, en passant par le *lifelong learning* ou les différentes formations liées aux nouvelles technologies. Il convenait ainsi de « coller » de manière rigoureuse à une actualité variée et abondante, au-delà du vocabulaire durable de la fonction. Nous avons également consacré une partie spécifique aux métiers dans les pages centrales du dictionnaire avec plus de 700 termes dans ce domaine.

D'autre part, nous avons cherché à dépasser les limitations d'une présentation purement « linéaire », où les termes individuels sont successivement traduits ou expliqués. En effet, certains faits, organismes, mesures ou pratiques n'ont de sens que placés dans leur contexte culturel, juridique et professionnel. C'est ainsi que, dans les pages centrales, nous expliquons sous forme de schémas, ou tableaux de synthèse, un vocabulaire propre à chaque pays qui ne peut être appréhendé que de manière systémique. Huit domaines essentiels y sont abordés : les systèmes éducatifs, les sources de droit, la classification des statuts, les éléments de rémunération, les modes de représentation du personnel, la rupture du contrat de travail, les procédures contentieuses, ainsi que les systèmes de retraite.

Cependant, ce dictionnaire comme tous les dictionnaires ne sera jamais tout à fait achevé. La gestion des ressources humaines continuera à connaître des évolutions considérables dans les années à venir. En réalisant cette nouvelle édition, nous espérons que vous serez une nouvelle fois satisfait et restons toujours à l'écoute de vos remarques et suggestions, qui peuvent nous être adressées par l'intermédiaire des Editions Liaisons, afin de vous accompagner dans l'exercice de vos fonctions.

Les auteurs

PREFACE TO THE SECOND EDITION

Four years after the initial publication of this dictionary, we have a new opportunity to pursue our primary ambition : to offer to human resource professionals in the French and English speaking world, a bilingual dictionary covering all aspects of the function as clearly, precisely and exhaustively as possible.

For this second edition, we have followed two major objectives.

Firstly, to update the initial version in the light of considerable new developments in the human resource function. In the space of four years, the vocabulary of professionals has been enriched with numerous new terms and expressions: from the French 35-hour week to the recently constituted *MEDEF* (formerly CNPF), from the progressive implementation of *European Works Councils* to that of *stock option plans*, without forgetting *lifelong learning* and innovative training associated with new technologies. It is timely therefore to include all the varied and abundant new developments, in addition to the more permanent human resource vocabulary. We have also introduced a concise directory of occupations in the central core of the dictionary containing more than 700 terms.

Secondly, we have sought to overcome the limitations of a purely "linear" presentation, where terms are individually translated or explained. Certain facts, institutions, measures or practices take their importance from the cultural, legal or professional environment in which they are found, and isolated literal translations cannot be totally satisfactory. Thus, in the central core of the dictionary, we have chosen to explain through diagrams, flow charts, and summary tables the vocabulary proper to each country which can only be fully grasped through a wider understanding of the systems within which the terms take their full meaning. Eight key domains are thus presented: education systems, sources of employment law, types of employment status, compensation & benefits, staff representation, termination, employment litigation, and pensions.

This dictionary however, like all dictionaries, will never be complete. Human resources management will continue to progress and evolve substantially in the years to come. We hope that this second edition will again meet with your satisfaction, and we fully welcome any remarks or suggestions you wish to make, which can be addressed to us via Editions Liaisons, in order to help us ensure that this dictionary continues to be relevant to your professional needs and interests.

The authors

COMMENT UTILISER LE DICTIONNAIRE

Les termes anglo-saxons peuvent être d'origine britannique ou américaine. Lorsqu'ils sont strictement américains, ils sont suivis de l'abréviation (*US*).

☞ Exemple : **travail** *nm* work, employment, labor (*US*), job.

Les termes *work, employment* et *job* sont utilisés indifféremment en anglais ou en américain. Le terme *labor* est strictement d'usage américain.

Dans certains cas, nous avons choisi d'expliquer ou de définir des termes plutôt que de les traduire mot à mot, notamment lorsqu'il n'existe pas d'équivalent dans la langue de traduction. Parfois, nous complétons l'explication donnée par une proposition de traduction.

☞ Exemple : **bilan social** *nm* annual employee report, mandatory annual statistical report for companies of more than 300 employees, analysing personnel data and policy over 3 years.

Dans cet exemple, une explication du bilan social est donnée. La traduction *annual employee report* est également proposée.

Certains termes possèdent des équivalents dans l'autre langue. Dans ce cas, les traductions proposées sont alors suivies de l'abréviation (*équiv*).

☞ Exemple : **CBI** *n abbr* **(Confederation of British Industry)** MEDEF (Mouvement des Entreprises de France) (*équiv*).

Lorsqu'un terme comprend plusieurs sens, ceux-ci sont répertoriés au travers d'une numérotation (1, 2, 3...).

☞ Exemple : **occupation** *nf* **1** job, profession ; **2** sit-down, sit-in, occupation ; **grève avec o..... d'usine** sit-down strike, sit-down protest.

Il peut arriver de trouver plusieurs sens au sein d'une traduction. Les différents sens sont alors repérés par une lettre minuscule de l'alphabet (a, b, c...).

☞ Exemple : **date** *nf* **d..... de sortie** a) departure date b) publication date.

Enfin, dans un souci d'exhaustivité, nous avons choisi de faire figurer, outre tous les termes d'actualité, des mots ou expressions faisant référence à des pratiques passées mais présentant toujours un intérêt ; la connaissance de ces termes nous a en effet semblé utile pour les spécialistes en ressources humaines.

☞ Exemple : **graduated pension scheme** élément du régime d'assurance vieillesse (appliqué entre 1961 et 1978) offrant une pension de retraite proportionnelle au salaire.

HOW TO USE THE DICTIONARY

The English terms could be of either British or American origin. When they are specific to the American context, they are followed by the abbreviation (*US*).

> ☞ Example: **travail** *nm* work, employment, labor (*US*), job.

The terms *work, employment* and *job* are common to both Great Britain and the United States. The term *labor* is an American usage.

In certain cases we have chosen to explain or define terms or expressions rather than to translate them literally, notably when no equivalent translation exists in the other language. Sometimes we complete the explanation by a proposed translation.

> ☞ Example: **bilan social** *nm* annual employee report, mandatory annual statistical report for companies of more than 300 employees, analysing personnel data and policy over 3 years.

In this example, we offer an explanation of the *bilan social*, and propose an additional likely translation: *annual employee report*.

Certain terms have equivalents in the other language. In these cases, the translation proposed is followed by the abbreviation (*équiv*).

> ☞ Example: **CBI** *n abbr* (**Confederation of British Industry**) MEDEF (Mouvement des Entreprises de France) (*équiv*).

When a term expresses several meanings, these are listed numerically (1, 2, 3...).

> ☞ Example: **occupation** *nf* **1** job, profession; **2** sit-down, sit-in, occupation; **grève avec o..... d'usine** sit-down strike, sit-down protest.

Occasionally a single sub-entry may have several meanings. These are indicated by small letters.

> ☞ Example: **date** *nf* **d..... de sortie** a) departure date b) publication date.

Finally, with a view to being as exhaustive as possible, we have included terms which, although describing outdated phenomena, still have either historical importance or relevance today for the human resource specialist and which remain, thus, part of his working vocabulary.

> ☞ Example: **graduated pension scheme** élément du régime d'assurance vieillesse (appliqué entre 1961 et 1978) offrant une pension de retraite proportionnelle au salaire.

ABBREVIATIONS   ABRÉVIATIONS

ANGLAIS/ENGLISH   FRANÇAIS/FRENCH

English	Abbr	French
abbreviation	*abbr*	abréviation
abbreviation	*abr*	abréviation
accounting	*acc*	comptabilité
adjective	*adj*	adjectif
adverb	*adv*	adverbe
insurance	*ass*	assurance
accounting	*compt*	comptabilité
compound word	*cpd*	mot composé
education	*educ*	formation initiale
equivalent	*équiv*	équivalent
informal	*fam*	familier
finance	*fin*	finance
taxation	*fis*	fiscalité
training	*form*	formation
Great Britain	*GB*	Grande-Bretagne
geography	*geog*	géographie
graph	*graph*	graphique
information technology	*info*	informatique
insurance	*ins*	assurance
industrial relations	*ir*	relations sociales
legal	*jur*	juridique
locution	*loc*	locution
medical	*med*	médical
military	*mil*	militaire
noun	*n*	nom
negotiation	*nég*	négociation
feminine noun	*nf*	nom féminin
masculine noun	*nm*	nom masculin
plural noun	*npl*	nom pluriel
pejorative	*péj*	péjoratif
past participle	*pp*	participe passé
preposition	*prep*	préposition
something	*qqch*	quelque chose
somebody	*qqn*	quelqu'un
industrial relations	*rel*	relations sociales
somebody	*sbdy*	quelqu'un
statistics	*stat*	statistique
something	*sthg*	quelque chose

United States	US	États-Unis
intransitive verb	vi	verbe intransitif
transitive verb	vt	verbe transitif
pronominal verb	vpr	verbe pronominal

Français - Anglais
French - English

Aa

abandon *nm* a..... **de poste** desertion of one's post

abandonner *vt* a..... **des projets** to shelve plans

abattement *nm* reduction, deduction; **a..... fiscal (à la base)** tax reduction

abolir *vt* to abolish

abondement *nm* **a..... de l'employeur** employer's complementary contribution to an employee savings scheme, employee share ownership programme

abonné *nm* subscriber; **a..... au téléphone** telephone subscriber; **a..... à un magazine** magazine subscriber

abonnement *nm* subscription; **carte d'a.....** season ticket

abonner (s') *vpr* to subscribe; **s'a..... à qqch** to subscribe to sthg, to take out a subscription to sthg

abrogation *nf* repeal, abrogation

abroger *vt* to repeal, revoke; **a..... une loi** to repeal/revoke a law

abscisse *nf (graph)* **axe des a.....s** X axis

absence *nf* absence, leave; **a..... autorisée** leave of absence, authorized absence; **a..... injustifiée** absence without leave, unauthorized absence; **a..... motivée** explained absence; **a..... pour convenance personnelle/raisons de famille** compassionate leave; **a.....s répétées** repeated absence; **autorisation d'a.....** leave of absence

absent *nm* absentee

absent *adj* absent; **être a..... du travail** to be absent from work, to be away from work

absentéisme *nm* absenteeism; **taux d'a.....** absenteeism rate

absenter (s') *vpr* to take time off; **s'a..... du bureau** to be out of the office, to be away from the office; **s'a..... du travail** to be off work

abstenir (s') *vpr* to abstain; **s'a..... (à un vote)** to abstain from voting

abstention *nf* abstention

abstentionniste *nm* abstentionist

abus *nm* abuse, misuse, breach; **a..... d'autorité** misuse of authority; **a..... de biens sociaux** misappropriation of corporate funds; **a..... de confiance** breach of trust, **(escroquerie)** confidence trick; **a..... de pouvoir** abuse of position

abusif *adj* unfair, wrongful; **licenciement a.....** unfair dismissal, wrongful dismissal/discharge *(US)*

accablé *pp* burdened; **être a..... de dettes** to be burdened with debt

accéder *vi* to reach, take up, take on; **a..... à de nouvelles responsabilités** to take on/up new responsibilities; **a..... à un nouveau poste** to take on/up a new job; **a..... à un poste important** to rise to an important position

accélération *nf* acceleration

accélérer *vt* to accelerate, speed up; **a..... la cadence de travail** to accelerate/ speed up the production rate

accent *nm* emphasis; **mettre l'a..... sur qqch** to place emphasis on sthg

acceptation *nf* acceptance; **lettre d'a.....** letter of acceptance

accepter *vt* to accept, pass; **a..... un projet** to pass a project; **a..... une proposition d'emploi** to accept an offer of employment

accès *nm* access; **avoir a..... aux dossiers** to have access to the files

accession *nf* **a..... à la propriété** home ownership

accessoires *nmpl* **a..... de salaire** fringe benefits

accident *nm* accident; **a.....** **corporel** accident causing bodily injury; **a.....** **de la circulation** road accident; **a.....** **de trajet** accident on the journey to or from work; **a.....** **de parcours** chance mishap; **a.....** **de travail** work accident, industrial accident, on-the-job accident; **a.....** **de voiture** car accident; **a.....** **mortel** fatal accident; **un a.....** **survient** an accident occurs; **assurance a.....s** accident insurance; **provoquer un a.....** to cause an accident

accommodement *nm* arrangement

accommoder (s') *vpr* **s'a.....** **avec qqn** to come to an agreement with sbdy

accompagnement *nm* **lettre d'a.....** covering letter

accomplir *vt* to complete, carry out; **a.....** **des formalités** to carry out formalities

accord *nm* **1** agreement, settlement, deal, understanding; **a.....** **à l'amiable** out-of-court settlement; **a.....** **annexe** side agreement; **a.....** **bilatéral** reciprocal agreement; **a.....** **de branche** industry-wide agreement, sectoral agreement; **a.....-cadre** framework agreement, outline agreement; **a.....** **collectif** collective agreement; **a.....** **d'entreprise** company-wide agreement; **a.....** **d'établissement** plant agreement; **a.....** **global** blanket agreement; **a.....** **d'intéressement** profit-sharing agreement, gain-sharing agreement; **a.....** **interprofessionnel** multi-industry agreement; **a.....** **de modulation** adjustable hours agreement; **a.....** **de participation** profit-sharing agreement; **a.....** **préalable (avant remboursement par la Sécurité Sociale)** prior agreement (before reimbursement by National Health); **a.....** **de principe** agreement in principle; **a.....** **provisoire** interim agreement; **a.....** **sur l'honneur** gentleman's agreement; **aboutir à un a.....** to reach an agreement; **arracher un a.....** **de** to wrestle an agreement from; **conclure un a.....** to clinch a deal, to conclude a deal; **élaborer un a.....** to work out a deal; **entériner un a.....** to ratify an agreement; **parvenir à un a.....** to come to an agreement, to reach an agreement, to come to an understanding; **passer un a.....** to make an agreement; **rédiger un a.....** to draft an agreement; **révoquer un a.....** to revoke an agreement; **signer un a.....** to sign an agreement; **un a.....** **est intervenu** an agreement has been entered into, an agreement has been reached; **2** accordance; **en a.....** **avec qqch** in accordance with sthg

accorder *vt* to award, grant; **a.....** **une augmentation** to award a pay rise; **a.....** **un congé** to grant leave; **a.....** **de l'importance à qqch** to attach importance to sthg

accouchement *nm* birth, delivery, confinement; **a.....** **prématuré** premature birth; **clinique d'a.....** maternity home; **date présumée d'a.....** expected date of confinement

accoucher *vi* to give birth; **a.....** **d'une fille** to give birth to a daughter

ACCRE *nf abr* **(Aide aux Chômeurs CRéateurs d'Entreprise)** a state lump-sum payment and extended insurance cover (12 months) for any unemployed person who sets up a small company, regardless of whether he/she is entitled to unemployment benefit

accréditation *nf* accreditation

accrédité *pp* certified; **traducteur a.....** certified translator

accroissement *nm* growth, increase

accroître *vt* to increase, raise; **a.....** **sa réputation** to enhance one's reputation

accueil *nm* reception; **l'a.....** the reception desk; **livret d'a.....** employee handbook, staff handbook

accusation *nf* **1** accusation; **2** charge; **abandonner une a.....** to drop a charge; **mettre qqn en a.....** to indict sbdy

accusé *nm* **1** defendant; **2** acknowledgement; **a..... de réception** acknowledgement of receipt

accusé *pp* charged; **être a..... de qqch** to be charged with sthg

accuser *vt* **1** to accuse, indict, charge; **a..... qqn de (faire) qqch** to accuse sbdy of (doing) sthg, to indict sbdy for sthg, to charge sbdy with sthg; **2** to register, acknowledge; **a..... une baisse de revenu** to register a drop in earnings; **a..... réception** to acknowledge receipt

achat *nm* purchasing; **centrale d'a.....s** central purchasing unit; **pouvoir d'a.....** purchasing power *nmpl* purchases, purchasing; **Département des A.....s** Purchasing Department

acheminer (s') *vpr* to head for; **s'a..... vers un accord** to head towards an agreement

acheteur *nm* buyer

achèvement *nm* completion; **date d'a.....** completion date

acompte *nm* deposit, downpayment, advance; **verser un a.....** to make a downpayment; **a..... sur salaire** advance on salary, subsistence money; **recevoir un a.....** to receive sthg on account

ACOSS *nf abr* (**Agence Centrale des Organismes de Sécurité Sociale**) body which oversees the financial management of state Social Security funds; **circulaire A.....** document sent to companies explaining how they should implement the various provisions of Social Security regulations

acquis *nmpl* rights; **a..... sociaux** social rights

acquis *adj* vested; **droits a.....** vested rights

acquittement *nm* acquittal

acte *nm* **1** deed, certificate, bill, agreement; **a..... authentique** official deed; **a..... d'accusation** bill of indictment; **a..... d'association** partnership agreement; **a..... de baptême** baptismal certificate; **a..... de décès** death certificate; **a..... de mariage** marriage certificate; **a..... médical et chirurgical** medical treatment; **a..... de naissance** birth certificate; **a..... notarié** notarial deed; **a..... sous seing privé** private agreement, agreement under private hand; **a..... de vente** deed of sale; **2** acknowledgement; **demander a..... de qqch** to ask for formal acknowledgement of sthg; **donner a..... de qqch** to formally acknowledge sthg; **prendre a..... de qqch** to formally record sthg; **3** action; **faire a..... de candidature** to apply for a job; **faire a..... de présence** to put in an appearance; **4** *nmpl* proceedings; **a..... d'un congrès** proceedings of a convention

actif *nm* **1** assets *(fin)*; **a..... circulant** current assets; **a..... corporel** tangible assets; **a..... immobilisé** fixed assets; **2** *nmpl* **les a.....s** the gainfully employed, employees not retired

ACTIM *nf abr* (**Agence pour la Coopération Scientifique et Technologique**) statutory body which approves and coordinates the placement of CSN candidates (*see CSN*)

action *nf* **1** action, lawsuit; **a..... disciplinaire** disciplinary action; **a..... en diffamation** libel/slander action; **action en justice** legal action; **engager une a..... commune** to take concerted action; **intenter une a..... contre qqn** to bring a lawsuit against sbdy; **passer à l'a.....** to take action; **2** **a..... de formation** training session; **3** operation; **mettre un plan en a.....** to put a plan into operation, to implement a plan; **4** share; **a..... nominative** registered share; **a..... ordinaire** ordinary share; **a..... privilégiée** preference share; **émission d'a.....s** share issue *nfpl* stock; **a.....s ordinaires** common stock; **a.....s de priorité** preferred stock; **option d'achat d'a.....s**

stock option; **plan d'achat d'a.....s** stock purchase plan

actionnaire *nmf* shareholder

actionnariat *nm* shareholders

activité *nf* 1 field; **a.....s sociales et culturelles** company welfare programmes; **secteur d'a.....** field of work, line of business, sector of industry; 2 operation; **l'usine est en a.....** the factory is in operation

actuaire *nmf* actuary

actuellement *adv* currently; **nous travaillons a..... sur le problème** we are currently working on the problem

adaptation *nf* **contrat d'a.....** fixed or unlimited-term employment contract offered by companies to persons under 26 with a first qualification but lacking professional experience, in exchange for a minimum of 200 hours' training and a salary at least equal to the minimum wage

adapté *pp* adapted, geared; **formation a.....e aux besoins** training geared to needs

addendum *nm* addendum

addition *nf* bill (restaurant)

additionner *vt* to add up; **a..... des chiffres** to add up figures

adhérent, e *nmf* member

adhérer *vt* to join; **a..... à une association** to join an association; **a..... à un syndicat** to join a union

adhésion *nf* membership, enrolment; **a..... à un syndicat** union membership; **a..... individuelle** *(ass)* individual insurance cover; **cotisation d'a.....** membership fee

adhocratie *nf* adhocracy

adjoint *nm* deputy; **directeur général a.....** Deputy Managing Director

administrateur *nm* director, board member, administrator, trustee; **a..... d'une caisse de retraite** trustee of a pension fund; **a..... d'une entreprise** company director; **jetons de présence des a.....s** directors' fees

administration *nf* 1 **l'A.....** the civil service; **la haute a.....** the senior civil service; 2 directorate; **conseil d'a.....** board of directors; 3 management, administration; **a..... des entreprises** business administration; **a..... du travail** labour administration; **a..... des ventes** sales administration, sales support

admissibilité *nf* eligibility

admissible *adj* eligible; **être a..... à qqch** to be eligible for sthg

adopté *pp* adopted; **enfant a.....** adopted child

adopter *vt* to adopt, pass; **a..... un enfant** to adopt a child; **a..... une loi** to pass a law; **a..... une motion** to carry a motion

adoption *nf* adoption; **congé d'a.....** adoption leave

adresse *nf* address; **a..... professionnelle** business address; **a..... de réexpédition** forwarding address

adroit *adj* skilful

affacturage *nm* factoring

affaire *nf* 1 matter; **a..... classée** closed file; **a.....s courantes** day-to-day matters; **expédier les a.....s courantes** to dispose of day-to-day matters; **avoir des a.....s à régler** to have matters to settle; 2 bargain; 3 *nfpl* business; **déjeuner d'a.....s** business lunch; **être dans les a.....s** to be in business; **faire des a.....s** to do a lot of business; **les a.....s sont les a.....s** business is business; **parler a.....s** to talk business; **les a.....s sont florissantes** business is thriving; **se lancer dans les a.....s** to go into business; 4 belongings; **a.....s personelles** personal belongings

affectation *nf* 1 appointment, posting, assignment; 2 allocation; **a..... de ressources** allocation of resources; **a..... de fonds** appropriation of funds

affecté *pp* earmarked; **subventions a.....es** earmarked subsidies

affecter *vt* to allocate, earmark, assign; **a..... des fonds** to allocate funds, to earmark funds; **a..... qqn à un projet** to assign sbdy to a project

afférent *adj* attached; **salaire a..... à un poste** salary attached to a position

affichage *nm* posting, display; **a..... des postes vacants** job postings

affiche *nf* poster

affiché *pp* displayed, posted

afficher *vt* to post, pin up; **a..... une note** to pin up a notice; **a..... qqch au tableau d'affichage** to post sthg on the notice board/bulletin board *(US)*

affidavit *nm* affidavit

affiliable *adj* eligible for membership

affiliation *nf* membership, enrolment; **numéro d'a.....** membership number; **a..... à une caisse de retraite** pension scheme membership

affilié, e *nmf* affiliated member

affilié *adj* associate; **société a.....e** associate company

affilier *vt* to affiliate; *vpr* **s'a..... à qqch** to become affiliated to sthg

affréter *vt* to charter; **a..... un avion** to charter a plane

affrontement *nm* clash, confrontation

AFR *nf abr* (**Allocation Formation Reclassement**) allowance which replaces unemployment benefit for unemployed people who go on a training course

âge *nm* age; **â..... actif** working age; **â..... de la retraite** retiring/retirement age; **classe d'â.....** age group; **la limite d'â..... est de 40 ans** the age limit is 40; **tranche d'â.....** age bracket

AGEFIPH *nf abr* (**Association Nationale pour la Gestion des Fonds d'Insertion Professionnelle des Handicapés**) organization which collects compensatory payments from companies unable to respect an employment quota for disabled persons (similar to the provisions of the Disabled Persons Employment Act), and which uses the funds for the integration of this population into normal working life

agence *nf* branch, agency; **a..... bancaire** bank branch; **a..... d'intérim** temp agency; **a..... de placement** employment agency; **a..... de publicité** advertising agency; **a..... de voyages** travel agency; **a..... immobilière** estate agency

agenda *nm* 1 calendar; **a..... d'un projet** calendar for a project; 2 diary; **a..... de bureau** desk diary

agent *nm* agent; **a..... d'assurance** insurance agent; **a.....s de comptoir** counter staff; **a..... exclusif** sole agent; **a..... de maîtrise** supervisor/foreman; **a..... de sécurité** security guard; **a..... de société de bourse** stockbroker

AGESSA *nf abr* (**Association pour la GEstion de la Sécurité Sociale des Auteurs**) body which organizes the Social Security coverage for members of the artistic professions

aggraver (s') *vpr* to worsen; **le climat social s'aggrave** the organizational climate is worsening; **la conjoncture économique s'aggrave** the economic situation is worsening

agir *vi* to act; **a..... suivant des instructions** to act on instructions

AGIRC *nf abr* (**Association Générale d'Institutions de Retraite des Cadres**) organization which regroups and oversees the many different managerial complementary pension schemes

agitateur *nm* agitator, troublemaker

agitation *nf* unrest, protest, upheaval; **foyer d'a.....** hotbed of protest

agité *adj* restless; **devenir a.....** to grow restless

agréé *pp* registered; **fournisseur a.....** registered dealer

agréer *vt* to accredit

agrégation *nf* highest professional qualification for the teaching profession

agrément *nm* **1** authorization, approval; **a..... d'une clinique** official authorization for a clinic to dispense treatment; **2** pleasure; **voyage d'a.....** pleasure trip

agriculteur *nm* farmer

agroalimentaire *adj* food; **industrie a.....** food and agriculture industry

aide *nf* help, assistance; **a..... à domicile** home help; **a..... juridique** legal aid; **a..... au premier emploi des jeunes** monthly allowance paid for 9 months to companies which offer a fixed or unlimited-term full-time contract to a person aged between 16 and 26 for his/her first job; **a..... publique** government aid; **a..... sociale** welfare; *nm* **a.....-comptable** accounting clerk; **a.....-soignante** auxiliary nurse

aider *vt* to help, assist; **a..... qqn à faire qqch** to help sbdy to do sthg, to assist sbdy in doing sthg

aigu *adj* acute; **chômage a.....** acute unemployment

aile *nf* wing; **a..... d'un immeuble** wing of a building

aîné, e *nmf* **l'a.....** the oldest child

aîné *adj* older; **frère a.....** older brother

aire *nf* area; **a..... de stationnement** parking area; **a..... de travail** working area

ajournement *nm* adjournment, postponement

ajourner *vt* to postpone, adjourn; **a..... une décision** to postpone a decision; **a..... une réunion** to adjourn a meeting

ajout *nm* addition

ajouté *adj* added; **valeur a.....e** added value

ajouter *vt* to add; **a..... 10 Frs pour frais d'envoi** to allow £1 for postage

ajusteur *nm* metal worker

alarme *nf* alarm; **donner l'a.....** to raise/ sound the alarm, to give a warning

aléatoire *adj* random; **effectuer un contrôle a.....** to conduct a random check; **échantillon a.....** random sample; **échantillonnage a.....** random sampling

alentours *nmpl* **gagner aux a..... de £20000** to earn in the region of £20000

alerte *nf* alarm; **a..... à la bombe** bomb scare; **a..... au feu** fire alarm; **donner l'a.....** to raise the alarm; **droit d'a.....** right of a worker to inform his employer of a potential but serious threat to his safety in the workplace; **procédure d'a.....** procedure according to which a works council can put an employer on guard when it has knowledge of circumstances profoundly affecting the company's economic situation

alerter *vt* to notify; **a..... les pouvoirs publics** to notify the authorities

aliénation *nf* alienation

alignement *nm* comparability; **a..... de salaires (d'une industrie à une autre)** pay comparability (between different companies)

aligner (s') *vpr* **s'a..... sur leur position** to fall into line with their position

alimenter *vt* to fuel; **a..... l'agitation** to fuel unrest

alinéa *nm* paragraph, indented line

alitement *nm* confinement

allaitement *nm* breast-feeding

allaiter *vt* to breast-feed; **a.....** **un bébé** to breast-feed a baby

allégation *nf* allegation

allégement *nm* reduction, relief; **a.....** **d'impôts** tax reduction; **obtenir un a.....** **fiscal** to obtain tax relief

alliance *nf* alliance; **conclure une a.....** **avec qqn** to enter into an alliance with sbdy

allié, e *nmf* ally

allier *vt* to ally

allocation *nf* allowance, benefit; **a.....** **aux adultes handicapés** allowance for severely disabled adults; **a.....s (de) chômage** unemployment benefit, dole money; **a.....** **de déménagement** moving allowance; **a.....** **de déplacement** travel allowance; **a.....** **d'éducation spéciale** allowance for severely disabled children under 20; **a.....s familiales** family allowance; **a.....** **formation reclassement** *see* AFR; **a.....** **d'insertion** allowance paid to reintegrate unemployed people who do not qualify for normal unemployment benefit; **a.....** **journalière de chômage** daily unemployment benefit composed of a fixed part and a variable part which ensures that the beneficiary receives a minimum of 57% and a maximum of 75% of his previous average daily salary (*see* SJR); **a.....** **de logement** housing allowance, housing benefit; **a.....** **de loyer** rent allowance; **a.....** **de maternité** maternity benefit; **a.....** **parentale d'éducation** family allowance paid for two or more children; **a.....** **de rentrée scolaire** a government allowance for families to help them finance purchases for the new school year; **a.....** **de solidarité** allowance paid to people who do not qualify for normal unemployment benefit; **a.....** **veuvage** means tested widow's allowance paid for 3 years maximum for widows over 55; **toucher des a.....s** to draw benefit/an allowance

allocution *nf* address; **faire une a.....** to give an address

allonger *vt* **a.....** **la durée du travail** to increase hours of work

alloué *pp* allowed; **temps a......** allowed time

allouer *vt* to allot, allocate; **a.....** **du temps à qqch** to allot time to sthg; **a.....** **des fonds** to allocate funds

allure *nf* pace

alphabétique *adj* alphabetical; **par ordre a.....** in alphabetical order

alphabétisation *nf* literacy; **cours d'a.....** literacy classes

altercation *nf* dispute

ambitieux *adj* ambitious

ambition *nf* ambition

amélioration *nf* improvement; **apporter des a.....s à qqch** to carry out improvements of sthg

améliorer *vt* to improve; **a.....** **les conditions de travail** to improve working conditions

aménagement *nm* **a.....** **du temps de travail** flexible working hours; **zone d'a.....** development zone; **a.....** **du territoire** town and country planning

aménager *vt* **a.....** **des bureaux** to fit out offices

amende *nf* fine; **infliger une a.....** **à qqn** to levy a fine on sbdy; **payer une a.....** **de £25** to pay a £25 fine

amendement *nm* amendment

amiable *adj* **accord à l'a.....** amicable agreement; **régler un conflit à l'a.....** to settle out of court; **arrangement à l'a.....** out-of-court settlement

amnistie *nf* amnesty

amortir *vt* to amortize, pay off; **a.....** **un investissement** to pay off an investment

amortissement *nm* amortization, depreciation; **a.....** **des investissements** paying off of investments

amplitude *nf* span; **a.....** **de la journée de travail** work day span

an *nm* annum; **par a.....** per annum

ANACT *nf abr* (**Agence Nationale pour l'Amélioration des Conditions de Travail**) public body of which the role is to promote concrete improvements in working conditions through information dissemination, training and professional assistance

analphabétisme *nm* illiteracy

analyse *nf* analysis; **a.....** **coûts-avantages** cost-benefit analysis; **a.....** **des causes insidieuses** sneak analysis; **a.....** **des coûts** cost analysis; **a.....** **des tâches** job analysis; **a.....** **factorielle** factor analysis; **a.....** **graphologique** handwriting test; **a.....s médicales** medical tests; **a.....** **transactionnelle** transactional analysis; **a.....** **de la valeur** value analysis; **avoir un esprit d'a.....** to have an analytical mind

analyser *vt* to analyse, process; **a.....** **des chiffres** to process figures

analyste/programmeur *nm* analyst, systems analyst

ancien *adj* former; **a.....** **élève** former student, old boy, alumnus *(US)*; **association des a.....s élèves** former students' association, alumni association *(US)*; **a.....** **employeur** former employer; **plus a.....s employés** longest-serving employees

ancienneté *nf* length of service, seniority; **médaille d'a.....** service medal; **personnel à forte a.....** long serving staff; **prime d'a.....** long service premium, service increment

ANDCP *nf abr* (**Association Nationale des Directeurs et Cadres de la fonction Personnel**) IPD (Institute of Personnel and Development) *(équiv)*

animateur *nm* **a.....** **de formation** trainer, instructor; **a.....** **du réseau commercial** sales network manager

animation *nf* **a.....** **d'une réunion** conducting of a meeting

animer *vt* to lead, conduct; **a.....** **un débat/une discussion** to lead a debate/a discussion; **a.....** **une formation** to conduct a training session; **a.....** **une réunion** to conduct a meeting

année *nf* year; **a.....** **bissextile** leap year; **a.....** **civile** calendar year; **a.....** **fiscale** fiscal year; **a.....** **d'imposition** tax year; **a.....** **de référence** base year; **a.....** **sabbatique** sabbatical year; **a.....** **scolaire** academic year, school year; **cumul a.....** year to date

annexe *nf* appendix

anniversaire *nf* birthday; **a.....** **de mariage** wedding anniversary; **date d'a.....** **d'entrée en fonction** anniversary of date of hire

annonce *nf* 1 advertisement, ad(vert) *(US)*; **a.....** **en aveugle** blind ad; **a.....** **en clair** open ad; **a.....s classées** classified ads; **a.....** **d'offre d'emploi** job ad; **passer une a.....** to run an ad; **petites a.....s** classified ads, small ads; **placer une a.....** to run an ad; **rédiger une a.....** to draft a (job) ad; 2 announcement; **faire une a.....** to make an announcement

annonceur *nm* advertiser

annuaire *nm* yearbook, directory; **a.....** **d'une entreprise** company yearbook; **a.....** **téléphonique** telephone directory

annualisation *nf* **a.....** **des horaires** annualization of working hours

annuel *adj* yearly, annual; **taux a.....** annualized percentage rate

annuellement *adv* annually

annulation *nf* cancellation, annulment

annuler *vt* to annul, cancel, nullify, quash; **a.....** **une commande** to cancel an order, to countermand an order; **a.....** **un contrat**

to nullify a contract; **a.....** **une élection** to nullify an election; **a.....** **un jugement** to quash a sentence

ANPE *nf abr* **(Agence Nationale Pour l'Emploi)** Job Centre *(équiv)*

antécédents *nmpl* background, track record

antenne *nf* **a.....** **de reclassement** redeployment unit

anti-inflationniste *adj* anti-inflationary; **mesures a.....s** anti-inflationary measures

anticipation *nf* anticipation

anticipé *adj* **retraite a.....e** early retirement

antidater *vt* to antedate, backdate

antitrust *adj* anti-trust; **loi a.....** anti-trust law

apaisement *nm* appeasement

apaiser *vt* to placate, to allay fears

apatride *nmf* stateless person

APE *nm abr* **code A.....** company identification number attributed according to its field of activity

APEC *nf abr* **(Agence Pour l'Emploi des Cadres)** Job Centre for managers *(équiv)*

aplanir *vt* to iron out, level out; **a.....** **les difficultés** to iron out/level out difficulties

apogée *nm* peak; **a.....** **de sa carrière** peak of one's career

appareil *nm* appliance; **a.....** **dentaire** mouthpiece, false teeth; **a.....** **orthopédique** orthopaedic appliance

appareillage *nm* appliances

appel *nm* 1 call, plea; **a.....** **à la modération** plea for moderation; **a.....** **au calme** call for calm; **a.....** **de cotisations** contributions due, calling up of contributions; **a.....** **en PCV** reverse charge call, collect call *(US)*; **a.....** **téléphonique** telephone call; **faire a.....** **à qqn pour faire qqch** to call on sbdy to do sthg; **faire l'a.....** to do roll call; **faire un a.....** **de fonds** to call up capital; **faire un a.....** **du pied à qqn** to make covert advances towards sbdy; 2 appeal; **faire a.....** **contre une décision** to appeal against a decision; **faire a.....** **d'un jugement** to appeal against a sentence/judgement; **décision sans a.....** irrevocable decision

appel d'offres *nm* competitive tender, call for bids; **lancer un a.....** invitation to tender

appeler *vt* to call; **a.....** **en direct** to dial direct

application *nf* **mettre qqch en a.....** to implement sthg; **mise en a.....** implementation

appliqué *adj* 1 applied; 2 industrious

appliquer *vt* to apply, implement; **a.....** **la loi** to apply the law, to implement the law

appoint *nm* **revenu d'a.....** secondary income

appointements *nmpl* fixed salary

apport *nm* capital; **a.....** **en nature** contribution in kind; **a.....** **en numéraire** contribution in cash; **a.....** **en société** capital invested; **a.....** **personnel** personal capital

appréciation *nf* appraisal, performance review

apprenti, ie *nmf* apprentice

apprentissage *nm* 1 learning; **courbe d'a.....** learning curve; **taxe d'a.....** mandatory company financial contribution to educational institutions calculated as a percentage of the total wage bill; **théorie de l'a.....** learning theory; 2 apprenticeship; **contrat d'a.....** apprenticeship contract; **faire son a.....** to serve one's apprenticeship

approbation *nf* approval; **donner son a.....** to give one's approval; **processus d'a.....** approval process; **soumettre un texte pour a.....** to submit a text for approval

approche *nf* **recrutement par a.....** **directe** executive search

approché *pp* approached; être a..... par un chasseur de têtes to be approached by a headhunter

approprier (s') *vpr* to assume; s'a..... le droit de qqch to assume the right to sthg; s'a..... un projet to buy in to a scheme

approuver *vt* to approve, favour; a..... qqch to approve (of) sthg; a..... une idée to favour an idea

approvisionnement *nm* supplies

approximation *nf* approximation

approximativement *adv* approximately

appuyer *vt* to support, back; a..... une candidature to back a candidacy; a..... une demande to support a request

après impôts *adj* after-tax; bénéfices a..... after-tax profit

après-vente *adj* after-sales; service a..... after-sales service

apte *adj* 1 capable; 2 fit; a..... à travailler fit for work

aptitude *nf* 1 ability, competence; test d'a..... aptitude test; 2 fitness; a..... à reprendre le travail fitness to resume work; certificat médical d'a..... doctor's certificate declaring sbdy fit to work

arbitrage *nm* arbitration; clause d'a..... arbitration clause; Commission d'A..... Arbitration Board; convention d'a..... arbitration agreement; recourir à l'a..... to go to arbitration

arbitraire *adj* arbitrary

arbitre *nm* arbitrator

arbre *nm* tree; a..... décisionnel decision tree; a..... de décision decision tree; a..... de Noël (événement) children's Christmas party

architecte *nm* architect

archives *nfpl* records, archives; garder les a..... de l'entreprise to keep company records

arête *nf* a..... de poisson d'Ishikawa fishbone of Ishikawa

argument *nm* argument; a..... de poids weighty argument; a..... en faveur de qqch argument in favour of sthg

argumentaire *nm* a..... de vente sales pitch, sales appeal

argumentation *nf* a..... de vente sales appeal, sales pitch

argumenter *vi* to argue; a..... contre la proposition to argue against the proposal; a..... en faveur d'une proposition to argue in favour of a proposal

armoire *nf* 1 chest; a..... à pharmacie medicine chest; 2 a..... métallique locker

arranger *vt* a..... les choses to sort things out; *vpr* les choses s'arrangent things are working out

ARRCO *nf abr* (Association des Régimes de Retraite COmplémentaire) organization which regroups and oversees the many different non-managerial complementary pension schemes

arrérages *nmpl* regular payments made to life annuity or pension schemes

arrêt *nm* 1 break, stop; a..... de travail sick leave; jour d'a..... (raisons de santé) day off for illness; nombre de jours d'a..... pour maladie number of days lost to illness; 2 stoppage, standstill; a..... de travail (grève) work stoppage; a..... de production production hold-up; a..... d'urgence emergency shutdown; machines à l'a..... machines lying idle; 3 judgement, decision; a..... d'une cour court judgement, court decision

arrêté *nm* decree, order, by-law; a..... ministériel ministerial order; a..... municipal municipal by-law

arrêter *vt* to stop, hold up; a..... la production to hold up production, to stop production; a..... les comptes to make up a statement of accounts; *vi* to stop, give up;

a..... **de travailler** to stop working; **a.....** **ses études** to give up one's studies

arrhes *nfpl* down payment, deposit; **verser des a.....** to pay a deposit, to make a down payment

arriéré *adj* arrears; **des loyers a.....s** rent in arrears

arriérés *nmpl* arrears; **a..... de salaire** wage arrears, back pay

arrivage *nm* consignment

arriver *vi* **1** to happen, occur; **2** to succeed, make it; **a..... au sommet** to make it to the top; **3** to turn up; **a..... au travail** to turn up for work

arrivisme *nm* excessive ambition, pushiness

arriviste *nmf* social climber

arroger (s') *vpr* **s'a..... le droit de qqch** to assume the right to sthg, to reserve the right to sthg

arrondi *adj* round; **chiffres a.....s** round figures

arrondir *vt* to round off, round up; **a..... au franc près** to round off to the nearest franc; **a..... au franc supérieur** to round up to the nearest franc; **a..... ses fins de mois** to supplement one's income

article *nm* **1** item; **a.....s en stock** items in stock; **2** clause; **a..... d'un contrat** clause of a contract; **3 (de journal)** article (of a newspaper)

articuler *vt* *(jur)* to articulate, to set out; **a..... les faits** to set out the facts; **a..... des griefs** to enumerate grievances

artisan *nm* artisan, craftsman

artisanat *nm* crafts

artiste *nmf* artist

arts et métiers *nmpl* vocational training for adults specializing in degree-level engineering studies *(équiv)*

ARTT *nm abr* (**Aménagement et Réduction du Temps de Travail**) the modification or reduction of working hours, determined notably by collective bargaining

ascendant *nm* **les a.....s** the ascendants

ascendant *adj* upward; **communication a.....e** upward communication; **information a.....e** bottom up information

ascenseur *nm* lift, elevator *(US)*

ascension *nf* **a..... fulgurante** meteoric rise

ASSEDIC *nf abr* (**ASSociation pour l'Emploi Dans l'Industrie et le Commerce**) state unemployment fund to which all employees and companies in business and industry contribute

assemblée *nf* **1** assembly; **A..... Nationale** French National Assembly (parliament); **2** gathering, meeting; **a..... générale extraordinaire** extraordinary general meeting; **a..... générale annuelle** annual general meeting; **a..... des travailleurs** mass meeting

assermenté *adj* sworn; **traducteur a.....** sworn translator

assesseur *nm* assessor, scrutineer

assiduité *nf* attendance, presence

assiette *nf* funding base; **a..... de cotisations** funding base for contributions

assignation *nf* summons; **a..... à comparaître (prévenu)** summons; **a..... en justice** subpoena, writ of summons

assigner *vt* **a..... des objectifs à qqn** to set sbdy goals; **a..... qqn en justice** to serve a writ on sbdy

assimilé *adj* **a.....-cadre** employee who is attributed managerial status and for which the main consequence is his/her participation in the managerial pension scheme

assise *pp* based; **cotisation a.....
sur le plafond** contribution based
on the ceiling

assistanat *nm* assistantship

assistance *nf* **1** relief, aid, care,
help; **a.....
juridique** legal aid;
**a.....
publique** a) state care institution for children b) body
which manages public hospitals;
**a.....
d'une tierce personne** invalid care allowance *(équiv)*; **garantie a.....** (generally) worldwide
insurance cover for medical care
and repatriation; **prêter a.....
à
qqn** to give help to sbdy; **2** attendance; **3** audience; **l'a.....
à
une présentation** the audience at
a presentation

assistant, e *nmf* assistant; **a.....
commercial** sales assistant; **a.....
de direction** Personal Assistant;
**a.....
social** welfare worker, social
worker

assister *vt* to attend, be present;
**a.....
à une réunion** to be present
at a meeting; **a.....
à une con-
férence** to attend a lecture

association *nf* **1** partnership; **former une a.....** to set up a partnership; **dissoudre une a.....** to
dissolve a partnership; **2** organization, association; **a.....
à but non
lucratif** non-profit-making organization; **a.....
des anciens élèves**
former students' association,
alumni association *(US)*; **liberté
d'a.....** freedom of association;
**a.....
reconnue d'utilité publique**
association recognized to be of
public interest

associé, e *nmf* associate, partner,
affiliate; **a.....
principal** senior part-
ner

associer (s') *vpr* **s'a.....
avec qqn**
to form a partnership

assorti, e *adj* **clauses a.....es de
conditions** clauses qualified by
conditions

assouplir *vt* to relax; **a.....
les dis-
positions** to relax provisions

assujetti *adj* **être a.....
à cotisation**
to be liable for contribution; **être
a.....
à qqch** to be subject to sthg

assujettissement *nm* liability;
**a.....
à l'impôt** tax liability; **plafond d'a.....** liability ceiling

assurance *nf* insurance, assurance;
**a.....
à responsabilité civile** third
party insurance; **a.....
au tiers**
third party insurance; **a.....-auto-
mobile** car insurance; **a.....-
chômage** unemployment
insurance; **a.....
contre les acci-
dents** accident insurance; **a.....-in-
cendie** fire insurance;
a.....-invalidité disablement insurance, disability insurance; **a.....-
maladie** health insurance;
(Sécurité Sociale) state health insurance; **a.....
personnelle** basic
health insurance for people who
do not qualify for state cover;
a.....s sociales former name for
National Insurance; **a.....
tous ris-
ques** comprehensive insurance,
all-in insurance; **a.....-veuvage** insurance for widowhood; **a.....-
vieillesse** state pension scheme;
a.....-vie life assurance; **a.....-vol**
theft insurance; **a.....
volontaire**
health, disability and retirement
insurance for expatriates who do
not qualify automatically for
French state cover but who voluntarily subscribe to it through
the "Caisse des Français à l'Etranger"; **agent d'a.....** insurance
agent; **auto-a.....** self-insurance;
compagnie d'a..... insurance company; **contracter une a.....
contre
qqch** to take out insurance
against sthg; **courtier d'a.....** insurance broker; **police d'a.....** insurance policy; **prime d'a.....**
insurance premium; **souscrire
une a.....
contre qqch** to take out
insurance against sthg; **régime
d'a.....** insurance scheme

assuré, e *nmf* policyholder, claimant; **un a.....** insured person, assured person; **a.....
social** an
insured person

assurer *vt* to insure, assure

assureur *nm* insurance company

astreinte *nf* **1** **prime d'a.....** on-
call/stand-by pay; **2** penalty;
**avec une a.....
journalière de 500
francs** with a daily penalty of
500 francs

atelier *nm* workshop, shop; **a.....
de montage** assembly shop; **a.....
de réparations** repair shop; **a.....
d'usinage** machine shop; **dans
les a.....s** on the shop/factory
floor

atmosphère *nf* climate; **a.....
propice à** climate conducive to

atout *nm* asset, advantage, plus; **la
maîtrise d'une langue étrangère
est un a.....** the command of a
foreign language is an asset; **sa
formation est un a.....** his qualification is a plus

attaché *nm* **a..... case** attaché case;
a..... commercial sales representative; **a..... de direction**
management assistant

attaquer (s') *vpr* to tackle; **s'a.....
à un problème** to tackle a prob-
lem

atteindre *vt* to reach, meet; **a.....
ses objectifs** to meet one's objectives

atteinte *nf* attack; **a..... aux droits**
infringement of rights; **porter
a..... à une entreprise** to undermine a company; **porter a..... à
une personne** to damage a person's reputation

attendre *vt* to await; **a..... une décision** to await a decision

attentat *nm* attack, breach, violation; **a..... à l'ordre public**
breach of the peace; **a..... aux
droits** violation of rights; **a.....
aux mœurs** offence against public
morals

attente *nf* **dossier en a.....** pending
file *nfpl* expectations, aspirations;
a.....s du client customer expectations; **a.....s du personnel** staff
aspirations; **théorie des a.....s
(Vroom)** expectancy theory
(Vroom)

attention *nf* attention; **je demande toute votre a.....** may I
have your undivided attention;
prêter a..... à qqch to pay attention to sthg

attentisme *nm* fence sitting; **faire
de l'a.....** to play a waiting game

atténuantes *adj* **circonstances
a.....** mitigating circumstances

atténuer *vt* to mitigate, soften,
lighten; **a..... le choc de qqch** to
soften the impact of sthg; **a.....
ses propos** to tone down one's
language; **a..... une punition** to
lighten a punishment

attestation *nf* certificate; **a..... de
l'employeur** certificate produced
by the employer

attirer *vt* to attract, appeal; **a.....
l'attention sur qqch** to draw attention to sthg; **a..... des candidats** to attract candidates; **ce
produit attire les clients** this product appeals to customers

attitude *nf* attitude, standpoint,
stance; **a..... agressive** aggressive
stance

attribuer *vt* to award; **a..... des
dommages-intérêts** to award
damages

attribution *nf* 1 allocation, allotment; 2 role; **les a.....s du CE**
the role of the works council; **dépassement de ses a.....s** to exceed
one's responsibilities

au jour le jour *loc* day-to-day,
on a day-to-day basis; **conduite
des opérations au j.....** day-to-day
running of operations

au pair *loc* au pair; **fille a.....** au
pair girl

audience *nf* hearing; **a..... publique** public hearing; **a..... du
tribunal** court hearing

audio-visuel *adj* audio-visual;
moyens a.....s audio-visual aids

audiotypie *nf* audio-typing

audit *nm* audit; **a..... interne** internal audit; **a..... social** personnel
audit

auditer *vt* to audit; **a..... les
comptes** to audit the accounts

auditeur *nm* auditor; **être a.....
libre** to attend lectures without
being enrolled in a course

audition *nf* hearing; **a..... des témoins** hearing of witnesses

augmentation *nf* increase, rise, raise *(US)*, hike; **a..... au mérite** merit increase; **a..... de capital** raise in capital, increase in capital; **a..... du coût de la vie** cost-of-living increase; **a..... générale de salaire** across-the-board increase; **a..... du mécontentement** buildup of discontent; **a..... de la population** population growth; **a..... de prix** price rise; **a..... de salaire** salary rise, salary raise *(US)*, wage hike, salary award; **a..... insignifiante** nominal rise

augmenter *vt* to increase, raise; **a..... fortement** to increase sharply; **a..... les prix** to mark up prices, to put up prices, to up prices; **a..... les salaires** to raise salaries, to increase salaries; **a..... (proportionnellement)** to scale up; *vi* to go up; **les cotisations vont a..... en juillet** the contributions will go up in July

auprès *prép* **faire une demande a..... des autorités** to apply to the authorities

authentification *nf* certification

autodidacte *nmf* self-made man, self-taught man

autodidacte *adj* self-made, self-taught

autodiscipline *nf* self-discipline

auto-évaluation *nf* self-assessment

autofinancement *nm* self-funding, self-financing; **plan d'a.....** self-funding scheme; **capacité d'a.....** cash flow

autoformation *nf* self learning

automation *nf* automation

automatique *adj* automatic; **réajustement a..... de salaires** automatic wage adjustment

automatisation *nf* automation

automatiser *vt* to automate

autonome *adj* autonomous

autonomie *nf* autonomy

autorégulation *nf* self-regulation

autorisation *nf* authorization, permission; **a..... de découvert** overdraft facility; **a..... préalable** prior permission; **a..... de travail** work permit

autoriser *vt* to authorize; **a..... le paiement** to authorize payment

autoritaire *adj* authoritarian

autorité *nf* authority; **être sous l'a..... de qqn** to be under the authority of sbdy; *nfpl* **les a.....s** the authorities

auxiliaire *nmf* auxiliary; **a..... médical** medical auxiliary

aval *nm* backing, support, approval; **obtenir l'a..... de la direction pour qqch** to get management backing/support for sthg

avaliser *vt* to back, endorse, approve; **a..... un projet** to back/approve a project; **a..... une décision** to endorse a decision

avance *nf* **1** advance; **a..... de fonds** advance; **a..... sur salaire** salary advance; **réservation à l'a.....** advance booking; **verser une a..... à qqn** to pay sbdy an advance; **2** ahead; **avoir une a..... sur son programme** to be ahead of schedule; **3** lead; **avoir une a..... sur la concurrence** to have a lead over the competition; **4** *(nég)* overture; **faire des a.....s à qqn** to make overtures to sbdy

avancement *nm* promotion, advancement; **avoir de l'a.....** to get promotion; **offrir de belles perspectives d'a.....** to offer good promotion prospects

avancer *vt* to advance, bring forward; **a..... une réunion** to bring forward a meeting; *vi* to get ahead (career), make progress; **les discussions avancent** discussions are making headway

avant impôts *adj* pre-tax; **bénéfices a.....** pre-tax profits

avant-projet *nm* draft, outline plan

avantage *nm* **1** advantage; **a.....s et inconvénients** advantages and disadvantages; **avoir un a..... concurrentiel** to have a competitive edge; **2** right; **a.....s acquis** vested rights, established rights; **3** benefit; **a.....s en nature** fringe benefits, perks, benefits in kind

avantageux *adj* favourable; **obtenir qqch à des conditions avantageuses** to obtain sthg on favourable terms

avenant *nm* amendment, rider, additional clause; **a..... au contrat** rider/addendum to a contract; **ajouter un a..... à un contrat** to add a rider to a contract

avertir *vt* to warn

avertissement *nm* **1** warning; **a..... écrit** written warning; **a..... oral** verbal warning; **dernier a..... écrit** final written warning; **tenir compte d'un a.....** to heed a warning; **ne pas tenir compte d'un a.....** to ignore a warning

avis *nm* **1** advice, opinion; **donner son a.....** to give one's opinion; **sauf a..... contraire** unless otherwise specified; **2** notice; **a..... de concours** competition notice; **a..... d'élection** election notice; **a..... d'expédition** advice note; **a..... de grève** strike notice; **sans a..... préalable** without prior notice

avisé *pp* advised; **être a..... que** to be advised that

aviser *vt* to notify; **a..... qqn de qqch** to notify sbdy of sthg

avocat, e *nmf* **1** lawyer, solicitor, barrister, attorney *(US)*; **a..... d'affaires** business lawyer; **a..... de la défense** counsel for the defence; **2** advocate; **se faire l'a..... du diable** to play the devil's advocate

avoir *nm* credit note; **a..... fiscal** tax credit

axe *nm* **1** *(graph)* axis; **a..... des abscisses** X axis; **a..... des ordonnées** Y axis; **2** line; **a..... de recherche** (main) line of research; **a..... de réflexion** line of thinking, line of thought

ayant droit *nm* **un a.....** a beneficiary (other than the insured person), claimant, rightful claimant

Bb

baccalauréat *nm* school-leavers' diploma giving university entrance qualification, 'A' level, High School diploma *(US) (équiv)*

bâclé *pp* shoddy; **travail b.....** shoddy workmanship

bâcler *vt* **b.....** **le travail** to do shoddy work

badge *nm* badge; **b..... d'accès** company identification card

bail *nm* lease; **b..... à céder** lease for sale; **b..... commercial** commercial lease; **prendre à b.....** to take out a lease

baisse *nf* decrease, drop, cut, fall; **b..... de la demande** drop in demand; **b..... des prix** price cut, decrease in price; **b..... de revenu** drop in earnings; **b..... des salaires** wage cuts; **b..... de salaires réels** decline in real wages; **accepter une b..... de salaire** to take a cut in wages, to take a pay cut; **forte b..... de la production** slump in factory output; **les ventes sont en b.....** sales are down

baisser *vt* to mark down, reduce, lower, cut; **b..... les prix** to mark down / cut / reduce / lower prices; **b..... les salaires** to lower/reduce/cut salaries; **faire b..... le chômage** to bring down unemployment

balance *nf* **1** balance, équilibrium; **b...... commerciale** balance of trade; **b..... des paiements** balance of payments; **2 mettre son poste dans la b.....** to put one's job on the line

balle *nf* ball, buck; **la b..... est dans son camp** the ball is in his/her court; **renvoyer la b.....** to pass the buck; **se renvoyer la b.....** to pass the buck (back and forth); **saisir la b..... au bond** to jump at an opportunity

ballotage *nm* second ballot; **être en b.....** to stand again at a second ballot

banc *nm* **1** dock, stand, box; **b..... des accusés** defendant's box; **b..... des témoins** witness box, witness stand *(US)*; **2 b..... d'essai** test bed

bande *nf* tape; **b..... magnétique** magnetic tape; **b..... vidéo** video tape

banderole *nf* banner; **agiter une b.....** to deploy a banner

banir *vt* to ban

banlieue *nf* suburb, commuter belt

banlieusard *nm* commuter, suburbanite

bannière *nf* banner

banque *nf* bank; **b..... d'affaires** merchant bank; **b..... de dépôt** deposit bank; **b..... de données** data bank; **b..... émettrice** issuing bank; **la b..... (profession)** banking

banqueroute *nf* bankruptcy

barème *nm* scale, table, schedule; **b..... des impôts** tax schedule, tax rate; **b..... d'invalidité** degree of disability scale

baroudeur *nm* firebrand

barreau *nm* bar; **être admis au b.....** to be called to the bar; **s'inscrire au b.....** to be called to the bar

barrer *vt* **1** to cross; **b..... un chèque** to cross a cheque; **2** to cross out; **3** to block; **b..... une route** to block a road

barricade *nf* barricade; **dresser une b.....** to set up a barricade

barrière *nf* barrier; **b.....s douanières** trade barriers

bas-salaires *nmpl* **les b.....** the low-paid

base *nf* **1** base, foundation, basis, grounding; **b..... de données** data base; **avoir des b.....s en anglais** to have a grounding in English;

jeter les b.....s d'un accord to lay the foundations of an agreement; **salaire de b.....** basic pay/wage; **sur la b.....** de on the basis of; **2 le personnel de la b.....** the grass roots, the rank and file, the shop floor; **b..... syndicale** union rank and file; **à la b.....** on the shop floor; **élargir sa b.....** to broaden one's support; **ouvriers de la b.....** shop floor workers

basé *pp* based; **salarié b..... à l'é-tranger** foreign-based employee; **société b.....e à Paris** Paris-based company

baser *vt* to base; **b..... des prévisions sur** to base forecasts on

bassin *nm* **b..... de l'emploi** catchment area regrouping many related industries

bâton *nm* bar; **graphique à b.....s** bar diagram

batterie *nf* battery; **b..... de tests** battery of tests

BBZ *nm abr* **(Budget Base Zéro)** ZBB (Zero-Based Budget)

beau-fils *nm* son-in-law, stepson

beau-frère *nm* brother-in-law, stepbrother

beau-père *nm* father-in-law, stepfather

belle-fille *nf* daughter-in-law, stepdaughter

belle-mère *nf* mother-in-law, stepmother

belle-soeur *nf* sister-in-law, stepsister

bénéfice *nm* **1** profit, earnings; **b..... net après impôts** after-tax profits; **b..... net avant impôts** pre-tax profits; **b..... par action** earnings per share; **faire des b.....s** to make profit; **faire de gros b.....s** to make fat profits; **2** benefit; **accorder le b..... du doute à qqn** to give sbdy the benefit of the doubt

bénéficiaire *nmf* recipient, beneficiary, payee

bénéficiaire *adj* profitable, profit-making

bénéficier *vt* to enjoy, benefit (from); **b..... des avantages** to enjoy privileges; **b..... de circonstances atténuantes** to be granted mitigating circumstances; **b..... des mesures gouvernementales** to benefit from government measures; **b..... d'un non-lieu** to be discharged

bénévolat *nm* voluntary work; **faire du b.....** to do voluntary work

bénévole *nmf* voluntary worker/helper, volunteer

bénévole *adj* voluntary; **organisation b.....** voluntary organization

bénévolement *adv* voluntarily; **faire qqch b.....** to do sthg voluntarily, to do sthg for nothing

béni-oui-oui *nm* yes-man

BEP *nm abr* **(Brevet d'Etudes Professionnelles)** technical certificate at secondary school level

BEPC *nm abr* **(Brevet d'Etudes du Premier Cycle)** fourth year exam, 'O' level *(équiv)*

besogne *nf* menial task/work

besogneux *adj* hard-working

besoin *nm* need; **analyse des b.....s** needs analysis; **éprouver un b.....** to feel a need; **être dans le b.....** to be in need; **évaluation des b.....s** needs assessment; **pyramide des b.....s** needs hierarchy; **satisfaire des b.....s** to meet needs

biberon *nm* bottle-feed; **donner le b..... à un bébé** to bottle-feed a baby

bibliothécaire *nmf* librarian

bien *nm* **1** property, estate; **2** *nmpl* goods; **b.....s de consommation** consumer goods; **b.....s durables** durable goods; **b.....s d'équipement** capital goods; **b.....s intermédiaires** industrial goods; **b.....s périssables** perishable goods, perishables; **b.....s de production** industrial goods

bien informé *adj* knowledgeable

bien payé *adj* well-paid; **avoir un travail b.....** to have a well-paid job

bilan *nm* 1 *(fin)* balance sheet; **établir un b.....** to draw up a balance sheet; **2 b..... comportemental** assessment centre *(équiv)*; **b..... de compétences** in collaboration with an external management consultant, an in-depth analysis by an employee of his/her motivations, skills and professional experience, with a view to reconsidering or redefining his/her future career objectives; **b..... professionnel** precursor of the "bilan de compétences"; **b..... de santé** medical checkup; **b..... social** annual employee report, mandatory annual statistical report for companies of more than 300 employees, analysing personnel data and policy over 3 years; **b..... social individuel** personalized document given to employees indicating notably the value of his/her life insurance and pension schemes; **dresser un b..... d'une situation** to summarize a situation; **faire le b..... d'une situation** to take stock of a situation; **3 déposer le b.....** to file a bankruptcy petition

bilatéral *adj* bilateral

bilingue *adj* bilingual

billet *nm* ticket, note; **b..... à ordre** promissory note; **b..... annuel SNCF** mandatory yearly train ticket offered to all salaried staff at a reduced price for annual holidays; **b..... de banque** bank note

bimensuel *adj* twice a month, fortnightly

bimestriel *adj* every two months

biologiste *nmf* biologist

bipartite *adj* bipartite; **comité b.....** bipartite committee

BIT *nm abr* **(Bureau International du Travail)** ILO (International Labour Office)

blâme *nm* censure, reprimand; **donner un b.....** to administer a reprimand

blâmer *vt* to blame, rebuke, reprimand; **b..... qqn de qqch** to blame sbdy for sthg

blanc *nm* blank; **laisser un b.....** to leave a blank space

blanc *adj* white, blank; **bulletin b.....** blank vote; **chèque en b.....** blank cheque; **livre b.....** white paper; **mariage b.....** unconsummated marriage

blessé *pp* injured; **être b.....** to be injured

blesser *vt* to injure

blessure *nf* injury

bleu *nm* **b..... de travail** overalls

bloc *nm* **b..... opératoire** operating theatre

bloc-notes *nm* desk pad, memo pad, note pad

blocage *nm* freeze; **b..... des prix** price freeze; **b..... des salaires** wage freeze

bloquer *vt* to block, freeze; **b..... des augmentations** to withhold raises; **b..... une motion** to block a motion; **b..... les salaires** to freeze wages

boîte *nf* 1 *(fam)* company; 2 box; **b..... à idées** suggestion box; **b..... aux lettres** letter box, mail box *(US)*; **b..... postale** PO box

bombe *nf* bomb; **b..... à retardement** time bomb; **alerte à la b.....** bomb scare, bomb threat; **attentat à la b.....** bomb attack

bon *nm* 1 voucher, coupon, form; **b..... d'achat** gift coupon, sales voucher; **b..... de caisse** cash voucher; **b..... de commande** order form; **b..... de livraison** delivery slip; **b..... de réduction** discount voucher; **2 b..... à tirer** document requesting approval for printing; **3** bill; **b..... du trésor** treasury bill; **4 b..... pour pouvoir** written inscription above the signature of a power of attorney

bon marché *adj* cheap; **main-d'œuvre b.....** cheap labour

bonne foi *nf* **de b.....** in good faith

bonne volonté *nf* goodwill; **faire preuve de b.....** to show goodwill

bonnes mœurs *nfpl* good character

bonus *nm* bonus; **b..... lié aux résultats** performance-related bonus; **b..... (pour non-sinistre)** *(ass)* no-claims bonus

bordereau *nm* slip, statement, note; **b..... de cotisations** statement of contribution

bosseur *nm* *(fam)* hard worker

bottin *nm* telephone directory

bouc émissaire *nm* scapegoat, fall guy *(US)*

bouche *nf* mouth; **par le b..... à oreille** by word of mouth; **faire le b..... à b..... à qqn** to give the kiss of life to sbdy; **b..... d'aération** air vent; **b..... d'incendie** fire hydrant; **recrutement par b..... à oreille** word-of-mouth recruitment

boule de neige *nf* snowball; **la protestation fait b.....** the protest is snowballing

bouleversement *nm* upheaval

boulot *nm* *(fam)* job

bourreau *nm* **b..... de travail** workaholic

bourse *nf* **1 la B.....** Stock Exchange, Stock Market *(US)*; **jouer à la b.....** to gamble on the Stock Exchange; **2** exchange; **b..... des emplois** job exchange; **b..... du travail** labour exchange, job exchange; **3** grant; **b..... d'études** study grant, scholarship

boutique *nf* shop, store *(US)*; **fermer b.....** to shut up shop

boycottage *nm* boycott

boycotter *vt* to boycott; **b..... une entreprise** to blacklist a company

bradage *nm* underselling

brader *vt* to sell off (underpriced)

branche *nf* sector, line; **b..... d'activité** line of business, field of activity; **b..... professionnelle** sector of industry; **accord de b.....** sectoral agreement, industry-wide agreement; **quelle est votre b..... d'activité?** what's your line of work?

bras *nm* **b..... droit** right-hand man; **avoir le b..... long** to have a lot of influence; **manquer de b.....** to be short-handed

bras de fer *cpd* **une partie de b.....** a tug-of-war

brevet *nm* **1 b..... d'invention** patent **2** certificate; **b..... des collèges** 'O' levels *(équiv)*; **B..... de Technicien Supérieur** HND, Associate's Degree *(US)* *(équiv)*

bricoler *vi* *(fam)* to do odd jobs

bricoles *nfpl* *(fam)* odd jobs

briefing *nm* briefing

briguer *vt* to covet, canvass, aspire to; **b..... un poste** to covet a job; **b..... les suffrages** to canvass for votes

briseur *nm* **b..... de grève** blackleg, strike breaker, scab

brochure *nf* booklet, brochure, pamphlet

brouillon *nm* rough copy, draft

bruit *nm* **1** noise; **b..... de fond** background noise; **niveau de b.....** noise level; **2** rumour; **b..... qui court** rumour going around

brut *adj* gross, raw; **données b.....es** raw data; **marge b.....e** gross margin; **salaire b.....** gross pay/salary

BTP *nmpl abr* **(Bâtiment et Travaux Publics)** the building industry, civil engineering and public works

BTS *nm abr* **(Brevet de Technicien Supérieur)** HND (Higher National Diploma), Associate's degree *(US)* *(équiv)*

budget *nm* budget; **b..... base zéro** zero-based budget; **b..... en**

équilibre balanced budget; **boucler le b.....** to balance the budget

budgétaire *adj* budgetary

budgéter *vt* to budget

bulletin *nm* bulletin, form, slip; **b.....** **d'adhésion** enrolment form, membership form; **b.....** **blanc** blank vote; **b.....** **d'informations** news bulletin; **b.....** **d'inscription** enrolment form; **b.....** **nul** spoilt paper; **b.....** **de paie** pay slip, itemized pay statement; **b.....-réponse** reply-paid coupon; **b.....** **de salaire** pay slip, itemized pay statement; **b.....** **de santé** medical bulletin; **b.....** **de vote** ballot paper

bureau *nm* **1 (profession libérale)** study; **b.....** **d'études** independant research study; **2** office, agency; **b.....** **de conciliation** conciliation board; **b.....** **de placement** employment office, employment agency; **b.....** **de vote** polling station; **conception des b.....x** office design; **employés de b.....** clerical staff, office workers; **heures de b.....x** office hours; **immeuble de b.....x** office block; **travail de b.....** clerical work; **les b.....x seront fermés** offices will be closed; **pendant les heures de b.....** during office hours; **3** office desk

bureaucrate *nmf* bureaucrat

bureaucratie *nf* bureaucracy, red tape

bureaucratique *adj* bureaucratic

bureautique *nf* office automation

but *nm* goal, aim, target; **b.....** **principal** prime goal; **aller droit au b.....** to go straight to the point; **association à b.....** **non lucratif** non-profit-making association; **atteindre un b.....** to achieve a goal; **se donner comme b.....** **de faire qqch** to aim to do sthg; **fixer des b.....s** to set goals

Cc

cabinet *nm* practice, professional office; c..... **d'avocats** firm of lawyers; c..... **conseil** consultancy firm/company; c..... **dentaire** dental surgery; c..... **de médecins** medical practice

cachet *nm* **1** fee; **2** stamp; c..... **de l'entreprise** company stamp; c..... **de la poste faisant foi** phrase indicating that the date of the postmark is the date taken into account; **document revêtu du** c..... duly stamped document

cadeau *nm* present; c..... **d'entreprise** company gift

cadenas *nm* padlock

cadence *nf* rate; c..... **de production** rate of production

cadet *nm* youngest child

cadre *nm* **1** manager, professional or managerial employee; **assimilé** c..... employee who is attributed managerial status and for which the main consequence is his/her participation in the managerial pension scheme; c..... **confirmé** seasoned manager; c..... **débutant** junior manager; c..... **dirigeant** director; c..... **fonctionnel** staff manager; **jeune** c..... junior manager; **jeune** c..... junior manager; **jeune** c..... **dynamique** YUPPY (Young Urban Professional); c..... **moyen** middle manager; c..... **opérationnel** line manager; c..... **supérieur** senior manager, executive manager; **2** framework, frame, box; **accord** c..... framework agreement; c..... **de référence** frame of reference; c..... **sur un formulaire** box/space on a form; **3** surroundings, environment; c..... **de travail** working surroundings, working environment

caduc *adj* null

cafétéria *nf* cafeteria

cahier *nm* c..... **des charges** specifications; c..... **des revendications syndicales** list of union demands

caisse *nf* **1** cash, fund; **avoir en** c..... cash on hand; c..... **d'assurance-chômage** state unemployment fund; c..... **d'assurance-maladie** state sickness fund; c..... **d'épargne** savings bank; c..... **noire** slush fund, secret fund; **partir avec la** c..... to steal the takings; c..... **de prévoyance** company life and disability insurance; c..... **de prévoyance sociale** welfare fund; c..... **de retraite** pension fund; c..... **de Sécurité Sociale** Social Security office; **tenir la** c..... to be the cashier; **2** till, cash register; c..... **enregistreuse** cash register; **3** container, crate, box

caissier/ière *nmf* cashier

calcul *nm* computation, calculation; c..... **approximatif** rough calculation

calculatrice *nf* calculator; c..... **de poche** pocket calculator

calé *adj (fam)* knowledgeable; **être** c..... **sur un sujet** to be knowledgeable about a matter

calendrier *nm* calendar, timetable, schedule *(US)*; c..... **d'une négociation** bargaining schedule; c..... **des vacances** vacation schedule, holiday timetable; **mois de** c..... calendar month

caler *vi* to stall; **les négociations ont calé** negotiations have stalled

calomnie *nf* slander

camarade *nmf* comrade, mate; c..... **d'école** school mate; c..... **de travail** fellow worker

camaraderie *nf* comradeship

camembert *nm (graph)* pie chart, pie diagram

campagne *nf* campaign, drive; c..... **commerciale** sales drive; c..... **d'économies** economy drive; c..... **électorale** election campaign; c..... **de publicité** advertising campaign; **faire** c..... **pour qqch**

to canvass in favour of sthg; **lancer une c.....** to launch a campaign; **lancer une c..... d'adhésion** to launch a membership drive; **mener une c.....** to lead/conduct a campaign; **mener une c..... de recrutement** to lead/conduct a recruitment drive

canal *nm* channel; **c..... de distribution** distribution channel; **c..... d'information** information channel

canard boiteux *nm* lame duck

cancérigène *adj* carcinogen

candidat *nm* applicant, candidate; **c..... retenu** successful candidate; **c..... unique** only/sole candidate; **profil de c.....** person specification, candidate profile; **se porter c..... à un poste** to be a candidate for a job, to apply for a job

candidature *nf* job application, candidacy; **c..... interne** candidacy from within; **c..... externe** external candidacy; **c..... spontanée** unsolicited candidacy; **dossier de c.....** applicant file; **poser sa c..... pour un poste** to apply for a job

cantine *nf* cafeteria, canteen

CAP *nm abr* (**Certificat d'Aptitude Professionnelle**) secondary school vocational training qualification

CAPA *nm abr* (**Certificat d'Aptitude à la Profession d'Avocat**) legal qualification allowing the holder to practise as a certified lawyer

capable *adj* able, capable, competent; **être c..... de faire qqch** to be able to do sthg; **employé c.....** able employee; **être c..... d'exploits** to be capable of great feats

capacité *nf* **1** ability, capacity, authority; **avoir la c.....** to be capable; **c..... de décision** decision-making authority/power; **c..... de payer** ability to pay; **c..... de production** production capacity; **c..... de stockage** storage capacity; **2 c..... en droit** basic legal qualification; **3 c..... d'autofinancement** cash flow

CAPES *nm abr* (**Certificat d'Aptitude au Professorat de l'Enseignement Secondaire**) non-obligatory, selective teaching qualification

capitaine *nm* captain; **c..... d'industrie** captain of industry

capital *nm* **1** (*ass*) capital, lump sum; **c.....-décès** death benefit, lump sum death benefit; **c..... différé** deferred capital; **2** (*fin*) equity, capital; **c..... circulant** working capital; **c..... libéré** paid-up capital; **c..... propre** shareholders' equity; **c..... risque** venture capital; **c..... roulant** circulating capital; **c..... social appelé** called-up share capital; **c..... social autorisé** allotted share capital, authorized share capital; **c..... social émis** issued share capital; **c..... temps-formation** the right to a number of hours' training within the framework of a company's training plan, attributed to an employee on the basis of his/her length of service; **verser un c.....** to pay a capital sum; **3 c..... humain** human capital; **c..... intellectuel** intellectual capital

capital *adj* paramount; **projet d'une importance c.....e** project of paramount importance

capitalisation *nf* **retraite par c.....** fully-funded pension scheme, pre-funded pension plan

capitalisme *nm* capitalism

capitulation *nf* surrender, sellout; **c..... aux revendications syndicales** sellout to union demands

capituler *vi* to surrender, give in; **c..... aux revendications** to give in to demands

captif *adj* captive; **clientèle captive** captive clientele

caractère *nm* character; **c..... gras** bold type

caractérisé *pp* **faute c.....e** clear unquestionable misconduct

caractéristique *nf* feature, characteristic

carence *nf* 1 deficiency, lack; **palier une c.....** to compensate a lack; **constat de c.....** *(jr)* formal document which registers the absence of candidates at an election; **procès-verbal de c.....** formal document which registers the absence of candidates at an election; 2 *(ass)* **délai de c.....** waiting period

cariste *nm*   fork-lift   truck driver/operator

carnet *nm* pad, book; **c..... de commandes** order book, order pad; **avoir un c..... de commandes rempli** to have a full order book

carotte et bâton *loc* carrot and stick

carrière *nf* career, advancement; **c..... bouchée** blocked career path; **comité de c.....s** careers committee; **déroulement de c.....** career path; **développement de c.....** career development; **embrasser une c.....** to take up a career, to embark on a career; **en début de c.....** at the beginning of one's career; **en fin de c.....** at the end of one's career; **évolution de c.....** career development, advancement; **faire avancer sa c.....** to further one's career; **gestion de c.....** careers management; **parcours de c.....** career paths; **perspectives de c.....** career prospects; **poursuivre une c.....** to pursue a career

carte *nf* 1 card, permit; **c..... d'adhérent** membership card; **c..... d'assuré social** National Insurance card; **c..... de crédit** credit card; **c..... d'électeur** voter's card; **c..... des emplois** career mapping; **c..... grise** registration book (car); **c..... de membre** membership card; **c..... d'identité** identity card; **c..... d'immatriculation** employee registration card; **c..... d'invalidité** disabled person's card; **c..... orange** monthly season ticket for the Parisian transport system; **c..... professionnelle** professional/trade card; **c..... de séjour** residence permit; **c.....**

c..... **syndicale** union card; **c..... vermeille** senior citizens' rail pass; **c..... verte (permis de travail et de séjour pour les Etats-Unis)** green card (US work and residence permit); **c..... de visite** business card; **c..... de vœux** Christmas card; 2 **avoir c..... blanche pour faire qqch** to have a free hand to do sthg; **jouer c.....s sur table** *(nég)* to show one's hand; **tenir les c.....s en main** to hold the aces

cartel *nm* cartel

carton *nm* card, cardboard; **c..... de pointage** time card

cas *nm* case; **c..... limite** borderline case; **c..... particulier** special case; **étude de c.....** case study; **exposer son c.....** to state one's case; **méthode des c.....** case method

casier *nm* locker, pigeon hole (for mail)

casier judiciaire *nm* police record; **avoir un c..... vierge** to have a clean police record; **extrait de c..... judiciaire** certificate indicating a person's police record

casque *nm* helmet; **le port du c..... est obligatoire** safety helmets must be worn

casser *vt* to break, quash; **c..... un jugement** to quash a sentence

catégorie *nf* category, class, grade, bracket; **c..... d'invalidité** degree of disability; **c.....s socioprofessionnelles** *see* CSP

cause *nf* 1 cause, grounds; **absence pour c..... de maladie** absence due to illness; **c..... juste** just cause; **c..... perdue** lost cause; **c..... réelle et sérieuse** genuine and proper cause, just cause; **prendre fait et c..... pour qqch/qqn** to take up the cause of sthg/sbdy; 2 **mettre en c..... qqn** to cast doubt on sbdy

caution *nf* 1 deposit, downpayment; **verser une c..... de 10 000 francs** to pay a deposit of 10 000 francs; 2 bail, guarantee, security; **c..... solidaire** joint guarantee; **se porter c..... pour qqn**

to act as guarantor for sbdy, to offer security for sbdy; **3** backing, support; **avoir la c..... de qqn** to have the backing of sbdy

cautionnement *nm* guarantee, security

cautionner *vt* to caution

CCE *nm abr* (**Comité Central d'Entreprise**) central works committee

CCI *nf abr* (**Chambre de Commerce et de l'Industrie**) Chamber of Commerce

CDD *nm abr* (**contrat à durée déterminée**) fixed-term contract

CDI *nm abr* (**contrat à durée indéterminée**) unlimited-term contract

CE *nf abr* (**Comité d'Entreprise**) works council, works committee

CEE *nm abr* (**Comité d'Entreprise Européen**) EWC (European Works Council)

cédant *nm* assignor

céder *vt* to give up, yield; **bail à c.....** lease for sale; **c..... ses biens** to transfer one's property; **c..... un brevet** to assign a patent; **c..... du terrain** to yield ground; **c..... à qqn** to give way to sbdy; **c..... sous la pression** to give in to pressure

célibataire *nmf* single, unmarried, bachelor (homme); **mère c.....** unmarried mother

cellule *nf* cell; **c..... de reclassement** redeployment unit

central *nm* **c..... téléphonique** telephone exchange; *nf* **c.....e d'achat** purchasing group, central purchasing; **c.....e syndicale** central trade union organization, group of affiliated unions

centralisation *nf* centralization

centre *nm* centre; **c..... de formation professionnelle** vocational training centre; **c..... des impôts** local tax office; **c..... d'intérêts** (**cv**) hobby, pastime; **c..... de paiement** department of local social security office (CPAM) res-

ponsible for reimbursing medical expenses; **c..... de profit** profit centre; **c..... de réadaptation** rehabilitation centre

cercle *nm* circle, group; **c..... d'amis** circle of friends; **c..... d'études** study group; **c..... de qualité** quality circle; **c..... de relations** circle of contacts; **c..... vicieux** viscious circle; **c..... vertueux** virtuous circle

certificat *nm* certificate; **c..... médical** doctor's certificate, medical certificate; **c..... de travail** work certificate

certifié *pp* certified; **chèque c.....** certified cheque

certifier *vt* to certify

cerveau *nm* brain; **fuite des c.....x** brain drain

cessation *nf* termination; **c..... du contrat de travail** termination of employment contract; **c..... du travail** *(rel)* work stoppage; **état de c..... de paiement** not to be able to pay one's debts

cesser *vt* to stop, cease; **c..... le travail** to stop work, to knock off work; **c..... toute activité** to leave the work force

cession *nf* sale; **acte de c.....** deed of transfer; **c..... d'entreprise** divestment, sale of a company

cessionnaire *nm* assignee

CFA *nm abr* (**Centre de Formation des Apprentis**) centre offering tuition to working apprentices

CFDT *nf abr* (**Confédération Française Démocratique du Travail**) left-wing orientated trade union

CFE *nf abr* (**Caisse des Français à l'Etranger**) organization offering standard National Insurance cover to French nationals abroad on an individual voluntary basis

CFE-CGC *nf abr* (**Confédération Française de l'Encadrement-Confédération Générale des Cadres**) white-collar union

CFTC *nf abr* (Confédération Française des Travailleurs Chrétiens) Christian workers' trade union

CGT *nf abr* (Confédération Générale du Travail) left-wing trade union

CGT-FO *nf abr* (Confédération Générale du Travail-Force Ouvrière) *see* FO

chahut *nm* uproar

chaîne *nf* line; **c.....** **de montage** assembly line; **c.....** **de production** production line; **fabriquer à la c.....** to mass produce

chambre *nf* room, Chamber, Court, House; **C.....** **d'Accusation** Court of Criminal Appeal; **C.....** **de Commerce** Chamber of Commerce; **C.....** **des Communes** House of Commons; **c.....** **de compensation** clearing house; **C.....** **Correctionnelle** Magistrates Court; **C.....** **des Lords** House of Lords; **c.....** **des métiers** guild chamber; **c.....** **particulière** private room; **c....** **syndicale** employers' federation

champ *nm* field; **c.....** **des recherches** field of research

champ d'application *nm* scope; **c.....** **d'un accord** scope of an agreement; **dans le c.....** **d'un accord** within the scope of an agreement; **en dehors du c.....** **d'un accord** outside the scope of an agreement

change *nm* exchange; **taux de c.....** rate of exchange

changement *nm* change; **c.....** **de direction** change of management; **c.....** **d'employeur** transfer of undertaking; **c.....** **de propriétaire** change of ownership; **résistance au c.....** resistance to change

changer *vt* to change; **c.....** **de main** to change hands

chantage *nm* blackmail; **exercer un c.....** **sur qqn** to blackmail sbdy

chantier *nm* site; **c.....** **de construction** building site; **c.....s na-** vals shipbuilding; **chef de c.....** site engineer, site foreman; **plusieurs projets en c.....** to work on several projects; **sur le c.....** on site

chapardage *nm (fam)* pilfering

chapeau *nm* **contrat c.....** master contract; **régime c.....** top hat pension plan

charge *nf* **1** load, workload, liability; **c.....** **de travail** workload; **avoir une c.....** **de travail importante/peu importante** to have a heavy/light workload; **devenir une c.....** **pour l'entreprise** to become a liability for the company; **porter une c.....** to carry a load; **soulever des c.....s** to lift loads; **2** responsibility; **avoir la c.....** **de** to be responsible for; **personnes à c.....** dependants; **prendre qqch en c.....** to take charge of sthg; **3** expense, contribution; **c.....s patronales** employer's contributions; **c.....s salariales** employee's contributions; **c.....s sociales** social security contributions, national insurance contributions; **prise en c.....** **par la sécurité sociale** the social security bears the cost; **c'est à votre c.....** it's at your expense; **4** *(jur)* charge; **c.....s pesant sur qqn** charges against sbdy; **5 cahier des c.....s** specifications, terms of reference

chargé *adj* **1** responsible; **c.....** **de mission** responsible for a special project; **être c.....** **de recrutement** recruitment officer, to be in charge of recruitment; **2 emploi du temps c.....** busy schedule; **ordre du jour c.....** full agenda; **programme de travail c.....** heavy workload

charte *nf* charter

chasse de têtes *nf* headhunting

chasseur de têtes *nm* headhunter

chauffeur *nm* chauffeur, driver; **c.....** **de camion** lorry driver

chef *nm* **1** manager, foreman, head; **c.....** **d'agence** Branch Manager;

c..... d'atelier workshop manager, shop foreman; c..... de chantier site foreman, site manager; c..... comptable Chief Accountant; c..... d'entreprise company manager, Managing Director; c..... d'équipe team manager, shift leader; c..... de famille head of a family; c..... de file leader; c..... du personnel Personnel Manager; c..... de produit Product Manager; c..... de projet Project Manager; c..... de publicité Advertising Manager; c..... de rayon Floor Manager; c..... de service Department Head; c..... des ventes Head of Sales; c..... d'accusation charge, allegation

chemise *nf* folder

chèque *nm* cheque, check *(US)*; carnet de c.....s cheque book; c..... bancaire bank cheque; c..... en blanc blank cheque; c..... barré crossed cheque; c..... CCP postal cheque; c..... sans provision bounced cheque, dud check *(US)*, rubber check *(US)*; c.....-restaurant luncheon voucher, meal ticket; c..... de salaire pay cheque; c.....-service voucher sold at Post Offices and used as payment by individuals for a home help, and which serves at the same time as the pay slip, the work contract and the statement of National Insurance contributions; c.....s vacances holiday vouchers offered by companies to low-paid employees which can be used with recognized agents or local authorities as a means of payment during holidays in France; c.....s de voyage traveller's cheques; encaisser un c..... to cash a cheque; faire opposition à un c..... to stop a cheque; libeller un c..... au nom de qqn to make out a cheque to sbdy

chéquier *nm* cheque book

cher *adj* dear, costly, expensive

chercher *vt* to look for, seek, aim; c..... à réussir to aim to succeed; c..... à être le meilleur to aim at being the best; c..... une solution to seek a solution

chercheur *nm* research worker, researcher

chien de garde *nm* watchdog

chiffre *nm* figure; aimer les c.....s to like working with figures; c.....s corrigés des variations saisonnières seasonally adjusted figures

chiffre d'affaires *nm* turnover, revenue, total sales

chimiste *nmf* chemist

chômage *nm* unemployment, lay-off; allocations de c..... unemployment benefit, unemployment compensation *(US)*, dole money; c..... croissant rising unemployment; c..... élevé high unemployment; c..... grave acute unemployment; c..... intempéries bad weather payments (for the building trade); c..... partiel short-time work; c..... saisonnier seasonal unemployment; c..... structurel structural unemployment; c..... technique temporary lay-off; être au c..... to be unemployed, to be out of work, to be on the dole; être en c..... technique to be laid off; s'inscrire au c..... to sign on the dole; toucher le c..... to collect unemployment benefit, to get dole money

chômé *adj* jour c..... public holiday

chômeur *nm* unemployed worker; c..... en fin de droits unemployed worker having used up his/her benefit entitlement; les c.....s the unemployed, the jobless; les c....s de longue durée the long-term unemployed

chronologique *adj* chronological; ordre c..... chronological order; ordre c..... inversé inverse chronological order

chronométrage *nm* timekeeping

CHSCT *nm abr* (Comité d'Hygiène, Sécurité et Conditions de Travail) Committee for Health and Safety at Work

chute *nf* fall, drop, decline; c..... des adhésions drop in membership; c..... (brutale) de commandes (sharp) decline/fall in orders; c..... **libre des taux d'intérêt** plummeting interest rates

cible *nf* target

cibler *vt* to target

cicatrice *nf* scar **la grève a laissé des c.....s** the strike has left scars

CIE *nm abr* (**Contrat Initiative Emploi**) unlimited or fixed-term employment contract designed to facilitate reinsertion at work, for which employers are exempted from certain social security contributions

CIF *nm abr* (**Congé Individuel de Formation**) sabbatical training or retraining offered to salaried staff and paid for by an independant body for up to 1 year. The trainee's contract is suspended but not terminated

circonstance *nf* circumstance; c.....s **atténuantes** mitigating circumstances; c.....s **imprévisibles** unforeseeable circumstances; c.....s **imprévues** unforeseen circumstances; c.....s **mal définies** unclear circumstances

circuit *nm* circuit; c..... **de distribution** distribution channel

circulaire *nf* circular; c..... **ministérielle** ministerial circular; **envoyer une** c..... to send out a circular

circulation *nf* movement, circulation; c..... **dense** heavy traffic; **libre** c..... **des travailleurs** free movement of labour; **mettre en** c..... **qqch** to put sthg into circulation

circuler *vi* to circulate

citation *nf* **1** quotation; **2** summons; c..... **à comparaître** summons to appear, subpoena

citoyen *nm* citizen

civil *adj* civil

clandestin *adj* illegal, illicit, alien; **travail** c..... illicit work; **travailleur** c..... illicit worker

classe *nf* group, class; c..... **affaires** business class; c..... **d'âge** age group; c..... **d'école** school class; c..... **ouvrière** working class; c..... **préparatoire** post-school preparatory training for competitive entry examinations for the french "grandes écoles"; **être en** c..... **de terminale** to be in the final year (school); **faire ses** c.....s to learn the ropes; **première** c..... first class; **seconde** c..... second class

classé *pp* **1** classified, ranked; **annonces** c.....es classified ads; c..... **préparatoire** post-school preparatory training for competitive entry examinations for the French "grandes écoles"; **être** c..... **deuxième** to be ranked second; **2 affaire** c.....e closed file, closed matter

classement *nm* **1** ranking, placing; c..... **d'un concours** competitive exam rankings; **2** filing; **système de** c..... filing system

classer *vt* **1** to rank, classify; c..... **des critères** to rank criteria; **2** to file; c..... **un dossier** to close a file, to put away a file; c..... **sous "divers"** to file under "miscellaneous"

classeur *nm* file, binder, filing cabinet

classification *nf* grading, ranking, evaluation; c..... **des emplois** job grading, job grades, job classification

clause *nf* article, clause, proviso, stipulation; c..... **d'adhésion** opt(ing)-in clause; c..... **d'annulation** cancellation clause; c..... **conditionnelle** conditional clause; c..... **d'un contrat** stipulation/clause in a contract; c..... **dérogatoire** dispensatory clause; c..... **de désengagement** opt(ing)-out clause; c..... **échappatoire** escape clause, loophole; c..... **d'échelle mobile** escalation clause; c..... **d'exclusion** exclusion clause; c..... **d'exclusivité** exclusive service clause; c..... **de fidélité** loyalty clause; c..... **d'indexation** escalation clause; **c..... de mobilité** mobility clause; **c..... de non-concurrence** non-competition clause, restrictive covenant, restraint of trade clause; **c..... de paix sociale** no-strike clause; **c..... pénale** penalty clause; **c..... de résiliation** termination clause; **c..... restrictive** restrictive clause; **c..... de sauvegarde** safety clause; **c..... substantielle** clause of a contract considered by both parties as important and which, if unilaterally modified, may lead to constructive dismissal; **c..... de style** ritual clause, standard clause

clavier *nm* keyboard

clé *nf* key; **mettre la c..... sous la porte** to shut up shop; **opération c..... en main** turnkey operation; **mot c.....** key word; **poste c.....** key job

clerc *nm* clerk; **c...... de notaire** notary's clerk

client *nm* customer

clientèle *nf* customer; **avoir une c..... (médecin/avocat)** to have a practice (doctor/lawyer)

clignotant *nm* (stat) indicator

climat *nm* climate; **c..... social** organizational climate; **étude de c..... social** organizational climate survey

clinique *nf* clinic, nursing home

cloisonnement *nm* compartmentalization

clore *vt* to close; **c..... les comptes** to close the accounts; **c..... un débat** to close a debate; **c..... un scrutin** to finish voting

clos *pp* **le scrutin est c.....** voting is finished

clôture *nf* close, closing; **c..... de comptes** closing of accounts; **date de c.....** closing date; **date de c..... des comptes** date of closing of accounts; **séance de c.....** closing session

CMT *nf abr* (**Confédération Mondiale du Travail**) WCL (World Confederation of Labour)

CNAM *nmf abr* **1** (**Conservatoire National des Arts et Métiers**) vocational training centre for adults specializing in degree-level engineering studies; **2** (**Caisse Nationale d'Assurance Maladie**) body which oversees the running of CPAMs and CRAMs

CNAVTS *nf abr* (**Caisse Nationale d'Assurance Vieillesse des Travailleurs Salariés**) state retirement fund

CNED *nm abr* (**Centre National de l'Enseignement à Distance**) distance learning body offering university-level courses notably for professionals and/or students abroad

coaching *nm* coaching

code *nm* code; **c..... APE** company identification number attributed according to its field of activity; **c..... civil** civil code; **c..... déontologique** code of practice; **c..... d'éthique professionnelle** code of ethics; **c..... pénal** penal code; **c..... postal** postal code, zip code (US); **c..... de la route** highway code; **c..... du travail** Labour code; **c..... vestimentaire** dressing code

codification *nf* **c..... des actes médicaux** classification of types of medical treatment by letters and numbers

coefficient *nm* **c..... de l'acte médical** percentage of reimbursement made according to the type of medical treatment given; **c..... d'un emploi** in a collective agreement, number value attributed to every job, thus positioning it in the overall job classification scheme; **c..... de remplissage** load factor

cogestion *nf* codetermination, co-management

cognitif *adj* cognitive

cognition *nf* cognition

cohésion *nf* cohesion; **c..... sociale** social cohesion

col blanc *nm* white-collar worker; **syndicat représentant les c.....s** white-collar union

col bleu *nm* blue-collar worker

collaborateur, trice *nmf* colleague, collaborator

collaboration *nf* collaboration

collaborer *vi* to assist, work with; **c..... avec qqn** to work with sbdy

collecte *nf* fund-raising, whip-round; **c..... des données** data gathering; **c..... de fonds** fund-raising; **c..... de sang** donating blood; **organiser une c....** to organize a whip-round

collectif *adj* collective, joint; **accord c..... sur les salaires** collective pay agreement; **action collective en justice** class action; **convention collective** collective labour agreement; **discussions collectives** joint discussions; **négociation collective** collective bargaining

collectivité *nf* authority, community; **c..... locale** local authority, local community

collège *nm* **c..... de cadres** managerial body of electors; **c..... électoral** body of electors; **c..... d'employés** non-managerial body of electors

collègue *nmf* colleague, fellow worker

colloque *nm* symposium

colonie *nf* camp; **c..... de vacances** summer camp

combinaison *nf* **c..... de travail** overalls

combine *nf* fiddle

combler *vt* to make up, fill; **c..... une perte** to make up a loss/short fall; **c..... un vide** to fill a vacuum

comité *nm* committee, board, council; **c..... ad hoc** ad hoc committee; **c..... central d'entreprise** central works council; **c..... de conciliation** conciliation board;

c..... consultatif advisory committee, consultative committee; **c..... de direction** management committee; **c..... d'entreprise** works council; **C..... d'Entreprise Européen** European Works Council; **c..... d'établissement** works council (plant); **c..... exécutif** executive committee; **c..... d'hygiène, de sécurité et des conditions de travail** health and safety at work committee; **c..... de groupe** group works council; **c..... d'orientation** steering committee; **c..... pilote** steering committee; **c..... restreint** select committee; **c..... de surveillance** monitoring committee, watchdog committee, inspection committee; **se réunir en petit c.....** to meet in a small group; **siéger à un c.....** to sit on a committee

commande *nf* **1** order; **bon de c.....** order form; **être en c.....** to be on order; **fait sur c.....** made to order; **passer une c.....** to order, to send an order; **2 être aux c.....s** to be in charge

commandement *nm* **1** leadership; **2** notice of compliance

commentaires *nmpl* comments

commérage *nm* gossip

commerçant *nm* dealer, shopkeeper, storekeeper *(US)*

commerçant *adj* **être très c.....** to have business sense

commerce *nm* trade

commercial *nm* salesman

commercial *adj* commercial, trade; **litige c......** trade dispute

commère *nf* gossip

commettre *vt* to commit; **c..... une erreur** to make a mistake; **c..... une faute** to commit an act of misconduct

commissaire *nm* **c..... aux comptes** auditor; **c..... de police** police superintendant; **c.....-priseur** auctionner

commission *nf* **1** commission, committee; **c..... d'arbitrage** arbitration committee; **c.....** **d'enquête** fact-finding commission, commission of enquiry; **c.....** **paritaire** joint commission; **c.....** **permanente** standing committee; **c.....** **de recours amiable** committee dealing with the initial phase of litigation in social security matters; **2** commission; **c.....** **d'agence** agency commission; **c.....** **à la vente/sur ventes** sales commission; **être payé à la c.....** to be paid on a commission basis; **3** message; **prendre une c.....** to take a message

commissionnaire *nm* **c.....** **de transport** forwarding agent

communicatif *adj* communicative

communication *nf* **1** call; **c.....** **interurbaine** long-distance call, trunk call; **c.....** **urbaine** local call; **être en c.....** **avec qqn** to be on the line to sbdy, to be in touch with sbdy; **2** communication; **c.....** **externe** communications, public affairs; **c.....** **institutionnelle** corporate communication; **c.....** **interne** internal/employee communication; **moyens de c.....** means of communication

communiqué *nm* news bulletin, bulletin, release, statement; **c.....** **de presse** press release; **publier un c.....** to issue a statement

communisme *nm* communism

compagnie *nf* company; **c.....** **d'assurances** insurance company

compagnon *nm* journeyman

comparaître *vi* to appear in court

compensation *nf* compensation; **c.....** **pour perte de salaire** compensation for loss of wages

compenser *vt* to compensate, offset, make up for; **c.....** **un chèque** to clear a cheque; **c.....** **une baisse des prix par une augmentation des parts de marché** to make up for lower prices by increasing market share; **c.....** **une perte** to offset a loss, to recoup a loss

compétence *nf* **1** qualification, proficiency, skill, expertise; **acquérir des c.....s** to acquire skills; **c.....** **technique** expertise; **2** jurisdiction, authority, competence; **c.....** **d'une cour** jurisdiction of a tribunal; **c.....** **fonctionnelle** functional authority; **domaine de c.....** specialized field, field of expertise; **cette affaire ne relève pas de ma c.....** this matter is outside my competence; **le personnel est sous ma c.....** the staff is under my authority; **sous la c.....** **de qqn** under the jurisdiction of sbdy

compétent *adj* skilled, competent, able, qualified; **être c.....** **dans un domaine** to be experienced in a field; **être très c.....** to be very capable; **il est le plus c.....** **pour le poste** he is the most qualified for the job; **responsable c.....** capable manager

compétitif *adj* competitive; **prix c.....** competitive price

compétition *nf* competition; **entrer en c.....** **avec** to compete with

compétitivité *nf* competitiveness

complément *nm* **c.....** **de salaire** the part of remuneration over and above the basic salary; **demander un c.....** **d'information à qqn** to ask sbdy for further information

complet *adj* complete, total, full-scale; **être au c.....** to be fully booked (up); **révision c.....e** full-scale review

complexe *nm* complex; **c.....** **industriel** industrial complex

complot *nm* conspiracy

comportement *nm* behaviour, conduct

composant *nm* component

composer *vt* **c.....** **une équipe** to select/form a team; **c.....** **un numéro** to dial a number

compression *nf* cutback, reduction; **c.....** **des dépenses** cutback in spending; **c.....** **des effectifs**

manpower/staff reduction; **c.....
des postes** job squeeze; **c..... des
salaires** wage compression

compris *pp* included; **service c.....**
service included; **toutes taxes
c.....es** inclusive of tax

compromettre *vt* **c..... qqn** to
compromise sbdy

compromis *nm* compromise, arrangement; **élaborer un c.....** to
work out a compromise; **parvenir à un c.....** to come to an arrangement, to reach a
compromise; **trouver un c.....** to
strike a compromise, to settle
one's differences

compromission *nf* surrender of
principle

comptabilité *nf* **1** accountancy,
book-keeping, accounting; **c.....
analytique** cost accounting; **c.....
au coût actuel** current cost accounting; **2** accounts

comptable *nm* accountant; **Chef
c.....** Chief Accountant; **expert-
c.....** chartered accountant

comptable *adj* accounting; **exercice c.....** accounting period; **plan
c.....** accounting system

comptage *nm* counting; **méthode
de c.....** counting method

compte *nm* **1** account, statement;
approvisionner un c..... to replenish an account; **auditer un c.....**
to audit an account; **c.....s annuels** annual accounts; **c..... bancaire** bank account; **c..... en
banque** bank account, banking
account *(US)*; **c.....-chèques** current account, checking account
(US); **c..... clients** customer account, accounts receivable; **c.....
courant** current account; **c..... à
découvert** overdrawn account;
c..... de dépôts deposit account;
c..... d'épargne savings account;
c..... d'exploitation statement of
operating results; **c..... fournisseurs** accounts payable; **grands
c.....s** major accounts; **c..... joint**
joint account; **c..... de pertes et
profits** profit and loss statement,
profit and loss account; **c..... des**

recettes et dépenses income and
expenditure account; **numéro de
c.....** account number; **ouvrir un
c......** to open an account; **régler
un c.....** to settle an account; **vérifier un c.....** to audit an account
nmpl accounts, books; **arrêter les
c.....s** to close the accounts; **clore
les c.....s** to close the accounts;
consolidation des c.....s consolidation of accounts; **tenir les c.....s**
to keep the books; **trafiquer les
c.....s** to cook the books; **2 c..... à
rebours** countdown; **3 travailler
pour son propre c.....** to have
one's own business

compte rendu *nm* account,
minutes, report; **c..... détaillé des
délibérations** detailed account of
proceedings; **c..... d'une réunion**
minutes of a meeting, meeting report

compter *vt* **c..... les voix** to tally
votes; *vi* **à c..... du 1er janvier** as
from January 1st

concentration *nf* concentration;
le bruit entrave la c..... noise hinders concentration

concentrer (se) *vpr* to concentrate, focus; **se c..... sur qqch** to
concentrate on (doing) sthg, to
focus on (doing) sthg

concertation *nf* consultation, dialogue

concession *nf* concession; **faire
une c.....** to make a concession;
obtenir une c..... to secure a concession

concessionnaire *nm* dealer, franchise holder, distributor, agent

concierge *nmf* caretaker, janitor
(US)

conciliateur *nm* mediator

conciliation *nf* conciliation

concluant *adj* decisive

conclure *vt* to conclude, enter
into; **c..... un accord** to enter into
an agreement

concorder *vi* to agree with; **les
résultats ne concordent pas avec**

vos prévisions results do not agree with your forecasts

concours *nm* competition; **c.....** **d'entrée** competitive entrance exam; **c.....** **d'avancement** competitive exam for promotion; **s'inscrire à un c.....** to enter a competition, to enrol for a competitive exam

concubin *nm* cohabitant

concubinage *nm* **c.....** **notoire** cohabitation, common law marriage; **vivre en c.....** to live together as man and wife

concurrence *nf* **1** competition; **c.....** **déloyale** unfair competition; **forte c.....** keen competition; **libre c.....** free competition; **2 frais remboursés à c.....** **de** expenses reimbursed within the limits of

concurrent *nm* competitor

concurrentiel *adj* competitive; **avantage c.....** competitive edge

condamnation *nf* sentence, conviction

condamner *vt* **1** to sentence, convict; **c.....** **qqn à payer une amende de £25** to fine sbdy £25; **c.....** **qqn à payer des dommages-intérêts** to sentence sbdy to pay damages; **2 c.....** **une porte** to wall up a door

condisciple *nm* fellow student

condition *nf* **1** condition, requirement; **c.....** **d'admission** qualifying condition, entry requirement; **c.....** **d'attribution** eligibility requirement; **c.....s d'emploi** conditions of employment, conditions of service; **c.....s d'octroi d'un prêt** qualifying conditions for a loan; **c.....** **préalable** a priori condition; **c.....** **à remplir** eligibility requirement, requirement to fulfil; **c.....** **de ressources** means test; **c.....** **restrictive** proviso; **c.....s de travail** work conditions; **dicter ses c.....s** to lay down one's conditions; **mauvaises c.....s de travail** poor working conditions; **remplir les c.....s** to meet the requirements; **sans c.....s** unconditional; **2** terms; **c.....s de paiement** terms of payment; **c.....s**

de règlement terms of settlement; **c.....s de vente** sales terms

conditionnel *adj* conditional; **donner un accord c.....** **à une offre** to give conditional acceptance of an offer; **recevoir une proposition c.....le** to receive a conditional offer

conditionnement *nm* packaging

conducteur *nm* **1** driver; **2** foreman; **c.....** **de travaux** site foreman

conduire *vt* to lead, conduct, supervise; **c.....** **une équipe** to lead a team; **c.....** **des négociations** to conduct negotiations; **c.....** **des travaux** to supervise works

conduite *nf* **1** behaviour, conduct; **c.....** **de changement** change management; **c.....** **d'une réunion** leading of a meeting; **mauvaise c.....** misconduct; **2** driving; **c.....** **en état d'ivresse** drunken driving

confectionner *vt* to manufacture

confédération *nf* confederation

conférence *nf* **1** conference; **c.....** **de presse** press conference; **être en c.....** to be in conference, to be in a meeting; **c.....** **au sommet** summit conference; **2** lecture; **donner une c.....** to give a lecture

conférencier *nm* conference speaker

confiance *nf* confidence, trust; **abus de c.....** breach of trust; **(escroquerie)** confidence trick; **avoir c.....** **en l'issue** to have faith in the outcome; **gagner en c.....** to gain confidence; **mettre qqn en c.....** to win sbdy's trust; **perdre c.....** to lose confidence; **perte de c.....** loss of confidence

confidentiel *adj* confidential, classified; **document c.....** classified document; **personnel et c.....** private and confidential

confier *vt* to entrust; **c.....** **qqch à qqn** to entrust sthg to sbdy

confirmé *pp* confirmed; **cadre c.....** seasoned manager; **être c.....**

dans la fonction to be confirmed in one's job; **expérience c.....e** proven experience

confirmer *vt* to confirm; **c..... qqn dans sa fonction** to confirm sbdy in his/her job; **c..... une décision** to uphold a decision; **c..... une réservation** to confirm a booking

conflit *nm* dispute, clash, confrontation; **c..... de compétence** demarcation dispute; **entrer en c..... avec qqn** to clash with sbdy; **c..... d'intérêts** conflict of interests; **c..... industriel** industrial dispute; **c..... social** labour dispute; **c..... du travail** industrial/labour dispute; **rechercher le c.....** to seek confrontation; **résoudre un c.....** to settle a dispute

conforme *adj* **c..... à la loi** in accordance with the law; **copie c.....** true copy

conformément *adv* **c..... à la loi** in compliance/accordance with the law

conformer (se) *vpr* to comply with, abide by; **se c..... à une décision** to comply with a decision; **se c..... au règlement/aux règles** to abide by the rules, to comply with the rules

confrère *nm* male colleague

confrérie *nf* guild

confrontation *nf* confrontation

congé *nm* leave, holiday, vacation (*US*), time off; **c..... d'adoption** adoption leave; **c.....s annuels** annual holidays, annual vacation; **c..... de bilan de compétences** period of leave for an employee of up to 3 days allowing him/her to follow a "bilan de compétences"; **c..... pour convenances personnelles** leave of absence for personal reasons; **c..... de conversion** retraining leave to help employees made redundant to find alternative employment; **c..... pour création d'entreprise** unpaid leave for persons wishing to set up a company; **c..... pour élever un enfant** leave for raising a child; **c..... d'enseignement et de recherche** for an employee with at least 1 year of service, unpaid leave allowing him/her to lecture or give professional training on a part-time or full-time basis during a maximum of 12 months; **c..... pour événements familiaux** special family leave; **c.....s exceptionnels** leave of absence for personal reasons; **c..... pour exercice de fonctions publiques** time off work for public duties; **c..... de formation économique, sociale et syndicale** paid leave for union organized training, especially for (future) union representatives; **c.....s fractionnés** split holidays; **c..... individuel de formation** *see* CIF; **c..... légal** statutory holiday; **c.....-maladie** sick leave; **c..... de maternité** maternity leave; **c..... parental d'éducation** parental childcare leave; **c..... de paternité** paternity leave; **c.....s payés** holiday with pay, paid holiday; **c..... prolongé** extended leave; **c..... de représentation** time off to allow an employee to carry out elected duties in his/her private life; **c..... sabbatique** sabbatical leave; **c..... sans solde** unpaid leave; **c..... spécial** special leave; **donner c..... à qqn** to give sbdy notice to leave; **épuiser ses jours de c.....s payés** to use up one's holiday entitlement; **être en c.....** to be on leave, to be on holiday/vacation (*US*); **être en c..... sans solde** to be on unpaid leave; **partir en c.....** to go on holiday, to go on leave; **prendre un c.....** to take a holiday; **prendre c.....** to take leave, to take time off; **prendre une semaine de c.....** to take a week off

congédiement *nm* dismissal, discharge (*US*)

congédier *vt* to dismiss, discharge (*US*)

congrès *nm* conference; **c..... annuel** annual conference

conjoint *nm* spouse

conjoncture *nf* **c..... économique** current economic climate, current state of the economy

conjoncturel *adj* in the current economic climate; **mesure c.....le** measure taken in the light of the current (economic) climate

connaissement *nm* bill of lading

conscience *nf* consciousness; **c..... ouvrière** working class consciousness; **c..... professionnelle** conscientiousness

consciencieux *adj* conscientious

consécutif *adj* consecutive; **quatre jours c.....s** four consecutive days

conseil *nm* **1** hint, advice; **c.....s pour améliorer son CV** hints on how to improve one's CV/resume *(US)*; **demander c..... à qqn** to seek sbdy's advice; **donner des c.....s à qqn** to give advice to sbdy; **suivre des c.....s** to follow advice; **2** board, council, court; **c..... d'administration** board of directors; **c..... d'atelier** shop-floor committee; **c..... constitutionnel** court which examines the conformity of legislation to the constitution; **c..... d'Etat** Supreme Administrative Court which examines the legitimacy of administrative acts; **c..... des ministres** Cabinet; **c..... municipal** Town Council; **C..... des Prud'hommes** Industrial Tribunal; **c..... régional** County/District Council; **c..... de surveillance** supervisory board; **réunion du c.....** board meeting; **siéger au c.....** to sit on the board; **3** consultant, consultancy; **cabinet c.....** consultancy firm, consulting company/firm; **ingénieur-c..... en organisation** management consultant

conseiller *nm* counsellor, adviser; **c..... matrimonial** marriage guidance counsellor; **c..... d'orientation professionnelle** vocational guidance counsellor; **c..... prud'homal** Industrial Tribunal member; **c..... juridique** legal adviser; **c..... technique** technical adviser

conseiller *vt* to counsel, advise

consensus *nm* consensus

consentement *nm* consent; **par c..... réciproque** by mutual consent

consentir *vti* to consent, grant; **c..... à faire qqch** to consent to do sthg; **c..... un prêt** to grant a loan

conservatoire *adj* protective; **faire qqch à titre c.....** to do sthg to preserve a right; **mesure c.....** protective measure

considération *nf* consideration; **prendre en c..... une proposition** to give consideration to a proposal

consigne *nf* directive, instruction, order; **les c.....s de la direction** management directives, management instructions/orders; **c.....s de sécurité** safety instructions, safety code

consœur *nf* female colleague

consolidation *nf* consolidation; **c..... des comptes** consolidation of accounts

consommateur *nm* consumer; **association de c.....s** consumer group

consommation *nf* consumption; **biens de c.....** consumer goods; **c..... d'énergie** energy consumption

consommer *vt* to consume, use up; **c..... de l'énergie** to use up energy

consortium *nm* consortium

conspiration *nf* conspiracy

constant *adj* **en francs c.....s** in real value

constat *nm* report; **c..... de carence** *(ir)* formal document which registers the absence of candidates at an election; **c..... de fin de conflit** minute of dispute settlement; **c..... d'huissier** certified report; **faire un c.....** to make a report; **c..... d'accident** accident report

constituer *vt* to form; **c..... une société** to form/set up a company

constructif *adj* constructive; **suggestion c....ve** constructive suggestion

construction *nf* **c..... navale** shipbuilding industry; **participation à l'effort de c.....** mandatory company tax which finances the acquisition or development of housing

consultant *nm* consultant

consultatif *adj* consultative, advisory; **le comité d'entreprise a un rôle c.....** the works council has a consultative role; **instance consultative** advisory body; **à titre c.....** in an advisory capacity

consultation *nf* consultation

contact *nm* contact; **perdre le c..... avec qqn** to lose contact with sbdy; **reprendre c..... avec qqn** to touch base with sbdy, to get back in touch with sbdy

contenir *vt* to contain; **c..... les coûts** to contain costs; **c..... une grève** to contain a strike; **c..... des revendications salariales** to contain wage demands

contentieux *nm* litigation, disputed claims; **service de c.....** claims department, legal department

contestataire *nm* protester

contestation *nf* dissent, dispute

contesté *pp* contentious

contester *vt* to challenge; **c..... sa version des faits** to challenge his/her explanation of the facts

contingent *nm* **c..... annuel** *(mil)* conscripts

contingentement *nm* quota; **c..... des exportations** export quotas

continu *adj* continuous; **développement c.....** continuous development; **horaire c.....** working hours without a break; **journée c.....e** workday without a lunch break; **processus de production c.....e** continuous process production

contourner *vt* to bypass; **c..... un obstacle** to get round an obstacle

contractant *adj* contracting; **partie c.....e** contracting party

contractuel *adj* contractual; **obligation c.....le** contracting obligation

contradiction *nf* contradiction

contraindre *vt* to oblige, force; **c..... qqn à agir** to force sbdy to act

contraint *pp* **faire qqch c..... et forcé** to do sthg under duress; **être c..... à démissionner** to be obliged/forced to resign

contrainte *nf* constraint; **signer qqch sous la c.....** to sign sthg under duress

contrat *nm* contract, agreement; **annuler un c......** to void a contract; **c..... d'adaptation (à l'emploi)** fixed or unlimited-term employment contract offered by companies to persons under 26 with a first qualification but lacking professional experience, in exchange for a minimum of 200 hours' training and a salary at least equal to the minimum wage; **c..... d'apprentissage** apprenticeship contract; **c..... chapeau** master contract; **c..... à durée déterminée** fixed-term contract; **c.... à durée indéterminée** unlimited-term contract; **c..... emploi-solidarité** employment contract destined for disadvantaged persons (the young unemployed, the long-term unemployed, the unemployed over 50, beneficiaries of the RMI...) to facilitate their reintegration into working life; **c..... initiative emploi** *see* CIE; **c..... d'orientation** short fixed-term non-renewable contract with training offered by companies to unqualified persons under 26 in exchange for a wage lower than the national minimum wage and total exoneration of employer contributions; **le c..... prend fin** the contract expires; **c..... de qualification** fixed-term contract with training offered by companies to unqualified persons for them to acquire specific occupational skills, in exchange for a wage lower than the national minimum wage and total exoneration of employer contributions; **c.....s d'insertion en alternance** general name for employment contracts facilitating integration into working life ("contrat d'adaptation", "contrat d'orientation", "contrat de qualification"); **c..... de retour à l'emploi** back-to-work contract, fixed or unlimited-term contract offered to the long-term unemployed, the unemployed over 50, handicapped persons or beneficiaries of the RMI, to facilitate their reintegration into working life, in exchange for total exoneration of the employer's social security contributions over 12 months; **c..... saisonnier** seasonal employment contract; **c..... synallagmatique** indenture; **c..... de travail** contract of employment; **c..... de travail intermittent** intermittent work contract; **c..... de travail temporaire** temporary work contract; **CDD à terme non spécifié** unspecified (but fixed) term contract; **CDD à terme imprécis** unspecified fixed-term contract; **CDD à terme précis** specified fixed-term contract; **deux CDD successifs** two consecutive fixed-term contracts; **être lié par un c.....** to be under contract; **être sous c.....** to be under contract; **faire un appel d'offres pour un c.....** to tender for a contract, to make a bid for a contract; **passer un c.....** to conclude an agreement/a contract; **préparer un c.....** to draft a contract; **rédiger un c.......** to draw up a contract; **remplir son c.....** to achieve one's aims; **renoncer à un c......** to contract out of an agreement; **résilier un c.....** to terminate a contract; **rupture de c.....** breach of contract

contravention *nf* fine, parking ticket; **donner une c..... à qqn** to issue a parking ticket to sbdy

contre *prep* against; **c..... paiement** against payment

contre-accusation *nf* counter-charge

contre-attaque *nf* counter-attack

contre-attaquer *vi* to counter-attack

contre-enquête *nf* counter-inquiry

contre-expertise *nf* second expert opinion

contre-interrogatoire *nm* cross-examination

contre-manifestation *nf* counter demonstration

contre-mesure *nf* counter-measure

contre-offensive *nf* counter-offensive

contre-offre *nf* counter-offer

contre-performance *nf* sub-standard performance

contre-pied *nm* **prendre qqn à c.....** to wrong foot sbdy

contre-proposition *nf* counter-proposal

contre-visite *nf* **c..... médicale** second medical opinion

contrefaçon *nf* forgery

contremaître *nm* foreman

contrepartie *nf* trade-off; **en c..... de** in return for

contresigner *vt* to countersign

contrevenant *nm* offender

contribuable *nm* taxpayer

contrôle *nm* control, check, inspection; **c..... des changes** exchange control; **c..... continu** continuous assessment; **c..... des coûts** cost control; **c..... fiscal** tax inspection; **c..... de gestion** management accounting; **c..... d'identité** identity check; **c..... médical** follow-up of persons receiving insurance payments for sick leave or industrial injuries in order to prevent fraud; **c..... qualité** quality control; **être sous le c..... de** to be under the control of; **exercer un c..... serré sur qqch** to exercise tight control over sthg; **perdre le c....** **de qqch** to lose control of sthg; **prendre le c.....** **d'une société** to gain control of a company; **sous c.....** **médical** under medical supervision; **travailler sous c.....** to work under supervision

contrôleur *nm* comptroller, controller, inspector; **c.....** **financier** Financial Controller; **c.....** **de gestion** Management Accountant; **c.....** **des impôts** Tax Inspector; **c.....** **de la navigation aérienne** Air Traffic Controller; **c.....** **des poids et mesures** Inspector of Weights and Measures

contrordre *nm* counter-order

controverse *nf* controversy; **alimenter une c.....** to fuel a controversy

convalescence *nf* convalescence

convenance *nf* convenience; **pour raison de c..... personnelle** for personal reasons; **à votre meilleure c.....** at your earliest convenience

convention *nf* agreement, convention; **c.....** **d'arbitrage** arbitration agreement; **c.....** **collective** collective labour agreement; **c.....** **collective de base** master agreement; **c.....** **collective d'une branche** industry-wide agreement; **c.....** **collective étendue** collective bargaining agreement applicable to all companies in the sector of industry concerned; **c.....** **collective non étendue** collective bargaining agreement applicable only to signatory companies in the sector of industry concerned; **c.....** **de conversion** (formal) retraining agreement with financial assistance to help employees made redundant to find alternative employment; **c.....** **de formation professionnelle** formal agreement between a company and an external training organization specifying the conditions of training, and enabling the company to deduct the costs from its mandatory training budget; **c.....** **internationale**

d'assurances bilateral agreements between States to avoid double insurance cover for employees working abroad for temporary periods; **c.....** **internationale du travail** international labour convention; **c.....** **de stage** a document, different from an employment contract, signed by a student, a school and a host company, indicating the terms and conditions of the internship and which releases the company from insurance liability; **tarifs de c.....** standard fees agreed by the social security and practicians concerning most types of medical treatment

conventionné *pp* **médecin c.....** National Health doctor; **stage c.....** training period/internship covered by a "convention de stage"

conventionnel *adj* **droits c.....s** rights guaranteed by a collective labour agreement

conventionnement *nm* National Health contract; **c.....** **d'une clinique** agreement between the CRAM and a clinic concerning the tarification of medical treatment

convenu *pp* agreed; **il a été c.....** **que** it has been agreed that; **paiement c.....** agreed payment

convertir *vt* to convert; **c.....** **des dollars en livres** to convert dollars into pounds

convivial *adj* user-friendly; **informatique c.....e** user-friendly information technology

convocation *nf* summons, notification; *(jur)* summons to appear; **c.....** **à une réunion** notification to attend a meeting; **lettre de c.....** letter of notification to attend

convoquer *vt* to convene, summon; **c.....** **une assemblée** to convene a meeting; **c.....** **qqn** to summon sbdy

coopératif *adj* co-operative; **être c.....** to be co-operative

coopération *nf* cooperation; **la c.....** French national service abroad in an institution representing the French government

cooptation *nf* coopting

coopter *vt* to coopt; **c.....** **qqn à un comité** to coopt sbdy on to a committee

coordonnées *nfpl* address and telephone number

copie *nf* copy; **c.....** **authentique** authentic copy; **c.....** **certifiée conforme** certified copy; **c.....** **conforme** true copy; **c.....** **au net** fair copy; **revoir sa c.....** to go back to the drawing board

copropriété *nf* co-ownership

corporatisme *nm* corporatism, old boy network

corps *nm* body, trade; **c.....** **professoral** teaching profession; **c.....** **de métier** skilled trade/craft

correspondance *nf* correspondence; **c.....** **commerciale** business correspondence; **cours par c.....** correspondence course; **vote par c.....** postal vote

corrigé *pp* adjusted; **chiffres c.....s des variations saisonnières** seasonally adjusted figures

corriger *vt* to correct; **c.....** **une erreur** to correct a mistake

corruption *nf* corruption, bribery

corvée *nf* chore

cotation *nf* quotation; **c.....** **en bourse** stock exchange quotation

cote *nf* listing; **c.....** **officielle de la Bourse** Stock Exchange listing

coté *pp* listed, quoted; **être c.....** **en bourse** to obtain stock exchange quotation; **société c.....e en bourse** listed company, company quoted on the stock exchange list

cotisant *nm* subscriber

cotisant *adj* **adhérent c.....** contributing member

cotisation *nf* subscription, contribution, dues; **s'acquitter d'une c.....** to pay/settle one's subscription; **bordereau de c.....s** statement of contributions; **c.....s**

patronales employer contributions; **c.....s salariales** employee contributions; **c.....s sociales** national insurance contributions; **c.....s syndicales** union dues

cotiser *vi* to subscribe, to pay a subscription *vpr* to club together

COTOREP *nf abr* **(COmmission Technique d'Orientation et de REclassement Professionnel)** technical commission which registers and assesses levels of disability

Coué *n* **méthode C.....** positive thinking method *(équiv)*

coulisses *nfpl* **travailler en c.....** to work behind the scenes

couloir *nm* corridor, passageway

coup *nm* blow; **c.....s et blessures** assault and battery

coupable *adj* guilty; **être déclaré c.....** to be found guilty

coupe-feu *cpd* **porte c.....** fire door

couple *nm* couple; **c.....** **marié** married couple

coupon *nm* coupon; **c.....-réponse** reply-paid coupon

coupure *nf* **1** cut, break; **c.....** **de courant** power cut; **c.....** **d'une heure** one-hour break; **2** cutting; **c.....s de presse** press cuttings

cour *nf* court; **C.....** **d'appel** Court of Appeal; **C.....** **d'assises** Crown court; **C.....** **de cassation** Supreme Court of Appeal; **C.....** **Européenne de Justice** European Court of Justice; **c.....** **de justice** Court of Justice; **C.....** **Suprême** Supreme Court; **Haute C.....** High Court

couramment *adv* fluently; **parler anglais c.....** to speak English fluently

courant *adj* current, day-to-day; **affaires c.....es** day-to-day matters; **dépenses c.....es** day-to-day expenses, running costs; **en francs c.....s** in current francs; **parler un anglais c.....** to speak fluent English

courbe *nf* curve; **c.....** d'apprentissage learning curve; **c..... en cloche** bell-shaped curve

courir *vi* **1** (*fin*) to accrue; **2** to run, incur; **c..... un danger** to run a risk; **c..... des risques de sanction** to incur the risk of a sanction

courrier *nm* letter, mail, correspondence; **adresser un c..... à qqn** to send a letter to sbdy; **j'ai reçu votre c.....** I received your correspondence

cours *nm/nmpl* **1** tuition, course, class, lesson; **c..... par correspondance** correspondence course; **c..... de formation** training course; **c..... d'initiation** induction course, beginner's course; **c..... magistral** lecture; **c..... de mise à niveau** refresher course; **c..... de perfectionnement** proficiency course; **c..... de rattrapage** remedial classes; **c..... de recyclage** retraining course; **c..... du soir** evening classes, night classes; **donner un c.....** to give a lecture/lesson; **prendre des c.....s de qqch** to take lessons in sthg; **suivre des c..... de** to follow a course in, to attend courses in; **2** price, rate; **c..... d'une matière première** price of a raw material; **c..... d'une monnaie** rate of a currency; **3** course; **dans le c..... du mois** in the course of the month; **le projet suit son c.....** the project is progressing; **4** **année en c.....** current year; **dossier en c.....** pending file

course *nf* **c..... à l'argent** rat race

coursier *nm* messenger

court *adj* **être à c..... de personnel** to be short-handed, to be short of staff; **à c..... terme** in the short-run, in the short-term

court-circuiter *vt* to short-circuit; **c..... la hiérarchie** to short-circuit one's superiors

courtage *nm* brokerage

courtier *nm* broker; **c..... d'assurance** insurance broker

couru *pp* accrued; **intérêts c.....s** accrued interest

coût *nm* cost; **analyse des c.....s** cost analysis; **analyse c.....s-avantages** cost-benefit analysis; **centre de c.....s** cost centre; **c.....s constants** fixed costs; **c..... direct** direct cost; **c.....s d'entretien** maintenance costs; **c.....s d'exploitation** operating costs, running costs; **c.....s de fabrication** manufacturing costs; **c..... fixe** fixed cost; **c..... indirect** indirect cost; **c..... de la main-d'œuvre** labour cost; **c..... marginal** marginal cost; **c..... moyen** average cost; **c.....s de production** production costs; **c..... du travail** labour cost; **c..... unitaire** unit cost; **c..... variable** variable cost; **c..... de la vie** cost of living; **indice du c..... de la construction** index of building construction costs used in controlling rent levels; **maîtrise des c.....s** cost containment; **réduire les c.....s** to trim costs; **réduction des c.....s** cost-cutting; **supporter le c..... de qqch** to bear the cost of sthg

coûteux *adj* dear, costly

coutume *nf* custom; **us et c.....s** custom and practice

coutumier *adj* customary

couverture *nf* **1** cover, coverage; **lettre de c.....** cover note; **c..... de presse d'un événement** press coverage of an event; **c..... sociale** insurance cover/coverage (*US*); **2** **l'entreprise servait de c..... à des activités illégales** the company was a front for illegal activities

couvre-chef *cpd* headgear

CPAM *nf* *abr* (**Caisse Primaire d'Assurance Maladie**) local social security office which manages health coverage

CPGE *nfpl* *abr* (**Classes Préparatoires aux Grandes Ecoles**) preparatory training for competitive entry examinations for the French "grandes écoles"

CRAM *nf* *abr* (**Caisse Régionale d'Assurance Maladie**) regional social security body which oversees the running of CPAMs and deals with the prevention and compensation for industrial injury

CRE *nf abr* (**Caisse de Retraite des Expatriés**) pension fund reserved for expatriates

créance *nf* debt; **c.....s douteuses** bad debts; **recouvrer des c.....s** to collect debts; **recouvrement des c.....s** debt collection

créancier *nm* creditor

création *nf* creation; **aide à la c..... d'entreprise** government aid for the creation of small companies; **mesures pour la c..... d'emplois** job creation schemes

créativité *nf* creativity, inventiveness; **test de c.....** creativity test

crèche *nf* nursery, childcare facilities

crédit *nm* credit, loan, mortgage; **acheter à c.....** to buy sthg on credit; **c.....-bail** leasing; **c..... à la consommation** consumer credit; **c..... d'heures** a) time allowed during working hours for works council members, and staff/union representatives to fulfil their duties b) extra hours worked beyond the requirement in a flexitime system; **c..... hypothécaire** mortgage; **c..... immobilier** home loan; **c..... d'impôt-formation** training levy credit which allows companies which radically increase their training budget one year, to spread the resulting tax burden over several years; **c.....-relais** bridging loan

créditer *vt* to credit; **c..... un compte** to credit sbdy's account

créer *vt* to create, set up, form; **c..... une entreprise** to set up/form a company

créneau *nm* **1** niche, market niche; **c..... porteur** fast-developing market niche; **2 c..... horaire** time slot; **occuper un c.....** to fill a slot

creux *nm* **1** (*graph*) trough **2** *adj* **heures c.....es** off-peak/slack period

crible *nm* **passer au c.....** **les propositions** to closely examine proposals; **passer au c..... un texte** to go through a text with a fine-tooth comb

crise *nf* crisis; **c..... cardiaque** heart attack; **c..... de confiance** crisis of confidence; **c..... économique** depression; **c..... de main-d'œuvre** shortage of labour; **c..... du pouvoir** leadership crisis; **gestion des c.....s** crisis management; **négociation de c.....** crisis bargaining

critère *nm* criterion; **c.....s de choix** selection criteria; **c.....s de sélection** selection criteria

critique *nf* criticism; **c..... injuste** unfair criticism

critique *adj* critical; **avoir un esprit c.....** to have a critical mind; **méthode du chemin c.....** critical path method; **méthode des incidents c.....s** critical incident technique; **porter un regard c..... sur un texte** to critically examine a text

critiquer *vt* to criticize

croissance *nf* growth, increase; **c..... zéro** zero growth

croissant *adj* increasing, growing

croître *vi* to grow, increase

CRS *nf abr* (**Compagnie Républicaine de Sécurité**) riot police

CSG *nf abr* (**Contribution Sociale Généralisée**) a special tax deducted from employees' pay which finances state health, welfare and retirement schemes

CSN *nm abr* (**Coopérant du Service National**) French national service performed abroad in a subsidiary of a French company or in French government services

CSP *nf abr* (**Catégories Socio-Professionnelles**) classification of different professions and status groups for national statistical purposes

cuisine *nf* **faire sa c..... interne** to scheme

culture *nf* **c..... d'entreprise** corporate culture

cumul *nm* **c..... de mandats** holding of several (elected) positions; **c..... de peines** successive sentences

cumuler *vt* to accrue; **c..... des fonctions** to hold several positions

cure *nf* cure; **c..... thermale** spa course of treatment

curriculum vitae *nm* curriculum vitae, bio data *(US)*, resume *(US)*

cursus *nm* **c..... universitaire** university course

CV *nm abr* **(Curriculum Vitae)** CV (Curriculum Vitae)

cybernétique *nf* cybernetics

cycle *nm* cycle, course; **c..... court de formation** short training course; **c..... de formation** training course; **c..... long de formation** long training course; **c..... de travail** work cycle; **c..... de vie d'un produit** product life cycle; **deuxième c.....** final honours degree studies; **premier c.....** first two years at university (giving rise to a qualification); **troisième c.....** postgraduate studies

cyclique *adj* cyclical; **demande c.....** cyclical demand

Dd

dactylo *nf* typist

dactylographie *nf* typing, typewriting

dactylographié *pp* typewritten

DAF *nm abr* (**Directeur Administratif et Financier**) Financial Comptroller, Financial Controller

dangereux *adj* unsafe

DAS *nf abr* (**Déclaration Annuelle des Salaires**) annual company declaration of salaries and contributions to National Insurance funds and other such schemes

date *nf* date; **d.....** **d'achèvement** completion date; **d.....** **anniversaire d'embauche** anniversary date of hire; **d.....** **d'application** effective date; **d.....** **d'attribution (d'une option sur action)** grant date (of a stock option); **d.....** **butoir** deadline; **d.....** **de clôture** closing date; **d.....** **de clôture des inscriptions** closing date for enrolment; **d.....** **historique** historic milestone; **d.....** **d'échéance** expiry date, due date; **d.....** **d'effet** operative date, effective date; **d.....** **d'embauche** hire date; **d.....** **d'enregistrement** registration date; **d.....** **d'entrée** date of hire, starting date; **d.....** **d'exécution** date of implementation; **d.....** **d'expiration** termination date, expiry date; **d.....** **de licenciement** termination date; **d.....** **limite** deadline; **d.....** **de livraison** delivery date; **d.....** **de mariage** date of wedding; **d.....** **de naissance** date of birth; **d.....** **de parution** publication date; **d.....** **de réception** date of receipt, delivery date; **d.....** **de sortie** a) departure date b) publication date; **respecter une d.....** **butoir** to meet a deadline

daté *pp* dated; **lettre d.....e du 1er avril** letter dated April 1st

dater *vt* to date; **d.....** **un événement** to date an event; **d.....** **une lettre** to date a letter

DDTE *nf abr* (**Direction Départementale du Travail et de l'Emploi**) regional state organization which oversees the Labour Inspectorate, and is responsible for the correct implementation of Labour Law

de fait *adj* bona fide, de facto; **association d.....** bona fide organization

DEA *nm abr* (**Diplôme d'Etudes Approfondies**) post-graduate diploma taken before completing a PhD

débat *nm* debate

débattre *vt* to debate, negotiate; **salaire à d.....** negotiable salary; **prix à d.....** price to be negotiated

débauchage *nm* raiding, enticement, poaching; **d.....** **de main-d'œuvre** poaching of labour

débaucher *vt* to entice (away), to poach

débit *nm* debit; **d.....** **d'heures** remaining hours to be made up to the required limit within a flexitime system

débiter *vt* to debit, charge; **d.....** **un compte** to debit an account

débiteur *nm* debtor

débiteur *adj* debit, in the red; **compte d.....** account in the red; **(banque)** overdrawn account

débouchés *nmpl* prospects, openings, opportunities; **d.....** **de carrières** career prospects; **d.....** **professionnels** job openings, job opportunities

débouté *nm* nonsuit

débouter *vt* to nonsuit; **d.....** **une plainte** to nonsuit a complaint, to dismiss a claim

débrayage *nm* walkout, stoppage

débrayer *vi* to walk out; **les employés de bureau ont débrayé à l'appel du syndicat** the office staff walked out at the union's call

debriefing *nm* debriefing

débrouillard *adj* resourceful

début *nm* beginning, starting out; **faire ses d.....s dans le métier** to start out in the profession

débutant *nm* beginner

débuter *vi* to begin, start out; **d..... dans la vie professionnelle comme ajusteur** to start out in life as a metal worker; **d..... une réunion par une présentation** to open a meeting with a presentation

décalage *nm* difference, gap; **d..... horaire** time difference; **(souffrir du) d..... horaire** (to have) jet lag

décalé *pp* staggered; **horaire d.....** staggered hours

décaler *vt* to move, move forward, put back; **d..... une réunion** (avancer) to move forward a meeting, (retarder) to put back a meeting

décédé *nm* deceased person

décédé *adj* deceased

décéder *vi* to die

décentralisation *nf* decentralization, devolution

décentraliser *vt* to decentralize

décerner *vt* to award; **d..... un prix** to award a prize

décès *nm* death; **capital d.....** lump-sum death benefit; **d..... accidentel** accidental death, fatality

DECF *nm abr* (**Diplôme d'Etudes Comptables et Financières**) ACA (*equiv*)

décider *vt* to decide, rule; **d..... le licenciement de qqn** to decide on the dismissal of sbdy; **d..... qqn à faire qqch** to convince sbdy to do sthg; **la cour décide que** the court rules that

décideur *nm* decision-maker, policy-maker

décile *nm* (*stat*) decile; **d..... inférieur** lower decile; **d..... supérieur** upper decile; **dernier d.....** last decile; **premier d.....** first decile

décisif *adj* decisive, deciding; **facteur d.....** deciding factor

décision *nf* 1 decision; **arriver à une d.....** to come to a decision; **différer une d.....** to defer a decision; **prendre une d.....** to take a decision; **prise de d.....** decision-making; 2 award, ruling, verdict; **d..... gouvernementale** government ruling; **d..... de justice** court ruling

décisionnaire *nm* decision-maker

déclaration *nf* announcement, statement, declaration; **d..... annuelle** yearly statement; **d..... écrite** written statement; **d..... de faillite** declaration of bankruptcy; **d..... d'impôts** tax declaration; **d..... préalable à l'embauche** prior registration of employee made to the Social Security in order to stamp out illicit work; **d..... de principes** statement of principles; **d..... de revenus** statement of income, tax form, tax return (*US*); **d..... annuelle des salaires** *see* DAS; **d..... de vol** notification of theft

déclaré *pp* declared; **employé d.....** regular employee; **employé non d.....** employee paid off the books; **nourriture d.....e impropre à la consommation** food declared unfit for consumption

déclarer *vt* to declare, state, announce; **rien à d.....** nothing to declare

déclassement *nm* demotion, downgrading

déclasser *vt* to downgrade

décliner *vt* to turn down, refuse; **l'Entreprise décline toute responsabilité en cas de perte ou de vol** the Management accepts no responsibility for the loss or theft of articles

décloisonner *vt* decompartementalize

décompte *nm* counting, breakdown; **le d..... des bulletins de vote** the counting (up) of votes cast, tally of votes; **faire le d.....**

des coûts to give a breakdown of costs

décompter *vt* to deduct, count

déconseiller *vt* to advise against; **d.....** **qqch** to advise against doing sthg

décor *nm* scene; **planter le d.....** to set the scene

décorateur *nm* decorator

décote *nf* 1 rating lower than a fixed reference level; 2 tax reduction

découvert *nm* overdraft; **d.....** **bancaire** bank overdraft; **vendre à d.....** to sell short

décret *nm* decree, order in council, executive order *(US)*; **d....** **d'application** decree; **promulguer un d.....** to issue a decree, to promulgate a decree; **rapporter un d.....** to revoke a decree; *cpd* **d.....-loi** statutory order

décréter *vt* to decree, declare

décroissant *adj* decreasing; **par ordre d.....** in decreasing order

décroître *vi* to decrease; **d.....** **fortement** to decrease sharply

DECS *nm abr* **(Diplôme d'Etudes Comptables Supérieures)** highest accountancy qualification

dédit *nm* penalty, forfeit; **clause de d.....** forfeit clause; *cpd* **d.....-formation** forfeit for training

dédommagement *nm* compensation

dédommager *vt* to compensate; **d.....** **qqn de qqch** to compensate sbdy for sthg

dédouanement *nm* customs clearance

déductible *adj* deductible, allowable; **d.....** **des impôts** tax-deductible; **dépenses d.....s** allowable expenses; **frais d.....s** deductible expenses

déduire *vt* to deduct (from)

défaite *nf* defeat; **subir une d.....** to suffer a defeat

défaut *nm* shortcoming, flaw, defect; **d.....** **de conception** design flaw; **d.....** **de fabrication** manufacturing defect; **d.....** **de paiement** default in payment; **par d.....** by default

défavorable *adj* adverse; **avoir un effet d.....** **sur qqch** to have an adverse effect on sthg

défavorisé *pp* disadvantaged; **les classes d.....es** the disadvantaged; **secteur d'activité d.....** disadvantaged industry sector

défectueux *adj* faulty; **machine défectueuse** faulty machine; **matériel d.....** faulty equipment

défense *nf* defence; **avocat de la d.....** defence counsel

défensive *nf* defensive; **être sur la d.....** to be on the defensive

défi *nm* challenge; **relever un d.....** to rise to a challenge

déficit *nm* deficit

déficitaire *adj* in deficit

défier *vt* to challenge

défilé *nm* march

défiler *vi* to march

définition *nf* definition; **d.....** **de fonction** job description; **d.....** **de poste** job description

déflation *nf* deflation

déflationniste *adj* deflationary; **mesures d.....s** deflationary measures

déformation *nf* **d.....** **professionnelle** job conditioning

déformé *pp* **être d.....** **par sa profession** to be conditioned by one's job

dégâts *nmpl* damage; **subir des d.....** to suffer damage

dégradation *nf* deterioration; **d.....** **du niveau de satisfaction au travail** deterioration in job satisfaction

dégraisser *vt* to shed, trim, cut back, streamline; **d.....** **une entreprise** to streamline an organization; **d.....** **des effectifs** to reduce staff, to shed staff

degré *nm* **1** degree, grade; **d..... d'invalidité** degree of disability; **2 prendre une déclaration au premier d.....** to take a declaration at face value

dégressif *adj* degressive

dégrèvement *nm* reduction; **d..... fiscal** tax reduction; **d..... d'impôts** tax reduction, tax relief *(US)*

déjeuner *nm* lunch; **d..... d'affaires** business lunch; **d..... de travail** working lunch; **heure de d.....** lunch time; **pause-d....** lunch time

délai *nm* time limit, period, deadline; **à bref d.....** at short notice; **dans les d.....s impartis** within the time limit allowed; **dans un d..... de 2 mois** within a 2 month period; **dans les meilleurs d.....s** as soon as possible; **d..... pour achever l'étude** time limit to complete the study; **d..... de carence** waiting period; **d.....-congé de préavis** period of notice; **d..... de démarrage** lead time; **d..... de forclusion** forclosure time period; **d..... de franchise** waiting period; **d..... d'inscription** enrolment time limit; **d..... de livraison** delivery period; **d..... de paiement** payment deadline; **d..... de préavis** period of notice; **d..... de prescription** period during which a legal action must be brought before the right elapses; **d..... prescrit** prescribed time period; **d..... de prévenance** notice period; **d..... prévu** anticipated time period needed; **d..... de réception** delivery time limit; **d..... de réflexion** *(nég)* cooling-off period; **dernier d.....** final deadline

délateur *nm* informer

délation *nf* informing on sbdy; **faire de la d.....** to denounce sbdy

délégation *nf* **1** branch, branch office; **2** delegation; **d..... commerciale** trade delegation; **d..... à l'emploi** division of the Department of Employment with special responsibility for the administration of the National Employment Fund and the National Employment Agency; **d..... d'industriels** delegation of industrialists; **d..... unique du personnel** possibility for a company to regroup staff representatives and works council members, without bringing into question their respective roles, with a view to simplifying the organization of elections and meetings; **3** delegation; **d..... de pouvoirs** delegation of authority; **heures de d.....** time-off rights for staff representatives to fulfil their official duties

délégué *nm* delegate, representative; **d..... à un congrès** conference delegate; **d..... du personnel** staff representative; **d..... médical** medical representative; **d..... syndical** shop steward, union delegate

déléguer *vt* to delegate; **d..... ses pouvoirs** to delegate authority

délibération *nf* deliberation; **d..... du jury** jury's deliberation *nfpl* proceedings

délibéré *pp* deliberation *(jur)*

délibéré *adj* deliberate, wilful; **acte d.....** deliberate act; **action d.....e** action with intent; **refus d.....** wilful refusal

délit *nm* offence, misdemeanour; **commettre un d.....** to commit an offence; **corps du d.....** corpus delicti; **d..... d'initié** insider dealing, insider trading; **d..... d'entrave** offence punishable by law committed by a company when it prevents or hinders a union from carrying out its normal duties; **d..... mineur** minor offence/se; **être pris en flagrant d.....** to be caught red-handed

délivrer *vt* to issue; **d..... un passeport** to issue a passport; **d..... un récépissé** to issue a receipt

délocalisation *nf* **d..... des emplois** the relocation of employment in foreign countries with low labour costs

déloyal *adj* unfair, disloyal; **concurrence d.....e** unfair competition

déloyauté *nf* disloyalty

demande *nf* 1 demand; **d..... des consommateurs** consumer demand; **faible d.....** slack demand; **l'offre et la d.....** supply and demand; 2 request, application, claim, inquiry; **certificats disponibles sur d.....** certificates available upon request; **d..... en dommages-intérêts** claim for damages; **d..... d'emploi** job application; **d.....s d'emploi** situations wanted; **d..... de prestations** claim for benefit; **d..... de renseignements** query; **formulaire de d..... d'emploi** job application form; **jour de la d.....** day of claim; **payable sur d.....** payable on demand; **en référence à votre d.....** I refer to your inquiry; **à votre d.....** at your own request

demandé *pp* **être très d.....** to be in (great) demand

demandeur d'emploi *nm* jobseeker; **les d.....s** the unemployed

démarcation *nf* demarcation; **ligne de d.....** demarcation line

démarchage *nm* prospection, canvassing; **d..... commercial** sales prospection; **d..... à domicile** house-to-house canvassing

démarche *nf* approach, step; **avoir une d..... cohérente** to have a coherent approach; **d.....s administratives à suivre** administrative procedures to follow; **entreprendre des d.....s auprès de qqn** to make representations to sbdy; **entreprendre des d..... pour faire qqch** to take steps to do sthg

démarcher *vt* to prospect, canvass; **d..... les clients** to prospect customers

démarcheur *nm* canvasser

démarrage *nm* start; **d..... d'une campagne publicitaire** start of an advertising campaign

déménagement *nm* house moving, relocation, removal; **allocation de d.....** moving allowance; **frais de d.....** relocation expenses, removal expenses

déménager *vti* to move; **d..... les bureaux** to move offices

démettre (se) *vpr* to resign; **se d..... de ses fonctions** to resign from one's post; **se soumettre ou se d.....** to put up or shut up

demi-mesure *cpd* half measure

demi-tour *cpd* U-turn; **faire d.....** to do a U-turn

démission *nf* resignation; **donner sa d.....** to give in/hand in one's notice; **offrir sa d.....** to tender one's resignation

démissionnaire *adj* resigned; **être d.....** to have resigned

demissionné *pp* **être d.....** to be forced to resign

démissionner *vi* to resign, to quit *(US)*, to hand in/give in one's notice; *vt* **d..... qqn** to dismiss sbdy, to give sbdy his/her cards, to give sbdy his/her pink slip *(US)*

démodé *pp* dated, out-of-date, old-fashioned; **avoir des idées d.....es** to have dated ideas

démographie *nf* demography, population

démographique *adj* **tendances d.....s** population trends

démonstrateur, trice *nmf* demonstrator

démonstration *nf* **d..... de force** show of strength

démunis *nmpl* **les d.....** the havenots

déni *nm* **d..... de justice** miscarriage of justice

dénoncer *vt* to denounce; **d..... un contrat** to denounce a contract

dénonciation *nf* denunciation; **d..... d'un accord** denunciation of an agreement, unilateral termination of an agreement

denrée *nf* commodity; **d..... rare** rare commodity; *nfpl* **d.....s périssables** perishables

dent *nf* **avoir les d.....s longues** to be very ambitious; **évolution de carrière en d.....s de scie** erratic career evolution

dentaire *adj* dental; **soins d.....s** dental care

dentiste *nmf* dentist; **chirurgien d.....** dental surgeon

déontologie *nf* code of ethics

dépanneur *nm* repairman

départ *nm* departure, leaving; **d.....s à la retraite** retirements, attrition; **d..... de 10 personnes** departure of 10 people; **d.....s naturels** natural wastage; **d..... négocié** negotiated departure; **d..... volontaire à la préretraite** early retirement on a voluntary basis; **entretien de d.....** exit interview; **nombre de d.....s** number of leavers; **point de d.....** starting point; **pot de d.....** goodbye drink; **retourner à la case d.....** to go back to square one

départager *vt* to decide between; **d..... les options** to decide between different options

département *nm* **1** service, department; **d..... des ventes** sales department; **2** region, county (*équiv*)

départemental *adj* departmental

dépassé *pp* **1** obsolete, out-of-date; **2** overwhelmed; **être d..... par les événements** to be overwhelmed by events

dépassement *nm* **d..... d'attribution** to exceed one's responsibilities; **d..... d'heures** surplus of hours worked over and above the mandatory requirement in a flexitime system

dépasser *vt* to exceed, surpass, overrun, outnumber; **d..... un délai** to overrun a deadline; **d.....**

les limites to overstep the limits; **d..... en nombre** to outnumber; **d..... les objectifs** to exceed the objectives; **d..... le temps alloué** to overrun the time allowed; **les résultats dépassent de loin nos attentes** the results surpass all our expectations; **les revendications salariales dépassent l'inflation** wage demands outstrip inflation *vpr* to surpass oneself

dépendre *vt* to depend; **d..... directement de qqn** to report to sbdy

dépense *nf* expenditure, expense, spending; **d.....s exceptionnelles** below-the-line expenditure; **d.....s gouvernementales** government outlay; **engager des d.....s** to commit funds, to incur expenses

dépenser *vt* to spend, expend (*US*); **d..... de l'énergie** to use up energy; **d..... du temps** to spend time *vpr* **se d..... sans compter** to give one's all

dépensier *adj* **être d.....** to be a spendthrift

déplacement *nm* **1 d..... d'une usine** plant relocation; **2** trip, travel; **être en d.....** to be on a trip, to be out of town; **frais de d.....** travel expenses; **indemnité de d.....** travel allowance

déplacer (se) *vpr* to travel

déplafonner *vt* to uncap, to remove the ceiling on sthg

dépliant *nm* leaflet

déposer *vt* **1** to testify; **2** to lodge, deposit; **d..... de l'argent à la banque** to deposit money at the bank; **d..... le bilan** to file for bankruptcy; **d..... une plainte** to lodge a complaint; **d..... un préavis de grève** to give strike notice

déposition *nf* testimony; **d..... d'un témoin** testimony of a witness

dépôt *nm* **1** warehouse; **2 d..... de bilan** bankruptcy petition; **3** deposit, registration; **d..... de garantie** deposit; **d..... d'une liste de**

candidats registration of a list of candidates; **d..... d'une marque** registration of a trademark

dépouillement *nm* count, counting; **d..... d'un scrutin** ballot count, counting of votes, tally of votes

dépouiller *vt* to count; **d..... un scrutin** to count votes cast, to tally votes

dépourvu *pp* **accusation d.....e de fondement** groundless accusation; **licenciement d..... de cause réelle** dismissal without good grounds

dépression *nf* depression, breakdown; **d..... nerveuse** nervous breakdown; **souffrir de d.....** to suffer from depression

déqualification *nf* deskilling, downgrading

dérangement *nm* inconvenience, disturbance; **causer du d.....** to cause great inconvenience; **téléphone en d.....** telephone out of order

déranger *vt* to disturb; **d..... qqn en entretien** to interrupt sbdy in an interview

déréglé *adj* out of order; **la photocopieuse est d.....e** the photocopy machine is out of order

déréglementation *nf* deregulation

dérisoire *adj* negligible, derisory; **augmentation de salaire d.....** negligible salary rise

dérive *nf* drift; **d..... des salaires** salary drift

dérivé *nm* by-product

dernier-né *nm* last-born

dernière-minute *cpd* lastminute; **changements de d.....** last-minute changes

dérogation *nf* dispensation, waiver, derogation; **accorder une d.....** to give special dispensation, to grant a waiver; **d..... per-**

manente standing dispensation, permanent waiver

dérogatoire *adj* dispensatory; **à titre d.....** by special dispensation

déroger *vi* to waive; **d..... à une contrainte** to waive a restriction; **d..... à la règle** to go against procedure, to depart from the rules

déroulement *nm* flow, course; **d..... des opérations** work flow; **pendant le d..... d'une réunion** during the course of the meeting

dérouler (se) *vpr* to take place, happen, occur; **la manifestation se d..... dans le calme** the demonstration is going off peacefully

désaccord *nm* 1 disagreement, failure to agree; **d..... entre personnes** disagreement between people; 2 discrepancy; **d..... entre des chiffres** discrepancy between figures

désaffecté *pp* disused; **usine d.....e** disused factory

désamorcer *vt* to defuse, forestall; **d..... une crise** to defuse a crisis

désavantage *nm* drawback, disadvantage

désavantageux *adj* unfavourable; **être dans une position désavantageuse** to be at a disadvantage

désavouer *vt* to repudiate, disown; **d..... des propos** to disown remarks made; **syndicat désavoué par le personnel** union disowned by the staff

descendant *nm* descendant; **avoir des d.....s** to have descendants

DESCF *nm abr* (**Diplôme d'Etudes Supérieures Comptables et Financières**) ACCA, CPA (*US*) (*equiv*)

désengagement *nm* withdrawal; **clause de d.....** opting-out clause

déséquilibre *nm* imbalance; **d..... commercial** trade imbalance

déséquilibré *pp* unbalanced; **budget d.....** unbalanced budget

désignation *nf* appointment, naming; **d..... d'un bénéficiaire** *(ass)* naming of a beneficiary

désigné *pp* appointed; **d..... à un poste** appointed to a position; **Président d.....** President-elect

désigner *vt* to appoint, name, designate; **d..... un expert** to appoint an expert; **d..... qqn comme bénéficiaire** *(ass)* to name sbdy as a beneficiary, expression of wish

désistement *nm* withdrawal *(jur)*

désister (se) *vpr* to stand down, withdraw; **se d..... à une élection** to stand down at an election, to withdraw from an election

désobéissance *nf* insubordination

désordre *nm* disorder

DESS *nm abr* (**Diplôme d'Etudes Supérieures Spécialisées**) one-year postgraduate vocational diploma

dessinateur *nm* draughtsman, draftsman *(US)*

dessous-de-table *nm* kickback, bribe

destinataire *nm* addressee, consignee, sendee

destitué *pp* **être d..... de ses fonctions** to be relieved of one's duties

destituer *vt* to dismiss, discharge *(US)*; **d..... qqn de ses fonctions** to relieve sbdy of his/her duties

destitution *nf* dismissal, discharge *(US)*

désuet *adj* obsolete, outdated

désuétude *nf* obsolescence; **d..... d'une pratique** obsolescence of a custom; **tomber en d.....** to become obsolescent

détaché, e *nmf* secondee

détaché *pp* **être d.....** to be on secondment

détachement *nm* secondment

détail *nm* **1** detail, particular; **d.....s d'un poste** particulars of a position; **d..... d'une facture** breakdown of an invoice; **2** retail; **vendre au d.....** to sell retail

détaillant *nm* retailer

déterminé *pp* **contrat de travail à durée d.....e** fixed-term employment contract

détournement *nm* misappropriation; **d..... de biens** misappropriation of property; **d..... de clientèle** said of a person who, upon resigning, takes his/her customer base with him to his/her new company; **d..... de fonds** embezzlement, misuse of funds

détourner *vt* to misuse, misappropriate; **d..... un document** to misuse company documents; **d..... des fonds** to misuse funds, to misappropriate funds

dette *nf* debt, liability; **avoir des d.....s** to be in debt; **avoir une d..... envers qqn** to be indebted towards sbdy; **d..... à court terme** current liability; **d..... à long terme** long-term liability; **reconnaissance de d.....** IOU (I owe you)

DEUG *nm abr* (**Diplôme d'Etudes Universitaires Générales**) diploma taken after two years at university, Associate's Degree *(US)*

deuil *nm* bereavement, mourning; **être en d.....** to be in mourning

DEUST *nm abr* (**Diplôme d'Etudes Universitaires en Sciences et Technologie**) specialised vocational diploma taken after two years at university, Associate's degree *(US)*

dévaloriser *vt* **1** to depreciate; **2 d..... un métier** to underrate a profession

dévaluation *nf* devaluation, depreciation; **d..... d'une devise** depreciation of a currency; **d.....**

d'une monnaie devaluation of a currency

développement *nm* growth, development; **d.....** **des organisations** organizational development; **d.....** **personnel** personal growth

développer *vt* to grow, develop, build up; **d.....** **une affaire** to build up a business; **d.....** **une clientèle** to build up a customer base

devis *nm* estimate, estimation, quotation; **établir un d.....** to draw up an estimate, to put in a quotation; **faire un d.....** to make an estimate

devise *nf* 1 currency; 2 motto, slogan

devoir *nm* duty; **accomplir son d.....** to carry out/perform one's duty; **s'acquitter de son d.....** to carry out/perform one's duty; **remplir son d.....** to carry out/perform one's duty

devoir *vt* to owe; **d..... de l'argent à qqn** to owe money to sbdy

dextérité *nf* skill, dexterity

DG *nm* *abr* **(Directeur Général)** CEO (Chief Executive Officer), Managing Director

diagnostic *nm* diagnosis

diagramme *nm* graph, diagram, chart; **d..... à bâtons** bar diagram; **d..... de Pareto** Pareto chart; **d..... en secteurs** pie chart

dialogue *nm* **d..... social** concertation

diapositive *nf* slide

dicter *vt* to dictate, impose, lay down; **d..... les conditions** to dictate terms; **d..... les règles** to lay down rules; **d..... sa volonté** to impose one's will

diffamation *nf* (verbal) slander; (écrit) libel; **poursuites pour d.....** libel action; **procès en d.....** libel action, action for slander

diffamatoire *adj* libellous, slanderous; **propos d.....s** libellous/slanderous remarks

diffamer *vt* (écrit) to libel; (verbal) to slander

différé *pp* deferred; **paiement en d.....** deferred payment; **rente d.....e** deferred annuity

différend *nm* disagreement, dispute; **régler un d.....** to settle a dispute

différentiels *nmpl* differentials; **d..... de salaires** salary differentials

différer *vt* to defer, delay; **d..... une décision** to defer making a decision; **d..... le paiement** to delay payment

difficulté *nf* difficulty, trouble; **aplanir les d.....s** to smooth out/iron out difficulties; **avoir des d.....s financières** to be in financial straits; **éprouver des d.....s à faire qqch** to have difficulty in doing sthg; **se heurter à des d.....s** to run into trouble/difficulty

diffuser *vt* to circulate; **d..... des offres d'emploi** to circulate job vacancies

diffusion *nf* circulation; **d..... d'un journal d'entreprise** circulation of an in-house magazine; **d..... d'une note de service** circulation of a memo

dilatoire *adj* delaying; **manœuvre d.....** delaying tactic, stalling tactic

dilution *nf* dilution; **accord de d.....** dilution agreement

dimanche *nm* Sunday; **ouverture le d.....** Sunday trading

diminuer *vt* to diminish, reduce, decrease, prune, cut down on, trim; **d..... les coûts** to prune/trim costs; **d..... ses frais** to cut down on expenses; **d..... le nombre d'accidents** to reduce the number of accidents

diminution *nf* cut, reduction, decrease; **d..... des effectifs** staff reduction; **d..... des prix** decrease in price

diplôme *nm* diploma, qualification, certificate; **d..... reconnu** recognized diploma; **d..... non reconnu** unrecognized diploma; **d..... revêtu du visa ministériel** recognized diploma; **être titulaire d'un d..... de** to hold a diploma in *nmpl* qualifications

diplômé, e *nmf* graduate, holder of a diploma

diplômé *adj* qualified; **être d..... de** to be a graduate of; **être un ingénieur d.....** to be a qualified engineer

Dircom *nm abr* (**Directeur de la Communication**) Corporate Communications Manager

direct *adj* direct; **ligne d.....e** direct line

directeur *nm* manager, director; **d..... des Achats** Purchasing Manager; **d..... d'agence bancaire** Bank Manager; **d..... Artistique** Artistic Director; **d..... de cabinet** Principal Private Secretary; **d..... général** Managing Director, General Manager; **d..... général adjoint** Deputy Managing Director; **d..... du Personnel** Personnel Manager; **d..... régional** Area Manager; **d..... des Ressources Humaines** Human Resources Manager; **d..... de succursale** Branch Manager; **d..... technique** Maintenance Manager, Chief Engineer; **d..... d'usine** Plant Manager; **d..... des ventes** Head of Sales, Sales Manager

direction *nf* 1 management, leadership; **comité de d.....** management committee; **confier la d..... à qqn** to entrust the management to sbdy; **D..... Générale** General Management; **d..... par objectifs** management by objectives; **prendre la d..... d'une usine** to take over the running of a factory; **travailler sous la d..... de qqn** to work under the leadership of sbdy; 2 department; **d..... des achats** purchasing department; **D..... Départementale du Travail et de l'Emploi** *see* DDTE; **d..... du personnel** Personnel Department; **d..... des ventes** Sales Department; 3 directorate

directive *nf* instruction, directive

directoire *nm* directorate, board of directors, executive board

dirigeant *nm* executive, leader; **d..... d'entreprise** company executive; **d..... syndical** union leader

diriger *vt* to manage, run, head; **d..... une entreprise** to control/run a company; **d.... une équipe d'experts** to head a team of experts; **d..... une organisation** to run an organization

disciplinaire *adj* disciplinary; **action d.....** disciplinary action; **procédure d......** disciplinary procedure

discipline *nf* discipline; **maintenir la d.....** to keep discipline; **manque de d.....** lack of discipline; **manquer de d.....** to lack discipline

discipliner *vt* to discipline

discours *nm* speech, address; **faire un d.....** to give an address; **prononcer un d.....** to deliver a speech; **tenir un d..... de conciliation** to use accommodating language

discrétionnaire *adj* discretionary; **pouvoirs d.....s** discretionary powers

discrimination *nf* discrimination; **d..... à l'embauche** restrictive hiring practices; **d..... raciale** racial discrimination; **d..... sexuelle** sexual discrimination

discussion *nf* 1 argument; 2 **être en d.....** to be in conference; 3 *nfpl* discussions, talks; **engager des d.....s sur un sujet** to hold discussions on a subject; **des d.....s ont eu lieu l'année dernière** talks were held last year; **reprendre des d.....s** to resume talks; **la reprise des d.....s** resumption of talks

discuté *pp* controversial; **décision très d.....e** very close decision, controversial decision; **projet très d.....** very controversial project

discuter *vi* to discuss, argue, confer; **d..... avec ses négociateurs** to confer with fellow negotiators; **d..... un prix** to argue about a price; **d..... d'un problème** to examine a problem

disparité *nf* disparity, gap; **d..... de salaires** wage disparity

dispense *nf* dispensation, exemption; **d..... d'exécution de préavis** release from working out notice

dispensé *pp* exempt; **être d..... de (faire) qqch** to be exempt from (doing) sthg

dispenser *vt* to exempt; **d..... qqn d'assister à une réunion** to exempt sbdy from attending a meeting

disponibilité *nf* 1 availability; **mettre qqn en d.....** to grant leave of absence; **offre selon d.....** offer subject to availability; 2 *nfpl* liquid assets

disponible *adj* available, disposable, free; **avoir des fonds d.....s** to have available funds; **être d..... à 16h** to be free at 4pm; **revenu d.....** disposable income; **trouver une salle d.....** to find a free/vacant room

dispositif *nm* device; **d..... d'alarme** warning device

disposition *nf* 1 provision, stipulation; **d..... d'ensemble** omnibus clause; **d.....s générales** blanket clause, general conditions; **d.....s légales** legal/statutory provisions; **d.....s d'une loi** provisions of a law; **sauf d.....s contraires** unless otherwise stated; 2 *nfpl* measures, arrangements; **prendre des d.....s** to take measures; **prendre ses d.....s pour faire qqch** to make arrangements to do sthg; 3 layout; **d..... des bureaux** layout of the offices; 4 **mise à d..... d'un intérimaire** assignment of a temp; **mise en d.....** leave of absence; **à votre d.....** at your disposal

dispute *nf* row, argument, area of contention

disputer *vt* to argue, to contest; **d..... qqch avec qqn** to argue with sbdy about sthg

disqualification *nf* disqualification

disqualifier *vt* to disqualify

disque *nm* disk; **d..... dur** hard disk

disquette *nf* floppy disk

dissident *adj* dissident; **groupe d.....** splinter group, breakaway group

dissimuler *vt* to hide, conceal; **d..... un problème** to hide a problem

dissuasif *adj* dissuasive; **mesure dissuasive** deterrent

dissuasion *nf* deterrent, disincentive, dissuasion

distributeur *nm* 1 **d..... automatique de boissons** vending machine; **d..... automatique de billets** cash dispenser; 2 distributor; **d..... exclusif** sole agent/distributor

distribution *nf* retail trade; **la grande d.....** large-scale retailing

divergence *nf* discrepancy

divers *adj* miscellaneous, various; **frais d.....** miscellaneous expenses, sundries

diversification *nf* diversification; **d..... stratégique** strategic diversification

diversifier *vt* to diversify

dividende *nm* dividend

diviser *vt* to divide; **d..... pour mieux régner** to divide and rule

division *nf* division

divorce *nm* divorce; **demander le d.....** to file for divorce; **être en instance de d.....** to go through divorce proceedings; **obtenir le d.....** to get a divorce

divorcé *pp* divorced

divulgation *nf* disclosure; **d..... d'information confidentielle** disclosure of confidential information

divulguer *vt* to leak, disclose; **d..... une information à qqn** to leak information to sbdy; **d..... des secrets** to disclose secrets

docker *nm* docker, dock worker

doctorat *nm* **d..... d'Etat** doctorate, PhD

document *nm* document, paper; **d..... de travail** working paper

documentaliste *nmf* archiviste

doléances *nfpl* grievances; **cahier des d.....** register of grievances

DOM-TOM *nmpl abr* **(Départements d'Outre-Mer + Territoires d'Outre-Mer)** French overseas territories

domaine *nm* field, sphere; **d..... de compétence** specialized field

domicile *nm* place of residence, registered address; **élire d..... en France** to take up residence in France; **vendeur à d.....** door-to-door salesman

domicilié *pp* domiciled; **être d..... en France** to have one's home in France

dommage *nm* loss, damage; **d.....s corporels** physical injury; **d.....s-intérêts** damages; **d.....s et intérêts** damages; **obtenir des d.....s-intérêts** to recover damages, to be awarded damages; **réclamer des d.....s et intérêts** to claim damages

don *nm* gift, donation; **faire un d.....** to make a gift/donation

donnant, donnant *loc* give and take

données *nfpl* data, information; **banque de d.....** data bank; **base de d.....** data base; **d..... brutes** raw data; **d..... chiffrées** facts and figures; **enregistrer des d.....** to record data; **recherche de d.....** information retrieval; **recueil des d.....** data collection, data gathering; **recueillir des d.....** to collect/gather data; **saisir des d.....** to key in data

dossier *nm* file, form, record; **copie pour le d.....** file copy, copy for the records; **d..... actif** active file; **d..... de candidature** application file; **d..... clos** closed file; **d..... en cours** pending file; **d..... inactif** dormant file; **d..... d'inscription** enrolment form; **d.....s médicaux** medical records; **d..... personnel** personal file; **d.....s du personnel** employee records; **enregistrer au d.....** to record on file

dotation *nf* **d..... aux amortissements** depreciation charges

douane *nf* customs; **droits de d.....** customs duties

douanier *nm* customs officer

double *nm* copy; **conserver un d.....** to keep a copy

double *adj* double; **en d..... exemplaire** in duplicate; **remplir un formulaire en d..... exemplaire** to fill out a form in duplicate

double cerveau *cpd* split-brain hypothesis

double emploi *cpd* **ce contrôle fait d.....** this control is redundant

doute *nm* doubt, misgivings; **avoir des d.....s sur qqch** to have misgivings about sthg; **un d..... subsiste** there is still room for doubt; **donner à qqn le bénéfice du d.....** to give sbdy the benefit of the doubt; **être dans le d.....** to be doubtful; **laisser planer un d..... sur qqch** to let a doubt hang over sthg; **mettre en d..... sa bonne foi** to question his/her intentions; **ne pas faire de d.....** there is no doubt about it; **sans l'ombre d'un d.....** without a shadow of a doubt

douter *vt* to doubt, question; **d..... de l'authenticité d'un document** to question the authenticity of a document

douteux *adj* doubtful, questionable; **affaire douteuse** questionable undertaking

DPLG *abr* **(Diplômé Par Le Gouvernement) architecte D.....** (state) certified architect

DPO *nf abr* **(Direction Par Objectifs)** MBO (Management By Objectives)

draconien *adj* drastic; **prendre des mesures d.....nes** to take drastic measures

droit *nm* 1 right, law, entitlement; **à qui de d.....** to whom it may concern; **s'arroger le d..... de faire qqch** to reserve the right to do sthg; **avoir d..... à qqch** to be entitled to sthg, to qualify for sthg, to have a right to sthg; **avoir d..... à des allocations** to qualify for benefit; **avoir d..... de regard sur un dossier** to have the right to examine a file; **avoir d..... sur qqch** to have a right over sthg; **chaque mois donne d..... à 2 jours de congés** each month entitles you to 2 days' holiday/vacation; **d.....s acquis** vested rights, acquired rights; **d..... administratif** administrative law; **d..... des affaires** business law; **d..... d'alerte** right of a worker to inform his/her employer of a potential but serious threat to his safety in the workplace; **d..... d'appel** right of appeal; **d..... civil** civil law; **d.....s civils** civil rights; **d.....s civiques** civic rights; **d..... commercial** commercial law; **d..... commun** civil law; **d..... aux congés payés** holiday entitlement; **d..... coutumier** customary law; **d..... disciplinaire** disciplinary law; **d..... d'expression** right of expression; **d.....s de la femme** women's rights; **d.....s de l'homme** human rights; **d..... inaliénable** inalienable right; **d..... à l'information** right to information; **d..... des obligations** contract law; **d..... pénal** criminal law; **d..... aux prestations** benefits entitlement; **d..... de regard** right to examine; **d.....s de reproduction** reproduction rights; **d..... de retrait** right of an employee to stop work if he legitimately feels his safety is threatened; **d..... social** employment law; **d..... des sociétés** company law; **d..... syndical** trade union law; **d..... au travail** right to work; **d..... du travail** labour law, employment law; **d..... de veto** power of veto; **d..... de vote** right to vote; **exercer ses d.....s** to exercise one's rights; **faculté de d.....** law school; **fait pour valoir ce que de d.....** legal expression denoting the official nature of a declaration; **qqn en fin de d.....s** sbdy who reaches the end of his entitlement; **ouvrir d..... à** to give right to, to entitle to; **de plein d.....** as of right; **renoncer à ses d.....s** to waive one's rights, to forfeit one's rights; **se réserver le d..... de faire qqch** to reserve the right to do sthg; **tous d.....s réservés** all rights reserved; **violer un d.....** to violate a right; 2 duty, fee, charge; **d.....s d'auteurs** royalties; **d.....s de douane** customs duties; **d..... d'enregistrement** registration fee; **d..... d'entrée** entry charge, entrance fee, admission fee; **d..... d'inscription** enrolment fee; **d.....s de succession** death duties

DTI *nf abr* **(Direction du Traitement de l'Information)** MIS (Management of Information Systems)

dû *pp* due; **en bonne et d.....e forme** in due form

dûment *adv* duly; **lettre d..... signée** duly signed letter

dumping *nm* **d..... social** the minimization of personnel costs and risks to increase a company's competitiveness by using cheap, less protected labour; **faire du d.....** to dump goods

dur *adj* hard; **disque d.....** hard disk; **les temps sont d.....s** times are hard; **travailler d.....** to work hard

durable *adj* long-lasting; **accord d.....** long-lasting agreement

durcir *vt* to harden; **d..... sa position** *(nég)* to toughen one's position

durée *nf* duration; **d..... du contrat** duration of the contract; **d..... hebdomadaire du travail** workweek; **d..... d'un projet** life of a project; **d..... du travail** hours of work; **d..... de travail réduite** short time

DUT *nm abr* **(Diplôme Universitaire de Technologie)** technical diploma awarded after two years at university

dynamique *nf* impetus, momentum; **d..... du groupe** group dynamics

dynamique *adj* dynamic, fast; **employé d.....** fast, enterprising worker

Ee

EAD *nm* *abr* (**Enseignement A Distance**) distance learning

EAO *nm* (**Enseignement Assisté par Ordinateur**) CAL (Computer Assisted Learning)

ébriété *nf* drunkenness; **en état d'é.....** in a drunken state, under the influence of drink

écart *nm* discrepancy, gap, variance, difference; **atténuer les é.....s de salaires** to erode wage differentials; **combler un é.....** to close/fill/bridge a gap; **é..... de prix** price difference; **é..... par rapport au budget** budget variance; **é.....s de salaires** wage differentials; **tenir qqn à l'é..... d'un conflit** to keep sbdy out of a dispute

écart type *nm* (*stat*) standard deviation

écarter *vt* to avert; **é..... une grève** to avert a strike; **é..... une proposition** to dismiss a proposal

échafaudage *nm* scaffolding

échange *nm* exchange; **é.....s commerciaux** trade; **é..... de postes** exchange of jobs; **é..... de vues** exchange of views

échanger *vt* to exchange, trade off, swap (*fam*)

échantillon *nm* sample; **é..... représentatif** adequate sample

échantillonnage *nm* sampling

échéance *nf* **1** date of maturity, due date; **é..... d'une facture** settlement date of an invoice; **é..... du loyer** date of payment of rent; **à longue é.....** in the long term; **venir à é.....** to mature; **2** instalment

échéancier *nm* **1** bill-book; **2** calendar for action, schedule

échec *nm* failure, setback, breakdown; **é..... des négociations** breakdown/collapse of talks, failure of negotiations; **négoci-** ations vouées à l'é..... negotiations doomed to failure; **subir un é.....** to suffer a setback/defeat

échelle *nf* ladder, scale; **é..... d'avancement** promotion ladder; **é..... mobile** sliding scale; **é..... mobile des salaires** sliding wage scale, incremental scale; **é..... des salaires** salary scale; **économies d'é.....** economies of scale; **licenciements économiques à grande é.....** large-scale redundancies

échelon *nm* **1** rank, grade; **les bas é.....s** the lower ranks; **é..... hiérarchique** hierarchical grade; **les é.....s supérieurs de la fonction publique** the top grades of the civil service; **gravir les é.....s** to get ahead; **2** **à l'é..... national** on the national level

échelonné *adj* incremental, staggered; **augmentation é.....e** incremental increase; **congés é.....s sur 4 mois** holidays/vacations (*US*) staggered over 4 months

échelonner *vt* to stagger, space out; **é..... les vacances** to stagger holidays

échouer *vi* to fail, collapse, break down; **les discussions ont échoué** talks have broken down/collapsed/failed; **é..... à un examen** to fail an exam; **faire é..... les négociations** to wreck the negotiations; **les pourparlers ont échoué** talks have broken down/failed

échu *pp* outstanding, due; **intérêts é.....s** outstanding interest; **à terme é.....** when instalments are due

éclair *nm* lightning; **grève é.....** lightning strike

éclairage *nm* lighting

éclaircir *vt* to clarify; **é..... une situation** to clarify a situation

école *nf* school, college; **é..... de commerce** business school; **é..... d'enseignement supérieur** higher education institute; **é..... de gestion** business school; **é..... d'ingénieurs** engineering school; **é..... maternelle** infant school, kindergarden; **é.....** **normale** teacher's training college; **é.....** **de pensée** school of thought/thinking; **é.....** **professionnelle** vocational school; **é.....** **de secrétariat** secretarial college; **é.....** **du soir** night school

économat *nm* company store

économie *nf* economy; **é.....** **de marché** market economy; **é.....** **mixte** mixed economy; **faire des é.....s de/sur qqch** to economize on sthg; **mesures d'é.....** economy measures *nfpl* savings; **faire des é.....s** to make savings, to save

économiser *vt* to economize, save money; **é.....** **de/sur qqch** to economize on sthg

économiste *nmf* economist

écoulé *pp* **la période é.....e** the completed period

écouler (s') *vpr* to run out; **le temps s'est écoulé** time has run out

écoute *nf* listening; **é.....** **active** active listening

écran *nm* screen, visual display unit; **à l'é.....** on the screen; **é.....** **de fumée** smoke screen; **é.....** **d'ordinateur** computer screen; **é.....** **de télévision** TV screen

écrit *nm* handwritten; **lettre é.....e à la main** handwritten letter; **mettre qqch par é.....** to put sthg in writing

écriture *nf* **1** handwriting, writing; **2** entry; **passer une é.....** to make an entry *(fin)* *nfpl* paperwork

écueil *nm* pitfall, snag; **é.....s à éviter** pitfalls to avoid

édicter *vt* to enact; **é.....** **une loi** to enact a law

éditer *vt* to publish, bring out; **é.....** **une brochure** to bring out a brochure

édition *nf* **1** publishing; **2** publication; **maison d'é.....** publishing house; **é.....** **d'une brochure** publication of a brochure

éducation *nf* education, instruction; **é.....** **ouvrière** workers' education; **recevoir une bonne é.....** to be well educated; **é....** **permanente** adult education

effectif *nm* manpower, headcount, workforce; **besoins en e.....s** manpower needs, manpower requirements; **e.....(s) en début de mois** headcount on the first of the month; **e.....(s) en fin de mois** month-end headcount; **e.....(s) inscrit(s)** employees under contract; **e.....(s) présent(s)** active workforce, staff at work; **e.....** **réel** active workforce, staff at work; **l'e.....** **est au complet** to be at full strength; **entrer dans les e.....s** to be included in the headcount

effectif *adj* accomplished, effective, actual; **travail e.....** **de 200 heures** 200 hours of work accomplished

effectuer *vt* to carry out, complete; **e.....** **une opération** to carry out an operation; **e.....** **son préavis** to work out one's notice; **e.....** **un stage** to complete a training period/internship; **e.....** **un versement** to make a payment

effet *nm* **1** effect; **date d'e.....** effective date; **e.....** **de halo** halo effect; **e.....** **de levier** leverage; **e.....** **de masse** in a given year, the percentage increase of the total wage bill resulting from all salary increases; **obtenir l'e.....** **voulu** to achieve the desired effect; **e.....** **pervers** adverse impact; **prendre e.....** to take effect, to come into (full) force; **e.....** **de report** the carry over effect of a percentage increase of the total wage bill in the following year; **rester sans e.....** to be ineffective; **avec e.....** **rétroactif** backdated; *npl* **2** belongings, effects; **e.....s personnels** personal belongings, personal effects; **3** note; **e.....s à payer** notes payable; **e.....s à recevoir** notes receivable

efficace *adj* efficient, effective; **manager e.....** effective manager

efficacement *adv* efficiently; **travailler e.....** to work efficiently

efficacité *nf* effectiveness, efficiency

effondrement *nm* collapse, slump, fall; **e..... des commandes** slump in orders

effondrer (s') *vpr* to collapse, slump; **le marché s'effondre** the market has slumped

effriter (s') *vpr* to crumble; **son soutien s'effrite** his/her support is crumbling

égaliser *vt* to level out, equalize; **é..... les revenus** to level out earnings

égalité *nf* equality, parity; **é..... des chances** equal opportunities; **é..... professionnelle** equal opportunities; **é..... des salaires** wage parity

élaborer *vt* to draw up, work out; **é..... un contrat** to draw up a contract

élan *nm* impetus, momentum

élargissement *nm* enlargement; **é..... des tâches** job enlargement

élasticité *nf* elasticity; **é..... de la demande** elasticity of demand; **é..... de l'offre** elasticity of supply

électeur *nm* voter, elector; *nmpl* **les é.....s** the electorate

élection *nf* election; **jour des é.....s** polling day; **organiser une é.....** to hold an election; **se présenter aux é.....s** to stand for election

électorat *nm* electorate, voters

électricien *nm* electrician

élément *nm* element, component; **manquer d'é.....s** to lack information; **meilleurs é.....s de l'entreprise** best employees in the company

élevé *adj* high, high-ranking; **poste é.....** high-ranking position; **prix é.....** high price; **taux é.....** high rate

élever (s') *vpr* to rise up; **le coût s'élève à** the cost is running at; **s'é..... contre une décision** to rise up against a decision; **l'inflation s'élève à 5%** inflation is running at 5%; **votre nouveau salaire s'é..... à** your new salary amounts to/comes to; **le taux s'é..... à 5%** the rate rises up to 5%; **s'é..... à la force du poignet** to work one's way up from the bottom

éleveur *nm* livestock farmer, breeder

éligibilité *nf* eligibility

éliminer *vt* to weed out, eliminate, get rid of; **é..... de mauvais candidats** to weed out poor candidates

élire *vt* to elect; **é..... un candidat** to elect a candidate; **é..... domicile en France** to take up residence in France

éloge *nf* praise; **faire l'é..... d'un collègue** to praise a colleague

éloigné *adj* far, remote, distant; **vivre é..... du travail** to live far from work

éloignement *nm* distance; **é..... du travail** distance from work

élu *nm* person elected

émaner *vt* to arise from; **réclamations émanant de** claims arising from

émarger *pp* to sign, initial

émargement *nm* signature, initials

emballage *nm* packaging

embauchage *nm* recruitment, hiring, taking on

embauche *nf* recruitment, hiring, taking on; **e..... du premier salarié** the hiring/recruitment of a first employee which entitles a very small company to a total exoneration of employer's contributions; **salaire d'e.....** starting salary

embaucher *vt* to recruit, hire, take on, engage; **e..... un candidat** to recruit a candidate; **e.....**

du personnel to hire/take on staff

embouteillage *nm* traffic hold-up, traffic jam

émettre *vt* to issue; **é.....** **un avis** to offer advice; **é.....** **des instructions** to issue instructions

émeute *nf* riot; **déclencher des é.....s** to spark (off) riots

émiettement *nm* **é.....** **des tâches** division of labour

émigré, e *nmf* emigrant

émigrer *vi* to emigrate

éminent *adj* distinguished, leading; **é.....** **collègue** distinguished colleague; **expert é.....** **dans son domaine** leading expert in his/her field

émolument *nm* remuneration *nmpl* emoluments

empathie *nf* empathy

empiéter *vi* to encroach upon; **e.....** **sur les responsabilités de qqn** to encroach upon sbdy's responsibilities

emplacement *nm* site, location **e.....** **d'une usine** location of a factory

emploi *nm* employment, occupation, job; **agence pour l'e.....** employment agency, job centre; **aide au premier e.....** **des jeunes** monthly allowance paid for 9 months to companies which offer a first fixed or unlimited-term contract to a person aged between 16 and 26; **analyse des e.....s** job analysis; **changer d'e.....** to change jobs; **chercher un e.....** to look for a job; **classification des e.....s** job evaluation; **création d'e.....** job creation; **créer des e.....s** to create/generate jobs; **demande d'e.....** job application; **e.....** **apparenté** related occupation; **e.....** **d'avenir** job with a future; **e.....** **sans avenir** dead-end job; **e.....** **bouché** dead-end job; **e.....** **connexe** related occupation; **e.....** **consolidé** employment offered by companies to persons

having completed a "contrat emploi-solidarité", in exchange for exoneration of employer's contributions and various mandatory company taxes ("taxe d'apprentissage", "1% logement"); **e.....** **dangereux** hazardous occupation; **e.....** **intérimaire** interim job; **e.....s** **jeunes** service-orientated job positions for 18-26 year olds designed to meet emerging or unsatisfied employment needs in public administrations; **e.....s** **menacés** threatened jobs; **e.....** **occasionnel** casual job; **e.....** **précaire** unstable employment (short fixed-term and temporary contracts); **e.....** **protégé** protected job; **e.....** **qualifié** skilled job; **e.....s** **rares** scarce jobs; **e.....** **de service** service job; **e.....** **stable** steady job; **e.....** **subalterne** menial job; **e.....** **temporaire** temporary employment; **e.....** **du temps chargé** busy timetable, heavy schedule; **e.....** **tertiaire** tertiary job; **e.....** **à vie** lifelong employment; **être sans e.....** to be out of work, to be unemployed; **famille d'e.....s** job cluster; **gestion de l'e.....** staffing policy; **offre d'e.....** job offer; **plein e.....** full employment; **poser sa candidature pour un e.....** to apply for a job; **postuler pour un e.....** to apply for a job; **recherche d'e.....** job hunting; **rotation d'e.....s** job rotation; **sécurité de l'e.....** job security; **solliciter un e.....** to apply for a job; **suppression d'e.....s** job cuts

employabilité *nf* employability

employé, e *nmf* employee, worker, defined staff category of clerical/office workers; **e.....** **de banque** bank clerk; **e.....** **de bureau** office worker, clerical worker; **e.....** **de maison** domestic employee; **e.....** **non qualifié** unskilled employee; **e.....** **à problème** problem employee; *nmpl* **les e.....s** the staff, the employees

employé *pp* employed; **être mal e.....** to be ill adapted to one's job; **être e.....** **régulièrement** to be gainfully employed

employer *vt* to employ; **e.....** **les gros moyens** to bring out the artillery; **e..... du personnel** to employ staff; **e..... qqn comme assistant** to employ sbdy as an assistant

employeur *nm* employer

emprisonnement *nm* imprisonment

emprunt *nm* loan, borrowing; **e..... bancaire** bank loan; **e..... à court terme** short-term borrowing; **e..... à long terme** long-term borrowing; **e..... gouvernemental** bond issue; **faire un e.....** to raise a loan, to take out a loan, to borrow

emprunter *vt* to borrow; **capacité d'e.....** borrowing power; **e..... à une banque** to borrow from a bank

ENA *nf abr* **(Ecole Nationale d'Administration)** French school for future top civil servants

énarque *nmf* graduate from ENA

encadrement *nmf* management; **e..... intermédiaire** middle management and supervisory staff; **e..... moyen** middle management; **e..... supérieur** executive management, top management; **personnel d'e.....** managerial staff

encadrer *vt* to manage, supervise, be responsible for; **e..... une équipe** to manage a team, to be at the head of a team

encaissement *nm* cashing in

encaisser *vt* to cash (in); **e..... un chèque** to cash (in) a cheque

enceinte *nf* **dans l'e..... de l'entreprise** within the company's premises

enceinte *adj* pregnant

enchère *nf* bid, bidding; **dernière e.....** closing bid; **faire monter les e.....s** to raise the bidding, to raise the stakes; **les e.....s** the bidding

enchérir *vi* to bid; **e..... sur une offre** to bid higher

encouragement *nm* inducement, incentive, encouragement; **prime d'e.....** incentive bonus

endetté *pp* in debt, indebted; **être très e.....** to be heavily in debt

endettement *nm* debt

endetter (s') *vpr* to get into debt

endommagé *pp* damaged, spoiled; **marchandises e.....es en cours de route** goods damaged in transit

endommager *vt* to damage, to cause damage, to spoil

endossement *nm* endorsement

endosser *vt* **1** to endorse; **e..... un chèque** to endorse a cheque; **2** to take on, shoulder; **e..... la responsabilité d'une erreur** to shoulder the responsibility for a mistake

énergie *nf* drive; **être plein d'é.....** to have drive

enfant *nmf* child; **petit e.....** grandchild

enfreindre *vt* to breach, break, contravene, infringe; **e..... la loi** to break the law, to contravene the law; **e..... les règles** to be in breach of the rules

engagement *nm* **1** undertaking, commitment; **manquer à ses e.....s** to fail to honour one's commitments; **prendre l'e..... de faire qqch** to make a commitment to do sthg, to undertake to do sthg; **il nous quitte libre de tout e.....** formal sentence in a work certificate indicating the termination of all links, contractual or otherwise between an employer and a departing employee, releasing the employee for alternative employment; **2** appointment, recruitment, hiring, engagement; **e..... à l'essai** hiring with probationary period

engager *vt* **1** to recruit, engage, hire; **e..... un candidat** to hire a candidate; **e..... du personnel** to engage/take on staff; **2** to commit; **e..... des fonds** to commit funds; **cela ne vous engage à**

rien it doesn't commit you to anything; **3** to enter into; **e.....** **les négociations** to enter into negotiations; *vpr* **4** to commit oneself, undertake; **s'e..... à faire qqch** to commit oneself to doing sthg, to undertake to do sthg; **5** to enter into; **s'e..... dans des pourparlers** to enter into talks

énième *adj* umpteenth; **le é..... Directeur Général** the umpteenth General Manager

enjeu *nm* stakes; **l'e.....** the stakes; **l'e..... est important** the stakes are high

enliser (s') *vpr* to get bogged down; **les discussions s'enlisent** talks are getting bogged down

ennui *nm* boredom, trouble; **attirer les e.....s** to get into trouble; **avoir des e.....s de santé** to be troubled with bad health

ennuyer (s') *vpr* to be bored; **s'e..... de qqch** to be bored with sthg

ennuyeux *adj* boring, tedious; **travail e.....** tedious work

énoncé *nm* terms, wording; **é..... d'un problème** terms of a problem; **é..... d'un texte** wording of a text *(jur)*

enquête *nf* enquiry, inquiry, survey, investigation; **commission d'e.....** fact-finding commission, commission of inquiry; **e..... auprès d'un échantillon restreint** sample survey; **e..... de climat social** organizational climate survey/study, employee attitude survey/study; **e..... sur les salaires** salary survey; **e..... de satisfaction du personnel** staff satisfaction survey; **e..... sur le terrain** field survey; **mener une e..... sur qqch** to conduct an investigation into sthg, to lead an investigation into sthg; **ouvrir une e.....** to set up an inquiry

enquêter *vi* to inquire into sthg, investigate

enquêteur *nm* investigator, canvasser

enrayer *vt* to stem, curb; **e..... le chômage** to stem unemployment; **e..... l'inflation** to curb inflation

enregistré *pp* registered

enregistrement *nm* recording, registration

enregistrer *vt* to record, register

enrichissant *adj* rewarding, enriching; **travail e.....** rewarding work

enrichissement *nm* enrichment; **e..... des tâches** job enrichment

enseignant *nm* teacher

enseignement *nm* education, training, learning; **être dans l'e.....** to be in the teaching profession; **e..... assisté par ordinateur** computer assisted learning; **tirer des e.....s de qqch** to draw lessons from sthg; **e..... à distance** distance learning

ensemble *nm* **1 e..... de propositions** set of proposals; **2 étude d'e.....** overall study; **vue d'e.....** overall view, helicopter view

entamer *vt* to enter into, start, initiate; **e..... des discussions** to enter into discussions; **e..... une procédure légale** to start legal proceedings

entendre (s') *vpr* to get along with, get on with; **s'e..... avec ses collègues** to get along/on with one's colleagues

entente *nf* agreement; **e..... préalable** prior agreement

entériner *vt* to ratify; **e..... un accord** to ratify an agreement

en-tête *nm* **papier à e.....** headed stationery/notepaper

entité *nf* entity

entonnoir *nm* funnel; **e..... de production** production bottleneck

entraide *nf* mutual aid

entraînement *nm* training; **manquer d'e.....** to be out of training

entraîner *vt* **1** to train; **2** to entail, involve; **cela entraîne une**

compression des effectifs this entails job cuts

entrave *nf* hindrance; **délit d'e.....** offence punishable by law committed by a company when it prevents or hinders a union from carrying out its normal duties; **e..... au travail** work hindrance

entraver *vt* to impede, obstruct; **e..... le bon fonctionnement du service** to impede the smooth running of the department; **e..... le travail d'équipe** to obstruct (the) teamwork

entrée *nf* entrance, entry; **billet d'e.....** entrance ticket; **date d'e.....** entry date; **date d'e..... dans l'entreprise** hire date, start date, date of joining company; **e..... interdite** no admittance; **e..... interdite à tout véhicule** vehicles prohibited; **niveau d'e.....** entry level; **e..... principale** main entrance; **les e.....s et les sorties** hires and departures

entreposage *nm* storage, warehousing

entreposer *vt* to store

entrepôt *nm* warehouse

entreprenant *adj* enterprising; **salarié e.....** enterprising employee

entreprendre *vt* to undertake; **e..... une étude** to undertake a study

entrepreneur *nm* **1** entrepreneur; **2** contractor

entreprise *nf* **1** business, firm, company, concern; **diriger une e.....** to run a business; **e..... apprenante** learning organization; **e..... familiale** family business, family concern; **journal d'e.....** house journal, house organ; **junior e.....** student association mainly in business or engineering schools which contracts paid assignments with companies during the academic year; **e..... multinationale** multinational corporation; **e..... privée** private company; **e..... transnationale** transnational company; **e..... de travail tempo-**

raire temp agency; **libre e.....** free enterprise; **médecin d'e.....** company doctor; **2** undertaking

entrer *vi* to enter, go into; **e..... dans les affaires** to go into business; **e..... dans une société** to join a company; **e..... en fonction** to take up one's duties

entretien *nm* **1** interview; **convoquer qqn pour un e.....** to call sbdy in for an interview, to invite sbdy for an interview; **e..... annuel** annual appraisal, annual performance review; **e..... de carrière** career interview; **e..... de départ** exit interview; **e..... directif** directed interview; **e..... préalable** preliminary discussion; **e..... préalable au licenciement** preliminary discussion before dismissal; **e..... de sélection** employment interview; **passer un e.....** to have an interview, to interview for a job; **2** maintenance, upkeep; **contrat d'e.....** full maintenance service; **e..... d'une machine** maintenance of a machine, upkeep of a machine; **frais d'e.....** maintenance costs

entrevue *nf* interview, meeting

enveloppe *nf* global package; **e..... budgétaire** global budgetary amount

épanouir (s') *vpr* to fulfil oneself

épanouissement *nm* **é..... personnel** self-actualization, self-fulfilment

épargne *nf* savings **plan d'é.....** savings/thrift plan; **plan d'é..... entreprise** employee/company savings scheme; **plan d'é..... retraite** savings-related retirement scheme

épargner *vt* to save

épidémie *nf* outbreak; **é..... de grippe** outbreak of flu

épouse *nf* wife

époux *nm* husband; **les é.....** the married couple

épreuve *nf* test; **é..... d'un examen** exam (paper); **é..... de force** showdown; **mettre une hypo-**

thèse à l'é..... to put a hypothesis to the test; **mettre qqn à l'é.....** to put sbdy to the test

épuisé *pp* **1** sold out, run out; **article é.....** item sold out; **le stock est é.....** the stock has run out; **2** exhausted

épuisement *nm* exhaustion; **é..... des stocks** depletion of stocks

épuiser *vt* to exhaust, consume; **é..... toutes les possibilités** to exhaust all possibilities; **é..... les stocks** to deplete stocks, to run out of stock

équilibre *nm* equilibrium, balance; **é..... des pouvoirs** balance of power; **exercice d'é.....** balancing act

équipe *nf* team, shift; **esprit d'é.....** team spirit; **é..... de direction** management team; **é..... de jour** day shift; **é..... du matin** morning shift; **é..... de nuit** night shift; **é..... du soir** evening shift; **faire é..... avec qqn** to team up with sbdy; **travail en é.....** teamwork; **travailler en é.....** to work in a team, to do teamwork

équipement *nm* equipment, facilities; **é..... sportif** sports facilities

équitable *adj* fair, just, equitable; **arrangement é.....** fair deal

équité *nf* equity, fairness

équivalence *nf* **é..... des diplômes** recognition of (foreign) diplomas as being of equivalent level

ergonomie *nf* ergonomics, human factors engineering *(US)*

érosion *nf* attrition; **é..... des effectifs** staff attrition; **é..... du pouvoir d'achat** decline in purchasing power

erreur *nf* mistake, error, fault; **commettre une e.....** to make a mistake; **e..... de calcul** miscalculation; **e..... humaine** human error; **e..... judiciaire** miscarriage of justice; **e..... de programmation** programming fault; **être dans l'e.....** to be mistaken; **faire qqch par e.....** to do sthg by error/mistake; **induire qqn en e.....** to mislead sbdy; **par suite d'une e.....** due to an error

erroné *pp* incorrect, wrong; **facture e.....e** incorrect bill/invoice

éruption *nf* outbreak; **é..... de violence** outbreak of violence

ESC *nf abr* **(Ecole Supérieure de Commerce)** French business school

escalade *nf* escalation; **e..... de revendications salariales** escalation of wage demands; **e..... des coûts** cost escalation

escalier *nm* staircase

escompte *nm* discount; **e..... de caisse** cash discount; **taux d'e.....** lending rate, discount rate

escompter *vt* to discount

escroc *nm* confidence trickster, crook

espace *nm* space, area; **e.....s verts** green areas; **e..... publicitaire** advertising space

espèces *nfpl* cash; **en e.....** in cash; **remboursement en e.....** cash refund

espérance *nf* **e..... de vie** life expectancy

espionnage *nm* spying; **e..... industriel** industrial spying

espoir *nm* hope; **anéantir des e.....s** to dash hopes; **avoir de l'e.....** to be hopeful; **dernier e.....** last hope; **il n'y a plus d'e.....** all hope is lost; **perdre e.....** to lose hope

esprit *nm* mind, spirit; **avoir un e..... d'analyse** to have an analytical mind; **e..... de compétition** competitive spirit; **e..... d'équipe** team spirit

esquisse *nf* outline, draft; **e..... d'un projet** outline of a project

esquisser *vt* to outline, draft; **e..... des plans** to outline plans

essai *nm* **1** attempt, test, experiment; **faire un e.....** to conduct a test, to make an attempt; **2** probation, trial; **à l'e.....** on probation; **période d'e.....** probationary period, trial period; **prendre qqn à l'e.....** to take sbdy on a trial basis, to take sbdy on probation

essaimage *nm* spin-off, the practice of helping one's employees to leave the company and set up as self-employed, notably through granting them loans and offering work on a sub-contracted basis

essentiel *nm* essential; **revenir à l'e.....** to get back to basics

ester *vi* e..... **en justice** to go to law

estimation *nf* **1** assessment; **2** *(fin)* computation, appraisal of the value of sthg, estimate; **e..... des coûts** estimate of costs

estimer *vt* to rate, appraise, assess; **e..... beaucoup qqn** to rate sbdy highly

établi *nm* workbench

établir *vt* to draw up; **é..... les règles** to draw up the rules

établissement *nm* plant, firm, small company

étage *nm* floor

étagère *nf* shelf

étalagiste *nmf* window dresser

étalon *nm* yardstick

ETAM *nmpl abr* (**Employés, Techniciens, Agents de Maîtrise**) professional category of clerical workers, technicians and supervisory staff

étanche *adj* waterproof, airproof

étape *nf* stage, phase, step; **parvenir à une é..... de sa carrière** to reach a point in one's career; **suivre les cinq é.....s d'un procédé** to follow the five steps of a process

état *nm* state, record, document; **é..... d'avancement des travaux** state of work in progress; **é..... civil** civil status; **é..... financier** financial statement; **é..... informatique** computer listing; **é.....**

des lieux inventory; **en é..... de marche** in working order; **E.....-membre** member state; **é..... nominatif des salaires** salary statement per person; **E.....-providence** welfare state; **é..... de santé** state of health; **é..... de service** service record

étatique *adj* state-owned, under state control; **entreprise é.....** state-owned company

éteindre *vt* to switch off, put out; **é..... l'électricité** to switch off the mains; **é..... un incendie** to put out a fire; **é..... la lumière** to switch off the light

étendre *vt* to extend; **é..... un gel de salaires** to extend a pay freeze

étendue *nf* extent, range, scope; **é..... des garanties assurance** extent of insurance cover, range of cover

éthique *nf* ethics; **é..... professionnelle** professional code of ethics

étiquette *nf* label, tag; **é..... auto-collante** self-adhesive label; **é..... de prix** price label, price tag

étouffer *vt* to cover up; **é..... une affaire** to do a cover-up

étranger *nm* foreigner, alien *(US)*

étranger *adj* à l'é..... abroad; **partir à l'é.....** to go abroad; **personnes étrangères au service** unauthorized persons; **travailleur é.....** migrant worker, foreign worker

étude *nf* study, survey; **bureau d'é.....** independant practice, research consultancy, research department; **cercle d'é.....s** study group; **é..... de cas** case study; **é..... de climat social** organizational climate study; **é..... d'ensemble** overall study; **é..... de faisabilité** feasibility study; **é..... de marché** market research; **é..... des méthodes** methods study; **é.....s supérieures** higher education; **é..... des temps et mouvements** time and motion study; **mener une é.....** to conduct a study; **projet à l'é.....** project under consideration; **suivre des**

é.....s **supérieures** to go through higher education; **voyage d'é.....** field trip; *nfpl* é.....s **(CV)** education

étudier *vt* to study

évacuation *nf* evacuation; é..... **des locaux** evacuation of the premises

évaluateur *nm* evaluator, appraiser, assessor (at assessment centre)

évaluation *nf* assessment, evaluation, appreciation, rating, appraisal, estimate; **entretien d'é.....** appraisal interview; é..... **des emplois** job evaluation; é..... **des performances** performance assessment, performance appraisal; é..... **du personnel** appraisal, appreciation of staff; é..... **de la performance** performance rating; **grille d'é.....** evaluation grid

évaluer *vt* to assess, appreciate, value; é..... **les actifs d'une société** to value a company's assets; é..... **les dégâts** to assess damages; é..... **le personnel** to appraise/appreciate staff

évasion *nf* evasion; é..... **fiscale** tax evasion

éventail *nm* range; é..... **de salaires** range of salaries, salary range

éviter *vt* to avoid; é..... **la grève** to avert a strike, to ward off a strike

évoluer *vi* to evolve, advance; **faire é.....** qqn to transfer sbdy, to promote sbdy

évolution *nf* advancement, development; é..... **de carrière** career development; é..... **d'une société** development of a company

exact *adj* accurate, correct

examen *nm* exam(ination); **échouer à un e.....** to fail an exam(ination); e..... **blanc** mock exam(ination); e..... **médical** medical exam(ination); e..... **minutieux** scrutiny; **passer un e.....** to take an exam(ination); **ré-**

ussir **un e.....** to pass an exam(ination); **subir un e..... médical** to undergo a medical exam(ination)

examiner *vt* to examine, look into, vet; e..... **des candidatures** to vet applications/candidacies; e..... **une proposition** to give consideration to a proposal

excédent *nm* surplus, excess; é..... **de main-d'œuvre** surplus labour; e..... **de bagages** excess baggage

exceptionnel *adj* exceptional; **paiement e.....** one-off payment

excès *nm* excess

exclure *vt* to rule out, exclude, expel; e..... **une augmentation des impôts** to rule out an increase in taxes; e..... **des augmentations de salaire** to rule out salary increases; e..... **qqn d'un syndicat** to expel sbdy from a union

exclusif *adj* sole; **agent e.....** sole agent; **distributeur e.....** sole agent/distributor; **droit e.....** sole right

exclusion *nf* expulsion; e..... **d'un syndicat** expulsion from a union

excusé *pp* (d'une réunion) excused

exécuter *vt* to carry out, enforce, execute, perform; e..... **les instructions** to carry out instructions; e..... **la loi** to enforce the law; e..... **une mission** to carry out a mission; e..... **un ordre** to execute an order; e..... **une tâche** to perform a task

exécutif *adj* executive; **comité e.....** executive committee; **pouvoir e.....** executive authority

exécution *nf* enforcement, implementation; **mettre qqch à e.....** to put sthg into operation, to implement sthg; **personnel d'e.....** unskilled staff for executory work; **voies d'e.....** means of enforcement

exécutoire *adj* executory, enforceable

exemplaire *nm* **en double e.....** in duplicate; **tiré à dix e.....s** ten copies made

exemplaire *adj* exemplary; **comportement e.....** exemplary behaviour

exemple *nm* model, example; **brandir comme e.....** to hold up as an example; **donner le bon e.....** to set a good example; **faire un e..... de qqn** to make an example of sbdy; **montrer l'e.....** to set an example; **suivre l'e..... de qqn** to follow sbdy's example

exempté *pp* exempt; **être e..... de (faire) qqch** to be exempt from (doing) sthg

exercer *vt* to exert; **e..... une activité** to work, practise; **e..... une pression sur qqn** to exert pressure on sbdy; **e..... une profession** to be in an occupation, to practice a profession

exercice *nm* **1** period; **e..... comptable** accounting period; **l'e..... financier** financial year; **2** exercise; **dans l'e..... de ses fonctions** in the course of his/her duties; **e..... du droit** exercise of rights; **e..... incendie** fire drill; **e..... du pouvoir** exercise of power; **3** **prix d'e.....** (*fin*) strike/exercise price

exigence *nf* requirement, demand; **e..... du poste** job requirement; **satisfaire les e.....s** to meet the requirements

exiger *vt* to demand, exact; **e..... des pénalités de qqn** to exact penalties from sbdy; **e..... une meilleure productivité** to demand higher productivity

exigibilité *nf* **date d'e..... des impôts** income tax due date

exigible *adj* payable; **échéances e.....s** instalments payable

exonération *nf* exemption, waiver, exoneration; **e..... des charges** exemption from contributions; **e..... d'impôts** tax exemption; **e..... du paiement des primes** waiver of premiums

exonéré *pp* exempt; **être e..... d'impôt** to be exempt from tax, to be tax-exempt

exonérer *vt* to exempt, exonerate

exorbitant *adj* prohibitive, exorbitant; **des coûts e.....s** exorbitant costs; **revendication e.....e** exorbitant claim

expansion *nf* expansion; **société en pleine e.....** fast-growing company

expatriation *nf* expatriation; **politique d'e.....** expatriation policy; **prime d'e.....** expatriation allowance, foreign service premium

expatrié *nm* expatriate

expatrier *vt* to expatriate

expédier *vt* to dispatch, send; **e..... les affaires courantes** to dispose of day-to-day matters; **e..... le courrier** to send the mail

expéditeur *nm* consigner, sender, shipper

expédition *nf* consignment, shipment

expérience *nf* experience, background; **avoir de l'e.....** to be experienced; **e..... confirmée** proven experience; **e..... professionnelle** work experience; **se faire une e.....** to gain experience; **manquer d'e.....** to lack experience

expérimenté *pp* experienced, skilled

expert *nm* expert; **e..... reconnu** recognized expert; **système e.....** expert system

expert-comptable *nm* chartered accountant, certified public accountant (*US*)

expertise *nf* **1** study; **faire une e.....** to make an expert study; **2** technical skill

expiration *nf* expiry; **l'accord vient à e.....** the agreement expires; **date d'e.....** expiry date; **à l'e..... d'un contrat** on expiry of a contract

expirer *vi* to expire

exploit *nm* feat, achievement

exploitant *nm* **petit e.....** smallholder

exploitation *nf* **1** operation; **Directeur de l'E.....** Operations Manager; **2 posséder une petite e.....** to possess a smallholding; **3** exploitation; **e..... des ouvriers** exploitation of workers

exploité *pp* exploited, sweated; **main-d'œuvre e.....e** sweated labour

exploiter *vt* to exploit; **e..... les ouvriers** to exploit workers; **e..... des ressources** to exploit resources

exportation *nf* exportation

exporter *vt* to export

exposé *nm* talk; **faire un e..... sur qqch** to give a talk on sthg

exposer *vt* **1** to reveal, display; **e..... un argument fallacieux** to reveal a misleading argument; **e..... une fraude** to reveal an act of fraud; **e..... les raisons d'une décision** to explain the reasons behind a decision; **2** to display; **e..... des marchandises** to display goods; *vpr* **s'e..... à des frais** to incur costs; **s'e..... à des critiques** to open oneself up to criticism

exposition *nf* exhibition, show, display

exprès *adv* deliberately; **faire qqch e.....** to do something deliberately

expression *nf* expression; **loi sur l'e..... des salariés** French legislation designed to improve upward communication in companies by the holding of regular meetings; **liberté d'e.....** freedom of expression; **réunions d'e.....** regular open-ended meetings (*see* "loi sur l'expression des salariés")

exprimer *vt* to express, air; **e..... une doléance** to air a grievance

expropriation *nf* compulsory purchase

expulsé *pp* excluded, expelled; **être e..... d'une réunion** to be excluded from a meeting

expulser *vt* to evict, expel; **e..... les grévistes de l'entrée** to evict strikers from the entrance; **e..... qqn d'une réunion** to expel sbdy from a meeting

expulsion *nf* eviction, expulsion; **e..... d'une réunion** expulsion from a meeting

extension *nf* **1** spreading; **e..... d'un conflit** spread(ing) of industrial action; **2** extension; **e..... d'une convention collective** extension of a collective agreement to companies in the same industry or other industries; **e..... d'un immeuble** extension of a building

externe *adj* external, outside; **audit e.....** external audit

extincteur *nm* fire extinguisher

extorsion *nf* extortion

extra *nm* extra; **travailler comme e.....** to work as an extra

extrait *nm* **e..... de casier judiciaire** certificate indicating a person's police record

Ff

fabricant *nm* manufacturer, maker; **f.....** **d'automobiles** car manufacturer/maker

fabrication *nf* manufacturing; **industries de f.....** manufacturing industries

fabrique *nf* factory

fabriquer *vt* to manufacture, make; **f.....** **en série** to mass-produce

fac *nf* (*fam*) *see* faculté

facilitateur *nm* facilitator

facteur *nm* criteria, factor; **f.....** **clé de réussite** critical success factor; **f.....** **de coût** cost factor; **f.....** **décisif** deciding factor; **f.....** **d'insatisfaction** source of dissatisfaction; **f.....** **de production** production factor

faction *nf* **être de f.....** to be on stand-by

facturation *nf* billing, invoicing

facture *nf* bill, invoice; **f.....** **proforma** pro forma invoice; **fausse f.....** forged invoice; **ne pas pouvoir payer la f.....** not to be able to meet the bill; **payer la f.....** to foot the bill, to pay the bill

facturé *pp* charged; **être f..... pour qqch** to be charged for sthg

facturer *vt* to bill, invoice; **f..... un client** to invoice a customer; **f..... le déplacement** to charge for the travelling expenses

facultatif *adj* optional

faculté *nf* 1 faculty; **f..... d'adaptation** faculty for adapting; 2 school, faculty; **f..... de droit** law school; **f..... de lettres** faculty of arts; **f..... des sciences** science faculty

faible *adj* weak, low; **être f..... en anglais** to be weak in English; **f..... avantage** slight advantage; **f..... demande** slack demand; **f..... majorité** narrow majority; **f.....** niveau en droit poor knowledge of law; **f..... rendement** low output

faille *nf* flaw; **trouver une f..... dans un contrat** to find a loophole in a contract

failli *nm* bankrupt; **f..... concordataire** certified bankrupt

faillite *nf* bankruptcy, insolvency; **faire f.....** to go bankrupt, to go broke, to go to the wall

fainéant *adj* workshy

faire (se) *vpr* to make; (*fam*) **se f..... 300 000 FF par an** to make FFr 300,000 a year

faire concurrence *vi* to compete; **f..... avec qqn pour qqch** to compete with sbdy for sthg

faire échec *vt* to thwart; **f..... à une grève** to thwart a strike

faire échouer *vt* to thwart, wreck; **f..... des négociations** to thwart/wreck negotiations

faire face *vi* to cope with; **f..... à un problème** to cope with a problem

faire passer *vt* to get across; **f..... un message** to get across a message

faire payer *vt* to charge; **f..... qqch à qqn** to charge sbdy for sthg; **f..... la TVA** to charge VAT

faire suivre *vt* to forward; **f..... le courrier** to forward mail

faire-part *nm* announcement, invitation; **f..... de mariage** wedding invitation; **f..... de naissance** notification of a birth

faisabilité *nf* feasibility; **étude de f.....** feasibility study

fait *nm* fact; **établir les f.....s** to establish the facts; **mettre qqn au f..... d'une affaire** to familiarize sbdy with a matter; **vérifier les f.....s** to ascertain the facts

fait accompli *nm* fait accompli

falsification *nf* falsification; **f..... des comptes** falsification of accounts

falsifier *vt* to falsify; **f.....** **les comptes** to falsify accounts

famille *nf* family; **f.....** **à charge** dependent relatives; **f.....** **d'emplois** job cluster; **f.....** **de métiers** allied trades; **f.....** **nombreuse** large family; **f.....** **proche** close relatives

fardeau *nm* burden; **soulager qqn d'un f.....** to relieve sbdy of a burden

fatigant *adj* tiring; **travail f.....** tiring work

fatigue *nf* tiredness

fauché *adj* (*fam*) broke

faute *nf* error, mistake, misdemeanour; **commettre une f.....** to commit a misdemeanour, to commit an act of misconduct; **f.....** **caractérisée** clear unquestionable misconduct; **f.....** **de frappe** typing error, typing mistake; **f.....** **grave** serious misconduct, serious misdemeanour; **f.....** **d'impression** misprint, printing error; **f.....** **d'inattention** careless mistake; **f.....** **lourde** gross misconduct; **f.....** **d'orthographe** spelling mistake; **f.....** **professionnelle** professional misconduct; **ce n'est pas votre f.....** it's not your fault

fauteur *nm* **f.....** **de troubles** agitator, trouble-maker

faux *nm* forgery

faux, fausse *adj* wrong; **faire un f.....** **pas** to make a silly mistake; **faire un f.....** **numéro** to dial the wrong number; **f.....** **problème** non-issue; **f.....** **témoignage** perjury; **faire une f.....** **couche** to have a miscarriage; **f.....** **facture** forged invoice; **être sur une f.....** **piste** to be on the wrong track

faveur *nf* favour, preference; **traitement de f.....** preferential treatment

favorable *adj* favourable; **être f.....** **à une proposition** to be in favour of a proposal

favoritisme *nm* favouritism

félicitations *nfpl* congratulations; **avec les f.....** **du jury** with honours

féliciter *vt* to congratulate; **f.....** **qqn de qqch** to congratulate sbdy on sthg

femme *nf* lady, woman; **f.....** **au foyer** housewife; **f.....** **de ménage** cleaning lady; **f.....** **d'affaires** businesswoman

férié *adj* holiday; **jour f.....** statutory holiday, public holiday, bank holiday

fermer *vt* to shut, close; **f.....** **boutique** to shut up shop; **f.....** **un compte** to close an account; **f.....** **l'électricité** to switch off the mains; **f.....** **une entreprise** to close down a business; **f.....** **la lumière** to switch off the light; **f.....** **une usine** to shut down a plant; *vi* **les portes de l'usine ferment à 18h** the factory gates close at 6pm

fermeture *nf* closure, closing, shutdown; **f.....** **annuelle** annual closure; **f.....** **définitive** permanent closure; **f.....** **le dimanche** Sunday closing; **f.....** **d'usine** factory closure, factory shutdown; **heure de f.....** closing time; **jour de f.....** **: lundi** closed on Mondays

fête *nf* celebration, holiday; **donner une f.....** to hold a celebration; **f.....s de fin d'année** Christmas and New Year holidays; **f.....** **légale** statutory holiday, public holiday; **f.....** **religeuse** religious holiday; **f.....** **du travail** Mayday, Labor day (*US*)

feu *nm* fire, heat; **dans le f.....** **de l'action** in the heat of the moment; **portes coupe-f.....** fire doors; **résistant au f.....** fireproof

feu vert *nm* go-ahead; **avoir le f.....** to have the go-ahead; **donner le f.....** **à un projet** to give a project the go-ahead

feuille *nf* form, slip; **f.....** **d'impôt** tax form, tax return (*US*); **f.....** **d'information** newssheet; **f.....** **de**

paie pay/salary slip, itemized pay statement, wage sheet; **f.....** **de papier** sheet of paper; **f.....** **de présence** time sheet, attendance sheet; **f.....** **de soins** for any National Health treatment, the form given by the doctor to the patient for subsequent reimbursement

fiabilité *nf* reliability

fiable *adj* reliable, sound; **prévisions f.....s** sound forecast

fiche *nf* sheet, slip; **f.....** **individuelle** file card; **f.....** **d'information** information sheet; **f.....** **de paie** pay/salary slip, itemized pay statement, wage sheet; **f.....** **de renseignements** fact sheet; **f.....** **signalétique** identification sheet; **f.....** **technique** technical specifications sheet

fichier *nm* file, record; **(de cartons)** card index; **f.....** **d'adresses** mailing list; **f.....** **du personnel** personnel records

fidèle *adj* fair; **image f.....** *(compt)* fair presentation

fidélisation *nf* loyalty; **f.....** **des clients** customer loyalty

fidélité *nf* loyalty; **f.....** **à l'entreprise** company loyalty

fiduciaire *nm* trustee, fiduciary

figurer *vi* to appear; **f.....** **sur une liste** to appear on a list, to be listed

file *nf* queue, line; **f.....** **d'attente à la cantine** canteen queue

filer *vi* *(fam)* to leave; **f.....** **à l'anglaise** to take French leave

filiale *nf* subsidiary

filiale *adj* associate, affiliate; **société f.....** subsidiary company; **(détenue à moins de 50%)** affiliate

filière *nf* **f.....** **de formation** training orientation; **f.....** **professionnelle** occupational career path

fin *nf* end, close; **un contrat prend f.....** a contract expires; **chômeur en f.....** **de droits** unemployed person who reaches the end of his/her entitlement to benefit; **les discussions ont pris f.....** discussions came to an end; **la f.....** **justifie les moyens** the end justifies the means; **f.....** **de non-recevoir** demurrer; **f.....** **de série** oddment; **mettre f.....** **à qqch** to put an end to sthg; **les négociations touchent à leur f.....** negotiations are drawing/coming to an end; **toucher à sa f.....** to draw to a close; **à toutes f.....s utiles** for whatever purpose it may serve; **f.....** **de semaine** weekend

financer *vt* to fund, finance; **f.....** **une entreprise** to fund a company; **f.....** **un syndicat** to fund a union

financier *adj* financial; **exercice f.....** financial year, accounting year; **marchés f.....s** money markets, financial markets; **rapport f.....** financial statement; **ressources financières** financial resources

fini *adj* finished; **produits f.....s** finished goods

finir *vi* to end; **en f.....** **avec les rumeurs** to put an end to rumours; **f.....** **par accepter une situation** to come to terms with a situation

firme *nf* firm, business, company

fisc *nm* Inland Revenue, Internal Revenue Service *(US)*

fiscal *adj* tax, fiscal; **abattement f.....** tax reduction, tax relief; **accord f.....** **bilatéral (entre deux pays permettant de ne payer des impôts que dans un seul)** double taxation agreement; **année f.....e** tax year; **avantages fiscaux** tax benefit; **barèmes fiscaux** tax schedules; **déclaration f.....e** tax declaration, tax return; **déposer une déclaration f.....e** to file a tax return; **exonération f....e** tax exemption, tax allowance; **fraude f.....e** tax evasion; **optimisation f.....e** tax avoidance; **paradis f.....** tax haven, tax shelter

fiscalité *nf* taxation

fixation *nf* determination, fixing; **f.....** **des prix** price determination; **f.....** **des salaires** salary determination

fixe *adj* basic, fixed; **prix f.....** fixed price; **revenu f.....** fixed income, regular income *(US)*; **salaire f.....** basic salary, fixed salary

fixer *vt* to set, fix; **f.....** **un taux à** to set a rate at

flambée *nf* **f.....** **des prix** soaring prices, rocketing prices, a jump in prices; **f.....** **de violence** flare-up

fléau *nm* ill; **f.....** **social** social ill

fléchissement *nm* flagging; **f.....** **du marché** flagging market

flexibilité *nf* flexibility

flexible *adj* flexible; **horaire f.....** flexible working hours, flexitime; **travailler en horaire f.....** to work flexitime

flux *nm* flow; **diagramme des f.....** flow chart

FNAL *nm abr* **(Fonds National d'Aide au Logement)** national fund for low-rent housing to which employers contribute

FNE *nm abr* **(Fonds National de l'Emploi)** National Employment Fund which finances various measures (retraining, mobility, pre-retirement) in the case of redundancies

FNGS *nm abr* **(Fonds National de la Garantie des Salaires)** National fund to which employers contribute to guarantee salaries of staff whose companies become insolvent

FO *nf abr* **(Force Ouvrière)** originally a splinter union which has established political independance as its guiding principle

foi *nf* **cachet de la poste faisant f.....** phrase indicating that the postmark is the official date to be taken into account; **de bonne f.....** in good faith; **digne de f.....** trustworthy; **faire f.....** to be evidence

foire *nf* fair; **f.....** **commerciale** trade fair; **f.....** **d'empoigne** rat race

foncier *adj* land, landed; **impôt f.....** land taxe; **revenus f.....s** landed income; **taxe foncière** property tax

fonction *nf* 1 **la f.....** **publique** the civil service; 2 job, position; **définition de f.....** job description; **entrer dans ses f.....s** to take office; **entrer en f.....** to take up one's duties/position; **de par ses f.....s** by virtue of his/her position; **voiture de f.....** company car attributed to a person by virtue of his/her professional needs (eg sales rep...); 3 function, profession; **la f.....** **ventes** the sales profession

fonctionnaire *nmf* civil servant, government official, public officer *(US)*; **f.....** **municipal** local authority employee; **haut f.....** senior civil servant

fonctionnel *adj* **poste f.....** staff position; **relation f.....le** dotted line report

fonctionnement *nm* operation, running; **coûts de f.....** operating/running costs; **frais de f.....** operating/running costs

fondateur *nm* founder

fondation *nf* foundation

fondé *nm* **f.....** **de pouvoir** agent holding power of attorney

fondé *adj* 1 legitimate, grounded; **l'accusation est bien f.....e** the accusation is grounded; 2 founded; **entreprise f.....e en 1900** company founded in 1900

fondement *nm* grounds; **l'accusation est sans f.....** the accusation is groundless

fonds *nm(pl)* fund, capital; **affecter des f.....** to earmark funds; **appel de f.....** call for funds; **bailleur de f.....** sleeping partner; **détournement de f.....** embezzlement; **f.....** **d'amortissement** sinking fund; **f.....** **de commerce** business and goodwill, stock in trade; **f.....**

commun de placement dedicated mutual fund, unit trust, open end investment trust; **f.....** **propres** equity, share capital; **f.....** **de roulement** working capital; **f.....** **syndicaux** union funds; **mise de f.....** capital outlay

FONGECIF *nm* *abr* (**FON**ds de **GE**stion du **C**ongé **I**ndividuel de **F**ormation) fund to which all companies contribute and which finances individual sabbatical training: precursor to the OPACIF

force *nf* strength, force, power; **démonstration de f.....** show of strength; **épreuve de f.....** power struggle, test of strength, showdown; **f.....** **exécutoire** capable of enforcement; **f.....** **de travail** labour force; **f.....** **de vente** sales force; **rapport de f.....** power struggle, showdown

force majeure *nf* event totally beyond one's control; **cas de f.....** *(ass)* act of God

forclore *vt* to debar

forclusion *nf* debarment; **délai de f.....** deadline beyond which a right can no longer be exercised

forfait *nm* lump sum, set price, all-inclusive price, fixed rate; **f.....** **journalier** **hospitalier** daily charge at the patient's expense for a hospital bed

forfaitaire *adj* **paiement f.....** lump-sum payment, one-off payment, all-inclusive payment; **règlement** **f.....** lump-sum settlement

formalités *nfpl* formalities; **accomplir des f.....** to complete administrative formalities; **f.....** **de douane** customs formalities

formateur, trice *nmf* trainer, instructor, educator

formateur, trice *adj* formative; **travail f.....** formative work

formation *nf* training, education; **capital temps-f.....** the right to a number of hours' training within the framework of a company's training plan, attributed to an employee on the basis of his/her length of service; **centre de f.....** training centre; **f.....(CV)** education; **f.....** **action** approach to training where the implementation in the workplace is an integral part of the training content, action learning; **f.....** **en alternance** sandwich course; **f.....** **continue** continuing education, continuous learning; **f.....** **diplomante** training leading to a diploma; **f.....** **à distance** distance learning; **f.....** **de formateurs** train the trainer, trainer training; **f.....** **initiale** basic education; **f.....** **interentreprise** external training regrouping staff from different companies; **f.....** **intra-entreprise** in-house training, in-company training; **f.....** **ouvrière** worker's education; **f.....** **permanente** adult education; **f.....** **pratique** on-the-job training; **f.....** **professionnelle** vocational training; **f.....** **de réinsertion** remedial training; **f.....** **séquentielle** training spread over a given period involving regular transfer to and from the workplace; **f.....** **sur le tas** on-the-job training; **f.....** **théorique** theoretical training; **niveau de f.....** education level; **plan de f.....** training plan; **stage de f.....** training period, internship, traineeship; **suivre une f.....** to go on a training course

forme *nf* form; **en bonne et due f.....** in due form; **faire qqch pour la f.....** to do sthg as a matter of form; **le fond et la f.....** content (substance) and form; **reçu en bonne f.....** receipt in due form

formel *adj* formal; **le texte est f.....** the text is perfectly clear

former *vt* **1** to constitute, put into place, set up; **f.....** **son équipe** to constitute one's team; **2** to train; **f.....** **le personnel** to train staff

formulaire *nm* form; **f.....** **de demande d'emploi** job application form; **remplir un f.....** to fill in/out a form

formulation *nf* wording, formulation

fortune *nf* fortune; **faire f.....** to strike it rich, to make a fortune; **impôt sur les grandes f.....s** wealth tax

forum *nm* fair; **f..... écoles** job fair

fouiller *vt* to search; **f..... le personnel** to search staff

fourbir *vt* **f..... ses armes** to marshal arguments, to prepare for battle

fourchette *nf* range, band, bracket, margin; **f..... d'âge** age bracket/range; **f..... horaire** time period; **f..... de prix** price range; **f..... de salaires** salary band, wage bracket, salary range

fournisseur *nm* supplier

fournitures *nfpl* supplies; **f..... de bureau** office supplies

foyer *nm* household; **f..... fiscal** tax unit regrouping one or several persons whose total revenue is declared on the same tax form (eg a family)

fraction *nf* **f..... syndicale** union faction

fractionnement *nm* splitting; **f..... des congés** split summer holidays which can give rise to further holiday entitlement

frais *nmpl* expenses, costs, charges; **couvrir des f.....** to cover costs; **s'exposer à des f.....** to incur costs; **faire les f..... d'une erreur** to assume the consequences of a mistake; **faire qqch à ses f.....** to do sthg at one's own expense; **faux f.....** incidental expenses; **f..... d'admission** entry charge; **f..... annexes** additional expenses; **f..... bancaires** bank charges; **f..... déductibles** allowable expenses; **f..... de déménagement** relocation expenses; **f..... de déplacement** travel expenses; **f..... de distribution** distribution costs; **f..... divers** sundries, miscellaneous expenses; **f..... de dossier** administrative costs; **f..... d'exploitation** running costs, operating costs; **f..... financiers** interest charges; **f..... fixes** fixed costs; **f..... de fonctionnement** running costs, operating costs; **f..... funéraires** funeral expenses; **f..... généraux** overhead expenses, overheads; **f..... de gestion** administrative costs/expenses; **f..... d'hébergement** accommodation expenses; **f..... d'hospitalisation** hospital expenses; **f..... de justice** court costs, legal costs; **f..... kilométriques** mileage allowance; **f..... professionnels** *(fis)* business expenses; **f..... réels** total expenses incurred; **f..... de repas** meal expenses; **f..... de représentation** expense account, entertainment allowance, entertainment expenses; **f..... de scolarité** school fees, tuition fees; **f..... de séjour** living expenses; **f..... de transport** carrying charges; **f..... de voiture** car expenses; **f..... de voyage** travel expenses; **note de f.....** expense account; **occasionner des f.....** to incur costs; **partage des f.....** cost-sharing; **payer les f.....** to pay costs; **rentrer dans ses f.....** to break even, to cover one's expenses; **tous f..... payés** all expenses paid

fraiseur *nm* milling machine operator

franchir *vt* to cross; **f..... les piquets de grève** to cross picket lines; **f..... un seuil** to cross a threshold

franchise *nf* franchise; **délai de f.....** *(ass)* waiting period

franchisé *nm* franchised company

franco *adv* free; **f..... de port** carriage free

fraternité *nf* brotherhood

fraude *nf* fraud; **détecter la f.....** to detect fraud; **f..... électorale** ballot rigging; **f..... fiscale** tax evasion; **obtenir qqch par f.....** to obtain sthg by fraud

free-lance *nmf* freelance

frère *nm* brother

fret *nm* freight

fuite *nf* **1** flight; **f..... des capitaux** flight of capital; **f..... des cerveaux** brain drain; **2** leak; **f.....**

de gaz gas leak; **f..... d'information** leak

fumer *vt* to smoke; **il est interdit de f.....** smoking is forbidden

fumeur *nm* smoker; **gros f.....** heavy smoker

fumeur *adj* smoking; **espace f.....** smoking area; **espace non-f.....** no-smoking area; **zone f.....** smoking zone

fusion *nf* merger, amalgamation

fusionner *vi* to merge, amalgamate

futur *adj* future; **f..... employeur** prospective employer

Gg

gagnant *nm* winner

gagné *pp* won (over); **être g.....
par une cause** to be won over by
a cause

gagne-pain *nm* bread and butter,
livelihood; **ce travail est son g.....**
this job is his/her bread and butter

gagne-petit *nm* low wage-earner

gagner *vt* **1** to win, earn; **g..... de
l'argent** to make money; **g..... au
change** to make on a deal; **g.....
un challenge commercial** to win
a sales contest; *(fam)* **g..... sa
croûte** to earn one's bread and
butter; **g..... la confiance de l'é-
quipe** to win over the team's
confidence; **g..... un prix** to win a
prize; **g..... un procès** to win a
court case; **g..... sa vie** to earn
one's living; **2** to save; **g..... de la
place au bureau** to save space in
the office; **g..... du temps** to save
time; **3 g..... le bureau à 9 heures**
to reach the office at 9 o'clock; **4
g..... à être connu** to be worth
getting to know

gagneur *nm* winner

gain *nm* gain, earnings

galopant *adj* soaring; **inflation
g.....e** soaring/runaway inflation

gamme *nf* range; **bas de g.....**
down-market; **g..... de produits**
range of products; **haut de g.....**
up-market

garant, e *nmf* guarantor; **se porter g..... pour qqn** to act as guarantor for sbdy

garantie *nf* warranty, collateral,
guarantee, cover, coverage *(US)*;
avoir une g..... de 2 ans to be
guaranteed for 2 years; **certificat
de g.....** certificate of guarantee;
être sous g..... to be under guarantee; **g..... assistance** insurance
for (generally) worldwide medical cover and repatriation; **g.....
contre qqch** safeguard against

sthg; **g..... d'emploi** job security;
g..... maladie sickness coverage

garantir *vt* to guarantee, secure

garçon *nm* **g..... de bureau** office
boy, gofer *(US)*

garde *nf* **1** custody; **avoir la g.....
des enfants** to have custody of
the children; **être en g..... à vue**
to be in police custody; **être sous
bonne g.....** to be in safe custody;
G..... des Sceaux Keeper of the
Seals, Lord Chancellor; **2** duty;
être de g..... to be on duty, to be
on stand-by (duty); **3** guard;
chien de g..... guard dog; **g.....
d'enfants** childcare, baby-sitter;
g.....-malades home nurse; **mettre
qqn en g.....** to put sbdy on
guard; **prendre g..... à qqch** to be
careful about sthg

garder *vt* to keep, retain; **g..... du
personnel** to retain staff; **g..... un
travail** to hold down a job

garderie *nf* nursery, day-care
centre, childcare facilities

gardien *nm* guard, security
guard; **g..... de l'immeuble** caretaker; **g..... de nuit** night watchman

GARP *nm abr* **(Groupement des
Assedic de la Région Parisienne)**
regional body for Paris responsible for ensuring registration
and payment of the unemployment contributions for Parisians,
and European Community expatriates if they are employed by a
French company abroad

gaspillage *nm* waste; **g..... de ressources** waste of resources

gaspiller *vt* to waste; **g..... des
ressources** to waste resources;
g..... du temps to waste time

gel *nm* freeze; **g..... des prix** price
freeze; **g..... des salaires** wage
freeze

geler *vt* to freeze

gendre *nm* son-in-law

gêne *nf* hindrance, inconvenience;
g..... pour le travail work hindrance

général *adj* general; **augmentation g.....e** across-the-board increase; **assemblée g.....e** general meeting; **assemblée g.....e annuelle** annual general meeting; **assemblée g.....e extraordinaire** extraordinary general meeting; **Directeur G.....** General Manager, Managing Director

généralisé *adj* widespread; **grèves g.....es** widespread strikes

généralités *nfpl* general background

génie *nm* engineering; **g..... civil** civil engineering; **g..... mécanique** mechanical engineering; **g..... thermique** thermal engineering

géologue *nmf* geologist

gérant, e *nmf* manager with full responsibility for running a company; **g..... associé** active partner; **g.....(e) d'un magasin** shop manager/manageress

gérer *vt* to manage, run; **g..... une affaire** to run a business; **g..... une équipe** to manage a team; **g..... des fonds** to manage funds; **g..... son stress** to master one's stress

gestion *nf* administration, management; **contrôle de g.....** management accounting; **contrôleur de g.....** management accountant; **frais de g.....** administrative costs/expenses; **g..... des carrières** careers management; **g..... financière** finance, financial management; **g..... du personnel** personnel management; **g..... prévisionnelle de l'emploi** manpower planning; **g..... préventive de l'emploi** manpower planning; **g..... des produits** product management; **g..... des ressources humaines** human resources management; **mauvaise g.....** mismanagement

gestionnaire *nmf* administrator, (financial) manager

GIE *nm abr* **(Groupement d'Intérêt Economique)** Economic Interest Grouping

glissement *nm* drift; **g..... des salaires** salary drift; **g..... vieillissement-technicité** long-term salary/payroll drift due to higher skilling and increased length of service of personnel

global *adj* global, general, overall; **augmentation g.....e du revenu** overall rise in revenue; **performance g.....e** overall performance

goulot *nm* **g..... d'étranglement** production bottleneck

gouvernement *nm* government, administration *(US)*

gouverner *vt* to govern

gracieux *adj* **recours g.....** a written statement whereby a party expresses disagreement with a decision of the Labour Inspectorate, asking them to reconsider their position; **à titre g.....** free of charge

grande école *nf* prestigious French business or engineering school with highly selective entrance exams

grand-mère *nf* grandmother

grands-parents *nmpl* grandparents

grand-père *nm* grandfather

graphique *nm* diagram, chart, graph

graphologie *nf* graphology

graphologique *adj* **analyse g.....** handwriting analysis

graphologue *nm* handwriting expert, graphologist

gratifiant *adj* rewarding; **travail g.....** rewarding work

gratification *nf* gratuity, bonus, perquisite

gratte-papier *nm* jack-in-office, pen-pusher

gratuit *adj* free, free of charge; **échantillon g.....** free sample; **g..... sur demande** free on request; **livraison g.....e** free delivery

grave *adj* serious; **accident g.....** serious accident; **faute g.....** serious misconduct

gravité *nf* severity; **g..... d'un accident** severity of an accident

greffier *nm* registrar, clerk of the court

grève *nf* strike, walk-out, direct action; **annuler un mot d'ordre de g.....** to call off a strike; **appeler à la g.....** to call a strike; **avis de g.....** strike notice; **briseur de g.....** scab, strike-breaker; **comité de g.....** strike committee; **déclencher une g.....** to trigger a strike; **déposer un préavis de g.....** to give advance notice of strike action; **être en g.....** to be on strike; **éviter une g.....** to ward off a strike, to avert a strike; **g..... d'avertissement** warning strike; **g..... bouchon** selective strike; **g..... d'une branche** industry-wide strike; **g..... de compétence** official strike; **g..... éclair** lightning strike; **g..... de la faim** hunger strike; **g..... générale** general strike; **g..... généralisée** widespread strike; **g..... illicite** illegal strike; **g..... illimitée** indefinite strike; **g..... largement suivie** widespread strike; **g..... avec occupation des locaux** sit-in strike; **g..... perlée** go-slow (strike); **g..... de protestation** protest strike; **g..... sauvage** wildcat strike, unofficial strike; **g..... sélective** whipsaw strike; **g..... de solidarité** sympathy strike; **g..... sur le tas** sit-down protest, sit-down strike; **g..... surprise** lightning strike; **g..... symbolique** token strike; **g..... totale** all-out strike; **g..... tournante** rotating strike; **g..... du zèle** go-slow, work-to-rule; **lancer un mot d'ordre de g.....** to call a strike; **se mettre en g.....** to take strike action, to come out on strike, to go on strike; **mot d'ordre de g.....** strike call; **mouvement de g.....** strike movement; **piquet de g.....** strike picket; **vague de g.....s** wave of strikes

gréviste *nmf* striker

grief *nm* grievance

grille *nf* scale, grid; **g..... d'évaluation** appraisal grid; **g..... de salaires** salary scale

grimper *vt* to climb up, rise; **g..... les échelons** to get ahead; **g..... dans la hiérarchie** to rise to the top

gros *adj* big, large; **g..... dégâts** serious damage; **g..... risques** major medical insurance (surgery, hospitalization...); **les g..... salaires** the highly-paid; **vente en g.....** wholesale

grossesse *nf* pregnancy

grossir *vt* to swell (up); **g..... la liste des candidats** to add to the list of candidates

grossiste *nm* wholesaler

groupe *nm* group, party; **discussion de g.....** group discussion; **dynamique de g.....** group dynamics; **entretien de g.....** group interview; **g..... de discussion** discussion group; **g..... électrogène** generator; **g..... d'experts** panel of experts; **g..... fermé** category of workers within a French complementary pension scheme that will disappear in time but will remain on the scheme until their retirement; **g..... de pression** pressure group, lobby; **g..... de rencontre** encounter group; **g..... de travail** working party; **résultats du g.....** group results

guérir *vi* to get well, recover, get better

guérison *nf* recovery

guide *nm* guidebook

Hh

habile *adj* skilful; **être h.....** **à faire qqch** to be skilful at doing sthg

habileté *nf* skill, ability

habilité *pp* empowered, entitled to; **être h..... à signer les chèques** to be empowered to sign cheques

habillement *nm* attire, dress

habiller (s') *vpr* to dress

habitudes *nfpl* habits, practices, routine; **avoir de mauvaises h.....** to have bad habits; **h..... d'achat** buying habits; **h..... de la maison** company practices

halo *nm* **effet de h.....** halo effect

handicap *nm* handicap, impairment; **h..... physique** physical impairment

handicapé *nm* handicapped person, disabled person; **h..... physique** physically handicapped person

handicapé *adj* disabled, handicapped, crippled

harcèlement *nm* harassment; **h..... sexuel** sexual harassment

hasardeux *adj* risky; **activité hasardeuse** risky business, risky enterprise

hausse *nf* rise, increase; **les bénéfices sont en h.....** profits are up; **h..... de salaire** wage rise, salary increase; **obtenir une h..... de salaire** to get a raise *(US)*; **tendance à la h.....** rising trend

haut *nm* **des h.....s et des bas** ups-and-downs

haut *adj* high, top; **h..... fonctionnaire** senior civil servant, high-ranking official; **h..... de gamme** up-market; **h..... potentiel** high flyer, high potential; **de h..... rang** high-ranking; *adv* **être h..... placé** to be highly-placed

haut lieu *nm* high-level; **décision prise en h.....** high-level decision

hebdomadaire *adj* weekly

hébergement *nm* accommodation; **facilités d'h.....** accommodation provided

héritage *nm* legacy, inheritance; **h..... de l'administration précédente** legacy of the previous administration

heure *nf* hour, time; **arriver à l'h.....** to arrive on time; **aux h.....s des repas** at meal times; **crédit d'h.....s** a) time allowed during working hours for works council members and staff/union representatives to fulfil their duties b) extra hours worked beyond the requirement in a flexitime system; **être payé à l'h.....** to be paid an hourly wage, to be paid by the hour; **faire des h.....s supplémentaires** to work overtime, to work after hours; **h.....s d'affluence** rush hour, peak hours; **h.....s de bureau** office hours; **h.....s complémentaires** additional hours; **h.....s creuses** off-peak hours, slack hours; **h..... du déjeuner** lunch time; **h.....s de délégation** for staff representatives, paid time off to perform their duties; **h.....s effectuées** worked hours; **h..... de fermeture** closing time; **h..... de loisir** spare time, free time, leisure time; **h.....s d'ouverture** trading hours, opening hours; **h.....s de pointe** rush hour, peak hours; **h.....s de présence** hours spent at work; **h.....s pour recherche d'emploi** for a dismissed employee, paid time off from work to look for alternative employment; **h.....s de récupération** hours not worked in normal time to be made up at a later date; **h.....s supplémentaires** overtime; **h.....s travaillées** worked hours; **semaine de 39 h.....s** 39 hour week; **travailler 40 h.....s par semaine** to work a 40 hour week; **travailler des h.....s réduites** to work short time; **que faites-vous pendant vos h.....s de loisir?** what do you do in your spare time?; **c'est l'h..... de la pause** it's time for a break

hiérarchie *nf* hierarchy

hiérarchique *nm* superior; **h.....
direct** immediate superior

hiérarchique *adj* superior; **passer par la voie h.....** to go
through the official/hierarchical
channels; **pouvoir h.....** hierarchical authority; **responsable h.....**
immediate superior

histogramme *nm* histogram

HLM *nm abr* **(Habitat à Loyer
Modéré)** council flat/house
(équiv)

holding *nf* **société h.....** holding
company

homéopathie *nf* homoeopathy

homme *nm* man; **h..... d'affaires**
businessman; **h..... d'appareil** organization man; **h..... de confiance** right-hand man; **h..... de
paille** dummy, puppet; **h..... de
terrain** hands-on worker; **h..... à
tout faire** handy man, jack of all
trades

homologation *nf* certification, official approval; **h..... d'une formation** certification of a training
course

homologue *nm* counterpart, opposite number

homologué *pp* certified; **centre
de formation h.....** certified training centre

homologuer *vt* to certify, approve; **h..... une formation** to approve a training course

honoraires *nmpl* fee(s); **h..... d'a-
vocat** solicitor's/attorney's *(US)*
fee; **h..... juridiques** legal fee;
h..... de médecin doctor's fee,
medical fee; **h..... de consultant**
consultant's fee

honoraire *adj* honorary; **membre
h.....** honorary member

hôpital *nm* hospital

horaire *nm* hour, time; **annualisation des h.....s** annualized hours;
h..... réduit short time; **h..... à la
carte** flexitime; **h..... continu**
workweek inclusive of meals;
h..... décalé staggered hours; **h.....
discontinu** workweek exclusive
of meals; **h..... d'été** summer
time; **h..... fixe** coretime; **h.....
flexible** flexitime; **h..... fractionné**
split hours; **h..... d'hiver** winter
time; **h..... individualisé** flexitime; **h..... libre** flexitime; **h.....
du travail** working hours, work
schedule; **h..... variable** flexitime

horaire *adj* hourly; **taux h..... (de
salaire)** hourly wage, hourly rate
of pay

hospitalisation *nf* hospitalization; **frais d'h.....** hospital expenses

hôtesse *nf* receptionist, hostess;
h..... de l'air air hostess

HT *adj abr* **(Hors Taxe)** exclusive
of tax, before tax, pre-tax, duty
free

huis clos *nm* **à h.....** in camera *(jur)*

huissier *nm* bailiff

huit *nm* **travailler les trois h.....** to
work (in) three 8-hour shifts

humain *adj* **capital h.....** human
capital; **développement des ressources h.....es** human resource
development; **gestion des ressources h.....es** human resource
management; **relations h.....es**
human relations

hydrothérapie *nf* hydrotherapy

hygiène *nf* hygiene; **h..... et sécurité** health and safety

hypothèque *nf* mortgage

hypothéquer *vt* to mortgage

hypothèse *nf* hypothesis, as-
sumption; **h..... de départ**
premise

hypothétique *adj* hypothetical

Ii

idée nf idea, suggestion; **boîte à i.....s** suggestion box; **i.....-force** key idea; **i..... maîtresse** main idea; **jeter des i.....s sur le papier** to jot down ideas

identité nf identity; **carte d'i.....** ID card

ignifugé adj fireproof

illégal adj illegal, unlawful

illégalement adv illegally, unlawfully

illégalité nf illegality, unlawfulness

illettré adj illiterate

illettrisme nm illiteracy

illicite adj illicit

image nf image; **i..... institutionnelle** corporate image; **i..... fidèle des comptes** fair presentation of accounts, true and fair view of accounts; **i..... de marque** brand image; **travailler son i.....** to work on one's image

immatriculation nf registration; **numéro d'i.....** registration number

immeuble nm building, premises; **i..... de bureaux** office building, office block

immigration nf immigration

immigré nm immigrant, migrant; **i..... clandestin** illegal immigrant, illegal alien (US); **travailleur i.....** migrant worker

imminent adj impending; **déclaration i.....e** impending announcement

immobilier nm real estate; **agence immobilière** real estate agency; **agent i.....** real estate agent; **promoteur i.....** property developer

immobilisations nfpl (fin) fixed assets, fixed capital; **i..... corpo-** relles tangible assets; **i..... incorporelles** intangible assets

immunité nf immunity; **i..... contre poursuites** immunity from prosecution

impact nm impact; **i..... des mesures prises** impact of measures taken; **i..... social** effect on the staff

imparti pp allowed; **dans le délai i.....** within the time stipulated

impartial adj impartial

impasse nf stalemate, deadlock; **être dans une i.....** to reach stalemate; **les discussions sont dans une i.....** talks have reached deadlock; **sortir d'une i.....** to break a deadlock

impayés nmpl outstanding payments

impayé adj unpaid, outstanding; **factures i.....es** outstanding bills, unpaid bills

impératif adj mandatory

imperfection nf flaw

implantation nf location; **i..... d'une usine** location/setting up of a factory

implanté pp located; **société bien i.....e en Allemagne** well-established company in Germany

implanter vt to set up, locate; **i..... une usine à la frontière** to set up/locate a factory on the border

importation nf importation

importer vt to import

imposable adj taxable

imposer vt 1 (fis) to tax; **i..... les entreprises** to tax companies; 2 to impose

imposition nf taxation; **double i.....** double taxation; **niveau d'i.....** level of taxation

impôt nm tax, levy; **augmenter un i.....** to raise a tax; **barème des i.....s** tax schedule, tax rate; **bénéfices après i.....s** after-tax profit; **bénéfices avant i.....s** pre-tax profit; **Centre des I.....s** local tax office, Inland Revenue, Internal Revenue Service *(US)*; **Code des I.....s** tax law; **crédit d'i.....** tax credit; **crédit d'i.....-formation** training levy credit which allows companies which radically increase their training budget one year, to spread the resulting tax burden over several years; **feuille d'i.....s** tax form, tax return; **frapper qqch d'un i.....** to put a tax on sthg; **i..... sur les bénéfices exceptionnels** windfall tax; **i..... direct** direct tax; **i.....s directs** direct taxation; **i..... foncier** land tax; **i.....-formation** training levy; **i..... sur les grosses fortunes** wealth tax; **i..... indirect** indirect tax; **i.....s indirects** indirect taxation; **i.....s locaux** community charge *(équiv)*; **i..... sur les plus-values** capital gains tax; **i..... prélevé à la source** PAYE (Pay As You Earn) tax, tax deducted at source; **i..... sur le revenu** income tax; **i..... sur les sociétés** corporation tax; **inspecteur des i.....s** tax inspector, taxman; **payer des i.....s** to pay taxes; **perception des i.....s** tax collection; **rappel d'i.....** back tax; **remboursement d'i.....s** tax rebate; **tranche d'i.....** tax bracket; **être dans la tranche d'i..... supérieure/inférieure** to be in the top/lowest tax bracket

impression nf printing

imprévu adj unexpected, contingent; **dépenses i......es** contingent expenses

imprimé nm printed matter/paper

imprimer vt to print

imprimeur nm printer

improductif adj idle, unproductive; **argent i.....** idle money

impulsion nf impetus; **donner une i..... à un projet** to give impetus to a project

imputabilité nf **i..... de la rupture d'un contrat de travail** direct responsibility/imputability

for the termination of a contract of employment

imputable adj attributable, imputable; **la rupture du contrat est i..... à l'employeur** the termination of the contract is attributable to the employer

imputation nf charge, charging, allocation; **i..... à un compte** charging to an account

imputer vt **1** to attribute; **2** *(compt)* to charge

inacceptable adj unacceptable; **les conditions sont i.....s** the terms are unacceptable

inactif adj idle, non-working

inapte adj unfit; **i..... à travailler** unfit for work; **i..... au travail** unfit for work

inaptitude nf incapacity

incapable nmf incompetent person, useless person

incapacité nf disability, incapacity, disablement; **i..... partielle** partial disability; **i..... permanente** permanent disability; **i..... temporaire** temporary disablement, temporary incapacity; **i..... totale** total disability; **i..... de travail** short-term disability

incendie nm fire; **bouche d'i.....** fire hydrant; **consignes d'i.....** fire precautions, fire instructions; **danger d'i.....** fire hazard; **exercice d'i.....** fire drill; **un i..... s'est déclaré** a fire broke out; **signal d'i.....** fire alarm

incessibilité nf non-transferability, inalienability; **i..... des droits** non-transferability of rights

incessible adj non-transferable, inalienable, unassignable

incident nm incident; **i..... critique** critical incident; **l'i..... est clos** that's the end of the matter

incitation nf inducement, incentive; **i..... fiscale** tax incentive; **prime d'i.....** incentive bonus; **système d'i.....** incentive scheme

inciter vt to incite, induce, motivate

inclus adj inclusive; **du 1ᵉʳ au 4ᵉ i.....** from 1st to 4th inclusive

incomber vt **la preuve incombe à l'employeur** the onus is on the employer to prove sthg

incompatibilité nf **licenciement pour i..... d'humeur** strained working relationship representing grounds for dismissal

incompatible adj incompatible

incompétence nf incapability, incompetence

incompétent adj incompetent; **le Tribunal s'est déclaré i.....** the Court held that it had no jurisdiction to hear the case

inconditionnel adj unconditional; **offre i.....le** unconditional offer

inconduite nf misconduct

inconvénient nm disadvantage, drawback; **i.....s d'un plan** disadvantages of a plan; **i.....s d'un projet** drawbacks of a scheme

incorporé pp built-in; **le système a des contrôles i.....s** the system has built-in controls

inculpation nf indictment, charge

inculper vt to indict, charge; **i..... qqn de qqch** to indict sbdy for sthg, to charge sbdy with sthg

indécis adj indecisive, undecided; **électeur i.....** floating voter

indécision nf indecision

indélicatesse nf (fin) dishonesty

indemnisation nf compensation, indemnification

indemniser vt to compensate; **i..... qqn de qqch** to compensate sbdy for sthg, to settle a claim by awarding compensation

indemnité nf benefit, allowance; **i..... pour accident de travail** accident benefit; **i..... de clientèle** compensation paid to a dismissed sales rep for the loss of customers he/she brought to the company; **i..... compensatrice de congés payés** compensation in lieu of paid holidays (not taken); **i..... de déplacement** travel allowance; **i..... différentielle** compensatory allowance for persons who accept employment of which the net salary is lower than the level of unemployment benefit the person was previously receiving; **i..... de fin de carrière** company payment made to a long-serving employee upon retirement; **i..... de fin de contrat** end-of-contract payment; **i..... journalière** daily allowance paid by the Social Security to an employee on sick leave, sick pay (équiv) ; **i..... de licenciement** severance pay, **(pour motif économique)** redundancy payment; **i..... de nuit** night shift allowance; **i..... compensatrice de préavis** compensation in lieu of notice (not worked out); **i..... de représentation** entertainment allowance; **i..... de transport** travel allowance; **i..... vestimentaire** clothing allowance; **i..... de vie chère** cost-of-living allowance

indépendant nm freelance, self-employed person

indépendant adj independent; **contrat passé avec un travailleur i.....** freelance contract, for-hire contract (US); **pour des raisons i.....es de notre volonté** for reasons beyond our control

indexation nf indexation, indexing, pegging; **i..... des salaires sur l'inflation** indexing of salaries to inflation

indexé pp index-linked, pegged; **pensions de retraite i.....es** index-linked pensions; **salaires i.....s sur l'inflation** salaries geared to inflation

indexer vt to index, peg; **i..... les salaires sur qqch** to index salaries to sthg

indicateur nm indicator; **i.....s de performance** performance indicators; **i.....s sociaux** key personnel statistical data

indicatif nm code; **i.....** téléphonique area code, dialling code

indice nm index; **i..... des actions** share index; **i..... du coût de la vie** cost-of-living index; **i..... des prix** price index; **i..... des prix à la consommation** retail price index, consumer price index

indirect adj indirect; **dépenses i.....es** indirect expenses; **impôts i.....s** indirect taxation

individu nm individual

individualisation nf **i..... des salaires** individualized salaries

individuel adj individual, personal; **prestation i.....le** personal allowance

indivision nf co-ownership, joint ownership

induire vt **i..... qqn en erreur** to mislead sbdy

industrie nf industry; **i..... légère** light industry; **i..... lourde** heavy industry; **i..... en pleine croissance** boom industry, fast-growing industry; **i..... sidérurgique** iron and steel industry; **i..... du textile** textile industry

industriel nm industrialist

industriel adj industrial; **bassin i.....** industrial region

inégalité nf inequality, disparity; **i.....s de salaire** salary disparities

inéligibilité nf ineligibility

inéligible adj ineligible

inéquitable adj unfair; **traitement i..... des femmes** unfair treatment of women

inexpérimenté adj inexperienced

inférieur adj lower, poorer; **niveau i..... de responsabilité** lower level of responsibility; **qualité i.....e** poorer quality; **résultats i.....s aux prévisions** results lower than forecast; **tranche i.....e d'impôts** lowest tax bracket

infidélité nf disloyalty

infirme nmf disabled person

infirmer vt to invalidate; **i..... une décision** to invalidate a decision

infirmier, ière nmf nurse

infirmité nf disability

inflammable adj inflammable

inflation nf inflation; **i..... par les coûts** cost-push inflation; **i..... par la demande** demand-pull inflation; **i..... galopante** runaway inflation, soaring inflation, spiralling inflation; **i..... des salaires** wage inflation; **nous avons une i..... de 5%** inflation is running at 5%

inflationniste adj inflationary; **tendances i.....s** inflationary trends

influence nf influence, clout; **avoir de l'i.....** to be influential; **être sous l'i..... de l'alcool** to be under the influence of drink; **gagner de l'i.....** to gain influence/clout; **perdre de l'i.....** to lose clout/influence

informaticien nm computer scientist, computer programmer

information nf information, data; **i..... descendante** downward information, top-down information; **i..... latérale** horizontal information; **i..... remontante** bottom-up information; **traitement de l'i.....** data processing, information technology *nfpl* news

informatique nf information technology, computer science, EDP (electronic data processing); **Directeur I.....** Information Systems Manager, Information Technology Manager; **i..... conviviale** user-friendly information technology; **langage i.....** computer language; **listing i.....** computer listing, computer print-out; **être rompu à l'i.....** to be computerliterate; **traitement i..... des données** data processing

informatiser vt to computerize

infraction nf offence, breach, contravention; **être en i..... avec la loi** to be in breach of the law;

i..... **au code de la route** driving offence

infrastructure nf infrastructure

ingénierie nf engineering

ingénieur nmf engineer; i.....**-conseil** consulting engineer; i..... **chimiste** chemical engineer; i..... **civil** civil engineer; i..... **d'études** project engineer; i..... **mécanicien** mechanical engineer; i..... **technico-commercial** sales engineer; i..... **thermique** thermal engineer

ingrat adj thankless, unrewarding; **tâche i.....e** thankless task; **travail i.....** unrewarding work

initiation nf induction; **cours d'i.....** induction training, beginner's course

initiative nf initiative; **garder l'i.....** to keep the initiative; i..... **de la rupture** the taking of the initiative by the employee or the employer to terminate a contract, as distinct from the admission of responsibility (cf. imputabilité); **manquer d'i.....** to lack initiative; **prendre l'i..... de faire qqch** to take the initiative to do sthg

injonction nf injunction, summons; i..... **de payer** summons to pay

injures nfpl abuse

injurier vt to abuse; i..... **qqn** to abuse sbdy

injuste adj unfair

injustice nf injustice, inequity

injustifié adj unwarranted, unjustified; **revendications syndicales i.....es** unjustified union claims

inscription nf enrolment

inscrire vt to register, to enter on a list; i..... **qqch à l'ordre du jour** to put sthg on the agenda; **personnel inscrit** employees on the payroll; vpr **1** to join, enrol, sign on, register; **s'i..... à l'ANPE** to register as unemployed, to sign on the dole; **s'i..... à un cours** to enrol in a course; **s'i..... sur une liste** to put one's name down for

sthg; **2 s'i..... dans le cadre de** to fall/come within the scope of

inscrit nm (**à un vote**) registered voter

insérer vt to insert; i..... **une annonce** to insert an advertisement

insertion nf reinsertion; i..... **professionnelle** reinsertion in the workplace

insigne nm badge

insolvabilité nf insolvency

insolvable adj insolvent; **être déclaré i.....** to be declared insolvent

inspecteur nm inspector; i..... **des impôts** tax inspector; i..... **du travail** labour inspector, factory inspector

inspection nf inspection, Inspectorate; **effectuer une i.....** to carry out an inspection; i..... **sur le lieu de travail** on-site inspection; I..... **du Travail** Labour Inspectorate, Occupational Safety and Health Administration (US); **visite d'i.....** tour of inspection

installation nf installation; nfpl fittings, facilities; i.....**s des bureaux** office fittings; i.....**s sur le chantier** on-site facilities

installé pp installed; **être i..... dans ses fonctions** to settle into one's job

installer vt to install; i..... **l'équipement** to install machinery; vpr to set up; **s'i..... à son compte** to set up on one's own

instance nf **1** entity, body; i..... **de décision** decision-making body; **Tribunal de Grande I.....** High Court of Justice; **2** legal proceedings; **3** pending; **affaire en i.....** matter pending; **dossier en i.....** pending file

institution nf institution; i.....**s de retraite et de prévoyance** joint bodies which oversee and manage complementary pension, medical and life insurance schemes

instruction nf instruction, directive; **attendre les i.....s** to await instructions; **donner des i.....s** to

give instructions, to issue instructions; **i.....** **ministérielle** ministerial directive; **i.....** **préparatoire**
(jur) investigation

insubordination nf disobedience, insubordination, wilful
disobedience

insuffisance nf shortage; **i.....**
chronique chronic shortage;
i..... **professionnelle** professional
incompetence (grounds for dismissal)

intégral adj full; **remboursement**
i..... repayment in full

intégralité nf totality, whole; **être**
payé l'i..... **de son salaire** to be
paid the whole of one's salary

intégration nf induction, integration, orientation; **cours d'i.....** induction course; **i.....** **dans une**
entreprise company induc-
tion/integration/orientation; **i.....**
verticale vertical integration;
période d'i..... induction period;
stage d'i..... orientation/induction
training

intégré pp built-in

intelligence nf intelligence; **i.....**
émotionnelle emotional intelligence

intempéries nfpl **chômage i.....**
bad weather payments (for the
building trade)

intensifier vt to step up; **i.....** **la**
grève to step up industrial action

intenter vt **i.....** **une action en jus-**
tice à qqn to bring an action
against sbdy; **i.....** **un procès à**
qqn to start legal proceedings
against sbdy, to take legal action
against sbdy

intention nf intent, intention; **let-**
tre d'i..... letter of intent

interaction nf interaction

interdépendance nf interdependence

interdiction nf prohibition, ban;
i..... **formelle de fumer** smoking
is strictly forbidden; **lever une**
i..... **sur qqch/qqn** to lift a ban on
sthg/sbdy

interdire vt to prohibit, forbid,
ban, bar; **i.....** **à qqn l'accès au**
parking to bar sbdy from the car
park; **i.....** **qqch/qqn** to impose a
ban on sthg/sbdy

interdit adj prohibited, forbidden;
entrée i.....e no entry

intéressement nm profit-sharing,
gain-sharing; **plan d'i.....** optional
in-house gain-sharing/ profit-
sharing scheme

intéresser vt to interest; **i.....** **les**
employés aux bénéfices to ope-
rate a profit-sharing scheme

intérêt nm **1** interest; **i.....s accu-**
mulés accrued interest; **i.....s**
composés compound interest;
i.....s courus accrued interest;
i.....s échus outstanding interest;
être productif d'i.....s to
bear/yield interest; **sans i.....** interest-free; **2** interest; **dans l'i.....**
général in the public interest;
sans i..... of no interest; **trouver**
son i..... **dans qqch** to make
things worth one's while;
3 centres d'i..... **(CV)** hobbies,
pastimes

interface nf interface; **l'i.....**
homme/machine human-machine
interface

intérim nm **1** interim; **assurer**
l'i..... **de qqn** to deputize for
sbdy; **pendant l'i.....** in the interim period **2** temporary work;
agence d'i..... temp agency

intérim adj acting; **Président par**
i..... acting Chairman

intérimaire nmf temp, temporary
employee

intérimaire adj temporary, interim; **paiement i.....** interim payment; **secrétaire i.....** temp
secretary; **solution i.....** interim
solution

intermédiaire nmf intermediary,
middleman, go-between *(nég)*

intermittent adj intermittent,
sporadic; **travail i.....** sporadic
work, intermittent work

interne adj internal, in-house

interpersonnel adj interpersonal; **relations i**.....**les** interpersonal relations

interruption nf suspension, interruption, break; **i**..... **volontaire de grossesse** termination of pregnancy, abortion; **i**..... **des négociations** suspension of talks

interurbain adj long-distance; **communication i**.....**e** long-distance call

intervenant nm speaker; **i**..... **à un congrès** conference speaker; **i**..... **dans une formation** speaker in a training session

intervenir vi to intervene; **i**..... **dans une négociation** to intervene in a negotiation; **un accord est intervenu** an agreement has been reached

intervention nf **faire une i**..... **auprès de qqn** to use one's influence with sbdy; **faire une i**..... **à une réunion** to give a speech at a meeting, to speak at a meeting

interview nf interview; **i**..... **dirigée** guided interview

interviewé, e nmf interviewee

interviewer nm interviewer

interviewer vt to interview

intimité nf privacy

intitulé nm heading, title; **i**..... **de poste** job title

intra-entreprise adj in-house; **formation i**..... in-house training

intraitable adj uncompromising, unyielding

introduire vt to introduce, phase in; **i**..... **progressivement des lois** to phase in legislation; vpr **s'i**..... **en bourse** to go public

invalide nmf disabled person

invalider vt to invalidate; **i**..... **une élection** to invalidate an election

invalidité nf disability, disablement; **allocation d'i**..... disability allowance; **i**..... **absolue et définitive** total permanent disability; **i**..... **partielle** partial disability; **i**..... **permanente** long-term disability; **i**..... **totale** total disability; **pension d'i**... disability pension, disablement benefit

inventaire nm stocktaking, inventory; **faire un i**..... to make an inventory, to do stocktaking, to stocklist

invention nf invention; **brevet d'i**..... patent, letters patent

inventorier vt to make an inventory, to stocklist

investir vt to invest; **i**..... **dans la formation** to invest in training; **i**..... **qqn de pouvoirs** to invest sbdy with authority

investissement nm investment; **dépenses d'i**..... capital expenditure; **retour sur i**..... return on investment

IRPP nm abr **(Impôt sur les Revenus des Personnes Physiques)** personal income tax

irrecevable adj barred, inadmissible; **plainte jugée i**..... barred complaint; **témoignage i**..... inadmissible evidence

irrécupérable adj irrecoverable; **dette i**..... irrecoverable debt; **fichier i**..... *(info)* non-retrievable file

irrégularité nf irregularity, (highly) irregular practice; **i**..... **dans les comptes** accounting irregularity

irrégulier adj irregular, unsteady, inconsistent; **licenciement i**..... wrongful dismissal

isolation nf insulation

isolé nm (ass) an individual who remains insured after having left the company which took out the policy (eg retired persons)

isolement nm isolation

isoloir nm polling booth

issue nf 1 outcome; **l'i**..... **d'une négociation** the outcome of talks; 2 exit; **i**..... **de secours** emergency exit

itinérant adj mobile, itinerant; **travailleur i.....** itinerant worker

IUT nm abr **(Institut Universitaire de Technologie)** structure within the university system offering two-year technology-based training courses

ivre adj drunk

ivresse nf drunkenness; **en état d'i.....** in a drunken state

Jj

jalon *nm* milestone, landmark

jaune *nm* blackleg, scab, strike-breaker

jetons *nmpl* j..... **de présence** Director's fee

jeu *nm* simulation, game, hand; j..... **d'entreprise** business game; j..... **de rôle** role play; **cacher son j.....** to conceal one's hand; **mettre qqch en j.....** to put sthg in the balance; **montrer son j.....** to reveal one's hand; j..... **de tests** batch of tests

jeune diplomé, e *nmf* school-leaver, young graduate

jeunesse *nf* youth

JO *nm abr* (**Journal Officiel**) government publication officialising the application of laws and decrees

joindre *vt* to join, combine, attach, enclose; j..... **les deux bouts** to make ends meet; j..... **à une lettre** to enclose with a letter; j..... **qqn par téléphone** to get in touch with sbdy by phone; j..... **l'utile à l'agréable** to combine business with pleasure

joint *pp* enclosed, attached; **veuillez trouver ci-j.....** please find enclosed

jouer *vi* to play, stake; **faire j..... une clause d'un contrat** to bring a contract clause into play; j..... **gros** to put a lot at stake; j..... **le jeu** to play by the rules, to toe the (company) line; j..... **son va-tout** to stake one's all

jouissance *nf* possession; **avoir la j..... d'un bien** to have possession of property; **entrer en j..... d'un bien** to take possession of property

jour *nm* day; **avoir un j..... sans** to have an off day; **J..... de l'An** New Year's day; j..... **calendaire** calendar day; j..... **de congé** day off; j..... **férié** public holiday, statutory holiday, bank holiday; j..... **franc** clear day, full day; j..... **de Noël** Christmas day; j..... **ouvrable** working day; j..... **ouvré** weekday; j..... **de paie** payday; j..... **plein** clear day, full day; j..... **de règlement** settlement day; j..... **de relâche** day off; j.....**s restant à prendre** remaining days' holiday; **lundi de Pâques** Easter Monday; **prendre un j..... de congé** to take a day off; **1er mai** Mayday, Labor Day *(US)*; **être à j..... de sa cotisation** to have paid one's contribution/membership fee/enrolment fee, to be up-to-date with one's contribution/membership fee/enrolment fee; **mettre à j.....** to update; **tenir à j.....** to keep up-to-date; **Vendredi Saint** Good Friday

journal *nm* journal; j..... **d'entreprise** house journal, house organ, in-house magazine

journalier *nm* day labourer, casual labourer

journaliste *nmf* journalist

journée *nf* day; **faire de longues j.....s** to work long hours; j..... **d'action** day of action; j..... **continue** non-stop working day; j..... **discontinue** split workday; j..... **portes ouvertes** open day; j..... **de travail** workday

juge *nm* judge

jugement *nm* **1** verdict, sentence, decision, order, ruling, adjudication; j..... **en sa faveur** favourable verdict/court ruling; **prononcer un j.....** to pass sentence; **2** judgement; **manquer de j.....** to lack judgement

juger *vt* to judge, sentence, to pass sentence; j..... **une affaire** to hear a case

jumeaux *nmpl* twins; **vrais j.....** identical twins

jumelles *nfpl* (female) twins

juré, e *nmf* juror, jury member

juridiction *nf* jurisdiction; j..... **compétente** competent authority, competent court

juridique *adj* legal; **cabinet j.....** law firm; **conseiller j.....** legal advisor; **département j.....** legal department

jurisprudence *nf* case law, jurisprudence; **faire j.....** to set a precedent

juriste *nm* lawyer, legal expert, legal adviser/counsel

jury *nm* **1** jury; **faire partie d'un j.....** to do jury duty; **2** board of examiners, panel

juste *adj* **1** fair, just; **personne j.....** just person; **2** accurate; **analyse j..... des faits** accurate analysis of the facts

juste-à-temps *loc* just-in-time

justice *nf* law, justice; **comparaître en j.....** to appear in court; **cour de j.....** law court; **se faire j..... soi-même** to take the law into one's own hands; **j..... a été faite** justice has been done; **passer en j.....** to stand trial; **rendre j..... à qqn** to do sbdy justice; **être traduit en j.....** to be brought before the court

justicier, ière *nmf* **faire le j.....** to dispense justice oneself

justificatif *adj* **pièce j.....ve** supporting document *(compt),* documentary proof/evidence

justifier *vt* to account for, justify; **j..... un écart** to account for a discrepancy

Ll

laboratoire *nm* laboratory; **l.....
de langues** language laboratory

laissez-passer *nm* pass; **avoir un
l.....** to have a pass

lancer *vt* to launch, introduce,
bring out; **l.....** **une campagne de
publicité** to launch an advertising campaign; **l.....** **un défi à qqn**
to challenge sbdy; **l.....** **un mot
d'ordre de grève** to call a strike

langage *nm* language; **l.....** **technique** technical jargon

langue *nf* language, tongue; **cours
de l.....** language courses; **l.....** **de
bois** hollow rhetoric; **l.....** **écrite**
written language; **l.....** **étrangère**
foreign language; **l.....** **française**
French language; **l.....** **maternelle**
mother tongue; **l.....** **parlée**
spoken language; **maîtrise d'une
l.....** **étrangère** command of a
foreign language; **les mauvaises
l.....s disent que** rumour has it
that; **être mauvaise l.....** to un-
justly criticize

latéral *adj* lateral; **pensée l.....e**
lateral thinking

leader *nm* leader

leadership *nm* leadership; **l.....
situationnel** situational leadership

leçon *nf* lesson; **donner une l.....**
to give a lesson; **l.....** **particulière**
private lesson; **recevoir une l.....
de qqn** to take a lesson from
sbdy

lecture *nf* reading; **l.....** **d'un
projet de loi** reading of a bill before Parliament; **l.....** **rapide**
speed reading

légal *adj* lawful, legal, statutory;
cadre l..... legal framework; **congé
l.....** statutory holiday; **représentant l.....** legal representative

légende *nf* caption, legend; **l.....
d'un graphique** caption of a
graph

légiférer *vi* to legislate

legislateur *nm* legislator, lawmaker

législation *nf* laws, legislation;
l..... **du travail** labour law, labour
legislation

législature *nf* legislature

légitime *adj* lawful, legitimate;
défendre ses intérêts l.....s to defend one's legitimate interests;
réclamation l..... legitimate grievance

légitimité *nf* legitimacy

lentille *nf* lens; **l.....s de contact**
contact lenses; **l.....s cornéennes**
contact lenses

lésé *pp* aggrieved, wronged, injured; **employé l.....** aggrieved
employee; **la partie l.....e** the
wronged party, the injured party

lettre *nf* 1 letter; **l.....** **d'accompagnement** covering letter; **l.....
d'affaires** business letter; **l.....** **de
candidature** letter of application;
l..... **de change** bill of exchange;
l..... **clé** French classification of
types of medical treatment and
tariffs by letters; **l.....** **de convocation** letter giving notice of an appointment; **l.....** **de couverture**
covering letter; **l.....** **de démission**
letter of resignation; **l.....** **d'embauche** letter of appointment;
l..... **d'engagement** letter of engagement; **l.....** **d'explication** letter of explanation; **l.....
d'intention** letter of intent; **l.....
de licenciement** letter of dismissal; **l.....s majuscules** block
letters, capital letters; **l.....** **de motivation** letter of application in
which the applicant explains why
he/she wishes to join the com-
pany; **l.....** **de présentation** letter
of introduction; **l.....** **de réclamation** letter of complaint; **l.....** **de
recommandation** letter of recommendation, letter of reference; **l....
recommandée** registered letter;
l..... **recommandée avec accusé
de réception** recorded delivery
letter; **l.....** **de refus** negative
reply; **l.....** **type** standard letter;

2 *nfpl* arts; **études de l.....s** arts studies; **licence ès l.....s** arts degree

levé *pp* closed; **la séance est l.....e** the meeting is closed

levée *nf* collection; **l..... de boucliers** strong opposition; **l..... du courrier** mail collection

lever *vt* to lift, raise; **l..... des contrôles** to lift controls; **l..... une option** to exercise an option; **l..... une séance** to close a meeting

levier *nm* leverage; **effet de l.....** leverage

libellé *nm* wording; **l..... d'un texte** wording of a text

libeller *vt* **l..... un chèque à l'ordre de qqn** to make out a cheque to sbdy

libéral *adj* **profession l.....e** certain categories of self-employed professions (doctors, lawyers, architects, psychiatrists...)

libéralisation *nf* deregulation

libératoire *adj* in full discharge; **paiement l.....** payment in full discharge

libérer *vt* to free, release

liberté *nf* freedom; **l..... d'association** freedom of association; **l..... d'expression** free speech, freedom of speech; **l..... de la presse** press freedom

libre *adj* **1** vacant; **bureaux l.....s** vacant offices; **2** free; **l..... concurrence** free competition; **l.....-échange** free trade; **l..... entreprise** free enterprise; **l.....-service** self-service; **l..... de tout engagement** formal sentence in a work certificate releasing an employee for alternative employment; **produit en vente l.....** product on sale

licence *nf* **1** licence, permit; **contrat de l.....** licence agreement; **2** degree, bachelor's degree; **avoir une l..... en droit** to have a degree in law; **l..... ès lettres** arts degree, bachelor of arts degree

licencié *pp* **1** **être l..... en économie** to have a degree in economics; **2** dismissed, discharged (*US*), fired (*fam*), sacked (*fam*); **être l..... pour raisons économiques** to be made redundant; **3** holder of a licence to sell

licenciement *nm* dismissal, redundancy, discharge (*US*) ; **indemnité de l.....** redundancy payment, severance pay; **l..... abusif sans cause réelle et sérieuse** unfair dismissal, dismissal without just cause; **l..... collectif** mass redundancy; **l..... économique** redundancy; **l..... immédiat** dismissal without notice; **l..... irrégulier** wrongful dismissal; **l..... sur le champ** summary dismissal; **l..... sans préavis** dismissal without notice; **plan de l.....** redundancy plan

licencier *vt* to dismiss, discharge (*US*), terminate, fire (*fam*), sack (*fam*); **l..... qqn pour raisons économiques** to make sbdy redundant, to lay sbdy off; **l..... un employé** to dismiss/terminate an employee

licite *adj* licit, lawful

lien *nm* tie, connections; **avoir des l.....s avec une société** to have ties with a company; **l..... de subordination** term which characterizes the bond of obedience on the part of the employee towards the employer

lieu *nm* **1** place, location; **l..... de naissance** place of birth; **l..... de réunion** meeting place; **l..... de travail** work location, place of work; **2** premises; **exposition sur les l.....x de travail** exhibition on company premises; **quitter les l.....x** to vacate the premises; **3** place; **les négociations auront l..... bientôt** the negotiations will take place soon; **la réunion a l..... à 17h** the meeting takes place at 5 o'clock

ligne *nf* **1** course, line; **adopter une l..... de conduite** to take a course of action; **l..... de conduite** guideline, course of action; **l.....**

directrice guideline; **2** line; **être en l.....** avec qqn to be on the line to sbdy; **la l.....** est brouillée the line is bad; **l.....** directe direct line; **l.....** extérieure outside line; **la l.....** est occupée the line is engaged

limitation *nf* restriction, limitation; **l.....** de la production restriction of output

limite *nf* limit, limitation; **date l.....** deadline; **fixer les l.....s à qqch** to set limits to sthg; **la l..... d'âge est 40 ans** the age limit is 40

limité *pp* limited; **Société Anonyme à Responsabilité L.....e** private limited company

limiter *vt* to limit, curb, curtail, restrict; **l.....** les augmentations to curtail rises; **l.....** ses pertes to cut one's losses; **l.....** les prix to hold down prices

limogeage *nm* dismissal

limoger *vt* to dismiss, discharge (US), sack (fam), fire (fam)

liquidation *nf* liquidation, winding up; **entrer en l.....** to go into liquidation; **être mis en l..... judiciaire** to be wound up; **l..... de stocks** clearance of stock

liquide *adj* in cash; **argent l.....** cash

liquider *vt* to sell off, wind up, close down; **l.....** une entreprise to close down a business, to wind up a company; **l.....** ses droits à la retraite on retiring, to convert one's retirement entitlement into a pension

liquidités *nfpl* cash in hand

liste *nf* **1** list; **l.....** d'adresses mailing; **l.....** d'attente waiting list; **l.....** des électeurs list of voters; **l.....** électorale voting list; **l.....** noire black list; **l.....** nominative des adhérents nominal list of members; **l.....** nominative des cotisations statement of contributions per person; **être sur la l..... noire** to be on the black list; **2** roster, roll; **l.....** des syndiqués

membership roll; **3** un numéro sur l..... rouge an ex-directory number

listing *nm* (info) computer print out

litige *nm* litigation, dispute, grievance; **arbitrer un l.....** to mediate a dispute

litigieux *adj* contentious

livraison *nf* delivery

livre *nm* book; **grand l.....** ledger; **l.....** de paie paybook, payroll ledger; **tenir les l.....s** to keep the books

livret *nm* handbook, booklet; **l.....** d'accueil employee handbook; **l.....** de famille family book recording births, deaths, marriages and divorces

livreur *nm* delivery boy/man

lobby *nm* lobby

lobbying *nm* lobby; **faire du l.....** to lobby

local *nm* room; **l.....** syndical union room; **l.....** de travail work room; *nmpl* **locaux** premises

local *adj* local; **main-d'œuvre l.....e** local labour

locatif *adj* rental; **valeur locative** rental value

location *nf* rental, renting

lock-out *nm* lock-out

logement *nm* housing, accommodation; **1% l.....** central fund financed by statutory company contributions offering employees bonified loans for home ownership or low rental flats; **allocation de l.....** housing allowance; **l.....** de fonction service accommodation; **l.....** meublé furnished accommodation

logiciel *nm* computer program(me), software; **l.....** de paie payroll programme

loi *nf* law, statute; **abroger une l.....** to repeal a law; **application de la l.....** law enforcement; **appliquer la l.....** to enforce the law, to carry out the law; **contre la l.....** against the law, outside the law; **enfreindre la l.....** to break the law; **l'esprit de la l.....** intent of the law; **faire la l.....** to lay down the law; **L..... Aubry** law fixing the legal workweek at 35 hours; **L.....s Auroux** law designed to improve in-company communication through a formalised consultation process; **l.....-cadre** outline law, framework law; **l..... Informatique et Libertés** Data Protection Act *(équiv)*; **l..... quinquennale** law issued in 1993 introducing numerous measures in the fields of employment, staff representation, training and flexible working hours; **L..... Robien** law designed to preserve employment through state-assisted implementation of reduced working hours; **l..... de 1901** law governing non-profit-making organizations; **renforcer une l.....** to tighten a law; **respecter la l.....** to keep the law, to comply with the law; **voter une l.....** to pass a law

loisirs *nmpl* recreation, leisure pursuits, leisure activities; **heures de l.....** spare time; **travail et l.....** work and leisure

long terme *nm* long run, long term, long range; **à l.....** in the long run, in the long term; **plan à l....** long-term planning; **prévisions à l.....** long-range forecast

longue date *nf* accord de l..... long-standing agreement

lot *nm* batch; **l..... de commandes** batch of orders; **l..... d'échantillons** batch of samples

louer *vt* 1 to lease, rent, hire; **l..... une voiture** to hire/rent a car; 2 hire out; **l..... du matériel (à qqn)** to hire out equipment; 3 to praise; **l..... les services de qqn** to praise sbdy highly

loyal *adj* fair; **concurrence l.....e** fair competition

loyer *nm* rent; **allocation de l.....** rent allowance

lu *pp* **l..... et approuvé** read and approved: written formula at the end of a legal document indicating the signee's acceptance of the terms contained therein; **l.....,** **écrit, parlé** read, written, spoken: terms used in a CV to indicate levels of language proficiency

lutte *nf* struggle, fight, conflict; **entrer en l..... contre qqn** to enter into conflict with sbdy; **engager la l..... contre qqch** to take up the fight against sthg; **être en l..... ouverte** to be in open conflict; **l..... des classes** class struggle; **l.....s internes** internal strife; **l..... ouvrière** a) worker's struggle b) extreme left-wing political movement; **l..... de pouvoir** power struggle

lutter *vi* to struggle, fight (against); **l..... contre qqch** to fight (against) sthg

lycée *nm* secondary school, high school *(US)*

Mm

machine *nf* machine; **m.....** **à calculer** calculating machine; **m.....** **à écrire** typewriter; **m.....-outil** machine tool *nfpl* machinery; **m.....s** **à l'arrêt** machinery lying idle

machiniste *nm* machinist, machine operator

maçon *nm* mason

magasin *nm* shop, store *(US)*; **grand m.....** department store

magasinage *nm* warehousing

magasinier *nm* warehouseman, storeman

magistère *nm* highly specialised postgraduate diploma awarded by universities

magistrat *nm* judge

magnétophone *nm* tape-recorder

magnétoscope *nm* video tape-recorder

main *nf* hand; **l'affaire est en m.....** the matter is being attended to; **avoir quelques arguments en m.....** to have some arguments in hand; **avoir les m.....s liées** to have one's hands tied; **changer de m.....** to change hands; **être fabriqué à la m.....** to be made by hand; **être habile de ses m.....s** to be clever with one's hands; **passer la m.....** to hand on to sbdy, to hand over responsibilities, to stand down in favour of sbdy; **prendre qqn en m.....** to take sbdy in hand; **remis en m..... propre** written phrase on a formal document indicating that it has been transmitted by hand rather than by recorded delivery; **serrer la m.....** to shake hands; **la situation est en m.....** the situation is in hand; **vote à m..... levée** show of hands

main-d'œuvre *nf* labour, labour force, manpower; **adjonction de m..... non qualifiée** dilution of labour; **besoins de m.....** manpower needs; **coûts de m.....** labour costs; **m..... bon marché** cheap labour; **m.....** **disponible** labour supply; **m.....** **étrangère** immigrant labour; **m.....** **peu chère** cheap labour; **m.....** **qualifiée** skilled labour; **m.....** **syndiquée** organized labour; **m.....** **temporaire** casual labour; **pénurie de m.....** labour shortage, shortage of manpower

mainlevée *nf* end of an attachment of earnings order

maintenance *nf* maintenance; **contrat de m.....** maintenance contract

maintien *nm* **1** preservation; **m.....** **des droits** preservation of rights; **2** retention; **m.....** **des effectifs** staff retention; **m..... de l'emploi** job retention

maison *nf* firm, company, enterprise, house; **m..... d'édition** publishing house; **m..... mère** parent company

maître *nm* master; **"Maître"** way of addressing a qualified lawyer; **m.....** **artisan** master craftsman; **m.....** **de cérémonie** master of ceremonies; **m..... d'œuvre** foreman; **rester m..... d'une situation** to master a situation

maîtrise *nf* **1** command, control, mastery; **m.....** **d'une langue** command of a language; **2** supervision; **agents de m.....** supervisory staff, foremen; **la m.....** first-line management; **3** master's; **m..... de sociologie** master's degree in sociology

maîtriser *vt* to control, master; **m..... l'inflation** to curb inflation, to control inflation; **on maîtrise la situation** everything's under control; **ne pas être maîtrisé** to be out of control

majoration *nf* surcharge, increase, penalty; **m..... d'impôt** tax increase; **m.....** **de prix** increase/mark up in price; **m.....** **après la date limite de paiement** penalty charge after the payment deadline

majorer *vt* to increase, raise, mark up; **m..... un prix** to increase a price, to raise a price

majoritaire *adj* majority; **actionnaires m.....s** majority shareholders; **être m.....** to be in the
majority; **participation m..... dans
une société** controlling interest in
a company; **vote m.....** majority
vote/decision

majorité *nf* majority; **atteindre sa
m.....** to come of age; **élection à
la m..... des voix** straight majority
election; **faible m.....** narrow majority; **m..... absolue** absolute majority; **m..... ordinaire** simple
majority; **m..... relative** relative
majority; **m..... silencieuse** silent
majority

majuscule *nf* capital; **lettres
m.....s** block/capital letters

mal *adv* badly; **m..... administrer**
to mismanage; **m..... employer
des fonds** to misuse funds; **m.....
gérer** to mismanage; **personnel
m..... payé** poorly-paid staff

malade *nmf* patient, sick person

malade *adj* sick

maladie *nf* sickness, disease, illness; **assurance-m.....** health insurance; **congé-m.....** sick leave;
être en longue m..... to be on
long-term sick leave; **indemnité
de m.....** sickness benefit; **m.....
chronique** chronic illness; **m.....
contagieuse** contagious disease;
m..... grave serious illness; **m.....
incurable** incurable disease; **m.....
professionnelle** occupational disease; **m..... prolongée** prolonged
illness

malentendu *nm* misunderstanding

malfaçon *nf* defect

management *nm* management;
formation au m..... management
training; **m..... participatif** participative management

manager *nm* manager

mandat *nm* **1** office, tenure, term
of office; **cumul des m.....s** to be
elected to several offices; **être investi d'un m.....** to be entrusted
with a mandate; **m..... du
délégué syndical** union repre-

sentative's term of office; **renouvellement d'un m.....** re-election;
2 warrant; **m..... d'arrêt** warrant
for arrest; **3** order; **m..... international** international money order;
m.....-lettre money order

mandataire *nm* representative;
m..... social company officer

mandater *vt* to mandate, empower

manières *nfpl* manners; **bonnes
m.....** good manners

manifestant *nm* demonstrator,
protester

manifestation *nf* **1** event; **m.....
culturelle** cultural event; **2** demonstration, protest; **organiser
une m.....** to stage a demonstration, to organize a protest
(march), to stage a protest

manifester *vi* to show, demon-
strate; **appeler à m.....** to call a
demonstration

manipulation *nf* manipulation

manœuvre *nm* **1** labourer, manual worker; **2** *nf* tactic, ploy,
move; **m..... dilatoire** delaying
tactic; **m..... d'intimidation** intimidation ploy; **m..... d'obstruction** move to obstruct; **marge de
m.....** room for/to manoeuvre

manque *nm* shortage, lack; **m.....
d'effectif** staff shortage

manquement *nm* breach; **m..... à
la discipline** breach of discipline;
m..... à ses obligations failure to
perform one's duties

manquer *vt* to miss; **m..... une réunion** to miss a meeting; *vi* to
fail, lack; **m..... à ses devoirs** to
fail to assume one's duties; **m.....
de personnel qualifié** to lack
skilled staff

manuel *nm* handbook, manual;
m..... de l'utilisateur user's handbook, user's manual

manuel *adj* manual; **travail m.....**
manual labour; **travailleur m.....**
manual worker

manufacture *nf* factory

manufacturé *pp* manufactured; **produits m.....s** manufactured goods

manutention *nf* handling; **frais de m.....** handling charge

manutentionnaire *nm* warehouseman, handler

maquette *nf* 1 layout; **m..... d'une annonce** layout of an advertisement; 2 model; **m..... du futur siège** model of the future headquarters

maquettiste *nm* 1 layout graphist, designer; 2 model maker

marchandage *nm* bargaining, horsetrading, haggling

marchander *vt* to haggle, bargain

marchandise *nf* commodity; *nfpl* goods

marche *nf* 1 running, order; **bonne m..... d'une entreprise** smooth running of a company; **en état de m.....** in full working order; **faire m..... arrière** to back down, back out, backpedal; **mettre en m..... une machine** to start up a machine; 2 march; **m..... de protestation** protest march; 3 procedure; **m..... à suivre** procedure to follow

marché *nm* 1 market; **études de m.....** market research; **m..... de l'emploi** labour market, job market; **m..... financier** financial market, money market; **m..... intérieur** domestic market; **m..... national** home market, domestic market; **(au) m..... noir** (on the) black market; **m..... du travail** labour market, job market; **m..... unique** single market; **mettre un produit sur le m.....** to market a product; **part du m.....** market share; **salaire du m.....** market salary; 2 deal; **conclure un m..... avec qqn** to strike (up) a deal with sbdy; 3 **bon m.....** cheap

marge *nf* margin, leeway; **m..... bénéficiaire** profit margin; **m..... brute** gross margin; **m..... d'erreur** margin for error; **m..... de manœuvre** room for/to ma-

noeuvre; **m..... nette** net margin; **m..... de sécurité** safety margin

marginal *adj* marginal; **bénéfices marginaux** marginal profit; **coût m.....** marginal cost, incremental cost

mariage *nm* marriage, wedding; **m..... blanc** marriage for purely administrative reasons (eg to obtain a residence permit or citizenship)

marié *pp* married

marier (se) *vpr* to get married

marin *nm* seaman, sailor

marque *nf* brand, make; **image de m.....** brand image; **m..... déposée** registered trademark; **m..... dominante** brand leader; **m..... d'une voiture** make of a car; **nom de m.....** brand name; **notoriété d'une m.....** brand recognition, brand awareness

masse *nf* **effet de m.....** in a given year, percentage increase of the total wage bill resulting from all salary increases; **m..... salariale** total payroll, total wage bill, total salary bill

matériau *nm* material; **m.....x de construction** building materials

matériel *adj* 1 physical; **dégats m.....s** physical damage; 2 financial; **problèmes m.....s** financial problems

maternité *nf* motherhood, maternity; **allocations de m.....** maternity benefit; **congé de m.....** maternity leave; **service de m..... (d'un hôpital)** maternity ward

matière *nf* 1 material; **m.....s premières** raw materials; 2 subject *(éduc)*

matriciel *adj* matrix; **organisation m.....le** matrix organization

matricule *nm* staff (registration) number

maximiser *vt* to maximize

maximum *nm* maximum

mécanicien *nm* mechanic

mécanisme *nm* mechanism

mécénat *nm* patronage, sponsoring

mécontentement *nm* dissatisfaction, discontent; **exprimer son m..... envers qqch** to voice one's discontent with sthg; **m..... social** staff discontent

médaille *nf* medal, award; **m..... d'ancienneté** seniority medal, long service award, length of service medal; **m..... du travail** long service medal awarded by local authorities

médecin *nm* doctor, General Practitioner, practitioner; **m..... consultant** specialist doctor; **m..... conventionné** National Health doctor *(équiv)*; **m..... d'entreprise** company doctor; **m..... généraliste** general practitioner, physician *(US)*; **m..... traitant** family doctor; **m..... du travail** occupational health doctor

médecine *nf* medicine; **m..... du travail** industrial medicine, occupational health

MEDEF *nm abr* (**Mouvement des Entreprises de France**) CBI (Confederation of British Industry) *(équiv)*

média *nm* mass media

médiane *nf (stat)* median

médiateur *nm* arbitrator, mediator

médiation *nf* arbitration

médical *adj* health, medical; **analyses m.....es** medical tests; **certificat m.....** health certificate, medical certificate, doctor's certificate; **dossiers médicaux** medical records; **examen m.....** medical inspection, medical; **passer une visite m.....e** to have a medical

médicament *nm* medicine, drug

médiocre *adj* substandard, poor, second-rate

méfaits *nmpl* wrongdoing; **refuser d'admettre ses m.....** to deny wrongdoing

membre *nm* member; **diminution des m.....s** dwindling membership; **états-m.....s** member states; **m..... actif** active member; **m..... adhérent** subscribing member; **m..... de droit** ex officio member; **m.....s de la famille** members of the family; **m..... fondateur** founder member; **m..... honoraire** honorary member; **m..... d'office** ex officio member; **m..... ordinaire** ordinary member; **m..... à part entière** fully-fledged member; **m..... titulaire** permanent member; **raréfaction des m.....s** thinning ranks

mémoire *nf* memory 1 **pour m.....** for the record; 2 *(info)* **m..... vive** RAM (Random Access Memory); **unité de m.....** storage unit; 3 dissertation; **m..... de recherche universitaire** research paper/project

mémorandum *nm* memorandum

menace *nf* threat; **la m..... du chômage pèse sur l'économie** the threat of unemployment hangs over the economy; **m..... de grève** strike threat; **m.....s de mort** death threats; **proférer des m.....s** to make threats

menacer *vt* to threaten, jeopardize; **emplois menacés** jobs under threat; **m..... qqn de qqch** to threaten sbdy with sthg; **m..... les négociations** to jeopardize negotiations

ménage *nm* household; **jeune m.....** young married couple

ménagère *nf* housewife

mener *vt* to lead, manage, conduct; **m..... des négociations** to conduct negotiations; **m..... un débat** to lead a debate; **m..... un projet** to lead a project

meneur *nm* **m..... d'hommes** leader

mensonger *adj* misleading, false; **déclaration mensongère** false declaration; **publicité mensongère** misleading advertising, deceitful advertising

mensualisation *nf* **m**..... **des im-pôts** payment of taxes by monthly direct debit

mensualité *nf* monthly instalment; **en trois m**.....**s** in three monthly instalments

mensuel *adj* monthly; **chiffres m**.....**s** monthly figures; **revue m**.....**le** monthly magazine; **salaire m**..... monthly salary

mensuellement *adv* monthly, on a monthly basis

mention *nf* **m**..... **assez bien** lower second-class honours; **m**..... **bien** upper second-class honours; **m**..... **passable** pass; **m**..... **très bien** first-class honours, distinction; **rayer la m**..... **inutile** delete where appropriate

mentor *nm* mentor

menuisier *nm* joiner

merchandising *nm* merchandising

mère *nf* mother

mérite *nm* merit; **augmentation au m**..... merit increase

mérité *pp* deserved; **promotion bien m**.....**e** well-deserved promotion

mériter *vt* to deserve, earn

mésentente *nf* disagreement

messagerie *nf* parcel service; **m**..... **électronique** electronic mail; **m**..... **vocale** voice mail

mesure *nf* **1** measure, step, action; **m**..... **conservatoire** protective measure; **m**..... **corrective** corrective action; **m**..... **disciplinaire** disciplinary action, disciplinary measure; **m**..... **dissuasive** deterrent; **m**..... **d'exception** one-off measure; **m**..... **de précaution** precautionary measure; **m**..... **préventive** preventive measure; **m**..... **de représailles** retaliatory measure; **m**..... **de rétorsion** retaliatory measure, reprisal; **m**..... **de sécurité** safety measure; **m**..... **de solidarité** sympathetic action; **m**.....**s** **d'urgence** emergency measures; **prendre des m**.....**s pour éviter que qqch survienne** to take measures to prevent sthg (from) happening; **prendre des m**.....**s sans précédent** to take unprecedented steps; **prendre des m**.....**s pour remédier à une situation** to take steps to remedy a situation; **2** measurement, yardstick; **dépasser la m**..... to overstep the mark; **Inspecteur des poids et des m**.....**s** Inspector of weights and measures

mesurer *vt* to measure, weigh up; **m**..... **un risque** to weigh up a risk; *vpr* **se m**..... **à une tâche** to pit oneself against a task

métallurgie *nf* metallurgical industry

méthode *nf* **1** method; **ingénieur des m**.....**s** methods engineer; **m**..... **de travail** method of working; **2** course; **m**..... **d'anglais** English course (textbook); **m**..... **Hay** Hay method

méthodologie *nf* methodology

métier *nm* profession, occupation, trade, craft; **apprendre un m**..... to learn a trade; **avoir du m**..... to know the tricks of the trade; **m**..... **d'avenir** profession with a future; **m**..... **manuel** craft; **risques du m**..... occupational hazards

mettre *vt* to put; **m**..... **qqn à la porte** to dismiss sbdy, to sack sbdy *(fam)*; **m**..... **qqn à la retraite** to pension sbdy off; **m**..... **qqch en cause** to call sthg into question; **m**..... **ses compétences en cause** to call into question his/her abilities; **m**..... **qqch en doute** to question sthg; **m**..... **à jour** to update; **m**..... **en œuvre** to implement, to put into practice; **m**..... **à pied** to suspend

MIAGE *nf* *abr* (**Maîtrise des Méthodes Informatiques Appliquées à la Gestion des Entreprises**) Masters-level course in the application of information technology to management and finance

mi-temps *nm* half-time; **travail à m**..... half-time employment

micro-informatique *nf* micro-computing

micro-ordinateur *nm* micro-computer

migration *nf* migration

milieu *nm* circle, environment; **dans le m..... bancaire** in banking circles; **m..... fermé** closed circle; **le m..... du travail** working life

militant *nm* militant; **m..... de base** rank and file militant

militantisme *nm* militancy; **m..... syndical** union militancy

miner *vt* to undermine, sap; **m..... la confiance dans l'entreprise** to undermine confidence in the company; **m..... le moral** to sap morale

mineur *nm* 1 **(non majeur)** minor; 2 miner

minimal *adj* minimal

minimiser *vt* to minimize; **m..... les risques** to minimize risks

minimum *nm* minimum; **salaire m..... garanti** guaranteed minimum wage

ministère *nm* Ministry; **m..... du Travail** Ministry of Labour, Department of Labor *(US)*; **m..... de tutelle** for a state company, ministry which oversees its activity; **m..... des Finances** Chancellor of the Exchequer; **m..... de l'Intérieur** Home Office; **m..... de la Justice** Lord Chancellor's Office

minoration *nf* reduction; **m..... des impôts** tax reduction

minoritaire *adj* minority; **être m.....** to be in the minority

minorité *nf* minority; **élection à la m..... des voix** minority vote/decision

mise *nf* 1 bid; 2 **m..... à disposition** making available; **m..... à jour** updating; **cours de m..... à niveau** refresher course; **m..... à pied conservatoire** suspension pending confirmation of dismissal; **m..... à pied disciplinaire** temporary disciplinary lay-off, suspension without pay; **3 jours de m..... à pied** 3 days' suspension; **faire une m..... au point** to clarify sthg; **m..... à la retraite** pensioning off; **m..... de fonds** (capital) outlay; **m..... en cause** calling into question; **m..... en commun des ressources** pooling of resources; **m..... en demeure** summons, formal notice/demand before legal action; **m..... en disponibilité** leave of absence; **m..... en garde** warning; **m..... en liberté provisoire** granting of bail; **m..... en marche d'une machine** starting up of a machine; **m..... en œuvre** implementation; **m..... en place** implementation; **m..... en pratique** putting into practice; **m..... en route d'un appareil** starting up of an appliance; **m..... en service d'une machine** putting into service of a machine

mission *nf* assignment, mission, duty; **conduire une m.....** to carry out an assignment; **être en m.....** to be on an assignment; **être chargé de m.....** to be responsible for a special assignment; **m.....s principales d'un poste** main job duties; **partir en m.....** to leave on an assignment

mixte *adj* joint; **comité m.....** joint committee

MNEF *nf abr* **(Mutuelle Nationale des Etudiants de France)** insurance cover for students

mobile *adj* 1 sliding; **échelle m.....** sliding scale; **échelle m..... des salaires** sliding wage scale; 2 mobile; **personnel m.....** mobile staff

mobilier *nm* furniture

mobilisation *nf* mobilization; **m..... du personnel** mobilization of the staff

mobilité *nf* mobility; **clause de m.....** mobility clause; **m..... géographique** geographical mobility; **m..... professionnelle** occupational mobility, professional mobility

modalité *nf* means, method; **m.....s d'application d'une loi** means of implementation of a law; **m.....s de règlement** means of payment

mode *nm* means, method; **m..... de calcul** method of calculation; **m..... d'emploi** instructions for use; **m..... de fonctionnement** way of working; **m..... opératoire** operating process; **m..... de scrutin** ballot system; **m..... de vie** life style, way of life

modèle *nm* model; **entreprise m.....** model company; **m..... suédois des relations sociales** Swedish model of industrial relations

modération *nf* restraint; **faire preuve de m.....** to exercise restraint; **m..... salariale** pay restraint; **utiliser une tactique avec m.....** to use a tactic sparingly

modéré *adj* moderate; **demande d'augmentation de salaire m.....e** moderate wage claim; **avoir des opinions m.....es** to have moderate views

moderniser *vt* to modernize, update; **m..... des équipements** to modernize machinery; **m..... l'usine** to modernize the factory; **m..... l'organisation** to streamline the organization

modification *nf* modification, alteration, change, amendment; **effectuer des m.....s** to make alterations; **m..... substantielle d'un contrat de travail** fundamental change in the terms of an employment contract which may give rise to constructive dismissal

modifier *vt* to modify, alter, amend; **m..... des propositions** to modify proposals; **m..... les termes d'un contrat** to amend a contract

modique *adj* nominal, modest; **prix m..... pour qqch** nominal charge for sthg

modulation *nf* **accord de m.....** adjustable hours agreement; **m..... des horaires** adjustable hours

moins-value *nf* depreciation in value, loss

mois *nm* month; **être payé au m.....** to be paid by the month, to be paid monthly; **être payé sur 13 m.....** to be paid over 13 months; **être payé un treizième m.....** to be paid an extra month's salary; **fin de m.....** month end; **gagner 10000 FFr par m.....** to earn 10000 FFr per month; **m..... civil** calendar month, civil month

monétaire *adj* monetary; **marchés m.....s** money markets; **politique m.....** monetary policy

moniteur *nm* instructor

monnaie *nf* currency; **m..... faible** weak currency; **m..... forte** strong currency; **petite m.....** small change

monopole *nm* monopoly; **avoir le m..... de qqch** to have a monopoly in sthg

montage *nm* assembly; **chaîne de m.....** assembly line; **m..... financier d'une opération** financial set-up of an operation; **usine de m.....** assembly plant

montant *nm* amount

monté *pp* **le ton est m.....** the discussion became heated

montée *nf* rise; **m..... du chômage** rising tide of unemployment

monter *vt* to mount, rise, go up; **m..... une opération** to mount an operation; **les prix vont m..... en flèche** the prices will shoot up

monteur *nm* assembly worker

monture *nf* frame; **m..... de lunettes** frame for glasses

moral *nm* morale; **avoir le m.....** to have high morale; **avoir le m..... à zéro** to be demoralized; **le m..... est bon** morale is high; **ne pas avoir le m.....** to have low morale; **remonter le m.....** to raise morale; **saper le m..... de qqn** to sap sbdy's morale

moralité *nf* ethics; **enquête de m.....** character analysis

morphopsychologie *nf* morphopsychology

mort *adj* dead; **saison m.....e** dead season

mortalité *nf* mortality; **taux de m.....** mortality rate

mot *nm* word; **avoir son m.....** **à dire sur qqch** to have one's say on sthg; **échanger des m.....s avec qqn** to have words with sbdy; **écrire un m.....** **à qqn** to drop a line to sbdy; **m.....s par minute** words per minute (WPM); **m.....** **d'ordre de grève** strike call; **m.....** **de passe** password

motif *nm* grounds, reason, cause; **licenciement pour m.....** **économique** redundancy; **m.....s du licenciement** grounds for dismissal, reasons for dismissal

motion *nf* motion, resolution; **adopter une m.....** to carry a motion; **m.....** **de censure** vote of confidence; **présenter une m.....** to table a motion; **proposer une m.....** to propose a motion; **rejeter une m.....** to defeat a motion

motivation *nf* motivation; **manquer de m.....** to lack motivation

motivé *pp* **1** motivated; **2** justified, with just cause; **non m.....** without (just) cause; **le refus doit être m.....** an explanation for refusal must be given

motiver *vt* **1** to motivate; **2** to justify, give grounds; **m.....** **une décision** to justify a decision

mouchard *nm* *(péj)* fink *(US)*

mouvement *nm* motion, movement; **étude des m.....s** motion study; **étude des temps et des m.....s** time and motion study; **m.....s du personnel** staff appointments and departures; **m.....**
ouvrier labour movement; **m.....** **syndical** trade union movement

moyen *nm* means, resource; **avoir les m.....s** to have the necessary resources; **la fin justifie les m.....s** the end justifies the means; **m.....** **d'arriver à ses fins** means to an end; **m.....s audio-visuels** audio-visual aids; **m.....** **d'expression** means of expression; **m.....** **de paiement** means of payment; **m.....s de production** means of production; **m.....** **de pression** means of applying pressure; **m.....** **de transport** means of transport; **utiliser les m.....s du bord** to use the means at one's disposal; **vivre au-dessus de ses m.....s** to live beyond one's means

moyen *adj* middle, medium; **cadre m.....** middle manager; **encadrement m.....** middle management; **à m.....** **terme** in the medium term

moyenne *nf* average; **m.....** **d'âge** average age; **les augmentations de salaire sont en m.....** **de 5%** pay awards average 5%; **de qualité m.....** of average/mediocre quality

MST *nf abr* (**Maîtrise des Sciences et Techniques**) MSc. *(equiv)*

multinational *adj* multinational; **entreprise m.....e** multinational corporation/company

municipalité *nf* local government

mutation *nf* transfer

muter *vt* to transfer; **m.....** **qqn à l'étranger** to transfer sbdy abroad; **m.....** **qqn au siège** to transfer sbdy to headquarters

mutualité *nf* mutual insurance

mutuelle *nf* **1** complementary health insurance; **2** mutual insurance company, benevolent fund

Nn

N+1 *abr* immediate superior

N-1 *abr* subordinate

naissance *nf* birth; **date de n.....** date of birth; **extrait de n.....** birth certificate; **lieu de n.....** place of birth; **prime de n.....** childbirth allowance

nationalisation *nf* nationalization

naturalisation *nf* naturalization

nature *nf* **avantages en n.....** benefits in kind; **prestations en n.....** reimbursement of medical expenses

négligence *nf* neglect, wilful neglect, carelessness, negligence

négliger *vt* to neglect

négoce *nm* commerce, business, trade

négociable *adj* negotiable; **l'offre n'est pas n.....** the offer is not negotiable; **salaire n.....** negotiable salary

négociant *nm* merchant, tradesman, dealer

négociateur *nm* negotiator

négociation *nf* bargaining *nfpl* talks, bargaining, negotiation; **engager des n.....s avec qqn** to enter into negotiations with sbdy; **entamer des n.....s avec qqn** to enter into negotiations with sbdy; **marge de n.....** bargaining leeway; **mener des n.....s** to conduct negotiations; **n..... annuelle** yearly bargaining round; **n..... collective** collective bargaining; **n..... distributive** distributive bargaining, zero-sum bargaining; **n..... intégrative** integrative bargaining, positive-sum bargaining; **n..... modèle** pattern bargaining; **n.....s paritaires** joint talks; **niveau de n.....** bargaining level; **pouvoir de n.....** bargaining power; **prise de position dans une n.....** bargaining position; **la** question est en cours de n.....** the problem is under negotiation; **quitter la table des n.....s** to walk out of talks; **reprendre des n.....s** to resume negotiations/talks; **reprise des n.....s** resumption of talks; **retourner à la table des n.....s** to go back to the negotiating table; **rompre des n.....s** to break off negotiations/talks; **rupture des n.....s** breakdown of talks/negotiations; **sujet de n.....** matter of negotiation; **table des n.....s** bargaining table; **tenir des n.....s** to hold talks; **unité de n.....** bargaining unit

négocier *vt* to negotiate

népotisme *nm* nepotism, jobs for the boys

net *adj* net; **bénéfices n.....s** net profit, after-tax profit; **n..... d'impôt** tax-free; **salaire n.....** net salary, take-home pay

neutralité *nf* neutrality

neutre *adj* neutral

neveu *nm* nephew

nièce *nf* niece

nier *vt* to deny; **n..... les accusations** to deny the charges

niveau *nm* level, degree, standard; **augmentation en n.....** **des salaires** global percentage increase of salaries in a given year as distinct from the total payroll increase; **(ne pas) avoir le n.....** (not) to have the right level; **n..... de chômage record** record level of unemployment; **n..... de décision** decision-making level; **au n..... de la Direction** at the management level; **n..... d'entrée** entry level; **n..... d'études** educational level; **n..... de performance** standard of performance; **n..... de qualification** qualification; **n..... record** record level, all-time high, all-time low; **n..... de rémunération** compensation level; **n..... de salaire** salary level; **n..... de satisfaction au travail** degree of job satisfaction; **n..... de vie** standard of living, living standards; **test de n.....** level test

Noël *nm* Christmas; **arbre de N.....** Christmas party offered by a company to children of staff members; **cadeau de N.....** Christmas present

noir *adj* black; **acheter au n.....** to buy on the black market; **écrire qqch n..... sur blanc** to put sthg in black and white; **être payé au n.....** to be paid off the books; **marché n.....** black market; **prix au marché n.....** black market prices; **travailler au n.....** to be off the books, **(si deuxième emploi)** to moonlight, to work on the side

nom *nm* name, surname; **n..... de famille** family name, surname; **n..... de jeune fille** maiden name

nomenclature *nf* **hors n.....** medical treatment not covered or reimbursed by the Social Security

nominal *adj* **valeur n.....e** face value

nomination *nf* appointment, nomination, posting

nommé *pp* **personne n.....e** nominee, appointed person

nommer *vt* to appoint, nominate; **n..... qqn à un poste** to appoint sbdy to a position

non compris *adj* excluded; **TVA n.....e** exclusive of VAT

non conforme *adj* below-standard; **travail n.....** below-standard work

non cotisant *adj* non-contributing; **adhérent n.....** non-contributing member

non-dit *nm* **le n.....** everything that is not expressed verbally but is part of global communication

non fumeur *adj* no-smoking; **espace n.....** no-smoking area

non imposable *adj* tax-free, tax-exempt

non-lieu *nm* non-suit; **bénéficier d'un n.....** to be discharged

non lucratif *adj* non-profit-making; **association à but n.....** non-profit-making organization

non-paiement *nm* defaulting, non-payment; **n..... des cotisations** non-payment of contributions

non pourvu *pp* unfilled; **postes n.....s** unfilled vacancies

non qualifié *adj* unskilled; **ouvriers n.....s** unskilled workers

non-résident *nm* non-resident

non retenu *adj* **candidature n.....e** unsuccessful job application

non syndiqué *adj* non-union

non verbal *adj* non-verbal; **communication n.....e** non-verbal communication

norme *nf* standard, norm; **(ne pas) être conforme à la n.....** (not) to be up to standard; **n..... d'exécution** performance standard; **n..... de production** production standard; **respecter les n.....s** to comply with standards; **satisfaire les n.....s** to meet standards

notaire *nm* notary public with a wide range of activities similar to a solicitor

notation *nf* rating, marking, grading *(US)*

note *nf* **1** mark, grade; **n..... d'école** school mark, school grade *(US)*; **relevé de n.....s** grade sheet; **2** note, memo(randum); **n..... de service** memo; **prendre des n.....s** to take notes; **3** bill; **n..... de frais** expense report

notice *nf* **n..... biographique** biographical summary; **n..... explicative** explanatory note

notification *nf* notice, notification; **recevoir n..... de qqch** to be notified of sthg

notifier *vt* to notify; **n..... un licenciement à qqn** to notify sbdy of his/her dismissal

notoire *adj* **vivre en concubinage n.....** to live together as man and wife

notoriété *nf* awareness; n..... d'une marque brand awareness

nourrice *nf* nurse

nourrir *vt* to feed; n..... au biberon to bottle-feed; n..... au sein to breast-feed

nourrisson *nm* infant, new-born baby

nouveau *nm* n..... (venu) dans l'entreprise newcomer in a company

nouveau, nouvelle *adj* new; n..... direction incoming management; n..... loi recent law

nouveau-né *nm* newborn child

noyautage *nm* infiltration

nuage de points *nm* scatter diagram

nuire *vt* to cause harm; intention de n..... intention to do harm

nuit *nf* night; équipe de n..... night shift; être de n..... to be on nights; gardien de n..... night watchman; prime de n..... night shift premium/allowance; travailler la n..... to work nights

nul *adj* null; bulletin n..... spoilt paper; n..... et non avenu null and void; le résultat est n..... the result is a draw

nullité *nf* nullity; n..... d'une décision nullity of a decision

numéro *nm* 1 number; composer un n..... to dial a number; faux n..... wrong number; n..... de compte account number; n..... d'immatriculation registration number; n..... de Sécurité Sociale Social Security number; n..... vert toll-free number; 2 issue; n..... d'un bulletin issue of a newsletter; vieux n..... d'un magazine back issue of a magazine

nurse *nf* nanny

Oo

objectif *nm* goal, objective; **atteindre des o.....s** to meet objectives; **Direction par O.....s** Management by Objectives; **fixer des o.....s** to set objectives; **o..... caché** hidden objective; **o.....s prioritaires** major/main objectives; **o.....s de vente** sales targets; **remplir un o.....** to achieve an objective, to reach an objective

objectif *adj* **être o.....** to be objective

objection *nf* objection; **soulever une o.....** to raise an objection

objet *nm* object, article; **objet (lettre)** re, subject; **o..... du litige** subject of contention; **o.....s personnels** personal articles; **o.....s trouvés** lost and found, lost property

obligation *nf* **1** obligation; **avoir l'o..... de faire qqch** to be under the obligation to do sthg; **être dans l'o..... de faire qqch** to be under an obligation to do sthg; **o..... de discrétion** obligation not to disclose confidential information; **o..... de fidélité** duty of loyalty; **o..... de moyens** best effort undertaking; **o..... de négocier** company duty to negotiate on issues of pay and working hours (with no obligation to reach an agreement); **o..... de réserve** obligation not to disclose confidential information; **o..... de résultat** undertaking to achieve results; **se trouver dans l'o..... de faire qqch** to be obliged to do sthg; **2 capital o.....** debenture stocks; **o..... sans garantie** debenture

obligatoire *adj* mandatory, compulsory; **cotisation o.....** compulsory contribution; **régime de retraite o.....** mandatory pension scheme, statutory pension scheme

obsédé *pp* obsessed; **o..... du travail** workaholic

obsèques *nfpl* funeral

observateur, trice *nmf* observer, analyst

observation *nf* **1** observance, compliance with; **o..... d'une règle** observance of a rule; **2** comment, remark; **faire une o.....** to make a remark; **3 round d'o.....** eyeing-up stage *(nég)*

observatoire *nm* **o..... social** observatory for social/economic trends analysis

observer *vt* to comply with, to abide by; **o..... la loi** to comply with the law

obsolescence *nf* obsolescence

obstacle *nm* obstacle, hurdle, hindrance; **aplanir les o.....s** to iron out obstacles; **contourner un o.....** to bypass an obstacle; **faire o..... à qqch** to oppose sthg; **surmonter un o.....** to overcome an obstacle

occasion *nf* **1** opportunity, chance; **laisser passer une o.....** to miss out on an opportunity; **sauter sur une o.....** to jump at an opportunity; **2** second-hand; **article d'o.....** second-hand item

occasionnel *adj* casual; **travail o.....** casual work; **travailleur o.....** casual worker

occupation *nf* **1** job, profession; **2** sit-down, sit-in, occupation; **grève avec o..... d'usine** sit-down strike, sit-down protest; **o..... des locaux** occupation of premises

occupé *pp* busy, engaged; **être o.....** to be busy; **la ligne est o.....e** the line is busy, the line is engaged

occuper *vt* to occupy; **o..... qqn** to keep sbdy occupied; **o..... un bureau** to occupy an office; **o..... un poste** to be in a job; **o..... le terrain** to occupy/invest the territory; **o..... l'usine** to occupy the factory, to stage a sit-in, to stage a sit-down protest; *vpr* to deal with, look after, take charge of; **s'o..... d'un problème** to deal with a problem; **s'o..... du recrutement** to be in charge of recruitment; **s'o.....** **des stagiaires** to look after trainees; **s'o.....** **d'un client** to attend to a customer

octroi *nm* granting; **conditions d'o.....** **d'un prêt** qualifying conditions of a loan; **o.....** **d'un congé** granting of leave; **o.....** **de dommages-intérêts** granting of damages

octroyer *vt* to grant, award, allow; **o.....** **une augmentation** to award a pay rise; **o.....** **un prêt** to grant a loan

œuvre *nf* work; **o.....** **d'art** work of art; *nfpl* **o.....s sociales** previous term for company welfare facilities

officiel *adj* official, formal; **faire une demande o.....le** to make a formal application for sthg

officieusement *adv* unofficially

officieux *adj* unofficial, off-the-record

offre *nf* 1 offer; **améliorer une o.....** to improve on an offer; **faire une meilleure o.....** to make an improved offer; **o.....** **conditionnelle** conditional offer; **l'o.....** **et la demande** supply and demand; **o.....** **d'emploi** job offer; **o.....s d'emploi** situations vacant, job offers, positions available; **o.....** **inacceptable** unacceptable offer; **o.....** **inconditionnelle** unconditional offer; **refuser une o.....** to turn down an offer; **2** bid; **faire une o.....** to put in a bid; **faire une o.....** **pour un contrat** to bid for a contract; **o.....** **publique d'achat** takeover bid; **surenchérir sur une o.....** to make a higher bid

omettre *vt* to omit, neglect, leave out; **o.....** **de faire qqch** to neglect to do sthg

omission *nf* omission

onéreux *adj* costly, expensive

OPA *nf abr* (**Offre Publique d'Achat**) takeover bid; **faire une O.....** to make a takeover bid

OPACIF *nmpl abr* (**Organismes PAritaires du Congé Individuel de Formation**) fund which replaces the FONGECIF and to which all companies contribute to finance individual sabbatical training

OPCA *nmpl abr* (**Organismes Paritaires Collecteurs Agréés**) new "organismes collecteurs" created by the provisions of the "loi quinquennale" which manage training funds of at least 100 million francs

opérateur, trice *nmf* operator; **o.....** **de saisie** keyboard operator

opérationnel *nm* **les o.....s** field staff

opérationnel *adj* operational, operating; **coûts o.....s** operating costs; **être o.....** to be operational; **poste o.....** field position; **responsables o.....s** line management

opinion *nf* opinion; **braver l'o.....** to defy opinion; **donner son o.....** to give one's opinion; **o.....** **publique** public opinion

opportunité *nf* opportunity; **o.....s d'emploi** job opportunities

opposer (s') *vpr* to oppose

opposition *nf* opposition; **faire o.....** **à un chèque** to stop payment of a cheque

optimiser *vt* to optimize; **o.....** **la rotation du personnel** to optimize staff turnover

option *nf* option; **attribution d'o.....s** award/grant of options; **avec o.....** **d'achat** with option to buy; **exercer une o.....** *(fin)* to exercise/take up an option; **faire l'o.....** **marketing** *(form)* to major/concentrate in marketing; **lever une o.....** *(fin)* to exercise an option; **o.....** **d'achat** *(fin)* call option; **o.....** **d'achat d'actions** stock option; **o.....** **de souscription à des actions** *(fin)* stock option; **o.....** **sur action** *(fin)* stock option; **o.....** **de vente** *(fin)* put option; **plan d'o.....** **d'achat d'actions** stock option plan; **plan d'o.....s sur actions** stock option plan; **prix d'o.....** grant/option price

optique *nf* viewpoint; **regarder qqch dans une certaine o.....** to look at sthg from a certain viewpoint

optique *adj* optical; **frais o.....s** optical expenses, vision care expenses *(US)*; **soins o.....s** eye care/treatment, vision care *(US)*; **verres o.....s** optical lenses

oral *adj* verbal; **avertissement o.....** verbal warning

ordinaire *adj* common; **actions o.....s** *(US)* common stock

ordinateur *nm* computer; **micro-o.....** micro-computer

ordonnance *nf* 1 decree; 2 order; **o..... exécutoire** compliance order; **o..... de paiement** order to pay; **o..... de production** scheduling of production; 3 **o..... médicale** prescription

ordonnée *nf* **axe des o.....s** Y axis

ordonner *vi* to order; **o..... à qqn de faire qqch** to order sbdy to do sthg

ordre *nm* 1 order; **dans l'o..... alphabétique** in alphabetical order; **dans l'o..... numérique** in numerical order; **mettre ses affaires en o.....** to put one's affairs in order; **o..... chronologique croissant** chronological order from the oldest to the most recent, from the smallest to the largest etc.; **o..... chronologique décroissant** inverse chronological order; **par o..... chronologique** in chronological order; **par o..... de mérite** in order of merit; **rappel à l'o.....** point of order; **troubler l'o..... public** to disturb the peace; 2 order; **billet à o.....** promissory note; **donner des o.....s** to give orders; **exécuter un o.....** to execute an order; **jusqu'à nouvel o.....** until further notice; **o..... de mission** assignment authorization; **o..... de réintégration** reinstatement order; **o..... de saisie-arrêt** attachment of earnings order, garnishment; 3 association; **O..... des Avocats** Law Society, Bar Association *(US)*; **O..... des Médecins** Medical Association;

4 **o..... de grandeur de salaire** salary estimation; **chèque à l'o..... de qqn** cheque made out to sbdy; **salaire de l'o..... de** salary in the region of

ordre du jour *nm* agenda; **être à l'o.....** to be on the agenda; **mettre à l'o.....** to put on the agenda; **o..... chargé** full/packed agenda; **premier point à l'o.....** at the top of the agenda; **questions à l'o.....** items on the agenda; **retirer de l'o.....** to take off the agenda

ordre public *nm* 1 law and order; **maintien de l'o.....** maintenance of law and order; 2 crucial legal concept of public order, as opposed to individual freedom, which underlies much employment and labour law and admits no violations

ORGANIC *nf abr* **(ORGanisation Autonome Nationale de l'Industrie et du Commerce)** statutory pension fund for sole traders and shopkeepers

organigramme *nm* organization chart; **o..... en rateau** flat organization chart

organisation *nf* organization; **o..... matricielle** matrix organization; **théorie de l'o.....** organization theory; **o..... scientifique du travail** scientific management; **o..... syndicale** trade union organization; **o..... du travail** work organization

organiser *vt* to stage, arrange, organize, fix up; **o..... un événement** to stage an event; **o..... une réunion** to arrange a meeting *vpr* to get oneself organized

organisme *nm* body, organization; **o..... collecteur** organization of which the role is to centralize the collection of company contributions/taxes (for training, housing, disabled persons...) with a view to redistributing these funds in one form or another to beneficiairies

orientation *nf* orientation, counselling; **comité d'o.....** steering committee; **conseiller d'o.....** careers advisor; **o..... profession-nelle** vocational guidance; **service d'o.....** counselling service; **stage d'o.....** orientation training; **test d'o.....** placement test *(form)*

orienté *pp* orient(at)ed

original *nm* master copy; **l'o..... d'un document** the master copy of a document

orphelin *nm* orphan

orthopédie *nf* orthopaedics

OS *nm abr* **(Ouvrier Spécialisé)** semi-skilled worker, unskilled worker

oubli *nm* omission

ouï-dire *nm* hearsay

ouïe *nf* **l'o.....** hearing

outil *nm* tool; **machine-o.....** machine tool; **o..... de production** means of production; **o..... de travail** work tool

outillage *nm* equipment, tools

outplacement *nm* outplacement

outrage *nm* contempt; **o..... à magistrat** contempt of court

outre-mer *nm* overseas

outrepasser *vt* to override, exceed; **o..... un ordre** to override an order; **o..... ses pouvoirs** to exceed one's authority

ouvert *adj* open; **les bureaux sont o.....s à partir de 9h** offices are open from 9 am; **journée portes o.....es** open day; **maintenir un poste o.....** to keep a job open; **le poste est o..... à des candidats étrangers** the position is open to foreign applicants

ouverture *nf* **1** opening (up); **heures d'o.....** opening hours; **o..... de capital** increase in capital; **l'o..... des discussions** the start of talks; **o..... de poste** job opening; **o..... d'une succursale** branch opening; **2** entitlement; **o..... de droits** entitlement to sthg

ouvrable *adj* **jour o.....** working day

ouvré *adj* **jour o.....** weekday

ouvrage *nm* work

ouvrier *nm* workman, worker; **association ouvrière** workmen's association; **o..... non qualifié** unskilled worker; **o..... professionnel** skilled worker; **o..... qualifié** skilled worker; **o..... de renfort** relief worker; **o..... spécialisé** unskilled worker; **o..... d'usine** factory hand; **syndicat o.....** blue-collar union

ouvrir *vt* to open; **o..... droit à** to give right to, to entitle to; **o..... une réunion** to open a meeting; **o..... une succursale** to open a branch office

Pp

pacte *nm* pact; **p.....** **d'actionnaires** shareholder's agreement

paie *nf* pay; **bulletin de p.....** pay slip, itemized pay statement; **feuille de p.....** pay slip, itemized pay statement; **fiche de p.....** pay slip, itemized pay statement; **jour de p.....** pay day; **livre de p.....** payroll ledger, paybook; **système de p..... par paliers** stepped pay system

paiement *nm* payment; **cessation de p.....s** default on payment; **p.....** **d'avance** prepayment

pair *nm* peer; **ses p.....s** one's peers

paix *nf* peace; **p.....** **sociale** industrial peace

palais *nm*; **P.....** **de justice** Court of Justice, Law Court

palier *nm* stage, level; **système de paie par p.....s** stepped pay system

palmarès *nm* list of award-winners, prize list

pancarte *nf* placard, notice; **porter des p.....s** to bear placards

panel *nm* panel; **p.....** **d'arbitrage** arbitration panel; **p.....** **de consommateurs** consumer panel

panier *nm* basket; **p.....** **de la ménagère** shopping basket; **p.....** **de référence de biens et de services** shopping basket of goods and services; **prime de p.....** meals allowance

panne *nf* breakdown, failure; **tomber en p.....** to break down; **p.....** **de courant** power failure; **les discussions sont en p.....** the talks are making no headway, talks have broken down; **(être) en p....** (to be) out of order; **être en p..... de possibilités** to run out of options; **les négociations sont en p.....** the negotiations have stalled, the negotiations are making no headway

panneau *nm* board; **p.....** **d'affichage** noticeboard, bulletin board *(US)*

pantouflage *nm* for a civil servant, the act of abandoning public duties for private entreprise

PAO *nf abr* **(Publication Assistée par Ordinateur)** DTP (DeskTop Publishing)

paper board *nm* flip chart

paperasse *nf* papers, excessive paperwork

paperasserie *nf* excessive paperwork, red tape

papier *nm* notepaper, paper; **p.....** **à en-tête** headed notepaper; **p.....s d'identité** identity papers

Pâques *nfpl* Easter

par an *cpd* per annum

par jour *cpd* per day

par personne *cpd* per capita; **dépenses p.....** per capita expenditure

par tête *cpd* per head

paradis *nm* **p.....** **fiscal** tax haven, tax shelter

paralyser *vt* to cripple, paralyse; **la grève a p.....é la production** the strike has crippled production; **la production est p.....ée** production has come to a standstill, production is at a standstill

paraphe *nm* initials

paraphé *adj* initialed

parapher *vt* to initial

parasites *nmpl* interference; **p.....** **au téléphone** telephone interference

parcours *nm* path; **p.....** **de carrière** career path

parent *nm* relative, kin; **p.....(s)** **proche(s)** next of kin

parental *adj* **congé p.....** parental leave

parenté *nf* **lien de p.....** kinship

paresseux *nm* loafer, lazy person

paresseux *adj* workshy, lazy

paritaire *adj* joint; **commission p.....** joint commission

parité *nf* parity; **p..... des salaires** wage parity

parole *nf* speaking, word; **donner la p..... à qqn** to call on sbdy to speak; **passer la p..... à qqn** to hand over to sbdy; **prendre la p.....** to speak, to take the floor; **temps de p.....** speaking time; **tenir sa p.....** to keep one's word; **la p..... est à vous** the floor's yours

parrain *nm* sponsor

parrainage *nm* sponsorship; **système de p.....** mentor programme

parrainer *vt* to sponsor

part *nf* cut, share; **p..... fiscale** number of persons in a household which is used in calculating the level of income tax, given that an adult represents 1 "part" and a dependant half a "part"; **toucher une p..... des bénéfices** to get a cut of the profits; **p..... du marché** market share; **p..... employé/salariale** employee contributions; **p..... employeur/patronale** employer contributions

partage *nm* sharing; **p..... du travail** work sharing, workshare; **p..... des voix** split vote

partager *vt* to share; **p..... les risques** to share the risks

partenaire *nm* partner; **p.....s sociaux** staff representatives/unions and management, social partners

partenariat *nm* partnership

parti pris *nm* bias

participatif *adj* participative; **management p.....** participative management

participation *nf* **1** participation, profit-sharing, stake; **p..... aux bénéfices** profit-sharing; **p..... aux résultats/fruits de l'expansion** mandatory profit-sharing scheme for companies with 50+ staff, of which the dividend, calculated according to a set formula, is frozen for 5 years and yields interest; **p..... aux frais** contribution in part to the costs; **avoir une p..... dans une entreprise** to have an interest in a company, to have a stake in a company, to have shares in a company; **2** attendance; **p..... à un congrès** attendance at a conference; **3** turnout; **p..... à une élection** turnout at an election

participer *vt* to participate; **p..... au capital** to have shares in a company

partie *nf* party; **être p..... prenante à qqch** to be a party to sthg; **la p..... adverse** the opposing party, the other party; **p..... contractante** contracting party; **p..... civile** civil party; **p..... tiers** third party

partiel *adj* partial; **examen p.....** continuous assessment exam counting for the final mark; **travail à temps p.....** part-time employment

parution *nf* publication; **date de p.....** publication date; **p..... d'un journal** publication of a newspaper

passage *nm* **1** reading; **p..... d'un projet de loi à l'Assemblée** reading of a bill (of Parliament); **2** **p..... cadre** promotion to managerial status; **3** passageway

passation *nf* takeover, handover; **p..... de consignes** takeover/handover period; **p..... de pouvoirs** handover/transfer of power

passe-temps *nm* hobby, pastime, outside interests

passeport *nm* passport

passer *vt* to make, run, pass, spend; **ça p..... ou ça casse** *(fam)* it's make or break; **p..... un accord** to make an agreement; **p..... une annonce** to run an ad; **p..... une commande** to place an order; **p..... des écritures** *(compt)* to enter in the books; **p..... un examen** to take an exam; **p..... en justice** to come before the courts; **p..... une loi** to pass a law; **p..... un marché** to enter into a contract; **p.....** **du temps à faire qqch** to spend time doing sthg

passerelle *nf* bridge; **p.....** **entre deux filières** bridge (position)

passible *adj* liable; **être p.....** **de dommages-intérêts** to be liable for damages; **être p.....** **d'une amende** to be liable to a fine

passif *nm (fin)* liabilities

passionné *pp* discussions **p.....es** heated discussions

paternalisme *nm* paternalism

paternaliste *adj* paternalistic

paternité *nf* fatherhood

patient *nm* patient

patron *nm* boss, manager, owner, employer

patronal *adj* employer's, manager's; **organisation p.....e** employers' association; **cotisations p.....es** employer's contributions; **association p.....e** managers' union

patronat *nm* le **p.....** general term for all employers of which the representative body is the MEDEF

pause *nf* break, lull; **p.....** **café** coffee/tea break; **faire la p.....** **café** to have/take a tea break; **faire une p.....** to take a break; **p.....** **dans les négociations** lull in negotiations

payable *adj* payable; **p.....** **en 3 traites** payable in 3 instalments

payant *adj* profitable; **affaire p.....e** business which pays off

paye *nf see* paie

payé *pp* paid; **être p.....** **à l'heure** to be paid by the hour, to be paid on an hourly basis; **être p.....** **à la pièce** to be paid piecework; **congé p.....** paid leave/holiday/vacation *(US)*; **manager le mieux p.....** best-paid manager; **ouvrier le moins bien p.....** worst-paid worker; **travail bien p.....** well-paid job

payer *vt* to pay, charge; **faire p.....** **qqn** to charge sbdy; **p.....** **comptant** to pay cash; **p.....** **à l'heure** to pay by the hour, to pay on an hourly basis; **p.....** **à la pièce** to pay piecework; **p.....** **par virement bancaire** to pay by bank transfer

pays *nm* country, nation; **p.....** **d'accueil** host country; **p.....** **d'expatriation** host country; **p.....** **d'origine** home country, base country

PDG *nm* *abr* **(Président-Directeur Général)** CEO (President and Chief Executive Officer) *(US)*, Chairman of the Board and Managing Director

peau *nf* skin; **jeter une p.....** **de banane** to make sbdy slip up; **sauver sa p.....** to save one's skin; **se mettre dans la p.....** **de qqn** to put oneself in sbdy's shoes

peaufiner *vt* to fine-tune, to put the finishing touches to; **p.....** **un projet** to fine-tune a project

pécuniaire *adj* financial, pecuniary

PEE *nm* *abr* **(Plan d'Epargne d'Entreprise)** company savings scheme invested in shares

peine *nf* penalty, punishment, sentence; **sous p.....** **de** under penalty of; **p.....** **de prison** prison sentence

peintre *nm* painter; **p.....** **en bâtiment** house painter

PEL *nm* *abr* **(Plan d'Epargne Logement)** home loan savings plan, private home ownership plan *(US)*

pénal *adj* penal; **droit p.....** criminal law; **poursuites p.....es** legal proceedings; **responsabilité p.....e** penal responsibility; **clause p.....e** penalty clause

pénaliser *vt* to penalize

pénalité *nf* penalty; **p.....s de retard** late payment charge; **clause de p.....** penalty clause

pénétration *nf* penetration; **p.....** **du marché** market penetration

pénibilité *nf* drudgery, painfulness, hardness; **prime de p.....** heavy work bonus

pénible *adj* hard, arduous, onerous; **travail p.....** arduous work

pensée *nf* thinking; **p..... latérale** lateral thinking; **p..... positive** positive thinking

pension *nf* pension, annuity, allowance; **fonds de p.....** pension fund; **p.... alimentaire** alimony (*US*), maintenance payments; **p..... d'invalidité** disability/disablement pension; **p..... de retraite** retirement pension; **p..... de réversion** reversionary annuity, survivor's pension; **p..... de vieillesse** old age pension; **p..... à taux minoré** reduced pension; **p..... à taux plein** full pension; **toucher une p.....** to draw a pension

pénurie *nf* shortage; **grave p.....** acute shortage; **p..... de main-d'œuvre** labour shortage; **p..... de personnel** staff shortage

pépinière *nf* pool of talent/ potentials, reservoir of up-and-coming talent

percepteur *nm* taxman, tax collector

perception *nf* collection; **p..... des impôts** tax collection

percevoir *vt* to receive, draw; **p..... des impôts** to collect taxes; **p..... un salaire** to draw a salary

perdant *nm* loser

perdre *vt* to lose, waste; **p..... de l'influence** to lose clout/influence; **p..... son emploi** to lose one's job; **p..... du temps** to waste time

perdu *pp* lost; **temps p.....** wasted time

père *nm* father; **transmettre qqch de p..... en fils** to hand down sthg from father to son

perfectionnement *nm* **cours de p.....** advanced course, proficiency course

performance *nf* performance; **évaluation des p.....s** performance appraisal; **mesure de p.....** measure of performance; **notation de la p.....** performance rating

performant *adj* efficient, effective

périmé *pp* obsolete, out-of-date

période *nf* period; **p..... d'adaptation** period of adaptation; **p..... d'apprentissage** apprenticeship period, learning period; **p..... d'attente** waiting period; **p..... creuse** off-peak period, slack period; **p..... des congés annuels** annual holiday/vacation period; **p..... écoulée** expired period, spent period; **p..... d'essai** trial period, probationary period, conditional employment period (*US*); **p..... probatoire** probationary period; **p..... de référence** reference period; **p..... de rodage** running-in period; **sur une longue p.....** over a long period

permanence *nf* skeleton staff; **assurer la p.....** to ensure sbdy is on duty; **être de p.....** to be on duty; **faire une p.....** to be on duty/on call

permanent *nm* **p..... syndical** union employee

permanent *adj* permanent, regular; **effectifs p.....s** permanent staff, regular staff (*US*); **formation p.....e** ongoing education, further/continuous education

permis *nm* licence, permit; **p..... de conduire** driving licence, driver's licence (*US*); **p..... de construire** planning permission; **p..... de séjour** residence permit; **p..... de travail** work permit

permission *nf* permission, leave; **demander la p..... de faire qqch** to ask for permission to do sthg; **être en p.....** (*mil*) to be on leave

permutation *nf* exchange, permutation; **p..... des postes** exchange of jobs

permuter *vt* to exchange, change, switch (positions, jobs)

personnalité *nf* personality; **test de p.....** personality test; **p..... juridique** legal status

personne *nf* person, individual, party; **en p......** in person; **p..... âgée** elderly person; **p..... à charge** dependant; **p..... morale** corporate entity, company, organization, association; **p..... physique** individual; **tierce p.....** third party

personnel *nm* personnel, staff, employees, workforce, labour force, manpower; **avoir trop de p.....** to be overstaffed/overmanned; **besoins en p.....** manpower needs; **Chef du P.....** Personnel Manager; **délégué du p.....** staff representative; **(formulaire de) demande de p.....** employment requisition (form); **Directeur du P.....** Head of Personnel, Personnel Director; **faire partie du p.....** to be on the staff, to be a member of staff; **gestion du p.....** personnel management; **p..... administratif** administrative staff, support staff; **p..... auxiliaire** ancillary staff; **p..... de bureau** office/clerical staff; **p..... d'exécution** unskilled staff for executory work; **p..... minimum** skeleton staff; **prêt au p.....** staff loan; **représentation du p.....** staff representation; **Responsable du P.....** Personnel Officer; **service du p.....** personnel department

personnel *adj* private, personal; **affaire p.....le** personal matter; **appel p.....** personal call; **effets p.....s** personal effects; **p..... et confidentiel** private and confidential

perspectives *nfpl* prospects, viewpoints, outlook; **p..... d'avancement** advancement prospects; **p..... d'avenir** future prospects; **p..... de carrière** career prospects; **p..... différentes sur un problème** different viewpoints on a problem; **p..... économiques** economic outlook; **p..... d'emploi** job prospects; **p..... d'évolution** career development prospects; **p..... de promotion** promotion prospects; **p..... (sombres) pour l'emploi** (gloomy) job prospects

perte *nf* loss, waste; **occasionner une p.....** to incur a loss; **p..... de confiance** a) breach of trust (grounds for dismissal) b) loss of confidence; **p..... d'emploi** job loss, loss of employment; **p.....s et profits** profit and loss; **p..... de revenu** loss of earnings; **p..... sèche** dead loss; **p..... de temps** waste of time; **subir une p.....** to sustain a loss

pertinent *adj* relevant; **posséder une expérience p.....e** to have relevant experience

perturbateur *adj* disruptive; **comportement p.....** disruptive behaviour

perturbation *nf* disruption; **p..... dans le travail** disruption at work

petit *adj* small; **faire des p.....s boulots** to do odd jobs; **p..... prodige** whizz kid; **p.....s risques** minor medical expenses

pétition *nf* petition

pharmacien *nm* chemist, pharmacist, drugist *(US)*

phase *nf* phase, stage

phytothérapie *nf* herbal medicine

pièce *nf* 1 document; **p..... à conviction** exhibit; **p..... comptable** accounting record/document; **p.....s à délivrer** documents to be submitted; **p.....s d'un dossier** file documents; **p..... d'identité** identification; **p..... jointe** enclosed document, enclosure, Encl.; **p.....s justificatives** *(compt)* supporting documents; **fournir les p.....s justificatives** to produce supporting documents; 2 component; **p.....s détachées** spare parts; **p.....s d'une machine** components of a machine; **p..... de rechange** replacement part, spare part; 3 piecework; **salaire à la p.....** piecework wage; **travail à la p.....** piecework; 4 **rendre la monnaie de sa p.....** to give as good as you get

pied d'œuvre *loc* on the spot; être à p..... to be on the spot

piège *nm* trap; **déjouer un p.....** to thwart a trap; **tendre un p.....** to lay/set a trap

pierre d'achoppement *nf* stumbling block

pifomètre *nm (fam)* guesswork; **faire qqch au p.....** to do sthg by guesswork

pigiste *nm* typesetter, freelance journalist

pilote *adj* **expérience p.....** pilot experience; **unité p.....** experimental unit

piloter *vt* to lead, manage, be in charge of; **p..... un projet** to lead a project

piquet *nm* picket, picketing; **constituer un p..... de grève** to man a picket line; **faire partie d'un p..... de grève** to be on picket duty; **faire le p..... de grève** to picket; **franchir les p.....s de grève** to cross picket lines; **p..... de grève** strike picket

piston *nm (fam)* string-pulling; **il a eu le poste par p.....** he got the job through (a bit of) string-pulling

pistonné *pp (fam)* **être p.....** to seek sthg through string-pulling, to be recommended by sbdy with influence

p.j. *nf abr* **(pièce jointe)** Encl. (Enclosure)

placard *nm* cupboard; **mettre au p..... une réforme** to shelve a reform; **mettre qqn au p.....** to put sbdy out to grass, to put sbdy to one side

place *nf* market, place; **p..... financière** financial market; **se mettre à la p..... de qqn** to put oneself in sbdy's place

placement *nm* investment, placement; **p..... financier** (financial) investment; **p..... sûr** safe investment; **service de p.....** placement service

placer *vt* to place; **p..... du personnel** to place staff

plafond *nm* cap, upper limit, ceiling; **p..... de la Sécurité Sociale** Social Security ceiling; **p..... de salaire** wage ceiling

plafonné *pp* with an upper limit, with a ceiling; **prime p.....e** capped allowance

plafonnement *nm* ceiling, upper limit; **p..... des cotisations** upper limit on contributions

plafonner *vt* to cap, put a ceiling on, reach an upper limit, peak

plage *nf* slot, bracket; **p..... horaire** time slot/bracket; **p..... horaire flexible** flexible time bracket; **p..... horaire fixe** fixed time bracket; **p..... fixe** coretime; **p..... mobile** flexible time bracket; **p..... obligatoire de présence** coretime; **p..... variable** flexible time bracket

plaider *vt* to plead, litigate, go to court; **p..... une cause** to take up a cause

plaideur *nm* litigant

plaidoirie *nf* pleading

plaignant *nm* complainant, plaintiff

plaindre (se) *vpr* to complain; **se p..... du service** to complain about the service

plainte *nf* claim, complaint; **déposer une p..... contre qqn** to file a criminal claim against sbdy *(US)*, to lodge a complaint against sbdy; **porter p..... contre qqn** to file a criminal claim against sbdy *(US)*; to lodge a complaint against sbdy; **traiter des p.....s** to handle complaints

plan *nm* 1 plan, planning, scheme, blueprint, program(me); **p..... d'action** action plan; **p..... de carrière** career planning; **P..... Comptable Général** General Accounting Plan; **p..... d'épargne** savings plan; **p..... d'épargne retraite** savings-related retirement scheme; **p..... d'épargne d'entre-**

prise employee/company savings scheme; **p.....** d'**exécution** implementation programme; **p.....** **de formation** training plan; **p.....** d'**option d'achat d'actions** stock option plan; **p.....** d'**options sur actions/titres** stock option plan; **p.....** **de remplacement** succession planning; **p.....** **social** collective redundancy program(me); **p.....** d'**urgence** contingency plan, emergency plan; **p.....** **à 5 ans** 5-year plan; **2 p.....** **de travail** work surface

planche *nf* **p.....** **pourrie** dead wood

plancher *nm* floor; **p.....** **des cotisations** lower limit on contributions; **p.....** **des salaires** lower earnings limit, floor on wages, wage floor

planification *nf* planning

planning *nm* planning, schedule, timetable

planque *nf* (*fam*) **bonne p.....** cushy job, soft number, real easy number (*US*)

plâtrier *nm* plasterer

plébiscite *nm* plebiscite

plein *adj* full; **travailler à p.....e capacité** to work at full capacity; **p.....** **emploi** full employment; **retraite à taux p.....** full pension; **travail à temps p.....** full-time employment

plénier *adj* plenary; **séance plénière** plenary session

pli *nm* envelope; **sous p.....** **cacheté** in a sealed envelope

plombier *nm* plumber

pluridisciplinarité *nf* multidisciplinarity

plus *adv* plus; **un effectif de p.....** **de 100 personnes** a 100 plus staff

plus-value *nf* capital gains; **p.....** d'**acquisition** capital gains on purchase/acquisition; **p.....** **de cession** capital gains on resale, spread (écart entre le cours à l'achat et à la vente)

PME *nfpl* *abr* (**Petites et Moyennes Entreprises**) SME (Small and Medium-sized Enterprises/firms/businesses)

PNB *nm* *abr* (**Produit National Brut**) GNP (Gross National Product)

PNL *nf* *abr* (**Programmation Neuro-Linguistique**) NLP (Neuro-Linguistic Programming)

poche *nf* pocket; **calculatrice de p.....** pocket calculator

poids *nm* weight, burden; **p.....** **de la fiscalité** tax burden

poignée *nf* **p.....** **de main** handshake

point *nm* **1 p.....** **de départ** starting point; **p.....** **de rassemblement** assembly point; **p.....** **de vente** sales outlet, point of sale; **2 p.....** **de retraite** points acquired throughout a person's working life which, based on the level of employer and employee contributions, determine his/her complementary pension. The amount of the pension is calculated as : number of points x value of a point (determined annually by the pension fund); **3 faire le p.....** to recap a situation; **mettre au p.....** **qqch** to finalize sthg; **p.....** **faible** weakness; **p.....** **fort** strength; **p.....** **de non-retour** point of no return; **p.....** **de repère** landmark; **p.....** **de vue** point of view, viewpoint

point mort *nm* **1** breakeven point; **2** deadlock, standstill; **les discussions sont au p.....** the negotiations have reached deadlock, the negotiations are at a standstill

pointage *nm* **1** clocking in/out; **carton/carte de p.....** (time) clock card; **2** checking, controlling

pointe *nf* **1** forefront; **être à la p.....** **du progrès** to be in the forefront of progress; **industrie de p.....** high tech industry; **techniques de p.....** high tech, leading techniques; **2** peak; **heures de p.....** rush hour, peak hour, peak time; **p.....** **de travail** work peak

pointeau *nm* timekeeper

pointer *vt* **1** to sign in, clock in/on/out/off, punch in/on/out/off; **p.....** **en arrivant** to sign in on arrival; **p.....** **à l'arrivée** to clock in/on, to punch in; **p.....** **au départ** to clock out/off, to punch out; **2** to check; **p.....** **une liste** to check a list line by line

pointeuse *nf* time-clock, clocking in/out machine

police *nf* **1** police; **commissariat de p.....** police station; **2** *(ass)* policy; **p.....** **d'assurance** insurance policy; **p.....** **d'assurance-accidents** accident insurance policy; **p.....** **globale** comprehensive insurance policy; **p.....** **tous risques** all-in policy, all-risks policy; **souscrire à une p.....** **d'assurance** to take out a policy; **3 p.....** **de caractères** font

politique *nf* policy; **p.....** **budgétaire** budgetary policy; **p.....** **de l'emploi** employment policy; **p.....** **d'entreprise** company policy; **p.....** **fiscale** fiscal policy; **p.....** **de formation** training policy; **p.....** **monétaire** monetary policy; **p.....** **de prix** pricing policy; **p.....** **de recrutement** recruitment policy; **p.....** **des ressources humaines** human resource policy; **p.....** **salariale** wage policy, compensation policy *(US)*

politisation *nf* politicization

polyvalence *nf* multidisciplinarity, multi-skilling, versatility

polyvalent *adj* multidisciplinary, multi-skilled, versatile

pompier *nm* fireman; **appeler les p.....s** to call the fire brigade; **faire le p.....** to put out fires

ponctualité *nf* punctuality

ponctuel *adj* punctual

pondération *nf* weighting

pondérer *vt* to weight

pont *nm* extra day(s) off taken between a public holiday and a week-end; **faire le p.....** to make/take a long weekend; **faire**

un p..... **d'or à qqn** to offer sbdy a golden hallo

pool *nm* pool; **p.....** **(de dactylos)** typing pool

pooling *nm* pooling; **p.....** **en assurance** insurance pooling

population *nf* population; **p.....** **active** gainfully employed population, working population

port *nm* carriage; **p.....** **dû** carriage forward; **p.....** **payé** carriage paid

porte *nf* **mettre qqn à la p.....** *(fam)* to sack sbdy, to fire sbdy

porte-à-porte *nm* door to door, house to house; **démarchage de p.....** door-to-door canvassing; **faire du p.....** to do door-to-door canvassing

porte-drapeau *nm* flagship company

porte-parole *nm* spokesman, spokesperson

portée *nf* range, scope; **p.....** **d'une loi** scope of a law

portefeuille *nm* portfolio

porter *vt* to bear, bring, carry; **p.....** **plainte** to take legal action, to sue; **p.....** **la responsabilité de qqch** to bear responsibility for sthg; **p.....** **qqch à la connaissance de qqn** to bring sthg to the attention of sbdy

porteur *adj* fast-developing, buoyant; **marché p.....** fast-developing market; **créneau p.....** fast-developing market niche

positionnement *nm* positionning; **p.....** **d'une marque** brand positionning

possession *nf* ownership, possession; **prendre p.....** **de qqch** to take possession of sthg

possibilité *nf* possibility, chance; **p.....s d'avancement** chances of promotion, promotion prospects

poste *nm* **1** job, post, position; **briguer un p.....** to canvass for a job, to covet a job; **classification des p.....s** job classification; **descriptif d'un p.....** job specification, job description; **être en p.....** to be on duty; **être en p..... depuis 6 mois** to be in the job for 6 months; **être entre deux p.....s** to be in the process of changing jobs; **être fidèle au p.....** to be faithful to the job; **faire acte de candidature pour un p.....** to apply for a job; **p..... à pourvoir** vacancy, job vacancy, vacant position; **p..... à responsabilités** position of authority; **p..... clé** key job/position; **p..... de débutant** entry-level job; **p..... tremplin** ladder position, springboard position; **pourvoir un p.....** to fill a vacancy; **profil de p.....** personnel specification; **suppression de p.....s** job cuts, redundancies; **se porter candidat pour un p.....** to apply for a job; **2** station; **p..... de travail** work station; **3** item, element; **p..... budgétaire** budgetary item/line; **4** post; **p..... de secours** first-aid post; **5** extension; **p..... de téléphone** telephone extension

poster *vt* to post, mail

postnatal *adj* postnatal

postulant *nm* applicant

postuler *vt* to apply; **p..... pour un emploi** to apply for a job

pot *nm* drink; **p..... de départ** goodbye drink

pot-de-vin *nm* backhander, bribe

potentiel *nm* potential; **avoir du p.....** to have potential; **cadre à p.....** high potential manager; **haut p.....** high potential, high flyer

potentiel *adj* potential

poubelle *nf* bin, waste paper basket

pourboire *nm* tip, gratuity; **p.....s interdits** the staff does not accept gratuities

pourcentage *nm* percentage, rate; **p..... de départs naturels** wastage rate

pourparlers *nmpl* talks, negotiations, discussions; **entrer en p..... avec les syndicats** to enter into

talks with unions; **rompre les p.....** to break off talks

pourrir *vi* to degenerate, deteriorate; **laisser p..... une situation** to let things degenerate

poursuites *nfpl* **p..... judiciaires** legal proceedings, lawsuit; **engager des p..... judiciaires** to start legal proceedings

poursuivre *vt* to prosecute; **p..... qqn en justice** to bring a lawsuit against sbdy, to take sbdy to court

pourvoi *nm* appeal; **p..... en cassation** taking of one's case to the Supreme Court of Appeal

pourvoir *vt* to fill, staff; **p..... aux besoins** to address/satisfy needs; **p..... un poste** to fill a vacancy; **p..... l'usine en personnel** to staff the factory

poussée *nf* boost; **p..... des ventes** boost in sales

pouvoir *nm* **1** influence, authority, power; **avoir du p..... sur qqn** to have influence over sbdy; **conférer des pouvoirs à qqn** to invest sbdy with authority; **délégation de p.....** power of attorney; **donner p..... à qqn** to give sbdy authority to do sthg; **p..... d'achat** purchasing power, buying power; **p..... de décision** decision-making power; **p..... de direction** principle of natural authority invested in an employer with regard to his/her employees in exchange for assuming the responsibilities and risks of conducting business; **p..... disciplinaire** disciplinary power; **p.....s discrétionnaires** discretionary powers; **p..... judiciaire** judicial power; **p..... de négociation** bargaining power; **2** authorization; **avoir les pleins p.....s pour faire qqch** to have full authorization to do sthg; **3 les p.....s publics** the authorities, the state

praticien *nm* practitioner

pratique *nf* command, practice; **bonne p..... de l'anglais** good command of English; **mettre**

qqch en p..... to put sthg into practice; **p..... courante** standard practice

pratique *adj* practical

préalable *adj* preliminary, prior; **déclaration p..... à l'embauche** prior notification of a hired employee to the Social Security in order to stamp out illicit work; **entretien p..... de licenciement** preliminary meeting/interview before dismissal or redundancy; **convocation à l'entretien p.....** summons to preliminary meeting/interview

préambule *nm* preamble

préavis *nm* notice; **délai de p.....** notice period; **dispense de p.....** release from working out one's notice; **donner 3 mois de p.....** to give 3 months' notice; **donner un p..... de qqch** to give advance notice of sthg; **durée de p.....** length of notice; **effectuer son p.....** to work out one's notice; **exécuter son p.....** to work out one's notice; **exécution de p.....** working out of one's notice; **p..... de grève** strike notice; **période de p.....** notice period; **sans p.....** without notice

précarité *nf* precariousness; **p..... de l'emploi** term expressing the precariousness of short fixed-term and temporary contracts

précédent *nm* precedent; **créer un p.....** to set a precedent

précompte *nm* deduction, deduction at source, check-off

préconisation *nf* recommendation

préconiser *vt* to recommend

prédécesseur *nm* predecessor

préjudice *nm* harm, prejudice, damage, tort, injustice, loss, wrong; **porter p..... à qqn** to do sbdy an injustice, to do sbdy harm; **subir un p.....** to sustain a loss, to sustain damage; **p..... moral** moral wrong

préjugé *nm* bias, prejudice; **p.....s raciaux** racial prejudice

prélèvement *nm* check-off, levy, deduction; **p..... automatique** standing order; automatic transfer; **p..... bancaire** direct debit; **p..... de l'impôt à la source** deduction of tax at source, Pay As You Earn; **p..... libératoire** deduction of tax at source freeing a person/company from further fiscal obligations; **p..... obligatoire** compulsory check-off, mandatory levy

prélever *vt* to deduct, levy; **p..... sur un compte** to deduct automatically from an account; **p..... sur salaire** to deduct from wages

prémédité *adj* deliberate

premier *nm* first; **p..... venu p..... servi** first come first served

prendre *vt* to take, make; **p..... à l'essai** to take on probation; **p..... le contrôle d'une entreprise** to take a controlling interest in a company; **p..... date** to make an appointment; **p..... effet** to come into effect, to come into force, to take effect; **p..... fait et cause pour qqch/qqn** to stand up for sthg/sbdy; **p..... fin** to expire; **le contrat prend fin le 4 juin** the contract expires on June 4th; **p..... qqch en charge** to take charge of sthg; **p..... qqch en compte** to take sthg into account; **p..... un rendez-vous** to make an appointment; **p..... sa retraite** to retire

prénom *nm* forename, first name, Christian name

préretraite *nf* pre-retirement, early retirement; **être mis en p.....** to be given early retirement

prescription *nf* prescription, instruction; **délai de p.....** period during which a legal action must be brought before the right elapses

présélection *nf* screening, preselection, shortlisting; **p..... des candidats** screening of candidates, shortlisting of candidates

présence *nf* attendance, presence; **feuille de p.....** attendance sheet;

heures de p..... hours spent at work

présentation *nf* **1** appearance; **avoir une bonne p.....** to have a good/pleasant appearance; **2** presentation; **faire une p.....** to make a presentation; **3** introduction; **p..... à qqn** introduction to sbdy; **lettre de p.....** letter of introduction; **4** production, presentation; **sur p..... des justificatifs** on production of the relevant documents

présentéisme *nm* attendance; **prime de p.....** well pay

présenter *vt* to introduce, present, show, display; *vpr* to stand, run; **se p..... comme candidat** to stand as a candidate; **se p..... à un examen** to sit for an exam; **se p..... aux élections** to stand for election; **se p..... au travail** to report for work

présentoir *nm* display stand, display unit

présidence *nf* chairmanship, chair, presidency *(US)*

président *nm* Chairman, chairperson *(US)*, president; **P..... du Conseil d'Administration** Chairman of the Board; **P..... de société** company Chairman; **P..... d'une réunion** Chairman/Chairperson of a meeting; **rapport annuel du P.....** Chairman's report

présider *vt* to chair, preside; **p..... une réunion** to chair a meeting, to preside over a meeting

présomption *nf* presumption; **p..... d'innocence** innocent until proved guilty

presse *nf* press, papers; **communiqué de p.....** press release; **coupures de p.....** press cuttings; **revue de p.....** press cuttings

pression *nf* burden, pressure; **faire p..... sur qqn** to put pressure on sbdy; **groupe de p.....** pressure group, lobby; **p..... fiscale** tax burden; **p..... montante** mounting pressure; **être soumis à des p.....s** to be subject to pressure; **sous la p..... des événe-**

ments under the pressure of events; **travailler sous p.....** to work under pressure

prestataire *nm* **p..... de services** service company, provider/supplier of services, service provider/supplier

prestation *nf* benefit, allowance; **p.....s en espèces** statutory sick pay, maternity benefit, disability pay or death benefit *(équiv)*; **p.....s familiales** family benefits (maternity allowance, income support...); **p.....s en nature** reimbursement of medical expenses; **p..... de services** provision of services, supplying of services; **p.....s sociales** Social Security benefits, welfare payments

prêt *nm* loan; **p..... bancaire** bank loan; **p..... bonifié** low-interest loan; **p..... hypothécaire** mortgage loan; **p..... personnel** personal loan; **p..... pour l'amélioration de l'habitat** home improvement loan; **consentir un p.....** to grant a loan; **obtenir un p.....** to secure a loan; **octroyer un p.....** to grant a loan

prêté *nm* **un p..... pour un rendu** tit for tat

prête-nom *nm* dummy

prétentions *nfpl* expectations; **p..... salariales** salary expectations, expected salary

prêter *vt* to lend; **p..... main forte** to lend a hand; **p..... serment** to take an oath, to be sworn in; **p..... assistance à qqn** to assist sbdy

preuve *nf* evidence, proof; **p..... à l'appui** evidence in support; **p..... circonstancielle** circumstantial evidence; **p..... écrite** documentary evidence, written proof; **p..... matérielle** material evidence; **apporter la p.....** to produce evidence; **faire ses p.....s** to prove/demonstrate one's ability; **jusqu'à p..... du contraire** unless we have proof to the contrary; **la charge de la p..... incombe à** the onus/burden of proof is on

préventif *adj* deterrent, preventive

prévention *nf* prevention; **p.....
des accidents** accident prevention; **plan de p.....** prevention scheme

prévenu *nm* defendant

prévision *nf* forecast, outlook, estimate, estimation; **p.....s de ventes** sales forecast; **p.....s économiques** economic outlook; **p.....s budgétaires** budget forecasts

prévisionnel *adj* estimated, predictive, proactive; **budget p.....** estimated budget; **gestion p.....le de l'emploi** manpower planning; **techniques p.....les** predictive techniques

prévoir *vt* to forecast, forsee, plan; **p..... des changements** to plan changes

prévoyance *nf* welfare, contingency; **caisse de p.....** provident fund; **fonds de p.....** contingency fund; **p..... sociale** welfare

prévu *adj* due; **visite p.....e pour demain** visit due to take place tomorrow

prime *nf* allowance, bonus, premium; **p..... d'astreinte** on-call/stand-by pay; **p..... à la naissance** maternity allowance; **p..... d'ancienneté** seniority pay, service increment, long service premium; **p..... d'assiduité** attendance bonus; **p..... d'assurance** insurance premium; **p..... du coût de la vie** cost-of-living allowance; **p..... de déménagement** relocation allowance; **p..... de départ volontaire** bonus paid to salaried staff who voluntarily leave the company to avoid a redundancy procedure; **p..... de difficulté de vie** hardship allowance; **p..... d'éloignement** isolation pay; **p..... à l'embauche** sign-on bonus, signing-on bonus; **p..... d'émission** share premium account, premium on capital stock; **p..... d'encouragement** incentive bonus; **p..... d'équipe** shift premium; **p..... d'expatriation** expatriation allowance, foreign service premium; **p..... de fin d'année** Christmas bonus, end-of-year bonus; **p..... d'habillement** clothing allowance; **p..... d'incitation** incentive bonus; **p..... d'installation** relocation allowance; **p..... d'insalubrité** allowance for unhealthy work conditions; **p..... d'intempéries (BTP)** bad weather payments (building trade); **p..... d'intéressement** dividend from profit-sharing/gain-sharing scheme; **p..... d'isolement** isolation pay; **p..... de mobilité** mobility allowance; **p..... de nuit** night shift premium; **p..... de panier** meals allowance; **p..... de pénibilité** hardship allowance; **p..... de rendement** output bonus, productivity bonus; **p..... de risque** danger money; **p..... de salissure** dirty work pay; **p..... de sujétion** hardship allowance; **p..... de transport** transport allowance; **p..... de vacances** holiday allowance, vacation bonus; **p..... de vie chère** cost-of-living allowance

primer *vt* **p..... qqn** to award a prize to sbdy

principal *nm* capital; **p..... et intérêts** capital and interest

principe *nm* principle; **accord de p.....** agreement in principle; **déclaration de p.....s** declaration of principles

prioritaire *adj* prime, main, major; **objectif p.....** prime objective; **être p.....** to have priority

priorité *nf* priority; **p..... de réembauchage** re-hiring priority

prise *nf* **p..... de conscience** awareness, realization; **p..... de contact** initial contact; **p..... de contrôle d'une société** takeover of a company; **p..... de décision** decision-making; **processus de p..... de décision** decision-making process; **p..... de fonction** taking up of a job; **date de p..... de fonction** start(ing) date, hire date; **p..... de parole** speaking; **p..... de parole en public** public speaking; **p.....**

de position stance, position; **p.....
de possession de nouveaux lo-
caux** moving into new premises;
p..... **de risque** risk-taking; **p.....** **de
sang** blood sample; **faire une p.....
de sang** to take a blood sample;
p..... **en charge d'un département**
take-over of responsibility for a
department; **p.....** **en charge par la
Sécurité Sociale** cost borne by the
Social Security; **p.....** **en charge
médicale** medical coverage

prisé *adj* sought after; **être très
p.....** to be highly sought after

privatisation *nf* privatization

privé *adj* private; **vie p.....e** private
life

priver *vt* to deprive; **p.....** **qqn de
ressources** to deprive sbdy of resources

privilège *nm* privilege

prix *nm* **1** price, charge, pricing;
p..... **d'achat** buying price; **p.....** **à
payer pour obtenir qqch** price to
pay to obtain sthg; **p.....** **avantageux** favourable price; **p.....** **cassé**
bargain price; **p.....** **courant** current price; **p.....** **d'ami** reduced
price; **p.....** **d'entrée** entry charge;
p..... **de clôture** closing price;
p..... **de détail** retail price; **p.....**
d'exercice strike/exercise price;
p..... **de gros** wholesale price;
p..... **de revient** cost price; **p.....**
défiant toute concurrence unbeatable price; **p.....** **élevé** high
price; **p.....** **fixe** flat rate, fixed
charge; **p.....** **sacrifié** knock-down
price; **p.....** **variable** floating
charge; **guerre des p.....** price-cut-
ting war; **hors de p.....** priceless,
prohibitive; **indice des p.....** **à la
consommation** retail price index;
politique des p..... pricing policy;
2 prize, award; **décerner un p.....**
to award a prize; **distribution
des p.....** prize giving; **gagner un
p.....** to win a prize

probation *nf* probation

probatoire *adj* probationary;
période p..... probationary period

problème *nm* problem, issue;
être assailli de p.....s to be pla-

gued by problems; **faux p.....**
non-problem, non-issue; **résolution de p.....** problem solving; **résoudre un p.....** to solve a
problem

procédé *nm* process; **p.....** **de fabrication** manufacturing process

procédure *nf* procedure; **p.....**
d'alerte procedure according to
which a works council can put
an employer on guard when it
has knowledge of circumstances
profoundly affecting the company's economic situation; **p.....**
d'appel appeals procedure; **p.....**
contentieuse litigation procedure;
p..... **disciplinaire** disciplinary
procedure; **p.....** **de licenciement**
dismissal procedure; **p.....** **de
litige** litigation procedure; **p.....**
de réclamation claims procedure,
grievance procedure; **p.....** **à
suivre** procedure to follow

procédurier *adj* nit-picking, petti-
fogging; **être p.....** to play by the
rule-book

procès *nm* trial, court case, suit,
lawsuit, litigation; **être en p.....** to
be on trial, to be in litigation; **gagner un p.....** to win one's case;
intenter un p..... **contre qqn** to
bring a (law)suit against sbdy, to
take legal action; **p.....** **d'intention** accusation (of sbdy) on the
basis of his/her supposed intentions; **perdre un p.....** to lose
one's case; **réviser un p.....** to review a sentence

procès-verbal *nm* minutes, proceedings, report; **p.....** **de carence**
(ir) formal document which registers the absence of candidates at
an election; **p.....** **de conciliation**
minute of conciliation; **p.....** **d'un
congrès** proceedings of a conference; **p.....** **de désaccord**
minute of failure to agree; **p.....** **de
l'Inspecteur du Travail** Labour Inspector's report; **p.....** **d'une réunion** meeting report, minutes of
a meeting

processus *nm* process; **p.....** **de
prise de décision** decision-making process

procuration *nf* proxy; **voter par p.....** to vote by proxy; **lettre de p.....** power of attorney

production *nf* output, production, assembly; **chaîne de p.....** assembly line

productivité *nf* productivity

produit *nm* **1** gain, proceeds, profit; **p..... brut** gross profit; **p.....s exceptionnels** extraordinary gains; **p.....s financiers** interest received; **p..... des ventes** sales proceeds; **2** product, commodity; **p.....s finis** finished goods

professeur *nm* professor, teacher (lycée, collège), lecturer (université); **p..... de droit** lecturer in law

profession *nf* occupation, profession, trade; **les p.....s libérales** certain self-employed categories (doctors, psychiatrists, lawyers...)

professionnalisme *nm* professionalism

professionnel *nm* professional; **association p.....le** trade association; **être un p..... de la fonction personnel** to be a personnel professional

professionnel *adj* professional, vocational, occupational, trade; **compétences p.....les** professional qualifications; **formation p.....le** vocational training; **maladie p.....le** occupational disease; **orientation p.....le** vocational guidance; **presse p.....le** trade press

profil *nm* profile; **garder un p..... bas** to keep a low profile; **p..... d'un candidat** person specification; **p..... de poste** job profile

profit *nm* benefit, profit; **tirer p..... d'une situation** to benefit from a situation; **centre de p.....** profit centre

profiter *vt* to take advantage of, benefit from, capitalize on; **p..... d'une situation** to take advantage of a situation

profondeur *nf* **étude en p.....** in-depth study

progiciel *nm* software package, tailored program(me)

programme *nm* program(me), syllabus, agenda, schedule, plan; **p..... en dix points** ten-point program(me); **p..... d'études** study program(me); **p..... informatique** computer program(me); **p..... scolaire** syllabus, school curriculum; **au p.....** on the agenda; **avoir de l'avance sur son p.....** to be ahead of schedule; **changement de p.....** change of plan; **établir un p.....** to draw up a program(me)

programmer *vt* **1** to schedule; **p..... deux réunions** to schedule two meetings; **2** to program(me) *(info)*

progrès *nm* headway, improvement, progress; **faire des p.....** to make headway; **groupe de p.....** quality improvement task force; **la loi votée constitue un p.....** the law passed represents an improvement/a step forward; **faire de gros p.....** to make great progress

progressif *adj* graded, progressive, graduated; **impôt p.....** graduated income tax

progression *nf* progression; **p..... automatique de salaires** automatic wage progression

projet *nm* project, plan, mission, draft, blueprint; **chef de p.....** Project Manager; **gestion de p.....** project management; **p.....s pour l'avenir** future plans; **p..... d'entreprise** mission statement *(équiv)*, participative process of clarifying long-term company purpose and objectives through the consideration of its essential identity and values; **p..... de loi** draft bill; **p..... industriel** business plan; **p..... professionnel** career objectives

projeter *vt* to plan

prolétariat *nm* proletariat

prolongation *nf* extension; **p..... d'un contrat** extension of a contract

prolonger *vt* to extend; **p.....** **un contrat** to extend a contract; **p..... un délai** to extend a deadline

promesse *nf* promise, undertaking; **p.....** **d'embauche** promise of employment; **faire une p.....** to make an undertaking, to promise; **p..... de vente** call option

promettre *vt* to promise, pledge; **p..... une aide** to pledge support

promotion *nf* **1** promotion, upgrading, advancement; **p.....** **au mérite** promotion according to merit; **p.....** **sociale** social advancement; **p..... à l'ancienneté** advancement/promotion by seniority; **p.....** **interne** promotion from within; **2** year, class *(US)*; **être le premier de sa p.....** to be first in one's year, to be top of the class; **la p.....** **1990 d'une école** the graduates in 1990, the class of 1990; **3** promotion, offer; **p..... des ventes** sales promotion; **faire une p.....** to make a special offer

promouvoir *vt* to promote

promu *pp* promoted; **être p..... à un poste** to be promoted to a position

promulgation *nf* enactment, promulgation

promulguer *vt* to enact, promulgate; **p..... une loi** to enact a law; **p..... une réforme** to promulgate a reform; **p..... un décret** to promulgate a decree

prôner *vt* to advocate, extol; **p..... l'amélioration de la qualité** to advocate quality improvement

prononcer (se) *vpr* to declare; **se p..... en faveur d'un projet** to come down/out in favour of a project; **la Cour se prononce** the Court gives its verdict

pronostic *nm* forecast

propagande *nf* propaganda

propice *adj* conducive, favourable; **climat p..... au travail** environment conducive to work; **moment p.....** favourable moment

proportionnel *adj* graduated, proportional; **représentation p.....le** proportional representation; **scrutin p.....** proportional voting system

propos *nm* talk, remarks, words; **p..... diffamatoires** slanderous remark(s); **p..... injurieux** offensive/insulting remark(s)

proposition *nf* offer, proposal; **faire une p..... salariale** to make a pay offer, to make a salary proposal; **p..... d'emploi** offer of employment; **refuser une p.....** to turn down an offer

propreté *nf* cleanliness

propriétaire *nmf* owner, proprietor, proprietress, **(appartement)** landlord; **p..... unique** sole owner

propriété *nf* ownership, property; **p..... collective** collective ownership; **p.....** **industrielle** patent rights; **p..... intellectuelle** intellectual property; **p..... privée** private property

prorata *nm* proportion; **au p..... temporis du travail effectué** in proportion to time worked

prorogation *nf* extension, renewal; **p..... d'un délai** extension of a deadline; **p..... d'un mandat** renewal of tenure

prospecter *vt* to canvass; **p..... des clients** to canvass new customers

prospecteur *nm* canvasser

prospection *nf* canvassing

prospectus *nm* brochure, leaflet, prospectus, handbill

protection *nf* protection, security; **p..... des représentants du personnel** protection of staff representatives whereby an employer must follow a special procedure if he/she wishes to terminate any of their contracts; **p..... sociale** Social Security, insurance coverage

protectionnisme *nm* protection-ism

protectionniste *adj* protectionist

protégé *pp* protected; **salariés p.....s** protected staff representatives (*see* protection)

protéger *vt* to safeguard, cover up, protect; **p..... les installations** to safeguard installations; **p..... qqn** to cover up for sbdy; **p..... les employés contre des accidents** to protect staff from accidents

protestation *nf* protest; **en guise de p..... à** in protest at; **mouvement de p.....** protest movement; **signe de p.....** sign of protest

protester *vi* to protest; **p..... contre qqch** to protest against/about sthg

prothèse *nf* prosthesis; **p..... dentaire** dentures, false teeth

protocole *nm* draft, protocol; **p..... d'accord** agreement, document recording the terms of an agreement; **p..... d'accord préélectoral** agreement signed by staff representatives and management which sets out the organization of a forthcoming election

providence *nf* **Etat-P.....** welfare state

provision *nf* payment on account, reserve, allowance, deposit; **p..... sur honoraires** retainer fee; **p.....s pour congés payés** reserve for holiday leave; **p.....s pour créances douteuses** allowance/provision for bad debts; *nfpl* stock, supplies

provisoire *adj* temporary, interim, provisional; **parvenir à un accord p.....** to reach an interim agreement

prud'homal *adj* of an industrial tribunal (*équiv*)

prud'hommes *nmpl* **conseil des p.....** Industrial Tribunal (*équiv*), whose members are elected by employers and employees

psychanalyse *nf* psychoanalysis

psychiatrie *nf* psychiatry

psychologie *nf* psychology; **p..... industrielle** industrial psychology

psychologue *nmf* psychologist

psychométrie *nf* psychometrics

psychomoteur *adj* psychomotor; **tests p.....s** psychomotor tests

psychotechnique *nf* psychotechnics

public *nm* public; **grand p.....** general public; **faire qqch en p.....** to do sthg in public

public *adj* public; **dépenses publiques** public spending; **relations publiques** public relations

publiciste *nmf* adman

publicitaire *nmf* adman

publicitaire *adj* advertising; **budget p.....** advertising budget

publicité *nf* advertisement, ad, advert, **(la profession)** advertising; **agence de p.....** advertising agency; **campagne de p.....** advertising campaign; **chef de p.....** Advertising Manager; **frais de p.....** advertising costs; **p..... institutionnelle** corporate image advertising; **p..... mensongère** misleading advertising; **service de p.....** advertising department

publier *vt* to publish; **p..... les résultats d'une étude** to publish the findings of a study

puissance *nf* capacity; **avoir une grande p..... de travail** to have a great capacity for work

punir *vt* to punish, discipline

punitif *adj* punitive; **mesure punitive** punitive measure

punition *nf* punishment

pupitreur *nm* console operator, computer operator

pyramide *nf* pyramid, structure; **p..... inversée** inverted hierarchy; **p..... des âges** age structure, pyramid-shaped diagram representing population by age groups; **p..... des besoins** hierarchy of needs

Qq

QI *nm abr* (**Quotient Intellectuel**) IQ (Intelligence Quota)

qualification *nf* qualification

qualifié *adj* qualified, skilled; **être très q.....** to be highly qualified; **ouvrier q.....** skilled worker

qualitatif *adj* qualitative; **objectifs q.....s** quality objectives

qualité *nf* **1** quality; **assurance q.....** quality assurance; **cercle de q.....** quality circle; **contrôle (de) q.....** quality control; **q..... totale** total quality; **2** ability; **posséder les q.....s requises** to have the required skills; **q.....s de commandement** leadership abilities; **q.....s pour un poste** credentials for a position; **3** capacity; **en sa q..... de chef de département** in his/her capacity as head of department

quantifiable *adj* measurable; **objectifs q.....s** measurable objectives, quantifiable objectives

quantitatif *adj* quantitative; **objectifs q.....s** objectives based on the quantity of work produced (sales, production...)

quartile *nm* (*stat*) quartile

question *nf* question, matter; **q.....s à l'ordre du jour** items on the agenda; **q..... fermée** closed question; **q..... ouverte** open-ended question; **soulever une q..... à une réunion** to raise a matter at a meeting

questionnaire *nm* questionnaire; **q..... à choix multiple** multiple choice questionnaire; **q..... d'em-**bauche employment questionnaire; **q..... d'état de santé** medical questionnaire

queue *nf* queue; **faire la q.....** to queue up; **q..... à la cantine** canteen queue

quinzaine *nf* fortnight

quittance *nf* receipt, quittance; **q..... d'EDF** electricity bill; **q..... de loyer** rent receipt

quitter *vt* to leave, vacate; **q..... un poste** to vacate a job; **q..... la table des négociations** to walk out of talks; **q..... le travail** to leave work; **les ouvriers ont quitté le chantier** the labourers walked off the site

quitus *nm* discharge, quittance; **donner q..... aux comptes** to give full discharge (*acc*)

quorum *nm* quorum; **le q..... n'a pas été atteint** there was not a quorum

quota *nm* quota

quote-part *nf* quota, share

quotidien *nm* daily paper

quotidien *adj* daily

quotient *nm* quota; **q..... familial** used in the calculation of income tax for a fiscal unit ("foyer"), this is calculated as : total taxable revenue/ number of persons, given that an adult represents 1 person and a child 0.5 persons; **q..... intellectuel** intelligence quota

quotité *nf* **q..... saisissable** portion of employee's pay which can be deducted for attachment of earnings, varying according to the number of dependant children

Rr

rabais *nm* price discount, price reduction

rachat *nm* buyout, acquisition; **r.....** d'entreprise company buyout/acquisition; **r.....** d'entreprise par les cadres leveraged management buyout; **r.....** des points de retraite (re)purchase of retirement entitlement through the paying of contributions for periods which have already elapsed; **valeur de r.....** *(ass)* surrender value

racheter *vt* to purchase, buy back; **r.....** des points de retraite to purchase retirement entitlement through the paying of contributions for periods which have already elapsed

racial *adj* racial; **discrimination r.....e** racial discrimination

racisme *nm* racism

radiation *nf* exclusion, striking off, crossing off; **r.....** d'un contrat exclusion from a contract

radié *pp* excluded, struck off; **être r.....** des garanties to be excluded from insurance coverage; **être r.....** d'une liste to be struck off a list; **être r.....** de l'ANPE to be struck off the unemployment register

radier *vt* to cross off, strike off; **r.....** qqn d'une liste to strike sbdy off a list

radiographie *nf* X ray; **passer une r.....** to have an X ray taken

radio moquette *cpd (fam)* grapevine, rumour factory

raison *nf* 1 motive, reason, grounds; **pour des r.....s disciplinaires** on disciplinary grounds; **r.....** d'un licenciement grounds for dismissal; 2 **r.....** sociale corporate name

raisonnement *nm* reasoning

rajeunir *vt* **r.....** les effectifs to recruit younger employees, to inject new blood

rajeunissement *nm* **r.....** du personnel recruitment of younger employees

ralenti *nm* slow motion; **les affaires marchent au r.....** business is slack/slow

ralentir *vt* to slow down, slacken; **r.....** un processus to slow down a process; *vpr* **la demande s'est ralentie** the demand has slackened

ralentissement *nm* slowdown; **r.....** de l'inflation slowdown of inflation

rang *nm* rank; **être sur les r.....s pour un poste** to be in the running for a job; **être sur les r.....s pour une promotion** to be in line for promotion; **r.....** de sortie class rank (*US*)

rangé *pp* 1 tidy, well-ordered; **bureau bien r.....** tidy office; 2 filed; **le document est r.....** the document has been filed

rangement *nm* 1 storage space; 2 filing

ranger *vt* 1 to tidy (up); **r.....** un bureau to tidy (up) an office; **r.....** ses affaires to put away one's things; 2 to file; **r.....** un document to file a document

rapatrié *nmf* repatriate

rapatriement *nm* repatriation; **r.....** sanitaire repatriation for health reasons; **r.....** d'urgence emergency repatriation

rapatrier *vt* to repatriate

rappel *nm* reminder; **dernier r.....** final reminder, final demand; **lettre de r.....** reminder; **r.....** d'impôt back taxes; **r.....** à l'ordre call to order; **r.....** de salaire back pay, back wages; **r.....** sous les drapeaux call up *(mil)*

rapport *nm* 1 report; **faire paraître un r.....** to issue a report; **présenter un r.....** to submit a report; **r.....** d'activité activity report; **r.....**

annuel annual report; **r.....** **sur l'avancement des travaux** progress report; **r..... médical** medical report; **r..... social** personnel report; **2** relation, relationship, contact; **avoir de bons r.....s avec ses collègues** to have good relations with one's colleagues, to have a good relationship with one's colleagues, to get on well with one's colleagues; **être en r..... avec qqn** to be in contact with sbdy; **être mis en r..... avec qqn** to be put into contact with sbdy; **r..... de force** power relationship, power struggle; **3** ratio; **(bon) r..... qualité/prix** (good) value for money; **4** *(fin)* return, yield

rapporter *vt* to yield, produce; **r..... des intérêts** to yield interest

rapporteur *nm* recorder; **r..... d'une réunion** meeting recorder

rapprochement *nm* *(compt)* reconciliation; **r..... bancaire** reconciliation with bank statements; **r..... des comptes** reconciliation of accounts

rare *adj* scarce, rare; **compétence r.....** rare expertise; **emplois r.....s** scarce jobs

rassemblement *nm* rally; **organiser un r.....** to stage a rally

râteau *nm* **organigramme en r.....** flat organization chart

ratification *nf* ratification

ratifier *vt* to ratify; **r..... un traité** to ratify a treaty

ratio *nm* ratio; **r..... d'endettement à long terme** long-term debt ratio; **r..... de rentabilité nette** net profitability ratio

rationalisation *nf* rationalization, reorganization, streamlining

rationaliser *vt* to rationalize, streamline; **r..... ses activités** to streamline one's activities

rattrapage *nm* catching up; **cours de r.....** remedial classes; **examen de r.....** retaking of an exam; **r..... de salaire** making up of salary, back pay

rattraper *vt* to make up (for), catch up with, recoup; **r..... un retard** to make up for lost time; **r..... un salaire** to make up a salary

rature *nf* deletion; **r..... sur bulletin de vote** deletion on ballot paper

rayer *vt* to cross out, delete; **r..... les mentions inutiles** delete where inapplicable

rayon *nm* department (in department store); **chef de r.....** Floor Manager; **r..... ameublement** furniture department

raz-de-marée *nm* landslide; **r..... électoral** landslide election victory

réaction *nf* reaction; **r..... brutale** backlash; **r..... en chaîne** chain reaction

réadaptation *nf* rehabilitation; **r..... professionnelle** job rehabilitation

réaffectation *nf* reassignment, redeployment

réaffecter *vt* to redeploy, reassign

réajustement *nm* readjustment; **r..... automatique des salaires** automatic wage adjustment

réajuster *vt* to readjust; **r..... les salaires** to readjust salaries

réalisation *nf* achievement; **r..... importante** major achievement; **r..... technique** technical achievement

réalisé *nm* **(colonne au budget)** effective, real (budgetary column)

réaliser *vt* to carry out, achieve; **r..... un travail** to carry out/perform a task; *vpr* to fulfil oneself; **se r..... dans le travail** to fulfil oneself through work

réapprovisionnement *nm* restocking, replenishing stocks

réapprovisionner *vt* to replenish; **r..... les stocks** to replenish stocks, to restock

réassurance *nf* reinsurance

rebut *nm* reject, scrap; **mettre au r.....** qqch to scrap sthg

recadrer *vt* **r..... un budget** to readjust a budget

récapitulatif *nm* review

recaser *vt* *(fam)* **r..... qqn** to find a new job for sbdy

recensement *nm* **1** census (population); **2** count(ing), inventory

recenser *vt* to count, make an inventory; **r..... les jours de grève** to count the number of strike days

récépissé *nm* receipt; **délivrer un r.....** to issue a receipt

réception *nf* **1** delivery; **accusé de r.....** recorded delivery; **accuser r..... de** to acknowledge receipt of; **2** reception; **la r.....** the reception desk

réceptionniste *nmf* receptionist

récession *nf* recession; **r..... économique** slump

recette *nf* receipt; **r..... des impôts** tax office; *npl* revenue, receipts

recherche *nf* enquiry, investigation, search, research; **être à la r..... d'un emploi** to be looking for a job; **faire des r.....s** to carry out research; **mener une r.....** to conduct an investigation; **r..... et développement** research and development; **r..... de dirigeants** executive search; **r..... d'emploi** job hunting; **r..... de logement** house hunting

recherché *adj* sought after; **être (très) r.....** to be (highly) sought after

rechute *nf* relapse; **faire une r.....** to have a relapse

récidiver *vi* to reoffend, commit a further offence

récidiviste *nmf* previous offender, recidivist

réciproque *adj* mutual; **par accord r.....** by mutual agreement

réclamation *nf* grievance, complaint; **faire une r.....** to lodge a complaint; **procédure de r.....s** complaints procedure; **service des r.....s** complaints department, customer service department

réclamer *vt* to claim (back), demand; **r...... une confirmation écrite** to demand written confirmation; **r..... une somme d'argent** to claim (back) a sum of money

reclassement *nm* placement, redeployment, regrading; **cellule de r.....** redeployment unit

reclasser *vt* to redeploy, regrade

recommandation *nf* testimonial, recommendation, reference; **donner une r..... à qqn** to give sbdy a reference; **faire des r.....s** to make recommendations; **lettre de r.....** letter of reference; **suivre une r.....** to follow/adopt a recommendation

recommandé *adj* **1** registered; **lettre r.....e** registered letter; **2** recommended; **ce candidat nous a été r..... par le Directeur Général** this candidate has been recommended to us by the General Manager

récompense *nf* award, reward

récompenser *vt* to reward; **r..... des efforts** to reward effort

réconcilier *vt* to reconcile; **r..... des positions diverses** to reconcile differing points of view

reconduction *nf* renewal; **tacite r..... d'un contrat** renewal of a contract by tacit agreement

reconduire *vt* to renew; **r..... un bail** to renew a lease; **r..... un contrat pour un an** to renew a contract for one year; **r..... une période d'essai** to renew a trial period

reconnaissance *nf* **1** **r..... de dette** IOU (I owe you), acknowledgement of a debt; **2** recognition; **r..... du personnel** staff recognition; **r..... syndicale** (trade) union recognition

reconnaître *vt* to recognize; **r..... un syndicat** to recognize a union

reconsidérer *vt* to reconsider; **r.....** **sa position** to reconsider one's position

reconversion *nf* retraining, redeployment; **r.....** **industrielle** industrial redeployment; **faire une r.....** **professionnelle** to do vocational retraining

record *nm* record, peak; **chômage r.....** peak unemployment

recourir *vt* to have recourse to; **r.....** **à un contrat à durée déterminée** to have recourse to a fixed-term contract

recours *nm* **1** appeal; **aucun r.....** **n'est possible** the decision is not subject to appeal, there is no appeal possible; **r.....** **gracieux** a written statement whereby a party expresses disagreement with a Labour Inspectorate decision, asking them to reconsider their position; **r.....** **hiérarchique** appeal to the Ministry of Labour against a Labour Inspectorate decision; **voie de r.....** appeal proceedings; **2 avoir r.....** **à la force** to resort to force

recouvrement *nm* collection, recovery; **r.....** **des créances** debt collection; **r.....** **des impôts** tax collection

récrimination *nf* recrimination

recrue *nf* recruit

recrutement *nm* recruitment, hiring, engagement, selection; **campagne de r.....** recruitment drive; **politique de r.....** recruitment policy; **processus de r.....** selection process

recruter *vt* to recruit, hire, engage, take on

recruteur *nm* recruiter

rectification *nf* amendment, correction

reçu *nm* receipt; **r.....** **libératoire** receipt indicating that a person has paid his/her taxes; **r.....** **pour solde de tout compte** receipt of final pay, receipt/statement acknowledging full settlement, signed by the employee on the termination of his/her contract, which, if not contested within a given time period, discharges the company from all outstanding payments

reçu *pp* être **r.....** **à un examen** to pass an exam

recueil *nm* compendium; **r.....** **des accords d'entreprise** compendium of company agreements; **r.....** **d'articles** collection of articles

recueillir *vt* to gather; **r.....** **des renseignements** to gather information

recul *nm* downturn, setback; **r.....** **économique** economic downturn; **r.....** **social** social setback; **salaires en net r.....** **sur l'inflation** salaries lagging behind inflation

reculer *vt* to put off, put back; **r.....** **une réunion** to put off/back a meeting; *vi* to back down, retreat; **r.....** **devant la menace d'une grève** to back down under the threat of a strike; **r.....** **d'une position** to retreat from a negotiating position

récupérable *adj* recoverable, reclaimable; **dette r.....** recoverable debt; **TVA r.....** reclaimable VAT

récupération *nf* **heures de r.....** a) hours not worked in normal time, to be made up at a later date b) hours off in lieu; **jour de r.....** a) day not worked to be made up at a later date b) day off in lieu

récupérer *vt* to get back, recoup; **r.....** **des heures** a) to make up outstanding hours, or b) to benefit from compensatory hours off when an employee has worked excess hours; **r.....** **son argent** to get one's money back; **r.....** **le temps perdu** to recoup lost time

récursoire *adj* **action r.....** action initiating an appeals procedure

recyclage *nm* recycling, retraining; **cours de r.....** refresher course, retraining session

recycler (se) *vpr* to retrain; **se r..... dans la finance** to retrain in the field of finance

rédacteur *nm* editor; **r..... en chef** Chief Editor; **r..... contentieux** employee responsible for drawing up litigation documents; **r..... publicitaire** copywriter

rédaction *nf* 1 editorial staff; **comité de r.....** editorial committee; 2 writing, drafting; **r..... d'un texte** writing of a text; **r..... d'une loi** drafting of a law

redémarrer *vi* to restart

redéploiement *nm* **r...... industriel** industrial redeployment

redevance *nf* fee, royalties; **r..... télévision** TV licence

rédhibitoire *adj* redhibitory

rédiger *vt* to compose, draw up, draft; **r..... un contrat** to draw up a contract; **r..... une lettre** to draft a letter

redressement *nm* 1 recovery; **r..... économique** economic recovery; **r..... d'une société** company turnaround; 2 adjustment, penalty payment; **r..... fiscal** tax adjustment, payment of tax arrears, payment of back tax; **r..... judiciaire** receivorship, administrative period following a petition for bankruptcy during which decisions are taken as to whether a company unable to pay its debts is rescued or finally wound up; **r..... URSSAF** Social Security contributions adjustment, payment of Social Security arrears

redresser *vt* to redress, turn around; **r..... l'économie** to redress the economy; **r..... une entreprise** to turn a company around; **r..... des torts** to right wrongs

réduction *nf* cut, cutback, reduction; **r..... des coûts** cost-cutting; **r..... des effectifs** reduction of staff, downsizing, staff cutbacks; **r..... d'impôt** tax concession, tax reduction; **r..... du personnel** reduction of personnel, downsizing, staff cutbacks; **r..... des salaires** salary cuts; **r..... du temps de travail** reduction/shortening of working hours, shortened working week

réduire *vt* to reduce, cut, cut down on, trim, prune; **r..... les avantages sociaux** to scale back benefits; **r..... le budget** to trim the budget; **r..... les dépenses** to prune spending; **r..... les différentiels de salaires** to erode wage differentials; **r..... la durée hebdomadaire du travail** to shorten the workweek; **r..... les effectifs** to reduce staff, to cut staff, to downsize; **r..... la paperasserie** to cut down on paperwork; **r..... le personnel** to shed staff, to cutback on staff; **r..... les prix** to bring down prices; **r..... la production** to cut back (on) production; **r..... (proportionellement)** to scale down

réduit *adj* reduced; **personnel r.....** skeleton staff; **service r.....** minimum service

rééducation *nf* rehabilitation; **centre de r......** rehabilitation centre

réel *adj* real, actual; **revenu r.....** real income; **salaire r.....** real earnings

réélection *nf* re-election

réélire *vt* to re-elect

réembauchage *nm* rehiring; **avoir priorité de r.....** to have rehiring priority

réembauche *nf* rehire

réembaucher *vt* to rehire, re-engage, take back, re-employ

réemployer *vt* to re-employ

réexpédition *nf* forwarding; **adresse de r.....** forwarding address

refacturer *vt* to re-invoice, re-bill; **r..... une filiale** to re-invoice a subsidiary

réfectoire *nm* canteen

référé *nm* **procédure en r..... prud'homal** emergency legal procedure whereby a sole judge can make a temporary protective ruling on matters involving labour disputes

référence *nf* **1** testimonial, credentials, reference; **avoir de bonnes r.....s pour un poste** to have good credentials for a job; **donner une r.....** to give a reference; **r..... morale** character reference; **2** base, reference; **année de r.....** base year; **période de r.....** base period; **traitement de r.....** reference salary

référendum *nm* referendum

refiler *vt* *(fam)* to pass; **r..... un problème aux autres** to pass the buck to others

réfléchi *adj* deliberate

réflexion *nf* deliberation, thought; **après mûre r.....** after due deliberation; **délai de r.....** *(nég)* cooling-off period; **groupe de r.....** think tank

réforme *nf* reform; **mettre au placard une r.....** to shelve a reform; **mettre en place des r.....s** to implement reforms, to put reforms into place; **mettre une r..... en sommeil** to shelve a reform

réformé *adj* **être r.....** to be deemed unfit for service *(mil)*

refus *nm* refusal, rejection; **r..... délibéré** wilful refusal; **le r..... doit être motivé** explanation for a refusal must be given; **r..... d'effectuer son travail** refusal to work

refuser *vt* to refuse, turn down, reject, deny; **r..... une mutation** to refuse/turn down/decline a transfer; **r..... net de faire qqch** to refuse point-blank to do sthg; **r..... une offre** to reject an offer; **r..... une proposition d'emploi** to turn down an employment offer; **r..... qqn pour un poste** to turn sbdy down for a job; **se voir r..... pour un poste** to be turned down for a job

réfutation *nf* rebuttal

réfuter *vt* to refute; **r..... une allégation** to refute an allegation

regagner *vt* to regain; **r..... de l'influence** to regain influence; **r..... du terrain** to regain ground

régi *pp* governed; **contrat r..... par la loi française** contract governed by French law

régime *nm* **1** system, scheme, plan; **r..... dérogatoire** exceptional arrangement; **r..... d'épargne** savings scheme; **r..... fiscal** tax system/scheme; **r..... général de la Sécurité Sociale** standard Social Security health and retirement insurance for private industry; **r..... de prévoyance** provident/welfare scheme; **r..... de retraite facultatif** optional pension plan; **r..... de retraite obligatoire** mandatory pension/retirement plan, mandatory pension scheme; **r..... de retraite complémentaire** complementary pension scheme over and above the basic state scheme; **r..... de retraite des cadres** managers' pension scheme; **r..... de Sécurité Sociale** Social Security scheme; **r..... social** all-inclusive term for Social Security cover ("général" or "spécial"); **r..... spécial** independant health and retirement insurance for certain industries or professions (farmers, local authorites, public companies...); **2** capacity; **travailler à plein r.....** to work at full capacity; **3 se marier sous le r..... de la communauté** marriage settlement with joint ownership of property; **se marier sous le r..... de la séparation de biens** marriage settlement with separate ownership of property

régionalisation *nf* devolution, regionalization

registre *nm* register, ledger, book; **r..... des accidents du travail** accident book *(équiv)*; **r..... du commerce** register of companies and businesses; **r..... des entrées et des sorties** register in which all hires and departures are recorded; **r..... des observations de l'Inspecteur du Travail** register where the Labour Inspector records his/her observations after on-site inspections; **r..... de paie** payroll ledger; **r..... unique du personnel** personnel register recording the main staff identification data (name, nationality, birthdate...); **tenir un r.....** to keep a register

règle *nf* 1 law, rule, regulation, order; **avoir des papiers en r.....** to have papers in order; **établir des r.....s** to lay down rules; **être en r..... avec l'immigration** to have accomplished the necessary immigration formalities, to be straight with the immigration authorities *(US)*; **faire qqch dans les r.....s de l'art** to do sthg according to the rule book, to do sthg in due form; **se mettre en r..... avec la Sécurité Sociale** to pay up one's Social Security contributions; **r.....s du jeu** ground rules; **r.....s de sécurité** safety regulations; **r..... stricte** stringent rule; **respecter les r.....s** to abide by the rules, to comply with the rules; **transgresser les r.....s** to break the rules; **violer les r.....s** to break the rules; 2 rule; **r..... à calculer** slide rule

règlement *nm* 1 rule, regulation; **élaborer un r.....** to lay down rules; **r..... intérieur** company rules and regulations, works' rule-book; **r..... de sécurité** safety regulations; **r..... de travail** work rules; 2 adjustment *(ins)*; 3 settlement; **r..... à l'amiable** out-of-court settlement; **r..... de comptes** settling of scores; **r..... d'une facture** settlement of a bill

régler *vt* to pay, settle; **r..... par chèque** to pay by cheque; **r..... un conflit** to settle a dispute; **r..... une facture** to settle a bill; **r..... un litige** to settle a legal claim; **r..... un problème** to sort out a problem

régularisation *nf* regularization; **r..... en fin d'année** *(compt)* year-end regularization

réimplantation *nf* relocation

réimplanter *vt* to relocate; **r..... une entreprise** to relocate a company

réinsertion *nf* reintegration, reinsertion; **mesures de r..... des jeunes** Youth Training Scheme *(équiv)*

réintégration *nf* reinstatement; **r..... d'un salarié** reinstatement of an employee; **ordre de r.....** reinstatement order

réintégrer *vt* to reinstate; **r..... un salarié** to reinstate an employee

réinvestir *vt* to reinvest, plough back; **r..... les bénéfices** to plough back the profits

rejeter *vt* to throw out, reject; **r..... une offre** *(nég)* to throw out an offer; **r..... une proposition** to reject a proposal

relance *nf* boosting, stimulation; **lettre de r.....** follow-up letter; **r..... économique** reflation

relation *nf* contact, relation; **avoir des r.....s** to have influential contacts; **être en r..... avec qqn** to be in contact with sbdy; **r..... d'affaires** business relation; *nfpl* **avoir de mauvaises r.....s sociales** to have poor labour relations; **r.....s extérieures** public relations; **r.....s humaines** human relations; **r.....s publiques** public relations, public affairs; **r.....s sociales** industrial relations, labour relations, employee relations; **r.....s tendues** strained relations; **rompre les r.....s avec qqn** to break off relations with sbdy

relationnel *nm* **avoir un bon r.....** to have good relations with people

relevé *nm* 1 statement, slip; **r..... bancaire** bank statement; **r..... d'identité bancaire** bank identification slip; **r..... de compte** statement of account; 2 **faire un r.....** to list

relève *nf* relief, shift; **la r..... est assurée** replacement staff have been found; **prendre la r.....** to take over from sbdy

relèvement *nm* raising; **r..... des cotisations** raising of contributions

relever *vt* **1** cela relève de votre compétence it falls within your responsibility/authority; **r.....** d'un régime de retraite to be affiliated to a pension scheme; **2** to raise; **r.....** le niveau des cotisations to raise the level of contributions; **3** **r.....** un défi to rise to a challenge

remarques *nfpl* comments

remboursé *pp* reimbursed; être **r.....** pour qqch to be reimbursed for sthg

remboursement *nm* reimbursement, repayment, refund; **r.....** de frais refund/reimbursement of expenses

rembourser *vt* to reimburse, pay back, refund; **r.....** un emprunt to pay off a loan; **r.....** des frais to refund expenses

remède *nm* cure, remedy

remédier *vt* **r.....** à une perte to make good a loss; **r.....** à une situation to put right a situation

remercié *pp* être **r.....** to be dismissed, to be discharged *(US)*

remercier *vt* **r.....** qqn to dismiss sbdy, to discharge sbdy *(US)*

remettre *vt* **1** to give in, hand in; **r.....** sa démission to hand in one's resignation, to tender one's resignation; **r.....** un diplôme à qqn to award sbdy a diploma; **2** to defer, postpone, put off, put back; **r.....** un rendez-vous à plus tard to put off/back an appointment; **r.....** une décision to postpone a decision

remise *nf* **1** **r.....** des diplômes graduation ceremony; **r.....** des médailles presentation of medals ceremony; **r.....** des prix prizegiving; **2** discount; **r.....** forfaitaire fixed discount; **3** postponement; **4** **r.....** à jour updating; **r.....** en cause calling into question; **r.....** en état refurbishing, repairing; **r.....** en état d'un appartement refurbishing of a flat; **r.....** en état d'une machine repairing of a machine;

r..... en question calling into question

remplaçant *nm* (person) replacement, substitute

remplacement *nm* replacement, substitute; **produit de r.....** substitute product; **solution de r.....** alternative solution; **trouver un emploi de r.....** to find alternative employment

remplacer *vt* to replace, fill in (for); **r.....** qqn to replace sbdy, to take over from sbdy; **r.....** qqn en son absence to fill in/stand in for sbdy in his/her absence, to deputize for sbdy; la loi remplace et annule la législation en vigueur the Act supersedes previous legislation

remplir *vt* **1** to meet, fulfil; **r.....** les conditions to meet the conditions, to be eligible; **2** to fill in, to fill out *(US)*; **r.....** un dossier de candidature to fill in/out an application form; **r.....** un formulaire to fill in/out a form; **3** to carry out; **r.....** sa fonction to carry out one's duties; **r.....** son rôle to assume one's responsibilities

remporter *vt* to win; **r.....** un contrat to win a contract

remue-méninges *nm* brainstorming

rémunération *nf* remuneration, compensation *(US)*; **politique de r.....** company compensation policy; **r.....** fixe fixed salary; **r.....** globale (salaire plus avantages) pay package, compensation package *(US)*; **r.....** variable variable part of the salary

rémunéré *pp* paid; **travail bien r.....** well-paid work; **travail mal r.....** poorly-paid work

rémunérer *vt* to remunerate, pay

rendement *nm* yield, output, production; **faible r.....** low output; **objectifs de r.....** production targets; **prime de r.....** efficiency bonus; **gestion du r.....** yield management; **travailler à plein**

r..... to work at full capacity, to work flat out

rendez-vous *nm* appointment, engagement; **fixer un r.....** to make an appointment; **avoir un r..... à 17 heures** to have an engagement at 5 o'clock

rendre *vt* to give back; *vpr* to surrender; **se r..... à l'évidence** to face facts

renflouer *vt* to bail out; **r..... une entreprise** to bail out a company

renommer *vt* to reappoint

renoncer *vt* to give up, relinquish, forgo, forfeit; **r..... à (faire) qqch** to give up (doing) sthg; **r..... à une augmentation** to forgo an increase; **r..... à des changements** to waive changes; **r..... à une clause** to relinquish a clause; **r..... à ses droits** to forfeit/relinquish one's rights

renouveler *vt* to renew; **r..... un contrat** to renew a contract; **r..... une expérience** to repeat an experience

renouvellement *nm* renewal; **r..... d'un contrat** renewal of a contract; **taux de r.....** replacement rate

renseignements *nmpl* information, enquiries, particulars

renseigner (se) *vpr* to enquire; **se r..... sur qqch** to enquire about sthg, to make enquiries about sthg

rentabiliser *vt* to make profitable

rentabilité *nf* profitability; **r..... d'un investissement** return on investment; **seuil de r.....** breakeven point

rentable *adj* profitable, cost-effective

rente *nf* pension, annuity; **r..... de conjoint** widow(er)'s pension, spouse's life pension; **r..... différée** deferred pension; **r..... éducation** orphan's pension; **r..... d'invalidité** disability pension; **r..... viagère** life annuity; **servir** une r..... to pay a pension, to pay an annuity

rentier *nm* annuitant

rentrée *nf* **allocation de r..... scolaire** a government allowance for families to help them finance purchases for the new school year; **la r..... des classes** the new school year; **à la r.....** upon return from holidays

renverser *vt* to overturn; **r..... une décision** to overturn a decision

renvoi *nm* 1 dismissal, sacking, discharge *(US)*; **r..... du travail** removal from office; 2 referral; **r..... au tribunal** referral to the courts

renvoyé *pp* **être r.....** to get the sack, to be sacked, to be fired

renvoyer *vt* 1 to sack, fire, discharge *(US)*; **se faire r.....** to get the sack, to be fired, to get one's cards, to get the boot *(fam)*; 2 **r..... une affaire devant les tribunaux** to refer a matter to the courts

réparation *nf* 1 redress, compensation; **r..... d'un préjudice** compensation for harm done; 2 repair; **r..... d'une machine** repairing of a machine; **la machine est en r.....** the machine is under repair/being repaired

réparer *vt* to repair, fix, make up for; **r..... une faute** to make up for wrong doing; **r..... une machine** to fix/repair a machine

répartir *vt* to share, distribute, spread; **r..... des actions** to allot shares; **r..... les bénéfices** to distribute profits; **r..... les bénéfices entre les employés** to share profits among the staff; **r..... les coûts** to apportion costs; **r..... les heures de présence sur 5 jours** to spread working hours over 5 days

répartition *nf* 1 allocation, allotment, distribution; **r..... des actions** allotment of shares; **r..... des bénéfices** distribution of profits; **r..... budgétaire** budgetary spread; **r..... de la charge de**

travail distribution of the workload; **r..... des effectifs par âge** breakdown of headcount by age; **r..... des tâches** division of labour; **2 retraite par r.....** French retirement system whereby the pensions of retired persons are directly financed by the contributions of the working population, through basic schemes (*see* CNAVTS) and complementary schemes (*see* AGIRC, ARRCO), pay-as-you-go pension fund (*équiv*)

repas *nm* meal; **heures de r.....** mealtimes

répercussion *nf* impact, repercussion; **r.....s financières d'une mesure** financial impact of a measure

répercuter *vt* to pass on; **r..... l'augmentation des coûts sur le consommateur** to pass on the rise in costs to the customer

repère *nm* reference, benchmark; **point de r.....** point of reference; **postes r.....s** benchmark positions

répertoire *nm* directory

répertorier *vt* to list; **r..... des organismes de formation** to list training organizations

répétitif *adj* repetitive; **travail r.....** repetitive work, monotonous work

répit *nm* breathing space

repli *nm* withdrawal; **position de r.....** fall-back position (*nég*); **r..... économique** economic downturn; **r..... stratégique** strategic withdrawal

répondeur *nm* **r..... téléphonique** answering machine

répondre *vt* to answer, reply, meet; **r..... aux exigences** to meet requirements

réponse *nf* reply, response; **r..... décevante à un mailing** disappointing response to a mailing; **r..... négative à une candidature** negative reply to a candidacy

report *nm* carry(ing) over; **effet de r.....** the carry-over effect of a percentage increase of the total wage bill in the following year; **r..... à nouveau** profit/loss carried forward

reporté *pp* carried forward; **solde r..... à nouveau** balance carried forward

reporter *vt* to carry over, carry forward; **r..... un solde** to carry over/forward a balance; **r..... des congés d'une année à l'autre** to carry over outstanding holidays from one year to the next

repos *nm* rest, convalescence, break, time off; **jour de r.....** day off; **maison de r.....** convalescent home; **période de r.....** rest period; **r..... compensateur** time off in lieu; **r..... dominical** Sunday rest; **r..... hebdomadaire** weekly rest day; **travailler sans r.....** to work without a break

reprendre *vt* to take back, regain, resume; **r..... un employé licencié** to take back a dismissed employee; **r..... l'initiative** to regain the initiative; **r..... des pourparlers** to resume talks; **r..... le travail** to resume work

représailles *nfpl* reprisal, retaliation; **par r.....** in retaliation

représentant *nm* representative; **r..... exclusif** sole agent; **r..... syndical** union representative; **r..... de commerce** sales rep

représentatif *adj* representative; **caractère r..... d'un syndicat** representative character of a union

représentation *nf* agency, representation; **contrat de r.....** agency agreement; **frais de r.....** entertainment allowance; **r..... du personnel** employee representation; **r..... proportionnelle** proportional representation

représentativité *nf* representativeness; **r..... d'un syndicat** representativeness of a union

réprimande *nf* reprimand, rebuke; **r..... verbale** oral reprimand

réprimander *vt* to reprimand, rebuke

réprimer *vt* to repress, crack down on; **r.....** **un mouvement de grève** to crack down on a strike movement

reprise *nf* resumption, recovery; **r.....** **d'ancienneté** restoration of prior/earlier service, credit for previous service; **r.....** **des discussions** resumption of talks; **r.....** **économique** economic recovery; **r.....** **du travail** resumption of work; **valeur de r.....** part-exchange value

reprocher *vt* to blame; **r.....** **qqch à qqn** to blame sbdy for sthg; **se faire r.....** **qqch** to get the blame for sthg

requalifier *vt* to upgrade; **r.....** **des postes** to upgrade jobs

requérant *nm* claimant

requête *nf* **1** request; **2** petition, application

RES *nm abr* (**Rachat de l'Entreprise par les Salariés**) LMBO (Leveraged Management BuyOut)

réseau *nm* network; **sur l'ensemble du r.....** throughout the whole network; **r.....** **de correspondants** network of associates; **r.....** **de relations** contacts (in high places), connections; **r.....** **de ventes** sales network

réservation *nf* booking, reservation; **confirmer une r.....** to confirm a booking; **double r.....** double booking; **r.....** **d'hôtel** hotel booking; **r.....** **de place** seat reservation

réserve *nf* **1** reserve; **bénéfice mis en r.....** retained earnings; **r.....** **légale** *(fin)* legal reserve; **r.....** **de main-d'œuvre** pool of labour in reserve; **r.....** **non distribuée** retained income; **r.....** **spéciale de participation** special profit-sharing reserve; **2** reservation; **émettre des r.....s sur qqch** to have reservations about sthg; **obligation de r.....** obligation not to disclose confidential information;

offre d'emploi sous r..... **de l'autorisation administrative** employment offer subject to government approval

réservé *adj* reserved; **parking r.....** **au personnel** staff car park; **zone r.....e** designated area

réserver *vt* to book, reserve; **r.....** **une chambre** to book a room, to reserve a room

réservoir *nm* pool; **r.....** **de main-d'œuvre** pool of labour

résidence *nf* home; **r.....** **principale** home; **r.....** **secondaire** second home, weekend residence

résident, e *nmf* resident, foreign national

résiliation *nf* termination, annulment, cancellation; **r.....** **d'un contrat d'assurance** annulment of an insurance policy; **r.....** **d'un bail** termination of a lease

résilier *vt* to annul, rescind, terminate, cancel; **r.....** **une clause** to annul a clause; **r.....** **un contrat** to annul/rescind/terminate a contract

résistance *nf* resistance; **faire de la r.....** to resist; **opposer une r.....** **farouche à qqn** to put up stiff/fierce resistance to sbdy; **r.....** **au changement** resistance to change

résistant *adj* resistant; **r.....** **à la chaleur** heat resistant; **r.....** **à l'eau** waterproof; **r.....** **au feu** fireproof

résolution *nf* motion, resolution; **adopter une r.....** to pass/carry/adopt a resolution; **prendre des r.....s** to make resolutions; **rejeter une r.....** to reject a resolution

résoudre *vt* to solve; **r.....** **un problème** to solve a problem, to straighten out a problem *(US)*; **r.....** **un conflit** to settle a dispute

respect *nm* **1** respect; **gagner le r.....** **de qqn** to earn the respect of sbdy; **2** compliance, observation; **r.....** **des normes** compliance with standards; **r.....** **des règles** observation of the rules

respecter *vt* **1** to respect; **r..... les autres** to respect others; **2** to comply with, observe, abide by; **r..... les règles** to comply with the rules, to observe the rules; **r..... les termes d'un contrat** to abide by the terms of a contract

responsabilité *nf* responsibility, liability; **assumer des r.....s** to take on responsibilities; **fuir ses r.....s** to shun one's responsibilities; **r..... civile** civil liability; **r..... de l'employeur** employer's liability; **r..... limitée** limited liability; **r..... pénale** criminal liability; **la r..... revient à l'employeur** the onus is on the employer; **Société Anonyme à R..... Limitée** limited liability company

responsable *nmf* manager, officer, official; **R..... de l'Administration du Personnel** Personnel Administration Manager; **les r.....s des dégâts** those responsible for damage caused; **r.....s fonctionnels** staff management/managers; **r.....s hiérarchiques** line management/managers; **R..... de la paie** Payroll Manager, Wage Administration Manager; **R... du Personnel** Personnel Officer; **R..... des relations écoles/universités** Campus Manager; **R..... de la Rémunération et Avantages Sociaux** Compensation and Benefits Manager; **R..... des Services Généraux** Office Manager; **r..... syndical** union official

responsable *adj* liable, responsible; **être r..... envers qqn** to be responsible towards sbdy; **être r..... de qqch** to be responsible for sthg; **être r..... du recrutement** to be in charge of recruitment

ressort *nm* **1** resort; **en dernier r.....** in the last resort; **2** competence; **être du r..... de** to fall within the competence of

ressortissant *nm* national; **r.....s de l'Union Européenne** European Union nationals

ressource *nf* resource; **gestion des r.....s humaines** human re-

sources management *nfpl* means; **être sans r.....s** to be without means of support; **sous condition de r.....s** subject to a means test

restaurant *nm* restaurant; **r..... d'entreprise** subsidized staff canteen, staff dining-room; **ticket-r.....** luncheon voucher, meal ticket (*US*)

restituer *vt* to give back, return

restriction *nf* clampdown, squeeze, restriction, curb; **r.....s budgétaires** budgetary restrictions; **r.....s de crédit** credit squeeze; **r.....s de dépenses** expenditure restrictions; **r..... des heures supplémentaires** curb on overtime

restructuration *nf* restructuring, reorganization; **r..... d'une société** company reorganization; **r..... interne** company shake-up

résultat *nm* **1** result, finding, outcome; **r.....s d'une étude** findings of a study; **r..... d'une négociation** outcome of a negotiation; **r..... d'un test** test score; **2** income, profit; **compte de r.....s** income statement; **lié aux r.....s** performance related; **r..... courant** income before tax, minority interest and extraordinary items; **r..... d'exploitation** income from operations; **r..... net** net income; **r..... d'une société** company results

résumé *nm* summary

rétablissement *nm* recovery (*med*); **souhaiter à qqn un prompt r.....** to wish sbdy a speedy/swift recovery

retard *nm* lateness, tardiness, delay; **avoir du travail en r.....** to be behind with work, to have a backlog of work; **combler un r.....** to make up for lost time; **être constamment en r.....** to be regularly late; **être en r..... sur le planning** to be behind schedule; **s'excuser du r.....** to apologize for the delay, to apologize for being late; **rattraper un r.....** to make up for lost time

retardataire *nmf* latecomer

retarder *vt* to delay, put off/back

retenir *vt* 1 to dock, deduct, hold back; **r..... de l'argent sur la paie** to dock money from pay; **r..... sur salaire** to deduct from wages; 2 to select; **r..... une candidature** to select a candidacy; 3 to retain; **r..... le personnel** to retain staff

retenu *pp* shortlisted; **votre candidature n'a pas été r.....e** your candidacy has not been shortlisted/selected; **votre candidature a r..... toute notre attention** written expression indicating a company's interest in an applicant

retenue *nf* deduction; **r.....s sur salaire** deductions from salary; **r..... (prélevée) à la source** deduction at source, Pay As You Earn

réticence *nf* reluctance; **r..... à faire qqch** reluctance to do sthg

réticent *adj* reluctant; **être r..... à faire qqch** to be reluctant to do sthg

retirer *vt* to draw out, withdraw; **r..... du liquide** to draw out cash; **r..... une offre** to withdraw an offer; **r..... des propos** to retract a statement; *vpr* to pull out, withdraw; **se r..... des négociations** to pull out of negotiations

retombées *nfpl* impact, spin-off, repercussions; **r..... économiques** economic impact, economic spin-off

rétorsion *nf* retaliation; **mesure de r......** retaliatory measure

retour *nm* return, back; **être sur le r.....** to make a come-back; **incitation au r..... au pays** for foreign workers, financial incentive to return to their home country; **r..... au calme** return to a state of calm; **par r..... du courrier** by return of post; **r..... d'information** feedback; **r..... sur investissement** return on investment; **r..... à la normale** return to normal; **r..... progressif au travail** drift back to work; **r..... aux sources** back to basics; **r..... tardif de congés** late return from holiday; **r..... au travail** return to work; **voyage aller-r.....** return trip, round trip

retourner *vi* to return, go back; **r..... en arrière** to return to the past; **r..... au travail** to return/go back to work; **r..... progressivement au travail** to drift back to work; **r..... aux sources** to go back to basics; *vt* **r..... sa veste** to change sides

retrait *nm* withdrawal; **droit de r.....** right of an employee to stop work if he/she legitimately feels his/her safety is threatened; **r..... d'argent** cash withdrawal; **r..... de candidature** withdrawal of candidacy; **r..... de permis de conduire** driving ban

retraite *nf* retirement, pension; **âge (obligatoire) de la r.....** (mandatory) retirement age, pensionable age; **caisse de r..... complémentaire** complementary pension fund, superannuation fund; **départ forcé à la r.....** involuntary retirement; **départ volontaire à la r.....** voluntary retirement; **livret de r.....** pension book; **mettre qqn à la r.....** to pension sbdy off; **prér.....** early retirement, pre-retirement; **prendre sa r.....** to retire; **régime de r.....** pension scheme, retirement plan, pension plan, superannuation plan; **r..... anticipée** early retirement; **r..... par capitalisation** (fully) funded pension scheme, pre-funded pension plan; **r..... complémentaire** complementary pension over and above the state pension; **r..... progressive** progressive early retirement; **r..... par répartition** French retirement system whereby the pensions of retired persons are directly financed by the contributions of the working population, through basic schemes (*see* CNAVTS) and complementary schemes (*see* AGIRC, ARRCO), pay-as-you-go pension fund (*équiv*); **r..... de la Sécurité Sociale** state pension, Social Security pension; **r..... supplémentaire** company-level pension over and above "retraite complémentaire"; **r.....** **à taux minoré** reduced retirement benefit; reduced pension; **r.....** **à taux plein** full retirement benefit, full pension; **tirer qqn de sa r.....** to bring sbdy out of retirement

retraité, e *nmf* retiree, retired person, pensioner, senior citizen

retransmettre *vt* to relay; **r.....** **un message** to relay a message

rétribution *nf* reward, payment

rétroactif *adj* retroactive, backdated; **mesure à effet r.....** **au** measure backdated to

rétroactivement *adv* retroactively

rétrogradation *nf* demotion, downgrading

rétrograder *vt* to demote, downgrade; **r.....** **qqn de directeur des ventes à attaché commercial** to demote sbdy from Sales Manager to Salesman

réunion *nf* meeting; **clore une r.....** to close a meeting; **conduire une r.....** to conduct a meeting; **ouvrir une r.....** to open a meeting; **prendre la parole à une r.....** to address a meeting; **r.....-débat** debate; **r.....** **préparatoire** briefing session; **salle de r.....** meeting room; **tenir une r.....** to hold a meeting

réunir *vt* to reunite, bring together; **r.....** **des fonds** to raise funds; **r.....** **le personnel** to bring the staff together

réussir *vt* 1 to pass; **r.....** **un examen** to pass an exam; **r.....** **un test** to pass a test; 2 to succeed, achieve, make it; **r.....** **dans la vie** to make it in life, to do nicely, to be successful; **r.....** **à faire qqch** to succeed in doing sthg; **r.....** **un projet** to have a successful project

réussite *nf* achievement, success; **r.....** **majeure** major achievement

revalorisation *nf* appreciation, revaluation; **r.....** **d'une devise** appreciation of a currency; **r.....**

d'un métier rehabilitation of a profession, increasing the standing of a profession, giving increased importance to a profession; **r.....** **des pensions** revaluation of pensions

révélation *nf* disclosure, revelation; **r.....** **d'informations confidentielles** disclosure of confidential information

révéler *vt* to disclose, reveal; **r.....** **des secrets** to disclose secrets

revendeur *nm* middleman, reseller, retailer

revendicatif *adj* **mouvement r.....** protest movement

revendication *nf* claim, demand; **appuyer une r.....** to support a claim; **le bien-fondé d'une r.....** the merit of a claim; **céder aux r.....s** to give in to demands, to concede to demands; **journée de r.....** day of action; **liste de r.....s** list of demands, set of demands; **plier devant les r.....s** to bow to demands; **renoncer à une r.....** to drop a claim; **r.....** **prioritaire** pressing demand; **r.....s salariales** wage claims/demands; **r.....s syndicales** union demands; **satisfaire leurs r.....s** to meet their demands

revendiquer *vt* to claim, demand, call for; **r.....** **le droit de (faire) qqch** to claim the right to (do) sthg

revenir *vi* to return, go back on; **r.....** **à la normale** to return to normal; **r.....** **sur un accord** to go back on an agreement; **r.....** **sur une décision** to revoke a decision

revenu *nm* income, earnings; **déclaration de (l'impôt sur le) r.....** income tax return, income tax form; **impôt sur le r.....** income tax; **r.....** **disponible** disposable income; **r.....** **imposable** taxable income; **r.....** **moyen** average income

revers *nm* setback; **subir un r.....** to suffer a setback

réversion *nf* **pension de r.....** survivor's pension; **r.....** **d'une**

rente/d'une pension in the event of the death of a policy-holder, the transfer of pension rights to the surviving beneficiary

revêtu *pp* **diplôme r.....** **du visa ministériel** recognized diploma

revirement *nm* turnaround, U-turn; **faire un r..... à 180°** to do a U-turn

réviser *vt* 1 to review, revise; **r..... à la baisse** to revise downwards; **r..... à la hausse** to revise upwards; **r..... pour un examen** to revise for an exam; **r..... un procès** to review a sentence; **r..... des salaires** to review salaries; 2 to service; **r..... une machine** to service a machine

révision *nf* revision, review; **r..... d'une convention collective** revision of a collective agreement; **r..... judiciaire** judicial review; **r..... des salaires** salary review

révocation *nf* removal from office

revoir *vt* to review; **r..... un cas** to review a case

révoquer *vt* to dismiss, discharge *(US)*; **r..... qqn** to dismiss sbdy

revue *nf* review, magazine; **r..... de presse** press cuttings; **r..... spécialisée** trade magazine

riche *adj* well-off, rich

rigueur *nf* rigour; **r..... économique** economic austerity; **r..... salariale** wage restraint

risque *nm* risk, hazard; **assurance tous r.....s** comprehensive insurance, all-in insurance, all-risks insurance; **courir un r.....** to run a risk; **gestion des r.....s** risk management; **gros r.....s** major medical insurance (hospitalization, surgery...); **petits r.....s** minor medical insurance; **prendre un r.....** to take a risk; **prime de r.....** danger money; **r..... calculé** calculated risk; **r.....s exclus** risks not covered by an insurance policy; **r..... d'incendie** fire hazard; **r.....s du métier** occupational hazards; **r.....s professionnels** occupational hazards; **r..... pour la santé** health hazard; **r..... de sécurité** safety hazard

ristourne *nf* rebate, refund

rivalité *nf* rivalry; **r..... entre départements** rivalry between departments

rixe *nf* fight; **r..... sur les lieux de travail** fight on the premises

RMI *nm abr* **(Revenu Minimum d'Insertion)** income support *(équiv)*, minimum subsistence income for unemployed persons with no unemployment benefit and without means of support

robot *nm* robot

robotique *nf* robotics

robotisation *nf* robotization

rodage *nm* running in; **période de r.....** running-in period

roder *vi* to run in

rôle *nm* role; **jeu de r.....** role play

ROME *nm abr* **(Répertoire Opérationnel des Métiers et des Emplois)** DOT (Dictionary of Occupational Titles) *(US)* *(équiv)*

rompre *vt* to break off, sever; **r..... les négociations** to break off negotiations/talks; **r..... une relation** to sever a relationship; **r..... avec la tradition** to break with tradition

rompu *adj* literate; **être r..... à l'informatique** to be computer-literate, to be familiar with computers

rond-de-cuir *nm* jack-in-office, pen-pusher

ronde *nf* round; **le gardien fait sa r.....** the guard does his rounds; **r.....s de nuit** night rounds

rond *adj* round; **une table r.....e** round table discussion

rotation *nf* rotation, turnover; **r..... d'emplois** job rotation; **r..... du personnel** staff turnover; **r..... du stock** stock turnover

rouge *adj* **numéro sur liste r.....** ex-directory number

roulement *nm* **travail par r.....** shiftwork; **travailler par r.....** to work (in) shifts, to work on a rota basis

routine *nf* routine; **procéder à une vérification de r.....** to carry out a routine check

routinier *adj* monotonous; **un travail r.....** monotonous work

royalties *nfpl* royalties

RP *nfpl abr* **(Relations Publiques)** PR (Public Relations)

rubrique *nf* heading; **plusieurs articles sont classés sous la r..... de** several items come under the heading of

rue *nf* **descendre dans la r.....** to take to the streets

rumeur *nf* rumour; **faire courir une r.....** to spread a rumour

rupture *nf* severance, breach; **r..... anticipée** anticipatory breach; **r..... du contrat** breach of contract, termination of contract; **r..... de négociations** breakdown of negotiations

Ss

SA *nf abr* (**Société Anonyme**) (public) limited company, corporation *(équiv)*

sabbatique *adj* sabbatical; **année s.....** sabbatical year; **congé s.....** sabbatical (leave)

sabotage *nm* sabotage

saccage *nm* rampage; **se livrer au s.....** to go on the rampage

saccager *vt* to ransack; **s..... les bureaux** to ransack the offices; **tout s.....** to go on the rampage

saisie *nf* **1** foreclosure, seizure; **s..... (d'une entreprise)** seizure of a company's funds; **s..... conservatoire** seizure of goods (to prevent sale); **s..... d'un bien** foreclosure; **s..... immobilière** seizure of property; **2** keying in, input; **opératrice de s.....** keyboard operator; **s..... des données** keying in of data

saisie-arrêt *nf* garnishment, attachment; **opérer une s..... sur salaire** to place a garnishment against one's pay; **ordre de s.....** attachment of earnings order; **s..... sur salaire** attachment of earnings

saisir *vt* **1** to foreclore, seize; **s..... un bien** to foreclore property; **s..... un tribunal** to refer a matter to the courts; **2** input, key in, punch in; **s..... des données** to input data, to key in data, to punch in data

saison *nf* season; **basse s.....** low season; **haute s.....** high season; **hors s.....** off season; **morte s.....** off season, slack season; **pleine s.....** busy season

saisonnier *adj* seasonal, migrant; **chômage s.....** seasonal unemployment; **travail s.....** seasonal work; **travailleur s.....** migrant worker, seasonal worker; **variation saisonnière** seasonal variation

salaire *nm* pay, salary, wage, earnings, remuneration, compensation *(US)*; **amputer le s..... de qqn** to cut sbdy's pay; **arriérés de s.....s** back wages; **augmentation de s.....** pay rise, wage rise; **blocage des s.....s** wage freeze; **bulletin de s.....** pay slip, itemized pay statement, salary slip; **compression des s.....s** wage compression; **dérapage des s.....s** wage drift; **différentiels de s.....s** salary differentials; **écarts des s.....s** salary differentials; **échelle des s.....s** salary scale, wage scale; **étude des s.....s** salary survey; **gel des s.....s** wage freeze, pay freeze; **fourchette de s.....s** salary band; **grille de s.....s** salary scale; **indemnité pour perte de s.....** compensation for loss of earnings; **individualisation des s.....s** individualization of salaries; **niveau des s.....s** salary levels; **plafond des s.....s** wage ceiling; **réajustement des s.....s** wage readjustment; **réduction de s.....** salary cut, wage cut; **révision des s.....s** pay/salary review; **toucher un s.....** to draw a salary; **s..... à négocier** negotiable salary; **s..... à la pièce** piecework wage; **s..... annuel** annual salary; **s..... au rendement** performance-related pay; **s..... brut** gross salary; **s..... d'appoint** secondary income, complementary income; **s..... de base** basic pay/salary/wage; **s..... d'embauche** starting salary; **s..... de misère** starvation wage, pittance; **s..... de référence** reference salary, notional salary; **s..... de subsistance** subsistence wage; **s..... fixe** basic salary; **s..... hebdomadaire** weekly wage; **s..... horaire** hourly wage; **s..... indirect** indirect remuneration, indirect compensation *(US)*; **s..... minimum** wage floor, minimum wage; **s..... minimum interprofessionnel de croissance (SMIC)** minimum guaranteed wage; **s..... motivant** attractive salary; **s..... net** take-home pay, net salary, disposable income; **s..... occasionnel** casual wage; **s..... variable** variable wage

salarial *adj* wage, pay; **accord s.....** wage settlement; **charges s.....es** employer and employee contributions; **écarts salariaux** wage differentials; **masse s.....e** total payroll, total wage/salary bill; **négociations s.....s** pay negotiations; **politique s.....e** wages policy, compensation policy; **restrictions s.....es** wage restraint; **revendications s.....es** wage claims; **rigueur s.....e** wage restraint

salarié *nm* employee, paid employee, salaried employee; **droits des s.....s** employee rights; **s.....s protégés** protected staff representatives for whom an employer must follow a special procedure if he/she wishes to terminate any of their contracts; *nmpl* **les s.....s** salaried staff

salissure *nf* **prime de s.....** dirty work pay, dirt allowance

salle *nf* room; **s..... d'attente** waiting room; **s..... du conseil (d'administration)** boardroom; **s..... de formation** training room; **s..... de réunion** meeting room

salon *nm* fair, show, exhibition; **s..... de recrutement** recruitment fair; **s..... professionnel** trade show

sanction *nf* sanction, penalty; **prendre des s.....s contre** to impose sanctions against; **s..... disciplinaire** disciplinary sanction; **s..... pécuniaire** (financial) penalty

sanctionner *vt* to sanction, discipline; **s..... un ouvrier** to discipline a worker

sang *nm* blood; **collecte de s.....** blood donations; **l'entreprise a besoin de s..... neuf** the company needs new blood; **prise de s.....** blood sample

sans-emploi *nmpl* **les s.....** the unwaged, the jobless

santé *nf* health; **entreprise en bonne s.....** financially sound company; **être en bonne s.....** to have a clean bill of health; **sa s..... s'est détériorée** his/her health is impaired

saper *vt* to sap; **s..... le moral** *(fam)* to sap morale

SARL *nf abr* **(Société Anonyme à Responsabilité Limitée)** limited (liability) company *(équiv)*

satisfaction *nf* satisfaction; **cet employé a donné entière s.....** this employee has performed his duties to our full satisfaction; **s..... au travail** job satisfaction

satisfaire *vt* to meet, satisfy; **s..... des revendications syndicales** to meet union demands; **s..... la demande pour un produit** to meet the demand for a product; **s..... les exigences** to satisfy requirements

saupoudrage *nm* **s..... des augmentations de salaires** the principle of evenly spreading salary increases among the staff

sauvage *adj* **grève s.....** wildcat strike

sauvegarde *nf* safety, backup; **clause de s.....** escape clause, safety clause; **faire la s..... d'une disquette** to make a backup copy of a diskette

sauvegarder *vt* to safeguard, to save

SAV *nm abr* **(Service Après Vente)** after-sales service

savoir-faire *nm* expertise, know-how

sceau *nm* seal; **s..... d'approbation** seal of approval

scénario *nm* scenario

schéma *nm* plan, diagram, outline, pattern; **s..... directeur** *(info)* master plan

science *nf* science; **s.....s économiques** economics

scientifique *adj* scientific; **organisation s..... du travail** scientific management

scission *nf* splinter, cleavage; **faire s.....** to splinter, to break with, to break away from, to split from; **s.....** **interne** internal cleavage

scolarisation *nf* schooling

scolariser *vt* to provide with schooling, to send to school

scolarité *nf* school, tuition, schooling; **frais de s.....** school fees, tuition fees; **s.....** **obligatoire** compulsory schooling

scrutateur *nm* officer, scrutineer; **s.....** **à une élection** returning officer

scrutin *nm* ballot, poll, polling; **jour du s.....** polling day; **mode de s.....** ballot system; **s.....** **majoritaire** majority vote; **tour de s.....** round of voting

séance *nf* meeting, session, proceedings; **la s.....** **est levée** the meeting is closed; **la s.....** **est suspendue** the meeting is adjourned; **s.....** **d'ouverture** opening session **s.....** **de clôture** closing session; **s.....** **de formation** training session; **s.....** **de travail** work session; **s.....** **de tribunal** court proceedings

secondé *pp* seconded; **être s.....** **par qqn** to be seconded by sbdy

seconder *vt* to second

secours *nm* help, relief, aid; **être d'un grand s.....** **pour qqn** to be a great help to sbdy; **fonds de s.....** contingency fund, relief fund; **issue de s.....** fire escape, fire exit, emergency exit; **porte de s.....** fire escape, emergency exit; **porter s.....** **à qqn** to help sbdy; **poste de s.....** first-aid post; **s.....** **d'urgence** emergency aid, first aid; **s.....** **juridique** legal aid

secret *nm* secret, secrecy; **dévoiler un s.....** to disclose a secret; **garder un s.....** to keep a secret; **s.....** **de l'instruction** confidentiality of a legal investigation; **s.....** **professionnel** professional secrecy; **s.....s de fabrication** trade secrets; **s.....s du métier** tricks of the trade; **trahir un s.....** to disclose a secret, to betray a secret

secrétaire *nf* **1** secretary; **s.....** **bilingue** bilingual secretary; **s.....**

de direction executive secretary, Personal Assistant (PA); **s.....** **médicale** medical secretary; **2** **S.....** **Général** a) Company Secretary b) General Secretary

secrétariat *nm* **cours de s.....** secretarial course; **école de s.....** secretarial college; **faire du s.....** to do secretarial work; **travail de s.....** secretarial work

secteur *nm* area, field, line, sector, industry; **indicatif téléphonique de s.....** area code; **responsable de s.....** Area Manager; **s.....** **d'activité** field of work, line of business, sector of industry, market sector; **s.....** **de vente** sales area; **s.....** **primaire** primary industry; **s.....** **privé** private sector; **s.....** **de prospection (d'un VRP)** canvassing area (for a sales rep); **s.....** **public** public sector; **s.....** **secondaire** secondary industry; **s.....** **tertiaire** service industry, tertiary industry

section *nf* branch, lodge, section; **s.....** **locale** union branch; **s.....** **syndicale** in-company union branch

sécurité *nf* safety, security; **agent de s.....** safety officer, security officer; **consignes de s.....** safety regulations; **mesures de s.....** **(strictes)** (tight) safety precautions/measures; **s.....** **de l'emploi** job security; **S.....** **Sociale** Social Security, National Insurance

segment *nm* segment

segmentation *nf* **s.....** **du marché** market segmentation

seing *nm* **acte sous s.....** **privé** private agreement, private contract

séjour *nm* stay; **carte de s.....** residence permit; **s.....** **à l'étranger** stay abroad; **titre de s.....** residence permit

sélection *nf* recruitment, selection; **processus de s.....** recruitment process

sélectionné *pp* shortlisted, selected; **être s.....** **pour un poste** to be shortlisted for a job

sélectionner *vt* to select, short-list, choose; **s.....** **des candidats** to shortlist applicants, to screen applicants

self *nm* self-service restaurant

semaine *nf* week; **fin de s.....** weekend; **s.....** **de 4 jours** 4-day week; **s.....** **de 40 heures** forty-hour week; **s.....** **de travail** workweek; **s.....** **de travail réduit** reduced workweek; **s.....** **de vacances** week's holiday

semestre *nm* half year, semester

semestriel *adj* six-monthly

semi-retraité *nm* semi-retired person

séminaire *nm* seminar, session; **s.....** **en résidentiel** residential seminar

sens *nm* sense; **bon s.....** common sense; **s.....** **des affaires** business sense

sentence *nf* award, judgement; **s.....** **arbitrale** arbitration award; **s.....** **exécutoire** binding award; **s.....** **non exécutoire** non-binding award

séparation *nf* demarcation, separation; **s.....** **à l'amiable** negotiated termination

séparer *vt* to separate; *vpr* **se s.....** **d'un salarié** to part with an employee

séquelles *nfpl* after-effects; **s.....** **d'une grève** scars left after a strike; **s.....** **d'une maladie** after-effects of an illness

séquestration *nf* illegal confinement, impoundment; **s.....** **d'un directeur** the taking of a manager as hostage during an industrial dispute

série *nf* series, wave; **fabrication en s.....** mass production; **fins de s.....** oddments, remnants; **s.....** **d'exercices** series of exercises; **s.....** **de grèves** wave of strikes; **s.....** **de problèmes** series of problems

sérieux *adj* serious; **cause réelle et sérieuse** **(d'un licenciement)** genuine and proper cause, just cause

serment *nm* oath; **prêter s.....** to take an oath; **témoigner sous s.....** to give evidence under oath

serrure *nf* lock

serrurier *nm* locksmith

service *nm* 1 department, service, division; **chef de s.....** department head; **s.....** **après-vente** after-sales service; **s.....** **du contentieux** legal department; **s.....** **du personnel** personnel department; **s.....** **juridique** legal department; **s.....** **marketing** marketing division; **s.....** **paie** payroll department; **s.....** **réduit** minimum service; **s.....** **social** welfare service; **s.....s** **généraux** office services; 2 duty, operation; **être de s.....** to be on duty; **être en s.....** **(machine)** to be in operation, to be working; **heures de s.....** hours of duty; **hors s.....** out of order; 3 service; **industrie de s.....** service industry; **s.....** **personnalisé** personalized service; **s.....** **public** public sector; **pour s.....s rendus** for services rendered; **prestataire de s.....s** provider/supplier of services, service provider/supplier; **qualité de s.....** quality of service; **s.....** **militaire** military service, national service, draft *(US)*; **s.....** **minimum** minimal service; **s.....** **national** military service, national service, draft *(US)*; **s.....** **de crèche/garderie** childcare facilities

seuil *nm* level, threshold, line; **s.....** **critique** critical level; **s.....** **d'effectifs** staff levels above which the employer must meet additional legal requirements concerning staff representation, profit-sharing...; **s.....** **d'exonération fiscale** lower earnings limit of tax exemption; **s.....** **d'impôts** tax threshold; **s.....** **de pauvreté** poverty line; **s.....** **de rentabilité** breakeven point

sévère *adj* stiff, severe; **instaurer de s.....s pénalités** to implement stiff penalties

sexuel *adj* sexual; **discrimination s.....le** sexual discrimination; **harcèlement s.....** sexual harassment

SICAV *nf abr* (**Société d'Investissement à Capital Variable**) unit trust, mutual fund *(US)* *(équiv)*

sidérurgie *nf* iron and steel industry

siège *nm* **1** office; **s..... social** head office, main office, headquarters; **2** seat; **trois s.....s au comité** three seats on the committee

siéger *vi* to sit; **le comité siège toutes les semaines** the committee sits every week

SIFE *nm abr* (**Stage d'Insertion et de Formation à l'Emploi**) period of training at least a part of which is in-company, destined for the long-term unemployed in order to facilitate their reintegration into working life. The government bears the cost of training, the salary and the insurance cover of the trainee

signalement *nm* description

signataire *nm* party, signatory; **s..... d'un contrat** party to a contract

signature *nf* signature

signer *vt* to sign

simulation *nf* game, simulation; **s..... d'entreprise** business game; **s..... de gestion** business game

sine qua non *adj* indispensable; **condition s..... pour réussir** indispensable condition to succeed

sinécure *nf* sinecure, cushy job *(fam)*

sinistre *nm* accident, damage; **déclaration de s.....** insurance claim; **déclarer un s.....** to declare an accident; **gestion des s.....s** claims administration

sinistré *adj* claimant

situation *nf* position, job; **avoir une bonne s.....** to have a good position; **avoir une s..... stable** to have a steady job; **perdre sa s.....** to lose one's job; **s..... de famille** marital status

SIVP *nm abr* (**Stage d'Insertion à la Vie Professionnelle**) internship offered to school leavers for in-company training, in exchange for government aid for the training cost and the trainee's remuneration

slogan *nm* slogan; **scander des s.....s** to chant slogans

SMIC *nm abr* (**Salaire Minimum Interprofessionnel de Croissance**) guaranteed minimum monthly wage

smicard *nm* *(fam)* minimum wage-earner

social *adj* social; **assistante s.....e** social worker; **assurances s.....es** National Insurance; **avantages sociaux** perks; **bilan s.....** annual employee report, mandatory annual statistical report for companies of more than 300 employees, analysing personnel data and policy over 3 years; **charges s.....es** employer and employee contributions; **plan s.....** collective redundancy program(me); **relations s.....es** industrial relations; **Sécurité S.....e** Social Security; **services sociaux** social services; **siège s.....** head office, headquarters, main office

société *nf* **1** company, corporation, firm; **s..... holding** holding company; **créer une s.....** to set up a company; **impôt sur les s.....s** corporation tax; **s..... à responsabilité limitée** limited liability company; **s..... anonyme** private (limited) company; **s..... anonyme cotée en bourse** public limited company (PLC); **s..... cotée en bourse** listed company; **s..... en participation** joint venture; **s..... mère** parent company; **s..... mutualiste** mutual benefit company; **s..... sœur** sister company; **voiture de s.....** company car; **2** society; **s..... d'abondance** affluent society; **s..... de consommation** consumer society

sœur *nf* sister

software *nm* software

soigner *vt* to treat; **s.....** **un malade** to treat a sick person

soin *nm* care; **prendre s.....** **de qqn** to take care of sbdy, to look after sbdy; **s.....s dentaires** dental care, dental treatment; **s.....s optiques** eye care, vision care *(US)*; **s.....s prénatals** ante-natal care; **s.....s médicaux** medical care, health care

solde *nm (fin)* balance; **s.....** **à régler** outstanding balance; **s.....** **créditeur** credit balance; **s.....** **de tout compte** terminated employee's final pay; **s.....** **débiteur** debit balance; **s.....** **disponible** balance in hand; **s.....** **dû** balance due; **s.....** **reporté** balance carried forward *nmpl* sales

solder *vt* to settle; **s.....** **un compte** to settle an account

solidarité *nf* solidarity

sollicitation *nf* solicitation

solliciter *vt* to apply, solicit; **s.....** **un emploi** to apply for a position/job

solution *nf* solution

solvabilité *nf* creditworthiness

solvable *adj* solvent

somme *nf* sum, amount; **s.....** **d'argent** sum of money

sommer *vt* to summon; **s.....** **qqn** **à comparaître** to summon sbdy to appear in court

sommet *nm* summit; **réunion au s.....** summit meeting; **s.....** **de sa carrière** peak of one's career

sondage *nm* poll, survey; **faire un s.....** to conduct a poll; **résultats d'un s.....** findings of a poll; **s.....** **d'opinion** opinion poll

sortant *adj* outgoing; **l'Administration s.....e** the outgoing Administration

sortie *nf* departure, outing, launch, exit, way out; **date de s.....** **d'un employé** departure date of an employee; **faire une s.....** to go on an outing; **heure de la s.....** **d'usine** knocking-off time; **trouver une porte de s.....** *(nég)* to find a way out; **s.....** **annuelle du personnel** annual staff outing; **s.....** **d'incendie** fire exit; **s.....** **d'un journal** publication of a newspaper; **s.....** **d'un produit** launch of a product; **s.....** **de secours** emergency exit; **s......** **d'urgence** emergency exit; *nfpl* **s.....s d'argent** outgoings *(fin)*

souder *vt* to weld

soudeur *nm* welder

soulever *vt* to arouse, stir up, raise; **s.....** **l'enthousiasme** to arouse enthusiasm; **s.....** **le mécontentement** to stir up discontent; **s.....** **une question à une réunion** to raise a question at a meeting

soumettre *vt* to submit, subject to; **s.....** **une proposition** to submit a proposal; **s.....** **une proposition au vote** to put a proposal to the vote; **s.....** **une revendication** to submit a claim; **s.....** **qqn à une épreuve** to subject sbdy to a test; *vpr* **se s.....** **ou se démettre** to put up with sthg or resign, to put up or shut up

soumis *pp* subject to; **être s.....** **à des conditions** to be subject to conditions; **s.....** **à des cotisations** liable to contributions; **s.....** **aux impôts** taxable

soupape *nf* safety valve

source *nf* source; **imposé à la s.....** taxed at source; **retenu à la s.....** deducted at source; **s.....s de droit** sources of law

sous-commission *nf* subcommittee

sous-directeur *nm* deputy, deputy manager

sous-effectif *nm* understaffing, undermanning; **être en s.....** to be understaffed

sous-emploi *nm* underemployment

sous-employé *adj* underworked, underemployed

sous-estimer *vt* to underestimate; **s.....** **une situation** to underestimate a situation

sous-groupe *nm* sub-group

sous-jacent *adj* underlying

sous-payé *adj* underpaid

sous-production *nf* underproduction

sous-produit *nm* by-product

sous-qualifié *adj* underqualified

sous-représenté *adj* underrepresented

sous-représenter *vt* to underrepresent

sous-titre *nm* subtitle

sous-traitance *nf* subcontracting, contracting out

sous-traitant *nm* subcontractor

sous-traiter *vt* to farm out, contract out, subcontract; **s.....** **du travail** to farm out work, to contract out work

souscrire *vt* to subscribe to; **s..... un abonnement à une revue** to subscribe to a magazine; **s..... à une assurance** to take out an insurance policy

soussigné *adj* undersigned; **je, s.....** I, the undersigned

soutenir *vt* to back (up), support; **s..... qqn** to back (up)/ support sbdy

soutien *nm* backing; **le plan a le s..... de** the scheme has the backing of; **s..... de famille** breadwinner, main wage-earner in the family

spécialisation *nf* specialization

spécialisé *adj* specialized, unskilled, **main-d'œuvre s.....e** unskilled labour; **ouvrier s.....** unskilled worker

spécialiser *vt* to specialize

spécialiste *nm* expert; **s..... de l'électronique** electronics expert

spéculation *nf* speculation

sponsor *nm* sponsor

spontané *adj* **candidature s.....e** unsolicited job application

spot *nm* **s..... publicitaire** commercial, TV ad

SSII *nf abr* **(Société de Service et d'Ingénierie Informatique)** computer bureau; **S..... spécialisée en paie** payroll bureau

stabiliser (se) *vpr* to level off/out; **le taux de chômage se stabilise** the unemployment rate is levelling off

stable *adj* steady; **emploi s.....** steady job

stage *nm* course, internship, training scheme, traineeship; **convention de s.....** a document, different from an employment contract, signed by a student, a school and a host company, indicating the terms and conditions of the internship and which releases the company from insurance liability; **être en s.....** to be on a training course; **faire un s.....** to go on a training course; **s..... en entreprise** training period, internship *(US)*; **s..... d'été** summer course; **s..... d'initiation** beginners' course; **s..... d'insertion et de formation à l'emploi** *see* SIFE; **s..... d'insertion à la vie professionnelle** *see* SIVP; **s..... d'intégration** induction course/programme, orientation course; **s..... intensif** crash course; **s..... de mise à niveau** refresher course; **s..... ouvrier** industrial placement; **s..... de perfectionnement** advanced course

stagiaire *nmf* intern, trainee; **avocat s.....** trainee solicitor; **s..... école** student accomplishing an internship/training period

stand *nm* stand; **s..... d'exposition** exhibition stand

standard *nm* **s..... téléphonique** switchboard

standardisation *nf* standardization

standardiste *nmf* switchboard operator, telephonist

stationnement *nm* parking; **frais de s.....** parking expenses

statistiques *nfpl* statistics

statu quo *nm* status quo

statut *nm* standing, status, articles; **s..... cadre** managerial status; **s..... juridique** legal standing, legal status; **s.....s d'une société** articles of partnership, articles of association, articles of incorporation *(US)*

statutaire *adj* statutory

sténo(graphie) *nf* shorthand

sténodactylo *nf* shorthand typist

stipulation *nf* provision, stipulation; **s.....s d'un contrat** provisions of a contract

stipuler *vt* to specify, stipulate

stock *nm* stock, inventory; **(ne pas) avoir en s.....** (not) to have in stock; **accumulation de s.....s** inventory buildup; **constitution de s.....s** stock building; **contrôle des s....s** stock control; **écouler des s.....s** to get rid of stocks; **épuisement des s.....s** stock depletion; **être en rupture de s.....** to be out of stock; **gestion des s.....s** stock management; **rotation des s.....s** stock turnover; **s..... en début de mois/année** opening stock; **s..... en fin de mois/d'année** closing stock

stocker *vt* to store

stratégie *nf* strategy

stratégique *adj* strategic; **planning s.....** strategic planning

stress *nm* stress

stressant *adj* stressful

strict *adj* stringent, strict; **règles s.....s** stringent rules

structure *nf* organization, structure; **changement de s.....** organizational change; **s..... d'une société** organization of a company; **s..... de prix** price structure; **s..... salariale** pay structure

structurel *adj* structural, built-in, inbuilt; **chômage s.....** unemployment built-in to the system, structural unemployment; **faiblesse s....le d'un système** inbuilt weakness of a system

stupéfiant *nm* drug

style *nm* style; **s..... de direction** management style; **s..... de management** management style; **s..... de vie** life style

styliste *nmf* designer, fashion dress designer

subalterne *nmf* subordinate

subalterne *adj* junior, menial, subordinate; **poste s.....** junior position; **tâche s.....** menial task

subir *vt* to undergo, suffer; **s..... des changements** to undergo changes; **s..... des modifications** to undergo alterations; **s..... les conséquences de qqch** to suffer the consequences of sthg; **s..... une épreuve** to undergo a test; **s..... une perte** to sustain a loss; **s..... un revers** to suffer a setback

subjectif *adj* subjective

subordination *nf* **lien de s..... (à son hiérarchique)** term which characterizes the bond of obedience on the part of the employee towards the employer

subordonné *nm* subordinate

suborner *vt* to bribe

subrogation *nf* subrogation

substantiel *adj* **clause s.....le** clause of a contract considered by both parties as important and which, if violated, may lead to a breach of contract; **modification s.....le d'un contrat de travail** fundamental change in the terms of an employment contract which may give rise to constructive dismissal

subvenir *vt* to provide for; **s..... aux besoins du personnel** to provide for staff needs

subvention *nf* grant, subsidy; **s..... de fonctionnement du comité d'entreprise** mandatory company grant paid annually to the works council to cover its budget

subventionner *vt* to subsidize, sponsor; **s.....** **la formation** to subsidize training

succéder *vt* to succeed; **s.....** **à qqn** to succeed sbdy

successeur *nm* successor

succession *nf* estate, succession; **droits de s.....** estate/death duties; **prendre la s.....** **de qqn** to take over from sbdy

succursale *nf* branch, office, branch office

suffrage *nm* **s.....** **exprimé** votes cast; **s.....** **universel** universal franchise

suicide *nm* suicide; **tentative de s.....** suicide attempt

suite *nf* follow-up, succession, after-effect, consequence, result, repercussion; **donner une s.....** **à un dossier** to make a follow-up on a matter; **prendre la s.....** **de qqn** to take over from sbdy; **s..... à notre conversation** further to our conversation; **s.....** **d'événements** succession of events; **s.....s d'une maladie** after-effects of an illness

suivi *nm* follow-up; **faire un s..... de qqch** to follow up sthg; **s..... d'un projet** follow-up of a project

suivre *vt* to follow; **affaire à s..... de près** matter to be closely followed; **faire s..... qqch** to forward sthg; **l'enquête suit son cours** the enquiry is following its natural course; **s..... des instructions** to follow instructions; **s..... son exemple** to follow his/her example

sujet *nm* question, topic, subject, matter; **s..... d'examen** examination question; **s..... de discussion** discussion topic

superficie *nf* area, floor space; **s..... minimale des bureaux** minimal floor space

supérieur *nm* **s..... hiérarchique direct** immediate superior, supervisor

supérieur *adj* senior, top, upper, superior; **cadres s.....s** senior managers, top managers, executives; **encadrement s.....** top management, senior management; **établissement d'enseignement s.....** higher education college; **limite d'âge s.....e** upper age limit; **tranche s.....e d'imposition** highest tax bracket

superviser *vt* to supervise, oversee

superviseur *nm* supervisor

suppléant *nm* deputy

supplément *nm* supplement, additional charge; **s..... de bagages** excess baggage; **s..... de prix** extra charge; **s..... de salaire** extra pay

supplémentaire *adj* extra, additional; **faire des heures s.....s** to work overtime, to work extra hours

support *nm* tool, medium; **s..... d'information** communication tool; **s..... publicitaire** advertising medium

supporter *vt* to bear; **s..... le coût de qqch** to bear the cost of sthg; **s..... les frais** to meet expenses

suppression *nf* elimination, suppression, cut; **s..... des postes** job suppression

supprimer *vt* to axe, cut; **s..... des emplois** to axe jobs; **s..... progressivement des lois** to phase out legislation

sûr *adj* safe; **lieu s.....** safe place; **placement s.....** safe investment

sur le tas *cpd* on the spot, on the job; **contrôle s.....** on-the-spot check; **formation s.....** on-the-job training

sur le vif *cpd* on the spot; **contrôle s.....** on-the-spot check

sur-le-champ *cpd* immediate; **licenciement s.....** summary dismissal, immediate dismissal

sur-mesure *cpd* tailor made; **faire du s.....** to offer tailor-made solutions; **formation s.....** tailor-made training

sur-place *cpd* **faire du s.....** to tread water; **les négociations font du s.....** the negotiations are stalling/treading water

surbooker *vt* to overbook

surbooking *nm* overbooking

surcharge *nf* **s..... de travail** overwork

surcharger *vt* to overwork, overload

surcroît *nm* extra; **s..... de travail** extra work

sureffectif *nm* overmanning, overstaffing; **être en s.....** to be overmanned/overstaffed

suremploi *nm* overemployment

surenchère *nf* counterbid, outbidding

surenchérir *vi* to outbid, bid higher; **s..... sur qqn** to outbid sbdy

surestimer *vt* to overestimate, overrate; **s..... ses compétences** to overestimate one's abilities

surévaluer *vt* to overvalue

surface *nf* surface; **s..... au sol** floor space

surfacturation *nf* overbilling

surfacturer *vt* to overbill, overcharge

surmenage *nm* overwork; **souffrir de s.....** to suffer from overwork

surmené *pp* overworked

surmonter *vt* to overcome, surmount; **s..... des obstacles** to overcome obstacles

surnom *nm* nickname

surpayé *pp* overpaid

surpayer *vt* to overpay

surprise *nf* **grève s.....** lightning strike

surproduction *nf* overproduction

surqualifié *adj* overqualified

surreprésenté *adj* overrepresented

sursalaire *nm* extra pay

surseoir *vt* to defer, postpone; **s..... au paiement** to defer a payment

sursis *nm* reprieve, respite; **obtenir un s.....** to win a reprieve, to gain a respite; **s..... d'exécution** stay of execution

surveillance *nf* supervision, surveillance; **être sous s..... médicale** to be under medical supervision; **laisser une machine sans s.....** to leave a machine unattended; **s..... des locaux** surveillance of the premises

surveiller *vt* to oversee, survey, keep an eye on

survenu *pp* occurred; **accident s..... pendant le trajet** accident occurred during the journey

survivant *nm* survivor; **pension de s.....** survivor's pension

suspect *adj* suspicious; **paquets s.....s** suspicious packages

suspendre *vt* to suspend, adjourn; **s..... qqn** to suspend sbdy; **s..... une séance** to adjourn a meeting

suspendu *pp* suspended; **être s..... de ses fonctions** to be suspended from one's duties

suspension *nf* adjournment, suspension; **s..... d'audience** adjournment of a hearing; **s..... d'un contrat de travail** suspension of an employment contract; **s..... de séance** adjournment of a meeting

symbolique *adj* token, symbolic, nominal; **faire un geste s.....** to make a token gesture; **grève s.....** token strike

syndic *nm* receiver; **s..... de faillite** official receiver

syndical *adj* union, labour; **dirigeant s.....** union leader; **mouvement s.....** trade union movement; **responsable s.....** union official

syndicalisation *nf* unionization

syndicalisme *nm* (trade) unionism

syndicaliste *nmf* (trade) unionist

syndicat *nm* (trade) union, labor
union *(US)*, association; **adhérer
à un s.....** to join a union; **appar-
tenir à un s.....** to belong to a
union; **casseur de s.....s** union
buster; **reconnaissance d'un s.....**
union recognition; **s..... autonome**
trade union which is not a member of a national amalgamated
union; **s..... interprofessionnel**
general union; **s..... maison** house
union; **s..... professionnel** trade
association

syndiqué *pp* unionized; **être s.....**
to be unionized, to be a union
member/man; **ouvrier non s.....**
non union worker

synthèse *nf* summary; **faire une
s..... des propositions** to summarize proposals

système *nm* system; **s..... d'appréciation** appraisal system; **s..... D**
resourcefulness; **s..... informatique** computer system; **s.....
de rémunération** remuneration
system, compensation system
(US)

systémique *adj* systemic

Tt

table *nf* table; t..... **des négociations** bargaining table; t..... **ronde** round table discussion

tableau *nm* board, table; t..... **d'affichage** notice board; t..... **blanc** white board; t..... **d'avancement** promotion roster; t..... **d'amortissement** depreciation table; t..... **de bord** key business indicators; t..... **de bord social** personnel data and statistics; t..... **d'horaires** duty roster; t..... **noir** black board; t..... **de service** duty roster

tableur *nm (info)* spreadsheet

tâche *nf* task, assignment, job; **accomplir une t.....** to complete a task; **analyse des t.....s** task analysis, job analysis; **centré sur la t.....** task orientated; **émiettement des t.....s** division of labour; **être payé à la t.....** to be paid by the job; **t.....s subalternes** menial tasks; **travail à la t.....** piecework

tacite *adj* t..... **reconduction d'un contrat** renewal of a contract by tacit agreement

tactique *nf* tactic; **mettre au point une t.....** to decide tactics; **t..... dilatoire** delaying tactic

taille *nf* size; **t..... d'une entreprise** size of a firm

taillé *adj* cut out; **être t..... pour réussir** to be cut out to succeed

tampon *nm* stamp; **t..... d'entreprise** company stamp; **t..... de la poste** postmark

tamponner *vt* to stamp; **t..... un document** to stamp a document

tarif *nm* tariff, price, fare, charge, rate; **liste des t.....s** price list; **plein t.....** full fare, full rate; **t..... aller-retour** return fare; **t..... aller simple** one-way fare; **t.....s d'autorité** fees for medical treatment recommended by the Social Security for medical institutions not having signed a formal agreement or "convention"; **t..... du catalogue** list price; **t.....s de convention** standard fees agreed by the Social Security and practicians concerning most types of medical treatment; **t..... de train** train fare; **t..... en vigueur** the going rate

tarification *nf* pricing; **t..... des garanties** *(ass)* pricing of guarantees

taux *nm* rate, ratio, degree; **t..... d'absentéisme** absenteeism rate; **t..... d'accroissement du personnel** accession rate; **t..... (de fréquence) des accidents** accident frequency rate; **t..... d'amortissement** depreciation rate; **t..... d'appel** coefficient used to calculate the effective rate of contributions for a complementary pension scheme; **t..... d'augmentation** rate of increase; **t..... bancaire** bank rate; **t..... de base** base rate; **t..... de change** rate of exchange; **t..... de chômage** unemployment rate; **t..... de cotisation** contribution rate; **t..... de croissance** growth rate; **t..... dégressif** degressive rate; **t..... effectif** *(fis)* the real income tax rate for a person who, from a tax point of view, resides in France but who pays tax abroad on foreign income. His/her worldwide income is first calculated in order to establish the real tax rate, and this rate is then applied to his/her earnings in France only, thus avoiding tax fraud by expatriates who seek to reduce their tax burden through having a split pay; **t..... élevé** high rate; **t..... d'escompte** lending rate; **t..... faible** flagged rate; **t..... fixe** flat rate; **t..... garanti** guaranteed rate; **t..... de gravité des accidents** accident severity rate; **t..... d'heures supplémentaires** overtime rate; **t..... horaire** hourly rate; **t..... d'incapacité de travail** degree of disability (%); **t..... d'inflation** inflation rate; **t..... d'intérêt** interest rate; **t..... d'invalidité** degree of disability (%); **t..... journalier** daily rate; **t..... majoré** increased rate; **t..... du marché** market rate; **t..... minoré**

de pension reduced pension; t..... de mortalité mortality rate; t..... normal standard rate; t..... de participation à une élection election turnout (%); t..... de pertes loss ratio; t..... plein full rate; t..... plein de pension full pension; t..... de remboursement rate of reimbursement of medical expenses by the Social Security, calculated as a percentage of the "tarif de convention"; t..... de rendement rate of return; le t..... se situe entre 5 et 7% the rate lies between 5 and 7%; t..... de syndicalisation percentage of unionized workers, union density; t..... en vigueur the going rate

taxe nf tax, levy, duty; t..... d'apprentissage mandatory company financial contribution to educational institutions calculated as a percentage of the total wage bill : training levy (équiv); t..... d'habitation annual municipal tax paid on every house or flat by the occupant, whether he/she is the owner or the tenant : community charge (équiv); t..... foncière property tax; t..... professionnelle mandatory tax paid by companies to local authorities; t..... à la valeur ajoutée value added tax

taylorisme nm Taylorism

technicien nm technician

technicité nf technical nature of sthg

technique nf technique; t.....s nouvelles new techniques; t.....s de pointe high-tech

technique adj technical

technocrate nm technocrat

technocratie nf technocracy

technologie nf technology; t..... de pointe advanced technology, high-tech

technologique adj technological

télécopie nf fax; envoyer un document par t..... to fax a document

télécopieur nm fax (machine)

téléphone nm telephone; numéro de t..... telephone number; donner un coup de t..... to place a telephone call; être au t..... to be on the telephone; t..... arabe grapevine; apprendre qqch par le t..... arabe to hear sthg through the grapevine

téléphonique adj permanence t..... answering service; standard t..... telephone exchange, switchboard

télétravail nm homework(ing), teleworking

télévendeur nm telesales person

témoignage nm evidence, testimony; faux t..... perjury

témoigner vi to testify, witness; t..... contre qqn to testify against sbdy, to give evidence against sbdy; t..... en faveur de qqn to testify in sbdy's favour, to appear as a witness on behalf of sbdy, to give evidence for sbdy

témoin nm witness; citer qqn comme t..... to call sbdy to witness; groupe t..... control group; prendre qqn à t..... to call sbdy to witness

temporaire adj temporary, casual; main-d'œuvre t..... casual labour; travail t..... temporary work; travailleur t..... casual worker

temporiser vi to play for time

temps nm time; (ne pas) avoir le t..... de faire qqch (not) to have time to do sthg; chercher à gagner du t..... to play for time; emploi du t..... (chargé) (busy) work schedule; étude des t..... et mouvements time and motion study; faire son t..... dans un poste to serve one's time in a position; gagner du t..... to save time; gestion du t..... time management; juste-à-t..... just-in-time; marquer un t..... d'arrêt to pause; méthode des t..... élémentaires methods time management; mettre du t..... pour faire qqch to take time to do sthg; **mi-t.....** half time; **passer du t.....** **à faire qqch** to spend time doing sthg; **perdre du t.....** to waste time; **réduction du t..... de travail** reduction of working hours; **systèmes de récupération du t.....** time recovery schemes; **t..... alloué** allowed time; **t..... d'arrêt** down time; **t..... d'attente** waiting period; **le t....., c'est de l'argent** time is money; **t..... libre** time off, leisure time, spare time, free time; **t..... mort** slack period, idle time; **t..... de parole** speaking time; **t..... partagé** time sharing; **t..... partiel** part-time; **t..... de présence** time spent at work, length of service; **t..... réduit** reduced time, short-time; **t..... réduit indemnisé longue durée** *see* TRILD; **t..... de réflexion** time to think, *(nég)* cooling-off period; **t..... réel** real time; **t..... de travail** working hours; **travail à mi-t.....** half-time work/employment; **travail à t..... complet** full time work/employment; **travail à t..... plein** full-time work, full-time employment; **t..... réduit** compressed time; **en t..... utile** in due course

tendance *nf* trend; **t..... à la baisse** downward trend; **t..... à la hausse** upward trend; **t..... du marché** market trend

tendu *pp* strained; **les relations sont t.....es** relations have become strained

tenir *vti* to hold, keep, meet; **t..... bon pour obtenir une augmentation de 10%** to hold out for a 10% increase; **t..... compte de qqch** to take account of sthg; **t..... les comptes** to keep the accounts; **t..... un délai** to meet a deadline; **t..... un engagement** to meet a commitment, to keep a promise; **t..... un poste** to occupy a post, to hold a position; **t..... une réunion** to hold a meeting *vpr* to be held, to take place; **la réunion se tiendra demain** the meeting will be held tomorrow

tentative *nf* attempt; **t..... de conciliation** conciliation attempt

tenu *adj* bound; **être t..... au secret professionnel** to be bound by professional secrecy

tenue *nf* 1 **t..... des comptes** keeping of accounts; **t..... d'un stand** running of a stand; 2 dress; **t..... de service** uniform; **t..... vestimentaire** dress

terme *nm* 1 end, conclusion, completion; **au t..... de la période d'essai** upon completion of the probationary period; **à court t.....** in the short term; **à moyen t.....** in the medium term; **à long t.....** in the long term; **le contrat arrive à t.....** the contract expires; **mener un projet à t.....** to carry through a project to its conclusion; **mettre un t..... à l'absentéisme** to put an end to absenteeism; **t..... d'un contrat** end of a contract, expiry date of a contract; 2 term; **t..... technique** technical term, jargon; **t.....s d'un contrat** terms/conditions of a contract, wording of a contract

terminal *nm* terminal; **t..... d'ordinateur** computer terminal

terrain *nm* ground, field; **céder du t..... à qqn** to give ground to sbdy, to yield ground to sbdy; **enquête sur le t.....** field survey; **être un homme de t.....** to be present in the field, to be hands-on; **être sur un t..... glissant** to be on slippery ground; **expérience du t.....** field experience, hands-on experience; **gagner du t.....** to gain ground; **perdre du t.....** to lose ground; **préparer le t.....** to lay the groundwork, to set the scene; **sur le t.....** in the field; **trouver un t..... d'entente** to find common ground

terrain *adj* hands-on; **être très t.....** to be very hands-on

test *nm* test; **batterie de t.....s** battery of tests; **faire passer un t..... à qqn** to give sbdy a test; **t..... d'aptitude** aptitude test; **t..... commercial** trade test; **t..... de connaissances** test of knowledge; **t..... d'intelligence** intelligence test; **t..... de niveau** level test;

t..... **de personnalité** personality test; t..... **psychotechnique** psychotechnical test

tester *vt* to test; t..... **qqn** to test sbdy

tête *nf* head; **être à la t..... d'une équipe d'experts** to head (up) a team of experts; **être à la t..... d'une organisation** to be at the head of an organization

thalassothérapie *nf* thalassotherapy, sea water therapy

théorie *nf* theory

thésaurisation *nf* hoarding

thèse *nf* thesis

ticket *nm* ticket, voucher; t..... **modérateur** in Social Security cover, the part of the cost of medical treatment left at the patient's expense, after reimbursement by National Insurance; t....-**repas** luncheon voucher, meal ticket *(US)*; t.....-**restaurant** luncheon voucher, meal ticket *(US)*

tiers *nm* third, third party; **avis à t..... détenteur (saisie-arrêt)** notification of an attachment of earnings order; t..... **payant** direct payment of health expenses by an insurance company; t..... **provisionnel** one of three installments of a person's income tax paid during the year, which normally represents a third of his/her tax liability; t..... **responsable** the person responsible for an industrial injury other than the employer; t..... **saisi** garnishee

timbré *pp* stamped; **envoyer une enveloppe t.....e libellée à son adresse** to send a stamped addressed envelope

tirage *nm* circulation; t..... **d'un journal** circulation of a newspaper

tire-au-flanc *nm* loafer, shirker

tissu *nm* fabric; t..... **social** social fabric

titre *nm* **1** heading, headline; **faire les grands t.....s** to make the headlines; **2** title; **payé au t..... de l'année 1992** paid for (the year of) 1992; t..... **d'actions** share certificate; t..... **d'emploi** job title; t..... **de paiement** means of payment; t..... **de propriété** title deed; **3** ticket, permit; t.....-**restaurant** luncheon voucher, meal ticket *(US)*; t..... **de séjour** residence permit; t..... **de transport** transport ticket *nmpl (fin)* securities

titulaire *nmf* incumbent, holder; **être t.....** to have tenure; t..... **d'un diplôme** holder of a diploma; t..... **du poste** job holder, incumbent

titularisation *nf* granting of tenure

titularisé *pp* **employé t.....** employee with tenure

tolérance *nf* practice which is tolerated but in no way considered an acquired right

tomber *vi* to fall, come down; **faire t..... un gouvernement** to bring down a government; t..... **d'accord** to reach an agreement; t..... **dans un piège** to fall into a trap

tombeur *nm* t..... **de têtes** hatchet man

tontine *nf* collective savings plan where the rights of those deceased are shared among the other members

tort *nm* wrong, harm; **être accusé à t..... de qqch** to be wrongly accused of sthg; **faire du t.....** to cause harm; **redresser un t.....** to right a wrong

total *adj* total, full; **grève t.....e** all-out strike; **invalidité t.....e** total disability

totalité *nf* **paiement en t.....** payment in full

touché *pp* hit; **être durement t..... par la crise** to be hard hit by the recession

toucher *vt* to draw, receive; t..... **un chèque** to cash a cheque; t..... **une pension de retraite** to draw a pension; **t.....** **un salaire** to draw a salary, to receive a salary

tour *nm* round; **faire le t.....** **des bureaux** to go round the offices; **faire un t.....** **d'horizon** to make an overview; **faire un t.....** **de table** to go round the table; **t.....** **de négociations** round of bargaining; **t.....** **de scrutin** round of voting

tournant *nm* turning-point, watershed

tournant *adj* rotating; **équipes t.....es** rotating shifts

tourner *vi* to turn round, go round; **la discussion a tourné court** the discussion came to a sudden end; **les négociations tournent en rond** the negotiations are going round in circles

tourneur *nm* lathe operator

toxicomane *nmf* drug abuser

toxicomanie *nf* drug abuse

tracasseries *nfpl* harassment, hassle; **t.....** **administratives** administrative hassle

trace *nf* trace, record; **garder une t.....** **de qqch** to keep a record of sthg

tract *nm* pamphlet, leaflet, tract; **distribuer des t.....s** to hand out leaflets/tracts; **t.....** **syndical** union tract, union pamphlet

tractations *nfpl* dealings, bargaining

traducteur *nm* translator; **t.....** **assermenté** sworn translator

traduction *nf* translation

trafiquer *vt* (*fam*) to fiddle; **t.....** **les comptes** to fiddle accounts

traîner *vi* to drag on; **les négociations traînent en longueur** negotiations are dragging on

traitement *nm* **1** earnings, salary; **t.....** **annuel** annual salary; **2** treatment, processing; **subir de mauvais t.....s** to suffer ill-treatment; **t.....** **de l'information** data processing; **t.....** **médical** course of treatment; **t.....** **de texte** word

processing; **un t.....** **de texte** word processor

traiter *vti* **1** to process, handle, deal with; **t.....** **des candidatures** to process job applications; **t.....** **un dossier** to handle a case/an issue; **t.....** **un problème** to deal with a problem; **t.....** **une question** to address an issue; **t.....** **une réclamation** to handle a complaint; **2** to treat; **t.....** **un malade** to treat a sick person

trajet *nm* journey (to and from work); **accident de t.....** accident on the way to and from work

tranche *nf* bracket; **être dans la t.....** **d'imposition supérieure** to be in the highest tax bracket; **t.....** **A** salary bracket from 0 Fr to the Social Security ceiling on which contributions are paid; **t.....** **B** salary bracket from the Social Security ceiling to 4 times the ceiling, on which contributions are paid; **t.....** **C** salary bracket from 4 times the Social Security ceiling to 8 times the ceiling, on which contributions are paid; **t.....** **d'âge** age bracket; **t.....** **de revenu** income bracket; **t.....** **de salaire** salary bracket

trancher *vt* to decide, conclude; **t.....** **une question** to decide an issue

transaction *nf* in a case of disputed dismissal, negotiated financial compensation for the employee which precludes any subsequent legal proceedings: out-of-court settlement

transactionnel *adj* transactional; **accord t.....** *see* transaction; **analyse t.....le** transactional analysis

transférer *vt* to transfer; **t.....** **des salariés** to transfer employees

transfert *nm* transfer; **demander un t.....** to seek a transfer; **t.....** **d'entreprise** transfer of undertaking; **t.....** **de salariés** change of employer through legal transfer

transgresser *vt* to contravene, infringe; **t.....** **le règlement** to contravene the rules

transgression *nf* infringement; **t.....** **des règles** infringement of the rules

transiger *vi* to compromise, come to an agreement

transmettre *vt* to transmit, hand over; **t.....** **ses responsabilités** to hand over responsibilities; **t.....** **son savoir-faire** to transmit one's know-how

transparence *nf* openness; **t.....** **dans l'entreprise** accessibility of information within a company

transparent *nm* slide, transparency, overhead

transplacement *nm* transplacement

transport *nm* transport, carriage, freight

transporter *vt* to carry, transport; **t.....** **des marchandises** to carry goods

transporteur *nm* carrier; **t.....** **routier** road haulage contractor

transversal *adj* **structure** **t.....e** horizontal structure

traumatisant *adj* traumatic

traumatisme *nm* trauma

travail *nm* work, employment, labor *(US)*, job; **à t.....** **égal, salaire égal** equal pay for equal work; **accident du t.....** industrial accident, occupational accident; **aller au t.....** to go to work; **arrêt de t.....** medical certificate; **être en arrêt de t.....** to be on sick leave, to be off sick; **bourse du t.....** labour exchange; **cesser le t.....** to stop work, to down tools; **chercher du t.....** to look for work; **conditions de t.....** conditions of employment, work(ing) conditions; **conflit du t.....** labour/industrial dispute; **contrat de t.....** contract of employment; **cycle de t.....** job cycle; **dans le monde du t.....** in working life; **déjeuner de t.....** working lunch; **droit du t.....** labour law, employment law; **être sans t.....** to be out of work, to be unemployed;

faire le t..... **préparatoire** to do the groundwork; **faire du bon t.....** to do a good job; **groupe de t.....** working party; **horaire de t.....** work schedule; **inspecteur du t.....** labour inspector, factory inspector; **jour de t.....** workday; **lieu de t.....** place of work, workplace; **marché du t.....** job market, labour market; **méthodes de t.....** work practices; **partage du t.....** job sharing, workshare; **perdre son t.....** to lose one's job; **permis de t.....** work permit; **poste de t.....** work station; **psychologie du t.....** work psychology; **rentrer du t.....** to come home from work; **reprendre le t.....** to go back to work, to resume work; **reprise du t......** resumption of work; **satisfaction au t.....** job satisfaction; **se mettre au t.....** to get down to work; **séance de t.....** working session; **t.....** **bâclé** botched work, shoddy work; **t.....** **de bureau** office work, clerical work; **t.....** **à la chaîne** flow production, assembly line production; **t.....** **continu** non-stop work; **t.....** **en cours** work in progress; **t.....** **dangereux** hazardous work; **t.....** **le dimanche** Sunday working; **t.....** **à distance** teleworking; **t.....** **à domicile** home work, outwork; **t.....** **dominical** Sunday work; **t.....** **en équipe** team work; **t.....** **par équipes** shiftwork; **t.....** **en groupe** group work; **t.....** **intermittent** periodic work, sporadic work; **t.....** **manuel** manual work; **t.....** **au noir** illicit work, to be off the books, **(si deuxième emploi)** moonlighting, work(ing) on the side; **t.....** **de nuit** night work; **t.....** **occasionnel** casual work; **t.....** **pénible** drudgery; **t.....** **physique** physical work; **t.....** **à la pièce** piecework; **t.....** **posté** shiftwork; **t.....** **précaire** precarious employment (short fixed-term and temporary contracts); **t.....** **répétitif** monotonous work; **t.....** **en roulement** shiftwork; **t.....** **saisonnier** seasonal work; **t.....** **temporaire** temporary work; **t.....** **en usine** factory work; **trouver un t.....** **de remplacement pour qqn**

to find alternative employment for sbdy *nmpl see* "travaux"

travailler *vi* to work; t..... à domicile to do home work; t..... à la chaîne to work on the assembly line; t..... à la pièce to do piecework; t..... à plein rendement to work at full capacity, to work flat out; t..... d'arrache pied to work flat out; t..... au noir to work illicitly, to be paid off the books, (si deuxième emploi) to moonlight, to work on the side; t..... comme comptable to work as an accountant; t..... comme indépendant to work freelance; t..... dur to work hard; t..... en équipe to work in a team; t..... en groupe to work in groups, to do groupwork; t..... en usine to work in a factory; t..... par roulement to do shiftwork; t..... par équipes to do shiftwork; t..... pour son compte to be self-employed; t..... pour une bouchée de pain to work for a pittance; t..... pour qqn to work under sbdy; t..... 40 heures par semaine to work 40 hours a week, to work a 40-hour week

travailleur *nm* worker; t..... à domicile homeworker, outworker; t..... à temps partiel part-timer; t..... agricole farm worker; t..... clandestin illegal worker; t..... étranger foreign worker; t..... frontalier frontier worker; t..... immigré immigrant worker, migrant worker; t..... indépendant freelance worker, self-employed person; t..... intermittent casual worker; t..... manuel manual worker; t..... occasionnel casual worker; t..... saisonnier seasonal worker; t.....s syndiqués organized labour; t..... temporaire temporary/casual worker

travailleur *adj* hard-working; être très t..... to be very hard-working

travaux *nmpl* work, works; faire des t..... to renovate, refurbish, redecorate; t..... agricoles farmwork; t..... publics public works; t..... de réfection renovation work; t..... d'utilité collective workfare *(équiv)*

Trésor Public *nm* Inland Revenue, Treasury, Internal Revenue Service *(US)*

trésorerie *nf* liquidities; gestion de t..... cash management

trésorier *nm* treasurer

trêve *nf* truce

tri *nm* selection, screening; t..... des candidats screening of candidates

tribunal *nm* tribunal, law court; décision de t..... court order/ruling; porter une affaire devant le t..... to bring a case before the courts; saisir un t..... to refer to a tribunal; t..... des affaires de la Sécurité Sociale special court to deal with litigation in Social Security matters; t..... de commerce Commercial Court; t..... correctionnel Criminal Court; t..... de grande instance High Court of Justice

trié *pp* hand-picked, selected; employés t.....s sur le volet hand-picked employees

trier *vt* to select, screen, sort out; t..... des candidats to screen applicants

TRILD *nm abr* (Temps Réduit Indemnisé Longue Durée) during a period of low company activity, possibility for an employee to work short-time or to be on "part-time unemployment" (1200 hours over 18 months) thus receiving some unemployment benefit whilst avoiding a redundancy procedure

trimestre *nm* quarter

trimestriel *adj* quarterly; bordereau t..... de cotisations quarterly statement of contributions; revue t.....le quarterly publication

tripartite *adj* tripartite

trois *adj* three; les t.....-huit three 8-hour shift system

trombinoscope *nm* staff presentation document using photos

trompeur *adj* misleading; information trompeuse misleading information

tronc *nm* core; **t..... commun** common core *(educ)*

trop perçu *nm* overcharge

troubles *nmpl* unrest, disorder; **t..... de santé** health disorder; **t..... sociaux** industrial unrest

trouver *vt* to find; **t..... une solution** to come up with a solution

truc *nm* hint, trick

truquage *nm* rigging; **t..... électoral** ballot-rigging

truquer *vt* to rig, falsify; **t..... une élection** to rig an election

TTC *cpd abr* **(Toutes Taxes Comprises)** inclusive of tax

TUC *nmpl abr* **(Travaux d'Utilité Collective)** workfare *(équiv)*

tutelle *nf* supervision; **être sous la t..... de qqn** to be under sbdy's supervision; **ministère de t.....** the ministry which supervises the running of any specific nationalized company

tuteur, trice *nmf* tutor

tutorat *nm* guidance, pastoral care, counselling, buddy system *(US)*

TVA *nf abr* **(Taxe à la Valeur Ajoutée)** VAT (Value Added Tax)

type *adj* standard, model; **accord t.....** model of agreement; **lettre t.....** standard letter

Uu

UE *nf abr* (**Union Européenne**) EU (European Union)

UES *nf abr* (**Unité Economique et Sociale**) notion of economic and social unity between separate legal entities of the same group for the purposes notably of ensuring legitimate staff representation

ultimatum *nm* ultimatum; **donner un u.....** to give an ultimatum; **poser un u.....** to set an ultimatum

unanime *adj* unanimous; **vote u.....** unanimous vote

unanimité *nf* unanimity; **faire l'u.....** to be approved unanimously; **voté à l'u.....** approved unanimously

UNEDIC *nf abr* (**Union Nationale pour l'Emploi Dans l'Industrie et le Commerce**) body which administers the national unemployment fund (ASSEDIC)

UNICE *nf abr* (**Union des Industries de la Communauté Européenne**) Union of Industries in the European Community

uniforme *nm* uniform

uniforme *adj* across-the-board, general; **augmentation u.....** across-the-board increase

unilatéral *adj* unilateral, one-sided; **décision u.....e** unilateral decision; **solution u.....e** one-sided solution

union *nf* union; **u.....** **monétaire** monetary union; **u.....** **libre** cohabitation; **vivre en u.....** **libre** to cohabite

unique *adj* sole; **employeur u.....** sole employer

unir *vt* to combine; **u.....** **ses forces** to combine forces *vpr* to unite; **"Prolétaires du monde, unissez-vous!"** "Workers of the world, unite!"

UNIRS *nf abr* (**Union Nationale des Institutions de Retraite des Salariés**) body which oversees the various retirement funds for employees who contribute to the "régime général"

unitaire *adj* unit; **prix u.....** unit price

unité *nf* unit; **u.....** **centrale** *(info)* mainframe; **u.....** **économique et sociale** principle according to which the industrial and economic purpose of related companies takes precedence over their distinct legal status, thus increasing the total headcount and redefining the conditions of staff representation; **u.....** **de production** production unit; **u.....** **de travail** work unit; **u.....** **de valeur** unit of competence *(educ)*

universitaire *nmf* academic, university lecturer

universitaire *adj* academic, university; **année u.....** academic year; **campus u.....** university campus; **diplôme u.....** university degree/diploma; **études u.....s** university studies

université *nf* university, college; **diplômé de l'u.....** university graduate, college graduate *(US)*; **u.....** **d'été** summer school

urgence *nf* emergency; **en cas d'u.....** in an emergency; **en toute u.....** urgently; **mesure d'u.....** emergency measure; **plan d'u.....** contingency plan; **service des u.....s** emergency ward

urne *nf* ballot box; **aller aux u.....s** to go to the polls; **u.....** **scellée** sealed ballot box

URSSAF *nf abr* (**Union de Recouvrement de Sécurité Sociale et des Allocations Familiales**) body responsible for ensuring the payment of Social Security contributions by all employers and the self-employed

us *nmpl* practice; **u.....** **et coutumes** customs and practice, habits and customs

usage *nm* 1 custom, common practice; **dénoncer un u.....** to challenge a practice when the employer decides that it should no longer exist; 2 use; **à u..... multiple** multipurpose; **à u..... personnel** for personal use; **à u..... strictement interne** for internal use only; **faire bon u..... de qqch** to make good use of sthg; *nmpl* practices; **les u.....** company practices

user *vt* to use, exercise; **u..... de son influence** to exercise one's influence; **u..... de la persuasion** to exercise persuasion; *vpr* to wear oneself out, to burn oneself out

usinage *nm* machining

usine *nf* plant, works, factory; **implanter une u.....** to set up a plant; **Directeur d'u.....** Plant Manager, Works Manager; **fermer une u.....** to close down a plant; **ouvrier d'u.....** factory hand/worker; **travail à l'u.....** factory work; **à l'u.....** at the works; **u..... clé en main** turnkey plant; **u..... à gaz** a highly complicated process which has become divorced from the purpose it was originally set up to meet, and has taken on a life of its own; **u..... textile** textile factory; **u..... métallurgique** steel works

usure *nf* wearing out, **(personne)** burnout; **guerre d'u.....** war of attrition

utilisateur *nm* user; **manuel de l'u.....** user's manual/handbook

utilisation *nf* use; **manuel d'u.....** user's manual/handbook; **u..... à des fins personnelles des biens de l'entreprise** private use of company property

Vv

vacance *nf* **1** vacancy; *nfpl* **2** holiday, vacation *(US)*; **chèques-v.....s** holiday vouchers offered by companies to low-paid employees which can be used with recognized agents or local authorities as a means of payment during holidays in France; **colonie de v.....s** summer (holiday) camp; **être en v.....s** to be on holiday; **être parti en v.....s** to be (off) on holiday; **grandes v.....s** summer holidays; **prendre des v.....s** to take a holiday; **v.....s d'été** summer holidays; **revenir de v.....s** to come back from holiday; **v.....s scolaires** school holidays

vacancier *nm* holiday-maker, vacationist *(US)*

vacant *adj* vacant; **poste v.....** vacancy; **postes v.....s** situations vacant, (job) openings

vacataire *nmf* temporary employee in the public sector paid according to hours worked or tasks completed

vacation *nf* session; **être payé à la v.....** to be paid for a specific task or number of hours worked for a temporary employee in the public sector

vaccination *nf* innoculation, vaccination

vague *nf* wave; **(ne pas) faire de v.....s** (not) to rock the boat; **v..... de grèves** wave of strikes

vaincre *vt* to win, overcome; **v..... des obstacles** to overcome obstacles

valable *adj* valid; **avoir une raison v.....** to have a valid reason; **l'offre est v..... jusqu'à** the offer is valid until, the offer is valid up to, the offer runs for; **passeport v.....** valid passport

valeur *nf* value; **accorder de la v..... à qqch** to place value on sthg; **analyse de la v.....** value analysis; **de v.....** valuable; **échelle de v.....s** scale of values; **mettre qqch en v.....** to highlight sthg; **objets de v.....** valuables; **perdre de la v.....** to lose value; **prendre de la v.....** to gain/rise in value; **sans v.....** worthless; **v..... absolue** absolute value; **v..... actuelle** present value, current value; **v..... ajoutée** added value; **v.....s boursières** stocks and shares; **v..... comptable** book value; **v.....s de l'entreprise** corporate/company values; **v..... marchande** market value; **v.....s mobilières** securities, stocks, shares; **v..... nominale** face value; **v..... de rachat** *(ass)* surrender value; **v.....s réalisables** current assets; **v..... relative** relative value; **v..... vénale** monetary value

validation *nf* authentification, validation, approval; **processus de v.....** approval process; **v..... d'un test** validation of a test

valide *adj* valid; **carte de séjour v.....** valid residence permit; **passeport v.....** valid passport

valider *vt* to validate, ratify, authenticate; **v..... une décision** to ratify a decision; **v..... un document** to authenticate a document

validité *nf* validity; **durée de v.....** period of validity; **v..... d'un test** validity of a test

valoir *vi* **faire v..... ses droits à la retraite** to become eligible for retirement; **fait pour v..... ce que de droit** legal expression denoting the official nature of a declaration

valoriser *vt* to value; **v..... le personnel** to increase the standing of staff, to bring out staff qualities

variation *nf* variation, fluctuation, variance; **v.....s saisonnières** seasonal variations, seasonal fluctuations

veille *nf* the day before; **la v..... d'une fête** the day before a public holiday

vendable *adj* marketable, sellable

vendeur, euse *nmf* salesman, saleswoman, seller, shop assistant

vendre *vt* to sell; **à v.....** for sale; **art de v.....** art of selling; **la campagne fait v.....** the campaign boosts sales; **v..... par correspondance** to sell by mail order; **v..... à découvert** to sell short; **v..... au détail** to sell retail; **v..... en gros** to sell wholesale; *vpr* to sell oneself, to put oneself across

vendu *pp* sold out; **ils nous ont v.....s!** we've been sold out!

vente *nf* sale, sales; **administration des v.....s** sales administration; **argumentaire de v.....** sales appeal, sales pitch; **bureau de v.....s** sales office ; **être en v.....** to be on sale; **force de v.....** sales force/team; **point de v.....** sales outlet; **prix de v.....** sales price, selling price; **promesse de v.....** sales agreement; **promotion des v.....s** sales promotion; **service après-v.....** after-sales service; **techniques de v.....** sales techniques; **v..... par correspondance** mail order; **v..... au détail** retail sale; **v..... directe** direct selling; **v..... de liquidation** clearance sale; **v..... en gros** wholesale

ventilation *nf* breakdown, breaking down; **v..... des coûts** breakdown of costs

ventiler *vt* to apportion, break down; **v..... les coûts** to apportion/break down costs; **v..... les dépenses** to break down expenditure

verbal *adj* oral, verbal; **accord v.....** unwritten/verbal agreement; **réprimande v.....e** oral reprimand

verdict *nm* verdict; **rendre un v.....** to return a verdict

vérification *nf* inspection, audit, check; **procéder à une v.....** to carry out an inspection; **v..... des comptes** audit of accounts; **v..... des faits** checking of the facts; **v..... d'une hypothèse** proof of a hypothesis

vérifier *vt* to check, verify, inspect, audit; **v..... le bon fonc-** tionnement d'une machine to check a machine is in (full) working order; **v..... les comptes** to inspect the accounts, to audit the accounts; **v..... les faits** to ascertain the facts

verre *nm* lens; **v.....s de contact** contact lenses; **v.....s de lunettes** lenses for glasses

versement *nm* payment, installment; **paiement par v.....s échelonnés** payment by installments; **payable en 3 v.....s** payable in 3 installments; **premier v.....** downpayment; **v..... de transport** mandatory company levy to finance public transport

verser *vt* to pay; **v..... des indemnités** to pay compensation

vertical *adj* vertical; **diversification v.....e** vertical integration

vestiaire *nm* changing room, locker room

vestimentaire *adj* clothing; **allocation v.....** clothing allowance; **code v.....** dress code, dressing code

vêtement *nm* clothing; **v.....s de travail** working clothes; **v.....s de protection** protective clothing

vétéran *nm* veteran

veto *nm* veto; **droit de v.....** right of veto; **mettre son v..... à qqch** to veto sthg

vétusté *nf* obsolescence; **v..... d'une machine** obsolescence of a machine

veuf *nm* widower

veuve *nf* widow

viable *adj* viable

vice *nm* defect, irregularity; **v..... caché** latent defect; **v..... de fabrication** manufacturing defect; **v..... de forme** technical irregularity, legal flaw; **casser un jugement pour v..... de forme** to overturn a court ruling on a technicality, to quash a sentence on a technicality

vice-présidence *nf*   vice-presidency

vice-président *nm* vice-president

vie *nf* life, living; **assurance-v.....** life insurance; **coût de la v.....** cost of living; **cycle de v..... d'un produit** product life cycle; **emploi à v.....** lifelong employment; **espérance de v.....** life expectancy; **gagner sa v.....** to make a living; **mode de v.....** way of life; **niveau de v.....** standard of living; **prime de difficulté de v.....** hardship allowance; **prime de v..... chère** cost-of-living allowance; **qualité de la v.....** quality of life; **v..... active** working life; **v..... privée** private life, privacy

vieillesse *nf* old-age, ageing; **assurance v.....** state pension scheme; **pension de v.....** old-age pension

vierge *nf* blank, clean; **casier judiciaire v.....** clean police record; **formulaire v.....** blank form

vignette *nf* label; **v..... automobile** road tax disk; **v..... barrée** medicine/drug reimbursed by the Social Security at 100%; **v..... blanche** medicine/drug reimbursed by the Social Security at 65%; **v..... bleue** medicine/drug reimbursed by the Social Security at 35%

vigueur *nf* force; **date d'entrée en v.....** effective date; **législation en v.....** legislation in force, existing legislation; **la législation entre en v.....** legislation comes into force; **tarif en v.....** the going rate

violation *nf* violation, breach, infringement; **v..... de la loi** breach of the law; **v..... du règlement** infringement of the rules; **v..... du secret professionnel** disclosure of confidential information; **v..... des termes du contrat** breach of contract

violer *vt* to violate, breach, infringe; **v..... les termes d'un accord** to breach/violate the terms of an agreement

virement *nm* transfer; **v..... bancaire** bank transfer; **v..... de fonds** transfer of funds; **v..... postal** giro transfer

virer *vt* 1 to transfer; **v..... de l'argent sur un compte** to transfer money to an account; 2 *(fam)* to fire, sack; **v..... qqn** to fire/sack sbdy; **se faire v.....** to get sacked

visa *nm* visa; **faire une demande de v.....** to apply for a visa; **obtenir un v.....** to obtain a visa

visé *pp* 1 targeted; **le chiffre v.....** the targeted figure; 2 signed, stamped; **document v..... par son hiérarchique** document initialed by one's superior

viser *vt* to target

visite *nf* visit, call; **carte de v.....** business card; **passer une v..... médicale** to have a medical (examination); **v..... d'affaires** business call; **v..... de contrôle** for sick employees, an inspection by Social Security officials to ensure the sick pay claim is grounded; **v..... impromptue** cold call; **v..... médicale d'embauche** mandatory medical (examination) at the time of recruitment; **v..... médicale de reprise** mandatory medical (examination) for employees returning to work after a long period of absence (sick leave, maternity leave...)

visiteur *nm* caller, visitor; **v..... médical** medical rep(resentative)

vitesse *nf* speed, momentum; **perdre de la v.....** to lose momentum; **prendre de la v.....** to gather momentum; **système à deux v.....s** two-tier system; **v..... de frappe** typing speed

vitrier *nm* glazier

vitrine *nf* display case

vivier *nm* pool of talent; **v..... de jeunes potentiels** pool of high potentials, pool of potential talent, reservoir of up-and-coming junior managers

vivre *vi* to live; **gagner de quoi v.....** to live off one's earnings;

v..... **sur un petit salaire** to live on/off a small salary

vocation *nf* vocation, calling; **avoir la v..... d'un métier** to be cut out for a profession; **entreprises à v..... de** companies specialized in; **rater sa v.....** to miss one's calling

voie *nf* track, channel; **être sur la bonne v.....** to be on the right track; **mettre qqn sur une v..... de garage** to shunt sbdy to one's side; **suivre la v..... hiérarchique** to go through the official/hierarchical channels; **v..... de communication** communication channel; **v..... de fait** assault; **v..... de recours** appeal procedure

voiture *nf* car; **louer une v.....** to hire a car, to rent a car; **v..... de fonction** company car attributed to a job-holder by virtue of his/her professional needs (eg sales rep...) and which constitutes a benefit in kind; **v..... de service** company car at the disposal of staff for professional use; **v..... de société** company car

voix *nf* voice, vote; **compter les v.....** to tally votes; **décompte des v.....** tally of votes; **17 v..... pour, 4 contre** 17 votes in favour, 4 against; **mettre une proposition aux v.....** to put a proposal to the vote; **v..... délibérative** with right to vote; **v..... exprimées** votes cast; **v..... prépondérante** casting vote, deciding vote; **v..... consultative** consultative voice

vol *nm* **1** theft; **2** flight; **v..... régulier** scheduled flight

volontaire *nmf* volunteer

volontaire *adj* voluntary; **se porter v..... pour faire qqch** to volunteer to do sthg

volontairement *adv* voluntarily

volonté *nf* willpower; **contre sa v.....** against one's will

votant *nm* voter

vote *nm* ballot, vote, poll; **bulletin de v.....** ballot paper; **bulletin de**

v..... **blanc** blank vote; **bureau de v.....** polling station; **droit de v.....** right to vote, voting right; **mettre au v..... une proposition** to put a motion to the vote; **procéder à un v.....** to hold a ballot, to take a vote; **soumettre à un v.....** to put to a vote; **v..... annulé** quashed vote; **v..... à bulletin secret** secret ballot; **v..... de confiance** vote of confidence; **v..... par correspondance** postal vote, postal ballot; **v..... d'essai** straw vote; **v.....s groupés** block vote; **v..... à main levée** vote by show of hands; **v..... majoritaire** majority vote; **v..... nul** spoilt vote; **v..... par procuration** vote by proxy

voter *vi* to vote; **v..... contre une proposition** to vote against a proposal; **v..... à bulletin secret** to hold a secret ballot; **v..... à main levée** to vote by show of hands; **v..... pour une proposition** to vote in favour of a proposal; **v..... une loi** to pass a law

voyage *nm* trip, travel; **agent de v.....** travel agent; **chèques de v.....** traveller's cheques, traveler's checks *(US)*; **frais de v.....s** travel expenses; **prendre ses dispositions pour un v.....** to make travel arrangements; **v..... d'affaires** business trip, sales trip; **v..... d'agrément** pleasure trip; **v..... aller simple** one-way trip; **v..... aller-retour** return trip; **v..... d'étude** study trip

voyager *vi* to travel; **v..... pour affaires** to go on a business trip

VPC *nf abr* (**Vente Par Correspondance**) mail order (selling)

VRP *nmpl abr* (**Voyageurs, Représentants, Placiers**) travelling sales reps with special status which entitles them to the full protection of labour law

VSNE *nm abr* (**Volontaire du Service National en Entreprise**) previous name for CSN (Coopérant du Service National)

vue *nf* **la v.....** eyesight

Zz

zéro-défaut *nm* zero defects

zone *nf* area, zone; **Responsable de Z.....** Area Manager; **z..... arti-sanale** development estate; **z..... désignée** designated area; **z..... fumeur** smoking area; **z..... industrielle** development zone, industrial estate, enterprise zone; **z..... interdite** restricted area; **z..... de libre-échange** free trade area; **z..... non-fumeur** no-smoking area; **z..... de travail** work area

SOMMAIRE
CONTENTS

DIPLÔMES DU 1er AU 3e CYCLE EN FRANCE
UNDERGRADUATE/POSTGRADUATE QUALIFICATIONS IN FRANCE

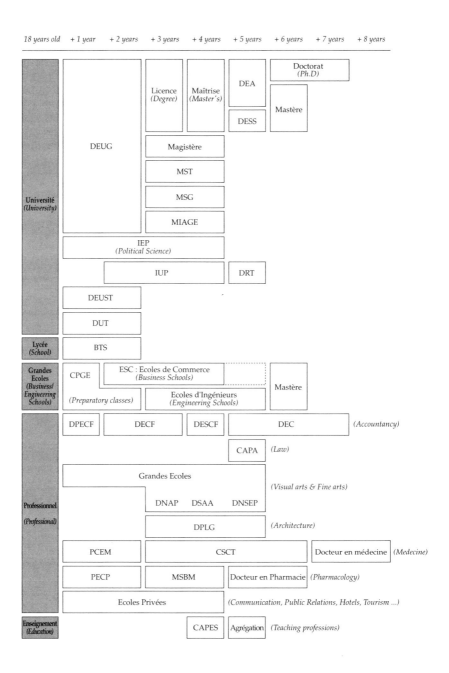

DIPLÔMES EN FRANCE
QUALIFICATIONS IN FRANCE

BACCALAURÉAT: A generalist high school diploma.
All students major in a particular field:
Bac L (or A): Literary
Bac ES (or B): Economics & Social Sciences
Bac S (or C): Scientific
Bac STL (or D): Physics, Chemistry, Biology
Bac STT (or G): Finance and Accounting, IT
Bac STPA: Food & Agriculture
Bac STI: Industrial Science & Technology
Bac SMS: Medical
All students who pass their Baccalauréat, whatever their grade, can be admitted to University studies.

BTS (Brevet de Technicien Supérieur): 2 year full-time national vocational diploma which offers specialised training in a wide range of fields (sales, PA/secretarial, insurance, international trade, accounting & finance, communication, electronics, IT, automation, tourism, transport ...). The diploma is awarded on the basis of final examinations.

CAPA (Certificat d'Aptitude à la Profession d'Avocat): Final diploma allowing the holder to exercise the profession of solicitor/barrister (*avocat*).

DEA (Diplôme d'Études Approfondies): As a rule, this postgraduate diploma prepares the student to pursue Doctoral research, and allows him/her to oversee research projects. A few DEAs however are vocational («Labour Law, Trade Union Law», «Banking finance»).

DEC (Diplôme d'Expertise Comptable): Final diploma allowing admission to the profession of Certified Public Accountant/Chartered Accountant, after 4 years of study and 3 years of in-company training with a Certified Public Accountant/Chartered Accountant.

DECF (Diplôme d'Études Comptables et Financières): Degree-level diploma in accountancy necessary to pursue studies with a view to becoming a certified public accountant/chartered accountant.

DESCF (Diplôme d'Études Supérieures Comptables et Financières): Master's-level diploma in accountancy which allows the holder to sit the DEC exam.

DESS (Diplômes d'Études Supérieures Spécialisées): This postgraduate diploma offers specialised training for professional and vocational purposes, lasting 1 year for full-time students and 2 years for professionals. In-company training of 3 months minimum is an integral part of the course. Admission is largely through presentation of an application and interview, and rarely through an entry examination.

DEUG (Diplôme d'Études Universitaires Générales): A generalist university diploma consisting of a selected number of credits (modules) over 2 years, and which usually prepares the student for further studies.

DEUST (Diplôme d'Études Universitaires Scientifiques et Techniques): This vocational diploma course is very specialised and, being closely linked to local employment opportunities, offers direct access to the exercise of certain professions. Admission is through presentation of an application and interview. The DEUST can be taken on day-release, in-company training representing an integral part of the course.

DIPLÔME D'ÉCOLE DE COMMERCE : Business school diploma awarded after 3 or 4 years of general business training and specialisation. All students major in one field (marketing, finance, human resources...). Admission is based on competitive exams, usually taken after study in preparatory classes (CPGE).

DIPLÔME D'INGÉNIEUR: Engineering school diplomas awarded after 3 or 4 years of general engineering training and specialisation. All students major in one field (civil engineering, electrical engineering...). Admission is based on competitive exams, usually taken after study in preparatory classes (CPGE).

DIPLÔME IEP (Institut d'Études Politiques): Diploma awarded by selective schools, for the most part linked to universities, that offer specialised courses in Political Science in four domains: public service, economy and finance, communication and human resources, international relations.

DIPLÔME IUP (Institut Universitaire Professionnalisé): Recently created diplomas (first degree, master's) offering specialisations for the manufacturing and service sectors, awarded after 2/3 years of combined theoretical studies and professional experience, including in-company training periods of 6 months minimum.

DRT (Diplôme de Recherche Technologique): Diploma awarded for technological research in specific fields (mechanical engineering, electrical engineering, civil engineering, chemical engineering, industrial IT) conducted for industrial purposes, as defined in collaboration with private industry. Students are generally following studies in an engineering school or an IUP.

DUT (Diplôme Universitaire de Technologie): 2 year full-time national vocational diploma of a generalist nature (cf. BTS) in 23 specific fields (scientific, legal, industrial, administrative, commercial and technical) awarded by Universities (IUT), on the basis of continuous assessment.

INGÉNIEUR MAÎTRE : Diploma awarded on completion of a Master's at an IUP, and not by an Engineering School.

MAGISTÈRE : This diploma, offered in subjects the university is especially proficient in, is awarded by universities to students who, after admission, take the national university exams (first degree, Master's, DESS). Admission is through presentation of an application, interview, and exams.

MASTÈRE : This course is open for students possessing a DEA, DESS, Engineering or Business School Diploma, and/or having exercised a professional activity for at least 3 years. Lasting between 9 and 12 months, it includes in-company training of 4 months, and a research project (*Mémoire d'étude*). The Mastère, though a recognised training course at a given academic level is not a certified diploma.

MIAGE (Maîtrise de Méthodes Informatiques Appliquées à la Gestion): This selective vocational diploma, which includes an obligatory period of in-company training, is highly specialised, covering information technology as applied to management and finance. Admission is through presentation of an application, interview, and exams.

MSG (Maîtrise de Sciences de Gestion): This selective vocational diploma is specialised in management, marketing and finance. Students must pass a Preparatory Certificate to have access to this diploma course which, on completion, may allow admission to Business schools.

MST (Maîtrise des Sciences et des Techniques): This selective vocational diploma is specialised in a wide variety of fields. Students must pass a Preparatory Certificate to have access to this diploma course which, on completion, may allow admission to Engineering schools.

QUALIFICATIONS IN ENGLAND & WALES
DIPLÔMES EN ANGLETERRE

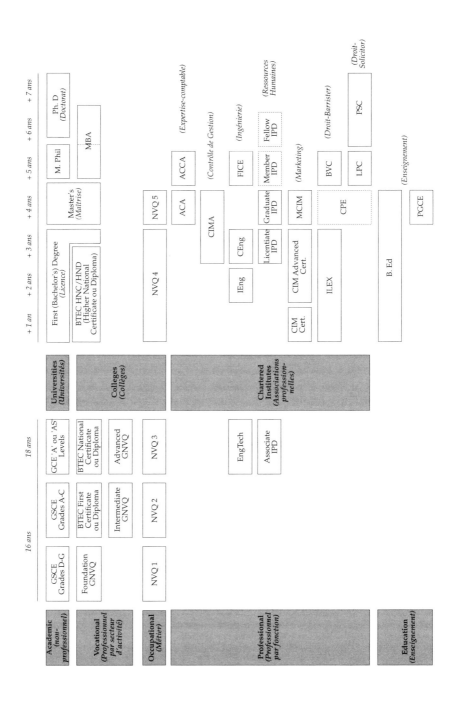

QUALIFICATIONS IN ENGLAND & WALES
DIPLÔMES EN ANGLETERRE

ACA (Association of Certified Accountants): Diplôme professionnel en comptabilité décerné par une association professionnelle sous charte royale sur la base d'examens et d'une expérience professionnelle concluante.

ACCA (Association of Chartered Certified Accountants): Diplôme d'expertise comptable décerné par une association professionnelle sous charte royale sur la base d'examens et d'une expérience professionnelle concluante d'au moins trois ans dans une entreprise reconnue.

B.Ed (Bachelor of Education): Diplôme sanctionnant des études universitaires orientées vers le système éducatif et l'enseignement.

B.Eng (Bachelor of Engineering): Diplôme universitaire d'ingénieur de niveau licence reconnu comme la formation de base d'ingénieur.

BTEC **First Diploma/Certificate** (Business and Technology Education Council): Premier diplôme orienté vers le monde professionnel; il représente une année d'étude soit à temps plein (*Diploma*) soit à temps partiel (*Certificate*). Ces formations sont accessibles aux personnes sans diplôme.

BTEC **National Diploma/Certificate** (Business and Technology Education Council): De niveau baccalauréat, ce diplôme, orienté vers le monde professionnel, représente deux années d'étude soit à temps plein (*Diploma*) soit à temps partiel (*Certificate*).

BVC (Bar Vocational Course): Formation d'une année suivie par les aspirants à la fonction d'avocat plaidant (*Barrister*), qui sont déjà titulaires d'une licence de droit ou du CPE.

CEng (Chartered Engineer): Le diplôme d'ingénieur le plus élevé décerné par l'*Engineering Council*, reconnaissant des compétences techniques et une expérience professionnelle probante.

CIMA (Chartered Institute of Management Accountants): Les titulaires du CIMA (membres de l'Institut) sont admis sur examen. Un minimum de trois années d'expérience en entreprise dans le contrôle de gestion est requis.

CPE (Common Professional Exam): Ce diplôme sanctionne une année d'étude après la licence et permet aux étudiants n'ayant pas suivi préalablement des études de droit d'obtenir une licence de droit.

Degree: Le système universitaire britannique effectuant une sélection à l'entrée, ce diplôme est l'aboutissement des études supérieures pour une grande majorité d'étudiants. Des formations universitaires sont dispensées dans une large variété de matières sur 3 ou parfois 4 ans. Représentant un niveau d'instruction reconnu sur le plan national, des évaluations comparatives régulières (*league tables*) confèrent différents niveaux de prestige aux universités qui offrent ces formations.

EngTech (Engineering Technician): Un diplôme sanctionnant la maîtrise de compétences étendues dans l'ingénierie, et l'aptitude à accomplir un travail de technicien sous supervision.

GCE **"A" Level** ou **AS Level** (General Certificate of Education, Advanced level): Equivalent du Baccalauréat; les élèves se spécialisent dans un nombre limité de matières (3 ou 4) et passent des épreuves dans chacune d'elles sans notation globale. L'entrée à l'université est conditionnée par les mentions (*grades*) obtenues lors des examens.

GCSE (General Certificate of Secondary Education): Un premier diplôme du secondaire; les élèves passent un examen pour chaque matière qu'ils réussisent ou non, sans notation globale.

GNVQ (General National Vocational Qualifications): Diplômes sanctionnant des formations initiales à temps plein orientées vers des secteurs d'activités choisis (arts graphiques, tourisme, médias, informatique, hôtellerie...). Ces formations sont accessibles aux personnes sans diplôme.

HND/HNC (Higher National Diploma/Certificate): De niveau BTS, ces diplômes sanctionnent des formations très pratiques orientées vers certains secteurs d'activités (hôtellerie, administration de l'entreprise, bâtiment, tourisme, santé ...). D'une durée de deux ans, ils peuvent être suivis soit à temps plein (*Diploma*) soit à temps partiel (*Certificate*).

IEng (Incorporated Engineer): Un diplôme sanctionnant la maîtrise de compétences dans l'ingénierie, et l'aptitude à accomplir un travail de technicien sous supervision.

ILEX (Institute of Legal Executives): Formations sanctionnées par plusieurs niveaux d'examens conçues pour des salariés travaillant dans des instances juridiques privées ou publiques et qui ne possèdent pas de formation initiale en droit.

IPD (Institute of Personnel & Development): Diplômes professionnels (*Associate, Licentiate, Graduate*) décernés par une association professionnelle aux professionnels de la fonction Ressources Humaines en poste. Les formations sont en partie dispensées par correspondance; les diplômes sanctionnent la réussite par contrôle continu et examens terminaux. Les mentions de «*Member*» et «*Fellow*» sont des titres qui couronnent une expérience probante de plusieurs années dans la fonction.

LL.B (Bachelor of Law): Licence en droit.

LPC (Legal Practice Course): Cette formation en entreprise d'une année (deux ans à mi-temps) permet aux avocats aspirants (*solicitors*) de poursuivre leur formation au sein d'un Cabinet d'avocats par le biais du PSC.

Master's: Diplôme universitaire dont l'équivalent est la maîtrise.

MBA (Master of Business Administration): Formation managériale de haut niveau couvrant toutes les fonctions de l'entreprise donnant accès à des postes à responsabilités dans le monde professionnel.

MCIM (Member of the Chartered Institute of Marketing): Les titulaires des diplômes MCIM (membres de l'Institut) sont admis après la réussite aux examens professionnels qui requièrent un minimum d'expérience professionnelle:
1 an pour le Certificate
3 ans pour l'Advanced Certificate
6 ans, dont 3 ans au niveau de cadre supérieur, pour le Postgraduate Diploma.

M.Phil (Master of Philosophy): Diplôme universitaire de maîtrise plus spécialisée étant le résultat d'un travail de recherche.

NVQ (National Vocational Qualifications): Ces «diplômes» réservés aux salariés en poste sont destinés à reconnaître les compétences (*skills*) acquises pour exercer un métier spécifique dans différents secteurs (bâtiment, ingénierie, banque...). Il n'est pas nécessaire de suivre un programme de formation et il n'existe pas d'examens. Très concrètes, les classifications de compétences par métier sont élaborées par un organisme (*lead body*) composé de représentants d'employeurs, de syndicats et d'associations professionnelles. Il existe 5 niveaux de compétences:
Niveau 1: Activités simples d'exécution
Niveau 2: Gamme d'activités plus large, dont certaines non routinières, impliquant une prise de responsabilité
Niveau 3: Variété d'activités souvent complexes. Supervision d'autres salariés
Niveau 4: Gamme d'activités complexes et spécialisées, impliquant une responsabilité de résultat et d'encadrement
Niveau 5: Responsabilités très étendues et autonomie de fonctionnement: encadrement d'autres cadres, affectation de ressources, analyses, planification et évaluation.

PGCE (Postgraduate Certificate of Education): Diplôme sanctionnant la formation d'enseignant de lycée après un cursus universitaire jusqu'au niveau licence.

PSC (Professional Skills Course): Formation obligatoire qui succède au LPC et une expérience en cabinet d'avocats de 2 ans pour les aspirants au métier d'avocat non plaidant (*solicitor*) ou conseil juridique.

SOURCES DE DROIT DU TRAVAIL EN FRANCE
SOURCES OF EMPLOYMENT LAW IN FRANCE

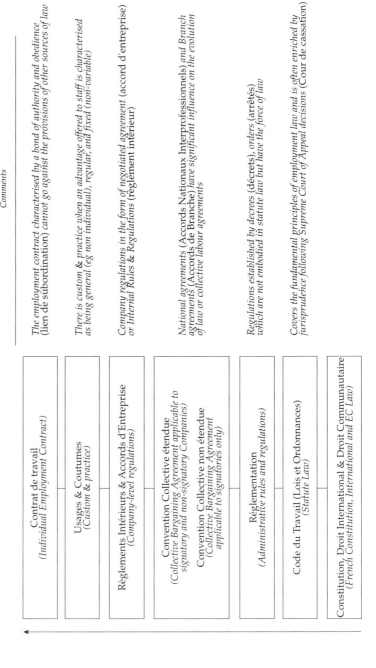

	Remarques *Comments*
Contrat de travail *(Individual Employment Contract)*	The employment contract characterised by a bond of authority and obedience (lien de subordination) cannot go against the provisions of other sources of law
Usages & Coutumes *(Custom & practice)*	There is custom & practice when an advantage offered to staff is characterised as being general (eg non individual), regular, and fixed (non-variable)
Règlements Intérieurs & Accords d'Entreprise *(Company-level regulations)*	Company regulations in the form of negotiated agreement (accord d'entreprise) or Internal Rules & Regulations (règlement intérieur)
Convention Collective étendue *(Collective Bargaining Agreement applicable to signatory and non-signatory Companies)* Convention Collective non étendue *(Collective Bargaining Agreement applicable to signatories only)*	National agreements (Accords Nationaux Interprofessionnels) and Branch agreements (Accords de Branche) have significant influence on the evolution of law or collective labour agreements
Réglementation *(Administrative rules and regulations)*	Regulations established by decrees (décrets), orders (arrêtés) which are not embodied in statute law but have the force of law
Code du Travail (Lois et Ordonnances) *(Statute Law)*	Covers the fundamental principles of employment law and is often enriched by jurisprudence following Supreme Court of Appeal decisions (Cour de cassation)
Constitution, Droit International & Droit Communautaire *(French Constitution, International and EC Law)*	

SOURCES OF EMPLOYMENT LAW IN ENGLAND & WALES
SOURCES DE DROIT DU TRAVAIL EN ANGLETERRE

Codes of Practice
(Codes Déontologiques)

*Produits par des organismes statutaires,
ces codes définissent les pratiques
jugées acceptables dans divers domaines
et servant comme référence pour les entreprises
Ex : ACAS, Equal Opportunities Commission*

*Les Codes of Practice n'ont pas de valeur
juridique mais un tribunal pourrait s'y référer si
l'employeur prétend les appliquer dans l'entreprise*

Ordinary law of contract & Common law
(Droit contractuel & Droit commun)

*Exemples : loyauté (duty of fidelity), confiance réciproque
(mutual trust), obéissance (obey reasonable orders),
rémunération (pay agreed wages) & dispositions
pour rendre le contrat exploitable (business efficacy)*

*Les contrats de travail sont soumis aux
principes de droit contractuel au même titre
que tous les autres contrats civils*

Statute Law
(Lois et réglementations)

*Législation concernant une variété de domaines :
Discrimination (Equal Pay Act, Race Relations Act,
Sex Discrimination Act...), Emploi (Employment
Protection Act...), Hygiène et Sécurité (Health &
Safety Act...), Sécurité Sociale (Pensions Act...)*

*Les dispositions de la loi sont
une source de droit incontournable*

Employment Contract
(Contrat de Travail)

- clauses écrites (express terms)
- clauses non écrites, sous-entendues (implied terms)
- clauses écrites ou non écrites (express ou implied)
  d'autres sources (accord collectif, livret d'accueil...)
- clauses statutaires

Collective agreements
(Accords collectifs)

*Négociés entre les syndicats dans l'entreprise
et l'employeur, ces accords permettent une
régulation de l'emploi sans avoir une
légitimité juridique absolue*

*Les dispositions de l'accord collectif
n'ont de valeur juridique que si elles
sont reprises dans le contrat de travail*

CLASSIFICATION DES STATUTS EN FRANCE
TYPES OF EMPLOYMENT STATUS IN FRANCE

Remarques
(Comments)

Directors	Dirigeants de sociétés *(Directors, Managing Directors)*	*Excluded from labour agreements, vacation entitlement, dismissal protection... Health scheme : CANAM. Unemployment : GSC*
Salaried staff	Cadres Supérieurs *(Executive management)*	*Standard Social Security, management pension schemes and unemployment insurance*
	Cadres moyens *(Middle management)*	*Standard Social Security, management pension schemes and unemployment insurance*
	Techniciens/ Agents de Maîtrise *(Technicians/Supervisory staff)*	*Standard Social Security and non-management pension schemes. Some staff (assimilés cadres) may be eligible for management pension schemes*
	Ouvriers non qualifiés *(Unskilled workers)* Ouvriers qualifiés *(Skilled workers)*	*Standard Social Security, non-management pension schemes and unemployment insurance*
	Employés *(Clerical/office workers)*	*Standard Social Security, non-management pension schemes and unemployment insurance*
	VRP *(Sales reps)*	*Employees, working exclusively as salespersons for 1 or more employers, benefiting from special indemnities in case of termination and tax advantages*
State employees	Fonctionnaires *(Civil Servants)*	*Special Social Security and pension schemes*
Self-employed	Artisans *(Craftsmen)*	*Special Social Security scheme without unemployment or work accident coverage. Health scheme : CANAM. Pension fund : CANCAVA*
	Commerçants/Industriels *(Small businesses)*	*Special Social Security scheme without unemployment or work accident coverage. Health scheme : CANAM. Pension fund : ORGANIC*
	Agriculteurs *(Farmers)*	*Special Social Security scheme without unemployment coverage. Health scheme : MSA. Pension fund : MSA, COREVA*
	Professions libérales *(Professional self-employed)*	*Special Social Security scheme without unemployment or work accident coverage. Health scheme : CANAM. Pension fund : CNAVPL*
Sporadic staff	Intermittents *(Temporary staff for very short-term assignments)*	*Standard Social Security, pension schemes, and unemployment insurance but contributions are fixed at specific rates for this category*
Agency-employed staff	Intérimaires *(Temporary staff)*	*Standard Social Security and pension shcemes as salaried staff of the Agency*
Staff employed by individual persons	Employés de maison Assistantes maternelles *(Home help)*	*Standard Social Security, non-management pension schemes and unemployment insurance*

ÉLÉMENTS DE RÉMUNÉRATION EN FRANCE
COMPENSATION & BENEFITS IN FRANCE

Elément de rémunération *(Component of compensation)*	Régi par *(Governed by)*
SMIC *(National Minimum Wage)*	*Law*
Salaires minima par poste *(Minimum wages/position)*	*Collective Labour Agreement*
Salaire de base *(Basic salary)*	*Individual Employment contract*
13ᵉ mois *(13th month salary)*	*Collective Labour Agreement*
Prime d'ancienneté *(Service premium)*	*Collective Labour Agreement*
Cotisations salariales *(Employees' Contributions)*	*Law* & *Employer (for level of retirement contributions)*
Cotisations patronales *(Employers' Contributions)*	*Law* & *Employer (for level of retirement contributions)*
Versement de transport *(Travel allowance)* Région Parisienne *(Paris region)* Hors Paris *(Outside of Paris)*	*Law* *Collective Labour Agreement*
Augmentations générales *(Across-the-board increases)*	*Collective Labour Agreement* & *Employer*
Augmentations au mérite *(Merit increases)*	*Employer*
Taux des heures supplémentaires *(Overtime rates)*	*Law*
Bonus *(Bonus)*	*Employer*
Participation *(Deferred profit-sharing)* *(Mandatory scheme for all companies with 50+ headcount)*	*Law*
Intéressement *(Gain-sharing scheme based on company performance)*	*Company agreement (negotiated with unions/staff reps or staff)*
Voiture de fonction *(Company car)*	*Employer*
Plan d'options *(Share options)*	*Employer*
Plan d'Epargne d'Entreprise *(Company Savings Scheme)*	*Company Agreement*
Primes diverses *(Miscellaneous premiums)*	*Collective Labour Agreement* & *Employer*
Mutuelle *(Medical care)* *(this includes dental & eye care)*	*Collective Labour Agreement* & *Employer*
Prévoyance *(AD & D, Long Term Disability)*	*Collective Labour Agreement* & *Employer*
Avantages en nature *(Benefits in kind)*	*Employer*

COMPENSATION & BENEFITS IN ENGLAND & WALES
ÉLÉMENTS DE RÉMUNÉRATION EN ANGLETERRE

Component of compensation (Élément de rémunération)	Governed by (Régi par)
National Minimum Wage *(SMIC)*	*Loi*
Minimum wages/position *(Salaires minima par poste)*	*Accords collectifs (négociés par branche ou industrie mais non obligatoires dans les entreprises qui ne reconnaissent pas les syndicats)*
Base salary *(Salaire de base)*	*Contrat de travail*
Piecework rates *(Salaire à la pièce)*	*Employeur*
Measured day work *(Salaire fixe pour un taux de production journalier prédéterminé)*	*Employeur*
Employees' Contributions *(Cotisations salariales)*	*Loi & Employeur (notamment pour les contributions à la retraite)*
Employers' Contributions *(Cotisations patronales)*	*Loi & Employeur (notamment pour les contributions à la retraite)*
Across-the-board increases *(Augmentations générales)*	*Employeur*
Merit increases *(Augmentations au mérite)*	*Employeur*
Overtime rates *(Taux des heures supplémentaires)*	*Accords collectifs (négociés par branche ou industrie mais non obligatoires dans les entreprises qui ne reconnaissent pas les syndicats) & Employeur*
Bonus *(Bonus)*	*Employeur*
Profit-Related Pay *(Système de rémunération des performances individuelles fiscalement avantageux)*	*Loi Facultative & Employeur (qui est libre de l'appliquer ou non)*
Share ownership *(Plan d'options)*	*Contrat de travail*
Company Car *(Voiture de fonction)*	*Contrat de travail*
Medical care *(Soins médicaux)*	*Employeur*
Dental & Eye Care *(Soins Optiques et Dentaires)*	*Employeur*
AD & D, Long Term Disability *(Prévoyance)* *(en général, ces prestations sont associées au régime de retraite de l'entreprise)*	*Employeur*
Pension Fund *(Régime de Retraite Entreprise)* *(les salariés peuvent transférer leurs droits sous le régime SS à ce régime privé)*	*Employeur*
Benefits in kind *(Avantages en nature)* *(voyages, bourse d'études, abonnements, remises, assurance habitation, sports ...)*	*Employeur*

REPRÉSENTANTS DU PERSONNEL EN FRANCE
STAFF REPRESENTATIVES IN FRANCE

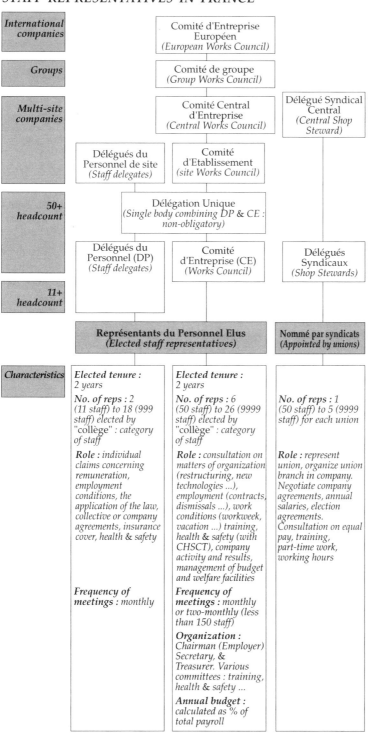

International companies	Comité d'Entreprise Européen *(European Works Council)*	
Groups	Comité de groupe *(Group Works Council)*	
Multi-site companies	Comité Central d'Entreprise *(Central Works Council)*	Délégué Syndical Central *(Central Shop Steward)*
	Délégués du Personnel de site *(Staff delegates)* — Comité d'Etablissement *(site Works Council)*	
50+ headcount	Délégation Unique *(Single body combining DP & CE : non-obligatory)*	
	Délégués du Personnel (DP) *(Staff delegates)* — Comité d'Entreprise (CE) *(Works Council)*	Délégués Syndicaux *(Shop Stewards)*
11+ headcount		

	Représentants du Personnel Elus *(Elected staff representatives)*		**Nommé par syndicats** *(Appointed by unions)*
Characteristics	***Elected tenure :*** 2 years ***No. of reps :*** 2 (11 staff) to 18 (999 staff) elected by "collège" : category of staff ***Role :*** individual claims concerning remuneration, employment conditions, the application of the law, collective or company agreements, insurance cover, health & safety ***Frequency of meetings :*** monthly	***Elected tenure :*** 2 years ***No. of reps :*** 6 (50 staff) to 26 (9999 staff) elected by "collège" : category of staff ***Role :*** consultation on matters of organization (restructuring, new technologies ...), employment (contracts, dismissals ...), work conditions (workweek, vacation ...) training, health & safety (with CHSCT), company activity and results, management of budget and welfare facilities ***Frequency of meetings :*** monthly or two-monthly (less than 150 staff) ***Organization :*** Chairman (Employer) Secretary, & Treasurer. Various committees : training, health & safety ... ***Annual budget :*** calculated as % of total payroll	***No. of reps :*** 1 (50 staff) to 5 (9999 staff) for each union ***Role :*** represent union, organize union branch in company. Negotiate company agreements, annual salaries, election agreements. Consultation on equal pay, training, part-time work, working hours

RUPTURE DU CONTRAT EN FRANCE
TERMINATION IN FRANCE

Démission (*Resignation*)	**Grounds** : *the employee has no obligation to explain his/her decision* **Notice** : *normally worked out* **Compensation** : *no indemnities other than standard employee rights* **Special procedures** : *none, other than unambiguous notification from employee*
Rupture pendant la période d'essai (*Termination during probationary period*)	**Grounds** : *neither party need justify their decision* **Notice** : *as a rule the contract is terminated immediately* **Compensation** : *no indemnities other than standard employee rights* **Spécial procedures** : *none*
Fin du Contrat à Durée Déterminée (*End of a fixed-term contract*)	**Grounds** : *the contract is justified at signature (replacement, increased workload)* **Notice** : *the contract cannot be terminated prematurely except for gross misconduct* **Compensation** : *end of contract precariousness payment* **Special procedures** : *none*
Licenciement non économique (*Dismissal*)	**Grounds** : *real and serious cause*
• **Faute lourde** (*Gross misconduct*)	**Notice**: *the contract is terminated immediately* **Compensation**: *no severance pay, notice pay or paid holidays in lieu*
• **Faute grave** (*Serious misconduct*)	**Notice** : *the contract is terminated immediately* **Compensation** : *no severance pay or notice pay*
• **Faute sérieuse** (*Misconduct*)	**Notice**: *is rarely worked out although the law allows for this* **Compensation**: *legal or labour agreement severance pay and notice pay*
Licenciement économique (*Redundancy*)	**Grounds** : *job suppression, changing nature of jobs, reorganization* **Notice** : *normally not worked out* **Compensation** : *variable depending on the extent of redundancy* **Special procedure** *for staff with minimum 2 years' service* : *employer proposes retraining agreement* (convention de conversion), *employer informs labour authorities, employer must envisage redeployment* (reclassement) *possibilities,*
1 employee	*& normal dismissal procedure*
2-9 employees	*& prior consultation of staff reps*
10 + employees	*& special redundancy plan* (Plan social): *prior consultation of staff reps, package of accompanying measures, and monitoring by labour authority*
Licenciement de salariés protégés (*Dismissal of staff with special protection*)	**Pregnant women** *cannot normally be dismissed but can be made redundant* - **Staff on public duties** *cannot be dismissed but can be made redundant* **Staff reps** *can be dismissed and be made redundant* **Special procedure** : *prior approval from Labour Inspectorate* (Inspecteur du Travail)
Rupture avec transaction (*Mutual Compromise agreement*)	*This form of termination has no specific legal status : the agreement follows the implementation of a standard dismissal process (see above)*

TERMINATION IN ENGLAND & WALES
RUPTURE DU CONTRAT EN ANGLETERRE

Resignation (*Démission*)	*Motifs* : *le salarié n'a pas à motiver sa décision* *Préavis* : *est dû (si 4 semaines d'ancienneté) : est normalement effectué* *Indemnisation* : *aucune indemnité particulière*
Constructive Dismissal (*Initiative & Imputabilité*)	*Motifs* : *le Constructive Dismissal a lieu lorsque un salarié prend «l'initiative» d'une rupture qui est «imputable» à l'employeur à cause du non-respect du contrat* (breach of contract) *Préavis* : *non effectué*
Termination of fixed-term contract (*Fin de Contrat à Durée Déterminée*)	*Motifs* : *soit CDD à terme précis sans motif précis, ou CDD à terme imprécis pour la conduite d'une mission spécifique* (task-related temporary contract) *Préavis* : *le contrat ne peut pas être rompu prématurément sauf en cas de faute lourde ou grave* (gross misconduct) *avec rupture immédiate* (summary dismissal)
Dismissal (*Licenciement non économique*)	*Motifs* : *cause réelle et sérieuse* (good reason) : *compétence, performance, mauvaise conduite, maladie de longue durée ou de courte durée (si répétitive)...* *Procédure* : *respect des procédures disciplinaires progressives (ex. : avertissement préalable)*
Gross misconduct **(*Faute lourde ou grave*)**	**Préavis : rupture immédiate (summary dismissal)** **Procédure spéciale : aucune**
Wrongful dismissal (*Licenciement irrégulier*)	*Motifs : non-respect du contrat* (breach of contract) : *absence de préavis, rupture prématurée du CDD...*
Unfair dismissal **(*Licenciement abusif*)**	**Motifs: non-respect du droit (automatically unfair), ou conduite injuste (unreasonable dismissal)** **Salariés concernés: salariés avec 2 ans d'ancienneté minimum** **Effet: un licenciement jugé abusif n'annule pas la procédure mais donne lieu à des dommages/intérêts pour : perte de sécurité de l'emploi (basic award), pertes financières (compensatory award), les deux étant plafonnées**
(Mutual Compromise Agreement) (*Rupture avec transaction*)	*Préavis* : *négociable* *Indemnisation* : *négociable* *Procédure spéciale* : *cet accord a l'autorité de la chose jugée en dernier ressort*
Redundancy (*Licenciement économique*)	*Motifs* : *fermeture de l'entreprise, réorganisation, modification des postes de travail* *Préavis* : *effectué ou indemnisé* (paid out in lieu) : *voir ci-dessous* *Indemnisation* : *statutaire pour les salariés avec 2 ans d'ancienneté minimum sauf s'ils refusent des reclassements* (suitable alternative employment) *Procédure spéciale* : *consultation avec syndicats (motifs, nombre, ordre, calendrier des licenciements). Information préalable à l'administration* *Délais de consultation sous peine de pénalités* (protective award) :
1-9 salariés	**aucun délai minimum**
10-99 salariés *(en 30 jours)*	*30 jours avant premier licenciement*
+ 100 salariés **(en 90 jours)**	**90 jours avant premier licenciement**
Supervening events & Frustration (*Cas de force majeure*)	*Motifs* : *tout événement empêchant la poursuite du contrat pour cause de force majeure : fermeture de l'entreprise, chômage technique, décès de l'employeur/salarié, emprisonnement...* *Indemnisation* : *est due si la rupture est un licenciement économique* (redundancy) *et si le salarié a 2 ans d'ancienneté*
Dismissal of staff with special protection (*Licenciement de salariés protégés*)	*Sont abusifs : les licenciements de salariées enceintes ou en congé de maternité, de salariés remplissant des fonctions syndicales, ou de salariés qui font valoir leurs droits* (automatically unfair dismissal)

CONTENTIEUX DU DROIT DU TRAVAIL EN FRANCE (juridictions civiles)
EMPLOYMENT LITIGATION IN FRANCE (civil cases only)

Categorial or collective grievances or conflicts : Tribunal de Grande Instance (High Court of Justice)

Regional jurisdiction empowered to handle categorial or collective grievances or conflicts arising from the application of law and collective agreements

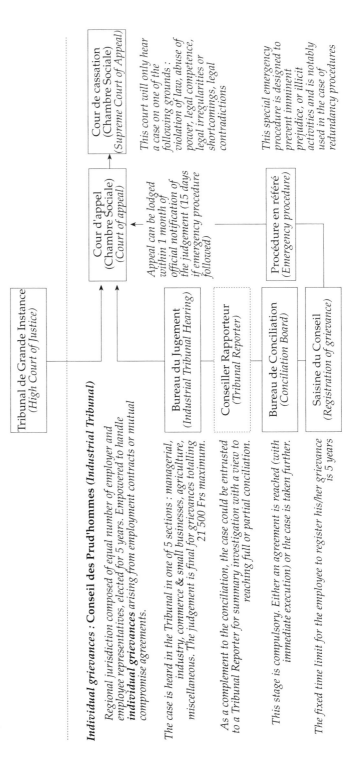

Tribunal de Grande Instance
(High Court of Justice)

Cour d'appel
(Chambre Sociale)
(Court of appeal)

Cour de cassation
(Chambre Sociale)
(Supreme Court of Appeal)

This court will only hear a case on one of the following grounds : violation of law, abuse of power, legal competence, legal irregularities or shortcomings, legal contradictions

Appeal can be lodged within 1 month of official notification of the judgement (15 days if emergency procedure followed)

This special emergency procedure is designed to prevent imminent prejudice, or illicit activities and is notably used in the case of redundancy procedures

Individual grievances : Conseil des Prud'hommes (Industrial Tribunal)

Regional jurisdiction composed of equal number of employer and employee representatives, elected for 5 years. Empowered to handle *individual grievances* arising from employment contracts or mutual compromise agreements.

Bureau du Jugement
(Industrial Tribunal Hearing)

The case is heard in the Tribunal in one of 5 sections : managerial, industry, commerce & small businesses, agriculture, miscellaneous. The judgement is final for grievances totalling 21 500 Frs maximum.

Conseiller Rapporteur
(Tribunal Reporter)

As a complement to the conciliation, the case could be entrusted to a Tribunal Reporter for summary investigation with a view to reaching full or partial conciliation.

Procédure en référé
(Emergency procedure)

Bureau de Conciliation
(Conciliation Board)

This stage is compulsory. Either an agreement is reached (with immediate execution) or the case is taken further.

Saisine du Conseil
(Registration of grievance)

The fixed time limit for the employee to register his/her grievance is 5 years

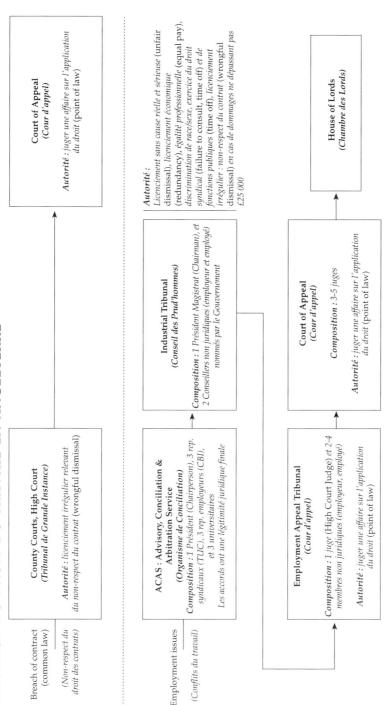

EMPLOYMENT LITIGATION IN ENGLAND & WALES
CONTENTIEUX DU DROIT DU TRAVAIL EN ANGLETERRE

Breach of contract
(common law)

*(Non-respect du
droit des contrats)*

County Courts, High Court
(Tribunal de Grande Instance)

Autorité : *licenciement irrégulier relevant
du non-respect du contrat* (wrongful dismissal)

Court of Appeal
(Cour d'appel)

Autorité : *juger une affaire sur l'application
du droit* (point of law)

Employment issues

(Conflits du travail)

**ACAS : Advisory, Conciliation &
Arbitration Service**
(Organisme de Conciliation)
Composition : *1 Président (Chairperson), 3 rep.
syndicaux (TUC), 3 rep. employeurs (CBI),
et 3 universitaires*
Les accords ont une légitimité juridique finale

Industrial Tribunal
(Conseil des Prud'hommes)

Composition : *1 Président Magistrat (Chairman), et
2 Conseillers non juridiques (employeur et employé)
nommés par le Gouvernement*

Autorité :
Licenciement sans cause réelle et sérieuse (unfair
dismissal), *licenciement économique*
(redundancy), *égalité professionnelle* (equal pay),
*discrimination de race/sexe, exercice du droit
syndical* (failure to consult, time off) *et de
fonctions publiques* (time off), *licenciement
irrégulier : non-respect du contrat* (wrongful
dismissal) *en cas de dommages ne dépassant pas
£25 000*

Employment Appeal Tribunal
(Cour d'appel)

Composition : *1 juge (High Court Judge) et 2-4
membres non juridiques (employeur, employé)*

Autorité : *juger une affaire sur l'application
du droit* (point of law)

Court of Appeal
(Cour d'appel)

Composition : *3-5 juges*

Autorité : *juger une affaire sur l'application
du droit* (point of law)

House of Lords
(Chambre des Lords)

RETRAITES EN FRANCE
PENSIONS IN FRANCE

NON-MANAGERIAL EMPLOYEES (NON-CADRES)	*EXECUTIVES & MANAGERS* (CADRES)

Retraites privées *(private pensions)*

Such fully-funded (capitalisation)
or pay-as-you-go (répartition) *schemes are very
uncommon in France*

Régime complémentaire AGIRC
*(supplemental scheme obligatory for all
managers)*

Pay-as-you-go system (retraite par répartition)

Contributions : *Different levels of
employer/employee contributions are possible and
are levied on the part of the salary between the
Social Security ceiling and eight times the ceiling*
(Tranches B & C)

Benefit : *Throughout their careers employees
acquire points according to the level of their
contributions and on retirement the number of
points is multiplied by the current point value.
Vesting is immediate*

Régime complémentaire ARRCO
(supplemental scheme obligatory for all staff including managers)

Pay-as-you-go system (retraite par répartition)

Contributions : *Limited to the part of the salary up to the Social Security ceiling for
managers, and three times the ceiling for non-managers*

Benefit : *Throughout their careers employees acquire points according to the level of
their contributions and on retirement the number of points is multiplied by the current
point value. Vesting is immediate*

Retraite de la Sécurité Sociale *(Basic state pension)*

Pay-as-you-go system (retraite par répartition)

Contributions : *Employer/Employee contributions are at a fixed rate and paid on the
part of the salary up to the Social Security ceiling* (plafond de la SS : Tranche A)

Benefit : *maximum entitlement of 50 % of average earnings over the best 16 years
(increased progressively to 25 in 2008). The full pension is paid on the basis of 156
quarterly contributions (increased progressively to 160 in 2004)*

*Retirement age : Men and Women : as from 60 (on condition that the
employee has paid contributions for the required number of quarters to the
SS scheme) and not later than 65 (regardless of number of years' contributions)*

PENSIONS IN ENGLAND & WALES
RETRAITES EN ANGLETERRE

STATE PENSIONS (RETRAITES DE LA SS)

PRIVATE PENSIONS (RETRAITES PRIVÉES)

Contracting out :

Le salarié peut substituer un plan de retraite privé à la retraite complémentaire de l'Etat, sans perte de droits et à prestations au moins équivalentes à celles du SERPS

SERPS : State Earnings-Related Pension Scheme
(Retraite complémentaire)

Système de retraite par répartition (pay-as-you-go)

Cotisations : *voir Basic State Pension*

Prestations : *25 % des 20 meilleures années de salaire réévalué à l'âge de la retraite (réduit à 20 % en l'an 2010)*

Plan de retraite géré par une Caisse (Trust), approuvé par l'administration fiscale (Inland Revenue) pour l'obtention de l'exonération des cotisations

Occupational Pension Scheme
(Plan de Retraite mis en place par l'Employeur)

Système de retraite par capitalisation (fully funded)

1 - Defined Contribution Scheme (Money Purchase) *(Plan à cotisations définies)*

2 - Defined Benefit Scheme *(Plan à prestations définies)* Deux options : retraite versée en % du salaire de fin de carrière (final salary) ou en % de rémunération moyenne sur une période donnée (average earnings)

Les droits sont automatiquement acquis après 2 ans de cotisations (fully vested), et sont transférables si le salarié quitte le plan (ou l'entreprise)

Plan de retraite géré par une institution financière reconnue permettant l'obtention de l'exonération des cotisations

Personal Pension
(Plan de retraite souscrit par un salarié à titre individuel)

Système de retraite par capitalisation (fully funded)

Defined Contribution Scheme (Money Purchase) *(Plan à cotisations définies)*

GPP : Group Personal Pension

(Plan de retraite souscrit à titre individuel mais sur recommandation de l'Employeur)

Basic State Pension *(Retraite de la Sécurité Sociale)*

Système de retraite par répartition (pay-as-you-go)

Cotisations : *les taux (salariaux et patronaux) sont progressifs sur les salaires supérieurs à un minimum (lower earnings limit) et dans la limite d'un plafond (upper earnings limit)*

Prestations : *somme forfaitaire versée si le salarié a cotisé pendant 90 % de sa carrière*

Age de la Retraite : Hommes : 65, Femmes : 60 (65 en 2010) Préretraite : ce dispositif n'existe pas dans le régime d'Etat

RÉPERTOIRE CONCIS DES MÉTIERS
CONCISE DIRECTORY OF OCCUPATIONS

FRANCAIS- ANGLAIS
FRENCH- ENGLISH

FONCTIONS
PROFESSIONS

Achats, Logistique, Transport
Purchasing, Logistics, Transport

Acheteur	Purchaser, Buyer (*US*)
Acheteur International	International Purchaser
Agent Maritime	Shipping Agent
Assistant Achats	Purchasing Assistant
Assistant Logistique	Logistics Assistant
Chargeur	Loader
Chargeur (de fret)	Freight Handler
Chauffeur	Chauffeur, Driver
Chauffeur de Poids Lourd	Heavy Goods Vehicle Driver, Lorry Driver, Truck Driver (*US*)
Conducteur	Driver (Bus Driver, Engine Driver, Lorry Driver ...)
Déclarant en Douane	Forwarding Agent
Déménageur	Furniture Mover
Directeur des Achats	Purchasing Manager
Gestionnaire des Stocks	Stock Control Manager
Ingénieur Logistique	Logistics Manager
Ingénieur Planification	Planning Engineer
Magasinier	Warehouseman, Storekeeper, Storeman
Réceptionniste	Receptionnist
Responsable Achats	Purchasing Manager, Supply Manager, Procurement Manager, Head of Procurement
Responsable Achats/Logistique	Materials Manager
Responsable Exploitation	Operations Manager
Responsable Flotte	Fleet Manager
Responsable Gestion des Stocks	Head of Stock Management
Responsable Logistique	Logistics Manager
Routier	Lorry Driver, Truck Driver (*US*)
Transitaire	Forwarding/Shipping Agent
Transporteur	Transporter, Freight Carrier

Administration, Secrétariat
Administration, Secretarial

Agent Administratif	Administrative Clerk
Coursier	Messenger, Dispatch Rider
Dactylographe	Typist
Employé Administratif	Office Clerk
Employé de Bureau	Office Clerk/Worker
Employé Service Courrier	Mail Clerk

Encaisseur	Collector (receipts)
Garçon de Course	Errand Boy
Gardien	Security Guard
Homme-à-tout-faire	Odd-job person
Hôtesse	Hostess, Receptionnist
Portier	Doorman, Doorkeeper
Responsable Services Généraux	General Services Manager, Office Manager
Secrétaire	Secretary
Secrétaire Commerciale	Sales Secretary
Secrétaire Comptable	Accounting Secretary
Secrétaire de Direction	Personal Assistant (PA), Executive Secretary (*US*)
Secrétaire de Direction bilingue/trilingue	Bilingual/Trilingual PA
Secrétaire Juridique	Legal Secretary
Standardiste	Switchboard Operator
Standardiste Hôtesse	Switchboard/Receptionnist
Sténodactylo	Shorthand Typist
Sténographe	Stenographer

Commercial, Ventes
Sales

Agent Commercial	Sales Agent
Agent de Comptoir	Counter Employee
Assistant Administration Commerciale	Sales Support Assistant
Assistant Commercial	Sales Assistant
Attaché Commercial	Sales Representative
Caissier	Cashier
Chef de Secteur	Regional Sales Manager, Area Manager
Chef de Zone Export	Export Manager
Chef des Ventes	Head of Sales
Chef des Ventes Régional	Regional Sales Manager
Commercial	Sales Executive, Sales Rep., Sales Person
Commis Voyageur	Commercial Traveller
Délégué Commercial	Salesperson
Démarcheur	Canvasser
Démonstrateur	Demonstrator
Directeur Commercial	Director of Sales, Head of Sales
Directeur des Ventes	Director of Sales
Directeur du Développement des Ventes	Business/Sales Development Manager
Directeur Régional	Area Manager, Regional Manager
Gestionnaire de Comptes Clients	Account Manager
Grossiste	Wholesaler
Hôtesse	Hostess
Ingénieur Commercial	Sales Engineer, Account Manager, Sales Representative
Ingénieur Technico-Commercial	Sales Engineer
Négociateur	Negotiator
Placier	Canvasser
Prospecteur Téléphonique	Telesalesperson

Représentant	(Field) Sales Executive, Sales Representative, Salesperson
Représentant de Commerce,	Commercial Traveller
Responsable Administration Commerciale	Sales Administration Manager
Responsable Administration des Ventes	Sales Administration Manager, Sales Support Manager
Responsable Affaires	Business (Development) Manager
Responsable Agence	Agency/Branch Manager
Responsable Avant-Projets	Pre-Sales Manager
Responsable Comptes Clés	Key Accounts Manager, Corporate Accounts Manager
Responsable d'Affaires	Business Manager
Responsable de Marché	Market Sales Manager
Responsable de Réservations	Reservations Manager
Responsable de la Vente par Correspondance	Mail Order Manager
Responsable de Zone Export	Export Manager
Responsable Grands Comptes	Major Accounts Manager, Corporate Accounts Manager
Responsable Portefeuille Clients	Account Executive
Responsable Secteur	Regional Sales Manager
Responsable Service Après-Vente	Customer Service Manager
Responsable Ventes	Sales Manager, Head of Sales
Responsable Ventes Nationales	National Sales Manager
Responsable Ventes Pays	Country Sales Manager
Responsable Promotion des Ventes	Sales Promotion Manager
Responsable Service Clients	Customer Service Manager, Service Delivery Manager
Technico-Commercial	Sales Engineer
Téléconseiller	Call Centre Manager
Téléprospecteur	Telesalesperson
Télévendeur	Telesalesperson
Vendeur	Salesperson, Seller, Shop Assistant, Vendor
Vendeur au Porte-à-Porte/à Domicile	Door-to-Door Salesperson
Vendeur Confirmé	Senior Salesperson
VRP (Voyageur, Représentant, Placier)	Sales Rep(resentative)

Comptabilité, Audit, Finance
Accounting, Audit, Finance

Aide-Comptable	Accounting Clerk
Analyste Budgétaire	Budget Analyst
Analyste de Crédit	Credit Analyst
Analyste Financier	Financial Analyst
Auditeur	Junior Auditor
Auditeur Interne	Internal Auditor
Auditeur Senior	Senior Auditor
Chargé de Recouvrement	Claims Assessment Manager
Chef Comptable	Chief Accountant, Accounting Manager (US)
Commissaire aux Comptes	Auditor
Comptable	Accountant

Comptable Analytique	Cost Accountant
Comptable Clients	Payables Accountant
Comptable en Ecritures	General Ledger Clerk
Comptable Fournisseurs	Receivables Accountant
Comptable Paie	Payroll Accountant
Comptable Trésorerie	Treasury Accountant
Conseiller en Financement	Financial Advisor
Conseiller Financier	Financial Advisor
Contrôleur de Gestion	Management Accountant, Controller, Comptroller
Courtier en Bourse	Stockbroker
Courtier Titres	Investment Broker
Directeur Administratif et Financier	Financial Controller, Chief Financial Officer (*US*)
Directeur Financier	Financial Controller
Expert Comptable	Auditor, Chartered Accountant, Certified Public Accountant (*US*)
Fiscaliste	Tax Expert/Specialist
Responsable Recouvrement	Claims Assessment Manager
Responsable Comptabilité Clients	Customer Accounts Manager
Responsable Contrôle de Gestion	Management Accountant, Controller, Comptroller
Responsable Financier	Financial Controller
Responsable Fiscal	Tax Manager
Trésorier	Treasurer

Conseil, Juridique
Consultancy, Legal

Assistant de Recherche	Research Assistant
Associé	Partner
Avocat (conseil)	Lawyer, Solicitor
Avocat (plaidant)	Barrister, Attorney (*US*)
Avoué	Legal Advisor
Chef de Mission	Audit Leader, Assignment Leader
Clerc de Notaire	Solicitor's Assistant
Conseil en Management	Management Consultant
Conseil en Recrutement	(Executive) Search & Selection Consultant
Conseil en Stratégie	Strategy Consultant
Consultant	Consultant
Consultant en Outplacement	Outplacement Consultant
Huissier	Bailiff
Ingénieur-Conseil	Engineering Consultant, Consulting Engineer
Juge	Judge
Juriste	Lawyer, Legal Expert, Legal Adviser/Counsel
Juriste d'Affaires	Business Lawyer
Juriste d'Entreprise	Corporate Lawyer, Company Counsel
Juriste en Droit Social	Employment Specialist, Labour Law Specialist
Juriste Fiscaliste	Tax Lawyer, Tax Specialist
Juriste Propriété Intellectuelle	Intellectual Property Attorney
Magistrat	Magistrate
Notaire	Notary Public

Rédacteur Juridique — Legal Copywriter
Responsable Juridique — (Legal) Counsel/Manager
Responsable Service
Contentieux et Recouvrement — Claims Assessment Manager

Direction générale
General Management

Chef d'Entreprise — Company Director
Directeur d'un Centre de Profit — Business Unit Manager
Directeur d'Etablissement — Plant Manager, Site Manager, Local Manager
Directeur d'Usine — Plant Manager, Works Manager, Factory Manager
Directeur Filiale — Company Director (subsidiary)
Directeur Général — Managing Director, Chief Operating Officer, Chief Executive
Directeur-Général Adjoint — Assistant Managing Director
Directeur de Pays — Country Manager
Dirigeant — General Manager
Fondé de Pouvoir — Agent holding power of attorney
Gérant — General Manager
Président-Directeur Général — Managing Director, Chief Executive Officer
Secrétaire Général — Company Secretary

Informatique, Systèmes d'information
Information technology

Administrateur de Base de Données — Database Administrator
Analyste Systèmes — Systems Analyst, Analyst
Analyste-Programmeur — Systems Analyst, (Software) Application Engineer
Chef de Projet Informatique — (Application) Project Manager
Directeur Informatique — MIS Director, IT Director, Information Systems Manager
Expert Systèmes — Systems Expert
Gestionnaire de Bases de Données — Database Developer
Informaticien — Software Engineer, Computer Scientist/Programmer
Informaticien de Gestion — Business Systems Programmer
Informaticien d'Etudes — Computer Analyst
Ingénieur Assistance — Support Engineer
Ingénieur de Développement — Applications Developer, Software Developer, Applications Engineer
Ingénieur Génie Logiciel — Software Engineer
Ingénieur Informaticien — Software Engineer
Ingénieur Réseau — Network Engineer
Ingénieur Systèmes — Systems Engineer
Opérateur — Operator
Opérateur de Saisie — Keyboard Operator, Computer Operator
Programmeur — Programmer
Programmeur Système — Systems Programmer

Pupitreur	Keyboard Operator, Computer Operator
Pupitreur Réseau	Network Keyboard Operator
Pupitreur Système	System Keyboard Operator
Responsable Bureautique	Office Applications Manager
Responsable Développements	Systems Development Manager
Responsable Exploitation	Systems Administrator
Responsable Infocentre	Data Centre Manager
Responsable Maintenance	Maintenance Manager
Responsable Micro-Infomatique	Micro-Computing Manager
Responsable Réseau	Network Manager
Responsable Systèmes d'Information	Business Systems Manager

Marketing
Marketing

Assistant Chef de Produit	Assistant Product Manager
Chef de Groupe Marketing	Head of Product Management
Chef de Produit	Product Manager, Brand Manager
Chef de Produit Junior	Junior Product Manager
Chef de Produit Senior	Senior Product Manager
Chef de Produits (ligne de produits)	Category Manager
Directeur Marketing	Marketing Director, Head of Marketing
Enquêteur	Pollster
Responsable du Développement des Produits	Product Development Manager
Responsable Etudes du Marché	Market Research Analyst
Responsable des Franchises	Licensing Manager
Responsable Marketing	Marketing Manager
Responsable Marketing Direct	Direct Marketing Manager
Responsable de la Marque	Brand Manager
Responsable Merchandising	Merchandising Manager
Responsable des Partenariats	Partnership Manager
Responsable Trade Marketing	Trade Marketing Manager

Métiers d'ingénieurs
Engineering

Directeur Recherche et Développement	R & D Manager
Ingénieur Aérodynamicien	Aerodynamics Engineer
Ingénieur Aéronautique	Aeronautical Engineer
Ingénieur Agronome	Agricultural Scientist
Ingénieur Assurance Qualité	Quality Assurance Engineer
Ingénieur Brevets	Patent Engineer
Ingénieur Chimiste	Chemical Engineer
Ingénieur Concepteur/Conception	Design Engineer
Ingénieur Construction	Structural Engineer
Ingénieur du Son	Sound Engineer
Ingénieur Electricien	Electrical Engineer
Ingénieur Electromécanicien	Electrical Engineer (high voltage)
Ingénieur Electronicien	Electronics Engineer
Ingénieur en Génie Civil	Civil Engineer

Ingénieur en Productique	Industrial Automation Engineer
Ingénieur en Robotique	Robotics Engineer
Ingénieur Environnement	Environmental Engineer
Ingénieur Essais	Test Engineer
Ingénieur Fabrication	Manufacturing Engineer
Ingénieur Forage	Drilling Engineer, Offshore Engineer
Ingénieur Génie Civil	Civil Engineer
Ingénieur Génie de la Mer	Offshore Engineer
Ingénieur Génie Thermique	Thermal Engineer
Ingénieur Géophysicien	Geophysicist Engineer
Ingénieur Hydraulicien	Hydraulic Engineer
Ingénieur Laboratoire	Laboratory Engineer
Ingénieur Maintenance	Maintenance Engineer
Ingénieur Matériaux	Stress Engineer
Ingénieur Mécanicien	Mechanical Engineer
Ingénieur Métallurgiste	Metallurgical Engineer
Ingénieur Méthodes	Methods Engineer
Ingénieur Métrologue	Loads & Weights Engineer
Ingénieur Mines	Mining Engineer
Ingénieur Naval	Marine Engineer
Ingénieur Physicien	Physics Engineer
Ingénieur Planification	Planning Engineer
Ingénieur Plasturgiste	Plasturgical Engineer
Ingénieur Ponts et Chaussées	Civil Engineer
Ingénieur Process	(Plant) Process Engineer, Process Improvement Engineer
Ingénieur Production	Production Engineer
Ingénieur Produit	Product Engineer
Ingénieur Projet	Project Engineer
Ingénieur Qualité	Quality Engineer
Ingénieur Qualiticien	Quality Engineer
Ingénieur R & D	Research Engineer
Ingénieur Recherche	Research Engineer
Ingénieur Sécurité	Safety Engineer
Ingénieur Systèmes	Systems Engineer
Ingénieur Télécommunications	Telecommunications Engineer
Ingénieur Thermique	Thermal Engineer

Professions libérales, Indépendants
Professionals, Self-employed

Agent Immobilier	(Real) Estate Agent
Architecte	Architect
Commissaire-Priseur	Auctioneer
Décorateur	Decorator
Décorateur d'Intérieur	Interior Designer
Illustrateur	Illustrator
Interprète	Interpret
Journaliste	Journalist
Médecin	Doctor
Photographe	Photographer
Psychologue	Psychologist
Psychologue du Travail	Industrial Psychologist
Traducteur	Translator
Traducteur-Interprète	Translator-Interpret
Urbaniste	Town Planner

Ressources humaines, Personnel
Human resources, Personnel

Administrateur Paie	Payroll Assistant
Animateur de Formation	Trainer, Instructor, Educator
Chargé de Formation	Training Officer
Chargé de Recrutement	Recruitment Officer
Chef du Personnel	Personnel Manager
Conseiller en Recrutement	Recruitment Consultant
Directeur Ressources Humaines	Human Resources Manager
Formateur	Trainer, Instructor, Educator
Graphologue	Graphologist, Handwriting Expert
Recruteur	Recruiter
Responsable Affaires Sociales	Employee Relations Manager, Industrial Relations Manager
Responsable de la Communication Interne	Internal Communication Manager
Responsable Emploi/Formation	Training & Employment Manager
Responsable Formation	Training Manager
Responsable Formation Cadres	Head of Management Development/Education
Responsable Gestion de Carrières	Career Development Manager
Responsable Gestion de l'Emploi	Staffing Manager
Responsable Gestion du Personnel	Personnel Officer/Manager
Responsable Paie	Payroll Manager, Payroll Supervisor
Responsable Recrutement	Recruitment Manager
Responsable Relations Ecoles/Universités	Campus Manager
Responsable Rémunération	Compensation & Benefits Manager
Responsable Ressources Humaines	Human Resources Manager
Technicien de Paie	Payroll Assistant

Divers
Miscellaneous

Chargé de mission	Special Projects Manager
Chef de projet	Project Manager
Chef de service	Department Head
Economiste	Economist
Gardien	Security Guard, Attendant
Géologue	Geologist
Géomètre	(Quantity) Surveyor
Géophysicien	Geophysicist
Horticulteur	Market Gardener
Inspecteur du Travail	Labour Inspector
Livreur	Delivery Person
Mathématicien	Mathematician
Métreur	Quantity Surveyor
Pilote	Pilot
Réparateur	Repairer
Responsable Immobilier	Real Estate Manager
Responsable Sécurité	Head of Security
Statisticien	Statistician

Superviseur	Supervisor
Surveillant	Attendant
Topographe	Topographer
Archiviste	Archivist
Bibliothécaire	Librarian
Documentaliste	Documentalist, Information Scientist

SECTEURS D'ACTIVITÉS
INDUSTRY SECTORS

Banque, Assurance
Banking, Insurance

Actuaire	Actuary
Agent d'Assurance	Insurance Agent
Agent de Change	Foreign Exchange Dealer
Assistant Back Office	Back Office Assistant
Assureur	(Insurance) Underwriter
Caissier	Cashier (bank, restaurant, store)
Cambiste	Broker, Foreign Exchange Dealer
Chargé de Clientèle	Personnel Banking Officer (*US*)
Chef d'Agence	Branch Manager
Courtier d'Assurance	Insurance Broker
Employé Back Office	Back Office Clerk
Employé de Banque	Bank Clerk
Employé de Crédit Documentaire	Credit/Loan Mortgage Officer
Evaluateur	Appraiser
Evaluateur (assurance)	Assessor, Claims Assessor
Expert en Evaluation	Valuer
Gestionnaire	Administrator, (Financial) Manager
Gestionnaire de Clientèle	Personal Banking Representative (*US*)
Gestionnaire de Risques	Risk Manager
Gestionnaire Titres	Investment Trader
Guichetier	Counter Clerk
Responsable Guichet	Counter Manager
Responsable d'Agence	Branch Manager
Spécialiste Back Office	Back Office Specialist
Trader	Trader

Bâtiment, Travaux publics
Building, Construction, Public works

Aide-Maçon	Handyman
Carreleur	Tiler
Charpentier	Carpenter
Chef de Chantier	Site Foreman, Works Foreman
Coffreur Boiseur	Caster
Conducteur	Driver
Conducteur de Grue	Crane Driver/Operator
Couvreur	Roofer
Echafaudeur	Scaffolder
Electricien	Electrician

Empileur	Hod carrier
Enduiseur	Fixer
Ferrailleur	Cast Iron Craftsman, Metal Worker
Ferronnier	Wrought Iron Craftsman, Metal Worker
Grutier	Crane Driver/Operator
Ingénieur Travaux	Works Engineer
Ingénieur Travaux Publics	Construction/Civil Engineer
Maçon	Stonemason, Builder
Maçon-Briqueteur	Bricklayer
Manœuvre	Labourer
Marbrier	Marble Mason
Ouvrier d'Exécution	Labourer
Peintre en Bâtiment	House/Building Painter
Pelliste	Mechanical Digger Operator
Plâtrier Enduiseur	Plasterer
Plombier Chauffagiste	Plumber
Ravaleur	Stone Restorer
Responsable Chantier	Worksite Manager, Worksite Foreman
Responsable Travaux	Construction Manager
Sableur	Sandblaster
Serrurier	Locksmith, Ironsmith
Staffeur	Plasterer
Tailleur de Pierre	Stone-Cutter
Technicien Bâtiment	Building Site Worker

Distribution, Commerce de détail
Retail trade

Boucher	Butcher
Boulanger	Baker
Caissier, Caissière	Check-Out Assistant
Chef de Département	Departmental Manager
Chef de Produit	Product Manager
Chef de Rayon	Departmental/Floor Manager
Cordonnier	Shoe-maker
Détaillant	Retailer
Directeur de Magasin	Shop Manager, Store Manager (US)
Directeur Régional	District Manager
Ebéniste	Furniture Maker
Esthéticien	Beautician
Etalagiste	Window Dresser
Grossiste	Wholesaler
Libraire	Bookseller
Menuisier	Joiner, Cabinet Maker
Poissonnier	Fishmonger
Responsable Approvisionnements	Distribution Manager, Supply Manager
Responsable Caisse	Receipts Manager
Responsable Magasin	Shop Manager, Store Manager (US)
Responsable Rayon	Departmental Manager
Serrurier	Locksmith
Tailleur	Tailor

Vendeur, Vendeuse	Shop Assistant, Sales Assistant
Vitrier	Glazier

Hôtellerie, Restauration
Hotel, Food and Drink Industry

Agent de Nettoyage	Room Maid
Agent de Réservation	Reservation Agent
Bagagiste	Bell Boy
Caissier	Cashier
Chasseur	Bell Boy
Chef de Cuisine	Kitchen Chef
Chef de Partie	Chef de Partie
Chef de Rang	Chef de Rang
Chef Exécutif	Executive Chef
Chef Pâtissier	Pastry Chef
Commis de Cuisine	Kitchen Commis
Concierge	Concierge
Cuisinier	Cook
Directeur d'Hôtel	Hotel (General) Manager
Directeur Hébergement	Rooms Division Manager
Directeur Restauration	F&B Manager
Directeur Technique	Director of Engineering, Maintenance Director
Femme de Chambre	Room Maid
Gouvernante	Housekeeper
Gouvernante d'Etage	Floor Housekeeper
Gouvernante Générale	Executive Housekeeper
Maître d'Hôtel	Maitre D
Pâtissier	Pastry Commis
Plongeur	Dishwasher, Washer-up
Réceptionniste	Receptionist
Responsable Centre de Conférences	Conference Centre Manager
Responsable Income	Income Audit
Responsable Réception	Front Office Manager
Responsable Restaurant	Restaurant Manager
Responsable Restauration	Food & Beverage (F&B) Manager
Responsable Room Service	Room Service Manager
Serveur	Waiter
Serveuse	Waitress
Sommelier	Wine Waiter
Steward	Steward
Veilleur de nuit	Night Caretaker

Production, Industrie
Manufacturing Industry

DIRECTION
MANAGEMENT

Chef de Fabrication	Manufacturing Manager, Production Manager
Directeur de Fabrication	Manufacturing Manager, Production Manager
Directeur de la Maintenance	Maintenance Manager

Directeur de la Planification	Planning Director
Directeur des Opérations	Operations Manager
Directeur d'Exploitation	Operations Manager
Directeur d'Usine	Factory/Plant Manager
Directeur Industriel	Industrial Manager
Directeur Production	Production Manager, Manufacturing Manager
Directeur Qualité	Quality Manager
Directeur Technique	Engineering Manager, Technical Manager
Ingénieur Contrôle Qualité	Quality Control Manager, Quality Control Inspector
Inspecteur Qualité	Quality Inspector
Responsable Assurance Qualité	Quality Assurance Manager
Responsable de Site	Site Manager
Responsable Fabrication	Manufacturing Manager
Responsable Ilôt	Production Team Manager
Responsable Laboratoire	Laboratory Manager
Responsable Ligne de Fabrication	Production Line Manager
Responsable Méthodes	Methods Engineer
Responsable Qualité	Quality Manager

TECHNICIENS, MAÎTRISE
TECHNICIANS AND SUPERVISORS

Acousticien	Acoustician
Aérodynamicien	Aeromechanic
Agent de Laboratoire	Lab(oratory) Assistant
Agent de Maîtrise	Supervisor
Biochimiste	Biochemist
Biologiste	Biologist
Chef d'Atelier	Workshop Manager, Shop Foreman
Chef de Dépôt	Warehouse Manager
Chef d'Equipe	Team Manager, Shift Leader
Chercheur	Researcher, Research Worker
Chimiste	Chemist
Conducteur de Travaux	Site Supervisor
Contrôleur de Fabrication	Manufacturing Controller
Contrôleur Qualité	Quality Controller
Dessinateur	Designer
Dessinateur de Meubles	Furniture Designer
Dessinateur d'Emballages	Packaging Designer
Dessinateur Industriel	Draughtperson, Industrial Designer
Electricien	Electrician
Electromécanicien	Electrical Fitter
Electrotechnicien	Electrical Engineering Technician (high voltage)
Laborantin	Laboratory Assistant
Projeteur	Senior Draughtsperson
Responsable Atelier	Workshop Manager, Foreman
Responsable Equipe	Shift Team Leader
Technicien Contrôle Qualité	Quality Control Technician
Technicien d'Atelier	Workshop Technician
Technicien de Fabrication	Production Technician, Manufacturing Technician
Technicien Essais	Test Technician

Thermicien	Heat Physician
Thermodynamicien	Thermodynamicist

OUVRIERS, OPÉRATEURS
WORKERS, OPERATORS

Affûteur	Grinder
Agent de Fabrication	Manufacturing Operator
Agent d'Entretien	Maintenance Operator, Cleaner
Aiguiseur	Sharpener
Ajusteur	Fitter
Ajusteur-Electricien	Electrical Fitter
Assembleur	Assembler
Aviveur	Finisher
Bobineur	Winder
Braseur	Brazier
Câbleur	Cable Worker
Calorifugeur	Insulation Worker
Cariste	Forklift Truck Driver/Operator
Chargeur	Loader
Chaudronnier	Boilermaker, Boilersmith
Chaudronnier (en cuivre)	Coppersmith
Cintreur	Woodbender
Ciseleur	Cutter, Engraver
Conducteur de Chaîne de Montage	Assembly-Line Operator
Conducteur de Four	Kiln-Operator, Furnace Operator
Conducteur de Laminoir	Rolling Mill Operator
Conducteur de Ligne de Fabrication	Production Line Operator
Conducteur de Machine	Machine-Operator
Conducteur de Machine Outil	Machine-Tool Operator
Conducteur de Presse	Press Operator
Conducteur de Turbines	Turbine Operator
Coupeur	Cutter
Couvreur-Zingueur	Metal Roofer
Dépolisseur	Sandblaster
Emailleur	Enameller
Emballeur	Packer
Embouteilleur	Packer (in bottles), Bottler
Fileur	Spinner
Finisseur	Finisher
Foreur	Borer, Drilling Equipment Operator
Forgeron	Blacksmith, Farrier
Formeur	Metal Former
Fraiseur	Milling Machine Operator
Graveur	Engraver
Lamineur	Polisher, Roller
Laveur	Washer
Manœuvre	Labourer, Manual Worker
Manutentionnaire	Porter (warehouse), Warehouseman, Storekeeper, Storeman, Loader
Marqueur	Marker (metal)
Mécanicien	Mechanic
Mécanicien de Maintenance	Maintenance Mechanic
Mécanicien d'Entretien	Maintenance Mechanic

Métalliseur au Pistolet	Metal Sprayer
Métallurgiste	Metalworker, Steelworker
Métrologue	Metrologist
Meuleur	Grinder
Mineur	Miner
Mineur de Fond	Underground Miner
Monteur	Assembler, Assembly Worker
Monteur Machines-Outils	Machine Tool Assembler
Monteur-Câbleur	Wireworker, Cable Worker
Monteur-Electricien	Electronic-Machinery Assembler
Mouleur	Caster, Moulder
Opérateur	Operator
Outilleur	Toolmaker, Toolsmith
Ouvrier Non Qualifié	Unskilled Worker
Ouvrier Qualifié	Skilled Worker
Ouvrier Spécialisé	Unskilled Worker
Ouvrier sur Machine	Machine Operator
Ouvrier sur Presse	Press Operator
Oxycoupeur	Flamecutter
Peintre	Painter (automobile, metal)
Peintre au Pistolet	Spray Painter
Peintre Industriel	Metal Painter
Perceur	Sandblaster
Polisseur	Finisher, Polisher
Polisseur (métaux)	Metal Finisher
Poseur	Fitter
Presseur (transformation des métaux)	Forge Hammer Driver
Ravaleur	Sandblaster
Rectifieur	Grinding Machine Operator
Régleur	Fitter, Adjuster, Setter (metalworking machine)
Repousseur	Spinner
Riveur	Riveter
Sellier (véhicules)	Upholsterer (vehicules)
Sondeur (exploitation gisements)	Drill Operator (wells)
Soudeur	Welder
Soudeur à l'Arc	Electric Arc Welder
Soudeur MIG (Metal Inert Gas)	Acetylene Welder
Souffleur	Blow Moulder
Souffleur de Verre	Glass Blower
Tôlier	Sheet Metal Worker, Beater
Tôlier-Carrossier	Vehicule Panel Beater
Tôlier-Chaudronnier	Sheet Metal Worker
Tourneur	Turner
Tourneur (métal)	Lathe-Operator (metalworking)
Traceur	Metal Marker
Tréfileur	Wire Drawer
Tuyauteur	Pipe Fitter, Pipeline Worker

Mode
Fashion

Coiffeur	Hairdresser
Coupeuse	Cutter
Couseur	Sewer
Couturier	Dressmaker

Dessinateur de Mode	Fashion Designer
Drapier	Draper (*GB*), Clothier, Cloth-worker
Essayeuse	Fitter
Finisseuse	Finisher
Mannequin	(Fashion) Model
Maquilleur	Make-Up Artist
Modéliste	Dress Designer
Patronnier	Pattern-Maker
Presseuse	Ironer
Repasseuse	Ironer
Retoucheuse	Fitter

Publicité, Communication
Advertising, Communication

Annonceur	Advertiser
Assistant Technique	Technical Assistant
Attaché de Presse	Press Attaché
Chef de Pub(licité)	Advertising Manager
Concepteur Rédacteur	Copywriter
Correcteur Epreuves	Proofreader
Directeur Artistique	Creation Manager
Directeur de Création	Creation Manager
Directeur de la Communication	Head of Corporate Affairs, Communications Manager
Directeur d'Edition	Editor
Fondeur	Setter, Typesetter
Graphiste	Graphic Artist/Designer
Graveur	Engraver, Etcher
Imprimeur	Printer
Journaliste d'Entreprise	Company Journalist
Maquettiste	Layout Graphist, Designer, Model Maker
Photocompositeur	Typesetter
Photograveur	Photoengraver
Pigiste	Freelance Journalist
Rédacteur	Sub-Editor
Rédacteur en Chef	Chief Editor, Editor-in-Chief
Rédacteur Publicitaire	Advertising Copywriter
Responsable Achats Média	Media Planner
Responsable Communication	Communications Manager
Responsable Création	Creative Services Manager
Responsable Média	Media Director
Responsable PAO	Desktop Publishing Manager
Responsable Publicité	Advertising Manager
Responsable Relations Publiques	Public Relations Manager
Responsable Service de Presse	Press Relations Manager
Secrétaire de Rédaction	Sub-Editor

Santé
Health

Aide-Soignante	Nursing Auxiliary, Nurse's Aide (*US*), Auxiliary Nurse
Chirurgien	Surgeon
Délégué Médical	Medical Representative

Dentiste	Dentist
Diététicien	Dietetician
Ergonome	Ergonomist
Ergothérapeute	Occupational Therapist
Infirmière	Nurse
Infirmière en Chef	Head Nurse
Infirmière d'Entreprise	(Industrial) Nurse
Kinésithérapeute	Physiotherapist
Masseur	Masseur
Médecin	Physician (US), Doctor, General Practitioner
Médecin du Travail	Occupational Health Doctor
Opticien	Optician
Orthophoniste	Speech Therapist
Pharmacien	Chemist, Pharmacist (US), Druggist (US)
Préparateur en Pharmacie	Pharmaceutical Assistant
Secrétaire Médical	Medical Secretary
Sage-Femme	Midwife
Technicien de Laboratoire	Laboratory Technician
Visiteur Médical	Medical Representative

Tourisme, Loisirs
Tourism, Leisure, Entertainment

Accompagnateur de Voyage	Travel Guide
Agent de Guichet	Ticket Office Clerk
Agent de Réservation	Booking Agent
Agent de Voyages	Travel Agent
Billetiste	Booking Office Clerk, Ticket Office Clerk
Billetiste (spectacles)	Box Office Clerk (entertainment)
Chef d'Orchestre	(Orchestra) Conductor
Directeur de Théâtre	Theatre Manager
Guide	Guide
Instrumentiste	Musician
Metteur en Scène	(Play) Director
Ouvreuse	Usherette
Preneur de Son	Sound Technician
Producteur	Producer
Programmatrice	Film Planner
Réalisateur	Film Director
Tour Opérateur	Tour Operator
Voyagiste	Tour Operator

Services divers
Miscellaneous services

Aide-à-Domicile	Home Help
Aide Ménagère	Domestic Helper
Assistant(e) Social(e)	Welfare/Social Worker
Conseiller	Counsellor (employment/vocational guidance)
Conseiller d'Orientation	Student Counsellor
Conseiller Emploi	Employment Counsellor
Déménageur	Removal Man, Mover (US)

Dépanneur	Repairs Engineer, Breakdown Mechanic
Employé de Maison	Domestic Helper
Professeur	Professor, Lecturer, Teacher
Travailleur Social	Social/Welfare Worker

CONCISE DIRECTORY OF OCCUPATIONS
RÉPERTOIRE CONCIS DES MÉTIERS

ENGLISH- FRENCH
ANGLAIS- FRANCAIS

PROFESSIONS
FONCTIONS

Accounting, Audit, Finance
Comptabilité, Audit, Finance

Accountant	Comptable
Accounting Clerk	Aide-Comptable
Accounting Manager (*US*)	Chef Comptable
Auditor	Commissaire aux Comptes, Expert comptable
Budget Analyst	Analyste Budgétaire
Business Analyst	Analyste Affaires
Certified Public Accountant (*US*)	Expert Comptable
Chartered Accountant	Expert Comptable
Chief Accountant	Chef Comptable
Chief Financial Officer (*US*)	Directeur Financier
Claims Assessment Manager	Responsable Recouvrement, Chargé de Recouvrement
Controller	Contrôleur de Gestion
Cost Accountant	Comptable Analytique
Credit Analyst	Analyste de Crédit
Customer Accounts Manager	Responsable Comptabilité Clients
Financial Advisor	Conseiller Financier, Conseiller en Financement
Financial Analyst	Analyste Financier
Financial Controller	Directeur Financier, Directeur Administratif et Financier, Responsable Financier
General Ledger Clerk	Comptable en Ecritures
Internal Auditor	Auditeur Interne
Investment Broker	Courtier Titres
Junior Auditor	Auditeur
Management Accountant	Contrôleur de Gestion, Responsable du Contrôle de Gestion
Payables Accountant	Comptable Clients
Payroll Accountant	Comptable Paie
Receivables Accountant	Comptable Fournisseurs
Senior Auditor	Auditeur Senior
Stockbroker	Courtier en Bourse
Tax Expert/Specialist	Fiscaliste
Tax Manager	Responsable Fiscal
Treasurer	Trésorier
Treasury Accountant	Comptable Trésorerie

Administration, Secretarial
Administration, Secrétariat

Administrative Clerk	Agent Administratif
Bilingual/Trilingual PA	Secrétaire de Direction Bilingue/Trilingue
Collector (receipts)	Encaisseur
Dispatch Rider	Coursier
Doorman	Portier
Errand Boy	Garçon de Course
Executive Secretary (*US*)	Secrétaire de Direction
General Services Manager	Responsable Services Généraux
Hostess	Hôtesse
Legal Secretary	Secrétaire Juridique
Mail Clerk	Employé Service Courrier
Messenger	Coursier
Odd-job person	Homme-à-tout-faire
Office Clerk	Employé Administratif
Office Manager	Responsable Services Généraux
Office Worker	Employé de Bureau
Personal Assistant (PA)	Secrétaire de Direction
Receptionnist	Réceptionniste
Secretary	Secrétaire
Security Guard	Gardien
Shorthand Typist	Sténodactylo
Stenographer	Sténographe
Switchboard Operator	Standardiste
Switchboard/Receptionnist	Standardiste hôtesse
Typist	Dactylographe

Consultancy, Legal
Conseil, Juridique

Assignment Leader	Directeur/Chef de Mission
Attorney (*US*)	Avocat
Bailiff	Huissier
Barrister	Avocat (plaidant)
Business Lawyer	Juriste d'Affaires
Claims Assessment Manager	Responsable Service Contentieux et Recouvrement
Consultant	Consultant
Consulting Engineer	Ingénieur Conseil
Corporate Lawyer	Juriste d'Entreprise
(Legal) Counsel	Conseil Juridique
Employment Specialist	Juriste en Droit Social
Engineering Consultant	Ingénieur Conseil
Executive Search & Selection	Conseil en Recrutement
Company Counsel	Responsable Juridique, Juriste d'Entreprise
Intellectual Property Attorney	Juriste Propriété Intellectuelle
Judge	Juge
Labour Law Specialist	Juriste en Droit Social
Lawyer	Juriste, Avocat
Legal Advisor	Juriste, Avoué
Legal Copywriter	Rédacteur Juridique
Legal Expert	Juriste
Magistrate	Magistrat

Management Consultant	Conseil en Management
Notary Public	Notaire
Outplacement Consultant	Consultant en Outplacement
Partner	Associé
Practice Manager	Responsable Cabinet de Conseil
Research Assistant	Assistant de Recherche
Solicitor	Avocat (non plaidant)
Solicitor's Assistant	Clerc de Notaire
Strategy Consultant	Conseil en Stratégie
Tax Lawyer	Juriste Fiscaliste

Engineering
Métiers d'ingénieurs

Aerodynamics Engineer	Ingénieur Aérodynamicien
Aeronautical Engineer	Ingénieur Aéronautique
Agricultural Scientist	Ingénieur Agronome
Chemical Engineer	Ingénieur Chimiste
Civil Engineer	Ingénieur en Génie Civil, Ingénieur Ponts et Chaussées
Design Engineer	Ingénieur Concepteur/Conception
Drilling Engineer	Ingénieur Forage
Electrical Engineer	Ingénieur Electricien
Electrical Engineer (high voltage)	Ingénieur Electromécanicien
Electronics Engineer	Ingénieur Electronicien
Environmental Engineer	Ingénieur Environnement
Geophysicist Engineer	Ingénieur Géophysicien
Hydraulics Engineer	Ingénieur Hydraulicien
Industrial Automation Engineer	Ingénieur en Productique
Laboratory Engineer	Ingénieur Laboratoire
Loads & Weights Engineer	Ingénieur Métrologue
Maintenance Engineer	Ingénieur Maintenance
Manufacturing Engineer	Ingénieur Fabrication
Marine Engineer	Ingénieur Naval
Mechanical Engineer	Ingénieur Mécanicien
Metallurgical Engineer	Ingénieur Métallurgiste
Methods Engineer	Ingénieur Méthodes
Mining Engineer	Ingénieur Mines
Offshore Engineer	Ingénieur Génie de la Mer, Ingénieur Forage
Patent Engineer	Ingénieur Brevets
Physics Engineer	Ingénieur Physicien
Planning Engineer	Ingénieur Planification
Plasturgical Engineer	Ingénieur Plasturgiste
Process (Improvement) Engineer	Ingénieur Process
Product Engineer	Ingénieur Produit
Production Engineer	Ingénieur Production
Project Engineer	Ingénieur Projet
Quality Assurance Engineer	Ingénieur Assurance Qualité
Quality Engineer	Ingénieur Qualité, Ingénieur Qualiticien
R&D Manager	Directeur Recherche et Développement
Research Engineer	Ingénieur R & D, Ingénieur Recherche
Robotics Engineer	Ingénieur en Robotique
Safety Engineer	Ingénieur Sécurité

Sound Engineer	Ingénieur du Son
Stress Engineer	Ingénieur Matériaux
Systems Engineer	Ingénieur Systèmes
Structural Engineer	Ingénieur Construction
Telecommunications Engineer	Ingénieur Télécommunications
Test Engineer	Ingénieur Essais
Thermal Engineer	Ingénieur Génie Thermique

General management
Direction générale

Agent holding power of attorney	Fondé de Pouvoir
Assistant Managing Director	Directeur-Général Adjoint
Business Unit Manager	Directeur Centre de Profit
Company Director	Chef d'Entreprise
Chief Executive	Directeur Général
Chief Executive Officer	Président-Directeur Général
Chief Operating Officer	Directeur Général
Company Director (subsidiary)	Directeur Filiale
Company Secretary	Secrétaire Général
Country Manager	Directeur Pays
General Manager	Dirigeant, Gérant
Local Manager	Directeur d'Etablissement
Managing Director	Président-Directeur Général, Directeur Général
Plant Manager	Directeur d'Usine, Directeur d'Etablissement
Site Manager	Directeur Usine
Works Manager	Directeur Usine

Human resources, Personnel
Ressources humaines, Personnel

Campus Manager	Responsable Relations Ecoles/Universités
Career Development Manager	Responsable Gestion de Carrières
Change Manager	Responsable de la Conduite du Changement
Compensation & Benefits Manager	Responsable Rémunération
Diversity Programs Manager (US)	*voir* Diversity
Employee Relations Manager	Responsable Affaires Sociales, Responsable Relations Sociales
Graphologist	Graphologue
Handwriting Expert	Graphologue
Head of Management Development/Education	Responsable Formation Cadres
Health & Safety Officer	Responsable Hygiène et Sécurité
Human Resources Manager	Directeur Ressources Humaines, Responsable Ressources Humaines
Industrial Relations Manager	Responsable Affaires Sociales, Responsable Relations Sociales
Instructor	Animateur de la Formation, Formateur

Internal Communication Manager	Responsable de la Communication Interne
Payroll Assistant	Administrateur Paie, Technicien de Paie
Payroll Manager	Responsable Paie
Payroll Supervisor	Responsable Paie
Personnel Manager	Chef du Personnel
Personnel Officer	Responsable Gestion du Personnel
Recruiter	Recruteur
Recruitment Consultant	Conseiller en Recrutement
Recruitment Manager	Responsable Recrutement
Recruitment Officer	Chargé de Recrutement
Trainer	Animateur de Formation, Formateur
Training Manager	Responsable Formation
Training Officer	Chargé de Formation

Information technology
Informatique, Systèmes d'information

Analyst	Analyste-Programmeur
(Application) Project Manager	Chef de Projet Informatique
Applications Developer	Ingénieur de Développement
Applications Engineer	Ingénieur de Développement
Business Systems Manager	Responsable Systèmes d'Information
Computer Analyst	Informaticien d'Etudes
Computer Programmer/Scientist	Informaticien
Database Administrator	Administrateur de Base de Données
Database Developer	Gestionnaire de Bases de Données
Data Centre Manager	Responsable Infocentre
Information Systems Manager	Directeur Informatique
IT Director	Directeur Informatique
Keyboard Operator	Opérateur de Saisie, Pupitreur
Maintenance Manager	Responsable Maintenance
MIS Director	Directeur Informatique
Micro-Computing Manager	Responsable Micro-Infomatique
Network (Services) Manager	Ingénieur Réseau, Responsable Réseau
Network Keyboard Operator	Pupitreur Réseau
Office Applications Manager	Responsable Bureautique
Operator	Opérateur
Programmer	Programmeur
Software Engineer	Ingénieur Génie Logiciel, Informaticien, Ingénieur Informaticien
Support Engineer	Ingénieur Assistance, Responsable Réseau
System Keyboard Operator	Pupitreur Système
Systems Administrator	Responsable Exploitation
Systems Analyst	Analyste Systèmes, Analyste-Programmeur
Systems Development Manager	Responsable Développements
Systems Engineer	Ingénieur Système
Systems Expert	Expert Système
Systems Programmer	Programmeur Système

Marketing
Marketing

Assistant Product Manager	Assistant Chef de Produit
Brand Manager	Responsable de la Marque, Chef de Produit
Category Manager	Chef de Produits (par ligne de produits)
Direct Marketing Manager	Responsable Marketing Direct
Franchise Sales Manager	Responsables des Franchises
Head of Marketing	Directeur Marketing
Junior Product Manager	Chef de Produit Junior
Licensing Manager	Responsables des Franchises
Marketing Director	Directeur Marketing
Marketing Manager	Responsable Marketing
Market Research Analyst	Responsable Etudes du Marché
Merchandising Manager	Responsable Merchandising
Partnership Manager	Responsable des Partenariats
Pollster	Enquêteur
Product Development Manager	Responsable Développement des Produits
Product Manager	Chef de Produit
Senior Product Manager	Chef de Produit Senior
Trade Marketing Manager	Responsable Trade Marketing

Professionals, Self-employed
Professions libérales, Indépendants

Architect	Architecte
Auctioneer	Commissaire-Priseur
Decorator	Décorateur
Doctor	Médecin
Illustrator	Illustrateur
Industrial Psychologist	Psychologue du Travail
Interior Designer	Décorateur d'Intérieur
Interpret	Interprète
Journalist	Journaliste
Photographer	Photographe
Psychologist	Psychologue
(Real) Estate Agent	Agent Immobilier
Town Planner	Urbaniste
Translator	Traducteur
Translator-Interpret	Traducteur-Interprète

Purchasing, Logistics, Transport
Achats, Logistique, Transport

Buyer	Acheteur
Chauffeur	Chauffeur
Driver (Bus, Engine, Lorry)	Conducteur
Fleet Manager	Responsable Flotte
Forwarding Agent	Déclarant en Douane, Transitaire
Freight Carrier	Transporteur
Freight Handler	Chargeur (de fret)
Furniture Mover	Déménageur
Head of Procurement	Responsable Achats

Head of Stock Management	Responsable Gestion des Stocks
Heavy Goods Vehicle Driver	Chauffeur de Poids Lourd
International Purchaser	Acheteur International
Loader	Chargeur
Logistics Assistant	Assistant Logistique
Logistics Manager	Responsable Logistique, Ingénieur Logistique
Lorry Driver	Routier, Chauffeur de Camion
Materials Manager	Responsable Achats/Logistique
Operations Manager	Responsable Exploitation
Planning Engineer	Ingénieur Planification
Procurement Manager	Responsable Achats
Purchaser	Acheteur
Purchasing Assistant	Assistant Achats
Purchasing Manager	Directeur des Achats, Responsable Achats
Shipping Agent	Agent Maritime, Transitaire
Stock Control Manager	Gestionnaire des Stocks
Storekeeper	Responsable Achats
Storeman	Magasinier
Supply Manager	Magasinier
Transporter	Transporteur
Truck Driver (US)	Routier, Chauffeur de Camion
Warehouseman	Magasinier

Sales
Commercial, Ventes

Account Executive	Responsable Portefeuille Clients
Account Manager	Gestionnaire de Comptes Clients
Agency Manager	Responsable Agence
Area Manager	Directeur Régional
Branch Manager	Responsable Agence
Business (Development) Manager	Responsable d'Affaires
Call Centre Manager	Téléconseiller
Canvasser	Placier, Démarcheur
Cashier	Caissier
Commercial (Contracts) Manager	Responsable Contrats Clients
Commercial Traveller	Représentant de Commerce, Commis Voyageur
Corporate Account Manager	Responsable Grands Comptes
Counter Employee	Agent de Comptoir
Country Sales Manager	Responsable Vente Pays
Customer Service Manager	Responsable Service Après-Vente, Responsable Service Clients
Demonstrator	Démonstrateur
Director of Sales	Directeur des Ventes, Directeur Commercial
Door-to-Door Salesperson	Vendeur au Porte-à-Porte/à Domicile
Export Manager	Chef/Responsable de Zone Export
Head of Sales	Chef des Ventes
Key Accounts Manager	Responsable Comptes Clés
Mail Order Manager	Responsable de la Vente par Correspondance
Major Accounts Manager	Responsable Grands Comptes
Market Sales Manager	Responsable de Marché

National Sales Manager	Responsable Ventes Nationales
Pre-Sales Manager	Responsable Avant-Projets
Regional Manager	Directeur Régional
Regional Sales Manager	Chef de Secteur, Chef des Ventes Régional, Responsable Secteur
Reservations Manager	Responsable de Réservations
Sales Administration Manager	Responsable Administration Commerciale
Sales Agent	Agent Commercial
Sales Assistant	Assistant Commercial
Sales Development Manager	Directeur du Développement des Ventes
Sales Engineer	Ingénieur Technico-Commercial
Sales Executive	Représentant, Attaché Commercial
Sales Manager	Responsable Ventes
Sales Promotion Manager	Responsable Promotion des Ventes
Sales Rep(resentative)	VRP (Voyageur, Représentant, Placier), Représentant, Commercial, Attaché Commercial
Sales Support Assistant	Assistant Administration Commerciale
Sales Support Manager	Responsable Administration des Ventes
Salesperson	Vendeur
Seller	Vendeur
Senior Salesperson	Vendeur Confirmé
Service Delivery Manager	Responsable Service Après-Vente (SAV)
Shop Assistant	Vendeur
Telesalesperson	Télévendeur, Prospecteur Téléphonique
Vendor	Vendeur
Wholesaler	Grossiste

Miscellaneous
Divers

Archivist	Archiviste
Attendant	Surveillant
Delivery Person	Livreur
Department Head	Chef de Service
Documentalist	Documentaliste
Economist	Economiste
Geologist	Géologue
Geophysicist	Géophysicien
Information Scientist	Documentaliste
Labour Inspector	Inspecteur du Travail
Librarian	Bibliothécaire
Market Gardener	Horticulteur
Mathematician	Mathématicien
Pilot	Pilote
Project Manager	Chef de Projet, Responsable Projet
Quantity Surveyor	Géomètre, Métreur
Real Estate Manager	Responsable Immobilier
Repairer	Réparateur
Security Guard	Gardien
Special Projects Manager	Chargé de Mission

Statistician   Statisticien
Supervisor   Superviseur
Technician   Technicien
Topographer   Topographe

INDUSTRY SECTORS
SECTEURS D'ACTIVITÉS

Advertising, Communication
Publicité, Communication

Advertiser   Annonceur
Advertising Copywriter   Rédacteur Publicitaire
Advertising Manager   Chef de Pub(licité), Responsable
                                 Publicité
Chief Editor   Rédacteur en Chef
Communications Manager   Directeur de la Communication
Company Journalist   Journaliste d'Entreprise
Creation Manager   Responsable Création
Creative Services Manager   Directeur Artistique
Designer   Dessinateur
Desktop Publishing Manager   Responsable PAO
Editor   Directeur d'Edition
Editor-in-Chief   Rédacteur en Chef
Engraver   Graveur
Etcher   Graveur
Freelance Journalist   Pigiste
Graphic Artist/Designer   Graphiste
Head of Corporate Affairs   Directeur de la Communication
Layout Graphist   Maquettiste
Media Director   Responsable Média
Media Planner   Responsable Achats Média
Model Maker   Maquettiste
Photoengraver   Photograveur
Press Attaché   Attaché de Presse
Printer   Imprimeur
Proofreader   Correcteur Epreuves
Public Relations Manager   Responsable Relations Publiques
Setter   Fondeur
Sub-Editor   Rédacteur, Secrétaire de Rédaction
Technical Assistant   Assistant Technique
Typesetter   Photocompositeur, Fondeur

Banking, Insurance
Banque, Assurance

Actuary   Actuaire
Administrator   Gestionnaire
Appraiser   Evaluateur
Assessor   Evaluateur (assurance)
Back Office Assistant/Clerk   Assistant/Employé Back Office
Bank Clerk   Employé de Banque
Branch Manager   Chef d'Agence, Responsable
                                 d'Agence
Broker   Courtier, Cambiste

Cashier (bank, restaurant, store)	Caissier
Claims Assessor	Evaluateur (assurance), Agent de Recouvrement
Counter Clerk	Guichetier
Credit/Loan Mortgage Officer	Employé de Crédit Documentaire
Foreign Exchange Dealer	Agent de Change, Cambiste
Insurance Agent	Agent d'Assurance
Insurance Broker	Courtier d'Assurance
(Insurance) Underwriter	Assureur
Investment Trader	Gestionnaire Titres
Personal Banking Representative (US)	Gestionnaire de Clientèle
Personnel Banking Officer (US)	Chargé de Clientèle
Risk Manager	Gestionnaire de Risques
Trader	Trader
Valuer	Expert en Evaluation

Building, Construction, Public works
Bâtiment, Travaux publics

Bricklayer	Maçon-Briqueteur
Builder	Maçon
Building Site Worker	Ouvrier Bâtiment
Carpenter	Charpentier
Cast Iron Craftsman	Ferrailleur
Caster	Coffreur Boiseur
Civil Engineer	Ingénieur en Génie Civil
Construction Manager	Responsable Travaux
Construction Engineer	Ingénieur Travaux (Publics)
Crane Driver/Operator	Conducteur de Grue, Grutier
Driver	Conducteur
Electrician	Electricien
Fixer	Enduiseur
Handyman	Aide-Maçon
Hod Carrier	Empileur
House Painter	Peintre en Bâtiment
Ironsmith	Ferrailleur
Labourer	Manœuvre, Ouvrier d'Exécution
Locksmith	Serrurier
Marble Mason	Marbrier
Mechanical Digger Operator	Pelliste
Plasterer	Plâtrier Enduiseur, Staffeur
Plumber	Plombier-Chauffagiste
Roofer	Couvreur
Sandblaster	Sableur
Scaffolder	Echafaudeur
Site Foreman	Chef de Chantier
Stone Restorer	Ravaleur
Stone-Cutter	Tailleur de Pierre
Stonemason	Maçon
Tiler	Carreleur
Works Engineer	Ingénieur Travaux
Works Foreman	Chef de Chantier, Responsable Chantier
Worksite Manager	Responsable Chantier
Wrought Iron Craftsman	Ferronnier

Fashion
Mode

Clothier, Cloth-worker	Drapier
Cutter	Coupeuse
Draper	Drapier
Dress Designer	Modéliste
Dressmaker	Couturier
Fashion Designer	Dessinateur de Mode
(Fashion) Model	Mannequin
Finisher	Finisseuse
Fitter	Essayeuse/Retoucheuse
Hairdresser	Coiffeur
Ironer	Repasseuse/Presseuse
Make-Up Artist	Maquilleur
Pattern-Maker	Patronnier
Sewer	Couseur, Couseuse

Health
Santé

Auxiliary Nurse	Aide-Soignante
Chemist	Pharmacien
Dentist	Dentiste
Dietetician	Diététicien
Doctor	Médecin
Druggist (US)	Pharmacien
Ergonomist	Ergonome
General Practitioner (GB)	Médecin
Head Nurse	Infirmière en Chef
Laboratory Technician	Technicien de Laboratoire
Masseur	Masseur
Medical Rep(resentative)	Visiteur Médical, Délégué Médical
Medical Secretary	Secrétaire Médical
Midwife	Sage-Femme
Nurse	Infirmière
Nurse's Aide (US)	Aide-Soignante
Nursing Auxiliary	Aide-Soignante
Occupational Health Doctor	Médecin du Travail
Occupational Therapist	Ergothérapeute
Optician	Opticien
Pharmaceutical Assistant	Préparateur en Pharmacie
Pharmacist (US)	Pharmacien
Physician (US)	Médecin
Physiotherapist	Kinesithérapeute
Speech Therapist	Orthophoniste
Surgeon	Chirurgien

Hotel, Food and drink industry
Hôtellerie, Restauration

Bell Boy	Chasseur/Bagagiste
Cashier	Caissier
Chef de Partie	Chef de Partie
Chef de Rang	Chef de Rang
Concierge	Concierge

Conference Centre Manager	Responsable Centre de Conférences
Cook	Cuisinier
Director of Engineering	Directeur Technique
Dishwasher	Plongeur
Executive Chef	Chef Executif
Executive Housekeeper	Gouvernante Générale
F&B Manager	Directeur Restauration, Responsable Restauration
Floor Housekeeper	Gouvernante d'Etage
Food & Beverage Manager	Directeur Restauration, Responsable Restauration
Front Office Manager	Responsable Réception
Hotel (General) Manager	Directeur d'Hôtel
Housekeeper	Gouvernante
Income Audit	Responsable Income
Kitchen Chef	Chef de Cuisine
Kitchen Commis	Commis de Cuisine
Maid	Femme de Ménage
Maintenance Director	Directeur Technique
Maitre D	Maître d'Hôtel
Night Caretaker	Veilleur de Nuit
Pastry Chef	Chef Pâtissier
Pastry Commis	Pâtissier
Receptionist	Réceptionniste
Reservation Agent	Agent de Réservation
Restaurant Manager	Responsable Restaurant
Room Maid	Femme de Chambre
Room Service Manager	Responsable Room Service
Rooms Division Manager	Directeur Hébergement
Steward	Steward
Waiter, Waitress	Serveur, Serveuse
Wine Waiter	Sommelier

Manufacturing industry
Production, Industrie

MANAGEMENT
DIRECTION

Corporate Planning Director	Directeur de la Planification
Engineering Manager	Directeur Technique
Factory Manager	Directeur d'Usine
Industrial Manager	Directeur Industriel
Laboratory Manager	Responsable Laboratoire
Maintenance Manager	Directeur de la Maintenance
Manufacturing Manager	Directeur de Fabrication, Responsable Fabrication
Methods Engineer	Responsable Méthodes
Operations Manager	Directeur d'Exploitation, Directeur des Opérations
Plant Manager	Directeur d'Usine
Production Line Manager	Responsable Ligne de Fabrication
Production Manager	Directeur Production, Chef de Fabrication
Production Team Manager	Responsable Ilôt
Quality Assurance Manager	Responsable Assurance Qualité

Quality Control Inspector	Ingénieur Contrôle Qualité, Inspecteur Qualité
Quality Manager	Directeur Qualité, Responsable Qualité
Site Manager	Responsable de Site
Technical Manager	Directeur Technique

TECHNICIANS, SUPERVISORS
TECHNICIENS, MAÎTRISE

Acoustician	Acousticien
Aeromechanic	Aérodynamicien
Biochemist	Biochimiste
Biologist	Biologiste
Chemist	Chimiste
Designer	Dessinateur
Draftsperson, Draughtperson	Dessinateur Industriel
Electrical Engineering Technician (high voltage)	Electrotechnicien
Electrical Fitter	Electromécanicien
Electrician	Electricien
Furniture Designer	Dessinateur de Meubles
Heat Physician	Thermicien
Industrial Designer	Dessinateur Industriel
Lab(oratory) Assistant	Agent de Laboratoire, Laborantin
Manufacturing Controller	Contrôleur de Fabrication
Packaging Designer	Dessinateur d'Emballages
Production Technician	Technicien de Fabrication
Quality Control Technician	Technicien Contrôle Qualité
Quality Controller	Contrôleur Qualité
Researcher, Research Worker	Chercheur
Senior Draughtsperson	Projeteur
Shift Team Leader	Responsable Equipe, Chef d'Equipe
Shop Foreman	Chef d'Atelier
Site Supervisor	Conducteur de Travaux
Supervisor	Agent de Maîtrise
Team Manager	Chef d'Equipe
Test Technician	Technicien Essais
Thermodynamicist	Thermodynamicien
Warehouse Manager	Chef de Dépôt
Workshop Manager	Chef d'Atelier, Responsable Atelier
Workshop Technician	Technicien d'Atelier

WORKERS, OPERATORS
OUVRIERS, OPÉRATEURS

Acetylene Welder	Soudeur MIG (Metal Inert Gas)
Assembler, Assembly Worker	Assembleur, Monteur
Assembly-Line Operator	Conducteur de Chaîne de Montage
Beater	Tôlier
Blacksmith	Forgeron
Blow Moulder	Souffleur
Boilermaker, Boilersmith	Chaudronnier
Borer	Foreur
Bottler	Embouteilleur
Brazier	Braseur
Cable Worker	Câbleur
Caster	Mouleur

Coppersmith	Chaudronnier (en cuivre)
Cutter	Coupeur, Ciseleur
Drill Operator (wells)	Sondeur (exploitation gisements)
Drilling Equipment Operator	Foreur
Electric Arc Welder	Soudeur à l'arc
Electrical Fitter	Ajusteur-Electricien
Enameller	Emailleur
Engraver	Graveur, Ciseleur
Finisher	Aviveur, Finisseur, Polisseur
Fitter	Ajusteur, Poseur, Régleur
Flamecutter	Oxycoupeur
Forge Hammer Driver	Presseur (transformation des métaux)
Forklift Truck Driver/Operator	Cariste
Furnace Operator	Conducteur de Four
Glass Blower	Souffleur de Verre
Grinder	Affûteur, Meuleur, Rectifieur
Insulation Worker	Calorifugeur
Kiln-Operator	Conducteur de Four
Labourer	Manœuvre
Lathe-Operator (metalworking)	Tourneur (métal)
Loader	Chargeur
Machine Operator	Conducteur de Machine, Ouvrier sur Machine
Machine Tool Assembler	Monteur Machines-Outils
Maintenance Mechanic	Mécanicien de Maintenance, Mécanicien d'Entretien
Maintenance Operator	Agent d'Entretien
Manual Worker	Manœuvre
Manufacturing Operator	Agent de Fabrication
Marker (metal)	Marqueur
Mechanic	Mécanicien
Metal Finisher	Polisseur (métaux)
Metal Former	Formeur
Metal Marker	Traceur
Metal Painter	Peintre Industriel
Metal Roofer	Couvreur-Zingueur
Metal Sprayer	Métalliseur au Pistolet
Metalworker	Métallurgiste
Metrologist	Métrologue
Milling Machine Operator	Fraiseur
Miner	Mineur
Moulder	Mouleur
Operator	Opérateur
Packer	Emballeur
Painter (automobile, metal)	Peintre
Pipe Fitter	Tuyauteur
Pipeline Worker	Tuyauteur
Polisher	Lamineur, Polisseur
Porter (warehouse)	Manutentionnaire
Press Operator	Conducteur de Presse, Ouvrier sur Presse
Production Line Operator	Conducteur de Ligne de Fabrication
Riveter	Riveur
Roller	Lamineur
Rolling Mill Operator	Conducteur de Laminoir

Sandblaster	Dépolisseur, Ravaleur
Setter (metalworking machine)	Régleur
Sharpener	Aiguiseur
Sheet Metal Worker	Tôlier-Chaudronnier
Skilled Worker	Ouvrier Qualifié
Spinner	Fileur, Repousseur
Spray Painter	Peintre au Pistolet
Steelworker	Métallurgiste
Storekeeper, Storeman	Manutentionnaire
Toolmaker, Toolsmith	Outilleur
Turbine Operator	Conducteur de Turbines
Turner	Tourneur
Underground Miner	Mineur de Fond
Unskilled Worker	Ouvrier Non Qualifié, Ouvrier Spécialisé
Upholsterer (vehicles)	Sellier (véhicules)
Warehouseman	Manutentionnaire
Washer	Laveur
Welder	Soudeur
Winder	Bobineur
Wire Drawer	Tréfileur
Wireworker	Monteur-Câbleur
Woodbender	Cintreur

Retail trade
Distribution, Commerce de détail

Baker	Boulanger
Beautician	Esthéticien
Bookseller	Libraire
Butcher	Boucher
Cabinet Maker	Menuisier
Check-Out Assistant	Caissier, Caissière
Departmental Manager	Chef de Département, Chef de Rayon, Responsable Rayon
Distribution Manager	Responsable Approvisionnements
District Manager	Directeur de Région
Fishmonger	Poissonnier
Floor Manager	Chef de Rayon
Furniture Maker	Ebéniste
Glazier	Vitrier
Joiner	Menuisier
Merchandising Manager	Responsable Merchandising
Product Manager	Chef de Produit
Receipts Manager	Responsable Caisse
Retail Operations Manager	Responsable Régional (sur plusieurs magasins)
Retailer	Détaillant
Sales Assistant	Vendeur, Vendeuse
Shoe-maker	Cordonnier
Shop Assistant	Vendeur, Vendeuse
Shop Manager	Directeur de Magasin, Responsable Magasin
Store Manager (US)	Directeur de Magasin, Responsable Magasin
Tailor	Tailleur

Wholesaler — Grossiste
Window Dresser — Etalagiste

Tourism, Leisure, Entertainment
Tourisme, Loisirs, Spectacle

Booking Agent — Agent de Réservation
Booking Office Clerk — Billetiste
Box Office Clerk (entertainment) — Billetiste (spectacles)
Film Director — Réalisateur
Film Planner — Programmatrice
Guide — Guide
Musician — Instrumentiste
(Orchestra) Conductor — Chef d'Orchestre
(Play) Director — Metteur en Scène
Producer — Producteur
Sound Technician — Preneur de Son
Theatre Manager — Directeur de Théâtre
Ticket Office Clerk — Agent de Guichet, Billetiste
Tour Operator — Tour Opérateur
Voyagiste
Travel Agent — Agent de Voyages
Travel Guide — Accompagnateur de voyage
Usherette — Ouvreuse

Miscellaneous services
Services divers

Breakdown Mechanic — Dépanneur
Counsellor — Conseiller
Domestic Helper — Aide Ménagère, Employé de Maison
Employment Counsellor — Conseiller Emploi
Home Help — Aide à Domicile
Lecturer — Professeur (université), Conférencier
Mover (US) — Déménageur
Removal Man — Déménageur
Repairs Engineer — Dépanneur
Social Worker — Travailleur Social
Student Counsellor — Conseiller d'Orientation
Teacher — Professeur (lycée, collège)
Welfare Worker — Assistant(e) Social(e)

Anglais - Français
English - French

Aa

abatement *n* **a.....** **formula** principe permettant de réduire la pension versée par le régime de retraite de l'entreprise lorsque celle versée par l'Etat augmente plus que l'inflation

ABC *n abbr* (**Activity-Based Costing**) méthode ABC, méthode d'affectation des coûts aux produits, services ou autres activités de l'entreprise permettant une meilleure prise de décision

abide *vt* respecter, se conformer; **to a.....** **by the rules** se conformer au règlement; **to a.....** **by the terms of a contract** respecter les termes d'un contrat

ability *n* aptitude, capacité; **a.....** **to pay** capacité de payer; **leadership abilities** qualités de commandement

able *adj* capable; **to be a.....** **to do sthg** être capable de faire qqch; **a.....** **employee** employé capable

able-bodied *cpd* **a.....** **staff** employés aptes au travail

abolish *vt* abolir

above-average *adj* **a.....** **salaries** salaires au-dessus de la moyenne

abroad *adv* à l'étranger; **to go a.....** partir à l'étranger

abrogation *n* abrogation

absence *n* absence; **a.....** **without leave** absence injustifiée; **authorized a.....** absence autorisée; **explained a.....** absence motivée; **leave of a.....** autorisation d'absence; **repeated a.....** absences répétées; **unauthorized a.....** absence injustifiée

absent *adj* absent(e); **to be a.....** **from work** être absent du travail

absentee *n* absent

absenteeism *n* absentéisme; **a.....** **rate** taux d'absentéisme

abstain *vi* s'abstenir; **to a.....** **from voting** s'abstenir (à un vote)

abstention *n* abstention

abstentionist *n* abstentionniste

abuse *n* 1 abus; **a.....** **of position** abus de pouvoir; 2 injures

abuse *vt* injurier; **to a.....** **sbdy** injurier qqn

academic *n* universitaire; **a.....** **record** études suivies, diplômes obtenus

ACAS *n abbr* (**Advisory, Conciliation and Arbitration Service**) organisme paritaire indépendant d'arbitrage et de conciliation

ACCA *n abbr* (**Association of Certified and Corporate Accountants**) organisme britannique régissant la profession comptable et habilité à décerner le titre d'expert comptable

accelerate *vt* accélérer; **to a.....** **the production rate** accélérer la cadence de travail

acceleration *n* accélération

accept *vt* accepter; **to a.....** **an offer of employment** accepter une proposition d'emploi

acceptance *n* acceptation; **letter of a.....** lettre d'acceptation

access *n* accès; **to have a.....** **to the files** avoir accès aux dossiers; *cpd (info)* **a.....** **time** temps d'accès

accession *n* **a.....** **rate** pourcentage de salariés embauchés pendant une période donnée; **a.....** **rate of pay** niveau de salaire à l'embauche

accident *n* 1 accident; **a.....** **book** registre où sont consignés les accidents du travail; **a.....** **causing bodily injury** accident corporel; **a.....** **insurance** assurance-accidents; **a.....** **on the journey to or from work** accident de trajet; **a.....** **report** déclaration d'accident (du travail); **car a.....** accident de voiture; **fatal a.....** accident mortel; **industrial a.....** accident du travail; **on-the-job a.....** accident du travail; **road a.....** accident de la circulation; **work a.....** accident du travail; **an a..... occurs** un accident survient; **2** sinistre; **to declare an a.....** déclarer un sinistre

accident-prone adj **a..... worker** salarié à risques (accidents)

accommodation n logement; **a..... provided** facilités d'hébergement; **service a.....** logement de fonction

accomplished pp effectif; **200 hours of work a.....** travail effectif de 200 heures

accordance n conformité; **in a..... with the law** conforme à la loi, en accord avec la loi

accordingly adv **to act a.....** agir en conséquence

account n **1** compte; **a..... number** numéro de compte; **a.....s payable** comptes fournisseurs; **a.....s receivable** comptes clients; **annual a.....s** comptes annuels; **to audit an a.....** auditer/vérifier un compte; **bank a.....** compte bancaire, compte en banque; **banking a.....** (US) compte en banque; **checking a.....** (US) compte-chèques; **to close the a.....s** clore les comptes; **current a.....** compte-chèques, compte courant; **customer a.....** compte clients; **deposit a.....** compte de dépôts; **to file an a.....** déposer une déclaration au greffe; **income and expenditure a.....** compte des recettes et dépenses; **joint a.....** compte joint; **major a.....s** grands comptes; **management a.....s** rapport de gestion; **to open an a.....** ouvrir un compte; **overdrawn a.....** compte à découvert; **profit and loss a.....** compte de pertes et profits; **savings a.....** compte d'épargne; **to settle an a.....** régler un compte; **share premium a.....** prime d'émission; **2** acompte; **to receive sthg on a.....** recevoir un acompte; **3** frais; **expense a.....** frais de représentation; **4** compte rendu; **detailed a..... of proceedings** compte rendu détaillé des délibérations npl comptabilité

account vt justifier; **to a..... for a discrepancy** justifier un écart

accountability n le devoir de rendre compte

accountable adj **to be a..... to sbdy** devoir des comptes à qqn

accountancy n comptabilité

accountant n comptable; **certified public a.....** (US) expert-comptable; **chartered a.....** expert-comptable; **Chief A.....** Chef comptable

accounting n comptabilité; **cost a.....** comptabilité analytique; **current cost a.....** comptabilité au coût actuel; **management a.....** contrôle de gestion

accounting adj comptable; **a..... period** exercice comptable; **a..... system** plan comptable

accredit vt agréer

accreditation n accréditation; **a..... of union officials** système par lequel une entreprise reconnaît certains de ses salariés comme représentatifs de leur syndicat pour une certaine catégorie de salariés

accredited adj accrédité, homologué; **a..... training centre** centre de formation homologué

accrual n **a..... rate** fraction de salaire servant de base - en fonction du nombre d'années d'ancienneté du salarié - au calcul de la pension de retraite

accrue vi courir, cumuler

accrued pp cumulé, dû, à payer; **a..... benefit** droits de retraite acquis par un salarié; **a..... interest** intérêts courus; **a..... sick leave** (US) cumul de jours d'absence pour maladie (sans justificatif médical) auxquels a droit un salarié américain

accurate adj exact, juste; **a..... analysis of the facts** analyse juste des faits

accusation n accusation

accuse *vt* accuser; **to a.....** **sbdy of doing sthg** accuser qqn de faire qqch

achievement *n* réalisation, réussite; **major a.....** réalisation importante, réussite majeure; **technical a.....** réalisation technique

acknowledge *vt* **to formally a.....** **sthg** donner acte de qqch; **to a.....** **receipt of sthg** accuser réception de qqch

acknowledgement *n* **to ask for formal a.....** **of sthg** demander acte de qqch; **a.....** **of receipt** accusé de réception

acquittal *n* acquittement

across-the-board *adj* général, uniforme; **a.....** **increase** augmentation générale, augmentation uniforme

act *n* loi; **a.....** **of God** *(ass)* force majeure, cas de force majeur; **Data Protection A.....** Loi Informatique et Libertés *(équiv)*

act *vi* agir; **to a.....** **on instructions** agir suivant des instructions

acting *adj* intérim; **a.....** **chairman** Président par intérim

action *n* 1 action, mesure; **a.....** **learning** formation action; **disciplinary a.....** action disciplinaire, mesure disciplinaire; **day of a.....** journée de revendication; **direct a.....** grève; **legal a.....** action en justice; **libel a.....** action en diffamation; **sympathetic a.....** mesure de solidarité; **to take concerted a.....** engager une action commune; **to take industrial a.....** faire grève; **to take legal a.....** entamer une procédure légale, intenter un procès; 2 acte; **to take a.....** passer à l'acte

actuary *n* actuaire

acute *adj* aigu,uë; **a.....** **unemployment** chômage aigu

ad (vertisement) *n* annonce; **blind a.....** annonce en aveugle; **open a.....** annonce en clair; **to run an a.....** placer une annonce,

passer une annonce; **small a.....s** petites annonces; **classified a.....s** annonces classées, petites annonces

ADA *n abbr* **(Americans with Disabilities Act)** *(US)* loi régissant l'égalité de traitement des personnes handicapées à l'embauche

AD+D *n abbr* **(Accidental Death and Dismemberment)** assurance décès/invalidité en cas d'accident

add *n* **a.....s to staff** augmentation des effectifs; **three a.....s to staff** trois salariés supplémentaires

add to *vt* grossir; **to a.....** **the list of candidates** grossir la liste des candidats

add up *vt* additionner; **to a.....** **figures** additionner des chiffres

add up to *vt* équivaloir, signifier; **this adds up to a rejection of the proposal** ceci équivaut à un rejet de la proposition

added *adj* ajouté; **a.....** **value** valeur ajoutée

addendum *n* addendum

addition *n* ajout; **a.....** **to the staff** nouvel employé

additional *adj* supplémentaire; **a.....** **clause to a contract** avenant au contrat

address *n* 1 adresse; **forwarding a.....** adresse de réexpédition; **business a.....** adresse professionnelle; 2 allocution, discours; **to give an a.....** faire une allocution, faire un discours

address *vt* 1 **to a.....** **a meeting** prendre la parole devant l'assistance; 2 traiter; **to a.....** **an issue** traiter une question; **to a.....** **the needs** pourvoir aux besoins

addressee *n* destinataire

ADEA *n abbr* **(Age Discrimination in Employment Act)** *(US)* loi protégeant les salariés de plus de 40 ans contre une mesure disciplinaire ou un licenciement du fait de leur âge

adhocracy *n* adhocratie

adjourn *vt* ajourner, suspendre; **to a.....** a **meeting** ajourner une réunion, suspendre une séance

adjournment *n* ajournement, suspension; **a.....** **of a hearing** suspension d'audience, suspension de séance

adjudication *n* jugement, décision, arrêt; **a.....** **order** jugement déclaratif de faillite, déclaration de faillite; **a.....** **of bankruptcy** déclaration de faillite; **a.....** **tribunal** conseil d'arbitrage

adjusted *pp* corrigé; **seasonally a.....** **figures** chiffres corrigés des variations saisonnières

adjuster *n* (*ins*) responsable du règlement des sinistres

adjustment *n* 1 (*ins*) règlement; 2 réajustement; **automatic wage a.....** réajustement automatique des salaires; 3 redressement; **tax a.....** redressement fiscal

adman *n* publiciste, publicitaire

administration *n* 1 administration, gestion; **a.....** **fee** frais de gestion; **sales a.....** administration des ventes; **business a.....** administration des entreprises; 2 gouvernement

administrator *n* 1 administrateur/trice; 2 gestionnaire

admittance *n* **no a.....** entrée interdite

adopt *vt* adopter

adopted *pp* adopté; **a.....** **child** enfant adopté

adoption *adj* adoption; **a.....** **leave** congé d'adoption

ADST *n abbr* (**Approved Deferred Share Trust**) forme de plan d'épargne d'entreprise destiné aux salariés de plus de 5 ans d'ancienneté dont les montants sont non imposables pour les salariés et déductibles fiscalement pour les entreprises

advance *n* avance, avance de fonds, acompte; **a.....** **on salary** acompte sur salaire; **a.....** **booking** réservation à l'avance; **to pay sbdy an a.....** verser une avance à qqn

advance *vt* avancer; **to a.....** a **meeting** avancer une réunion

advanced *adj* avancé; **a.....** **course** cours de perfectionnement

advancement *n* avancement, promotion; **social a.....** promotion sociale

advantage *n* 1 avantage, atout; **a.....s and disadvantages** avantages et inconvénients; **the command of a foreign language is an a.....** la maîtrise d'une langue étrangère est un atout; 2 profiter; **to take a.....** **of a situation** profiter d'une situation

adverse *adj* défavorable; **to have a.....** **effects on sthg** avoir un effet défavorable sur qqch

advert(isement) *n* 1 publicité; 2 annonce; **classified a.....s** petites annonces; **to draft a job a.....** rédiger une annonce d'offre d'emploi; **job a.....** annonce d'offre d'emploi

advertise *vt* **to a.....** a **vacancy** mettre une annonce d'offre d'emploi

advertiser *n* annonceur

advertising *n* publicité; **corporate image a.....** publicité institutionnelle; **misleading a.....** publicité mensongère; **a.....** **campaign** campagne de publicité; **A.....** **Manager** chef de publicité; **a.....** **costs** frais de publicité; **a.....** **department** service de publicité

advertising *adj* publicitaire; **a.....** **budget** budget publicitaire

advice *n* 1 avis; **a.....** **note** avis d'expédition; 2 conseil; **to follow a.....** suivre des conseils; **to give a.....** **to sbdy** donner des conseils à qqn; **to seek sbdy's a.....** demander conseil à qqn; **to take legal a.....** consulter un conseil(ler) juridique

advise *vt* conseiller; **to a.....** **against doing sthg** déconseiller de faire qqch

advised *pp* avisé; **to be a.....** **that** être avisé que

adviser *n* conseiller, conseil; **legal a.....** conseiller juridique; **technical a.....** conseiller technique

advisory *adj* consultatif; **a..... body** instance consultative; **in an a..... capacity** à titre consultatif

advocate *n* avocat; **to play the devil's a.....** se faire l'avocat du diable

advocate *vt* prôner; **to a..... quality improvement** prôner l'amélioration de la qualité

affidavit *n* affidavit

affiliate *n* associé, filiale (détenue à moins de 50%)

affiliate *vt* affilier

affirmative *adj* **a..... action** *(US)* = **equal opportunities** antidiscrimination à l'embauche; **a..... action program** *(US)* mesures antidiscriminatoires à l'embauche

afford *vt* **to be able to a..... sthg** pouvoir se payer qqch

AFL-CIO *n* *abbr* **(American Federation of Labour-Congress of Industrial Organizations)** principale centrale syndicale américaine

after-sales *cpd* après-vente; **a..... service** service après-vente

after-tax *cpd* après-impôts; **a..... profit** bénéfices après-impôts

aftermath *n* suites, séquelles; **a..... of a strike** séquelles d'une grève

against *prep* contre; **a..... payment** contre paiement; **advance a..... next month's salary** avance sur le salaire du mois prochain

age *n* âge; **a..... bracket** tranche d'âge; **a..... group** classe d'âge; **to come of a.....** atteindre sa majorité; **the a..... limit is 40** la limite d'âge est de 40 ans; **retiring/retirement a.....** âge de la retraite; **working a.....** âge actif

ageing *n* vieillissement

ageism *n* discrimination par l'âge

agency *n* agence, représentation; **employment a.....** bureau de placement; **temp a.....** agence d'intérim; **estate a.....** agence immobilière; **travel a.....** agence de voyages; **advertising a.....** agence de publicité; *cpd* **a..... agreement** contrat de représentation; **a..... shop** *(US)* situation où les ouvriers non syndiqués doivent cotiser à un syndicat

agenda *n* ordre du jour, programme; **to be on the a.....** être à l'ordre du jour; **to put on the a.....** mettre à l'ordre du jour; **to take off the a.....** retirer de l'ordre du jour; **on the a.....** au programme; **hidden a.....** question essentielle survenant lors d'une négociation bien qu'elle ne figure pas explicitement à l'ordre du jour; **items on the a.....** questions à l'ordre du jour; **at the top of the a.....** premier point à l'ordre du jour

agent *n* agent, concessionnaire, représentant; **insurance a.....** agent d'assurance; **sole a.....** agent exclusif, représentant exclusif

aggrieved *adj* lésé; **a..... employee** employé lésé

agitator *n* agitateur, fauteur de troubles

AGM *n* *abbr* **(Annual General Meeting)** Assemblée Générale Annuelle

agree *vt* **to a..... to do sthg** être d'accord pour faire qqch

agree with *vi* concorder; **results do not a..... your estimations** les résultats ne concordent pas avec vos prévisions

agreed *adj* convenu; **it has been a..... that** il a été convenu que; **a..... payment** paiement convenu

agreement *n* accord, convention, contrat; **a..... in principle** accord de principe; **arbitration a.....** convention d'arbitrage; **blanket a.....** accord global; **collective labour a.....** convention collective; **to come to an a.....** parvenir à un accord; **company-wide a**..... accord d'entreprise; **to draft an a**..... rédiger un accord; **endloaded wage a**..... accord salarial par lequel des augmentations sont versées en deux fois, les premières prenant effet juste après l'accord et les deuxièmes peu de temps avant les négociations suivantes; **framework a**..... accord-cadre; **gentleman's a**..... accord sur l'honneur; **hard-won a**..... accord obtenu à l'arraché; **industry-wide a**..... convention collective d'une branche; **interim a**..... accord provisoire; **to make an a**..... passer un accord; **master a**..... convention collective de base; **outline a**..... accord-cadre; **partnership a**..... acte d'association; **plant a**..... accord d'établissement; **prior a**..... accord préalable; **private a**..... acte sous seing privé; **profit-sharing a**..... accord d'intéressement, accord de participation; **to ratify an a**..... entériner un accord; **to reach an a**..... aboutir à un accord, parvenir à un accord; **reciprocal a**..... accord bilatéral; **to revoke an a**..... révoquer un accord; **shareholder's a**..... pacte d'actionnaires; **side a**..... accord annexe; **to sign an a**..... signer un accord; **to wrestle an a**..... **from sbdy** arracher un accord de qqn; **an a**..... **has been entered into** un accord est intervenu

ahead *adv* en avance; **to be a**..... **of schedule** être en avance sur son programme

aid *n* **1** moyen; **audio-visual a**.....s moyens audio-visuels; **2** secours, aide, assistance; **emergency a**..... secours d'urgence; **legal a**..... aide juridique, assistance juridique, secours juridique; **mutual a**..... entraide

AIDS *n* *abbr* **(Acquired Immune Deficiency Syndrome)** SIDA (Syndrome ImmunoDéficitaire Acquis)

aim *vi* viser; **to a**..... **at being the best** chercher à être le meilleur; **to a**..... **to succeed** chercher à réussir; **to a**..... **to do sthg** se donner comme but de faire qqch

air *vt* exprimer; **to a**..... **a grievance** exprimer une doléance

alarm *n* alarme, alerte; **fire a**..... alerte au feu; **to raise the a**..... donner l'alerte; **to sound the a**..... sonner l'alarme

alien *n* étranger; **illegal a**..... clandestin

alienation *n* aliénation

alignment *n* **internal a**..... harmonisation interne des salaires en fonction des classifications des postes

alimony *n* pension alimentaire

all-in *cpd* tout compris; **a**..... **policy** police tous risques; **a**..... **price** tarif tout compris

all-inclusive *cpd* tout compris; **a**..... **payment** paiement forfaitaire; **a**..... **price** forfait

all-out *cpd* total; **a**..... **strike** grève totale

all-risks *cpd* tous risques; **a**..... **policy** police tous risques

allay *vt* apaiser; **to a**..... **fears** apaiser les craintes

allegation *n* allégation, chef d'accusation

alleged *adj* prétendu, supposé; **a**..... **perpetrator** prétendu responsable

alliance *n* alliance; **to enter into an a**..... **with sbdy** conclure une alliance avec qqn

allocate *vt* allouer, affecter; **to a**..... **funds** allouer des fonds, affecter des fonds

allocated *adj* **a**..... **plan** plan de retraite dont les cotisations de l'employeur sont versées au compte individuel de chaque participant

allocation *n* attribution, répartition, affectation; **a**..... **of resources** affectation de ressources

allot *vt* répartir, allouer, consacrer; **to a**..... **shares** répartir des actions; **to a**..... **time to sthg** consacrer du temps à qqch

allotment *n* attribution, répartition; **a.....** **of shares** répartition des actions

allow *vt* ajouter; **to a..... £1 for postage** ajouter 10 Frs pour frais d'envoi

allowable *adj* déductible; **a..... expenses** dépenses déductibles

allowance *n* **1** prime, allocation, indemnité; **bad weather a.....** prime d'intempéries; **car a.....** participation de l'employeur aux frais d'utilisation du véhicule personnel d'un salarié à des fins professionnelles; **clothing a.....** indemnité vestimentaire, prime d'habillement; **cost-of-living a.....** indemnité de vie chère, prime de vie chère; **to draw an a.....** toucher des allocations; **entertainment a.....** frais de représentation, indemnité de représentation; **family a.....** allocations familiales; **hardship a.....** prime de difficulté de vie; **housing a.....** allocation de logement; **invalid care a.....** assistance d'une tierce personne: indemnité compensatrice versée aux personnes dans l'obligation de s'occuper d'handicapés à domicile; **maternity a.....** prime à la naissance; **mileage a.....** frais kilométriques, indemnité de kilométrage; **mobility a.....** prime de mobilité; **moving a.....** allocation/prime de déménagement; **night shift a.....** indemnité de nuit; **relocation a.....** prime de déménagement, prime d'installation; **rent a.....** allocation de loyer; **severe disablement a.....** allocation versée par la Sécurité Sociale aux personnes dans l'incapacité de travailler et n'ayant pas cotisé suffisamment pour pouvoir bénéficier d'une pension d'invalidité ou d'indemnités maladie; **transport a.....** prime de transport; **travel a.....** allocation/indemnité de déplacement, indemnité de transport; **2** provision; **a..... for bad debts** provisions pour créances douteuses

allowed *pp* alloué, imparti, consacré; **a..... time** temps alloué/consacré; **within the time a.....** dans le délai imparti

ally *n* allié

ally *vt* allier

alphabetical *adj* alphabétique; **in a..... order** par ordre alphabétique

alteration *n* modification; **to make a.....s** effectuer des modifications

alternative *adj* alternatif; **a..... solution** solution de remplacement; **to find a..... employment** trouver un emploi de remplacement

alumnus *n (US)* ancien élève

amalgamated *adj* **a..... union** syndicat unifié

amalgamation *n* fusion, unification

ambition *n* ambition

ambitious *adj* ambitieux; **to be very a.....** avoir les dents longues

amendment *n* amendement, avenant, rectification

amenities *npl* **staff a.....** avantages sociaux, œuvres sociales

amicable *adj* amiable; **a..... agreement** accord à l'amiable

amnesty *n* amnistie

amortization *n* amortissement

amortize *vt* amortir

amount *n* montant, somme

amount *vt* se chiffrer; **this a.....s to** cela se chiffre, s'élève à

analogous *adj* **a..... test** test de mise en situation en vue de la sélection de candidats

analogue *n* homologue

analyse *vt* analyser

analysis *n* analyse; **character a.....** enquête de moralité; **cost a.....** analyse des coûts; **cost-benefit a.....** analyse coûts-avantages; **factor a.....** analyse factorielle; **job a.....** analyse des tâches; **sneak a.....** analyse des causes insidieuses; **transactional a.....** analyse transactionnelle; **value a.....** analyse de la valeur

analyst *n* **systems a.....** analyste-programmeur

analytical *adj* **to have an a..... mind** avoir un esprit d'analyse

anniversary *n* anniversaire; **a..... of date of hire** date anniversaire d'entrée en fonction; **wedding a.....** anniversaire de mariage

announcement *n* déclaration, annonce; **to make an a.....** faire une annonce

annualized *adj* annuel; **a..... hours** annualisation des horaires; **a..... percentage rate** taux annuel

annually *adv* annuellement

annuitant *n* rentier

annuity *n* rente, pension; **a..... certain** annuité garantie pour une période donnée; **life a.....** rente viagère; **to pay an a.....** servir une rente; **reversionary a.....** pension de réversion

annul *vt* annuler, résilier; **to a..... a clause** résilier une clause

annulment *n* annulation, résiliation

annum *n* an, année; **per a.....** par an

answering *adj* **a..... machine** répondeur téléphonique

antedate *vt* antidater

anti-inflationary *adj* anti-inflationniste; **a..... measures** mesures anti-inflationnistes

anti-trust *adj* antitrust; **a..... law** loi antitrust

anticipation *n* anticipation

anticipatory *adj* **a..... breach** - rupture d'un contrat due au non-respect anticipé de l'un de ses termes

appeal *n* **1 sales a.....** argumentaire de vente; **2** appel, pourvoi en cassation, recours

appeal *vi* **1** faire appel; **to a..... against a decision** faire appel contre une décision; **to a.....**

against a sentence faire appel d'un jugement; **2** attirer; **this product a.....s to customers** ce produit attire les clients

appear *vi* **1** *(jur)* comparaître; **2** figurer; **to a..... on a list** figurer sur une liste

appearance *n* présentation

appeasement *n* apaisement

appendix *n* annexe

appliance *n* appareil; **orthopaedic a.....** appareil orthopédique; **fire a.....** pompe à incendie

applicant *n* candidat, postulant

application *n* **a..... file** dossier de candidature; **job a.....** candidature, demande d'emploi; **job a..... form** formulaire de demande d'emploi, dossier de candidature; **to send an a.....** envoyer un dossier de candidature; **a..... blank** *(US)* dossier de candidature

apply *vt* **1** appliquer; **to a..... the law** appliquer la loi; **2** *vi* postuler, solliciter; **to a..... for a job** postuler pour un emploi, solliciter un emploi

appoint *vt* désigner, nommer; **to a..... an expert** désigner un expert; **to a..... sbdy to a position** nommer qqn à un poste

appointee *n* nommé, désigné à un poste

appointment *n* **1** nomination, affectation, désignation, engagement, nomination; **2** rendez-vous; **to make an a.....** fixer un rendez-vous

apportion *vt* répartir, ventiler; **to a..... costs** répartir les coûts, ventiler les coûts

apportionment *n* répartition; **a..... of wages** paiement au prorata du travail effectué à l'occasion du départ d'un salarié

appraisal *n* **1** appréciation, évaluation, estimation; **a..... of the value of sthg** estimation de la valeur de qqch; **2** évaluation, appréciation; **group a.....**

évaluation d'un individu par un groupe (supérieur hiérarchique, subordonnés, collègues,...) ; **inverted a.....** évaluation des supérieurs par leurs subordonnés ; **performance a.....** évaluation de la performance, entretien annuel

appreciate *vt* évaluer ; **to a.....** **staff** évaluer le personnel

appreciation *n* **1** revalorisation ; **a..... of a currency** revalorisation d'une devise ; **2** évaluation ; **a..... of staff** évaluation du personnel

apprentice *n* apprenti

apprenticeship *n* apprentissage ; **to serve one's a.....** faire son apprentissage

approach *n* approche, démarche ; **to have a coherent a.....** avoir une démarche cohérente

approached *pp* approché ; **to be a..... by a headhunter** être approché par un chasseur de têtes

appropriation *n* **a..... account** distribution du résultat ; **a..... of funds** affectation de fonds

approval *n* validation, approbation ; **a..... process** processus de validation ; **to give one's a.....** donner son approbation ; **official a..... for a training course** homologation d'une formation ; **to submit a text for a.....** soumettre un texte pour approbation/accord

approve *vt* approuver, homologuer ; **to a..... (of) sthg** approuver qqch ; **to a..... a training course** homologuer une formation

approximately *adv* approximativement

approximation *n* approximation

aptitude *n* aptitude ; **a..... test** test d'aptitude

arbitrary *adj* arbitraire

arbitration *n* arbitrage, médiation ; **A..... Board** Commission d'arbitrage ; **to go to a.....** recourir à l'arbitrage ; **a..... clause** clause d'arbitrage ; **a..... agreement** convention d'arbitrage

arbitrator *n* médiateur, arbitre

architect *n* architecte

archives *npl* archives ; **to keep company a.....** conserver les archives d'entreprise

arduous *adj* pénible ; **a..... work** travail pénible

area *n* zone, secteur, aire ; **designated a.....** zone désignée ; **free trade a.....** zone de libre-échange ; **green a.....s** espaces verts ; **no-smoking a.....** zone non-fumeur ; **parking a.....** aire de stationnement ; **restricted a.....** zone interdite ; **sales a.....** secteur de vente ; **work a.....** zone de travail ; **working a.....** aire de travail ; *cpd* **a..... code** indicatif téléphonique de secteur ; **A..... Manager** responsable de zone, responsable de secteur

argue *vi* **1** argumenter, discuter ; **to a..... against the proposal** argumenter contre la proposition ; **to a..... in favour of a proposal** argumenter en faveur d'une proposition ; **to a..... about a price** discuter un prix ; **2** se disputer ; **to a..... with sbdy about sthg** se disputer avec qqn au sujet de qqch

argument *n* **1** discussion ; **2** argument ; **a..... in favour of sthg** argument en faveur de qqch ; **weighty a.....** argument de poids ; **3** dispute

arise *vi* émaner ; **claims arising from** réclamations émanant de

arouse *vt* soulever ; **to a..... enthusiasm** soulever l'enthousiasme

arrange *vt* organiser ; **to a..... a meeting** organiser une réunion

arrangement *n* **1** accommodement, compromis ; **to come to an a.....** parvenir à un compromis ; **2** disposition ; **to make a.....s to do sthg** prendre ses dispositions pour faire qqch

arrears *npl* arriérés ; **rent in a.....** loyers arriérés ; **wage a.....** arriérés de salaire

article *n* **1** objet; **personal a.....s** objets personnels; **a..... of clothing** article de vêtement; **2** clause; **3 (of a newspaper)** article (de journal) *npl* **4** statuts; **a.....s of partnership** statuts d'une société; **a.....s of association** statuts d'une société; **a.....s of incorporation** *(US)* statuts d'une société

articled *adj* **a..... clerk (former name for trainee solicitor)** avocat stagiaire

articulate *vi* articuler

artisan *n* artisan

artist *n* artiste

arts *npl* lettres; **a..... studies** études de lettres

ASAP *loc abbr* **(As Soon As Possible)** dès que possible

ascendant *n* ascendant; **the a.....s** les ascendants

ascertain *vt* vérifier; **to a..... the facts** vérifier les faits

aspirations *npl* attentes; **staff a.....** attentes du personnel

assault *n* agression, voie de fait; **a..... and battery** coups et blessures; **physical a.....** agression physique

assembly *n* **1** assemblée; **2** montage, production; **a..... line** chaîne de montage, chaîne de production; **a..... plant** usine de montage

assertiveness *n* **a..... training** stage visant le développement de l'affirmation de soi

assess *vt* évaluer; **to a..... damages** évaluer les dégâts

assessment *n* estimation, évaluation; **a..... centre** centre d'évaluation, bilan comportemental; **character a.....** enquête de moralité; **continuous a.....** contrôle continu; **performance a.....** évaluation des performances

assessor *n* évaluateur **(at assessment centre)**

asset *n* atout; *npl (fin)* actif, immobilisations; **current a.....s** actif cir-

culant, valeurs réalisables; **fixed a.....s** actif immobilisé, immobilisations; **intangible a......s** immobilisations incorporelles; **tangible a.....s** actif corporel, immobilisations corporelles; *cpd* **a..... stripping** rachat d'une société en vue de la réalisation de son actif

assign *vt* **1** affecter; **to a..... sbdy to a project** affecter qqn à un projet; **2** céder; **to a..... a patent** céder un brevet

assignee *n* cessionnaire

assignment *n* **1** affectation, mission; **to be on an a.....** être en mission; **to carry out an a.....** conduire une mission; **to have a special a.....** être chargé de mission; **to leave on an a.....** partir en mission; **2 a..... of wages** retenue sur salaire au bénéfice d'un tiers; **3 deed of a.....** acte de transfert (propriété, droits,...)

assignor *n* cédant

assist *vi* aider; **to a..... sbdy in doing sthg** aider qqn à faire qqch

assistance *n* aide

assistant *n* attaché, assistant; **management a.....** attaché de direction; **sales a.....** assistant commercial

assistantship *n* assistanat

associate *n* associé; *cpd* **a..... company** société filiale; **a..... director** membre du conseil d'administration non élu par les actionnaires

association *n* association, ordre; **Bar A.....** Ordre des Avocats; **freedom of a.....** liberté d'association; **Medical A.....** Ordre des Médecins; **trade a.....** syndicat professionnel

assume *vt* remplir; **to a...... one's responsibilities** remplir son rôle; **to a..... the right to sthg** s'arroger le droit de qqch

assurance *n* assurance; **life a.....** assurance-vie

assure *vt* assurer

assured *adj* assuré; **a.....** **person** assuré

ASTD *n* *abbr* (**American Society of Training and Development**) (*US*) association américaine regroupant les professionnels de la formation

attach *vt* accorder; **to a.....** **importance to sthg** accorder de l'importance à qqch

attaché *n* attaché; **a.....** **case** attaché-case

attached *pp* afférent; **salary a.....** **to a position** salaire afférent à un poste

attachment *n* saisie-arrêt; **a.....** **of earnings** saisie-arrêt sur salaire; **a.....** **of earnings order** ordre de saisie-arrêt

attack *n* attentat, atteinte; **heart a.....** crise cardiaque; **bomb a.....** attentat à la bombe

attempt *n* essai, tentative; **arbitration a.....** tentative de conciliation

attend *vt* **1** assister; **to a.....** **a lecture** assister à une conférence; **2** s'occuper; **to a.....** **to a customer** s'occuper d'un client

attendance *n* **1** assiduité, présence; **a.....** **allowance** allocation versée par l'Etat aux personnes handicapées nécessitant une assistance à domicile; **a.....** **sheet** feuille de présence; **to have a bad a.....** **record** être souvent absent; **to have a good a.....** **record** être assidu; **2** assistance, participation; **a.....** **at a conference** participation à un congrès

attention *n* attention; **may I have your undivided a.....** je demande toute votre attention; **to pay a.....** **to sthg** prêter attention à qqch

attire *n* habillement

attitude *n* attitude

attorney *n* (*US*) avocat; **A.....** **General** ministre de la Justice; **power of a.....** procuration

attract *vt* attirer; **to a.....** **candidates** attirer des candidats

attributable *adj* imputable; **the termination of contract is a.....** **to** la rupture du contrat est imputable à

attrition *n* érosion, usure, départs à la retraite; **staff a.....** érosion des effectifs, départs à la retraite; **war of a.....** guerre d'usure

at-will *cpd* **employment a.....** (*US*) relation de travail sans contrat écrit entre l'employeur et l'employé pouvant être rompue à tout moment sans motif ni préavis par l'un ou l'autre

au pair *n* au pair; **a.....** **girl** fille au pair

auctioneer *n* commissaire-priseur

audience *n* assistance; **the a.....** **at a presentation** l'assistance à une présentation

audio-typing *n* audiotypie

audio-visual *adj* audio-visuel; **a.....** **aids** moyens audio-visuels

audit *n* audit, vérification, contrôle; **a.....** **of accounts** vérification des comptes; **independant a.....** audit indépendant, audit externe; **internal a.....** audit interne

audit *vt* auditer, vérifier, contrôler; **to a.....** **the accounts** auditer les comptes, vérifier les comptes

auditor *n* auditeur, commissaire aux comptes

authenticate *vt* valider; **to a.....** **a document** valider un document

authentification *n* validation

authoritarian *adj* autoritaire

authoritative *adj* qui fait autorité

authorities *npl* autorités; **the a.....** les autorités, les pouvoirs publics

authority *n* **1** autorité, compétence; **to be under the a.....** **of** être sous l'autorité de; **functional a.....** compétence fonctionnelle; **the staff is under my a.....** le personnel est sous ma compétence; **2** collectivité; **local a.....** collectivité locale

authorization *n* autorisation, agrément, pouvoir ; **to have full a..... to do sthg** avoir les pleins pouvoirs pour faire qqch

authorize *vt* autoriser ; **to a..... payment** autoriser le paiement

automate *vt* automatiser

automatic *adj* automatique ; **a..... wage adjustment** réajustement automatique de salaires

automation *n* automation, automatisation

autonomous *adj* autonome

autonomy *n* autonomie

auxiliary *n* auxiliaire ; **medical a.....** auxiliaire médical

availability *n* disponibilité ; **offer subject to a.....** offre selon disponibilité

available *adj* disponible ; **to have a..... funds** avoir des fonds disponibles

average *n* moyenne

average *vt* **salary increases a..... 5%** les augmentations de salaire sont en moyenne de 5%

average *adj* moyen ; **a..... age** moyenne d'âge, âge moyen

avert *vt* écarter ; **to a..... a strike** écarter une grève

avoidance *n* **tax a.....** optimisation fiscale

await *vt* attendre ; **to a..... a decision** attendre une décision

award *n* **1** récompense, médaille ; **long service a.....** médaille d'ancienneté ; **2** augmentation ; **salary a.....** augmentation de salaire ; **3** jugement, décision, sentence ; **additional a.....** indemnité supplémentaire versée à un salarié par une entreprise refusant de le réintégrer suite à un licenciement abusif ; **arbitration a.....** sentence arbitrale ; **basic a.....** indemnité versée par l'employeur à la suite d'un licenciement abusif (d'une valeur égale à l'indemnité de licenciement pour motif économique) ; **binding a.....** sentence exécutoire ; **compensatory a.....** indemnité versée en vue de compenser la perte de salaire d'un salarié victime d'un licenciement abusif ; **non-binding a.....** sentence non exécutoire ; **non-compliance a.....** *voir* additional award ; **permanency a.....** *(US)* indemnité versée à un salarié pour invalidité permanente suite à un accident du travail ou à une maladie professionnelle ; **protective a.....** indemnité versée par un employeur à un salarié après l'avoir menacé de licenciement économique sans avoir respecté les obligations de consultation des partenaires sociaux ; **special a.....** dédommagement attribué à un salarié ayant fait l'objet d'un licenciement abusif pour adhésion ou refus d'adhésion à un syndicat

award *vt* attribuer, accorder, octroyer, décerner ; **to a..... damages** attribuer des dommages-intérêts ; **to a..... a pay rise** accorder une augmentation, octroyer une augmentation ; **to a..... a prize** décerner un prix

awareness *n* **1** notoriété ; **brand a.....** notoriété d'une marque ; **2 new a.....** prise de conscience

away *adv* **to be a..... from work** être absent du travail

axe *vt* supprimer ; **to a..... jobs** supprimer des emplois

axis *n* axe ; **X a.....** axe des abscisses ; **Y a.....** axe des ordonnées

Bb

B.A. *n abbr* **(Bachelor of Arts)** diplôme délivré après 3 *(GB)* ou 4 *(US)* années d'études universitaires dans le domaine littéraire ou des sciences sociales

bachelor *n* **1** célibataire (homme); **2** b.....'s degree diplôme délivré après 3 *(GB)* ou 4 *(US)* années d'études universitaires (équivalent de la licence)

back *adj* **1** b..... **interest** intérêts dus; b..... **orders** commandes en attente; **2** b..... **pay/wages** rappel de salaire; b..... **payments** arriérés; **2** retour; b..... **to basics** retour aux sources; b..... **to work** retour au travail

back *vt* avaliser, soutenir; **to b..... a project** avaliser un projet; **to b..... (up) sbdy** soutenir qqn

back down *vi* reculer, faire marche arrière; **to b..... under the threat of a strike** reculer devant la menace d'une grève

backdate *vt* antidater

backdated *pp* antidaté, avec effet rétroactif; **measure b..... to** mesure à effet rétroactif; b..... **cheque** chèque antidaté

backfire *vi* avoir un effet contraire

background *n* antécédents, expérience; b..... **investigation** processus de vérification des informations données par un candidat dans le cadre d'un recrutement; **general b.....** généralités

backhander *n* pot-de-vin, dessous-de-table

backing *n* aval, soutien, caution; **to get management b..... for sthg** obtenir l'aval de la direction pour qqch; **to give b..... to a proposal** soutenir une proposition; **to have the b..... of sbdy** avoir la caution de qqn; **this scheme has the b..... of** ce plan a le soutien de

backlash *n* réaction brutale

backlog *n* **to have a b..... of work** avoir du travail en retard

backpedal *vi* faire marche arrière; **to b.... on a decision** revenir sur une décision

backtrack *vi* **to b..... on a decision** faire marche arrière

back-up *n* sauvegarde; **to make a b..... copy of a diskette** sauvegarder une disquette; b..... **service** service d'assistance/d'après-vente

bad-boy clause *cpd* clause contractuelle protégeant l'employeur contre des pratiques de débauchage d'employés clés de la part d'anciens salariés

badge *n* badge, badge d'accès

bail *n* caution

bailiff *n* huissier

balance *n* **1** balance; b..... **of payments** balance des paiements; b..... **of trade** balance commerciale; **2** solde; b..... **carried forward** solde reporté; b..... **due** solde dû; b..... **in hand** solde disponible; **bank b.....** position/solde d'un compte bancaire; **credit b.....** solde créditeur; **debit b.....** solde débiteur; **outstanding b.....** solde à régler; **3** balance, équilibre; b..... **of power** équilibre des forces/pouvoirs; **to maintain the b..... of power** maintenir l'équilibre des forces

balance sheet *n* *(fin)* bilan; **to draw up a b.....** établir un bilan

balancing *n* b..... **act** exercice d'équilibre

bale out *vt* renflouer, sauver; **to b..... a company** renflouer une entreprise

ball *n* balle; **the b..... is in the union's court** la balle est dans le camp du syndicat

ballot *n* vote, ballotage, scrutin; **to hold a b.....** procéder à un vote; **inconclusive b.....** ballotage; **postal b.....** vote par correspondance; **secret b.....** vote à bulletins secrets; **strike b.....** vote en faveur ou contre une grève;

cpd **b.....** **box** urne; **b.....** **paper** bulletin de vote; **b.....-rigging** fraude électorale

ban *n* interdiction; **to impose a b.....** **on sthg/sbdy** interdire qqch à qqn; **to lift a b.....** **on sthg/sbdy** lever une interdiction sur qqch/qqn

ban *vt* banir, interdire

band *n* fourchette; **salary b.....** fourchette de salaires

banded *adj* **b.....** **day work** système de prime par paliers déterminé en fonction du niveau de performance d'un salarié, applicable lorsqu'il dépasse le niveau minimum de production lui garantissant un salaire de base

bank *n* banque; **data b.....** banque de données; **deposit b.....** banque de dépôt; **issuing b.....** banque émettrice; **merchant b.....** banque d'affaires; **savings b.....** caisse d'épargne; *cpd* **b.....** **holiday** jour férié

banking *n* la banque (profession)

bankrupt *n* failli, faillite; **certified b.....** failli concordataire; **to go b.....** faire faillite

bankruptcy *n* banqueroute, faillite

banner *n* bannière, banderole; **to deploy a b.....** déployer une banderole

bar *n* 1 barreau; **to be called to the B.....** s'inscrire au barreau; **B.....** **Association** Ordre des Avocats; 2 *cpd* bâton; **b.....** **diagram** graphique à bâtons, histogramme

bar *vt* interdire; **to b.....** **sbdy from the car park** interdire à qqn l'accès au parking

bargain *n* affaire; **to drive a hard b.....** être dur en affaires; **to strike a b.....** remporter une affaire

bargaining *n* négociation, marchandage; **coalition b.....** négociation sociale dans laquelle plusieurs syndicats se regroupent pour une revendication commune; **collective b.....** négociation collective; **distributive b.....** négociation distributive; **domestic b.....** négociation entre l'employeur et les partenaires sociaux au niveau d'un établissement; **pattern b.....** *see* pattern; **yearly b.....** **round** négociation annuelle; *cpd* **b.....** **leeway** marge de négociation; **b.....** **level** niveau de négociation; **b.....** **position** prise de position dans une négociation; **b.....** **power** pouvoir de négociation; **b.....** **table** table des négociations; **b.....** **unit** unité de négociation; **zero sum b.....** négociation distributive

barred *adj* irrecevable; **b.....** **complaint** plainte irrecevable

barricade *n* barricade; **to set up a b.....** dresser une barricade

barrier *n* barrière; **trade b.....s** barrières douanières

barrister *n* avocat

BARS *n abbr* (**Behaviourally Anchored Rating Scale**) échelle d'appréciation fondée sur des études de comportement type par fonction

base *n* 1 base; **data b.....** base de données; 2 contact; **to touch b..... with sbdy** reprendre contact avec qqn; 3 *cpd* référence; **b.....** **country** pays d'origine; **b.....** **period** période de référence; **b.....** **year** année de référence; 4 **b.....** **period** (*US*) période de cotisation minimum ouvrant droit aux allocations chômage; **b.....** **period wages** salaire minimum requis pour bénéficier des allocations chômage

base *vt* baser; **to b..... forecasts on** baser des prévisions sur

based *pp* basé, assis; **contribution b..... on the ceiling** cotisation assise sur le plafond; **foreign-b..... employee** salarié basé à l'étranger; **Paris-b..... company** société basée à Paris

basics *npl* essentiel; **to get back to b.....** revenir à l'essentiel

basic *adj* de base; **b.....** com-modities produits de première nécessité; **b..... pay/wage** salaire de base; **b..... rate tax** 1re tranche d'imposition; **b..... salary** salaire fixe

basis *n* base; **on the b..... of** sur la base de; **on the b..... of the facts available** au vu des faits rapportés; **to work on a regular b.....** être salarié permanent

basket *n* panier; **reference b..... of goods and services** panier (de référence) de biens et de services

batch *n* lot, jeu; **b..... of orders** lot de commandes; **b..... of samples** lot d'échantillons; **b..... of tests** jeu de tests

battery *n* batterie; **b..... of tests** batterie de tests

bean-counter *cpd* terme ironique désignant une personne travaillant dans la fonction financière et/ou comptable

bear *vt* 1 supporter; **to b..... the cost of sthg** supporter le coût de qqch; 2 porter; **to b..... responsibility for sthg** porter la responsabilité de qqch

bed *n* banc; **test b.....** banc d'essai

beginner *n* débutant

behaviour *n* comportement, conduite; **disruptive b.....** comportement perturbateur; **b..... expectation scale** grille des comportements attendus par type de fonction

behind *adv* **to be b..... schedule** être en retard sur le planning; **to be b..... with work** avoir du travail en retard

belongings *npl* affaires, effets; **personal b.....** affaires personnelles, effets personnels

below-average *adj* **b..... salaries** salaires en dessous de la moyenne

below-standard *adj* non conforme; **b..... work** travail non conforme

benchmark *n* repère, référence; **b..... positions** postes de référence dans un système de classification des emplois

benchmark *vt* mesurer ses produits ou services par rapport à ceux de la concurrence

benchmarking *n* analyse comparative, processus de mesure par une organisation de ses produits, services ou pratiques par rapport à ceux de ses concurrents

beneficiary *n* bénéficiaire, ayant droit

benefit *n* 1 indemnité, avantage, prestation, allocation; **accident b.....** indemnité pour accident de travail; **b.....s in kind** avantages en nature; **cash sickness b.....s** indemnité-maladie versée en espèces; **to claim b.....** faire une demande de versement de prestation; **death b.....** capital décès; **family b.....s (maternity allowance, income support, ...)** prestations familiales; **fringe b.....s** avantages sociaux; **housing b.....** allocation de logement; **maternity b.....** allocation de maternité; **paid up b.....s** droits acquis dans le cadre d'un régime de retraite (d'entreprise), maintenus lorsque le salarié quitte le régime; **sickness b.....** indemnité-maladie; **social security b.....s** prestations sociales; **unemployment b.....** allocations (de) chômage; 2 bénéfice; **b..... of the doubt** bénéfice du doute

benefit *vi* profiter de, bénéficier de; **to b..... from a situation** profiter de/tirer profit d'une situation; **to b..... from government measures** bénéficier de mesures gouvernementales

benevolent *adj* **b..... fund** régime complémentaire de prévoyance (maladie, décès,...) financé par l'employeur et l'employé au bénéfice de l'employé et de sa famille

B. Eng. *n abbr* **(Bachelor of Engineering)** diplôme d'ingénieur

bereavement *n* deuil

best practice *cpd* pratiques de référence, meilleures pratiques

better *vt* améliorer; **to b.....** an **offer** faire une meilleure proposition; **to b..... working conditions** améliorer les conditions de travail

bias *n* préjugé, parti pris

bid *n* offre, mise, enchère; **call for b.....s** appel d'offres; **closing b.....** dernière enchère; **to launch a b.....** faire une offre; **to make a higher b.....** surenchérir sur une offre; **opening b.....**première mise; **to put in a b.....** faire une offre; **takeover b.....** Offre Publique d'Achat

bid *vi* offrir, enchérir; **to b..... for a contract** faire une offre pour un contrat; **to b..... higher** enchérir sur une offre

bidding *n* les enchères; **to raise the b.....** faire monter les enchères

bilateral *adj* bilatéral

bilingual *adj* bilingue

bill *n* **1** addition, facture, note; **to foot the b.....** payer la facture; **to pay the b.....** payer la facture; **not to be able to meet the b.....** ne pas pouvoir payer la facture; **2** acte, lettre; **b..... of exchange** lettre de change; **b..... of indictment** acte d'accusation; **b..... of lading** connaissement; **b..... of sale** acte de vente; **treasury b.....** bon du trésor; **b..... of Parliament** projet de loi du Parlement

bill *vt* facturer; **to b..... a company** facturer une société

bill-book *n* échéancier

billing *n* facturation

binder *n* classeur

binding *adj* qui engage; **b..... agreement** accord liant/engageant les parties

bio data *n* (US) curriculum vitae

biologist *n* biologiste

biorhythms *npl* biorythmes

bipartite *adj* bipartite; **b..... committee** comité bipartite

birth *n* naissance, accouchement; **date of b.....** date de naissance; **premature b.....** accouchement prématuré; *cpd* **b..... certificate** extrait de naissance

birthday *n* anniversaire (de naissance)

black *adj* **1** noir, non déclaré; **b..... economy** travail au noir, économie parallèle; **b..... jobs** travail au noir; **b..... list** liste noire; **to be on a b..... list** être sur une liste noire, être mis à l'index; **b..... market** marché noir; **b..... market prices** prix au marché noir; **2** créditeur; **in the b.....** dont le solde est créditeur; **3** noir; **to put sthg in b..... and white** écrire qqch noir sur blanc

blackleg *n* jaune, briseur de grève

blacklist *vt* boycotter; **to b..... a company** boycotter une entreprise; **to b..... sbdy** mettre qqn à l'index

blackmail *n* chantage

blackmail *vt* **to b..... sbdy** exercer un chantage sur qqn

blame *n* reproche; **to get the b..... for sthg** se faire reprocher qqch

blame *vt* blâmer, reprocher; **to b..... sbdy for sthg** blâmer qqn/reprocher qqch à qqn

blank *adj* blanc, vierge; **b..... cheque** chèque en blanc; **b..... form** formulaire vierge; **b..... vote** bulletin blanc; **to leave a b..... space** laisser un blanc

blanket *cpd* **b..... clause** dispositions/conditions générales; **b..... dismissal** licenciement collectif d'employés présumés complices, résultant d'un délit commis par l'un d'eux, ce dernier n'étant pas identifié; **b..... visa** (US) visa global

block *n* **1** immeuble; **office b.....** (immeuble de) bureaux; **2** *cpd* majuscule; **b.....** **letters** lettres majuscules

block *vt* bloquer, barrer; **to b..... a motion** bloquer une motion; **to b..... the road to the factory** barrer la route menant vers l'usine

block-release *cpd* **b..... training** programme de formation en alternance prévoyant de longues périodes d'absence de l'entreprise

blood *n* sang; **our company needs new b.....** notre entreprise a besoin de sang neuf

blood sample *cpd* prise de sang; **to take a b.....** faire une prise de sang

bloodborn *adj* **b..... pathogens** *(US)* réglementation concernant la prévention des maladies transmissibles par les fluides corporels

blue *adj* **b..... chip company** grande entreprise sûre et reconnue; **b..... circle rate** *(US)* niveau de salaire inférieur à celui habituellement pratiqué; *cpd* **b.....-collar** col bleu; **b.....-collar workers** cols-bleus (travailleurs manuels); **B..... Laws** *(US)* lois interdisant de travailler le dimanche

blueprint *n* plan, projet

bluff *n* **to call sbdy's b.....** *(fam)* mettre qqn au pied du mur

board *n* **1** conseil, comité; **b..... of directors** conseil d'administration; **conciliation b.....** comité de conciliation; **executive b.....** directoire; **Pay Review B.....** comité nommé par le gouvernement chargé de préconiser les niveaux de rémunération des différentes branches du secteur public; **supervisory b.....** conseil de surveillance; **training b.....** organisme public chargé de dispenser des formations professionnelles par secteur d'activité; **to sit on the b.....** siéger au conseil; *cpd* **b..... meeting** réunion du conseil; **b..... member** administrateur; **2** tableau, panneau; **black b.....** tableau noir; **bulletin b.....** *(US)* panneau d'affichage; **notice b.....** tableau d'affichage; **3 b..... and**

lodging chambre avec pension; **room and b.....** chambre avec pension; **4 to get the staff on b.....** faire adhérer le personnel

boardroom *n* salle de conseil

BOBO *loc abbr* **(Burnt Out But Opulent)** usé mais aisé

body *n* instance, organisme; **decision-making b.....** instance de décision; **professional b.....** association professionnelle, ordre professionnel

bog down *vpr* s'enliser; **talks are getting bogged down** les discussions s'enlisent

bomb *n* bombe; **time b.....** bombe à retardement; *cpd* **b..... attack** attentat à la bombe; **b..... scare** alerte à la bombe; **b..... threat** alerte à la bombe

bona fide *adj* de bonne foi, sérieux; **b..... occupational qualification** *(US)* pratique discriminatoire autorisée en fonction des exigences particulières d'un poste

bond issue *cpd* emprunt d'Etat

bonus *n* **1** prime, bonus, gratification; **attendance b.....** prime d'assiduité; **Christmas b.....** prime de fin d'année; **efficiency b.....** prime de rendement; **incentive b.....** prime d'incitation; **output b.....** prime de rendement; **performance-related b.....** bonus lié aux résultats; **productivity b.....** prime de rendement; **sign-on b.....** prime à l'embauche; **signing-on b.....** prime à l'embauche; **2** bonification; **no-claims b.....** *(ass)* bonus pour non-sinistre

book *n* **1** livre, carnet; **order b.....** carnet de commandes; **to have a full order b.....** avoir un carnet de commandes rempli; **wage b.....** livre de paie; *cpd* **b..... reserve** comptabilisation des engagements de retraite apparaissant dans le bilan; **b..... value** valeur comptable; *npl* **2** les comptes; **to keep the b.....s** tenir les comptes; **to cook the b.....s** trafiquer les comptes

book *vt* réserver; **to b..... a room** réserver une chambre

book-keeping *n* comptabilité

booked *pp* complet; **to be fully b..... (up)** être au complet

booking *n* réservation; **to confirm a b.....** confirmer une réservation; **double b.....** double réservation; **overb.....** surbooking

booklet *n* livret, brochure

boost *n* poussée; **b..... in sales** poussée de ventes

boost *vt* pousser; **to b..... one's earnings** accroître ses revenus

boot *n* **to get the b.....** *(fam)* se faire renvoyer

booth *n* **polling b.....** isoloir

borderline *n* **b..... case** cas limite

bored *adj* ennuyé; **to be b..... with (doing sthg)** s'ennuyer à (faire qqch)

boredom *n* ennui

boring *adj* ennuyeux; **b..... work** travail ennuyeux

borrow *vt* emprunter; **to b..... from a bank** emprunter à une banque

borrowing *n* emprunt; **long-term b.....** emprunt à long terme; **short-term b.....** emprunt à court terme; *cpd* **b..... power** capacité d'emprunt

boss *n* patron, chef

bottle-feed *vt* donner le biberon; **to b..... a baby** donner le biberon à un bébé

bottleneck *n* goulot; **production b.....** goulot d'étranglement

bottom *n* bas; **b..... line** dernière ligne (= résultats nets); **the b..... has fallen out of the market** les cours se sont effondrés; **to reach rock b.....** être au plus bas

bottom up *adj* ascendant(e); **b..... information** information ascendante

bound *pp* **to be b..... by professional secrecy** être tenu au secret professionnel

bounty program *cpd* système récompensant les salariés ayant contribué à des recrutements sur leurs recommandations

box *n* **1** caisse, boîte; **letter b.....** boîte aux lettres; **mail b.....** *(US)* boîte aux lettres; **suggestion b.....** boîte à idées; **b..... number** boîte postale; **2** banc; **witness b.....** banc des témoins; **3** cadre; **b..... on a form** cadre sur un formulaire

boycott *vt* boycotter

boycott *n* boycottage

BPR *n abbr* (**Business Process Reengineering**) méthode d'amélioration de la performance d'une entreprise par la reconfiguration en fonction de ses processus et non pas des fonctions

bracket *n* fourchette, tranche, plage, catégorie; **age b.....** tranche d'âge; **fixed time b.....** plage d'horaire fixe; **flexible time b.....** plage d'horaire flexible; **income b.....** tranche de revenu; **salary b.....** tranche de salaire; **tax b.....** tranche d'impôts; **wage b.....** fourchette de salaires

brain *n* cerveau; **b..... drain** fuite des cerveaux

brainstorming *n* remue-méninges

branch *n* succursale, agence, délégation; **b..... office** succursale; **bank b.....** agence bancaire; **union b.....** section locale (d'un syndicat)

brand *n* marque; *cpd* **b..... awareness** notoriété d'une marque; **b..... image** image de marque; **b..... leader** marque dominante; **b..... name** nom de marque; **b..... recognition** notoriété d'une marque

breach *n* infraction, violation, rupture, non-respect; **b..... of contract** rupture de contrat, violation des termes d'un contrat; **b..... of discipline** manquement à la discipline; **b.....** **of the law** violation de la loi; **b.....** **of the peace** attentat à l'ordre public; **b.....** **of trust** perte de confiance, abus de confiance; **to be in b.....** **of the law** être en infraction avec la loi; **to be in b.....** **of the rules** enfreindre les règles

bread and butter *n* gagne-pain; **this job is his/her b.....** ce travail est son gagne-pain

breadwinner *n* soutien de famille

break *n* arrêt, coupure, pause; **1 hour b.....** coupure d'une heure; **coffee/tea b.....** pause café; **to take a b.....** faire une pause; **to work without a b.....** travailler sans repos

break *vt* enfreindre; **to b.....** **the law** enfreindre la loi

break down *vt* **1** répartir, ventiler; **to b.....** **expenditure** ventiler les dépenses; **to b.....** **the population by age** répartir la population par âge; **2** *vi* tomber en panne, échouer; **the lift has broken down** l'ascenseur est tombé en panne; **talks have broken down** les pourparlers ont échoué

break even *vi* rentrer dans ses frais, atteindre le point mort

break off *vt* rompre; **to b.....** **negotiations/talks** rompre les négociations

break up *vi* **the meeting broke up at 1.00** la réunion se termina à 13h

break with *vi* rompre; **to b.....** **tradition** rompre avec la tradition

breakdown *n* **1** panne, rupture, échec; **b.....** **of negotiations** rupture de négociations; **b.....** **of talks** échec des négociations; **2** ventilation, décompte, répartition; **b.....** **of costs** ventilation des coûts; **b.....** **of headcount by age** répartition des effectifs par âge; **b.....** **of an invoice** détail d'une facture; **to give a b.....** **of costs** faire le décompte des coûts;

3 dépression; **nervous b.....** dépression nerveuse

breaker *n* briseur; **strike b.....** briseur de grève

breakeven *n* **b......** **point** point mort, seuil de rentabilité

breast-feed *vt* allaiter; **to b.....** **a baby** allaiter un bébé

breast-feeding *n* allaitement

breathing space *n* répit; **a b.....** **during the negotiations** une pause dans les négociations

bribe *n* pot-de-vin

bribe *vt* suborner; **to b.....** **sbdy** suborner qqn, corrompre qqn

bribery *n* corruption

bridge *cpd* **b.....** **job** emploi d'attente, passerelle entre deux filières

briefing *n* briefing

bring *vt* **to b.....** **sthg to the attention of sbdy** porter qqch à la connaissance de qqn

bring down *vt* réduire, baisser, faire tomber; **to b.....** **a government** faire tomber un gouvernement; **to b.....** **prices** réduire les prix; **to b.....** **unemployment** faire baisser le chômage

bring forward *vt* avancer; **to b.....** **a meeting** avancer une réunion

bring out *vt* éditer, publier; **to b.....** **a brochure** éditer une brochure

broadbanding *n* pratique consistant à réduire le nombre de fourchettes de salaire, souvent utilisée par les entreprises en période de changement cherchant plus de flexibilité

brochure *n* prospectus, brochure, dépliant

broke *adj* (*fam*) fauché; **to be b.....** être fauché, être sans le sou; **to go b.....** faire faillite

broker *n* courtier; **insurance b.....** courtier d'assurance

brokerage *n* courtage

brother *n* frère

brother-in-law *n* beau-frère

brotherhood *n* fraternité

B-school *n abbr* (**Business school**) école supérieure de commerce/gestion

B.S./BSc. *n abbr* (**Bachelor of Science**) diplôme délivré après 3 *(GB)* ou 4 *(US)* années d'études universitaires dans le domaine des sciences

buck *n* balle; **to pass the b.....** renvoyer la balle; **to pass the b..... (back and forth)** se renvoyer la balle

buddy *n* **b..... system** *(US)* système de parrainage dans l'entreprise

budget *n* budget; **to balance the b.....** boucler le budget; **zero-based b......** budget base zéro; **balanced b.....** budget équilibré

budget *vt* budgéter

budgetary *adj* budgétaire

build up *vt* développer; **to b..... a business** développer une affaire

building *n* immeuble; **b..... society** société d'épargne et de financement immobilier

buildup *n* augmentation, montée; **b..... of discontent** montée de mécontentement

built-in *cpd* **b..... defects** défauts structurels; **unemployment b..... to the system** chômage structurel; **the system has b..... controls** le système a des contrôles incorporés

bulletin *n* bulletin, communiqué; **medical b.....** bulletin de santé; **news b.....** bulletin d'informations, communiqué

bullying *n* **b..... at work** fait de tyranniser au travail, brimer, persécuter

bump *vt* *(US)* possibilité légale pour un employeur de se séparer du tenant d'un poste pour y affecter un salarié plus expérimenté

bumping *n* *(US)* possibilité légale pour un employeur de se séparer du tenant d'un poste pour y affecter un salarié plus expérimenté

burden *n* fardeau; **b..... of proof** charge de la preuve; **to place a b..... on sbdy** charger qqn d'un fardeau; **to relieve sbdy of a b.....** soulager qqn d'un fardeau; **tax b.....** poids de la fiscalité, pression fiscale

burdened *pp* accablé; **to be b..... with debt** être accablé de dettes

bureaucracy *n* bureaucratie

bureaucrat *n* bureaucrate

bureaucratic *adj* bureaucratique

burn out *vpr* **to burn oneself out** s'user

burnout *n* usure; **this project has reached b.....** ce projet est tombé à l'eau

bursary *n* bourse d'études

bus-trav *n abbr* (**business travel insurance**) assurance décès pour déplacements professionnels

business *n* affaire(s), entreprise; **to be in b.....** être dans les affaires; **b..... is b.....** les affaires sont les affaires; **b..... is thriving** les affaires sont florissantes; **to do a lot of b.....** faire des affaires; **family b.....** entreprise familiale; **to go into b.....** se lancer dans les affaires; **to go out of b.....** fermer (l'entreprise); **line of b.....** branche d'activité; **to run a b.....** diriger une entreprise; **to talk b.....** parler affaires; *cpd* **b..... agent** *(US)* représentant syndical; **b..... ethics** éthique professionnelle, déontologie; **b..... intelligence** veille concurrentielle; **b..... lunch** déjeuner d'affaires; **b..... process reengineering**, *voir* **BPR**; **b..... school** école supérieure de commerce/gestion

busting *n* **union b.....** tactique d'un employeur visant à supprimer/dissoudre un syndicat

busy *adj* occupé, chargé; **to be b.....** être occupé; **b..... schedule** emploi du temps chargé; **the line is b.....** la ligne est occupée

buy-back plan *cpd* système destiné à limiter l'absentéisme en offrant aux salariés d'indemniser les jours de congé-maladie non utilisés

buy in to *vi* s'approprier; **to b..... a scheme** s'approprier un projet

buyout *n* rachat; **company b.....** rachat d'entreprise; **management b.....** rachat d'entreprise par les cadres

by-law *n* arrêté; **municipal b.....** arrêté municipal

by-product *n* sous-produit, dérivé

bypass *vt* contourner; **to b..... one's boss** courtcircuiter son patron; **to b..... the procedure** contourner la procédure

Cc

CAC *n* *abbr* (**Central Arbitration Committee**) organisme d'arbitrage d'Etat auprès duquel un syndicat peut déposer une plainte contre un employeur n'ayant pas, par exemple, fourni des informations obligatoires

CAD *n* *abbr* (**Computer Aided Design**) CAO (Conception Assistée par Ordinateur)

cafeteria *n* cafétéria, cantine; **staff c.....** restaurant d'entreprise; **c..... benefits** système par lequel une entreprise propose à des salariés des avantages sociaux « à la carte » qu'ils choisissent selon leurs besoins (mutuelle, assurance-vie,...)

CAL *n* *abbr* (**Computer Assisted Learning**) EAO (Enseignement Assisté par Ordinateur)

calculation *n* calcul; **rough c.....** calcul approximatif

calculator *n* calculatrice; **pocket c.....** calculatrice de poche

calendar *n* agenda, échéancier; **c.....** **for action** planning (d'actions); **c..... for a project** planning d'un projet; *cpd* calendrier; **c..... month** mois (civil)

call *n* 1 appel, communication; **collect c.....** *(US)* appel en PCV; **local c.....** communication urbaine; **long-distance c.....** communication interurbaine; **reverse charge c.....** appel en PCV; **telephone c.....** appel téléphonique; **trunk c.....** communication interurbaine; 2 appel; **c..... for calm** appel au calme; **c..... to order** rappel à l'ordre; **to do roll c.....** faire l'appel; **strike c.....** mot d'ordre de grève; 3 visite; **business c.....** visite d'affaires; **cold c.....** visite impromptue; 4 **c..... option** *(fin)* option d'achat; **put o.....***(fin)* option de vente

call *vt* appeler, lancer; **to c..... a strike** lancer un mot d'ordre de grève, déclencher une grève; **to**

c..... on sbdy to do sthg faire appel à qqn pour faire qqch

call-in *cpd* **c..... payments** salaire minimum garanti versé à un salarié lorsqu'il se présente à son lieu de travail alors qu'il n'y a pas de travail à accomplir

call off *vt* **to c..... a strike** annuler un mot d'ordre de grève

call up *vt* appeler; **to c..... capital** faire un appel de fonds; **to be called up** *(mil)* être appelé sous les drapeaux

call-back *cpd* **c..... pay** somme forfaitaire versée à un employé en chômage technique rappelé pour effectuer un travail lié à une augmentation de l'activité de l'entreprise

caller *n* visiteur

CAM *n* *abbr* (**Computer Aided Manufacturing**) Fabrication Assistée par Ordinateur

camp *n* colonie; **summer c.....** colonie de vacances

campaign *n* campagne; **advertising c.....** campagne de publicité; **election c.....** campagne électorale; **to launch a c....** lancer une campagne; **to lead a c.....** mener une campagne

Campus Manager *n* Responsable des relations écoles/universités

cancel *vt* annuler; **to c..... an order** annuler une commande

cancellation *n* annulation, résiliation

candidacy *n* candidature; **unsolicited c.....** candidature spontanée

candidate *n* candidat; **only c.....** candidat unique; **sole c.....** candidat unique; **successful c.....** candidat retenu; **to be a c..... for a job** se porter candidat à un poste

canteen *n* cantine, réfectoire; **staff c.....** restaurant d'entreprise

canvass *vt* briguer, démarcher, prospecter; **to c..... for votes** briguer les suffrages, solliciter le suffrage; **to c.....** **new customers** prospecter de nouveaux clients

canvasser *n* prospecteur, démarcheur, enquêteur

canvassing *n* prospection, démarchage; **house-to-house c.....** démarchage à domicile, porte-à-porte

cap *n* plafond

cap *vt* plafonner

capability *n* aptitude, capacité; **lack of c.....** insuffisance professionnelle

capable *adj* **1** apte; **2** compétent, capable; **c..... manager** responsable compétent; **to be very c.....** être très compétent; **to be c..... of great feats** être capable d'exploits

capacity *n* **1** puissance, capacité; **to have a great c..... for work** avoir une grande puissance de travail; **production c.....** capacité de production; **storage c.....** capacité de stockage; **to work at full c.....** travailler à plein régime; **2** qualité; **in his c..... as head of department** en sa qualité de chef de département

capital *n* capital, principal, fonds; **allotted share c.....** capital social autorisé; **authorized share c.....** capital social autorisé; **called-up share c.....** capital social appelé; **c..... expenditure** dépenses d'investissement; **c..... gains** plus-values sur capital; **c..... intensive industry** industrie à forte densité capitalistique; **c..... and interest** principal et intérêts; **c..... invested** apport en société; **c..... outlay** mise de fonds; **circulating c.....** capital roulant; **human c.....** capital humain; **intellectual c.....** capital intellectuel; **issued share c.....** capital social émis; **to pay a c..... sum** verser un capital; **share c.....** fonds propres; **venture c.....** capital risque; **working c.....** capital circulant, fonds de roulement

capitalism *n* capitalisme

capitalize *vi* **to c..... on sthg** profiter de qqch

captain *n* capitaine; **c..... of industry** capitaine d'industrie

caption *n* légende; **c..... of a graph** légende d'un graphique

captive *adj* captif; **c..... clientele** clientèle captive

car *n* voiture; **c..... allowance** participation de l'employeur aux frais d'utilisation du véhicule personnel d'un salarié à des fins professionnelles; **company c.....** voiture de fonction, voiture de société, voiture de service; **to hire a c.....** louer une voiture; **to rent a c.....** louer une voiture

carcinogen *adj* cancérigène

card *n* carte; **business c.....** carte de visite; **c..... index** fichier de cartes; **charge c.....** carte de crédit; **cheque c.....** carte bancaire (de garantie); **credit c.....** carte de crédit; **employee registration c.....** carte d'immatriculation; **to get one's c.....s** être licencié; **green c.....** **(US work and residence permit)** carte verte (permis de travail et de séjour pour les Etats-Unis); **identity c.....** carte d'identité; **membership c.....** carte d'adhérent, carte de membre; **New Year's c.....** carte de vœux; **to punch a time c..... pointer**; **time c.....** carton de pointage; **trade c.....** carte professionnelle; **union c.....** carte syndicale; **voter's c.....** carte d'électeur

card-carrying *adj* **c..... members** membres titulaires d'une carte

cardboard *n* carton

care *n* soins, assistance; **ante-natal c.....** soins prénatals; **dental c.....** soins dentaires; **medical c.....** soins médicaux; **state c..... institution** assistance publique; **to take c..... of sbdy** prendre soin de qqn

career *n* carrière; **at the beginning of one's c.....** en début de carrière; **to embark on a c.....** embrasser une carrière; **to take up a c.....** embrasser une carrière; **at the end of one's c.....** en fin de carrière; **to further one's c....**

faire avancer sa carrière; **to pursue a c.....** poursuivre une carrière; *cpd* **c.....s committee** comité de carrières; **c..... development** développement de carrière; **c..... expectations** projet(s) professionnel(s); **c.....s guidance** orientation professionnelle; **c.....s management** gestion de carrières; **c.....s officer** conseiller d'orientation; **c..... path** déroulement de carrière, parcours/trajectoire de carrière; **blocked c..... path** carrière bouchée; **c..... planning** plan de carrières; **c..... prospects** perspectives de carrière

carelessness *n* négligence

caretaker *n* gardien (d'un immeuble)

carousel *n* **c..... training** formation «tournante» consistant à passer d'un poste ou d'un service à un autre (exemple : tour de banque)

carriage *n* port; **c..... forward** port dû; **c..... paid** port payé

carried forward *pp* reporté; **balance c.....** solde reporté à nouveau

carrier *n* transporteur

carrot and stick *loc* carotte et bâton

carry *vt* 1 transporter; **to c..... goods** transporter des marchandises; 2 adopter; **to c..... a motion** adopter une motion

carry forward *vt* reporter; **to c..... a balance** reporter un solde

carry on *vi* continuer; **to c..... doing sthg** continuer à faire qqch

carry out *vt* accomplir, exécuter, réaliser, effectuer; **to c..... formalities** accomplir des formalités; **to c..... instructions** exécuter les instructions; **to c.... a job** réaliser un travail; **to c..... a mission** exécuter/accomplir une mission; **to c..... one's duties** remplir sa fonction; **to c..... an operation** effectuer une opération

carry over *n* report; **vacation c.....** report de congés

carry over *vt* reporter; **to c..... outstanding holidays to next year** reporter le solde des congés à l'année suivante; **to c..... a balance** reporter un solde

cartel *n* cartel

case *n* 1 procès; **court c.....** procès; **to bring a c..... against sbdy** intenter un procès contre qqn; **c..... law** jurisprudence; 2 cas; **borderline c.....** cas limite; **c..... method** méthode des cas; **c..... study** étude de cas; **to put one's side of the c.....** exprimer son propre point de vue; **if the c..... arises** le cas échéant; **to state one's c.....** exposer son cas

cash *n* caisse, espèces; **c..... on hand** avoir en caisse; **in c.....** en espèces; **c..... flow** capacité d'autofinancement, marge brute d'autofinancement; **c..... management** gestion de trésorerie; **c..... refund** remboursement en espèces; **c..... register** caisse enregistreuse

cash *vt* encaisser; **to c..... a cheque** encaisser un chèque

cashier *n* caissier

cashing in *n* encaissement

casual *adj* occasionnel; **c..... work** travail occasionnel; **c..... worker** travailleur occasionnel

casualty *n* personne accidentée/blessée; **c..... department** service des urgences

category *n* catégorie

cause *n* cause; **genuine and proper c.....** cause réelle et sérieuse; **just c.....** cause juste, cause réelle et sérieuse; **lost c.....** cause perdue; **to take up the c..... of sthg/sbdy** prendre fait et cause pour qqch/qqn

caution *vt* cautionner; **to c..... sbdy** cautionner qqn

CBI *n abbr* **(Confederation of British Industry)** MEDEF (Mouvement des Entreprises de France) *(équiv)*

CBT *n abbr* **(Computer Based Training)** formation assistée par ordinateur

CCTV *n* *abbr* **(Closed Circuit Television) C.....** **Training** formation utilisant les moyens de vidéo pour filmer les participants

ceiling *n* plafond, plafonnement; **Social Security c.....** plafond de la Sécurité Sociale; **wage c.....** plafond de salaire

celebration *n* fête; **to hold a c.....** donner une fête

C.Eng *n* *abbr* **(Chartered Engineer)** titre d'ingénieur reconnu en Grande-Bretagne

censure *n* blâme

central *n* centrale; **union c.....** centrale syndicale

central *adj* **c..... purchasing** centrale d'achats

centralization *n* centralisation

centre *n* centre; **profit c.....** centre de profit; **rehabilitation c.....** centre de réadaptation; **vocational training c.....** centre de formation professionnelle

CEO *n* *abbr* **(Chief Executive Officer)** DG (Directeur Général); **Chairman and C.....** Président Directeur Général

certificate *n* certificat, attestation, acte; **baptismal c.....** acte de baptême; **birth c.....** acte de naissance; **death c.....** acte de décès; **doctor's c.....** certificat médical; **marriage c.....** certificat de mariage; **medical c.....** certificat médical; **share c.....** titre d'actions; **work c.....** certificat de travail

certification *n* authentification; *cpd* **C..... Officer** fonctionnaire chargé de reconnaître l'indépendance des syndicats et de veiller au respect du droit syndical

certified *pp* certifié, accrédité; **c..... accountant** expert-comptable; **c..... cheque** chèque certifié; **c..... copy** copie certifiée conforme

certify *vt* certifier, homologuer

chain *n* **c..... of command** voie hiérarchique; **c..... store** magasins à succursales multiples, chaîne de magasins

chair *n* présidence; **the c.....** la présidence (d'une réunion); **to address the c.....** s'adresser à la présidence

chair *vt* présider; **to c..... a meeting** présider une réunion

chairman *n* président; **company C.....** Président de société; **C..... of the Board** Président du Conseil; **C.....'s report** rapport annuel du Président

chairmanship *n* présidence

chairperson *n* *(US)* président

challenge *n* défi

challenge *vt* défier, contester; **to c..... sbdy's explanation of the facts** contester l'explication des faits de qqn

Chamber *n* chambre; **C..... of Commerce** Chambre de Commerce; **guild c.....** chambre des métiers

chance *n* possibilité, opportunité; **c.....s of promotion** possibilités d'avancement

Chancellor *n* **C..... of the Exchequer** ministre des Finances

change *n* 1 changement; **c..... agent** acteur de changement; **c..... of management** changement de direction; **c..... of ownership** changement de propriétaire; **resistance to c.....** résistance au changement; **staff c.....s** mouvements du personnel; 2 monnaie; **small c.....** petite monnaie

change *vt* changer; **to c..... hands** changer de main; **to c..... sides** changer de côté, retourner sa veste

changing room *n* vestiaire

channel *n* voie, canal, circuit; **communication c.....** voie de communicaton; **distribution c.....** canal de distribution, circuit de distribution; **information c.....** canal d'information

character *n* caractère; **c.....** reference référence morale

charge *n* **1** *(jur)* chef d'accusation, charge; **c..... of theft** chef d'accusation; **c.....s against sbdy** charges qui pèsent sur qqn; **to drop a c.....** abandonner une accusation; **to press c.....s against sbdy** poursuivre qqn en justice; **2** frais, prix, droit; **bank c.....s** frais bancaires; **carrying c.....s** frais de transport; **depreciation c.....s** dotation aux amortissements; **entry c.....** droit d'entrée, frais d'admission, prix d'entrée; **fixed c.....** prix fixe; **floating c.....** prix variable; **free of c.....** gratuit; **interest c.....s** frais financiers; **service c.....** service non compris; **for a small c.....** pour une somme modique; **3** responsabilité; **to take c..... of sthg** prendre qqch en charge; **to be in c..... of recruitment** être chargé de recrutement, s'occuper du recrutement, être responsable du recrutement

charge hand *n* chef d'équipe, contremaître

charge *vt* **1** faire payer, facturer; **to c..... sbdy for sthg** faire payer qqch à qqn; **to c..... for the travelling expenses** facturer le déplacement; **to c..... to an account** imputer à un compte; **to c..... VAT** faire payer la TVA; **2** accuser; **to c..... sbdy with sthg** accuser qqn de qqch

charged *pp* **1** accusé; **to be c..... with sthg** être accusé de qqch; **2** facturé; **to be c..... for sthg** être facturé pour qqch

chart *n* graphique, diagramme; **flip c.....** paper board, tableau à feuilles; **flow c.....** graphique d'évolution, schéma des flux; **organization c.....** organigramme; **Pareto c.....** diagramme de Pareto; **pie c.....** camembert, diagramme en secteurs

charter *n* charte; **social c.....** charte sociale

charter *vt* affréter; **to c..... a plane** affréter un avion

chartered *adj* **c..... professional body** association de professionnels (ou Ordre) reconnue par charte royale; **c..... accountant** expert-comptable

chauffeur *n* chauffeur

cheap *adj* bon marché; **c..... labour** main-d'œuvre bon marché

check *n* **1** *(US)* chèque; **dud c.....** chèque sans provision; **rubber c.....** chèque sans provision, chèque en bois *(fam)*; **2** contrôle; **identity c.....** contrôle d'identité

check *vt* vérifier, contrôler; **to c..... sthg** vérifier qqch; **to c..... a list line by line** pointer une liste

check off *n* précompte; **c..... system** *(US)* système de cotisations syndicales prélevées à la source; **compulsory c.....** prélèvement obligatoire

checking *n* contrôle, vérification; **c..... of the facts** vérification des faits

checklist *n* liste de rappel

checkup *n* bilan; **medical c.....** bilan de santé

chemist *n* chimiste, pharmacien

cheque *n* chèque; **bank c.....** chèque bancaire; **blank c.....** chèque en blanc; **bounced c.....** chèque sans provision, chèque en bois *(fam)*; **c..... book** chéquier, carnet de chèques; **crossed c.....** chèque barré; **to make out a c.....** to libeller un chèque à; **pay c.....** chèque de salaire; **postal c.....** chèque CCP *(équiv)*; **to stop a c.....** faire opposition à un chèque; **traveller's c.....s** chèques de voyage; **to cash a c.....** encaisser un chèque

chest *n* **medecine c.....** armoire à pharmacie

chief *adj* chef; **c..... accountant** chef comptable

childcare *n* garde d'enfants; *cpd* **c..... facilities** garderie, crèche

chore *n* corvée

Christmas *n* Noël

chronological *adj* chronologique; **c.....** **order** ordre chronologique; **inverse c.....** **order** ordre chronologique inversé

CIB *n abbr* (**Chartered Institute of Banking**) organisme britannique régissant la profession bancaire et habilité à décerner les diplômes correspondants

CIM *n abbr* (**Chartered Institute of Marketing**) organisme britannique régissant la profession du marketing et de la vente et habilité à décerner les diplômes correspondants

CIMA *n abbr* (**Chartered Institute of Management Accountants**) organisme britannique régissant la profession du contrôle de gestion et habilité à décerner les diplômes correspondants

circle *n* cercle, milieu; **in banking c.....s** dans le milieu bancaire; **c.....** **of friends** cercle d'amis; **closed c.....** milieu fermé; **quality c.....** cercle de qualité; **virtuous c.....** cercle vertueux; **viscious c.....** cercle vicieux

circular *n* circulaire; **ministerial c.....** circulaire ministérielle; **to send out a c.....** envoyer une circulaire

circulate *vt* faire circuler, diffuser; **to c.....** **job vacancies** diffuser des offres d'emploi

circulation *n* 1 circulation, diffusion; **to put sthg into c.....** mettre qqch en circulation/diffusion; 2 tirage; **c.....** **of a house organ** tirage d'un journal d'entreprise

circumscribe *vt* **to c.....** **the employer's power** limiter le pouvoir de l'employeur

circumstance *n* circonstance; **mitigating c.....s** circonstances atténuantes; **unclear c.....s** circonstances mal définies; **unforeseeable c.....s** circonstances imprévisibles; **unforeseen c.....s** circonstances imprévues

CIRO *n abbr* (**Context, Input, Reaction, Outcome**) **C.....** **method** méthode d'évaluation des formations

citizen *n* citoyen; **senior c.....** retraité

City and Guilds (examination)
loc certificat d'aptitude professionnelle *(équiv)*

civil *adj* civil

civil servant *n* fonctionnaire; **senior c.....** haut fonctionnaire

civil service *n* fonction publique, fonctionnariat

claim *n* revendication, plainte, sinistre, demande; **c.....** **for benefit** demande de prestations; **day of c.....** jour de la demande; **to drop a c.....** renoncer à une revendication; **to file a c.....** **against sbdy** déposer une plainte contre qqn, porter plainte contre qqn; **insurance c.....** déclaration de sinistre; **to lodge a c.....** porter plainte; **merit of a c.....** bien-fondé d'une revendication; **no-c.....s bonus** *(ass)* bonus; **to put in a c.....** réclamer des dommages et intérêts; **to settle a c.....** régler un litige; **to stake a c.....** **to sthg** revendiquer qqch; **to support a c.....** appuyer une revendication; **wage c.....s** revendications salariales; *cpd* **c.....s administration** gestion des sinistres

claim *vt* revendiquer, réclamer; **to c.....** **a sum of money** réclamer une somme d'argent

claim back *vt* réclamer

claimant *n* assuré, ayant droit, sinistré, requérant; **rightful c.....** ayant droit

clampdown *n* restriction, répression; **c.....** **on crime** répression de la criminalité

clarify *vt* éclaircir; **to c.....** **a situation** éclaircir une situation

clash *n* affrontement, conflit; **to c.....** **with sbdy** entrer en conflit avec qqn

class *n* 1 catégorie, classe; **c.....** **actions** *(US)* actions collectives en justice; **c.....** **rank** rang de sortie

(*US*); **first c.....** première classe; **school c.....** classe (d'école); **working c.....** classe ouvrière; **2** cours; **evening c.....es** cours du soir; **night c.....es** cours du soir; **remedial c.....es** cours de rattrapage

class 1 *n* catégorie 1 de la Sécurité Sociale concernant des cotisations sociales payées par les salariés, basées sur un pourcentage de la rémunération plafonnée

class 2 *n* catégorie 2 de la Sécurité Sociale concernant des cotisations sociales fixes payées par les travailleurs indépendants

class 3 *n* catégorie 3 de la Sécurité Sociale concernant des cotisations sociales volontaires payées par des individus ne rentrant ni dans la catégorie 1, ni dans la 2, mais souhaitant pouvoir néanmoins bénéficier de certaines prestations

class 4 *n* catégorie 4 de la Sécurité Sociale concernant des cotisations sociales supplémentaires payées par des travailleurs indépendants du fait et en fonction de bénéfices supérieurs aux plafonds définis

classification *n* classification; **job c.....** classification des emplois

classified *pp* classé; **c..... ads** annonces classées; **c..... document** document confidentiel

classify *vt* classer

clause *n* clause, article; **additional c..... rider** avenant; **blanket c.....** condition générale; **cancellation c.....** clause d'annulation; **c..... of a contract** clause d'un contrat; **dispensatory c.....** clause dérogatoire; **escalator c.....** clause d'échelle mobile, clause d'indexation; **escape c.....** clause échappatoire; **ritual c.....** clause de style; **exclusion c.....** clause d'exclusion; **exclusive service c.....** clause d'exclusivité de service; **mobility c.....** clause de mobilité; **non-competition c.....** clause de non-concurrence; **no-strike c.....** clause de paix sociale;

omnibus c..... clause de portée générale; **opt(ing)-in c.....** clause optionnelle d'adhésion; **opt(ing)-out c.....** clause optionnelle de sortie; **penalty c.....** clause pénale; **restrictive c.....** clause restrictive; **ritual c.....** clause de style; **safety c.....** clause de sauvegarde; **termination c.....** clause de résiliation, clause de rupture

clean *adj* propre; **c..... police record** casier judiciaire vierge

cleanliness *n* propreté

clear *vt* **to c..... a cheque** compenser un chèque

clearance *n* **1** dédouanement; **customs c.....** certificat de dédouanement; **2** liquidation; **c..... of stock** liquidation de stock(s)

clearing-house *n* chambre de compensation

cleavage *n* scission, clivage, division; **internal c.....** scission interne

clerical *adj* de bureau; **c..... error** erreur d'écriture; **c..... staff** employés de bureau; **c..... work** travail de bureau

clerk *n* employé; **articled c..... (former name for trainee solicitor)** avocat stagiaire; **bank c.....** employé de banque; **c..... of the court** greffier

climate *n* climat; **current economic c.....** conjoncture actuelle; **organizational c.....** climat social; **organizational c..... survey** étude de climat social

climbdown *n* reculade

climber *n* **social c.....** arriviste

clinic *n* clinique

clock *n* horloge; **time c.....** pointeuse; *cpd* **c..... card** carte/carton de pointage

clock in/on *vi* pointer à l'arrivée

clock out/off *vi* pointer au départ

clocking in/out *n* pointage

close *n* clôture, fin; **c.....** of day trading clôture (Bourse); **to draw to a c.....** toucher à sa fin

close *vt* clore, fermer, classer; **to c..... the accounts** clore les comptes; **to c..... an account** fermer un compte; **to c..... a debate** clore un débat; **to c..... a file** classer un dossier; *vi* fermer; **the factory gates c..... at 6 pm** l'usine ferme à 18 h

close down *vt* fermer, liquider; **to c..... a business** fermer une entreprise, liquider une entreprise

closed *pp* **c..... shop** entreprise où l'adhésion à un syndicat est obligatoire; **the meeting is c.....** la séance est levée

closing *n* clôture, fermeture; **c..... of accounts** clôture des comptes; **early c..... day** jour de fermeture avancée; **Sunday c.....** fermeture le Dimanche; **c..... date** date de clôture; **c..... session** séance de clôture; **c..... time** heure de fermeture

closure *n* fermeture; **annual c.....** fermeture annuelle; **factory c.....** fermeture d'usine; **permanent c.....** fermeture définitive

clothing *n* vêtements; **protective c.....** vêtements de protection; *cpd* **c..... allowance** allocation vestimentaire

clout *n* influence; **to lose c.....** perdre de l'influence

club *n* **staff c.....** club d'entreprise chargé d'animer les activités sociales, culturelles et sportives

club together *vi* se cotiser

cluster *n* famille; **job c.....** famille d'emplois/de métiers

co-insurance *n* coassurance

co-operative *adj* coopératif; **to be c.....** être coopératif

co-ownership *n* copropriété, indivision

coach *vt* **to c..... one's team** entraîner/animer son équipe

coaching *n* coaching

COD *n abbr* **(Cash On Delivery)** au comptant à la livraison

COBRA *n abbr* **(Consolidated Omnibus Budget Reconciliation Act)** *(US)* loi permettant le maintien des prestations d'assurance-maladie suite à une rupture de contrat de travail

code *n* code, indicatif; **area c.....** indicatif téléphonique; **civil c.....** code civil; **c..... of conduct** code de conduite; **c..... of ethics** code d'éthique professionnelle; **c..... of practice** code déontologique; **dialling c.....** indicatif téléphonique; **highway c.....** code de la route; **Labour c.....** code du travail; **penal c.....** code pénal; **postal c.....** code postal; **safety c.....** consignes de sécurité; **zip c.....** *(US)* code postal

codetermination *n* cogestion

CODOT *n abbr* **(COmmon Directory Of job Titles)** codification des fonctions établie par le ministère du Travail

cognition *n* cognition

cognitive *adj* cognitif; **c..... dissonance** dissonance cognitive; **c..... consonance** consonance cognitive

cohabitant *n* concubin

cohabitation *n* union libre, concubinage notoire

cohabite *vi* vivre en union libre, vivre en concubinage notoire

cohesion *n* cohésion; **social c.....** cohésion sociale

cohort *n* **c..... of workers** groupe homogène d'employés concernés par un même événement

cold storage *n* **to put sthg in c.....** mettre qqch en attente; *cpd* **c..... training** formation en prévision de nouveaux emplois

cold weather *cpd* **c..... payments** allocation versée en période de grand froid à des personnes défavorisées

collaborate *vi* collaborer; **to c..... with sbdy** collaborer avec qqn

collaboration *n* collaboration

collaborator *n* collaborateur, collègue

collapse *n* effondrement, échec; **the c.....** **of talks** l'échec des négociations

collapse *vi* s'effondrer, échouer; **talks** **have** **collapsed** les discussions ont échoué

collateral *n* (US) gage, garantie; **to have c.....** avoir des garanties

colleague *n* collaborateur, collègue; **male c.....** confrère; **female c.....** consœur

collection *n* recouvrement, perception; **debt c.....** recouvrement des créances; **mail c.....** levée du courrier; **tax c.....** perception des impôts, recouvrement des impôts

collective *adj* collectif; **c..... agreement** convention collective; **c..... bargaining** négociation collective; **c..... pay agreement** accord collectif sur les salaires; **c..... redundancy** licenciement collectif pour motifs économiques

college *n* école, université, établissement d'enseignement supérieur, école professionnelle; **c..... graduate** (US) diplômé de l'université; **secretarial c.....** école de secrétariat

collusion *n* complicité; **to act in c..... with sbdy** agir en complicité avec qqn

comanagement *n* cogestion

combine *vt* joindre, unir; **to c..... business with pleasure** joindre l'utile à l'agréable; **to c..... forces** unir ses forces

come before *vi* passer; **to c..... the courts** passer en justice

come down *vt* se prononcer; **to c..... in favour of a project** se prononcer en faveur d'un projet

come up with *vt* trouver, proposer; **to c..... a solution** trouver une solution

come-back *n* retour; **to make a c.....** être sur le retour

command *n* maîtrise, pratique; **c..... of a language** maîtrise d'une langue; **good c..... of English** bonne pratique de l'anglais

comments *npl* commentaires, observations, remarques

commerce *n* négoce, commerce (en gros, international)

commercial *n* spot publicitaire

commercial *adj* commercial

commission *n* 1 commission; **c..... of inquiry** commission d'enquête; **fact-finding c.....** commission d'enquête; **joint c.....** commission paritaire; 2 commission; **agency c.....** commission d'agence; **sales c.....** commission à la vente/sur les ventes; **to be paid on a c..... basis** être payé à la commission

commissioner *n* commissaire, membre d'une commission; **c..... for the rights of Trade Union Members** fonctionnaire chargé d'assister les membres d'un syndicat souhaitant mener une action de justice contre leur syndicat pour le respect des droits syndicaux (scrutin, comptes,...)

commit *vt* 1 engager, commettre; **to c..... funds** engager des fonds; **to c..... an act of misconduct** commettre une faute; 2 s'engager; **to c..... oneself to doing sthg** s'engager à faire qqch; **it doesn't c..... you to anything** cela ne vous engage à rien

commitment *n* engagement; **to make a c..... to do sthg** prendre l'engagement de faire qqch; **to fail to honour one's c.....s** manquer à ses engagements

committee *n* comité, commission; **ad hoc c.....** comité ad hoc; **advisory c.....** comité consultatif; **arbitration c.....** commission d'arbitrage; **Central Arbitration C.....** organisme d'arbitrage d'Etat auprès duquel un syndicat peut déposer une plainte contre un employeur n'ayant pas, par exemple, fourni des informations obligatoires; **central works' c.....**

comité central d'entreprise; **consultative c.....** comité d'entreprise (*équiv*); **district c.....** structure régionale d'un syndicat; **employee action c.....** (*US*) comité composé de salariés chargé de proposer des actions d'amélioration des conditions de travail, réunions d'expression (*équiv*); **executive c.....** comité exécutif; **group works' c.....** comité de groupe; **health and safety c.....** comité d'hygiène et sécurité; **inspection c.....** comité de surveillance; **management c.....** comité de direction; **monitoring c.....** comité de surveillance; **select c.....** comité restreint; **to sit on a c.....** siéger à un comité; **standing c.....** commission permanente; **steering c.....** comité d'orientation, comité pilote, comité de pilotage; **watchdog c.....** comité de surveillance

commodity *n* produit, marchandise, denrée; **rare c.....** denrée rare

common *adj* commun, ordinaire; **C..... Market** marché commun; **c..... pricing** fixation concertée des prix; **c..... stock** (*US*) actions ordinaires

communication *n* communication; **means of c.....** moyens de communication

communicative *adj* communicatif

communism *n* communisme

community *n* collectivité; **Community C.....** université américaine qui prépare le diplôme "Associate's Degree" après deux ans d'études (*US*); **local c.....** collectivité locale

commutation *n* **c..... of a pension** échange de ses points/droits de retraite contre un versement global immédiat, liquidation d'une retraite

commute *vt* 1 échanger; **to c..... a sum of money** échanger une somme d'argent; 2 *vi* **to c..... to and from work every day** faire la navette chaque jour entre son domicile et son lieu de travail

commuter *n* banlieusard; *cpd* **c..... belt** banlieue

commuting *n* **within c..... distance** trajet quotidien/régulier à une distance raisonnable

company *n* société, entreprise; **consultancy c.....** cabinet-conseil; **family c.....** entreprise familiale; **holding c.....** (société) holding; **insurance c.....** compagnie d'assurances; **joint stock c.....** société anonyme par actions; **limited c.....** société anonyme; **limited liability c.....** Société Anonyme à Responsabilité Limitée; **listed c.....** société cotée en bourse; **multinational c.....** société internationale; **mutual benefit c.....** société mutualiste; **parent c.....** maison mère, société mère; **private c.....** entreprise privée; **private (limited) c.....** société à participation restreinte; **public limited c.....** (PLC) société anonyme cotée en bourse; **to set up a c.....** créer une société; **shareholder-owned c.....** (*US*) société anonyme; **sister c.....** société sœur; **transnational c.....** entreprise transnationale; *cpd* **c..... car** voiture de société, voiture de fonction, voiture de service; **c..... flat** logement de fonction; **c..... union** syndicat maison; **c..... doctor** médecin d'entreprise; **c..... secretary** secrétaire général

company-wide *adj* **c..... measures** mesures applicables à toute l'entreprise

comparability *n* alignement; **pay c..... (between different companies)** alignement des salaires (d'une industrie à une autre); **c..... claim** demande par un salarié du réajustement de son salaire afin de s'aligner, pour un poste équivalent, aux pratiques dans l'entreprise ou à l'extérieur

comparable *adj* comparable, équivalent; **of c..... worth** (*US*) de valeur équivalente (notion juridique concernant l'égalité des rémunérations sans discrimination de sexe)

compa-ratio *n* indicateur de dispersion des salaires égal à la moyenne des salaires divisée par la médiane des salaires multipliée par 100

compartmentalization *n* cloisonnement

compassionate *adj* c..... **leave** congé pour convenance personnelle/pour raison familiale

compendium *n* recueil, abrégé; **c.....** **of company agreements** recueil des accords d'entreprise

compensate *vt* dédommager, indemniser; **to c..... sbdy for sthg** dédommager qqn de qqch, indemniser qqn de qqch

compensation *n* **1** dédommagement, indemnisation, réparation; **c..... for harm done** réparation d'un préjudice; **c..... for loss of office** indemnisation de départ anticipé; **c..... for loss of wages** compensation pour perte de salaire; **unemployment c.....** *(US)* allocations de chômage; **2** *(US)* rémunération, salaire; **C..... and Benefits Manager** responsable de la rémunération et des avantages sociaux; **c..... package** rémunération globale (salaire plus avantages); **indirect c.....** salaire indirect

compete *vi* faire concurrence; **to c..... with sbdy for sthg** faire concurrence à qqn pour qqch

competence *n* aptitude, compétence; **this matter is outside my c.....** cette affaire ne relève pas de ma compétence

competent *adj* compétent

competition *n* **1** concours; **to enter a c.....** s'inscrire à un concours; **2** concurrence; **free c.....** libre concurrence; **keen c.....** forte concurrence; **unfair c.....** concurrence déloyale

competitive *adj* concurrentiel, compétitif; **c..... advantage** avantage/atout concurrentiel; **c..... edge** avantage concurrentiel; **c..... entrance exam** concours d'entrée; **c..... exam for promotion** concours d'avancement; **c..... price** prix compétitif; **c..... salary** salaire compétitif

competitiveness *n* compétitivité

competitor *n* concurrent

complain *vi* se plaindre; **to c..... about the service** se plaindre du service

complainant *n* plaignant

complaint *n* plainte, réclamation; **to handle c.....s** traiter des plaintes; **to lodge a c.....** faire une réclamation; **to lodge a c..... against sbdy** déposer une plainte contre qqn, porter plainte contre qqn; **to uphold a c.....** maintenir une plainte; *cpd* **c.....s department** service des réclamations; **c.....s procedure** procédure de réclamations

complete *vt* **to c..... a training period** effectuer un stage

completion *n* achèvement, exécution, terme; **upon c..... of the probationary period** au terme de la période d'essai; *cpd* **c..... date** date d'achèvement

complex *n* complexe; **industrial c.....** complexe industriel

compliance *n* conformité, respect; **c..... with standards** respect des normes; **in c..... with the law** conformément à la loi

comply *vi* se conformer, observer; **to c..... with a decision** se conformer à une décision; **failure to c..... with the decision** non-application de la décision; **to c..... with the rules** se conformer aux règles; **to c..... with the law** observer la loi

component *n* composant, pièce; **c..... of a machine** pièce d'une machine

compressed *pp* **c..... working week** semaine de travail réduite

compression *n* réduction; **wage c.....** réduction de l'éventail des salaires (à nombre d'heures égales)

compromise *n* compromis; **to strike a c.....** parvenir à un compromis; **to work out a c.....** élaborer un compromis

compromise *vi* arriver à un compromis

comptroller *n* contrôleur, contrôleur financier; **Financial C.....** Directeur Administratif et Financier

compulsory *adj* obligatoire; **c.....** **contribution** cotisation obligatoire

computation *n* calcul, estimation

computer *n* ordinateur; **micro-c.....** micro-ordinateur; *cpd* **c.....** **language** langage informatique; **c.....** **print-out** listing informatique; **to be c.....-literate** être rompu à l'informatique; **c.....** **scientist** informaticien; **c.....** **science** informatique

computerize *vt* informatiser

comrade *n* camarade

comradeship *n* camaraderie

concentrate *vi* se concentrer; **to c..... on sthg** se concentrer sur qqch

concentration *n* concentration; **noise hinders c.....** le bruit nuit à la concentration

concern *n* **1** entreprise; **2** **to whom it may c.....** à qui de droit

concession *n* concession; **to make a c.....** faire une concession; **to secure a c.....** obtenir une concession; **tax c.....** réduction d'impôt

conciliation *n* conciliation; *cpd* **C..... Officer** conciliateur nommé par l'ACAS

conclusion *n* conclusion, fin, terme; **to carry through a project to its c.....** mener un projet à terme

concurrent *adj* **c..... engineering** méthode de conception d'un produit intégrant les différentes étapes de réalisation (études, industrialisation, fabrication, marketing...)

condition *n* condition; **c.....s of employment** conditions d'embauche; **c.....s of service** conditions d'embauche; **to lay down one's c.....s** dicter ses conditions; **poor working c.....s** mauvaises conditions de travail; **qualifying c.....** condition d'admission; **qualifying c.....s for a loan** conditions d'octroi d'un prêt; **work(ing) c.....s** conditions de travail

conditional *adj* conditionnel; **to give c..... acceptance of an offer** donner un accord conditionnel à une offre; **to receive a c..... offer** recevoir une proposition conditionnelle

conditioned *pp* déformé; **to be c..... by one's job** être déformé par sa profession

conditioning *n* déformation; **job c.....** déformation professionnelle

conducive *adj* propice; **environment c..... to work** climat propice au travail

conduct *n* comportement, conduite; **bad c.....** mauvaise conduite

conduct *vt* animer, conduire; **to c..... a meeting** animer une réunion; **to c..... a training session** animer une formation; **to c..... negotiations** conduire des négociations

confederation *n* confédération

confer *vi* **1** discuter, s'entretenir; **to c..... with fellow negotiators** discuter avec ses négociateurs; **2** remettre; **to c..... a degree** remettre un diplôme

conference *n* congrès, conférence; **annual c.....** congrès annuel; **to be in c.....** être en conférence, être en discussion; **press c.....** conférence de presse; **summit c.....** conférence au sommet; *cpd* **c..... phone** conférence téléphonique; **c..... room** salle de conférence

confidence *n* confiance; **to gain c.....** gagner en confiance; **to lose c.....** perdre confiance; **loss of c.....** perte de confiance; *cpd* **c..... trick** abus de confiance (escroquerie); **c..... trickster** escroc

confidential *adj* confidentiel; **private and c.....** personnel et confidentiel

confinement *n* **1** détention; **2** *(med)* couches, accouchement; **expected date of c.....** date présumée d'accouchement; **week of c.....** semaine d'accouchement

confirm *vt* confirmer; **to c..... a booking** confirmer une réservation; **to c..... sbdy in a job** confirmer qqn dans son poste

conflict *n* conflit, confrontation, dispute; **to be in open c.....** être en lutte ouverte; **c..... of interests** conflit d'intérêts; **to enter into c..... with sbdy** entrer en lutte contre qqn

confrontation *n* confrontation, affrontement, conflit; **to seek c.....** rechercher le conflit

congratulate *vt* féliciter; **to c..... sbdy on sthg** féliciter qqn de qqch

congratulations *n* félicitations

conscientious *adj* consciencieux

conscientiousness *n* conscience professionnelle

consciousness *n* conscience; **working class c.....** conscience ouvrière

conscripts *npl* *(mil)* contingent, contingent annuel

consecutive *adj* consécutif; **four c..... days** quatre jours consécutifs

consensus *n* consensus

consent *n* consentement; **by mutual c.....** par consentement réciproque

consent *vi* consentir; **to c..... to do sthg** consentir à faire qqch, donner son accord pour faire qqch

consequence *n* suite

consideration *n* considération, réflexion; **to give c..... to a proposal** prendre en considération une proposition, examiner une proposition; **project under c.....** projet à l'étude

consignee *n* destinataire

consigner *n* expéditeur

consignment *n* arrivage, envoi, expédition

consolidation *n* consolidation; **c..... of accounts** consolidation des comptes

consortium *n* consortium

conspiracy *n* complot, conspiration

constraint *n* contrainte

constructive *adj* constructif; **c..... discharge** *(US)* *voir* constructive dismissal; **c..... dismissal** démission suite au non-respect du contrat de travail par l'employeur ouvrant droit à des indemnités; **c..... suggestion** suggestion constructive

consult *vi* consulter; **to c..... with staff representatives** consulter les représentants du personnel

consultancy *n* conseil; **c..... firm** cabinet-conseil

consultant *n* conseil, consultant; **management c.....** ingénieur-conseil en organisation, consultant en management

consultation *n* **1** consultation, concertation; **2** visite médicale

consultative *adj* consultatif; **the works council has a c..... role** le comité d'entreprise a un rôle consultatif

consulting *adj* conseil, activité de conseil; **c..... company/firm** cabinet-conseil

consumer *n* consommateur; *cpd* **c..... goods** biens de consommation; **c..... group** association de consommateurs

consumption *n* consommation; **energy c.....** consommation d'énergie

contact *n* contact, rapport, relation; **to be in c..... with sbdy** être en rapport/relation avec qqn; **to be out of c..... with sbdy** avoir perdu contact avec qqn; **to be put into c..... with sbdy** être mis en rapport avec qqn; **to have influential c.....s** avoir des relations; **initial c.....** prise de contact; **to lose c..... with sbdy** perdre le contact avec qqn

contain *vt* contenir, maîtriser; **to c..... costs** contenir les coûts; **to c..... wage demands** contenir les revendications salariales; **to c..... a strike** contenir une grève

container *n* caisse, conteneur

contempt *n* outrage; **c..... of court** outrage à magistrat

contention *n* dispute; **area of c.....** zone de désaccord, point de discorde, sujet de dispute

contentious *adj* contesté, litigieux

contingency *n* **c..... allowance** délai supplémentaire prévu dans le cycle de production pour faire face à d'éventuels événements (panne...); **c..... fee** honoraires au résultat; **c..... fund** fonds de prévoyance, fonds de secours; **c..... plans** plans d'urgence

contingent *adj* imprévu; **c..... expenses** dépenses imprévues; **c..... policy** police d'assurance conditionnelle

continual *adj* continuel; **c..... interruptions** interruptions permanentes

continuous *adj* continu; **c..... development** développement continu; **c..... employment** temps minimum de présence ininterrompue dans l'entreprise pris pour l'ouverture de certains droits (indemnité de licenciement...); **c..... process production** processus de production en continu

contract *n* contrat; **apprenticeship c.....** contrat d'apprentissage; **blanket c.....** contrat chapeau; **breach of c.....** rupture de contrat; **c..... of employment** contrat de travail; **the c..... expires** le contrat prend fin; **c..... of service** contrat de travail *(équiv)*; **c..... for services** contrat de sous-traitance; **to draft a c.....** préparer un contrat; **to draw up a c.....** rédiger un contrat;

to enter into a c..... signer un contrat; **fixed-term c.....** contrat à durée déterminée; **temporary work c.....** contrat de travail temporaire; **to tender for a c.....** faire un appel d'offres pour un contrat; **to terminate a c.....** résilier/rompre un contrat; **ultra vires c.....** contrat non valable du fait de la non-habilitation d'une des deux parties; **unlimited-term c.....** contrat à durée indéterminée; **to be under c.....** être sous contrat, être lié par un contrat; **to void a c.....** annuler un contrat; **zero hours c.....** contrat de travail, où le travail n'est pas garanti, et où le salarié n'est rémunéré qu'en fonction du travail fourni; *cpd* **c..... note** avis d'exécution

contract in *vi* s'engager (par contrat)

contract out *vt* 1 sous-traiter; **to c..... work** sous-traiter le travail; 2 *vi* se soustraire; **to c..... of political contributions** ne pas utiliser les cotisations syndicales à des fins politiques; **to c..... of an agreement** renoncer à un contrat

contracted-out *pp* **c..... money purchase scheme** plan de retraite par capitalisation permettant l'exonération des cotisations du régime de retraite obligatoire mais impliquant une réduction de la pension versée par ce régime; **c..... national insurance contributions** cotisations sociales réduites pour les personnes affiliées à un "contracted-out occupational pension scheme"; **c..... occupational pension scheme** régime de retraite complémentaire privé permettant l'obtention d'une pension au moins égale à celle versée par l'Etat

contracting *adj* contractant; **c..... party** partie contractante

contractor *n* entrepreneur, entreprise, partie contractante *(jur)*

contractual *adj* contractuel; **c..... obligation** obligation contractuelle

contravene *vt* enfreindre, transgresser; **to c..... the law** enfreindre la loi; **to c.....** **the rules** transgresser le règlement/les règles

contravention *n* infraction

contributing *adj* cotisant; **c.....** **member** adhérent cotisant

contribution *n* charge, cotisation; **employee's c.....s** cotisations salariales; **employer's c.....s** cotisations patronales; **National Insurance c.....s** cotisations sociales; **Social Security c.....s** cotisations de Sécurité Sociale; **statement of c.....s** bordereau de cotisations

contributory *adj* **c.....** **factor** facteur qui contribue à; **c.....** **fault** cas de licenciement abusif dans lequel l'employé porte une part de responsabilités impliquant la réduction de l'indemnité versée par l'employeur; **c.....** **negligence** négligence d'un salarié conduisant à un accident de travail dont il est victime et qui implique la réduction des dommages-intérêts payés par l'employeur; **c.....** **pension scheme/plan** régime de retraite complémentaire auquel cotisent l'employeur et le salarié

control *n* contrôle, maîtrise; **cost c.....** contrôle des coûts; **exchange c.....** contrôle des changes; **to exercise tight c.....** **over sthg** exercer un contrôle serré sur qqch; **to gain c.....** **of a company** prendre le contrôle d'une société; **to lose c.....** **of sthg** perdre le contrôle de qqch; **to maintain c.....** **of a situation** rester maître d'une situation; **to be out of c.....** ne pas être maîtrisé; **quality c.....** contrôle de la qualité; **to be under the c.....** **of** être sous le contrôle de; **everything is under c.....** on maîtrise la situation; *cpd* **c.....** **group** groupe-témoin

control *vt* vérifier, diriger, maîtriser; **to c.....** **a business** diriger une entreprise; **to c.....** **inflation** maîtriser l'inflation

controller *n* contrôleur; **air traffic c.....** contrôleur de la navigation aérienne; **Financial C.....** Directeur Administratif et Financier

controlling *adj* majoritaire; **c.....** **interest in a company** participation majoritaire dans une société, majorité de contrôle

controversial *adj* discuté, discutable; **very c.....** **project** projet très discuté

controversy *n* controverse; **to fuel a c.....** alimenter une controverse

convalescence *n* convalescence

convalescent *adj* **c.....** **home** maison de repos

convene *vt* convoquer, réunir; **to c.....** **a meeting** convoquer une assemblée

convenience *n* convenance; **at your earliest c.....** à votre meilleure convenance

convenor, convener *n* membre d'une association/commission chargé de l'organisation des réunions

convention *n* convention; **international labour c.....** convention internationale du travail

conversion *n* **c.....** **training** formation de reconversion

convert *vt* convertir; **to c.....** **dollars into pounds** convertir des dollars en livres

convicted *pp* **to be c.....** **of an offense** être reconnu coupable d'un délit

conviction *n* condamnation

convince *vt* convaincre; **to c.....** **sbdy to do sthg** convaincre qqn de faire qqch

cook *vt* **to c.....** **the books** falsifier/truquer/maquiller les comptes/ la comptabilité

cooling-off *adj* **c.....** **period** pause prévue lors de conflits sociaux pendant laquelle aucune action ne peut être engagée par les parties

cooperation *n* coopération

coopt *vt* coopter; **to c.....** **sbdy on a committee** coopter qqn à un comité

coopting *n* cooptation

cope *vi* faire face; **to c..... with a problem** faire face à un problème

copy *n* copie, exemplaire, double; **authentic c.....** copie authentique; **certified c.....** copie certifiée conforme; **fair c.....** copie au net; **to keep a c.....** conserver un double; **true c.....** copie conforme

copywriter *n* rédacteur, rédacteur publicitaire

core *n* tronc; **common c.....** tronc commun; **c..... competence** compétence clé, cœur de métier; **c..... courses** tronc commun; **c..... skills** compétences de base

coretime *n* plage obligatoire de présence, plage fixe

corporate *adj* **c..... culture** culture d'entreprise; **c..... planning** planification d'entreprise; **c..... university** centre de formation d'une entreprise – physique ou virtuel – offrant des programmes adaptés aux besoins des salariés

corporation *n* (US) société anonyme, entreprise; **multinational c.....** entreprise multinationale

correct *vt* corriger; **to c..... a mistake** corriger une erreur

corrective *adj* **c..... measures** mesures correctives

correspondence *n* correspondance, courrier; **business c.....** correspondance commerciale; **c..... course** cours par correspondance; **I received your c.....** j'ai reçu votre courrier

corridor *n* couloir

corruption *n* corruption

cost *n* coût, frais; **administrative c.....s** frais de dossier, frais de gestion; **average c.....** coût moyen; **to bear the c..... of sthg** supporter le coût de qqch; **c..... of living** coût de la vie; **court c.....s** frais de justice; **to cover c.....s** couvrir des frais; **direct c.....** coût direct; **distribution c.....s** frais de distribution; **fixed c.....s** coûts fixes, frais fixes, coûts constants; **to incur c.....s** occasionner des frais, s'exposer à des frais; **indirect c.....** coût indirect; **labour c.....** coût de la main-d'œuvre; **maintenance c.....s** coûts d'entretien; **to make c..... savings** faire des économies de coûts; **manufacturing c.....s** coûts de fabrication; **marginal c.....** coût marginal; **operating c.....** coût d'exploitation; **to pay c.....s** payer les frais; **production c.....s** coûts de production; **running c.....s** coûts d'exploitation, frais d'exploitation, frais de fonctionnement; **to trim c.....s** réduire les coûts; **unit c.....** coût unitaire; **variable c.....** coût variable; *cpd* **c..... accounting** comptabilité analytique; **c..... analysis** analyse des coûts; **c.....-benefit analysis** analyse coûts-avantages; **c..... centre** centre de coûts; **c..... containment** maîtrise des coûts; **c.....-cutting** réduction des coûts; **c.....-effective** rentable; **c.....-efficient** rentable; **c..... price** prix coûtant; **c.....-sharing** partage des frais

cost *vt* **to c..... a product** calculer le coût/prix de revient d'un produit

costing *n* calcul du prix de revient, détermination des coûts

costly *adj* cher, onéreux

council *n* comité, conseil; **works c.....** comité d'entreprise; **works c..... (plant)** comité d'établissement; **Training and Enterprise C.....** commission régionale composée de professionnels chargée, en liaison avec des représentants de l'Etat, de préconiser des actions de formation adaptées aux besoins des entreprises; **wages c.....** commission paritaire déterminant notamment le salaire minimum ainsi que le contingent d'heures supplémentaires applicables dans les entreprises dépourvues d'instances de représentation; **county/district c.....** conseil régional; **town c.....** conseil municipal

counsel *n* avocat; **c..... for the defence** avocat de la défense; **c..... for the plaintiff** avocat de la partie civile

counselling *n* orientation; **c..... service** service d'orientation

counsellor *n* conseiller; **marriage guidance c.....** conseiller matrimonial; **vocational guidance c.....** conseiller d'orientation professionnelle

count *n* dépouillement; **ballot c.....** dépouillement d'un scrutin

count *vt* recenser, dépouiller; **to c..... the number of strike days** recenser les jours de grève; **to c..... votes cast** dépouiller un scrutin

countdown *n* compte à rebours

counter demonstration *n* contre-manifestation

counter-attack *n* contre-attaque

counter-attack *vi* contre-attaquer

counter-charge *n* contre-accusation

counter-claim *n* demande reconventionnelle *(jur)*

counter-inquiry *n* contre-enquête

counter-measure *n* contre-mesure

counter-offensive *n* contre-offensive

counter-offer *n* contre-offre

counter-order *n* contrordre

counter-proposal *n* contre-proposition

counterbid *n* surenchère

countermand *vt* annuler; **to c..... an order** annuler une commande

counterpart *n* homologue

counterproductive *adj* contreproductif, antiproductif; **these measures have proved c.....** ces mesures se sont révélées être contre-productives

countersign *vt* contresigner

counting *n* comptage, décompte; **c..... method** méthode de comptage; **c..... (up) of votes cast** le décompte des bulletins de vote

country *n* pays; **base c.....** pays d'origine; **home c.....** pays d'origine; **host c.....** pays d'accueil

couple *n* couple; **married c.....** couple marié, les époux

coupon *n* coupon, bon, bulletin; **gift c.....** bon d'achat; **reply c.....** coupon-réponse; **reply-paid c.....** bulletin-réponse

course *n* 1 cours, stage, formation, cycle; **to attend c.....s in sthg** suivre des cours de qqch; **advanced c.....** stage de perfectionnement; **beginners' c.....** stage d'initiation, cours d'initiation; **to be on a training c.....** être en stage; **crash c.....** stage intensif; **correspondence c.....** cours par correspondance; **training c.....** cours de formation, cycle de formation; **English c..... (textbook)** méthode d'anglais; **to follow a c..... in** suivre des cours de; **to go on a training c.....** suivre une formation, faire un stage; **induction c....** cours d'initiation, stage d'intégration; **proficiency c.....** cours de perfectionnement; **refresher c.....** cours de mise à niveau; **retraining c.....** cours de recyclage; **sandwich c.....** formation en alternance; **2 in the c..... of the month** dans le cours du mois; **in due c.....** en temps utile; **to take a c..... of action** adopter une ligne de conduite; **c..... of treatment** soins médicaux; **spa c..... of treatment** cure thermale

court *n* tribunal, cour; **to appear before the c.....** comparaître en justice; **Appellate C.....** *(US)* Cour d'appel; **to bring a case before the c.....s** porter une affaire devant le tribunal; **C..... of Appeal** Cour d'appel; **C..... of Appeal/Session** Cour de cassation; **C..... of Criminal Appeal** Chambre d'accusation; **C..... of Justice** Cour de justice, Palais de justice;

Criminal C..... Tribunal Correctionnel; **Crown C.....** Cour d'assises; **European C..... of Justice** Cour Européenne de Justice; **to go to c.....** ester en justice; **High C.....** Haute Cour, Tribunal de grande instance; **Magistrates C.....** Chambre correctionnelle; **out-of-c..... settlement** accord à l'amiable; **Supreme C.....** Cour Suprême; **to take sbdy to c.....** poursuivre qqn en justice; *cpd* **c..... case** procès; **c..... order** décision de Tribunal

covenant *n* convention, engagement; **restrictive c.....** clause de non-concurrence

Coventry *n* **to send sbdy to C.....** mettre qqn en quarantaine

cover (ing) *n* couverture; **c..... letter** lettre de couverture; **c..... note** lettre de couverture

cover up *vi* couvrir; **to c..... for sbdy** protéger qqn

cover-up *n* **to do a c.....** étouffer une affaire

coverage *n* couverture, garantie; **insurance c.....** *(US)* couverture sociale; **press c..... of an event** couverture (de presse) d'un événement; **sickness c.....** garantie maladie

covering *adj* **c..... letter** lettre d'accompagnement/ de couverture

covet *vt* briguer, convoiter; **to c..... a job** briguer un poste

CPI *n* *abbr* (**Consumer Price Index**) indice des prix à la consommation

crack down on *vt* réprimer; **to c..... a strike movement** réprimer un mouvement de grève

craft *n* métier manuel; **c.....-based union** syndicat professionnel/de métier; *npl* artisanat

craftsman *n* artisan

craftsmanship *n* qualité d'exécution d'un travail

crate *n* caisse, cageot

CRE *n* *abbr* (**Commission for Racial Equality**) organisation à financement public dont la mission est de réduire la discrimination raciale en matière de recrutement et d'emploi

creation *n* création; **job c..... schemes** mesures pour la création d'emplois

creativity *n* créativité; **c..... test** test de créativité

credentials *npl* références; **c..... for a position** qualités pour un poste; **to have good c..... for a job** avoir de bonnes références pour un poste

credit *n* crédit; **to buy sthg on c.....** acheter qqch à crédit; **consumer c.....** crédit à la consommation; **tax c.....** avoir fiscal; *cpd* **c..... note** avoir

credit *vt* créditer; **to c..... sbdy's account** créditer un compte

creditor *n* créancier

creditworthiness *n* solvabilité

crème de la crème *n* offres d'emploi pour les postes de secrétaires de direction

criminal *adj* pénal; **c..... law** droit pénal

crippled *pp* handicapé, paralysé; **the strike has c..... production** la grève a paralysé la production

crisis *n* crise; **leadership c.....** crise du pouvoir; *cpd* **c..... bargaining** négociation de crise; **c..... of confidence** crise de confiance; **c..... management** gestion de crise; **to take c..... measures** prendre des mesures draconiennes

criteria *npl* critères, facteurs clés; **selection c.....** critères de sélection, critères de choix

critical *adj* critique; **c..... incident technique** méthode des incidents critiques; **c..... path method** méthode du chemin critique; **c..... success factor** facteur clé de réussite; **to have a c..... mind** avoir un esprit critique

criticism *n* critique; **unfair c.....** critique injuste

criticize *vt* critiquer

cross *vt* **1** franchir; **to c..... a threshold** franchir un seuil; **to c..... picket lines** franchir les piquets de grève; **2** barrer; **to c..... a cheque** barrer un chèque

cross off *vt* radier; **to cross sbdy off a list** radier qqn d'une liste

cross out *vt* barrer, rayer; **to c..... a candidate's name** barrer le nom d'un candidat (lors d'un vote)

cross-examination *n* contre--interrogatoire

cross-exposure *n* découverte d'autres fonctions afin de mieux situer son rôle dans l'entreprise

cross-functional *adj* **c..... training** formation intégrant des participants occupant des fonctions différentes

cross-picketing *n* piquet de grève au cours duquel chacun des syndicats prétend représenter les intérêts de l'ensemble du personnel

crumble *vi* s'effriter; **his support is crumbling** son soutien s'effrite

culture *n* culture; **c..... shock** choc culturel; **corporate c.....** culture d'entreprise

cupboard *n* placard

curb *n* restriction; **c..... on overtime** restriction des heures supplémentaires

curb *vt* enrayer, restreindre, freiner; **to c..... inflation** enrayer l'inflation, maîtriser l'inflation

cure *n* remède, cure

currency *n* devise, monnaie; **strong c.....** monnaie forte; **weak c.....** monnaie faible

current *adj* courant, en cours; **c..... round of negotiations** série de négociations en cours; **c..... year** année en cours; **in c..... Francs** en francs courants

currently *adv* actuellement; **we are c..... working on the problem** nous travaillons actuellement sur le problème

curriculum *n* cursus, programme scolaire/d'études

curriculum vitae *n* curriculum vitae

curtail *vt* limiter; **to c..... one's powers** limiter/réduire ses pouvoirs; **to c..... rises** limiter les augmentations

curve *n* courbe; **bell-shaped c.....** courbe en cloche; **learning c.....** courbe d'apprentissage; **salary progression c.....** courbe d'augmentation de salaires

custody *n* garde; **to be in police c....** être en garde à vue; **to be in safe c.....** être sous bonne garde; **to have c..... of the children** avoir la garde des enfants

custom *n* usage, coutume; **c..... and practice** us et coutumes

customary *adj* coutumier, habituel

customer *n* client *npl* la clientèle; *cpd* **c..... service** service clients

customs *npl* douane; **c..... duties** droits de douane; **c..... officer** douanier

cut *n* **1** réduction, diminution, baisse; **job c.....s** suppressions d'emplois; **power c.....** coupure de courant; **price c.....** baisse des prix; **short c.....** raccourci; **to take a c..... in wages** accepter une baisse de salaire; **to take a pay c.....** accepter une baisse de salaire; **wage c.....s** baisse des salaires; **2** part; **to get a c..... of the profits** toucher une part des bénéfices

cut *vt* réduire, baisser, limiter; **to c..... one's losses** limiter ses pertes; **to c..... prices/salaries** baisser les prix/salaires

cut back (on) *vt* réduire; **to c..... production** réduire la production

cut down on *vt* diminuer, réduire; **to c.....** **expenses** diminuer ses frais; **to c.....** **paperwork** réduire la paperasserie

cut out *pp* taillé; **to be c..... to succeed** être taillé pour réussir; **to be c..... for a profession** avoir la vocation d'un métier, être fait pour un métier

cutback *n* compression, réduction, baisse; **c.....** **in spending** compression des dépenses; **staff c.....** réduction du personnel

cut-off date *n* date butoir

cutting *n* coupure; **press c.....s** coupures de presse

CV *n abbr* **(Curriculum Vitae)** CV (Curriculum Vitae)

cybernetics *npl* cybernétique

cycle *n* cycle; **long training c.....** cycle long de formation; **product life c.....** cycle de vie d'un produit; **short training c.....** cycle court de formation; **work c.....** cycle de travail *cpd*; **c..... time** durée d'un cycle

cyclical *adj* cyclique; **c..... demand** demande cyclique

Dd

daily *adj* quotidien; **d.....** **meeting** réunion quotidienne; **d.....** **paper** quotidien (journal); **d.....** **papers** presse quotidienne

damage *n* dégâts, dommage, sinistre; **to cause d.....** endommager; **to suffer d.....** subir des dégâts *npl* dommages et intérêts; **to be awarded d.....s** se voir attribuer des dommages-intérêts; **to claim d.....s** réclamer des dommages et intérêts; **punitive d.....s** dommages-intérêts destinés à sanctionner fortement la partie responsable (somme supérieure aux dommages-intérêts habituellement versés)

damaged *pp* endommagé; **goods d.....** **in transit** marchandises endommagées pendant le transport

danger *n* risque, danger; **d.....** **money** prime de risque; **d.....** **zone bonus** prime de zone dangereuse

data *npl* données, information; **d.....** **bank** banque de données; **d.....** **base** base de données; **d.....** **collection** recueil de données; **d.....** **gathering** recueil de données; **to feed in d.....** saisir des données; **to gather d.....** recueillir des données; **hard d.....** données brutes; **to key in d.....** saisir des données; **to record d.....** enregistrer des données

data processing *n* informatique, traitement informatique des données

Data Protection Act *n* loi visant à protéger les données relatives aux personnes : Loi Informatique et Libertés *(équiv)*

Data Protection Register *n* organisme chargé de veiller au respect de la Data Protection Act: CNIL *(équiv)*

Data Protection Registrar *n* personne chargée de veiller au respect de la Data Protection Act

date *n* **1** date; **anniversary d.....** **of hire** date anniversaire d'embauche; **closing d.....** date de clôture; **closing d.....** **for enrolment** date de clôture des inscriptions; **completion d.....** date d'achèvement; **d.....** **of birth** date de naissance; **d.....** **of hire** date d'entrée, date d'embauche; **d.....** **of receipt** date de réception; **d.....** **of wedding** date de mariage; **departure d.....** date de sortie, date de départ; **effective d.....** date d'application, date d'effet; **expiry d.....** date d'échéance, date d'expiration; **hire d.....** date d'embauche; **operative d.....** date d'effet; **publication d.....** date de parution; **registration d.....** date d'enregistrement; **starting d.....** date d'entrée; **termination d.....** date d'expiration, date de fin de contrat; **to d.....** à ce jour; **2** échéance, terme; **d.....** **of maturity** échéance; **d.....** **of payment of rent** échéance d'un loyer; **due d.....** date d'échéance; **expiry d.....** **of contract** terme d'un contrat, date d'expiration d'un contrat; **grant d.....** **(of a stock option)** date d'attribution (d'une option sur action); **settlement d.....** **of an invoice** échéance d'une facture; **this passport is out-of-d.....** ce passeport est périmé; **this theory is out-of-d.....** cette théorie est démodée; **to be up-to-d.....** être à jour; **to be up-to-d.....** **with the news** être au courant; **to bring sthg up-to-d.....** mettre qqch à jour

date *vt* dater; **to d.....** **an event** dater un événement; **to d.....** **a letter** dater une lettre

dated *pp* **1** daté; **letter d.....** **April 1st** lettre datée du 1er avril; **2** démodé; **to have d.....** **ideas** avoir des idées démodées

daughter *n* fille

daughter-in-law *n* belle-fille

day *n* jour, journée; **Boxing D.....** le 26 décembre; **calendar d.....** jour (de calendrier); **Christmas D.....** jour de Noël; **clear d.....** jour plein, jour franc; **d.....** **of action** journée d'action; **d.....** **off**

jour de relâche, jour de congé; **to be on d.....** **shift** travailler de jour, être de l'équipe de jour; **Easter Monday** lundi de Pâques; **full d.....** jour franc; **Good Friday** Vendredi Saint; **to have a d.....** **off** avoir un jour de congé; **to have an off d.....** avoir un jour sans; **Labor D.....** *(US)* 1er mai; **Mayd.....** 1er mai; **New Year's D.....** jour de l'An; **non-stop working d.....** journée continue; **open d.....** journée portes ouvertes; **pay d.....** jour de paie; **remaining d.....s** jours restant à prendre; **settlement d.....** jour de règlement; **split workd.....** journée discontinue; **to take a d.....** **off** prendre un jour de congé; **weekd.....** jour ouvré; **workd.....** journée de travail; **working d.....** jour ouvrable; **to work 7 d.....s on, 3 d.....s off** travailler 7 jours d'affilée, suivis de 3 jours de repos; *cpd* **d.....** **release studies** formation d'un jour par semaine à l'extérieur; **measured d.....** **work** système de rémunération fixe basé sur un taux de production journalier prédéterminé

day-care *cpd* **d.....** **centre** garderie; **d.....** **facilities** crèche

day-light *cpd* **d.....** **saving time** *(US)* heure d'été

day-to-day *adj* au jour le jour; **d.....** **matters** affaires courantes; **d.....** **running of operations** conduite des opérations au jour le jour; **to do sthg on a d.....** **basis** faire qqch au jour le jour

DE *n* *abbr* (**Department of Employment**) Ministère de l'emploi/du travail *(GB)*

dead *adj* mort; **d.....** **wood** bras cassé; **d.....** **loss** perte sèche; **the line goes d.....** la ligne tombe en panne; **d.....** **season** saison morte

dead end *adj* **d.....** **job** travail sans perspective d'avenir

deadline *n* délai, date butoir, date limite; **final d.....** dernier délai; **to meet a d.....** respecter une date butoir, tenir un délai

deadlock *n* impasse; **to break a d.....** sortir d'une impasse; **the negotiations/talks have reached d.....** les discussions sont au point mort, les discussions sont dans une impasse

deal *n* accord, marché; **to clinch a d.....** conclure un accord; **to conclude a d.....** conclure un accord; **to get a raw d.....** se faire avoir; **to strike (up) a d..... with sbdy** conclure un marché avec qqn; **to work out a d.....** élaborer un accord

deal *vt* traiter, s'occuper de; **to d..... with a problem** traiter un problème, s'occuper d'un problème

dealer *n* commerçant, concessionnaire, marchand

dealings *npl* tractations, affaires

dean *n* doyen (université); **d.....'s list** *(US)* liste des meilleurs étudiants

dear *adj* cher, coûteux

death *n* mort, décès; **accidental d.....** décès accidentel; **d..... benefit** capital décès; **d..... duties** droits de succession

deauthorization *n* *(US)* *voir* deunionization

debarment *n* forclusion, délai de forclusion

debate *n* débat

debate *vi* débattre, discuter

debenture *n* obligation sans garantie; **d.... stock** capital obligations

debit *n* débit; **direct d.....** prélèvement automatique

debit *vt* débiter; **to d..... an account** débiter un compte

debriefing *n* debriefing

debt *n* dette, créance, endettement; **bad d.....s** créances douteuses; **to be in d.....** avoir des dettes; **to collect d.....s** recouvrer des créances; **to get into d.....** s'endetter; **to be heavily in d.....**

être très endetté ; **d.....** **collection** recouvrement des créances

debtor *n* débiteur

deceased *adj* décédé

deceitful *adj* mensonger ; **d.....** **advertising** publicité mensongère

decentralization *n* décentralisation

decentralize *vi* décentraliser

decertification *n* (US) désaveu par vote du pouvoir représentatif d'un syndicat par ses membres *voir* deunionization

decide *vt* décider, trancher ; **to d.....** **on the dismissal of sbdy** décider le licenciement de qqn ; **to d.....** **an issue** décider une question, trancher une question ; **to d.....** **between different options** choisir parmi différentes solutions

deciding *adj* décisif ; **d.....** **factor** facteur décisif

decile *n* décile ; **first d.....** premier décile ; **last d.....** dernier décile ; **lower d.....** décile inférieur ; **upper d.....** décile supérieur

decision *n* décision ; **to come to a d.....** arriver à une décision ; **court d.....** arrêt d'une cour ; **to defer a d.....** différer une décision ; **to take a d.....** prendre une décision

decision-maker *n* décideur, décisionnaire

decision-making *n* prise de décision ; **d.....** **process** processus de prise de décision

decisive *adj* décisif, concluant

declaration *n* déclaration ; **d.....** **of bankruptcy** déclaration de faillite ; **tax d.....** déclaration d'impôts

declare *vi* décréter, déclarer ; **nothing to d.....** rien à déclarer

declared *adj* déclaré ; **food d.....** **unfit for consumption** nourriture déclarée impropre à la consommation

decline *n* baisse, chute ; **d.....** **in real wages** baisse de salaires

réels ; **sharp d.....** **in orders** chute brutale des commandes

decompartementalize *vt* décloisonner

decorator *n* décorateur

decrease *n* baisse, chute, diminution ; **d.....** **in price** baisse des prix, diminution des prix

decrease *vi* décroître ; **to d.....** **sharply** décroître fortement

decreasing *adj* décroissant ; **in d.....** **order** par ordre décroissant

decree *n* décret, arrêté, ordonnance ; **to issue a d.....** promulguer un décret ; **to promulgate a d.....** promulguer un décret ; **to revoke a d.....** annuler un décret

decree *vi* décréter

decruiting *n* décrutement

deduct *vt* prélever, retenir ; **to d.....** **automatically from an account** prélever sur un compte ; **to d.....** **from wages** prélever sur le salaire, retenir sur le salaire

deductible *adj* 1 déductible ; **d.....** **expenses** frais déductibles ; **tax d.....** déductible des impôts ; 2 (ins) partie de frais médicaux laissée à la charge de l'assuré

deduction *n* prélèvement, retenue ; **d.....s from salary** retenues sur salaire ; **d.....** **at source** retenue, prélèvement à la source, précompte ; **tax d.....** abattement fiscal à la base

deed *n* statut, acte ; **notorial d.....** acte notarié ; **official d.....** acte authentique

default *n* défaut ; **d.....** **in payment** défaut de paiement

defeat *n* défaite ; **to suffer a d.....** subir/essuyer une défaite

defect *n* défaut, malfaçon, vice ; **manufacturing d.....** vice de fabrication, défaut de fabrication

defence, defense *n* défense ; **d.....** **counsel** avocat de la défense

defendant *n* accusé, prévenu

defensive *n* défensif; **to be on the d.....** être sur la défensive

defer *vt* différer, remettre, remettre à plus tard; **to d..... making a decision** différer une décision; **to d..... a payment** surseoir au paiement

deferred *adj* différé; **d..... annuity** rente différée; **d..... payment** paiement en différé; **d..... pension** retraite différée

deficiency *n* carence, insuffisance

defined *adj* **d..... benefit plan** plan (de retraite) à prestations fixes; **d..... contribution plan** plan (de retraite) à cotisations fixes

definition *n* définition; **broad d.....** définition large

deflation *n* déflation

deflationary *adj* déflationniste; **d..... measures** mesures déflationnistes

defuse *vt* désamorcer; **to d..... a crisis** désamorcer une crise

degenerate *vi* pourrir; **to let a dispute d.....** laisser pourrir/s'envenimer un conflit

degree *n* 1 degré, catégorie, niveau; **d..... of disability** catégorie d'invalidité, taux d'invalidité; **d..... of job satisfaction** niveau de satisfaction au travail; 2 diplôme universitaire, licence; **arts d.....** licence ès lettres; **bachelor's d.....** licence *(équiv)*; **to have a d..... in law** avoir une licence en droit; **master's d.....** maîtrise *(équiv)*

degressive *adj* dégressif

delay *n* retard, délai; **to apologize for the d.....** s'excuser du retard

delay *vt* retarder, différer; **to d..... payment** différer le paiement

delayering *n* action de réduire le nombre de niveaux hiérarchiques

delaying *adj* dilatoire; **d..... tactic** manœuvre dilatoire

delegate *n* délégué; **conference d.....** congressiste; **union d.....** délégué syndical

delegate *vt* déléguer; **to d..... responsibility** déléguer ses pouvoirs

delegation *n* 1 délégation; **d..... of authority** délégation de pouvoirs; 2 délégation; **d..... of industrialists** délégation d'industriels; **trade d.....** délégation commerciale

delete *vt* rayer, effacer; **d..... where inapplicable** rayer les mentions inutiles

deletion *n* rature, effacement; **d..... on a ballot paper** rature sur un bulletin de vote

deliberate *adj* réfléchi, délibéré, intentionné; **d..... act** acte délibéré

deliberately *adv* exprès; **to do something d.....** faire qqch exprès

deliberation *n* *(jur)* délibéré, réflexion; **after due d.....** après mûre réflexion; **jury's d.....** délibérations du jury

delict *n* infraction

delivery *n* 1 livraison; **d.....-boy** livreur; **recorded d.....** accusé de reception; 2 accouchement

demand *n* 1 exigence, revendication; **to bow to d.....s** plier devant les revendications; **to concede to d.....s** céder aux revendications; **list of d.....s** liste de revendications; **to meet their d.....s** satisfaire leurs revendications; **pressing d.....** revendication prioritaire; **set of d.....s** liste de revendications; **union d.....s** revendications syndicales; 2 **to be in (great) d.....** être très demandé, être très sollicité; **consumer d.....** demande des consommateurs; **final d.....** dernier rappel; **payable on d.....** payable sur demande/à vue; **slack d.....** faible demande; **supply and d.....** l'offre et la demande

demand *vt* exiger, réclamer; **to d..... a better offer** exiger une meilleure proposition; **to d..... written confirmation** réclamer une confirmation écrite

demarcation *n* séparation, démarcation; **d.....** **dispute** conflit de compétences (conflit portant sur la délimitation des responsabilités ou domaines de compétences); **d..... line** ligne de démarcation

de-merger *n* démantèlement d'une entreprise, désinvestissement

demography *n* démographie

demonstration *n* manifestation; **to call a d.....** appeler à manifester; **to stage a d.....** organiser une manifestation

demonstrator *n* 1 manifestant; 2 démonstrateur

demote *vt* rétrograder; **to d..... sbdy from sales manager to salesman** rétrograder qqn de responsable des ventes à vendeur

demotion *n* déclassement, rétrogradation

demurrer *n* fin de non-recevoir

denounce *vt* dénoncer; **to d..... a contract** dénoncer un contrat; **to d..... sbdy** faire de la délation, dénoncer qqn

density *n* **union d.....** taux de syndicalisation

dental *adj* **d..... care** soins dentaires; **d..... care plan** régime de soins dentaires

denunciation *n* dénonciation; **d..... of an agreement** dénonciation d'un accord

deny *vt* nier, refuser, démentir; **to d..... the charges** nier les accusations

department *n* service, direction, département; **D..... of Employment** ministère du Travail; **D..... of Labor** *(US)* ministère du Travail; **furniture d.....** rayon ameublement; **legal d.....** service juridique, service du contentieux; **personnel d.....** service du personnel; **purchasing d.....** service des achats; **sales d.....** service des ventes, département des ventes; *cpd* **d..... head** chef de service

departmental *adj* 1 départemental; **d..... manager** responsable de service; 2 ministériel

departure *n* départ, sortie; **d..... date of an employee** date de sortie d'un employé; **d..... of 10 people** départ de 10 personnes; **negotiated d.....** départ négocié

dependant *n* personne à charge; **d..... care program** régime de soins pour les personnes à charge d'un salarié; **d..... relatives** famille à charge

depletion *n* **d..... of stocks** épuisement des stocks

deployment *n* déploiement

deposit *n* arrhes, acompte, caution, dépôt, dépôt de garantie; **d..... account** compte de dépôt; **to pay a d.....** verser des arrhes; **to pay a d..... of £1000** verser une caution de 10000 FFr; *cpd* **d..... administration scheme** système de gestion permettant de rémunérer par placement les cotisations versées dans le cadre d'un régime de retraite

deposit *vt* déposer; **to d..... money at the bank** déposer de l'argent à la banque

deposition *n* déposition (sous serment)

depreciation *n* 1 amortissement des investissements; **diminishing balance d.....** amortissement dégressif; **straight line d.....** amortissement linéaire; 2 moins-value, dévaluation; **d..... of a currency** dévaluation d'une devise

depression *n* 1 crise économique; 2 **to suffer from d.....** faire une dépression

deprive *vt* priver; **to d..... sbdy of resources** priver qqn de ressources

deputize *vi* remplacer; **to d..... for sbdy** remplacer qqn, assurer l'intérim de qqn

deputy *n* adjoint, suppléant; *cpd* **d..... managing director** directeur général adjoint; **d.....** **manager** directeur adjoint

deregulation *n* déréglementation, libéralisation

derogation *n* dérogation

descendant *n* descendant; **to have d.....s** avoir des descendants

description *n* description, signalement; **job d.....** définition de fonction

desertion *n* abandon; **d.....** **of one's post** abandon de poste

deserve *vt* mériter

deserved *pp* mérité; **well-d.....** **promotion** promotion bien méritée

designate *adj* désigné; **chairman d.....** président désigné

designated *pp* réservé; **d.....** **area** zone réservée

desk *n* **office d.....** bureau; **d.....** **pad** bloc-notes

deskilling *n* remplacement de personnes qualifiées par des employés non qualifiés

deterioration *n* dégradation; **d.....** **in job satisfaction** dégradation du niveau de satisfaction au travail

determination *n* fixation; **price d.....** fixation des prix; **salary d.....** fixation des salaires

determined *adj* décidé, résolu; **to be very d.....** être très décidé

deterrent *n* dissuasion, mesure dissuasive

deunionization *n* décision de supprimer la représentation d'un syndicat dans l'entreprise par un scrutin des salariés (*US*) ou une décision unilatérale de l'employeur (*GB*)

devaluation *n* dévaluation, dépréciation; **d.....** **of a currency** dévaluation d'une monnaie

development *n* évolution; **career d.....** évolution de carrière; **d.....** **of a company** évolution d'une société; **d.....** **zone** zone d'aména-

gement; **leadership d.....** développement du leadership; **management d.....** formation et gestion des carrières des managers/cadres

device *n* dispositif; **labour-saving d.....** dispositif d'économie de main-d'œuvre; **time-saving d.....** dispositif de gain de temps; **warning d.....** dispositif d'alarme

devolution *n* régionalisation, décentralisation

DHSS *n* *abbr* **(Department of Health and Social Security)** ministère de la Santé

diagnosis *n* diagnostic

diagram *n* diagramme, graphique, schéma; **bar d.....** diagramme à bâtons

dial *vt* composer, appeler; **to d.....** **direct** appeler en direct; **to d.....** **a number** composer un numéro

dialogue *n* concertation, dialogue

diary *n* agenda; **desk d.....** agenda de bureau

dictate *vt* dicter; **to d.....** **a letter** dicter une lettre; **to d.....** **terms** dicter les conditions

die *vi* décéder, mourir

difference *n* écart; **price d.....** écart de prix; **time d.....** décalage horaire

differential *n* **d.....** **bonus scheme** système de prime progressive au rendement; *npl* écarts; **wage d.....s** écarts de salaires; **salary d.....s** différentiels de salaires; **to erode wage d.....s** diminuer les écarts de salaires

difficulty *n* difficulté; **to have d.....** **in doing sthg** éprouver des difficultés à faire qqch; **to smooth out difficulties** aplanir les difficultés

Dilberted *pp* diminué, maltraité, humilié par son chef (*US*); emprunté de la bande dessinée "Dilbert"

dilution *n* **d.....** **of labour** remplacement de main-d'œuvre qualifiée par du personnel non qualifié

DINK *n abbr* (**Double Income No Kids**) double salaire sans enfants

diploma *n* diplôme; **to hold a d.....** in être titulaire d'un diplôme de; **recognized d.....** diplôme reconnu

direct *adj* direct **1 d..... action** grève; **2 d..... line** ligne directe

directive *n* directive, consigne, instruction; **management d.....** consigne de la direction; **ministerial d.....** instruction ministérielle

director *n* **1** administrateur; **board of d.....s** conseil d'administration; **company d.....** administrateur d'une entreprise; **d.....s' fees** jetons de présence des administrateurs; **non-executive d.....** administrateur externe; **2** directeur, cadre, cadre dirigeant; **Deputy Managing D.....** Directeur Général Adjoint; **Managing D.....** Directeur Général

directorate *n* directoire, direction

directory *n* répertoire, annuaire; **telephone d.....** annuaire téléphonique, bottin

disability *n* incapacité, invalidité, infirmité; **long-term d.....** invalidité permanente; **partial d.....** incapacité partielle, invalidité partielle; **short-term d.....** incapacité de travail; **total d.....** incapacité totale, invalidité totale; **total permanent d.....** invalidité absolue et définitive; *cpd* **d..... allowance** allocation d'invalidité; **d..... pension** pension d'invalidité; **d..... plan** régime de protection des salariés handicapés

disabled *adj* handicapé, invalide, infirme; **d..... person** handicapé, invalide; **d..... ex-servicemen** mutilés (de guerre); **registered d..... person** travailleur handicapé (reconnu par l'Etat) pouvant travailler sur certains postes définis

disablement *n* invalidité, incapacité; **d..... benefit** allocation d'invalidité permanente versée par l'Etat aux victimes d'accidents du travail ne bénéficiant plus des indemnités-maladies; **temporary d.....** incapacité temporaire

disadvantage *n* désavantage, inconvénient; **to be at a d.....** être dans une position désavantageuse; **d.....s of a plan** inconvénients d'un plan

disadvantaged *adj* défavorisé; **the d.....** les classes défavorisées; **d..... industry sector** secteur d'activité défavorisé

disagreement *n* désaccord, différend, mésentente

disbursement *n* débours, frais

discharge *n* **1** licenciement, congé, congédiement, renvoi; **wrongful d.....** licenciement abusif; **2** quitus; **to give full d.....** donner quitus aux comptes; **payment in full d.....** paiement libératoire

discharge *vt* licencier, renvoyer, congédier; **to d..... sbdy** licencier, renvoyer qqn; **to d..... a debt** régler une dette; **to d..... one's liabilities** s'acquitter de ses dettes

disciplinary *adj* disciplinaire; **d..... action** action disciplinaire; **d..... board** conseil de discipline; **d..... procedure** procédure disciplinaire

discipline *n* discipline; **to keep d.....** maintenir la discipline; **lack of d.....** manque de discipline; **to lack d.....** manquer de discipline

discipline *vt* discipliner, sanctionner, punir; **to d..... a worker** sanctionner un ouvrier

disclaimer *n* (*jur*) déni de responsabilité, renonciation à un (des) droit(s)

disclose *vt* divulguer, révéler, dévoiler; **to d..... secrets** divulguer des secrets

disclosure *n* divulgation, révélation; **d..... of confidential information** révélation/divulgation d'information confidentielle

discontent *n* mécontentement; **social d.....** mécontentement social; **to voice one's d..... with**

exprimer son mécontentement envers

discount *n* rabais, remise, escompte; **cash d.....** escompte de caisse; **d..... rate** taux d'escompte, taux de remise

discount *vt* escompter, accorder une remise

discrepancy *n* écart, divergence; **d..... between figures** désaccord entre des chiffres

discretion *n* discrétion; **at your d.....** comme vous voudrez; **obligation of d.....** obligation de réserve

discretionary *adj* discrétionnaire; **d..... powers** pouvoirs discrétionnaires

discrimination *n* discrimination; **positive d.....** *(US)* traitement préférentiel en faveur d'un groupe minoritaire; **racial d.....** discrimination raciale; **sexual d.....** discrimination sexuelle

discussion *n* discussion; **to hold d.....s on a subject** engager des discussions sur un sujet

disease *n* maladie; **industrial d.....** maladie professionnelle; **occupational d.....** maladie professionnelle; **prescribed d.....** maladie figurant sur la liste des maladies professionnelles donnant lieu automatiquement à une indemnité

dishonesty *n* *(fin)* malhonnêteté, indélicatesse

disincentive *n* effet dissuasif/démotivant; **this is a d..... to work** cela a un effet démotivant sur le personnel

disk *n* disque, disquette; **floppy d.....** disquette; **hard d.....** disque dur

disloyalty *n* infidélité, déloyauté

dismiss *vt* congédier, licencier, renvoyer, remercier, révoquer; **to d..... a claim** rejeter une demande

dismissal *n* licenciement, congédiement, renvoi; **blanket d.....** licenciement collectif d'employés

présumés complices, résultant d'un délit commis par l'un d'eux, ce dernier n'étant pas identifié; **constructive d.....** démission suite au non-respect du contrat de travail par l'employeur ouvrant droit à des indemnités; **d..... without notice** licenciement immédiat, licenciement sans préavis; **summary d.....** licenciement sur le champ; **unfair d...** licenciement abusif sans cause réelle et sérieuse; **wrongful d.....** licenciement irrégulier (non-respect de la procédure)

dismissed *pp* licencié, congédié; **to be d.....** être licencié, être congédié, être remercié

disobedience *n* insubordination; **wilful d.....** insubordination délibérée, refus d'obtempérer

disorder *n* désordre; **health d.....** troubles de santé

disown *vt* désavouer; **union d.....ed by the staff** syndicat désavoué par le personnel

disparity *n* inégalité, disparité; **salary disparities** écarts de salaires, différences de salaires; **wage d.....** disparité de salaires

dispatch *vt* expédier, faire partir, envoyer

dispensation *n* dispense, dérogation; **special d.....** dérogation spéciale; **to give special d.....** accorder une dérogation

dispensatory *adj* dérogatoire

dispenser *n* distributeur; **cash d.....** distributeur automatique de billets

display *cpd* **d..... case** vitrine; **d..... stand** présentoir; **visual d..... unit** écran (d'un ordinateur)

display *vt* exposer, présenter; **to d..... goods** exposer des marchandises

displayed *pp* affiché, exposé

disposable *adj* disponible; **d..... income** revenu disponible; **d..... worker** salarié mis à disposition

disposal *n* disposition; **at your d**..... à votre disposition

dispose *vt* **to d**..... **of day-to-day matters** expédier les affaires courantes

dispute *n* conflit, contestation, litige, altercation; **industrial d**..... conflit social; **labour d**..... conflit social, conflit du travail; **to mediate a d**..... arbitrer un litige; **to settle a d**..... résoudre/régler un conflit; *cpd* **d**.....**s procedures** accord passé entre l'employeur et les syndicats définissant les procédures de règlement d'un conflit social

disqualification *n* disqualification; **period of d**..... période pendant laquelle une femme enceinte ne peut prétendre aux indemnités maladie de la Sécurité Sociale

disqualify *vt* disqualifier

disregard *n* **flagrant d**..... **of the rules** non-respect manifeste des règles

disruption *n* perturbation; **d**..... **at work** perturbation dans le travail

disruptive *adj* perturbateur; **d**..... **behaviour** comportement perturbateur

dissatisfaction *n* mécontentement; **job d**..... insatisfaction au travail

dissent *n* contestation, désaccord

dissertation *n* mémoire

distance *n* distance; **d**..... **learning** enseignement à distance; **d**..... **from work** éloignement du travail

distinguished *adj* éminent; **d**..... **colleague** éminent collègue

distribute *vt* distribuer, répartir; **to d**..... **profits** répartir les bénéfices

distribution *n* distribution, répartition; **d**..... **of profits** répartition des bénéfices; **d**..... **of workload** répartition de la charge de travail

distributor *n* concessionnaire, distributeur; **sole agent d**..... distributeur exclusif

disused *adj* désaffecté; **d**..... **factory** usine désaffectée

diversification *n* diversification; **strategic d**..... diversification stratégique

diversify *vi* diversifier

diversity *n* (*US*) terme exprimant la diversité des salariés (d'âge, de sexe, de religion, de race...); **d**..... **programs** (*US*) programme de sensibilisation des salariés aux différences culturelles afin de garantir les droits des minorités

divestment *n* cession d'actifs

divide *vt* diviser; **to d**..... **and rule** diviser pour mieux régner

dividend *n* dividende

division *n* **1** division, séparation; **d**..... **of labour** division du travail, répartition des tâches; **2** direction; **marketing d**..... direction marketing

divorce *n* divorce; **to file for d**..... demander le divorce; **to get a d**..... obtenir un divorce; **to go through d**..... **proceedings** être en instance de divorce

divorced *adj* divorcé; **to be d**..... être divorcé

dock *n* banc des accusés

dock *vt* retenir, déduire; **to d**..... **money from pay** retenir de l'argent sur la paie afin de sanctionner un salarié (retards, absence,...)

docker *n* docker

doctor *n* médecin; **company d**..... médecin d'entreprise; **family d**..... médecin traitant

doctorate *n* doctorat; **PhD (Doctor in Philosophy)** doctorat de philosophie

document *n* document, pièce; **enclosed d**..... pièce jointe; **supporting d**..... pièces justificatives; **to produce supporting d**.....**s** fournir les pièces justificatives

dogsbody n (péj) homme à tout faire

dole n (fam) chômage; **to be on the d.....** être au chômage; **d..... money** allocations de chômage; **d..... queue** file d'attente de chômeurs; **to get d..... money** toucher le chômage; **to sign on the d.....** s'inscrire au chômage

domiciled pp domicilié; **to be d..... in France** être domicilié en France

door-to-door cpd porte-à-porte; **d..... canvassing** démarchage (porte-à-porte)

DOT n abbr (**Dictionary of Occupational Titles**) (US) ROME (Répertoire Opérationnel des Métiers et des Emplois) (équiv)

dotted line cpd **a d..... report** relation fonctionnelle

double adj double; **d..... taxation agreement** accord bilatéral signé entre deux pays afin d'éviter la double imposition; **inflation is in d..... figures** l'inflation atteint 10%

double-jobbing n cumul d'emplois

doubt n doute, cause; **to cast d..... on sbdy** mettre en cause qqn; **to give sbdy the benefit of the d.....** donner à qqn le bénéfice du doute; **to let a d..... hang over sthg** laisser planer un doute sur qqch; **there is no d..... about sthg** il n'y a pas de doute à propos de qqch; **there is still room for d.....** un doute subsiste; **without a shadow of a d.....** sans l'ombre d'un doute

doubt vt douter; **to d..... the authenticity of a document** douter de l'authenticité d'un document

doubtful adj **to be d.....** être dans le doute

down adj **sales are d.....** les ventes sont en baisse

down vt **to d..... tools** arrêter le travail

down loading n réduction de l'activité

down payment n arrhes, acompte; **to make a d.....** verser des arrhes, verser un acompte

down time n temps d'arrêt (d'une machine)

downgrade vt déclasser

downgrading n déclassement, rétrogradation

downsize vt réduire; **to d..... staff** réduire les effectifs

downsizing n réduction des effectifs

downturn n recul; **economic d.....** recul économique, repli économique

draft n avant-projet, brouillon, projet; cpd **d..... agreement** projet d'accord

draft vt rédiger; **to d..... a letter** rédiger une lettre

drafting n rédaction; **d..... of a law** rédaction d'une loi; **d..... of a contract** rédaction d'un contrat

drag on vi traîner; **the negotiations are dragging on** les négociations traînent en longueur

draughtsman n dessinateur, projeteur

draw vt toucher; **to d..... a pension** toucher une pension de retraite; **to d..... a salary** toucher un salaire

draw out vt retirer; **to d..... cash** retirer du liquide/de l'argent

draw up vt rédiger, élaborer; **to d..... an agreement** élaborer un accord; **to d..... a contract** rédiger un contrat; **to d..... rules** établir des règles

drawback n désavantage, inconvénient; **d.....s of a scheme** inconvénients d'un projet

drawing board n planche à dessin; **to go back to the d.....** revoir sa copie

dress *n* tenue vestimentaire, habillement; **d.....** **code** code vestimentaire

dress *vi* s'habiller

drift *n* dérive, glissement; **salary d.....** dérive des salaires, glissement des salaires

drift back *n* retour; **a d..... to work** un retour progressif au travail

drift back *vi* retourner; **to d..... to work** retourner progressivement au travail

drill *n* exercice; **fire d.....** exercice incendie

drive *n* **1** campagne; **d..... to increase sales** campagne de ventes; **economy d.....** campagne d'économies; **to launch a membership d.....** lancer une campagne d'adhésion; **to lead a recruitment d.....** mener une campagne de recrutement; **sales d.....** campagne de ventes; **2** énergie; **to have d.....** être plein d'énergie

drive *vt* **to d..... a hard bargain** être dur en affaires; **to d..... sbdy to the wall** mettre qqn au pied du mur

driver *n* conducteur

driving *n* conduite; **drunken d.....** conduite en état d'ivresse

drop *n* baisse, chute; **d..... in demand** baisse de la demande; **d..... in earnings** baisse de revenu; **d..... in membership** chute des adhésions

drudgery *n* pénibilité, travail pénible

drug *n* **1** médicament; **2** stupéfiant; **d..... abuse** toxicomanie; **d..... abuser** toxicomane; **d..... addict** toxicomane

drunk *adj* ivre

drunken *adj* ivre; **in a d..... state** en état d'ébriété, en état d'ivresse

drunkenness *n* ivresse, ébriété

DTI *n abbr* **(Department of Trade and Industry)** ministère du Commerce et de l'Industrie

dual *adj* **d..... ladder** parcours de carrières parallèles; **d..... purpose rule** *(US)* règle d'indemnisation d'un accident survenu lors d'un voyage d'affaires comportant une part d'agréments, applicable lorsqu'il est prouvé que la raison principale du voyage est d'ordre professionnel; **d..... unionism** appartenance à deux syndicats

due *adj* **1** cause; **absent d..... to illness** absent pour cause de maladie; **2** dû; **in d..... form** en bonne et due forme; **he is d..... to turn up at 11** il doit arriver à 11h; **to fall d.....** venir à échéance; **visit d..... to take place tomorrow** visite prévue pour demain; **3 d..... process** «processus équitable»: obligation faite à l'employeur de mettre en place un dispositif permettant aux salariés de connaître leurs droits, devoirs et possibilités de recours en cas de non-respect des règles applicables

due diligence *cpd* période précédant le rachat d'une société pendant laquelle sont évalués notamment le potentiel et les risques financiers, industriels, sociaux, juridiques, etc.

dues *npl* cotisations; **union d.....** cotisations syndicales

duly *adv* dûment; **d..... signed letter** lettre dûment signée

dummy *n* homme de paille, prête-nom

dump *vt* dumping; **to d..... goods** faire du dumping

duplicate *n* double; **in d.....** en double exemplaire; **to fill out a form in d.....** remplir un formulaire en double exemplaire

duration *n* durée; **d..... of a contract** durée d'un contrat

duress *n* **under d.....** contraint et forcé; **to sign sthg under d.....** signer qqch sous la contrainte

duty *n* **1** garde, permanence, service; **to be on d.....** être de garde, être de permanence, faire une permanence, être de service; **to ensure sbdy is on d.....** assurer la permanence; **hours of d.....** heures de service; **2** devoir, mission; **to carry out one's d.....** accomplir son devoir, remplir son devoir, s'acquitter de son devoir;

3 *npl* droits; **customs duties** droits de douane; **death duties** droits de succession

duty-roster *n* tableau de service

dynamics *npl* **group d.....** dynamique de groupe

Ee

EAP *n abbr* (**Employee Assistance Program**) *(US)* système d'assistance sociale destiné aux salariés d'une entreprise

early *adj* anticipé, tôt; **e.....** **retirement** préretraite, retraite anticipée; **at your earliest convenience** à votre convenance

earmark *vt* affecter, consacrer; **to e.....** **funds** affecter des fonds

earmarked *adj* affecté, consacré; **e.....** **subsidies** subventions affectées

earn *vt* gagner; **earned income** revenu professionnel/du travail; **to e.....** **one's bread and butter** gagner sa croûte; **to e.....** **one's living** gagner sa vie; **wife's e.....ed income allowance** abattement fiscal sur le revenu professionnel de l'épouse

earnings *npl* revenu, traitement, salaire; **compensation for loss of e.....** indemnité pour perte de salaire; **e.....** **per share** bénéfice par action; **pensionable e.....** salaire de base utilisé comme référence pour le calcul de la retraite; **real e.....** valeur salaires/prix; *cpd* **e.....** **drift** dérive des niveaux de salaires au-delà des taux officiellement fixés; **e.....** **potential** - niveau de salaire auquel une personne peut prétendre; **e.....** **power** niveau de salaire auquel une personne peut prétendre; **e.....-related benefits** allocations de la Sécurité Sociale dont le niveau dépend de la rémunération et du montant des cotisations antérieures du bénéficiaire

EAT *n abbr* (**Employment Appeal Tribunal**) Cour d'appel traitant des litiges liés aux relations du travail (saisie après contestation d'une décision prise par un "industrial tribunal")

echelon *n* **upper e.....s** hauts dirigeants

ECJ *n abbr* (**European Court of Justice**) Cour Européenne de Justice

economics *npl* sciences économiques

economize *vt* économiser; **to e.....** **on sthg** économiser sur qqch, faire des économies sur/de qqch

economy *n* économie; **market e.....** économie de marché; **mixed e.....** économie mixte; *cpd* **e.....** **measures** mesures d'économie

edge *n* **to have a competitive e.....** **over sbdy** avoir un avantage concurrentiel sur qqn

EDI *n abbr* (**Electronic Data Interchange**) échange de données informatiques selon un format standardisé

editor *n* rédacteur; **Chief E.....** rédacteur en chef

EDP *n abbr* (**Electronic Data Processing**) informatique

education *n* formation, enseignement; **(CV)** études; **adult e.....** formation/éducation permanente; **basic e.....** formation initiale; **continuing e.....** formation continue; **further e.....** formation complémentaire; **higher e.....** enseignement supérieur; **workers' e.....** formation ouvrière, éducation ouvrière; *cpd* **e.....** **level** niveau de formation; **e.....** **system** système éducatif

EEOC *n abbr* (**Equal Employment Opportunity Commission**) *(US)* commission chargée de faire respecter les droits civiques

effect *n* effet, conséquence; **to achieve the desired e.....** obtenir l'effet voulu; **after-e.....s of an illness** suites d'une maladie; **halo e.....** effet de halo; **personal e.....s** effets personnels; **to take e.....** prendre effet

effective *adj* **1** (**budgetary column**) réalisé (colonne au budget); **2** effectif, efficace; **e.....** **date of termination** date effective de la rupture d'un contrat de travail; **e.....** **manager** manager efficace

effectiveness *n* efficacité

efficiency *n* efficacité, rendement; **e.....** **bonus** prime de rendement

efficient *adj* efficace, performant

efficiently *adv* efficacement; **to work e.....** travailler efficacement

eighty *adj* **e.....** **per** **cent** **rule** **(Pareto)** règle des 80/20 (Pareto)

elasticity *n* élasticité; **e.....** **of demand** élasticité de la demande; **e.....** **of supply** élasticité de l'offre

elder *adj* **e.....** **care** **scheme** plan d'aide aux salariés pour qu'ils puissent soigner leurs parents âgés

elect *adj* désigné; **President-e.....** Président désigné

elect *vt* élire; **to e.....** **a candidate** élire un candidat

election *n* élection; **to hold an e.....** organiser une élection; **to stand for e.....** se présenter aux élections

electives *npl (US)* cours facultatifs

elector *n* électeur

electorate *n* électorat, les électeurs

electrician *n* électricien

eligibility *n* admissibilité, éligibilité; **e.....** **requirements** conditions d'admission

eligible *adj* admissible; **to be e..... for sthg** être admissible à qqch, remplir les conditions d'admission

eliminate *vt* **to e.....** **candidacies** ne pas retenir des candidatures

embezzlement *n* détournement (de fonds)

emergency *n* urgence; **in an e.....** en cas d'urgence; *cpd* **e..... measures** mesures d'urgence

emigrant *n* émigré

emigrate *vi* émigrer

emoluments *npl* émoluments, rémunération globale (incluant les avantages sociaux)

emotional *adj* **e.....** **intelligence** intelligence émotionnelle; **e..... quotient** quotient émotionnel

empathy *n* empathie

emphasis *n* accent; **to place e..... on sthg** mettre l'accent sur qqch

employ *vt* employer; **to e..... sbdy as an assistant** employer qqn comme assistant; **to e..... staff** employer du personnel

employability *n* employabilité

employed *pp* employé; **to be e.....** être employé; **to be gainfully e.....** être employé régulièrement

employee *n* employé, salarié; **domestic e.....** employé de maison; **E..... Assistance Program** *voir* **EAP**; **e..... handbook** livret d'accueil; **e..... profit-sharing** participation des salariés aux résultats; **e..... relations** relations sociales; **e..... share ownership programme** *voir* **ESOP**; **local authority e.....** fonctionnaire municipal; **problem e.....** employé à problèmes; **protected e.....** salarié protégé; **unskilled e.....** employé non qualifié; *cpd* **e..... rights** droits des salariés

employer *n* employeur, patron; *cpd* **e.....s' association** organisation patronale, syndicat patronal; **e.....'s contributions** cotisations patronales; **e.....s' federation** chambre syndicale *npl* le patronat

employment *n* emploi, travail; **conditions of e.....** conditions de travail; **continuous e.....** temps minimum de présence ininterrompue dans l'entreprise pris pour l'ouverture de certains droits (indemnité de licenciement, ...); **contract of e.....** contrat de travail; **e..... at-will** *(US)* relation de travail sans contrat écrit entre l'employeur et l'employé pouvant être rompue à tout moment sans motif ni préavis par l'un ou l'autre; **e.... line** *(US)* file d'attente de chômeurs; **to find**

alternative e..... for sbdy trouver un travail de remplacement pour qqn; **full e.....** plein emploi; **lifetime e.....** emploi à vie; **particulars of e.....** termes d'un contrat; **temporary e.....** emploi temporaire; **terms and conditions of e.....** termes d'un contrat de travail; *cpd* **e..... agency** agence pour l'emploi

empower *vt* habiliter, déléguer, mandater; **to e..... employees** déléguer des responsabilités au personnel

empowered *pp* habilité, mandaté; **to be e..... to sign cheques** être habilité à signer les chèques

empowerment *n* habilitation, délégation de responsabilités

enact *vt* édicter, promulguer; **to e..... a law** édicter une loi, promulguer une loi

enactment *n* promulgation

enclose *vt* joindre; **to e..... sthg with a letter** joindre qqch à une lettre

enclosed *pp* joint; **please find e.....** veuillez trouver ci-joint

enclosure *n* pièce jointe

encounter *cpd* **e...... group** dans le cadre d'une formation de développement personnel, groupe à l'intérieur duquel chaque participant est encouragé à exprimer ses sentiments les plus profonds

encroach *vi* empiéter; **to e..... upon sbdy's responsibilities** empiéter sur les responsabilités de qqn

end *n* fin, terme; **the discussions came to an e.....** les discussions ont pris fin; **the e..... justifies the means** la fin justifie les moyens; **to put an e..... to sthg** mettre fin à qqch; **to put an e..... to rumours** en finir avec les rumeurs; **to put an e..... to absenteeism** mettre un terme à l'absentéisme; **the negotiations are drawing to an e.....** les négociations touchent à leur fin; **e..... of contract** terme d'un contrat

endanger *vt* mettre en danger

endorse *vt* avaliser, endosser; **to e..... a cheque** endosser un chèque; **to e..... a decision** avaliser une décision

endorsement *n* endossement

endowment *n* dotation à un fonds; **e..... insurance** assurance mixte : assurance-vie où le capital peut être versé soit après le décès de l'assuré soit au terme du contrat si l'assuré est en vie

enforce *vt* faire appliquer, mettre en vigueur, exécuter; **to e..... the law** exécuter/appliquer la loi

enforcement *n* exécution, mise en application, exécution; **means of e.....** voies d'exécution

engage *vt* embaucher, recruter, engager; **to e..... staff** embaucher/engager/recruter du personnel

engaged *pp* **1** recruté, embauché, engagé; **2** occupé **the line is e.....** la ligne est occupée; **3 to be e.....** être fiancé

engagement *n* rendez-vous; **to have an e..... at 5 o'clock** avoir un rendez-vous à 17 heures

engineer *n* ingénieur; **sales e.....** ingénieur technico-commercial; **civil e.....** ingénieur civil; **mechanical e.....** ingénieur mécanicien. *Voir pages centrales*

engineering *n* ingénierie, génie; **civil e.....** génie civil; **human factors e.....** *(US)* ergonomie; **thermal e.....** génie thermique

enhance *vt* accroître; **to e..... one's reputation** accroître sa réputation

enjoy *vt* bénéficier; **to e..... privileges** bénéficier d'avantages

enlargement *n* élargissement; **job e.....** élargissement des tâches

enlistment *n* incorporation *(mil)*

enquire *vi* se renseigner; **to e..... about sthg** se renseigner sur qqch

enquiry *n* enquête, recherche; **to lead an e.....** mener une enquête *npl* renseignements; **to make enquiries about sthg** se renseigner sur qqch

enrichment *n* enrichissement; **job e.....** enrichissement des tâches

enrol *vi* s'inscrire; **to e..... in a course** s'inscrire à un cours

enrolment *n* inscription

entail *vt* entraîner; **this e.....s job cuts** cela entraîne une compression des effectifs

enter *vt* **to e..... in the books** passer des écritures

enter into *vt* conclure, engager; **to e..... an agreement** conclure un accord; **to e..... a contract** passer un marché; **to e..... discussions** entamer des discussions; **to e..... negotiations** engager les négociations; **to e..... talks** s'engager dans des pourparlers

enterprise *n* entreprise; **free e.....** libre entreprise; **private e.....** entreprise privée

enterprising *adj* entreprenant; **e..... employee** salarié entreprenant

entertainment *n* représentation; **e..... allowance** frais de représentation

enticement *n* débauchage

entitle *vt* donner droit à; **each month e.....s you to 2 days' holiday** chaque mois vous donne droit à 2 jours de congés

entitled *vt* **to be e..... to sthg** avoir droit à qqch, être habilité à faire qqch, être en droit de faire qqch

entitlement *n* droit, ouverture de droits; **benefits e.....** droit aux prestations; **e..... to sthg** avoir droit à qqch; **holiday e.....** droit aux congés payés; **sbdy who reaches the end of his/her e.....** qqn en fin de droits

entity *n* entité, instance

entrance *n* entrée; **main e.....** entrée principale; *cpd* **e..... ticket** billet d'entrée

entrepreneur *n* entrepreneur

entrust *vt* confier; **to e..... sthg to sbdy** confier qqch à qqn

entry *n* entrée **1 graduate e.....** niveau d'entrée des diplômés d'universités ou de grandes écoles dans une entreprise; *cpd* **e..... date** date d'entrée; **e..... examination** examen d'entrée/d'admission; **e..... level** niveau d'entrée; **2** écriture *(fin)*; **to make an e.....** passer une écriture

entry-level *cpd* **e..... position** poste de débutant; **e..... training** formation à l'embauche

enumerate *vt* articuler *(jur)*, énumérer, dénombrer; **to e..... grievances** articuler des griefs

envelope *n* pli; **in a sealed e.....** sous pli cacheté

environment *n* cadre, environnement, milieu; **working e.....** le cadre de travail, le milieu du travail

EOC *n abbr* **(Equal Opportunities Commission)** commission chargée de faire respecter l'égalité professionnelle

EPA *n abbr* **(Environment Protection Agency)** Agence pour la Protection de l'Environnement

equal *adj* égal; **e..... opportunities** égalité des chances, égalité professionnelle; **e..... pay** salaire égal

equipment *n* équipement, outillage

equity *n* **1** équité; **2** fonds propres, capital; **shareholders' e.....** capital propre

ergonometrics *npl* ergonométrie

ergonomics *npl* ergonomie

ERISA *n abbr* **(Employee Retirement Income Security Act)** *(US)* loi définissant et régissant les plans de retraite d'entreprise

erode *vt* réduire, ronger; **to e.....
pay/wage differentials** réduire
les différentiels de salaires

erosion *n* **e..... of differentials** réduction des écarts de salaires

erratic *adj* irrégulier, inégal; **e.....
career evolution** évolution de
carrière en dents de scie

error *n* erreur, faute; **to do sthg
by e.....** faire qqch par erreur;
due to an e..... par suite d'une
erreur; **typing e.....** faute de
frappe; **human e.....** erreur humaine

escalation *n* escalade, envolée;
cost e..... escalade des coûts; **e.....
clause** clause d'indexation des salaires; **e..... of wage demands** escalade des revendications
salariales

escape *n* **fire e.....** porte/issue de
secours; *cpd* **e..... clause** clause
échappatoire, clause de sauvegarde

escape *vi* échapper; **to e..... from
a tricky situation** se tirer d'une
affaire délicate

escrow *n* **document held in e.....**
document confié à la garde d'un
tiers, en main tierce

ESOP *n* *abbr* **(Employee Share
Ownership Plan)** plan d'actionnariat du personnel dans le cadre
duquel les actions sont acquises
par l'intermédiaire d'une société
d'investissement

established *pp* implanté; **well
e..... company in Germany** société bien implantée en Allemagne

establishment *n* **the E.....** l'Establishment

estate *n* **1** zone; **development e.....**
zone industrielle; **industrial e.....**
zone industrielle; **2 e..... agent**
agent immobilier; **real e.....** immobilier

estimate *n* évaluation, estimation;
e..... of costs estimation des
coûts; **to put in an e.....** établir

un devis; **salary e.....** ordre de
grandeur d'un salaire

estimated *pp* **e..... budget** budget
prévisionnel

estoppel *n* principe juridique interdisant aux parties de revenir
sur leurs déclarations

ethics *npl* éthique; **professional
code of e.....** éthique professionnelle, déontologie

ETUC *n* *abbr* **(European Trades
Union Congress)** Confédération
Européenne des Syndicats

EU *n* *abbr* **(European Union)** UE
(Union Européenne)

EVA *n* *abbr* **(Economic Value
Added)** méthode d'évaluation de
la création de valeur économique
d'une entreprise

evacuation *n* évacuation; **e..... of
the premises** évacuation des locaux

evaluation *n* classification, évaluation; **felt-fair e.....** technique d'é-
valuation globale du personnel;
job e..... classification des em-
plois/postes; *cpd* **e..... grid** grille
d'évaluation

evaluator *n* évaluateur

evasion *n* **tax e.....** fraude fiscale

event *n* manifestation, événement; **cultural e.....** manifestation
culturelle

evict *vt* expulser; **to e..... strikers
from the entrance** expulser les
grévistes de l'entrée

eviction *n* expulsion

evidence *n* témoignage, preuve;
circumstantial e..... preuve
circonstancielle; **documentary
e.....** preuve écrite; **e..... in support** preuve à l'appui; **to give
e..... for/against sbdy** témoigner
pour/contre qqn; **material e.....**
preuve matérielle; **to produce
e.....** apporter la preuve

EWC *n* *abbr* **(European Works
Council)** CEE (Comité d'Entreprise Européen)

ex gratia *adj* e..... **payments** versements/paiements à titre gracieux

ex officio *adj* **to be an e..... member of a committee** être membre d'office/de droit d'un comité

ex-directory *adj* **an e..... number** un numéro sur liste rouge

exact *vt* exiger; **to e..... penalties from sbdy** exiger des pénalités de qqn

exam(ination) *n* examen; **to fail an e.....** échouer à un examen; **medical e.....** examen médical; **mock e.....** examen blanc; **to pass an e.....** réussir un examen; **to take an e.....** passer un examen; **to undergo a medical e.....** subir un examen médical

examine *vt* examiner, étudier; **to e..... a problem** étudier/examiner un problème

example *n* exemple; **to follow sbdy's e.....** suivre l'exemple de qqn; **to hold up as an e.....** brandir comme exemple; **to make an e..... of sbdy** faire un exemple de qqn; **to set a good e.....** donner le bon exemple, montrer l'exemple

exceed *vt* dépasser; **to e..... the objectives** dépasser les objectifs; **to e..... one's powers** outrepasser ses pouvoirs

excepted *pp* **errors and omissions e.....** sauf erreurs et omissions

exceptionally *adv* à titre exceptionnel

excess *cpd* excès; **e..... baggage** excédent de bagages, supplément de bagages; **e..... costs** surcoût, coûts excédentaires; **e..... fare** supplément

exchange *n* **1** échange, permutation, bourse; **e..... of posts** échange des postes, permutation des postes; **e..... of views** échange de vues; **e..... visit programme** programme d'échanges (ex : étudiants); **job e.....** bourse des emplois, bourse du travail; **labour e.....** bourse du travail; **2 rate of** e..... taux de change; **3 telephone e.....** central téléphonique

excluded *pp* exclu, radié, expulsé; **to be e..... from insurance coverage** être radié des garanties; **to be e..... from a meeting** être exclu d'une réunion

exclusive *adj* exclusif; **e..... agreement** accord d'exclusivité; **e..... of VAT** TVA non comprise

execute *vt* exécuter; **to e..... an order** exécuter un ordre

execution *n* **stay of e.....** sursis

executive *n* dirigeant, exécutif; **company e.....** dirigeant d'entreprise; **e..... committee** comité exécutif; **e..... search** recherche de cadres et dirigeants par approche directe, chasse de têtes; **e..... search firm** cabinet de chasse de têtes/d'approche directe; **e..... secretary** secrétaire de direction; **junior e.....** cadre moyen; **senior e.....** cadre supérieur

executory *adj* exécutoire, à titre exécutoire

exemplary *adj* exemplaire; **e..... behaviour** comportement exemplaire

exempt *adj* dispensé, exempté, exonéré; **to be e..... from (doing) sthg** être dispensé/exempté de (faire) qqch; **to be e..... from tax** être exonéré d'impôts; **e..... employee** cadre (salarié non rémunéré pour les heures supplémentaires)

exempt *vi* exonérer, dispenser

exemption *n* dispense, exonération; **e..... from contributions** exonération des charges; **tax e.....** exonération d'impôts

exercise *n* exercice; **e..... of power** exercice du pouvoir

exercise *vt* exercer, user, utiliser; **to e..... an option** lever une option; **to e..... persuasion** user de la persuasion; **to e..... rights** exercer ses droits

exert *vt* exercer; **to e..... pressure on sbdy** exercer une pression sur qqn

exhaust *vt* épuiser; **to e.....** **all possibilities** épuiser toutes les possibilités

exhaustion *n* épuisement

exhibit *n* pièce à conviction

exhibition *n* exposition

exit *n* sortie, départ; **emergency e.....** sortie d'urgence, sortie de secours, issue de secours; **e..... interview** entretien de départ; **fire e.....** sortie d'incendie; **to obstruct a fire e.....** bloquer une sortie d'incendie

exonerate *vt* exonérer, dispenser

exoneration *n* exonération, dispense

exorbitant *adj* exorbitant, excessif; **e..... claim** revendication exorbitante; **e..... costs** coûts exorbitants

expand upon *vt* **the agreement e.....s upon statute law** l'accord va au-delà de la législation

expansion *n* expansion

expatriate *n* expatrié

expatriate *vt* expatrier

expatriation *n* **e..... bonus** prime d'expatriation; **e..... policy** politique d'expatriation

expectancy *n* espérance; **life e.....** espérance de vie; *cpd* **e..... theory** théorie des attentes

expectations *npl* prétentions, attentes; **customer e.....** attentes du client; **salary e.....** prétentions salariales

expel *vt* expulser, exclure; **to e..... sbdy from a meeting** expulser qqn d'une réunion; **to e..... sbdy from a union** exclure qqn d'un syndicat

expend *vt* *(US)* dépenser; **to e..... funds** employer des fonds

expenditure *n* dépenses, frais, charges; **below-the-line e.....** dépenses exceptionnelles

expense *n* dépense, frais, charge; **it's at your own e.....** c'est à votre charge; **to do sthg at one's own e.....** faire qqch à ses frais; *npl* **accommodation e.....s** frais d'hébergement; **additional e.....s** frais annexes/supplémentaires; **administrative e.....s** frais de gestion; **all e.....s paid** tous frais payés; **allowable e.....s** frais déductibles; **car e.....s** frais de voiture; **to cover one's e.....s** rentrer dans ses frais; **entertainment e.....s** frais de représentation; **funeral e.....s** frais funéraires; **hospital e.....s** frais d'hospitalisation; **incidental e.....s** faux frais; **living e.....s** frais de séjour; **meal e.....s** frais de repas; **overhead e.....s** frais généraux; **relocation e.....s** frais de déménagement; **total e.....s incurred** frais réels; **travel e.....s** frais de déplacement, frais de voyage; *cpd* **e..... account** note de frais

experience *n* expérience; **to gain e.....** se faire une expérience; **to lack e.....** manquer d'expérience; **proven e.....** expérience confirmée; **work e.....** expérience professionnelle; *cpd* **e..... curve** courbe d'expérience

experienced *pp* expérimenté, compétent; **to be e.....** être expérimenté; **to be e..... in a field** être compétent dans un domaine

experiential *cpd* **e..... learning** apprentissage par l'expérience

expert *n* spécialiste, expert; **electronics e.....** spécialiste de l'électronique; **recognized e.....** expert reconnu; *cpd* **e..... system** *(info)* système expert

expertise *n* savoir-faire, compétence technique

expire *vi* expirer, prendre fin; **the contract e.....s on June 4** le contrat prend fin/expire le 4 juin, le contrat vient à expiration le 4 juin

expiry *n* expiration; **on e..... of a contract** à l'expiration d'un contrat; *cpd* **e..... date** date d'expiration

explain *vi* expliquer; **to e..... the reasons behind a decision** exposer les raisons d'une décision

explanation *n* explication; **an e..... for refusal must be given** le refus doit être motivé

exploit *vt* exploiter; **to e..... resources** exploiter des ressources; **to e..... workers** exploiter les ouvriers

exploitation *n* exploitation; **e..... of workers** exploitation des ouvriers

export *vt* exporter

exportation *n* exportation

expression *n* **e..... of wish** désignation par l'assuré d'un bénéficiaire du capital-décès; **freedom of e.....** liberté d'expression

expulsion *n* expulsion, exclusion; **e..... from a meeting** expulsion d'une réunion; **e..... from a union** exclusion d'un syndicat

extend *vt* prolonger, étendre; **to e..... a contract** prolonger un contrat; **to e..... a deadline** prolonger un délai; **to e..... a pay freeze** étendre un gel de salaires

extension *n* **1** extension; **e..... of a building** extension d'un immeuble; **2** prolongation, prorogation; **e..... of a contract** prolongation d'un contrat; **e..... of a deadline** prolongation d'un

délai; **3** poste; **telephone e.....** poste téléphonique

extent *n* étendue; **e..... of cover** étendue des garanties assurance

external *adj* externe; **e..... audit** audit externe; **e..... recruitment** recrutement externe

extinguisher *n* **fire e.....** extincteur

extortion *n* extorsion

extra *n* extra; **to work as an e.....** travailler comme extra

extra *adj* supplémentaire; **e..... charge** supplément de prix; **e..... pay** supplément de salaire, sursalaire; **e..... work** surcroît de travail; **to work e..... hours** faire des heures supplémentaires

extra-curricular *adj* **e..... activities** activités extra-scolaires

extramural *adj* **e..... studies** cours en auditeur libre

extraordinary *adj* **e..... items** (*fin*) postes exceptionnels

extrinsic *adj* extrinsèque; **e..... reward** motivation d'un salarié par des mesures d'incitation financière

eyeing up *n* round d'observation (*nég*)

eyesight *n* la vue

Ff

fabric *n* tissu, structure; **social f.....** tissu social

face *n* **f..... validity of a test** pertinence d'un test de sélection; **f..... value** valeur nominale; **to take a declaration at f..... value** prendre une déclaration au premier degré

facilitator *n* facilitateur

facilities *npl* installations, équipement; **on-site f.....** installations sur le chantier; **childcare f.....** (services de) crèche/garderie; **f..... management** fait de confier des fonctions de l'entreprise (ex : le nettoyage, la restauration, l'informatique...) à des sociétés extérieures de service, lui permettant ainsi de se recentrer sur son métier de base; **recreation f.....** équipements de loisirs; **sports f.....** équipement sportif

facility *n* autorisation, crédit, facilité; **overdraft f.....** autorisation de découvert

fact *n* fait, donnée; **to ascertain the f.....s** vérifier les faits; **to establish the f.....s** établir les faits; **f.....s and figures** données chiffrées

fact-finding *cpd* **f..... commission** commission d'enquête; **f..... mission** mission d'enquête

factor *n* facteur, coefficient; **cost f.....** facteur de coût; **critical success f.....** facteur clé de réussite; **deciding f.....** facteur décisif; **f.....s of production** facteurs de production; **load f.....** coefficient de remplissage; **production f.....** facteur de production; *cpd* **f..... analysis** analyse factorielle; **f..... comparison method** méthode d'évaluation des postes en fonction de différents facteurs (capacités intellectuelles, conditions de travail...) permettant de déterminer le niveau de rémunération

factoring *n* affacturage

factory *n* fabrique, usine, manufacture; **textile f.....** usine textile; *cpd* **f..... inspector** inspecteur du travail; **f..... inspectorate** inspection du travail; **f..... work** travail à l'usine; **f..... hand** ouvrier d'usine

faculty *n* faculté; **1 f..... of arts** faculté de lettres; **2** aptitude; **f..... for adapting** faculté d'adaptation; **3** corps enseignant

fail *vt* échouer, manquer; **to f..... to assume one's duties** manquer à ses devoirs; **to f..... an exam** échouer à un examen

fail-safe *cpd* **f..... device** dispositif à sûreté intégrée

failure *n* **1** échec; **minute of f..... to agree** compte rendu constatant un désaccord lors d'une négociation; **f..... to consult** absence de consultation des syndicats par l'employeur lors d'un projet de licenciement économique pouvant donner lieu au versement d'une indemnité en faveur des salariés concernés; **f..... of negotiations** échec des négociations; **negotiations doomed to f.....** négociations vouées à l'échec; **2** panne; **power f.....** panne de courant

fair *n* foire, salon; **job f.....** forum écoles; **recruitment f.....** salon de recrutement; **trade f.....** foire commerciale

fair *adj* juste, loyal, équitable; **f..... competition** concurrence loyale; **f..... deal** arrangement équitable; **f..... dealing** pratiques commerciales honnêtes; **f..... presentation** *(acc)* image fidèle; **f..... price** prix raisonnable/équitable; **f..... (market) value** *(fin)* valeur du marché; **f..... wear and tear** usure normale

faith *n* confiance; **to have f..... in the outcome** avoir confiance en l'issue; **in good f.....** de bonne foi

fall *n* chute; **f..... in orders** chute des commandes

fall *vi* tomber, baisser; **to f..... into a trap** tomber dans un piège

fall-back *cpd* **f.....** **pay** salaire minimum garanti dans le cadre d'un système de rémunération aux résultats; **f..... position** (*nég*) position de repli

fall behind *vi* **to f..... with the payments** être en retard de paiements

fall guy *n* (*US*) bouc émissaire

false *adj* faux, mensonger; **f..... declaration** déclaration mensongère

falsification *n* falsification; **f..... of accounts** falsification des comptes

falsify *vt* falsifier; **to f..... accounts** falsifier les comptes

family *n* famille; **f..... allowance** allocations familiales; **f..... concern** entreprise familiale; **large f.....** famille nombreuse

far *adj* éloigné; **to live f..... from work** habiter loin du travail

far-reaching *adj* **f..... changes** des changements d'une grande portée

fare *n* tarif; **f.....s to work scheme** programme de prise en charge par l'Etat des dépenses de trajet des personnes handicapées dans l'incapacité d'utiliser les transports en commun; **full f.....** plein tarif; **one-way f.....** tarif aller simple; **return f.....** tarif aller et retour; **train f.....** tarif de train

farm out *vt* sous-traiter; **to f..... work** sous-traiter du travail

farmer *n* agriculteur; **livestock f.....** éleveur

fast track *cpd* **f..... system of management development** gestion des hauts potentiels

fast-developing *adj* **f..... market** marché porteur; **f..... market niche** créneau porteur

fast-growing *adj* **f..... company** société en pleine expansion

fatality *n* décès (par accident)

father *n* père

father-in-law *n* beau-père

fatherhood *n* paternité

fault *n* faute, erreur; **it's not your f.....** ce n'est pas votre faute; **programming f.....** erreur de programmation

faulty *adj* défectueux, erroné; **f..... equipment** matériel défectueux; **f..... machine** machine défectueuse

favour *vt* approuver; **to f..... an idea** approuver une idée

favour *adj* favorable; **to be in f..... of a proposal** être favorable à une proposition; **those in f.....?** qui est pour?

favourable *adj* avantageux; **f..... moment to progress** moment propice pour avancer; **to obtain sthg on f..... terms** obtenir qqch à des conditions avantageuses

favourite *adj* préféré, favori

favouritism *n* favoritisme

feasibility *n* faisabilité; **f..... study** étude de faisabilité

feat *n* exploit

feather bedding *n* maintien d'emplois non productifs à la demande des syndicats

feature *n* caractéristique

fee *n* cachet, droit, honoraires, redevance, frais; **admission f.....** droit d'entrée; **consultant's f.....** honoraires de consultant; **to charge a f.....** faire payer des honoraires; **Director's f.....** jetons de présence; **enrolment f.....** droit d'inscription; **entrance f.....** droit d'entrée; **legal f.....** frais de justice, honoraires versés à un avocat; **medical f.....** honoraires de médecin; **registration f.....** droit d'enregistrement; **school f.....s** frais de scolarité; **for a small f.....** pour une somme modique; **tuition f.....s** frais de scolarité

feedback *n* retour d'information

feeling *n* **to create bad f.....** faire mauvaise impression; **f.....s are running high** la tension monte

fellow *cpd* **1** f..... **worker** collègue, camarade de travail; **2** membre d'une société (culturelle, scientifique); **3** chercheur d'université, boursier *(US)*

fellowship *n* **1** camaraderie; **2** bourse de recherche pour une thèse universitaire

fence sitting *n* attentisme

fiddle *vt* trafiquer, frauder; **to f.....** **accounts** trafiquer les comptes

field *n* activité, secteur, domaine, terrain; **f.....** **of research** champ des recherches; **f.....** **of work** secteur d'activité; **specialized** **f.....** domaine de compétence; **in the f.....** sur le terrain; *cpd* **f.....** **experience** expérience du terrain; **f.....** **staff** personnel opérationnel; **f.....** **support staff** personnel fonctionnel; **f.....** **survey** enquête sur le terrain; **f.....** **trip** voyage d'études

FIFO *loc abbr* **(First In First Out)** premier entré premier sorti

fight *n* rixe, lutte; **f.....** **on the premises** rixe sur les lieux de travail; **to take up the f.....** **against sthg** engager la lutte contre qqch

fight *vi* lutter; **to f.....** **against sthg** lutter contre qqch

figure *n* chiffre; **to like working with f.....s** aimer les chiffres; **sales f.....s** résultats des ventes; **seasonally adjusted f.....s** chiffres corrigés des variations saisonnières

file *n* classeur, fichier, dossier; **active f.....** dossier actif; **closed f.....** affaire classée, dossier clos; **dormant f.....** dossier inactif; **employee f.....** dossier individuel (d'un salarié); **pending f.....** dossier en cours; **personal f.....** dossier personnel; **to record on f.....** enregistrer/inscrire au dossier; *cpd* **f.....** **card** fiche individuelle; **f.....** **copy** copie pour le dossier

file *vi* classer; **to f.....** **under "miscellaneous"** classer sous "divers"

filed *pp* rangé, classé; **the document has been f.....** le document est rangé

filing *adj* classement; **f.....** **cabinet** classeur (meuble); **f.....** **system** système de classement

fill *vt* pourvoir, remplir; **to f.....** **a vacancy** pourvoir un poste

fill in *vi* remplacer; **to f.....** **for sbdy in his absence** remplacer qqn en son absence

fill in/out *vt* remplir; **to f.....** **an application form** remplir un dossier de candidature; **to f.....** **a form** remplir un formulaire

financial *adj* financier, pécunier, matériel; **f.....** **problems** problèmes financiers

findings *npl* résultats, conclusions; **f.....** **of a study** résultats d'une étude

fine *n* amende; **to levy a f.....** **on sbdy** infliger une amende à qqn; **to pay a 250 FFr f.....** payer une amende de 250 FFr

fine *vt* **to f.....** **sbdy 250 FFr** condamner qqn à payer une amende de 250 FFr

fine-tune *vt* peaufiner; **to f.....** **a project** peaufiner un projet

finished *adj* fini; **f.....** **goods** produits finis

fink *n (US)* mouchard *(péj)*

fire *n* incendie, feu; **to catch f.....** prendre feu; **a f.....** **broke out** un incendie s'est déclaré; **to put out f.....s** faire le pompier, éteindre les feux; **to be under f.....** être critiqué; **f.....** **alarm** signal d'incendie; **f.....** **barrier doors** portes coupe-feu; **f.....** **brigade** les pompiers; **f.....** **certificate** certificat obligatoire délivré par les autorités locales aux entreprises de plus de 20 salariés attestant de la conformité des moyens de sécurité incendie; **f.....** **door** porte coupe-feu; **f.....** **drill** exercice d'incendie; **f.....** **escape** issue de secours; **f.....** **exit** issue de secours; **f.....** **extinguisher** extincteur; **f.....** **hazard** danger d'incendie; **f.....** **instructions** consignes d'incendie; **f.....** **precautions** consignes d'incendie

fire *vt (fam)* licencier, limoger, renvoyer, virer

fired *pp* renvoyé, viré *(fam)*, licencié; **to be f.....** être renvoyé, se faire renvoyer

firefighting *adj* **f..... equipment** équipement pour combattre le feu

firing *n* licenciement

firm *n* entreprise, firme, société, établissement, maison

first *adv* premier; **f..... come f..... served** premier venu premier servi

first aid *n* secours d'urgence *cpd*; **f..... box** trousse de premier secours; **f..... post** poste de secours

first-class *cpd* **f..... employee** employé de premier ordre

first-hand *cpd* **to have f..... experience of sthg** avoir une connaissance pratique de qqch

first-line *cpd* **f..... management** la maîtrise

fishbone *n* **f..... of Ishikawa** arête de poisson d'Ishikawa

fit *n* apte; **f..... for work** apte à travailler; **to see f..... to do sthg** juger bon de faire qqch; **to be certified f..... to work** être reconnu apte au travail

fitness *n* aptitude; *cpd* **f..... center** centre de remise en forme; **f..... to resume work** aptitude à reprendre le travail

fit out *vt* aménager; **to f..... offices** aménager des bureaux

fittings *npl* installations; **office f.....** installations des bureaux

fix *vt* réparer **to f..... a machine** réparer une machine

fixed *adj* déterminé; **f..... benefit retirement plan** plan de retraite à prestations fixes; **f..... contribution retirement plan** plan de retraite à cotisations fixes; **f.....-term employment contract** contrat de travail à durée déterminée

flagged *adj* **f..... rate** salaire surévalué

flagging *adj* fléchissement; **f..... market** fléchissement du marché

flagship *n* **f..... company** porte-drapeau

flare-up *n* flambée de violence

flat *adj* plat; **f..... organization chart** organigramme en râteau

flat out *adv* **to work f.....** travailler à plein rendement, travailler d'arrache-pied

flaw *n* imperfection, défaut; **design f.....** défaut de conception

flexibility *n* flexibilité

flexible *adj* flexible; **f..... working hours** horaire flexible/souple/individualisé

flexitime *n* horaire à la carte, horaire flexible/souple/individualisé

flier *n* **high f.....** haut potentiel

flight *n* fuite; **f..... of capital** fuite des capitaux

flip chart *n* paper board

floating *adj* **f..... holiday** *(US)* jours de congé pouvant être pris à tout moment; **f..... voter** électeur indécis

floor *n* plancher, étage; **first f.....** *(US)* rez-de-chaussée; **ground f.....** rez-de-chaussée; **second f.....** deuxième étage; **f..... on wages** plancher des salaires; **on the factory f.....** dans les ateliers; **on the shop f.....** dans les ateliers; **comments from the f.....** interventions de la salle; **wage f.....** plancher des salaires

floor space *n* surface au sol, superficie; **minimal f.....** superficie minimale des bureaux

floorwalker *n* chef de rayon

flow *n* flux; **f..... chart** diagramme des flux; **f..... production** production à la chaîne; **work f.....** déroulement des opérations

FLSA *n abbr* **(Fair Labor Standards Act)** *(US)* loi fédérale régissant les pratiques en matière de salaires et d'horaires de travail

fluctuation *n* variation; **seasonal f.....s** variations saisonnières

fluent *adj* courant; **to speak f.....** **English** parler anglais couramment

fluently *adv* couramment; **to speak English f.....** parler anglais couramment

FM *n* *abbr* (**Facilities Management**) fait de confier des fonctions de l'entreprise (ex : le nettoyage, la restauration, l'informatique...) à des sociétés extérieures de services, lui permettant ainsi de se recentrer sur son métier de base, externalisation (des services)

FMCS *n* *abbr* (**Federal Mediation and Conciliation Service**) (*US*) services du médiateur

focus *vi* **to f..... on sthg** se concentrer sur qqch

folder *n* chemise, classeur

follow *vt* suivre; **as f.....s** comme suit; **the enquiry is f.....ing its natural course** l'enquête suit son cours; **to f..... his/her example** suivre son exemple; **to f..... instructions** suivre des instructions; **matter to be closely f.....ed** affaire à suivre de près

follow up *vt* suivre; **to f..... sthg** faire un suivi de qqch

follow-up *n* suivi, suite; **f..... of a project** suivi d'un projet; **to make a f..... on a matter** donner une suite à un dossier

food *n* agroalimentaire; **f..... and agriculture industry** industrie agroalimentaire

forbid *vt* interdire, défendre

forbidden *pp* interdit; **smoking is strictly f.....** interdiction formelle de fumer

force *n* force, vigueur; **to come into (full) f.....** prendre effet; **labour f.....** main-d'œuvre, effectif; **legislation in f.....** législation en vigueur; **the legislation comes into f.....** la législation entre en vigueur; **sales f.....** force de vente

force *vt* contraindre; **to f..... sbdy to act** contraindre qqn d'agir

force-field *cpd* **f..... analysis** analyse permettant d'identifier les éléments en faveur ou contre un processus de changement

forced *pp* contraint; **to be f..... to do sthg** être contraint à faire qqch; **to be f..... to resign** être contraint à démissionner; **f..... choice rating** grille d'évaluation où l'évaluateur est contraint de choisir parmi des affirmations celles correspondant le mieux à la personne évaluée; **f..... distribution method** méthode d'évaluation empêchant l'évaluateur d'attribuer des notes moyennes à un nombre trop élevé de personnes

forecast *n* pronostic, prévision; **budget f.....s** prévisions budgétaires; **sales f.....** prévisions de ventes

forecast *vt* prévoir

foreclore *vt* saisir; **to f..... on sthg** saisir un bien

foreclosure *n* saisie d'un bien

forefront *n* en pointe, au premier plan; **to be in the f..... of progress** être à la pointe du progrès

foreigner *n* étranger

foreman *n* contremaître, chef d'équipe; **site f.....** conducteur de travaux; **workshop f.....** chef d'atelier; **worksite f.....** chef de chantier

forename *n* prénom

forfeit *vt* renoncer, perdre; **to f..... one's rights** renoncer à ses droits

forgery *n* contrefaçon, faux

forgo *vt* renoncer; **to f..... an increase** renoncer à une augmentation

form *n* 1 formulaire, bulletin; **enrolment f.....** bulletin d'adhésion, bulletin d'inscription, dossier d'inscription; **to fill in a f.....**

remplir un formulaire; **job appli-cation f.....** formulaire de demande d'emploi, dossier de candidature; **membership f.....** bulletin d'adhésion; **order f.....** bon de commande; **tax f.....** feuille d'impôt; **2** forme; **in due f.....** en bonne et due forme; **to do sthg as a matter of f.....** faire qqch pour la forme; **receipt in due f.....** reçu en bonne forme

form *vt* créer, constituer; **to f..... a company** créer une société, constituer une société

formal *adj* officiel; **to make a f..... application for sthg** faire une demande officielle pour qqch

formalities *npl* formalités; **to complete f.....** accomplir des formalités; **customs f.....** formalités de douane

formative *adj* formateur/trice; **f..... work** travail formateur

former *adj* ancien, précédent, ex; **f..... employer** ancien employeur; **f..... students' association** association des anciens élèves

fortnight *n* quinzaine

forward *vt* faire suivre; **to f..... mail** faire suivre le courrier

forwarding *cpd* **f..... address** adresse de réexpédition

foundation *n* fondation, base; **f..... course** cours fondamental; **to lay the f.....s of an agreement** jeter les bases d'un accord

founded *pp* fondé; **company f..... in 1900** entreprise fondée en 1900

founder *n* fondateur

four-fifths *adj* **f..... rule (Pareto)** règle des 80/20 (Pareto)

frame *n* **1** monture; **f..... for glasses** monture de lunettes; **2** cadre; **f..... of reference** cadre de référence; **time f.....** *(US)* période de temps, délai

framework *n* cadre; **f..... agreement** accord-cadre

franchise *n* **1** franchise; **2** suffrage; **universal f.....** suffrage

universel; *cpd* **f..... holder** concessionnaire

fraud *n* fraude; **to detect f.....** détecter la fraude; **to obtain sthg by f.....** obtenir qqch par fraude

free *adj* **1** libre; **f..... competition** libre concurrence; **f..... enterprise** libre entreprise; **f..... market economy** économie libérale; **f..... speech** liberté d'expression; **f..... trade** libre-échange; **2** gratuit; **carriage f.....** franco de port; **f..... of charge** à titre gracieux, gratuit; **f..... delivery** livraison gratuite; **f..... on request** gratuit sur demande; **f..... sample** échantillon gratuit; **tax-f.....** net d'impôt; **3** disponible; **to be f..... at 4pm** être disponible à 16h; **to find a f..... room** trouver une salle disponible

free *vt* libérer

free-rider *cpd* «cavalier seul»: terme péjoratif attribué par les membres d'un syndicat à un salarié qui bénéficie des avantages négociés par le syndicat sans y adhérer ou le financer

freedom *n* liberté; **f..... of association** liberté d'association; **f..... of movement of EC workers** liberté de circulation des travailleurs de la CE; **f..... of speech** liberté d'expression

freelance *n* free-lance, indépendant

freeze *n* gel, blocage; **price f.....** blocage des prix, gel des prix; **wage f.....** blocage des salaires, gel des salaires

freeze *vt* geler, bloquer; **to f..... wages** bloquer les salaires

freight *n* fret

freshman *n* *(US)* élève en première année d'université

friction *n* désaccord

frictional *adj* **f..... unemployment** chômage frictionnel

friendly *adj* **f..... society** mutuelle

fringe benefits *npl* avantages sociaux, avantages en nature

front *n* couverture, façade; **the company was a f..... for illegal activities** l'entreprise servait de couverture à des activités illégales; **f..... pay** *(US)* indemnité compensatoire versée à un salarié licencié ayant été remplacé par une personne mieux rémunérée. Celle-ci est calculée en fonction de l'écart des salaires

front-line *cpd* **f..... management** personnel d'encadrement en contact direct avec la clientèle ou les salariés sur le terrain

FTE *n abbr* (**Full Time Equivalents**) équivalents temps plein, utilisé dans le calcul d'effectifs

fuel *vt* alimenter; **to f..... unrest** alimenter l'agitation

fulfil oneself *vpr* s'épanouir, se réaliser; **to f..... through work** se réaliser dans le travail

full *adj* plein, intégral; **f..... employment** plein emploi; **payment in f.....** paiement en totalité; **repayment in f.....** remboursement intégral; **to work at f..... capacity** travailler à pleine capacité

full-scale *adj* complet, de grande envergure; **f..... review** révision complète

full-time *cpd* temps plein; **f..... equivalents** travailleurs à temps partiel bénéficiant des mêmes droits que les salariés à temps plein; **f..... work** travail à temps plein

full-timer *n* employé à plein temps

fully funded *adj* capitalisation; **f..... pension scheme** retraite par capitalisation

fumes *npl* émanations, exhalaisons; **control of f.....** contrôle des émanations de fumées ou de gaz

function *n* fonction; **sales f.....** fonction des ventes

functional *adj* fonctionnel; **f..... authority** autorité fonctionnelle

fund *n* fonds, caisse; **benevolent f.....** mutuelle; **contingency f.....** fonds de prévoyance; **pension f.....** caisse de retraite; **political f.....** contribution syndicale à un parti politique; **secret f.....** caisse noire; **(state) sickness f.....** caisse d'assurance-maladie; **sinking f.....** fonds d'amortissement; **strike f.....** fonds de grève, caisse de grève; **slush f.....** caisse noire; **(state) unemployment f.....** caisse d'assurance-chômage; **union f.....s** fonds syndicaux; **welfare f.....** caisse de prévoyance sociale; **call for f.....s** appel de fonds; **to earmark f.....s** affecter des fonds

fund *vt* financer; **to f..... a company** financer une entreprise; **to f..... a union** financer un syndicat

fund raising *n* collecte de fonds

funded *adj* **f..... pension plan** régime de retraite préfinancé, régime de retraite par capitalisation

funding base *n* assiette; **f..... for contributions** assiette de cotisations

funeral *n* obsèques; **f..... leave** congé pour obsèques

furlough *n* permission; **to be on f.....** *(mil)* être en permission

furniture *n* mobilier, meubles, ameublement

further *adv* **f..... to our conversation** suite à notre conversation

FUTA *n abbr* (**Federal Unemployment Tax Act**) *(US)* loi obligeant les employeurs à payer des impôts fédéraux destinés à financer les prestations de chômage

Gg

gain *n* gain, profit, bénéfice; **extraordinary g.....s** produits exceptionnels

gain-sharing *cpd* intéressement; **g..... plan** plan d'intéressement

gainful *adj* rémunérateur, lucratif; **g..... employment** emploi rémunérateur

gainfully *adv* **to be g..... employed** avoir un emploi rémunéré

game *n* jeu, simulation; **business g.....** jeu d'entreprise, simulation de gestion

gap *n* écart, intervalle; **to bridge/close/fill a g.....** combler un écart, rattraper un retard; *cpd* **g..... year** année «sabbatique» prise généralement entre l'école et l'entrée à l'université (ex: voyage à l'étranger)

garden leave *cpd* préavis payé non effectué à la suite d'un licenciement dans l'intérêt de l'employeur

garnishee *n* tiers-saisi

garnishee *vt* **to g..... sbdy's wages** opérer une saisie-arrêt sur salaire

garnishment *n* saisie (d'une entreprise), saisie-arrêt; **to place a g..... against one's pay** opérer une saisie-arrêt sur salaire

gather *vt* recueillir; **to g..... information** recueillir des renseignements

gathering *n* 1 assemblée, réunion, rassemblement; 2 collecte, recueil; **data g.....** collecte des données

GCSE *n abbr* (**General Certificate of Secondary Education**) 1 Brevet des Collèges (*équiv*); 2 **G..... 'A' Levels** Baccalauréat (*équiv*)

gear up *vi* **to gear oneself up for sthg** se préparer pour qqch

geared *adj* adapté; **g..... pay systems** système de primes servant à accroître la rémunération des salariés payés à la pièce; **salaries g..... to inflation** salaires indexés sur l'inflation; **training g..... to needs** formation adaptée aux besoins

general *adj* général; **annual g..... meeting** assemblée générale annuelle; **extraordinary g..... meeting** assemblée générale extraordinaire; **g..... meeting** assemblée générale; **G..... Manager** Directeur Général; **g..... register** registre obligatoire indiquant notamment les accidents du travail, les maladies professionnelles, ainsi que les salariés formés à la sécurité; **G..... Secretary of a union** Secrétaire Général d'un syndicat

genuine *adj* **g..... material factor** motif légitime du non-respect des principes d'égalité professionnelle

geologist *n* géologue

get across *vt* faire passer; **to g..... a message** faire passer un message

get ahead *vi* (**career**) avancer, gravir les échelons

get along *vt* 1 s'entendre avec; **to g..... with one's colleagues** s'entendre avec ses collègues; 2 se débrouiller; 3 avancer, progresser

get back *vt* 1 récupérer; **to g..... one's money b.....** récupérer son argent, se faire rembourser; 2 revenir, retourner

get on *vt* s'entendre avec; **to g..... with one's colleagues** s'entendre avec ses collègues; **to g..... with the job** se mettre au travail

get through *vt* **to g..... to sbdy on the phone** arriver à joindre qqn au téléphone

gift *n* don, cadeau; **to make a g.....** faire un don/cadeau; *cpd* **g..... voucher** bon d'achat

girl Friday *n* aide de bureau

giro *adj* g..... **system** système de virement bancaire

give and take *loc* donnant, donnant

give back *vt* rendre, restituer

give birth *vt* accoucher, donner naissance; **to g..... to a daughter** accoucher d'une fille

give in *vi* capituler, céder; **to g..... to demands** capituler aux revendications; **to g..... to pressure** céder sous la pression

give up *vt* arrêter, renoncer, abandonner; **to g..... (all) hope** abandonner tout espoir; **to g..... one's studies** arrêter ses études; **to g..... (doing) sthg** renoncer à (faire) qqch; **to g..... smoking** arrêter de fumer

give way *vi* céder; **to g..... to union demands** céder aux revendications syndicales

GMAT *n abbr* **(Graduate Management Aptitude Test)** test général d'aptitudes exigé pour les admissions en MBA

GNP *n abbr* **(Gross National Product)** PNB (Produit National Brut)

go back *vi* revenir, retourner; **to g..... on an agreement** revenir sur un accord; **to g..... to basics** retourner aux sources

go into *vt* entrer; **to g..... business** entrer dans les affaires

go off *vi* se dérouler; **the demonstration is going off peacefully** la manifestation se déroule dans le calme

go public *vi* s'introduire en bourse

go round *vi* tourner; **negotiations are going round in circles** les négociations tournent en rond

go to the wall *vi* faire faillite

go up *vi* augmenter; **the contributions will g..... in July** les cotisations vont augmenter en juillet

go-ahead *n* feu vert; **to give a project the g.....** donner le feu vert à un projet; **to have the g.....** avoir le feu vert

go-between *n* intermédiaire (dans une négociation)

go-slow *n* grève du zèle

goal *n* objectif, but; **to achieve g.....s** atteindre des objectifs; **prime g.....** but principal; **to set g.....s** fixer des objectifs

GOC *n abbr* **(Genuine Occupational Qualification)** caractéristique d'un poste le rendant praticable uniquement par une personne appartenant à un sexe ou une origine ethnique particuliers, le soustrayant ainsi aux obligations des dispositions relatives à la discrimination sexuelle ou raciale

gofer *n* *(US)* garçon de bureau

going *adj* pratiqué, en vigueur; **g..... and coming rule** *(US)* principe selon lequel les accidents de trajet ne donnent pas droit à des indemnités; **g..... price** prix pratiqué; **g..... rate** taux en vigueur; **g..... salary** salaire courant

going concern *n* affaire prospère; **to sell a company as a g.....** vendre une affaire prospère

gold-bricking *cpd* comportement de travailleurs aux pièces consistant à réguler leur production quotidienne afin d'atteindre les objectifs fixés

gold-circle *cpd* g..... **rate** *(US)* salaire au-dessus des grilles définies

gold collar worker *loc* haut potentiel

golden formula *loc* règle « d'immunité » selon laquelle toute action collective ne peut donner lieu à des poursuites civiles si elle respecte les procédures (scrutin à bulletins secrets, préavis de grève...)

golden hallo/hello *n* prime destinée à attirer un nouveau cadre

golden handcuffs *n* «prison dorée»: arrangement financier destiné à retenir un salarié dans une entreprise

golden handshake *n* **to give sbdy a g.....** donner une prime exceptionnelle de départ

golden parachute *n* indemnité spéciale de départ destinée aux dirigeants d'une entreprise en cas de rachat de celle-ci

good character *n* bonnes mœurs

good faith *n* bonne foi; **in g.....** de bonne foi

goods *npl* biens, marchandises, produits; **capital g.....** biens d'équipement; **consumer g.....** biens de consommation; **durable g.....** biens durables; **finished g.....** produits finis; **industrial g.....** biens de production, biens intermédiaires; **perishable g.....** biens périssables

goodwill *n* **1** survaleur (dans le cadre d'une acquisition, souvent représentée par le fonds de commerce, la clientèle); **2** bonne volonté; **to show g.....** faire preuve de bonne volonté

gossip *n* commérage, commère (person)

govern *vi* gouverner

governed *pp* régi; **contract g..... by French law** contrat régi par la loi française

government *n* gouvernement

GP *n abbr* **(General Practitioner)** médecin généraliste

GPA *n abbr* **(Grade Point Average)** *(US)* note moyenne, moyenne générale des notes

grade *n* **1** degré, échelon, catégorie; **job g.....s** classification des emplois; **low-g..... produce** produits de qualité inférieure; **top g.....s of the civil service** échelons supérieurs de la fonction publique; **2** note; **school g.....** note d'école; *cpd* **g..... school** *(US)* école primaire; **g..... sheet** relevé de notes

graded *adj* progressif; **g..... tax** impôt progressif

grading *n* classification, notation; **job g.....** classification des emplois

graduate *n* diplômé; **g..... entry** niveau d'entrée des diplômés; **g..... training scheme** programme de formation destiné aux jeunes diplômés; **g..... studies** études universitaires après le second cycle

graduate *vi* être diplômé; **to g..... from Oxford** être diplômé d'Oxford

graduated *adj* progressif, proportionnel; **g..... income tax** impôt progressif; **g..... pension scheme** régime de retraite dont les cotisations sont proportionnelles au niveau de salaire

graduation *n* remise des diplômes; **g..... day ceremony** cérémonie de remise des diplômes

grandfather *n* **1** grand-père; **2** exemption; **g..... clause** «clause d'exemption»: clause dans un contrat par laquelle les assurés ne sont pas tenus à d'éventuelles nouvelles conditions; **g..... principle** fait de communiquer l'évaluation d'un salarié à son N+2 pour commentaires

grant *n* subvention, bourse; **study g.....** bourse d'études

grant *vt* accorder, consentir, octroyer; **to g..... leave** accorder un congé; **to g..... a loan** consentir un prêt, octroyer un prêt

grant date *n* **g..... (of a stock option)** date d'attribution (d'une option sur action)

granting *n* octroi; **g..... of damages** octroi de dommages-intérêts; **g..... of leave** octroi d'un congé

grapevine *n* rumeur, téléphone arabe, bruits de couloir, «radio moquette»; **to hear sthg through the g.....** apprendre qqch par le téléphone arabe

graph 312

graph *n* graphique, diagramme

graphologist *n* graphologue

graphology *n* graphologie

grass roots *npl* la base; **the g.....** (travailleurs à) la base

gratuity *n* **1** gratification, prime; **marriage g.....** prime de mariage; **2** pourboire

gravy job *n* travail facile

gravy train *n* **to jump on the g.....** découvrir le pot-aux-roses

GRE *n abbr* **(Graduate Record Examination)** *(US)* examen d'entrée dans le second cycle universitaire

green *adj* **g..... circle rate** salaire inférieur aux grilles définies; **g..... hand** débutant; **g..... labour** salariés débutants

Greenbury report *n* rapport britannique ayant établi un code de conduite sur la détermination et la comptabilisation des rémunérations des administrateurs de sociétés

greenfield locations *npl* implantations de sociétés dans des régions non industrialisées en échange de subventions gouvernementales

grid *n* **g..... method of job evaluation** méthode d'évaluation des postes en fonction de l'étendue et du degré de responsabilités exercées

grievance *n* doléance, grief, litige; **to air a g.....** faire part d'un mécontentement/d'une réclamation /de doléances; **g..... committee** commission d'arbitrage; **g..... procedure** procédure de règlement de litiges/de réclamations; **to state a g.....** faire part d'un mécontentement/d'une réclamation/de doléances

groom *vt* préparer, former; **to g..... sbdy for a post** former qqn pour un poste

grooming *n* formation/préparation à un poste

gross *adj* brut; **g..... misconduct** faute lourde; **g..... pay** salaire brut

gross up *vt* **to g..... a salary** calculer un salaire brut à partir du net

ground *n* **1** terrain; **to be on slippery g.....** être sur un terrain glissant/une pente glissante; **to gain g.....** gagner du terrain; **to find common g.....** trouver un terrain d'entente; **to give g..... to sbdy** céder du terrain à qqn; **to lose g.....** perdre du terrain; **to yield g..... to sbdy** céder du terrain à qqn; *cpd* **g..... rules** règles du jeu; *npl* **2** motif, raison, cause; **g.....s for dismissal** motif du licenciement, raison de/du licenciement; **on disciplinary g.....s** pour des raisons disciplinaires

grounded *pp* fondé; **the accusation is g.....** l'accusation est bien fondée

grounding *n* base; **to have a g..... in English** avoir des bases en anglais

groundless *adj* sans motif, mal fondé; **the accusation is g.....** l'accusation est sans fondement

groundwork *n* **to do the g.....** faire le travail préparatoire; **to lay the g.....** préparer le terrain

group *n* groupe, classe; **age g.....** classe d'âge; **discussion g.....** groupe de discussion; **encounter g.....** groupe de rencontre; **focus g.....** panel de consommateurs; **to meet in a small g.....** se réunir en petit comité; **pressure g.....** groupe de pression; **to work in g.....s** travailler en groupes; *cpd* **g..... discussion** discussion de groupe; **g..... dynamics** dynamique de groupe; **g..... incentive scheme** système collectif de primes au rendement; **g..... interview** entretien de groupe; **g..... results** résultats du groupe; **g..... selection methods** méthodes de sélection de candidats en groupe; **g..... work** travail en groupe; **to do g..... work** travailler en groupe

grow *vi* croître

growing *adj* croissant

growth *n* croissance, accroissement, augmentation, développement; **personal g.....** développement personnel; **population g.....** augmentation de la population; **zero g.....** croissance zéro

guarantee *n* garantie, caution, cautionnement; **binding g.....** caution solidaire; **certificate of g.....** certificat de garantie; **to be under g.....** être sous garantie; *cpd* **g..... payment** salaire garanti en cas de chômage technique

guarantee *vt* garantir

guaranteed *pp* **to be g..... for 2 years** avoir une garantie de 2 ans; **g..... minimum monthly wage** SMIC (Salaire Minimum Interprofessionnel de Croissance) *(équiv)*

guarantor *n* caution, garant; **to act as g..... for sbdy** se porter caution/garant pour qqn

guard *n* garde, gardien, agent; **to put sbdy on g.....** mettre qqn en garde; **security g.....** agent de sécurité, gardien; **g..... dog** chien de garde

guesswork *n* pifomètre *(fam)*, estimation

guidance *n* orientation; **vocational g.....** orientation professionnelle

guidebook *n* guide

guideline *n* ligne directrice, grande orientation, ligne de conduite

guild *n* confrérie; **trade g.....** corps de métier

guilty *adj* coupable; **to be found g.....** être déclaré coupable

GUPPY *n abbr* **(Green Urban Professional)** jeune cadre dynamique (écologiste)

Hh

habits *npl* habitudes, coutumes; **buying h.....** habitudes d'achat; **to have bad h.....** avoir de mauvaises habitudes

haggle *vi* marchander

half measure *n* demi-mesure

half-year *n* semestre

halo *n* **h..... effect** effet de halo

hand *n* **1** main; **to change h.....s** changer de main; **to be clever with one's h.....s** être habile de ses mains; **to have one's h.....s tied** avoir les mains liées; **to have some arguments in h.....** avoir quelques arguments en main; **to be made by h.....** être fabriqué à la main; **to send a letter by h.....** remettre une lettre par porteur/en main propre; **to shake h.....s** serrer la main; **show of h.....s** vote à main levée; **the situation is in h.....** la situation est en main; **to take sbdy in h.....** prendre qqn en main; **2** jeu, carte; **to conceal one's h.....** cacher son jeu; **to have a free h.....** avoir carte blanche pour faire qqch; **to reveal one's h.....** montrer son jeu; **to show one's h.....** jouer cartes sur table; **3** employé, ouvrier, travailleur; **to take on extra h.....s** employer de la main-d'œuvre supplémentaire; **factory h.....** ouvrier (d'usine)

hand in *vt* remettre; **to h..... lost property** remettre des objets perdus; **to h..... one's resignation** remettre sa démission

hand on *vt* **to h..... to sbdy** passer la main

hand over *vt* transmettre; **to h..... responsibilities** transmettre ses responsabilités, passer la main

hand-picked *adj* trié sur le volet, sélectionné; **h..... employees** employés triés sur le volet; **h..... members** membres sélectionnés

handbook *n* livret, manuel; **employee h.....** livret d'accueil; **user's h.....** manuel de l'utilisateur, manuel d'utilisation

handicap *n* handicap

handicapped *adj* handicapé; **to be h.....** être handicapé; **h..... person** handicapé; **physically h..... person** handicapé physique

handle *vt* traiter, s'occuper de; **to h..... a case** traiter un dossier; **to h..... a complaint** traiter une réclamation

handling *n* manutention; **h..... charge** frais de manutention

handout *n* **1** subvention; **2** tract

handover *n* passation; **smooth h.....** passation de pouvoirs en douceur

hands-on *adj* terrain, pratique; **h..... experience** expérience du terrain; **to be very h.....** être très terrain

handshake *n* poignée de main

handwriting *n* écriture (à la main); **h..... analysis** analyse graphologique

handwritten *adj* écrit, manuscrit; **h..... letter** lettre manuscrite

harassment *n* harcèlement, tracasseries; **hostile work environment h.....** harcèlement (racial ou sexuel) découlant d'un environnement de travail hostile ou discriminatoire; **quid pro quo h.....** harcèlement (racial ou sexuel) orienté vers une personne en particulier; **sexual h.....** harcèlement sexuel

hard *adj* dur; **h..... disk** disque dur; **to take a h..... line on sthg** se montrer intransigeant sur qqch; **times are h.....** les temps sont durs; **to work h.....** travailler dur

hard-working *adj* travailleur; **to be very h.....** être très travailleur

harden *vt* durcir; **to h..... one's position** durcir sa position

hardship *cpd* **h.....** **allowance** prime de difficulté de vie; **h..... clause** clause de sauvegarde

hardware *n* matériel informatique

harm *n* préjudice, tort; **to cause h.....** faire du tort

hassle *n* **administrative h.....** tracasseries administratives

hatchet man *n* tombeur de têtes, celui qui licencie le personnel

have-nots *npl* **the h.....** les démunis

haven *n* lieu sûr, paradis, refuge; **tax h.....** paradis fiscal

haves *npl* **the h..... and the have-nots** les nantis et les démunis

hazard *n* risque; **fire h.....** risque d'incendie; **health h.....** risque pour la santé; **occupational h.....s** risques professionnels; **safety h.....** risque de sécurité; *cpd* **h..... pay** prime de risque

hazardous *adj* **h..... substance** substance dangereuse

head *n* chef, directeur; **h..... of a family** chef de famille; **H..... of Sales** chef des ventes, directeur des ventes; **to be at the h..... of a company** être à la tête d'une société

head *vt* diriger, mener; **to h..... a team of experts** diriger une équipe d'experts, être à la tête d'une équipe d'experts *vi* s'acheminer vers; **to h..... towards an agreement** s'acheminer vers un accord

head office *n* siège social, siège

head up *vt* **to h..... an organization** être à la tête d'une organisation

headcount *n* effectifs; **to be included in the h.....** entrer dans les effectifs

headed *adj* en-tête; **h..... notepaper** papier à en-tête; **h..... stationery** papier à en-tête

headgear *n* couvre-chef

headhunt *vt* recruter des cadres par approche directe/par chasse de têtes

headhunter *n* chasseur de têtes, consultant en recrutement par approche directe

headhunting *n* chasse de têtes

heading *n* titre, intitulé; **several items come under the h..... of** plusieurs articles sont classés sous la rubrique de

headline *n* titre; **to make the h.....s** faire les grands titres, faire la manchette

headquarters *n* siège social

headway *n* progrès; **to make h.....** faire des progrès; **the discussions are making h.....** les discussions avancent/progressent; **the talks are making no h.....** les discussions sont en panne

health *n* santé; **to have a clean bill of h.....** être en bonne santé; **his h..... is impaired** sa santé s'est détériorée; **h..... and safety** hygiène et sécurité; **H..... and Safety Executive** organisme gouvernemental chargé de faire appliquer les dispositions en matière d'hygiène et de sécurité au travail; *cpd* **Environmental H..... Officer** responsable gouvernemental chargé du suivi et de l'application des mesures relatives à l'environnement, l'hygiène et la sécurité; **h..... centre** centre médico-social; **h..... certificate** certificat médical; **h..... insurance** assurance maladie; **h..... insurance fund** caisse d'assurance maladie; **h..... register** registre de suivi médical pour les salariés occupant des postes à risques; **h..... resort** station thermale; **(National) h..... service doctor** médecin conventionné

healthcare *n* soins médicaux

hear *vt* **to h..... a case** juger une affaire

hearing *n* **1** audition, audience; **to condemn sbdy without a h.....** condamner qqn sans entendre sa défense; **court h**..... audience du tribunal; **h**..... **of witnesses** audition des témoins; **to hold a court h**..... tenir audience; **preliminary h**..... audience préliminaire d'un "Industrial Tribunal" visant à confirmer sa compétence pour statuer sur un cas; **public h**..... audience publique; **2** ouïe; *cpd* **h**..... **aid** appareil accoustique, audiophone

hearsay *n* ouï-dire

heat *n* chaleur; **in the h**..... **of the moment** dans le feu de l'action

heated *adj* chauffé; **the discussion became h**..... le ton est monté; **h**..... **discussions** discussions passionnées

helmet *n* casque; **safety h**.....s **must be worn** le port du casque est obligatoire

help *n* secours, assistance, aide; **to be a great h**..... **to sbdy** être d'un grand secours pour qqn; **to give h**..... **to sbdy** prêter assistance à qqn; **home h**..... aide à domicile

help *vt* aider; **to h**..... **sbdy to do sthg** aider qqn à faire qqch; **to h**..... **sbdy** porter secours à qqn

hidden *adj* **h**..... **agenda** question essentielle survenant lors d'une négociation bien qu'elle ne figure pas explicitement à l'ordre du jour

hide *vt* dissimuler; **to h**..... **a problem** dissimuler un problème

hierarchy *n* hiérarchie

high *adj* élevé; **h**..... **price** prix élevé; **h**..... **rate** taux élevé

high flyer *n* haut potentiel

high-level *cpd* **h**..... **decision** décision prise en haut-lieu

high-ranking *adj* de haut rang, élevé; **h**..... **position** poste élevé

high school *n* (*US*) lycée, établissement d'enseignement secondaire; **h**..... **diploma** baccalauréat (*équiv*)

high tech *n* technologie de pointe

highly-paid *n* **the h**..... les gros salaires

highly-placed *adj* haut placé; **to be h**..... être haut placé

hike *n* augmentation; **wage h**..... augmentation de salaire

hindrance *n* entrave, gêne, obstacle; **work h**..... entrave au travail, gêne pour le travail

hint *n* conseil, truc; **h**.....s **on how to improve one's CV** conseils pour améliorer son CV

hire *vt* **1** embaucher, recruter, engager; **to h**..... **a candidate** engager un candidat; **2** louer; **to h**..... **a car** louer une voiture

hire out *vt* louer; **to h**..... **equipment** louer du matériel (à qqn)

hiring *n* embauchage, engagement, recrutement; **h**..... **with probationary period** engagement à l'essai; **h**..... **rate** salaire d'embauche

histogram *n* histogramme

hit *pp* touché; **to be hard h**..... **by the recession** être durement touché par la crise

hitch *n* contretemps

HMO *n abbr* (**Health Maintenance Organization**) (*US*) organisme de soins élémentaires à cotisations fixes

HNC/HND *n abbr* (**Higher National Certificate / Higher National Diploma**) BTS (Brevet de Technicien Supérieur) ou DUT (Diplôme Universitaire de Technologie) (*équiv*) ; le HNC sanctionne des études à temps partiel

hoarding *n* thésaurisation, accumulation

hobby *n* centre d'intérêts (CV), passe-temps, violon d'Ingres

hold *vt* tenir; **to h**..... **a meeting** tenir une réunion; **h**..... **the line, please** ne quittez pas, s'il vous plaît; **to h**..... **a position** tenir un poste

hold down *vt* garder, limiter; **to h.....** **a job** garder un travail; **to h.....** **prices** limiter les prix

hold out for *vt* tenir bon; **to h.....** **higher wage rises** tenir bon pour des augmentations de salaires plus élevées; **to h.....** **a 10% increase** tenir bon pour obtenir une augmentation de 10%

hold up *vt* arrêter; **to h.....** **production** arrêter la production

hold-up *n* arrêt; **production h.....** arrêt de production; **traffic h.....** embouteillage

holder *n* titulaire; **h.....** **of a degree** titulaire d'un diplôme; **job h.....** titulaire du poste

holding *adj* holding; **h.....** **company** société holding

holiday *n* congé, jour férié, vacances, fête; **annual h.....s** congés annuels; **bank h.....** jour férié (initialement lié à la fermeture des banques); **to be off on h.....** être parti en vacances; **to be on h.....** être en vacances, être en congé; **Christmas and New Year h.....s** fêtes de fin d'année; **floating h.....** *(US)* jours de congé pouvant être pris à tout moment; **to go on h.....** partir en congé; **h.....** **entitlement** nombre de jours de congés auxquels qqn a droit; **h.....** **with pay** congés payés; **paid h.....s** congés payés; **public h.....** fête légale, jour férié; **religious h.....** fête religieuse; **school h.....s** vacances scolaires; **statutory h.....** jour férié, fête légale; **summer h.....s** grandes vacances, vacances d'été; **summer (h.....) camp** colonie de vacances; **to take a h.....** prendre un congé, prendre des vacances; **to use up one's h.....** **entitlement** épuiser ses jours de congés payés

holiday-maker *n* vacancier

hollow rhetoric *n* langue de bois

home *n* foyer, domicile, résidence principale; **second h.....** résidence secondaire; **h.....** **saving plan** plan d'épargne logement

Home Secretary *n* ministre de l'Intérieur

homework *n* travail à domicile, télétravail

homeworker *n* travailleur à domicile

homeworking *n* travail à domicile, télétravail

homoeopathy *n* homéopathie

honeycomb *cpd* **h.....** **organization** organisation cellulaire

honorarium *n* honoraires versés en l'absence de contrat de service

honorary *adj* honoraire; **h.....** **member** membre honoraire

honours, honors *n* **first class h.....** mention très bien; **with h.....** avec mention; **second class h.....** mention bien

hope *n* espoir; **all h.....** **is lost** il n'y a plus d'espoir; **to dash h.....s** anéantir des espoirs; **last h.....** dernier espoir

horsetrading *n* marchandage

hospital *n* hôpital

hospitalization *n* hospitalisation

hostesse *n* hôtesse; **air h.....** hôtesse de l'air

hostile *adj* **h.....** **work environment** environnement de travail hostile *(voir* harassment)

hot seat *n* siège éjectable; **to be in the h.....** être sur un siège éjectable

hour *n* heure, horaire; **38 h.....** **week** semaine de 38 heures; **additional h.....s** heures complémentaires; **adjustable h.....s** **agreement** accord de modulation; **annualized h.....s** annualisation des horaires; **h.....s of work** durée de travail; **off-peak h.....s** heures creuses; **office h.....s** heures de bureau; **opening h.....s** heures d'ouverture; **to pay by the h.....** payer à l'heure; **peak h.....s** heures de pointe, heures d'affluence; **rush h.....** heures d'affluence, heures de pointe; **slack h.....s** heures creuses; **split**

h.....s horaire fractionné; **staggered h.....s** horaire décalé; **trading h.....s** heures d'ouverture; **to work a 40 h..... week** travailler 40 heures par semaine; **to work after h.....s** faire des heures supplémentaires; **worked h.....s** heures effectuées, heures travaillées; **working h.....s** horaire de travail; **to work long h.....s** faire de longues journées, faire des journées longues; **to work regular h.....s** travailler aux heures normales; **to work shorter h.....s** avoir un horaire réduit; **to work unsocial h.....s** travailler en dehors des heures de travail normales

hourly *adj* horaire; **h..... rate of pay** taux horaire (de salaire); **h..... wage** taux horaire; **to be paid an h..... wage** être payé à l'heure

house *n* maison; **H..... of Commons** Chambre des Communes; **h..... journal** journal d'entreprise, journal interne; **H..... of Lords** Chambre des Lords; **h..... organ** journal d'entreprise; **publishing h.....** maison d'édition

house moving *n* déménagement

house to house *loc* porte-à-porte; **h..... canvassing** démarchage à domicile

household *n* foyer, ménage

housewife *n* ménagère, femme au foyer

housing *n* logement; *cpd* **h..... allowance** indemnité/prime de logement versée par une entreprise; **h..... benefit** allocation de logement versée par la Sécurité Sociale

human *adj* humain; **h...... capital** capital humain; **h..... factors engineering** *(US)* ergonomie; **h..... relations** relations humaines; **h..... relations school of thinking** école des relations humaines; **h..... resources** ressources humaines; **h..... resources development** développement des ressources humaines; **h..... resources management** gestion des ressources humaines; **H..... Resources Manager** Directeur/Responsable des Ressources Humaines

hunting *n* recherche; **job h.....** recherche d'emploi; **house h.....** recherche de logement

husband *n* époux, mari

hydrant *n* **fire h.....** bouche d'incendie

hydrotherapy *n* hydrothérapie

hypothesis *n* hypothèse

hypothetical *adj* hypothétique

Ii

ICA *n abbr* (**Institute of Chartered Accountants**) association professionnelle des experts-comptables

icebreaker *n* fait de « chauffer » l'auditoire (briser la glace) au début d'une formation

ID *n abbr* identité; **ID card** carte d'identité

idea *n* idée; **to jot down i.....s** jeter des idées sur le papier; **key i.....** idée-force; **main i.....** idée maîtresse

identification *n* pièce d'identité

idle *adj* inactif, improductif, oisif; **i..... money** argent improductif; **i..... time** temps mort; **machines lying i.....** machines à l'arrêt

ill *n* fléau; **social i.....** fléau social

illegal *adj* illégal; **i..... alien** (US) immigré clandestin

illegality *n* illégalité

illegally *adv* illégalement

illicit *adj* illicite, clandestin; **i..... worker** travailleur clandestin

illiteracy *n* analphabétisme, illetrisme

illiterate *adj* illetré

illness *n* maladie; **chronic i.....** maladie chronique; **prolonged i.....** maladie prolongée

ILO *n abbr* (**International Labour Office**) BIT (Bureau International du Travail)

image *n* image; **brand i.....** image de marque; **corporate i.....** image institutionnelle/d'une société

imbalance *n* déséquilibre; **trade i.....** déséquilibre commercial

immediate *adj* immédiat, sur-le-champ; **i..... dismissal** licenciement sur-le-champ/immédiat

immigrant *n* immigré, immigrant; **illegal i.....** immigré clandestin, immigrant clandestin

immigration *n* immigration

immunity *n* immunité; **i..... from prosecution** immunité contre des poursuites

impact *n* retombées, répercussion, impact; **economic i.....** les retombées économiques; **financial i..... of a measure** répercussions financières d'une mesure; **i..... of measures taken** impact des mesures prises; **adverse i.....** effet pervers

impaired *pp* **his/her health is i.....** sa santé s'est détériorée

impairment *n* handicap; **physical i.....** handicap physique

impartial *adj* impartial

impede *vt* entraver; **to i..... the smooth running of the department** entraver le bon fonctionnement du service

impending *adj* imminent; **i..... announcement** déclaration imminente

impetus *n* dynamique, élan, impulsion; **to give i..... to a project** donner une impulsion à un projet

impingement *n* **i..... pay** supplément de salaire versé à des salariés ayant travaillé pendant des jours de congés

implacement *n* reclassement

implement *vt* mettre en œuvre, mettre en pratique, appliquer; **to i..... the law** appliquer la loi

implementation *n* mise en application, exécution, mise en œuvre, mise en place

implicated *pp* mis en cause, impliqué; **to be i..... in an affair** être mis en cause dans une affaire

import *vt* importer

importation *n* importation

imprisonment *n* emprisonnement

improper *adj* inconvenable; **i.....** **behaviour** conduite/comportement inconvenable

improve *vt* améliorer; **to i.....** **working conditions** améliorer les conditions de travail; *vi* **to i.....** **on an offer** faire une meilleure proposition

improvement *n* amélioration, progrès; **to carry out i.....s of sthg** apporter des améliorations à qqch; **the law passed represents an i.....** la loi votée constitue un progrès; *cpd* **i..... notice** ordre émis par le "Health and Safety Executive" demandant à une entreprise de prendre des mesures correctives en matière d'hygiène et de sécurité

in camera *loc* à huis clos

in lieu *loc* **holidays paid (for) i.....** indemnité compensatrice de congés payés; **payment i.....** indemnité compensatrice; **payment i..... of notice** indemnité compensatrice de préavis; **time off i.....** repos compensateur, récupération

in the red *loc* débiteur; **account i.....** compte débiteur

in-basket *adj* **i..... test** test "in-basket" : test de sélection ou d'évaluation où il est demandé au participant de traiter une série de dossiers/documents divers dans un temps limité

in-depth *adj* en profondeur; **i..... study** étude en profondeur

in-house *adj* interne, sur place, intra-entreprise; **i..... training** formation intra-entreprise

in-service *adj* **i..... training** formation continue

in-tray *adj* **i..... exercice** test de sélection ou d'évaluation où il est demandé au participant de traiter une série de dossiers/documents divers dans un temps limité

inadmissible *adj* irrecevable *(jur)*; **i..... evidence** témoignage irrecevable

inbuilt *adj* structurel; **i..... weakness of a system** faiblesse structurelle d'un système

incapability *n* incompétence

incapacity *n* inaptitude, incapacité; **temporary i.....** incapacité temporaire

incentive *n* incitation, motivation, encouragement, stimulant; **i..... bonus** prime d'incitation/d'encouragement; **i..... scheme** système de rémunération aux résultats; **tax i.....** incitation fiscale

incidence *n* **1** fréquence, taux; **2** incidence

incident *n* incident; **critical i..... method** méthode des incidents critiques

incidental *adj* **i..... expenses** faux frais

incidentals *npl* faux frais

inclusive *adj* inclus, compris; **from 1st to 4th i.....** du 1er au 4e inclus; **i..... of tax** toutes taxes comprises

income *n* revenu, résultat; **average i.....** revenu moyen; **disposable i.....** revenu disponible; **earned i.....** revenu professionnel/du travail; **earned i..... allowance** abattement fiscal sur le revenu du travail; **i..... before tax, minority interest and extraordinary items** résultat courant; **i..... from operations** résultat d'exploitation; **net i.....** résultat net; **private i.....** rente; **retained i.....** réserve non distribuée; **secondary i.....** salaire d'appoint; **taxable i.....** revenu imposable; **unearned i.....** revenu non salarial; *cpd* **i.....s policy** mesures gouvernementales visant à maîtriser la hausse des salaires; **i..... statement** compte de résultats; **i..... support** RMI *(équiv)*; **i..... tax** impôt sur le revenu; **i..... tax form** déclaration de l'impôt sur le revenu; **i..... tax return** déclaration de l'impôt sur le revenu; **lower/upper i..... bracket** tranche d'imposition inférieure/supérieure

incoming *adj* i..... **call** appel de l'extérieur; i..... **government** nouveau gouvernement

incompatible *adj* incompatible

incompetence *n* incompétence; **to be fired for gross i.....** être licencié pour incompétence caractérisée

incompetent *adj* incompétent, incapable; **an i..... person** un incapable

inconvenience *n* dérangement; **to cause great i.....** causer du dérangement

incorrect *adj* erroné, incorrect; i..... **bill** facture erronée

increase *n* augmentation, accroissement; **across-the-board i.....** augmentation générale (des salaires); **cost-of-living i.....** augmentation du coût de la vie; i..... **in capital** augmentation de capital; i..... **in price** majoration de prix; **merit i.....** augmentation au mérite; **salary i.....** augmentation de salaire

increase *vti* augmenter, croître, accroître; **to i..... a price** majorer un prix; **to i..... sharply** augmenter fortement; **to i..... salaries** augmenter les salaires

increasing *adj* croissant

increment *n* augmentation automatique et périodique des salaires

incremental *adj* marginal, échelonné; i..... **cost** coût marginal; i..... **increase** augmentation échelonnée; i..... **salary** augmentation de salaire automatique; i..... **salary scale** échelle de salaires par paliers

incumbent *n* titulaire en exercice

incur *vt* **to i..... costs** s'exposer à des frais; **to i..... the risk of a sanction** courir des risques de sanction

indecision *n* indécision

indecisive *adj* indécis; i..... **result of an election** résultat incertain d'une élection

indemnity *n* assurance, garantie, dédommagement, remboursement

indenture *n* **1** contrat synallagmatique/bilatéral; *npl* **2** contrat d'apprentissage

indenture *vt* **1** lier par contrat; **2** placer sous contrat d'apprentissage; **she was i.....d to the accounts department** elle a travaillé comme apprentie au département comptable

independent *adj* indépendant

index *n* **1** fichier; **card i.....** fichier (papier); **2** indice; **consumer price i.....** indice des prix à la consommation; **cost-of-living i.....** indice du coût de la vie; **labour stability i.....** indice de stabilité permettant de calculer le pourcentage d'employés ayant plus d'un an d'ancienneté; **price i.....** indice des prix; **retail price i.....** indice des prix à la consommation; **share i.....** indice des actions

index *vt* indexer; **to i..... salaries to sthg** indexer les salaires sur qqch

index-linked *cpd* indexé; i..... **pensions** pensions de retraite indexées

indexation *n* indexation

indexing *n* indexation; i..... **of salaries to inflation** indexation des salaires sur l'inflation

indicator *n* clignotant, indicateur; **performance i.....s** indicateurs de performance

indict *vt* accuser, inculper; **to i..... sbdy for sthg** accuser/inculper qqn de qqch

indictment *n* inculpation, acte d'accusation

indirect *adj* indirect; i..... **expenses** dépenses indirectes; i..... **taxation** impôts indirects

individual *n* individu

inducement *n* incitation, encouragement

induction *n* initiation, intégration; i..... **course** stage/session

d'intégration, stage d'accueil; **i.....**
period période d'intégration; **i.....**
training cours d'initiation, stage
d'intégration

industrialist *n* industriel

industrial *adj* industriel; **i..... ac-**
cident accident du travail; **i.....**
action grève; **i..... disease** maladie professionnelle; **i..... dispute**
conflit du travail, conflit social;
i..... estate zone industrielle; **i.....**
injuries insurance assurance accidents du travail; **i..... injury** accident du travail; **i..... placement**
stage ouvrier; **i..... psychology**
psychologie du travail (en milieu
industriel); **i..... training** formation industrielle; **i..... tribunal**
conseil des prud'hommes *(équiv)*;
to take i..... action faire grève

industrious *adj* appliqué

industry *n* industrie, secteur;
boom i..... industrie en pleine
croissance; **heavy i.....** industrie
lourde; **light i.....** industrie
légère; **primary i.....** secteur primaire; **secondary i.....** secteur
secondaire; **sector of i.....** secteur
industriel; **service i.....** secteur
tertiaire; **tertiary i.....** secteur tertiaire

industry-wide *cpd* à l'échelle
d'une branche/d'un secteur

ineffective *adj* inefficace; **i.....**
time temps mort

inefficiency *n* inefficacité, incompétence

inefficient *adj* inefficace

ineligibility *n* inéligibilité

ineligible *adj* inéligible; **i..... for**
National Health benefits n'ayant
pas droit aux prestations sociales,
ne bénéficiant pas des prestations
sociales

inequality *n* inégalité

inequity *n* injustice

inexperienced *adj* inexpérimenté

infant *n* nourrisson

infiltration *n* noyautage

inflammable *adj* inflammable

inflated *adj* gonflé; **i..... salaries**
salaires gonflés

inflation *n* inflation; **cost-push**
i..... inflation par les coûts; **de-**
mand-pull i..... inflation par la
demande; **i..... is running at 5%**
nous avons une inflation de 5%;
runaway i..... inflation galopante;
soaring i..... inflation galopante;
spiralling i..... inflation en
spirale, inflation galopante; **wage**
i..... inflation des salaires

inflationary *adj* inflationniste;
i..... trends tendances inflation-
nistes

influence *n* pouvoir, influence;
to have i..... over sbdy avoir du
pouvoir sur qqn; **to have a lot of**
i..... avoir les bras longs; **to lose**
i..... perdre de l'influence; **to be**
under the i..... of drink être sous
l'influence de l'alcool

influential *adj* **to be i.....** avoir de
l'influence

information *n* information, données; **bottom-up i.....** information
remontante, information ascendante; **downward i.....** information descendante; **horizontal i.....**
information latérale/horizontale;
i..... retrieval recherche de données; **i..... technology** informatique; **top-down i.....**
information descendante

informer *n* délateur

informing *n* **i..... on sbdy** délation

infrastructure *n* infrastructure

infringement *n* transgression, violation, non-respect; **i..... of the**
rules transgression des règles,
violation du règlement

initial *vt* parapher

initialed *pp* paraphé

initials *npl* paraphe

initiative *n* initiative; **to keep the**
i...... garder l'initiative; **to lack**
i..... manquer d'initiative; **to take**
the i..... to do sthg prendre l'initiative de faire qqch

injunction *n* injonction, injonction de payer; **mandatory i.....** ordre d'exécution; **prohibitory i.....** ordre d'arrêt d'exécution

injure *vt* blesser

injured *adj* blessé, lésé, offensé; **to be i.....** être blessé; **the i..... party** la partie lésée

injury *n* blessure, dommage; **industrial i.....** accident du travail; **physical i.....** dommages corporels

injustice *n* injustice, préjudice; **to do sbdy an i.....** porter préjudice à qqn

Inland Revenue *n* Centre des impôts, Trésor Public, fisc

innoculation *n* vaccination

inpatriate *n* «impatrié»: salarié de nationalité étrangère effectuant une mission dans le pays de référence/d'accueil

input *n* (info) saisie, introduction de données; *cpd* **i..... tax** TVA concernant des travaux, fournitures et services extérieurs

input *vt* saisir; **to i..... information** saisir des données

inquire *vt* enquêter; **to i..... into sthg** enquêter, faire des recherches

inquiry *n* enquête; **commission of i.....** commission d'enquête; **to lead/conduct an i..... into sthg** enquêter sur qqch; **to set up an i.....** ouvrir une enquête; **I refer to your i.....** en référence à votre demande

insert *vt* insérer; **to i..... an advertisement** insérer une annonce

insider dealing *n* délit d'initié

insider trading *n* délit d'initié

insolvency *n* faillite, insolvabilité

insolvent *adj* insolvable; **to be declared i.....** être déclaré insolvable

inspect *vt* vérifier; **to i..... the accounts** vérifier les comptes; **to i..... the factory** faire une inspection de l'usine

inspection *n* inspection, vérification, contrôle; **to carry out an i.....** effectuer une inspection, procéder à une vérification; **i..... of work surroundings** inspection du lieu de travail; **tax i.....** contrôle fiscal; **tour of i.....** visite d'inspection; *cpd* **i..... report** compte rendu réalisé par un membre d'un comité d'hygiène et de sécurité à la suite d'une inspection

inspector *n* inspecteur, contrôleur; **DHSS I.....** inspecteur du ministère de la Santé; **factory i.....** inspecteur du travail; **labour i.....** inspecteur du travail; **i..... of weights and measures** contrôleur des poids et mesures; **tax i.....** contrôleur des impôts, inspecteur des impôts

Inspectorate *n* inspection; **Labour I.....** inspection du travail

install *vt* installer; **to i..... machinery** installer l'équipement

installation *n* installation

instalment/installment *n* échéance, versement; **payable in 3 i.....s** payable en 3 versements

instruct *vt* instruire, donner des instructions; **to i..... sbdy to do sthg** donner l'ordre à qqn de faire qqch

instruction *n* instruction, directive, consigne; **to await i.....s** attendre les instructions; **to give i.....s** donner des instructions; **i.....s for use** mode d'emploi; **to issue i.....s** donner des instructions; **management i.....s** les consignes de la direction

instructor *n* animateur, instructeur, formateur

insubordination *n* désobéissance, insubordination

insulation *n* isolation

insurance *n* assurance; **accident i.....** assurance contre les accidents; **car i.....** assurance-automobile; **catastrophic health i.....** assurance-maladies graves; **comprehensive i.....** assurance tous risques; **disablement i.....** assurance-invalidité; **endowment i.....**

assurance-vie avec paiement d'un capital; **fire i.....** assurance-incendie; **health i.....** assurance-maladie; **to make an i.....** **claim** faire une déclaration de sinistre; **National I.....** assurances sociales; **private health i.....** assurance-maladie; **pure endowment i.....** assurance-vie où le capital est récupérable au terme du contrat par l'assuré; **salary continuation i.....** assurance permettant le maintien du salaire (par l'entreprise et/ou l'assureur) en cas d'arrêt de travail; **self-i.....** auto-assurance; **state health i.....** assurance-maladie (Sécurité Sociale); **strike i.....** assurance contre la grève; **to take out i.....** **against sthg** contracter une assurance contre qqch, souscrire une assurance contre qqch; **theft i.....** assurance-vol; **third party i.....** assurance à responsabilité civile, assurance au tiers; **travel accident i.....** assurance déplacement professionnel; **unemployment i.....** assurance-chômage; *cpd* **i.....** **agent** agent d'assurance **i.....** **broker** courtier d'assurance; **i.....** **claim** déclaration de sinistre; **i.....** **company** compagnie d'assurance, assureur; **i.....** **policy** police d'assurance; **i.....** **premium** prime d'assurance; **i.....** **scheme** régime d'assurance

insure *vt* assurer

insured *adj* **i.....** **person** assuré, e; **i.....** **plan** plan de prévoyance ou de retraite souscrit auprès d'un assureur

integration *n* intégration; **company i.....** intégration dans une entreprise; **horizontal i.....** **of a company** intégration horizontale; **vertical i.....** intégration verticale

intellectual capital *cpd* capital intellectuel

intent *n* intention; **action with i.....** action délibérée; **letter of i.....** lettre d'intention

interaction *n* interaction

interactive *adj* interactif; **i..... skills** qualités relationnelles, qualités de contact

interdependence *n* interdépendance

interest *n* **1** intérêt; **accrued i.....** intérêts courus, intérêts accumulés; **to bear i.....** être productif d'intérêt; **compound i.....** intérêts composés; **to have an i..... in a company** avoir une participation dans une entreprise; **i..... received** produits financiers; **outstanding i.....** intérêts échus; **2 in the public i.....** dans l'intérêt général; *cpd* **i..... group** groupe d'intérêt

interest-free *cpd* sans intérêt

interface *n* interface; **human-machine i.....** interface homme/machine

interference *n* parasites; **telephone i.....** parasites au téléphone

interim *adj* intérimaire, provisoire; **i..... agreement** accord provisoire; **i..... payment** paiement intérimaire; **i..... relief** ordre provisoire de réintégration émis par un "industrial tribunal" en faveur d'un salarié ayant refusé d'adhérer à un syndicat; **i..... solution** solution intérimaire; **in the i..... period** pendant l'intérim

intermediary *n* intermédiaire

intermittent leave *n* (*US*) congé occasionnel autorisé pour des raisons familiales ou médicales pendant lequel le salarié peut travailler à domicile

intern *n* stagiaire

internal *adj* interne

Internal Revenue Service *n* (*US*) Recette des Impôts, fisc

internship *n* (*US*) stage en entreprise

interpersonal *adj* interpersonnel; **i..... relations** relations interpersonnelles; **i..... skills** qualités relationnelles, sens du contact

intervene *vi* intervenir; **to i..... in a negotiation** intervenir dans une négociation

interview *n* entretien, entrevue, interview; **to call in/invite sbdy**

for an i..... convoquer qqn pour un entretien; **career i.....** entretien de carrière; **directed i.....** entretien directif; **employment i.....** entretien de sélection; **exit i.....** entretien de départ; **guided i.....** interview dirigée; **to have an i.....** passer un entretien; **panel i.....** entretien avec plusieurs interviewers

interview *vt* interviewer; **to i.....** **for a job** passer un entretien pour un poste; **to i..... sbdy for a job** interviewer qqn pour un poste

interviewee *n* interviewé

interviewer *n* interviewer

intimidation *n* intimidation

intrinsic *adj* **i..... reward** motivation d'un salarié par des mesures non financières

introduction *n* présentation; **i..... to sbdy** présentation à qqn; **letter of i.....** lettre de présentation

invalidate *vt* infirmer, invalider, annuler; **to i..... a decision** infirmer une décision; **to i..... an election** invalider une élection

invalidity *n* invalidité, incapacité de travail; **i..... benefit** pension d'État prenant le relais des indemnités maladies lorsque celles-ci viennent à terme

inventory *n* stock, inventaire, état des lieux; **i..... buildup** accumulation de stocks; **i..... of fixtures** état des lieux; **to make an i.....** faire un inventaire, inventorier

inverse seniority *n* principe visant à licencier d'abord les salariés les plus anciens

invest *vt* investir; **1 to i..... sbdy with power** investir qqn de pouvoirs; **2 to i..... in training** investir dans la formation

investigation *n* enquête; **to conduct an i..... into sthg** mener une enquête sur qqch; **to lead an i..... into sthg** mener une enquête sur qqch

investigator *n* enquêteur

investment *n* investissement, placement *(fin)*; **safe i.....** placement sûr

invitation *n* faire-part; **wedding i.....** faire-part de mariage

invoice *n* facture; **forged i.....** fausse facture; **pro forma i.....** facture pro forma

invoice *vt* facturer; **to i..... a customer** facturer un client

invoicing *n* facturation

IOU *n abbr* (**I owe you**) reconnaissance de dette

IPD *n abbr* (**Institute of Personnel and Development**) groupement britannique des professionnels de la fonction Personnel: Association Nationale des Directeurs et Cadres de la fonction Personnel (ANDCP) *(équiv)*

IPMA *n abbr* (**International Personnel Management Association**) organisation internationale d'origine américaine regroupant les professionnels de la fonction ressources humaines

ipsative *adj* **i..... test** questionnaire à choix multiples

IQ *n abbr* (**Intelligence Quota**) QI (Quotient Intellectuel)

IRA *n abbr* (**Individual Retirement Account**) *(US)* régime de retraite privé

iron out *vt* aplanir; **to i..... difficulties** aplanir les difficultés

irrecoverable *adj* irrécupérable; **i..... debt** dette irrécupérable

irregular *adj* irrégulier; **highly i..... practise** pratique très irrégulière

irregularity *n* irrégularité, vice; **accounting i.....** irrégularité dans les comptes; **procedural i.....** vice de procédure; **technical i.....** vice de forme

ISO *n abbr* (**Incentive Stock Option plan**) *(US)* plan d'actionnariat des cadres

isolation *n* isolement

issue *n* numéro; **back i..... of a magazine** vieux numéro d'un magazine; **i..... of a newsletter** numéro d'un bulletin

issue *vt* émettre, délivrer; **to i..... instructions** émettre des instructions; **to i..... a passport** délivrer un passeport; **to i..... a receipt** délivrer un récépissé; **to i..... a writ against sbdy** assigner qqn à comparaître en justice

issued *pp* **to be i..... with a badge** se voir remettre un badge

IT *n abbr* **(Information Technology)** informatique

item *n* **1** article; **extraordinary i.....s** postes exceptionnels *(fin)*; **i.....s in stock** articles en stock; **2** question, point; **i.....s on the agenda** questions à l'ordre du jour

itinerant *adj* itinérant; **i..... worker** travailleur itinérant

Jj

jack *cpd* **j.....-in-office** gratte-papier, rond-de-cuir; **j.....-of-all-trades** homme à tout faire, factotum

jargon *n* langage, langage technique

jeopardise *vt* mettre en péril, mettre en danger, menacer, compromettre; **to j..... negotiations** menacer les négociations

jet lag *n* **to have j.....** souffrir d'un décalage horaire

job *n* emploi, travail, poste, occupation, boulot *(fam)*; **to apply for a j.....** poser sa candidature pour un emploi, postuler pour un emploi, solliciter un emploi; **to canvass for a j.....** briguer un poste; **casual j.....** emploi occasionnel; **to change j.....s** changer d'emploi/de poste; **to covet a j.....** briguer un poste; **cushy j.....** *(fam)* bonne planque; **dead-end j.....** emploi sans avenir, emploi bouché; **to do a good j.....** faire du bon travail; **entry-level j.....** poste de débutant; **to be faithful to the j.....** être fidèle au poste; **to generate j.....s** créer des emplois; **to give up one's j.....** démissionner; **to have a steady j.....** avoir une situation stable; **to be in the j..... for 6 months** être en poste depuis 6 mois; **interim j.....** emploi intérimaire; **j..... with a future** emploi d'avenir; **key j.....** poste clé; **to look for a j.....** chercher un emploi; **to lose one's j.....** perdre sa situation, perdre son travail; **menial j.....** emploi subalterne; **scarce j.....s** emplois rares; **service j.....** emploi de service; **protected j.....** emploi protégé; **skilled j.....** emploi qualifié; **steady j.....** emploi stable; **tertiary j.....** emploi tertiaire; **threatened j.....s** emplois menacés; *cpd* **j..... analysis** analyse des emplois, analyse des tâches; **j..... application** demande d'emploi, candidature; **j..... application form** dossier de candidature; **j..... classification** classification des postes; **j..... cluster** famille d'emplois; **j..... creation** création d'emplois; **j..... cuts** suppression d'emplois; **j..... cycle** cycle de travail; **j..... description** définition de fonction; **j..... enlargement** élargissement des tâches; **j..... enrichment** enrichissement des tâches; **j..... evaluation** classification des emplois; **j..... holder** titulaire du poste; **j..... hunting** recherche d'emploi; **j..... introduction scheme** programme gouvernemental incitant les entreprises à prendre à l'essai des personnes handicapées en contrepartie d'aides financières; **j..... loading** enrichissement d'un poste en termes de responsabilités; **j..... offer** offre d'emploi; **j..... market** marché du travail; **j..... posting** affichage d'offres d'emploi; **j..... release scheme** programme gouvernemental d'insertion professionnelle des jeunes incitant les entreprises à accroître les départs en préretraite; **j..... rotation** rotation d'emplois/des postes; **j..... satisfaction** satisfaction au travail; **j..... security** sécurité de l'emploi; **j..... sharing** partage du travail; **j..... share scheme** programme gouvernemental favorisant la création d'emplois à temps partiel pour les chômeurs; **j..... specification** caractéristiques du poste, définition de fonction, descriptif de poste; **j..... title** intitulé de poste; **j..... vacancy** poste à pourvoir

Job Centre *n* Agence Nationale Pour l'Emploi *(équiv)*

job hopper *n* se dit d'une personne qui change fréquemment d'emploi et d'entreprise

job-hopping *n* fait de changer fréquemment d'emploi et d'entreprise

jobbing *adj* à la journée, à la tâche

jobless *n* the j..... les sans-emploi, les chômeurs

jobseeker *n* demandeur d'emploi, chercheur d'emploi

join *vt* **1** s'inscrire, adhérer, devenir membre; **to j..... an association** adhérer à une association; **to j..... a union** adhérer à un syndicat; **2** entrer; **to j..... a company** entrer dans une entreprise

joinder *n* *(jur)* jonction d'instance

joint *adj* paritaire; **j..... commission** commission paritaire; **j..... committee** comité mixte/paritaire; **j..... discussions** discussions collectives/paritaires; **j..... venture** société en participation, joint-venture

journal *n* journal; **house j.....** journal d'entreprise, journal interne; **trade j.....s** presse professionnelle

journalist *n* journaliste

journey *n* voyage, trajet; **j..... to and from work** trajet entre sa résidence et son lieu de travail

journeyman *n* *(US)* compagnon, ouvrier qualifié

judge *n* juge, magistrat

judge *vt* juger

judgement *n* **1** arrêt, sentence; **court j.....** arrêt d'une cour; **2** jugement; **to lack j.....** manquer de jugement

judicial *adj* judiciaire; **j..... process** procédure judiciaire

judiciary *n* pouvoir judiciaire

junior *n* *(US)* élève en troisième année d'université

junior *adj* débutant, subalterne; **j..... manager** cadre débutant, jeune cadre; **j..... partner** simple associé; **j..... position** poste subalterne

jurisdiction *n* compétence, domaine de compétence, juridiction; **j..... of a tribunal** compétence d'un tribunal/d'une cour; **under the j..... of sbdy** sous la compétence de qqn

juror *n* juré

jury *n* jury; *cpd* **to do j..... duty/service** faire partie d'un jury; **j..... member** juré

just *adj* juste; **j..... cause** cause réelle et sérieuse; **j..... person** personne juste; **j..... settlement** accord équitable

just-in-time *n* juste-à-temps

just-released *adj* **j..... figures** chiffres à peine sortis

justice *n* justice; **to do sbdy j.....** rendre justice à qqn; **j..... has been done** justice a été faite

justify *vt* justifier, motiver; **to j..... a decision** motiver une décision

juvenile *adj* juvénile; **j..... labour** emploi des mineurs

Kk

keep *vt* tenir ; **to k..... the accounts** tenir les comptes

keeping *n* tenue ; **k..... of accounts** tenue des comptes

Keogh plan *n abbr (US)* régime de retraite privé pour des travailleurs indépendants

key *n* clé ; **master k.....** passe-partout ; **k..... of a keyboard** touche d'un clavier

key *adj* clé ; **k..... business indicators** tableau de bord ; **k..... post/job** poste clé ; **k..... staff** personnel clé ; **k..... sector** secteur clé ; **k..... word** mot clé

key in *vt* saisir ; **to k..... data** saisir des données

keyboard *n* clavier

keying in *n* saisie ; **k..... of data** saisie de données

kickback *n* dessous-de-table

kin *n* parent(s), famille ; **next of k.....** parent(s) proche(s)

kind *n* **benefits in k.....** avantages en nature

kinship *n* lien de parenté

knock off *vi* **to k..... work** quitter le travail, finir la journée

knock-on *adj* **k..... effect** réaction en chaîne, répercussion

know-how *n* savoir-faire, compétence

knowledge *n* connaissance ; **k..... management** gestion du savoir/de la connaissance

knowledgeable *adj* bien informé, calé *(fam)* ; **to be k..... about a matter** être connaisseur, être calé sur un sujet

Ll

label *n* étiquette; **price l.....** étiquette de prix; **self-adhesive l.....** étiquette autocollante

labor *n* (US) travail

Labor Day *n* (US) fête du travail

laboratory *n* laboratoire; **language l.....** laboratoire de langues; **l..... training** formation de développement personnel par mise en situation

labour *n* main-d'œuvre, travail; **casual l.....** main-d'œuvre temporaire, extras; **cheap l.....** main-d'œuvre peu chère, main-d'œuvre bon marché; **dilution of l.....** adjonction de main-d'œuvre non qualifiée; **immigrant l.....** main-d'œuvre étrangère; **organized l.....** travailleurs syndiqués; **slave l.....** exploitation de la main-d'œuvre; **sweated l.....** main-d'œuvre exploitée; *cpd* **l..... agreement** accord d'entreprise; **l..... dispute** conflit du travail, conflit social; **l..... exchange** bourse de travail; **l..... force** main-d'œuvre; **l..... force participation rate** pourcentage des effectifs actifs; **l..... costs** coûts de main-d'œuvre; **l..... inspector** inspecteur du travail; **l..... law** droit du travail; **l..... leader** responsable syndical; **l..... market** marché du travail; **l..... regulations** réglementation du travail; **l..... relations** relations sociales/du travail; **l..... shortage** pénurie de main-d'œuvre; **l..... stability index** indice de stabilité permettant de calculer le pourcentage d'employés ayant plus d'un an d'ancienneté; **l..... supply** main-d'œuvre disponible; **l..... turnover** rotation du personnel, turnover; **l..... union** syndicat

labour-intensive *adj* **l..... industry** industrie à forte concentration de main-d'œuvre

labour-saving *adj* **l..... device** dispositif permettant des économies de main-d'œuvre

labourer *n* manœuvre; **(day) l.....** journalier; **building site l.....** ouvrier (sur chantier)

lack *n* carence, manque; **to compensate a l.....** palier une carence; **l..... of incentive** manque de motivation

lack *vt* manquer; **to l..... skilled staff** manquer de personnel qualifié

ladder *n* échelle; **dual l.....** parcours de carrières parallèles; **promotion l.....** échelle d'avancement; *cpd* **l..... position** poste tremplin

lady *n* dame, femme; **cleaning l.....** femme de ménage

lag behind *vt* traîner, être à la traîne/en recul; **the salaries l..... inflation** les salaires ne suivent pas l'inflation

laid off *pp* **to be l.....** être en chômage technique

lame duck *n* canard boiteux

land *n* terrain; **l..... tax** impôt foncier

landed *adj* foncier; **l..... income** revenus fonciers

landmark *n* (point de) repère; **the signing of the agreement will be a l.....** la signature de l'accord fera date

landslide *n* **l..... election victory** raz-de-marée électoral

language *n* langue; **command of a foreign l.....** maîtrise d'une langue étrangère; **foreign l.....** langue étrangère; **French l.....** langue française; **l..... courses** cours de langue; **spoken l.....** langue parlée; **written l.....** langue écrite

large-scale *adj* à grande échelle

last-born *n* dernier-né

last-minute *adj* dernière minute; **l..... changes** changements de dernière minute

latecomer *n* retardataire

lateness *n* retard

latent *adj* latent; **l..... needs** besoins latents; **l..... objectives** objectifs cachés

lateral *adj* latéral; **l..... thinking** pensée latérale

lathe operator *n* tourneur

launch *n* lancement, sortie; **l..... of a product** sortie d'un produit

law *n* droit, loi, législation; **administrative l.....** droit administratif; **against the l.....** contre la loi; **to break the l.....** enfreindre la loi; **business l.....** droit des affaires; **case l.....** jurisprudence; **civil l.....** droit civil; **commercial l.....** droit commercial; **common l.....** droit commun; **company l.....** droit des sociétés; **contract l.....** droit des obligations; **criminal l.....** droit pénal; **customary l.....** droit coutumier; **disciplinary l.....** droit disciplinaire; **to enforce the l.....** appliquer la loi; **intent of the l.....** l'esprit de la loi; **labour l.....** droit social, droit du travail, législation du travail; **l..... of diminishing returns** loi des rendements décroissants; **outline l.....** loi-cadre; **outside the l.....** contre la loi; **rule of l.....** autorité de la loi; **to take the l..... into one's own hands** se faire justice; **to tighten a l.....** renforcer une loi; **trade union l.....** droit syndical; **whistleblower l.....** *(US)* loi protégeant un salarié lorsqu'il dénonce des infractions commises par son employeur; **cpd l..... case** affaire contentieuse; **l..... court** cour de justice; **l..... enforcement** application de la loi; **l..... firm** cabinet juridique; **l..... school** faculté de droit

law and order *n* ordre public; **maintenance of l.....** maintien de l'ordre public

law-abiding *adj* qui respecte la loi, respectueux des lois

lawful *adj* légal, licite, légitime

lawmaker *n* législateur

lawsuit *n* action en justice, procès; **to bring a l..... against sbdy** intenter une action contre qqn, intenter un procès contre qqn,

porter une affaire devant les tribunaux

lawyer *n* juriste, avocat; **business l.....** avocat d'affaires

lay *adj* **l..... member of a court** membre d'un tribunal habilité à statuer bien qu'il ne soit pas magistrat (ex : dans un "Industrial Tribunal")

lay down *vt* établir; **to l..... rules** établir les règles

layer *n* **l.....s of hierarchy** niveaux hiérarchiques

lay-off *n* chômage technique, mise à pied, licenciement; **disciplinary l.....** mise à pied disciplinaire; **temporary l.....** mise à pied conservatoire, chômage technique

lay off *vt* mettre au chômage technique, licencier; **to l..... staff** mettre le personnel en chômage technique

layout *n* 1 maquette; **l..... of an advertisement** maquette d'une annonce; 2 disposition; **l..... of the offices** disposition des bureaux

LBO *n abbr* **(Leverage Buy Out)** rachat d'une société avec des capitaux d'emprunt garantis par l'actif de la société

lead *n* 1 avance; **to have a l..... over the competition** avoir une avance sur la concurrence; 2 *cpd* **l..... body** commission mixte dans une branche d'activité chargée de définir les compétences de base d'un métier en vue d'établir des programmes de formation; **l..... time** délai de réalisation

lead *vt* mener, conduire, piloter, animer; **to l..... a debate/a discussion** animer/mener un débat/une discussion; **to l..... a project** piloter/mener un projet; **to l..... a team** conduire/animer une équipe

leader *n* leader, chef, dirigeant, meneur d'hommes, chef de file; **union l.....** dirigeant syndical

leadership *n* commandement; **to work under the l..... of sbdy** travailler sous la direction de qqn;

l..... **development** développement du leadership; **situational** l..... leadership situationnel

leading *adj* éminent, dominant; l..... **edge company** entreprise d'avant-garde/à la pointe; l..... **expert in his/her field** expert(e) éminent(e) dans son domaine

leaflet *n* dépliant, prospectus, tract; **to hand out l.....s** distribuer des tracts

leak *n* fuite, fuite d'informations; **gas l.....** fuite de gaz

leak *vt* divulguer; **to l..... information to sbdy** divulguer de l'information à qqn

lean *adj* l..... **management** se dit d'une organisation avec peu de niveaux hiérarchiques, et peu de services fonctionnels

leap-frogging *adj* l..... **pay demands** demandes d'augmentations salariales en cascade (s'appuyant sur des augmentations accordées dans d'autres secteurs d'activité)

learner *cpd* l.....-**centred training** formation sur mesure

learning *n* apprentissage, formation, enseignement; **computer assisted** l..... enseignement assisté par ordinateur; **continuous** l..... formation continue; **distance** l..... enseignement à distance; **lifelong** l..... idée selon laquelle un individu apprend tout au long de sa vie et de sa carrière; **self-directed** l..... autoformation; **open** l..... système de formation souple ne nécessitant pas la présence d'un formateur; *cpd* l..... **curve** courbe d'apprentissage; **L..... Organization** entreprise en évolution/adaptation permanente, organisation apprenante; l..... **process** processus d'apprentissage; l..... **style** style d'apprentissage, manière d'apprendre; l..... **theory** théorie de l'apprentissage

lease *n* bail; **commercial** l..... bail commercial; l..... **for sale** bail à céder; **to take out a l.....** prendre à bail

lease *vt* louer, louer à bail

lease out *vt* donner à bail

leasing *n* crédit-bail

leave *n* congé, absence; **adoption** l..... congé d'adoption; **annual** l..... congé annuel; **to be on l.....** être en congé, *(mil)* être en permission; **casual** l..... congé pour convenances personnelles; **compassionate** l..... absence pour événements familiaux ou pour convenances personnelles; **extended** l..... congé prolongé; **to give** l..... **to sbdy** donner congé à qqn; **to go on** l..... partir en congé; **intermittent** l..... congé occasionnel autorisé pour des raisons familiales ou médicales pendant lequel le salarié peut travailler à domicile; l..... **of absence** absence autorisée; l..... **of absence for personal reasons** congé pour convenances personnelles; l..... **stacking** fait de regrouper deux périodes de référence pour faciliter la gestion des droits à congé; **maternity** l..... congé de maternité; **paid** l..... congé payé, absence rémunérée; **parental** l..... congé parental; **paternity** l..... congé de paternité; **sabbatical** l..... congé sabbatique; **sick** l..... congé-maladie; **to take** l..... prendre congé; **to take French** l..... filer à l'anglaise; **unpaid** l..... congé sans solde

leave *vt* quitter, laisser; **to l..... the work force** cesser toute activité; **to l..... work** quitter le travail; **to l..... one's mark on a company** laisser son empreinte dans l'entreprise

leaver *n* départ; l.....**'s statement** attestation obligatoire remise par l'employeur à un salarié lors de son départ indiquant les détails relatifs aux arrêts maladies récents indemnisés par la Sécurité Sociale; **number of l.....s** nombre de départs; **school** l..... jeune diplômé (de l'enseignement secondaire); **voluntary** l..... volontaire pour partir en préretraite

lecture *n* conférence, cours; l..... **course** cours magistral; **to give a** l..... donner un cours/conférence

ledger *n* livre, grand livre, registre; **payroll l.....** livre de paie

leeway *n* marge de manœuvre

legacy *n* héritage; **l..... of the previous administration** héritage de l'administration précédente

legal *adj* juridique, légal; **l..... action** action en justice; **l..... advisor** conseiller juridique; **L..... Aid Centre** centre d'assistance juridique/judiciaire; **l..... costs** frais de justice, honoraires d'avocat; **l..... department** département juridique; **l..... framework** cadre légal; **l..... representative** représentant légal; **to take l..... action** poursuivre qqn en justice; **to take l..... advice** consulter un avocat

legally *adv* légalement; **l..... binding document** document qui engage juridiquement les parties

legislation *n* législation, droit; **labour l.....** législation du travail; **to pass l.....** voter des lois

legislator *n* legislateur

legislature *n* legislature

legitimacy *n* légitimité

legitimate *adj* légitime, juste, fondé; **to defend one's l..... interests** défendre ses intérêts légitimes; **l..... grievance** réclamation légitime

leisure *n* loisirs; **work and l.....** travail et loisirs; *cpd* **l..... activities** loisirs; **l..... pursuits** loisirs; **l..... time** temps libre

lend *vt* prêter; **to l..... a hand** prêter main forte; **to l..... money** prêter de l'argent

length *n* longueur; **l..... of service** années de service, ancienneté

leniency *n* indulgence, clémence; **l..... bias** parti pris favorable

lens *n* lentille, verre; **contact l.....es** lentilles cornéennes, lentilles de contact, verres de contact; **l.....es for glasses** verres de lunettes

lesson *n* leçon, cours, enseignement; **to draw l.....s from sthg** tirer des enseignements de qqch; **private l.....** leçon particulière; **to take l.....s in sthg** prendre des cours de qqch

letter *n* lettre, courrier; **block l.....s** lettres majuscules; **business l.....** lettre d'affaires; **capital l.....s** lettres majuscules; **covering l.....** lettre d'accompagnement, lettre de couverture; **l..... of acknowledgement** accusé de réception; **l..... of application** lettre de candidature; **l..... of appointment** lettre d'embauche; **l..... of complaint** lettre de réclamation; **l..... of dismissal** lettre de licenciement; **l..... of engagement** lettre d'engagement; **l..... of explanation** lettre d'explication; **l..... fixing an appointment** lettre de convocation; **l..... of intent** lettre d'intention; **l..... of introduction** lettre de présentation; **l..... of recommendation** lettre de recommandation; **l..... of reference** lettre de recommandation; **l..... of resignation** lettre de démission; **recorded delivery l.....** lettre recommandée avec accusé de réception; **registered l.....** lettre recommandée; **to send a l..... to sbdy** adresser un courrier à qqn; **standard l.....** lettre type

level *n* niveau; **compensation l.....** niveau de rémunération; **critical l.....** seuil critique; **decision-making l.....** niveau de décision; **educational l.....** niveau d'études; **entry l.....** niveau d'entrée; **l..... test** test de niveau; **(not) to have the right l.....** (ne pas) avoir le niveau; **on the management l.....** au niveau de la Direction; **record l..... of unemployment** niveau de chômage record; **salary l.....** niveau de salaire(s)

level off/out *vi* se stabiliser; **the unemployment rate is levelling out** le taux de chômage se stabilise

level out *vt* égaliser, aplanir; **to l..... difficulties** aplanir les difficultés; **to l..... earnings** égaliser les revenus

leverage *n* levier, effet de levier; **l.....d management buyout**

(**LMBO**) rachat d'entreprise par ses salariés (RES)

levy *n* taxe, impôt, prélèvement; **training l.....** impôt-formation

liability *n* **1** responsabilité, charge; **to become a l..... for the company** devenir une charge pour l'entreprise; **civil l.....** responsabilité civile; **criminal l.....** responsabilité pénale; **employer's l.....** responsabilité de l'employeur; **employment practices l.....** responsabilité juridique de l'employeur pour toute infraction au droit social (plaintes pour harcèlement sexuel, discrimination); **employment practices l..... insurance** assurance protégeant l'employeur contre les risques juridiques de non-respect du droit social; **limited l.....** responsabilité limitée; **limited l..... company** Société Anonyme à Responsabilité Limitée; **tax l.....** assujettissement à l'impôt; **vicarious l.....** principe de responsabilité civile de l'employeur des actes commis par ses salariés pendant le travail; *cpd* **employer's l..... insurance** assurance responsabilité de l'employeur; **l.....** **ceiling** plafond d'assujettissement; **2** (*fin*) dette; **current l.....** dette à court terme; **long-term l.....** dette à long terme *npl* passif

liable *adj* passible, susceptible, responsable; **to be l..... for contribution** être assujetti à cotisations; **to be l..... for damages** être passible de dommages-intérêts; **to be l..... to a fine** être passible d'une amende; **to be l..... to behave in a certain way** être susceptible de se comporter d'une certaine manière

liaise *vi* **to l..... with sbdy** assurer la liaison avec qqn

libel *n* diffamation; **l..... action** poursuites pour diffamation, procès en diffamation

libel *vt* diffamer (par écrit)

libellous *adj* diffamatoire

librarian *n* bibliothécaire

licence *n* licence, permis; **driving l.....** permis de conduire; **l.....**

agreement contrat de licence; **television l.....** redevance télévision

licensed *pp* **to be l..... to run a business** être autorisé administrativement à créer une entreprise

licit *adj* licite

lie *vi* se situer; **to l..... outside one's control** échapper à son contrôle; **to l..... within one's jurisdiction** relever de sa juridiction/compétence

life *n* vie; **l..... of a project** durée d'un projet; **private l.....** vie privée; **quality of l.....** qualité de vie; **way of l.....** mode de vie; **working l.....** vie active; *cpd* **l..... annuity** rente viagère; **l..... assurance** assurance-vie; **l..... expectancy** espérance de vie; **l..... insurance** assurance-vie; **product l..... cycle** cycle de vie d'un produit

lifelong learning *cpd* idée selon laquelle un individu apprend tout au long de sa vie et de sa carrière

LIFO *loc abbr* (**Last In, First Out**) dernier entré, premier sorti

lift *n* ascenseur

lift *vt* lever; **to l..... controls** lever des contrôles

light *adj* **l..... duty** (*US*) poste moins pénible physiquement proposé à un salarié pour faciliter sa réintégration dans l'entreprise après un arrêt pour accident du travail

lighten *vt* atténuer; **to l..... a punishment** atténuer une sanction

lighting *n* éclairage

lightning *n* éclair; **l..... strike** grève éclair, grève surprise

limit *n* limite, délai; **the age l..... is 40** la limite d'âge est 40 ans; **to set l.....s to sthg** fixer les limites de qqch; **time l..... to complete the study** délai pour terminer l'étude

limited *adj* limité; **private l..... company** Société Anonyme à

Responsabilité Limitée; **public l.....** **company** société anonyme cotée en bourse

Lincoln incentive system *n* (*US*) système de rémunération liant travail à la pièce et résultats de l'entreprise

line *n* **1** ligne, axe; **to be in l.....** **for promotion** être sur les rangs pour une promotion; **l..... of conduct** ligne de conduite; **guidel.....** ligne directrice; **(main) l..... of research** axe de recherche; **l..... of thinking** axe de réflexion; **to bring into l.....** s'aligner sur; **poverty l.....** seuil de pauvreté; **2** secteur, branche; **l..... of business** secteur d'activité, branche d'activité; **what's your l..... of work?** quelle est votre branche d'activité?; **3** chaîne; **assembly l.....** chaîne de montage; **4** (*fin*) **bottom l.....** résultat net; **5 l..... manager** responsable hiérarchique, responsable opérationnel; **l..... management** pouvoir hiérarchique, responsables opérationnels; **6** ligne; **to be on the l..... to sbdy** être en ligne avec qqn; **crossed l.....** conversations téléphoniques croisées; **direct l.....** ligne directe; **to drop a l..... to sbdy** écrire un mot à qqn; **the l..... is bad** la ligne est brouillée; **the l..... is engaged** la ligne est occupée; **outside l.....** ligne extérieure; **7 l..... chart/graph** graphique à courbe

lip service *n* **to pay l..... to sthg** dire qqch pour la forme, n'être qqch qu'en parole

liquid assets *npl* disponibilités

liquidated *adj* **l..... damages** (*US*) dommages-intérêts dont le montant est fixé à l'avance dans un contrat afin notamment d'éviter une procédure judiciaire éventuelle

liquidation *n* liquidation; **to go into l.....** entrer en liquidation

liquidities *npl* trésorerie

list *n* liste, fichier; **black l.....** liste noire; **l..... of contributions per person** liste nominative des cotisations; **l..... of union demands** cahier des revendications; **l..... of voters** liste des électeurs; **mailing l.....** fichier d'adresses; **nominal l..... of members** liste nominative des adhérents; **shortl..... of candidates** liste de candidats sélectionnés; **waiting l.....** liste d'attente

list *vt* répertorier; **to l..... training organizations** répertorier des organismes de formation

listed *adj* coté; **l..... company** société cotée en Bourse

listening *n* écoute; **active l.....** écoute active

listing *n* **Stock Exchange l.....** cote officielle de la Bourse

literacy *n* alphabétisation; **l..... classes** cours d'alphabétisation

literate *adj* instruit; **computer l.....** rompu à l'informatique

litigant *n* plaideur

litigate *vi* plaider

litigation *n* contentieux, litige, procès

live *vt* vivre; **to l..... on/off a small salary** vivre sur un petit salaire; **to l..... off one's earnings** gagner de quoi vivre; **to l..... off the state** être assisté, vivre aux crochets de l'Etat

livelihood *n* moyens d'existence

living *n* vie; **cost of l.....** coût de la vie; **to make a l.....** gagner sa vie; **standard of l.....** niveau de vie; *cpd* **l..... quarters** logements; **l..... wage** salaire de subsistance, niveau de salaire permettant de vivre décemment

LMBO *n abbr* (**Leveraged Management Buy Out**) RES (Rachat d'Entreprise par ses Salariés)

LLC *n abbr* (*US*) (**Limited Liability Company**) société à responsabilité limitée

LMRA *n abbr* (**Labor Management Relations Act**) (*US*) loi régissant les relations entre employeurs et syndicats

load *n* charge; **to carry a l.....** porter une charge; **to lift l.....s** soulever des charges; **workl.....** charge de travail

loafer *n* paresseux, tire-au-flanc

loan *n* prêt, crédit, emprunt; **bank l.....** prêt bancaire, emprunt bancaire; **bridging l.....** crédit-relais; **to grant a l.....** consentir un prêt; **home improvement l.....** prêt pour l'amélioration de l'habitat; **low-interest l.....** prêt bonifié; **mortgage l.....** prêt hypothécaire; **personal l.....** prêt personnel; **to raise a l.....** faire un emprunt; **to secure a l.....** obtenir un prêt

lobby *n* lobby, groupe de pression

lobby *vt* faire du lobbying; **to l..... legislators** faire pression sur les législateurs

local *adj* local; **l..... government** municipalité; **l..... labour** main-d'œuvre locale; **l..... hire** se dit d'un salarié étranger dont le contrat de travail est soumis au droit local

location *n* emplacement, site, lieu, implantation; **industrial l.....** site industriel; **l..... of a factory** implantation d'une usine; **work l.....** lieu de travail

lock *n* serrure

lock *vt* fermer à clé, verrouiller

lock-out *n* lock-out, fermeture d'entreprise/d'usine par décision de la direction

locker *n* casier, armoire métallique; *cpd* **l..... room** vestiaire

lodge *n* section syndicale locale

lodge *vt* déposer; **to l..... a complaint** déposer une plainte

logistics *npl* logistique

long run *n* long terme, de longue portée; **in the l.....** à long terme

long term *n* long terme; **in the l.....** à long terme; **l..... disability** invalidité permanente; **l..... planning** plan à long terme

long-distance *adj* interurbain; **l..... call** communication interurbaine

long-lasting *adj* durable; **l..... agreement** accord durable

long-range *adj* long terme; **l..... forecast** prévisions à long terme

long-service *adj* **l..... medal** médaille du travail, médaille d'ancienneté, médaille d'honneur du travail **(offered by local authorities)**

long-standing *adj* de longue date; **l..... agreement** accord de longue date; **l..... employee** salarié à forte ancienneté

longhand *n* **to write in l.....** écrire normalement à la main (pas en sténographie)

look after *vt* s'occuper de; **to l..... trainees** s'occuper des stagiaires; **to l..... sbdy** prendre soin de qqn

loophole *n* clause échappatoire; **to find a l..... in the law** trouver une faille dans la loi

loose *cpd* **l..... rate** taux variable/mobile

Lord Chancellor *n* Garde des Sceaux, ministre de la Justice

lose *vt* perdre; **to l..... clout** perdre de l'influence; **to l..... one's job** perdre son emploi

loser *n* perdant

loss *n* perte, préjudice, dommage; **dead l.....** perte sèche; **to incur a l.....** occasionner une perte; **job l.....** perte d'emploi; **l..... of earnings** perte de revenus; **profit and l.....** pertes et profits; **to sustain a l.....** subir une perte, subir un préjudice

lost *adj* perdu; **l..... time** temps perdu; **number of days l..... to illness** nombre de jours d'arrêt pour maladie

lost and found *n* objets trouvés

lost property *n* objets trouvés

low *n* bas; **to be at an all-time l.....** être au plus bas

low *adj* bas, faible; l..... **level in mechanics** faible niveau en mécanique; l..... **output** faible rendement

low-paid *npl* **the l.....** les bas-salaires

lower *vt* baisser, réduire, diminuer; **to l..... prices/salaries** baisser les prix/salaires

lower *adj* inférieur; l..... **earnings limit** seuil de rémunération au-delà duquel un salarié doit cotiser à la Sécurité Sociale; l..... **level of responsibility** niveau inférieur de responsabilité; l..... **limit** plancher

loyalty *n* fidélité, fidélisation, loyauté; **company l.....** fidélité à l'entreprise; **customer l.....** fidélisation des clients

Ltd *n abbr* **(Limited)** limité : se dit d'une société à responsabilité limitée

LTD *n abbr* **(Long Term Disability)** invalidité permanente; **L..... plan** assurance invalidité permanente

LTI *n abbr* **(Long Term Incentive)** avantage différé dont le montant est non garanti et variable à long terme (ex : stock options, intéressement, régime de retraite d'entreprise)

lull *n* pause, accalmie; l..... **in negotiations** pause dans les négociations

lump labour *n* travailleurs offrant leurs services à des entreprises en qualité de sous-traitants, et non comme salariés, dispensant celles-ci notamment des cotisations à la Sécurité Sociale

lump sum *n* forfait, capital, somme forfaitaire; *cpd* l..... **death benefit** capital décès; l..... **payment** paiement forfaitaire; l..... **settlement** règlement forfaitaire

lunch *n* déjeuner; **business l.....** déjeuner d'affaires; l..... **time** heure de déjeuner, pause-déjeuner; **working l.....** déjeuner de travail

luncheon *n* déjeuner; *cpd* l..... **voucher** ticket-restaurant, chèque-repas, chèque-restaurant

lying *adj* l..... **time** délai de versement d'un salaire

Mm

MA *n abbr* (**Master of Arts**) maîtrise universitaire

machine *n* machine; **calculating m.....** machine à calculer; **vending m.....** distributeur automatique de boissons; *cpd* **m..... tool** machine-outil

machinery *n* machines; **m..... lying idle** machines à l'arrêt

machining *n* usinage

machinist *n* machiniste

magazine *n* revue; **trade m.....** revue spécialisée

mail *n* courrier; **electronic m.....** messagerie électronique; *cpd* **m..... order** vente/achat par correspondance; **m..... order house** maison de vente/d'achat par correspondance

mailing *n* expédition, liste d'adresses

main *adj* principal; **m..... idea** idée maîtresse

mainframe *n* (*info*) **1** unité centrale; **2** gros système

maintenance *n* **1** entretien, maintenance; **m..... of a machine** entretien d'une machine; *cpd* **m..... contract** contrat de maintenance; **m..... costs** frais d'entretien; **full m..... service** contrat d'entretien; **2 m..... allowance** bourse d'études; **m..... payments** pension alimentaire

major *vi* se spécialiser dans une matière; **to m..... in marketing** faire l'option marketing

major *adj* majeur, important, principal; **m..... medical insurance** assurance médicale couvrant les gros risques

majority *n* majorité; **absolute m.....** majorité absolue; **to attain one's m.....** atteindre sa majorité; **to be in the m.....** être majoritaire; **narrow m.....** faible majorité; **relative m.....** majorité relative; **silent m.....** majorité silencieuse; **simple m.....** majorité ordinaire; **straight m..... election** élection à la majorité des voix *cpd* majoritaire; **m..... vote/decision** vote majoritaire

make *n* marque; **m..... of a car** marque d'une voiture

make *vt* faire, fabriquer; **to m..... an agreement** passer un accord; **to m..... an appointment** prendre un rendez-vous; **to m..... money** gagner de l'argent; **to m..... a deal** conclure un accord; **to m..... on a deal** gagner au change; **to m..... a payment** effectuer un versement; **to m..... £30000 a year** se faire 30000 livres par an (*fam*)

make good *vt* remédier, réparer, compenser; **to m..... a loss** compenser une perte

make it *vi* réussir, arriver; **to m..... in life** réussir dans la vie; **to m..... to the top** arriver au sommet

make or break *loc* **it's m.....** ça passe ou ça casse

make out *vt* libeller, rédiger, établir; **to m..... a cheque to sbdy** libeller un chèque à l'ordre de qqn

make up *vt* combler, compenser; **to m..... a loss** combler une perte; **to m..... hours** rattraper des heures

make-up pay *adj* rattrapage/ rappel de salaire

make up for *vt* rattraper, compenser, réparer; **to m..... lost time** rattraper un retard/le temps perdu; **to m..... lower prices by increasing market share** compenser une baisse des prix par une augmentation des parts de marché; **to m..... wrong doing** réparer une faute/erreur

make-work *cpd* **m..... practises** mesures gouvernementales de lutte contre le chômage

malpractice *n* faute professionnelle

man *n* homme; **businessm.....** homme d'affaires; **handy m.....**

homme à tout faire; **m.....** **Friday** homme à tout faire; **organization m.....** homme d'appareil; **right-hand m.....** homme de confiance, bras droit; **an Oxford m.....** un ancien d'Oxford

man *vt* **to m.....** **the assembly line** affecter du personnel à une chaîne de montage

man-hour *n* heure de main-d'œuvre

manage *vt* gérer, diriger, mener, encadrer, conduire; **to m.....** **a team** encadrer une équipe; **to m.....** **a department** diriger un service

managed *adj* **m.....** **fund** contrat d'assurance (dont les primes sont placées) n'assurant pas un capital garanti à l'assuré

management *n* gestion, administration, direction, encadrement; **careers m.....** gestion des carrières **to entrust the m.....** **to sbdy** confier la direction à qqn; **executive m.....** encadrement supérieur; **financial m.....** gestion financière; **General M.....** Direction Générale; **human resources m.....** gestion des ressources humaines; **line m.....** encadrement opérationnel/hiérarchique; **m.....** **of change** conduite du changement; **m.....** **by objectives** direction par objectifs; **middle m.....** encadrement moyen/intermédiaire; **participative m.....** management participatif; **personnel m.....** gestion du personnel; **scientific m.....** organisation scientifique du travail; **staff m.....** encadrement fonctionnel **top m.....** encadrement supérieur; *cpd* **m.....** **accounting** contrôle de gestion; **m.....** **committee** comité de direction; **m.....** **consultant** ingénieur conseil, conseil de direction, consultant en management; **m.....** **course** cours de management; **m.....** **development** formation et carrières des cadres; **m.....** **training** formation au management; **m.....** **trainee** jeune manager en formation

manager *n* cadre, manager, chef, responsable d'équipe; **Advertis-** ing **M.....** chef de publicité; **Area M.....** directeur régional; **Bank M.....** directeur d'agence bancaire; **Branch M.....** chef d'agence, directeur de succursale; **Company M.....** chef d'entreprise; **Compensation and Benefits M.....** Responsable de la rémunération et des avantages sociaux; **executive m.....** cadre supérieur; **General M.....** Directeur Général; **Deputy General M.....** Directeur Général Adjoint; **Human Resources M.....** directeur/responsable des ressources humaines; **junior m.....** jeune cadre, cadre débutant; **middle m.....** cadre moyen; **Office M.....** Responsable des Services Généraux; **Personnel M.....** chef du personnel, directeur du personnel; **Personnel Administration M.....** responsable de l'administration du personnel; **Plant M.....** directeur d'usine; **Purchasing M.....** directeur des achats; **Sales M.....** directeur des ventes; **seasoned m.....** cadre confirmé; **shop m.....** gérant d'un magasin; **top m.....** cadre supérieur; **trainee m.....** jeune manager en formation; **Training M.....** responsable de formation

manageress *n* gérante; **m.....** **of a store** gérante d'un magasin

managerial *adj* **decisions taken at m.....** **level** décisions prises au niveau de la direction; *cpd* **m.....** **staff** encadrement, responsables d'équipes

managing *adj* **M.....** **Director** Directeur Général

mandate *n* mandat; **to be entrusted with a m.....** être investi d'un mandat

mandate *vt* mandater

mandatory *adj* impératif, obligatoire; **m.....** **pension scheme** régime de retraite obligatoire

manipulation *n* manipulation

manned *adj* occupé, fourni en personnel; **m.....** **work stations** postes de travail occupés

manners *npl* manières; **good m.....** bonnes manières

manning *n* effectif; **m......** agreement accord sur les effectifs; **m.....** **guide** document indiquant les effectifs nécessaires par activité/opération; **m.....** **levels** besoins en effectifs

manœuvre *n* manœuvre; **room for m.....** marge de manœuvre

manpower *n* main-d'œuvre, effectif; **m.....** **needs** besoins de main-d'œuvre, besoins en effectifs; **m.....** **planning** gestion prévisionnelle de l'emploi; **m.....** **requirements** besoins en effectifs; **shortage of m.....** pénurie de main-d'œuvre

manual *n* manuel, livret; **service m.....** manuel d'entretien; **user's m.....** manuel de l'utilisateur, manuel d'utilisation

manual *adj* manuel; **m.....** **labour** travail manuel; **m.....** **worker** travailleur manuel

manufacture *vt* confectionner, fabriquer

manufactured *adj* manufacturé; **m.....** **goods** produits manufacturés

manufacturer *n* fabricant; **car m.....** fabricant d'automobiles

manufacturing *n* fabrication, transformation; **m.....** **industries** industries de fabrication

march *n* défilé, marche; **protest m.....** marche de protestation

march *vi* défiler

margin *n* marge; **gross m.....** marge brute; **m.....** **for error** marge d'erreur; **net m.....** marge nette; **profit m.....** marge bénéficiaire; **safety m.....** marge de sécurité

marginal *adj* marginal; **m.....** **cost** coût marginal; **m.....** **profit** bénéfices marginaux

marital *adj* **m.....** **status** situation de famille

mark *n* note; **school m.....** note d'école

mark down *vt* baisser; **to m.....** **prices** baisser les prix

mark up *vt* augmenter; **to m.....** **prices** augmenter les prix

market *n* marché; **on the black m.....** au marché noir; **domestic m.....** marché intérieur; **financial m.....** place financière, marché financier; **home m.....** marché national; **job/labour m.....** marché de l'emploi, marché du travail; **money m.....** marché financier; **single m.....** marché unique; *cpd* **m.....** **research** études de marché; **m.....** **salary** salaire du marché; **m.....** **share** part de marché

market *vt* commercialiser, vendre; **to m.....** **a product** lancer un produit (sur le marché)

marketable *adj* vendable, facile à commercialiser

marriage *n* mariage

married *adj* marié; **to get m.....** se marier

marshal *vt* **to m.....** **arguments** fourbir ses armes

mason *n* maçon

mass *n* **m.....** **media** média; **m.....** **production** fabrication en série; **m.....** **redundancy** licenciements collectifs; **m.....** **unemployment** chômage élevé/généralisé

mass-produce *vt* fabriquer en série

master *n* 1 maître; **m.....** **of ceremonies** maître de cérémonies; *cpd* **m.....** **contract** contrat chapeau; **m.....** **copy of a document** original d'un document; **m.....** **craftsman** maître artisan; **m.....** **plan** schéma directeur; 2 maîtrise; **m.....'s degree in sociology** maîtrise de sociologie

mastermind *vt* **to m.....** **a project** diriger un projet

mate *n* camarade, collègue; **school m.....** camarade d'école; **workm.....** collègue de travail

material *n* matériau, matière; **building m.....s** matériaux de construction; **raw m.....s** matières premières

maternity *n* maternité; **notice of m.....** absence obligation faite à une salariée d'informer son employeur de la date à laquelle elle envisage de prendre son congé de maternité; **m..... absence** congé de maternité; **m..... benefit** allocation de maternité; **m..... home** clinique d'accouchement; **m..... leave** congé de maternité

matrix *n* matrice; **m..... organization** organisation matricielle

matter *n* affaire; **day-to-day m.....s** affaires courantes; **to dispose of day-to-day m.....s** expédier les affaires courantes; **to have m.....s to settle** avoir des affaires à régler; **to raise a m..... at a meeting** soulever une question à une réunion

mature *vi* arriver à échéance; **the policy m.....s** la police d'assurance vient à échéance

maturity *n* **date of m.....** date d'échéance; **m..... curve** courbe permettant de déterminer l'évolution de la masse salariale en fonction du vieillissement du personnel

maximise *vt* maximiser

maximum *adj* maximum

MBA *n abbr* (**Master of Business Administration**) maîtrise ou troisième cycle de gestion/administration des entreprises *(équiv)*

MBO *n abbr* (**Management By Objectives**) DPO (Direction Par Objectifs)

MBT *n abbr* (**Media Based Training**) formation à base de multimédia

MBWA *n abbr* (**Management By Walking Around**) style de management prônant une forte présence de la direction sur le terrain

MD *n abbr* (**Managing Director**) Directeur Général

meal *n* repas

mealtimes *npl* heures de repas

means *n* moyen, ressource, mode; **to be without m..... of support** être sans ressources; **the end justifies the m.....** la fin justifie les moyens; **to live beyond one's m.....** vivre au-dessus de ses moyens; **m..... to an end** moyen d'arriver à ses fins; **m..... of enforcement of a decree** modalités d'application d'un décret; **m..... of expression** moyen d'expression; **m..... of payment** moyens de paiement; **m..... of production** moyens de production; **m..... of transport** moyen de transport; **to use the m..... at one's disposal** utiliser les moyens du bord

means test *n* enquête sur les ressources (d'une personne demandant une aide pécunière); **subject to a m.....** sous conditions de ressources

means test *vt* **to m..... sbdy** enquêter sur les ressources d'une personne demandant une aide pécunière

measurable *adj* quantifiable; **m..... objectives** objectifs quantifiables

measure *n* mesure, disposition; **disciplinary m.....** mesure disciplinaire; **emergency m.....s** mesures d'urgence; **Inspector of weights and m.....s** Inspecteur des poids et mesures; **precautionary m.....** mesure de précaution; **preventive m.....** mesure préventive; **protective m.....** mesure conservatoire *(jur)*, mesure protectionniste; **retaliatory m.....** mesure de rétorsion, mesure de représailles; **safety m.....** mesure de sécurité; **to take m.....s** prendre des dispositions; **to take m.....s to prevent sthg happening** prendre des mesures pour éviter que qqch survienne

measured *adj* **m..... day work** système de rémunération fixe basé sur un taux de production journalier prédéterminé

measurement *n* mesure, prise de mesure

mechanic *n* mécanicien

mechanism *n* mécanisme

medal *n* médaille; **length of service m.....** médaille d'ancienneté; **long service m.....** médaille d'ancienneté; **seniority m.....** médaille d'ancienneté

median *n (stat)* médiane

mediate *vi* arbitrer, agir comme médiateur; **to m..... in a dispute** arbitrer un conflit

mediation *n* médiation

mediator *n* conciliateur, médiateur

Medicaid *n (US)* système d'assurance-maladie pour les plus de 65 ans

medical *n* **to have a m.....** passer une visite médicale

medical *adj* médical; **m..... certificate** certificat médical; **m..... inspection** examen médical, visite médicale; **m..... records** dossiers médicaux; **m..... suspension** arrêt de travail suite à un accident du travail donnant droit à un maintien de salaire pendant un maximum de 6 mois; **to resign for m..... reasons** démissionner pour des raisons de santé

Medicare *n (US)* système d'assurance-maladie pour les plus démunis

medicine *n* 1 médicament; 2 médecine; **industrial m.....** médecine du travail

medium, media *n* support, média; **advertising m.....** support publicitaire; **in-house m.....** média interne

medium *adj* moyen; **in the m..... term** à moyen terme

meet *vt* rencontrer; **to m..... a commitment** tenir un engagement; **to m..... the conditions** remplir les conditions; **to m..... a deadline** tenir un délai, respecter un délai; **to m..... the demand for a product** satisfaire la demande pour un produit; **to m..... expenses** supporter les frais; **to m..... one's objectives** atteindre ses objectifs; **to m..... requirements** répondre aux exigences; **to m..... union demands** satisfaire les revendications syndicales

meeting *n* réunion, assemblée, séance; **to address a m.....** prendre la parole à une réunion; **annual general m.....** assemblée générale annuelle; **to close a m.....** clore une réunion; **to conduct a m.....** conduire une réunion; **extraordinary general m.....** assemblée générale extraordinaire; **to hold a m.....** tenir/organiser une réunion; **the m..... is adjourned** la séance est suspendue; **the m..... is closed** la séance est levée; **to open a m.....** ouvrir une réunion; *cpd* **m..... room** salle de réunion

member *n* membre, adhérent; **active m.....** membre actif; **ex officio m.....** membre d'office, membre de droit; **founder m.....** membre fondateur; **fully-fledged m.....** membre à part entière; **honorary m.....** membre honoraire; **m.....s of the family** membres de la famille; **permanent m.....** membre titulaire; *cpd* **m.....-states** états-membres

membership *n* adhésion, affiliation; **dwindling m.....** diminution des membres; **pension scheme m.....** affiliation à une caisse de retraite; **union m.....** adhésion à un syndicat; *cpd* **m..... card** carte d'adhérent; **m..... fee** cotisation d'adhésion; **m..... number** numéro d'affiliation

memo *n* note (de service); **m..... pad** bloc-notes

memorandum *n* mémorandum, mémoire, note (de service); **m..... and articles of association** statuts d'une société

mendays *npl* jours de main-d'œuvre

menial *adj* subalterne; **m..... task** tâche subalterne, petits travaux

mentor *n* mentor, tuteur, parrain; **m..... programme** système de parrainage

merchandising *n* merchandising

merchant *n* négociant, marchand, commerçant

merge *vi* fusionner

merger *n* fusion

merit *n* mérite; **m.....** **increase** augmentation au mérite; **m.....** **pay** salaire au mérite; **m.....** **rating** notation au mérite

message *n* message, commission; **to take a m.....** prendre une commission/un message; **to leave a m..... on the voice mail** laisser un message sur le répondeur téléphonique

messenger *n* coursier

metal worker *n* ajusteur, ouvrier métallurgiste

method *n* méthode, mode; **m.....** **of calculation** mode de calcul; **m..... of payment** modalités de règlement; *cpd* **m.....s engineer** ingénieur méthodes; **m..... study** étude des postes visant à la rationalisation du travail; **m..... of working** méthode de travail

methodology *n* méthodologie

micro-computer *n* micro-ordinateur

micro-computing *n* micro-informatique

middle *adj* moyen; **m..... manager** cadre moyen; **m..... management** encadrement moyen

middleman *n* intermédiaire, revendeur

migrant *adj* itinérant, migrant; **m..... worker** travailleur saisonnier/itinérant, travailleur étranger/immigré

migration *n* migration

milestone *n* jalon, événement marquant; **historic m.....** date historique; **m..... legislation** législation qui fera date

militancy *n* militantisme; **union m.....** militantisme syndical

militant *n* militant; **rank and file m.....** militant de base

military *adj* militaire; **m..... leave** permission

milk round *n* tournée annuelle des entreprises recruteuses dans les écoles et les universités

mind *n* esprit; **to have an analytical m.....** avoir un esprit d'analyse

miner *n* mineur (métier)

minimal *adj* minimal

minimize *vt* minimiser; **to m..... risks** minimiser les risques

minimum *n* minimum; **m..... wage** salaire minimum

Ministry *n* ministère; **M..... of Labour** ministère du Travail

minor *n* mineur (pas majeur)

minor *adj* mineur; **m..... offence** délit mineur, contravention

minority *n* minorité; **to be in the m.....** être minoritaire

minute *n* compte rendu, procès-verbal; **m..... of conciliation** procès-verbal de conciliation; **m..... of failure to agree** procès-verbal de désaccord; **m.....s of a meeting** compte rendu d'une réunion, procès-verbal d'une réunion

MIS *n* *abbr* **(Management of Information Systems)** DTI (Direction du Traitement de l'Information)

misappropriation *n* détournement, abus; **m..... of corporate funds** abus de biens sociaux; **m..... of funds** détournement de fonds; **m..... of property** détournement de biens

miscalculation *n* erreur de calcul

miscarriage *n* **1** fausse couche; **to have a m.....** faire une fausse couche; **2 m..... of justice** erreur judiciaire, déni de justice

miscellaneous *adj* divers; **m..... expenses** frais divers

misconduct *n* inconduite, faute; **to commit an act of m.....** commettre une faute; **gross m.....**

faute lourde; **professional m.....** faute professionnelle; **wilful m.....** faute intentionnelle

misdemeanor *n* faute, infraction, délit; **serious m.....** faute grave; **to commit a m.....** commettre une faute

misgivings *npl* doutes; **to have m..... about sthg** avoir des doutes sur qqch

mislead *vt* induire en erreur, tromper

misleading *adj* mensonger, trompeur; **m..... advertising** publicité mensongère; **m..... information** information trompeuse

mismanage *vt* mal administrer, mal gérer

misprint *n* faute d'impression

misrepresentation *n* **fraudulent m.....** déclaration intentionnellement frauduleuse

miss *vt* manquer; **to m..... a meeting** manquer une réunion

mission *cpd* **m..... statement** projet/charte d'entreprise

mistake *n* faute, erreur; **typing m.....** faute de frappe; **to do sthg by m.....** faire qqch par erreur; **to make a m.....** commettre une erreur; **careless m.....** faute d'inattention; **spelling m.....** faute d'orthographe

misunderstanding *n* malentendu

misuse *n* abus, détournement; **m..... of authority** abus d'autorité; **m..... of company documents** détournement de documents d'entreprise

misuse *vt* **to m..... funds** a) détourner des fonds b) mal employer des fonds

mitigate *vt* atténuer

mitigating *adj* atténuant; **m..... circumstances** circonstances atténuantes

mobile *adj* itinérant, mobile; **m..... staff** personnel mobile; **to be upwardly m.....** être évolutif

mobility *n* mobilité; **geographical m.....** mobilité géographique; **m..... clause** clause de mobilité; **occupational m.....** mobilité professionnelle; **professional m.....** mobilité professionnelle; **upward m.....** promotion, avancement vers un niveau hiérarchique supérieur

mobilization *n* mobilisation; **m..... of the staff** mobilisation du personnel

model *n* **1** exemple, type, modèle; **m..... of agreement** accord type; **m..... company** entreprise modèle; **Swedish m..... of industrial relations** modèle Suédois des relations sociales; **2** maquette; **m..... of future headquarters** maquette du futur siège

moderate *adj* modéré; **to have m..... views** avoir des opinions modérées; **m..... wage claim** demande d'augmentation de salaire modérée

modernize *vt* moderniser; **to m..... the factory** moderniser l'usine

modification *n* modification

modify *vt* modifier; **to m..... proposals** modifier des propositions

module *n* module; **training m.....** module de formation

momentum *n* dynamique, élan, vitesse; **to gather m.....** prendre de la vitesse; **to lose m.....** perdre de la vitesse

monetary *adj* monétaire; **m..... policy** politique monétaire

money *n* argent; **danger m.....** prime de risque; **dirt m.....** argent sale; *cpd* **international m..... order** mandat international; **m..... markets** marchés financiers, marchés monétaires; **m..... order** mandat-lettre; **m..... purchase plan** plan de retraite dont les cotisations sont proportionnelles au salaire ou forfaitaires et dont les prestations varient selon certains critères (date de départ en retraite, âge...)

monitor *vt* contrôler, suivre, vérifier; **to m.....** **the progress of sthg** vérifier l'état d'avancement de qqch

monitoring *adj* **m.....** **group** groupe de contrôle

monopoly *n* monopole; **to have a m.....** **over sthg** avoir le monopole de qqch

monotonous *adj* routinier; **m.....** **work** travail routinier/répétitif

month *n* mois; **calendar m.....** mois civil; **civil m.....** mois civil; *cpd* **m.....** **end** fin de mois; **m.....-end accounts** comptes de fin de mois

monthly *adj* mensuel; **m.....** **magazine** revue mensuelle; **m.....** **payment** mensualité; **in three m.....** **payments** en trois mensualités; **m.....** **salary** salaire mensuel; **m......** **ticket** coupon/ticket mensuel, carte mensuelle; **on a m.....** **basis** mensuellement

moonlight *vi* travailler au noir dans un deuxième emploi

moonlighting *n* travail au noir dans un deuxième emploi

morale *n* moral; **to boost m.....** remonter le moral; **to have high m.....** avoir le moral; **to have low m.....** ne pas avoir le moral; **the m.....** **is high** le moral est bon; **to raise m.....** remonter le moral; **to sap sbdy's m.....** saper le moral de qqn

morphopsychology *n* morphopsychologie

mortality *n* mortalité; **m.....** **rate** taux de mortalité

mortgage *n* hypothèque, crédit hypothécaire, crédit immobilier

mortgage *vt* hypothéquer

mother *n* mère

mother-in-law *n* belle-mère

motherhood *n* maternité

motion *n* 1 motion, résolution; **to carry a m.....** adopter une motion; **to defeat a m.....** rejeter une motion; **to move a m.....** présenter/déposer une motion; **to propose a m.....** présenter/déposer une motion; **to table a m.....** présenter une motion; 2 mouvement; **m.....** **study** étude des mouvements; **time and m.....** **study** étude des temps et des mouvements

motivate *vt* inciter, motiver

motivated *pp* motivé; **highly m.....** très motivé

motivation *n* motivation; **to lack m.....** manquer de motivation

motivational *adj* **m.....** **factors** facteurs de motivation

motive *n* raison, mobile; **m.....** **for a crime** mobile d'un crime

mount *vt* monter, organiser; **to m.....** **an operation** monter une opération

mourning *n* deuil; **to be in m.....** être en deuil

mouth *n* bouche; **by word of m.....** par le bouche à oreille

move *n* 1 manœuvre; **m.....** **to obstruct** manœuvre d'obstruction; 2 déménagement

move *vt* 1 déplacer; **to m.....** **back a meeting** reporter une réunion; **to m.....** **forward a meeting** avancer une réunion; **to m.....** **a meeting** décaler une réunion; 2 déménager; **to m.....** **house** déménager; **to m.....** **office** changer de bureau; **to m.....** **offices** déménager les bureaux

movement *n* 1 circulation; **free m.....** **of labour** libre circulation de la main-d'œuvre; 2 mouvement; **trade union m.....** mouvement syndical; **labour m.....** mouvement ouvrier

moving *adj* déménagement; **m.....** **allowance** allocation de déménagement

MSc *n abbr* (**Master of Science**) maîtrise scientifique

MSC *n abbr* (**Manpower Services Commission**) organisme public responsable de la formation professionnelle

multidisciplinarity *n* polyvalence

multidisciplinary *adj* polyvalent

multinational *n* multinational; **m.....** **corporation** entreprise multinationale

multiple *adj* multiple; **m..... chain promotion plan** système de promotion basé sur l'établissement de passerelles entre les postes; **m.....-step day work system** système de rémunération aux résultats par paliers

multipurpose *adj* à usages multiples

multiskilling *n* polyvalence

mutual *adj* réciproque; **by m.....** **agreement** par accord réciproque; **m..... fund** fonds commun de placement

mutuality *cpd* **m..... agreement** accord entre un employeur et les représentants du personnel par lequel l'employeur s'engage à ne pas modifier l'organisation du travail sans l'accord préalable des partenaires sociaux

Nn

name *n* nom; **Christian n.....** prénom; **family n.....** nom de famille; **first n.....** prénom; **maiden n.....** nom de jeune fille; **nickn.....** surnom; **surn.....** nom de famille

name *vt* désigner; **to n..... sbdy as a beneficiary** désigner qqn comme bénéficiaire

naming *n* désignation; **n..... of beneficiaries** *(ins)* désignation d'un bénéficiaire

nanny *n* nurse

narrow *adj* étroit, faible, serré; **n..... majority** faible majorité

narrow down *vt* réduire, cibler, restreindre; **to n..... possibilities** limiter/restreindre les possibilités

national *n* ressortissant; **EC n.....s** ressortissants de la CE; **French n.....** citoyen français

national *adj* **n..... executive** comité directeur d'un syndicat au niveau national; **N..... Insurance** assurances sociales; **N..... Insurance contributions** cotisations de la Sécurité Sociale

nationalization *n* nationalisation

nationwide *adj* à l'échelle nationale; **n..... movement** mouvement d'envergure nationale

natural *adj* naturel; **n..... wastage** départs naturels (démissions, retraites...)

naturalization *n* naturalisation

NCVQ *n abbr* **(National Council for Vocational Qualifications)** organisme public chargé de définir sur le plan national les niveaux de qualification professionnelle et d'accréditer les centres pouvant délivrer les formations correspondantes

near-miss *adj* **n..... accident** accident manqué de peu

need *n* besoin, nécessité; **to be in n.....** être dans le besoin; **to feel a n.....** éprouver un besoin; **to meet n.....s** satisfaire des besoins; *cpd* **n.....s analysis** analyse des besoins; **n.....s assessment** évaluation des besoins

neglect *n* négligence; **wilful n.....** négligence intentionnelle

neglect *vt* négliger; **to n..... sthg** ne pas tenir compte de qqch; **to n..... to do sthg** omettre de faire qqch

negligence *n* négligence; **contributory n.....** *(US)* négligence d'un salarié conduisant à un accident du travail dont il est victime et qui implique la réduction des dommages-intérêts payés par l'employeur; **gross n.....** grave négligence

negligible *adj* dérisoire; **n..... salary rise** augmentation de salaire dérisoire

negotiable *adj* négociable; **the offer is not n.....** l'offre n'est pas négociable; **n..... salary** salaire à débattre, salaire négociable

negotiate *vi* négocier; **to n..... with sbdy** négocier avec qqn

negotiating *adj* de négociation; **to go back to the n..... table** retourner à la table des négociations

negotiation *n* négociation; **breakdown of n.....s** rupture des négociations; **to break off n.....s** rompre des négociations; **to conduct n.....s** mener des négociations; **to enter into n.....s with sbdy** entamer/engager des négociations avec qqn; **matter of n.....** sujet de négociation; **pay n.....s** négociations salariales; **the problem is under n.....** la question est en cours de négociation; **to resume n.....s** reprendre des négociations; **resumption of n.....s** reprise des négociations

negotiator *n* négociateur

nephew *n* neveu

nepotism *n* népotisme

net *adj* net; **n..... salary** salaire net; **n..... worth** actif net ou valeur nette (d'une société)

network *n* réseau; **throughout the whole n.....** sur l'ensemble du réseau; **sales n.....** réseau de ventes

networking *n* fonctionnement par réseau

neutral *adj* neutre

neutrality *n* neutralité; **n..... laws** *(US)* législation régissant des mesures antidiscriminatoires

newborn *adj* nouveau-né; **a n..... child** un nouveau-né

news *npl* nouvelles, informations

newsletter *n* bulletin d'information

newssheet *n* feuille d'information

next of kin *n* plus proche parent(s)

NHS *n abbr* (**National Health Service**) Sécurité Sociale *(équiv)*

NI *n abbr* (**National Insurance**) assurances sociales; **NI contributions** cotisations de Sécurité Sociale

niche *n* créneau, niche; **to be on a n.....** être sur un créneau; **fast-developing market n.....** créneau porteur

nickname *n* surnom

niece *n* nièce

night *n* nuit; **to be on n.....s** être de nuit; **to work n.....s** travailler la nuit; *cpd* **n..... shift** équipe de nuit; **n..... work** travail de nuit

NIMBY *loc abbr* (**Not In My Back Yard**) « pas de ça chez moi »

nit-picking *n* procédurier; **to do n.....** être procédurier, chercher la petite bête

NLP *n abbr* (**Neuro-Linguistic Programming**) PNL (Programmation Neuro-Linguistique)

NLRB *n abbr* (**National Labor Relations Board**) *(US)* organisme chargé de veiller au respect de la loi nationale régissant les relations entre les partenaires sociaux

no-attention job *n* travail nécessitant peu de concentration

no-smoking *adj* non fumeur; **n..... area** espace non fumeur

no-strike *adj* **n..... clause** clause de paix sociale (interdisant la grève)

noise *n* bruit; **background n.....** bruit de fond

nominal *adj* modique, minimum; **n..... charge for sthg** prix modique pour qqch

nominate *vt* nommer, désigner; **to n..... sbdy to a job** nommer/désigner qqn à un poste

nomination *n* nomination

nominee *n* personne nommée/désignée

non-profit-making *adj* non lucratif; **n..... organization** organisation/association à but non lucratif

non-contributing *adj* non cotisant; **n..... member** adhérent non cotisant

non-contributory *adj* **n..... pension plan** plan de retraite financé en totalité par l'employeur

non-degree student *n* auditeur libre

non-exempt *adj* **n..... employee** salarié payé pour les heures supplémentaires : non-cadre *(équiv)*

non-occupational *adj* **n..... coverage** assurance-vie privée

non-payment *n* non-paiement; **n..... of contributions** non-paiement des cotisations

non-resident *n* non-résident

non-transferability *n* incessibilité; **n..... of rights** incessibilité des droits

non-transferable *adj* incessible

non-union *adj* non syndiqué

non-verbal *adj* non verbal; **n..... communication** communication non verbale/non dite

nonsuit *n* débouté

nonsuit *vt* débouter; **to n.....   a complaint** débouter une plainte

norm *n* norme

normal *adj* normal; **the lift is in n..... working order** l'ascenseur fonctionne normalement

notary public *n* notaire *(équiv)*

note *n* bordereau, billet, effet; **bank n.....** billet de banque; **n.....s payable** effets à payer; **n.....s receivable** effets à recevoir; **promissory n.....** billet à ordre; **to take n.....s** prendre des notes

notepaper *n* papier; **headed n.....** papier à en-tête

notice *n* 1 notification, avis; **competition n.....** avis de concours; **election n.....** avis d'élection; **until further n.....** jusqu'à nouvel ordre; **to serve n..... on sbdy that** aviser qqn que; **strike n.....** avis de grève; **without prior n.....** sans avis préalable; **2** préavis; **to give advance n..... of sthg** donner un préavis de qqch; **to give (in one's) n.....** donner sa démission; **to give sbdy n..... to leave** donner congé à qqn; **to give 3 months' n.....** donner 3 mois de préavis; **to hand in one's n.....** donner sa démission; **strike n.....** préavis de grève; **without n.....** sans préavis; **to work out one's n.....** effectuer son préavis, exécuter son préavis; **3 months' n.....** préavis de 3 mois; **3 délai**; **at short n.....** à bref délai; *cpd* **n..... period** période de préavis

noticeboard *n* panneau d'affichage

notification *n* notification, déclaration; **letter of n..... to attend a meeting** (lettre de) convocation à une réunion; **n..... of theft** déclaration de vol

notify *vt* alerter, aviser, notifier; **to n..... the authorities** alerter les pouvoirs publics; **to n..... sbdy of sthg** aviser qqn de qqch, notifier qqch à qqn

notional *adj* **n..... salary** salaire de référence

novation *n* substitution d'une ancienne obligation légale par une nouvelle, avec l'accord des parties concernées

null *adj* caduc, nul; **n..... and void** nul et non avenu

nullify *vt* annuler, infirmer; **to n..... a contract** annuler un contrat; **to n..... an election** annuler une élection

nullity *n* nullité; **n..... of a decision** nullité d'une décision

number *n* numéro; **toll-free n.....** numéro vert; **wrong n.....** faux numéro; **to dial a n.....** composer un numéro

nurse *n* 1 infirmier/ière; 2 nourrice

nursery *n* crèche, garderie

nursing home *n* clinique

NVQ *n abbr* **(National Vocational Qualification)** diplôme sanctionnant une compétence professionnelle reconnue par le NCVQ; **N..... assessor** évaluateur NCVQ habilité

Oo

O+M *n* *abbr* (**Organization and Methods**) organisation et méthodes

OAP *n* *abbr* (**Old Age Pensioner**) retraité

oath *n* serment; **to give evidence under o.....** témoigner sous serment; **to take an o.....** prêter serment

obedience *n* obéissance

obey *vt* obéir; **duty to o.....** devoir d'obéissance

object *vi* **to o..... to sthg** s'opposer à qqch, faire objection à qqch

objection *n* objection; **to raise an o.....** soulever une objection

objective *n* objectif; **to achieve an o.....** réussir/atteindre un objectif; **hidden o.....** objectif caché; **Management By O.....s** Direction Par Objectifs; **to meet o.....s** atteindre des objectifs; **to set o.....s** fixer des objectifs

objective *adj* objectif; **to be o.....** être objectif

obligation *n* obligation; **to be under the o..... to do sthg** avoir l'obligation de faire qqch, être dans l'obligation de faire qqch

obligatory *adj* obligatoire

observance *n* observation, respect; **o..... of the rules** observation des règles, respect des règles

observe *vt* respecter; **failure to o..... procedures** manquement aux procédures; **to o..... the rules** respecter les règles

observer *n* observateur, observatrice

obsolescence *n* obsolescence, désuétude, vétusté; **o..... of a custom** désuétude d'une pratique

obsolescent *adj* **to become o.....** tomber en désuétude, devenir caduc/obsolescent

obsolete *n* dépassé, désuet, périmé, caduc

obstacle *n* obstacle; **to bypass an o.....** contourner un obstacle; **to iron out o.....s** aplanir les obstacles; **to overcome an o.....** surmonter un obstacle

obstruct *vt* entraver, faire obstacle à; **to o..... the teamwork** entraver le travail de l'équipe

occupation *n* **1** occupation; **o..... of premises** occupation des locaux/lieux; **2** emploi, profession, métier, occupation; **hazardous o.....** emploi dangereux; **related o.....** emploi apparenté, emploi connexe

occupational *adj* professionnel; **o..... disease** maladie professionnelle; **o..... group** catégorie professionnelle; **o..... hazards** risques du métier, risques professionnels; **o..... health** médecine du travail; **o..... injury** accident du travail; **o..... pension** régime de retraite d'entreprise; **o..... psychology** psychologie du travail

occupy *vt* **1** occuper; **to o..... the factory** occuper l'usine; **to o..... an office** occuper un bureau; **2** tenir; **to o..... a post** tenir un poste

occurred *pp* survenu; **an accident o..... during the journey** un accident est survenu pendant le trajet

OD *n* *abbr* (**Organizational Development**) développement des organisations

odd jobs *npl* **to do o.....** bricoler, faire des petits boulots; **o..... man** homme à tout faire

oddments *npl* fins de série

off the books *cpd* non déclaré; **to be paid o.....** être payé au noir

off-duty hours *cpd* période pendant laquelle un salarié n'est pas de service

off-peak *adj* creux, en dehors des heures de pointe; **o..... period** période creuse

off-the-job *adj* à l'extérieur de l'entreprise; **o.....** **training** formation à l'extérieur de l'entreprise

off the record *adv* hors-antenne, officieusement, confidentiellement, entre-nous

off-the-shelf program *n* formation sur catalogue

offence, offense *n* infraction, délit; **to be charged with a serious o.....** être inculpé; **to commit an o.....** commettre un délit; **driving o.....** infraction au code de la route; **minor o.....** délit mineur; **o.....** **against public morals** attentat aux mœurs

offender *n* contrevenant; **previous o.....** récidiviste

offer *n* offre, proposition; **conditional o.....** offre conditionnelle; **to improve on an o......** améliorer une offre; **job o.....** offre d'emploi; **to make an improved o.....** faire une meilleure offre; **to make an o.....** faire une proposition; **to make a pay o.....** faire une proposition salariale; **to make a special o.....** faire une promotion; **o.....** **of employment** proposition d'emploi; **to turn down an o.....** refuser une offre, refuser une proposition; **unacceptable o.....** offre inacceptable; **unconditional o.....** offre inconditionnelle

office *n* 1 bureau; **employment o.....** bureau de placement; **registered o.....** siège social, adresse officielle; *cpd* **o.....** **block** immeuble de bureaux; **o.....** **boy** garçon de bureau; **the o.....s will be closed** les bureaux seront fermés; **o.....** **design** conception des bureaux; **o.....** **desk** bureau; **o.....** **hours** heures de bureau; **during o.....** **hours** pendant les heures de bureau; **O.....** **Manager** Responsable des Services Administratifs/Généraux; **o.....** **worker** employé de bureau; **2 branch o.....** succursale; **Head o.....** siège social; **main o.....** siège social; **3 mandat, fonction; to be in o.....** **for two years** être élu pour 2

ans; **to hold o.....** assumer une fonction, occuper une charge; **to take o.....** entrer dans ses fonctions; **term of o.....** mandat (électoral); **to win o.....** être élu (à un mandat); **4 ministère; Foreign O.....** ministère des Affaires Etrangères

officer *n* responsable; **Company O.....** mandataire social; **Fire and Safety O....** Responsable de la sécurité incendie; **Information O.....** chargé de communication, responsable des relations extérieures; **Personnel O.....** Responsable du personnel; **Returning O.....** scrutateur à une élection; **Training O.....** responsable/chargé de formation

official *n* **high-ranking o.....** haut fonctionnaire; **minor o.....** petit fonctionnaire; **union o.....** responsable syndical

official *adj* officiel; **to go on o.....** **business** partir pour affaires; **to go through o.....** **channels** suivre la voie hiérarchique; **o.....** **strike** grève officiellement déclenchée par les syndicats

officially *adv* officiellement

offset *vt* compenser; **to o.....** **a loss** compenser une perte

old age *adj* vieillesse; **o.....** **pension** pension de vieillesse; **o.....** **pensioner** retraité

old boy *adj* ancien élève; **o.....** **network** réseau des anciens élèves, corporatisme

old-fashioned *adj* démodé

older *adj* aîné; **o.....** **brother** frère aîné

ombudsman *n* personne chargée de traiter les réclamations des citoyens envers l'Administration

omission *n* oubli, omission

omnibus *cpd* **o.....** **clause** clause générale

on-the-job *adj* **o.....** **training** formation sur le lieu de travail, formation sur le tas; *adv* **to be**

injured o..... être blessé sur le lieu de travail

on the spot *adv* sur-le-champ, à pied d'œuvre; *adj* o..... **check** contrôle sur le tas, contrôle sur le vif

on-call *adj* d'astreinte; o..... **pay** prime d'astreinte; o..... **time** *(US)* période d'astreinte; **to be o.....** être d'astreinte

ongoing *adj* en cours, continu; o..... **study** étude en cours

on line *adv* en direct, directement

OND/ONC *n abbr* (**Ordinary National Diploma/Certificate**) diplômes délivrés deux ans après le 'O' level (baccalauréat *équiv*) remplacés aujourd'hui par le BTEC

180-degree feedback *cpd* méthode d'évaluation et/ou de développement basée sur l'appréciation d'un salarié par son supérieur hiérarchique et ses pairs

one-off *adj* exceptionnel; o..... **payment** paiement exceptionnel, paiement forfaitaire

one-parent *adj* o..... **family** mère/père célibataire

one-sided *adj* unilatéral, déséquilibré; o..... **agreement** accord unilatéral; o..... **solution** solution unilatérale

onerous *adj* pénible, lourd

onus *n* initiative, responsabilité, charge; **the o..... of proof is on the employer** la charge de la preuve incombe à l'employeur

open *vt* ouvrir, débuter; **to o..... a branch office** ouvrir une succursale; **to o..... a meeting with a presentation** débuter une réunion par une présentation; *vpr* **to o..... oneself up to criticism** être ouvert à la critique

open *adj* ouvert; **to keep a job o.....** maintenir un poste vacant; **offices are o..... from 9 am** les bureaux sont ouverts à partir de 9h; o..... **access training centre** centre de formation à libre accès;

o..... **ad** annonce en clair; o..... **day** journée portes ouvertes; o... **enrolment** inscription libre (à une formation); o..... **learning** système souple de formation individuelle à distance; o..... **shop** entreprise où l'adhésion à un syndicat n'est pas obligatoire; o..... **university** système d'enseignement à distance au niveau universitaire; **the position is o.....** **to foreign applicants** le poste est ouvert à des candidats étrangers

open-book management *cpd* approche du management visant la sensibilisation des salariés à la finance de l'entreprise, notamment par une communication transparente de ses états financiers

open-collar worker *cpd* télétravailleur (travailleur à domicile pour qui il n'est pas nécessaire de revêtir une tenue particulière)

open-door *adj* o..... **system** politique de la porte ouverte

open-ended *adj* o..... **agreement** accord flexible/ouvert

open-pay system *cpd* système où les salaires individuels sont connus de tous

open-plan *adj* o..... **offices** bureaux paysagés

opening *n* débouché; **to have some job o.....s** avoir des débouchés professionnels; **job o.....** ouverture/création de poste

opening *adj* ouverture; o..... **hours** heures d'ouverture

openness *n* transparence

operate *vt* faire fonctionner; **to o..... a machine** faire marcher une machine

operating *adj* opérationnel; o..... **costs** coûts opérationnels; o..... **process** mode opératoire; o..... **system** *(info)* système d'exploitation

operation *n* fonctionnement, service, exécution; **to be in o.....** être en service (machine), être en vigueur (loi); **the factory is in**

o..... l'usine est en activité ; **to put a plan into o.....** mettre un plan en action ; **to put sthg into o.....** mettre qqch à exécution ; *cpd* **O.....s Manager** Directeur de l'Exploitation

operational *adj* opérationnel, en état de marche

operator *n* opérateur, opératrice ; **keyboard o.....** opérateur/opératrice de saisie ; **switchboard o.....** standardiste

opinion *n* avis, opinion ; **to defy o.....** braver l'opinion ; **to give one's o.....** donner son opinion ; **public o.....** opinion publique

opportunity *n* opportunité, occasion, débouché ; **employment opportunities** offres d'emplois ; **equal o.....** égalité des chances, égalité professionnelle ; **job opportunities** débouchés professionnels, offres d'emplois ; **to jump at an o.....** sauter sur une occasion ; **to miss out on an o.....** laisser passer une occasion

oppose *vt* s'opposer à ; **to o..... sthg** s'opposer à qqch, faire obstacle à qqch

opposite *adj* **o..... number** homologue

opt out *vi* se désister, se désengager, se retirer ; **to o..... of talks** se retirer des négociations

optimal *adj* optimal

optimize *vt* optimiser ; **to o..... staff turnover** optimiser la rotation du personnel

opting out *adj* désengagement ; **o..... clause** clause de désengagement

option *n* option **award of o.....s** attribution d'options ; **call o.....** (*fin*) option d'achat (d'actions) ; **to exercise an o.....**(*fin*) exercer une option ; **grant of o.....s** attribution d'options ; **o..... price** (*fin*) prix d'option ; **o..... pricing model** méthode de calcul de la valeur d'une option ; **put o.....** (*fin*) option de vente ; **stock o.....** option d'achat d'actions, option

de souscription à des actions, stock-option ; **stock o..... plan** plan d'options sur actions/titres, plan d'option d'achat d'actions, plan de souscription à des actions ; **to take up an o.....** lever une option ; **with o..... to buy** avec option d'achat

optional *adj* facultatif

oral *adj* verbal ; **o..... reprimand** réprimande verbale ; **o..... warning** avertissement verbal

order *n* **1** ordre ; **in alphabetical o.....** dans l'ordre alphabétique ; **chronological o..... from the oldest to the most recent** ordre chronologique croissant ; **in chronological o.....** par ordre chronologique ; **to have papers in o.....** avoir des papiers en règle ; **inverse chronological o.....** ordre chronologique décroissant ; **in numerical o.....** dans l'ordre numérique ; **in o..... of merit** par ordre de mérite ; **point of o.....** rappel à l'ordre ; **to put one's affairs in o.....** mettre ses affaires en ordre ; **2** marche ; **in full working o.....** en état de marche ; **(to be) out of o.....** (être) en panne, hors service ; **3** ordonnance, ordre ; **compliance o.....** ordonnance exécutoire ; **to execute an o.....** exécuter un ordre ; **to give o.....s** donner des ordres ; **ministerial o.....** arrêté ministériel ; **the o.....s** les consignes ; **o..... to pay** ordonnance de paiement ; **reinstatement o.....** ordre de réintégration ; **standing o.....** prélèvement bancaire automatique ; **statutory o.....** ordonnance ; **4** commande ; **to be on o.....** être en commande ; **made to o.....** fait sur commande ; **o..... form** bon de commande ; **to send an o.....** passer une commande

order *vt* ordonner ; **to o..... sbdy to do sthg** ordonner à qqn de faire qqch

organ *n* journal ; **house o.....** journal d'entreprise

organization *n* organisation, association ; **horizontal o.....** organisation horizontale; **line o.....** organisation hiérarchique, organisation verticale; **matrix o.....** organisation matricielle; **non-profit-making o.....** association à but non lucratif; **o..... of a company** structure d'une société; **o..... and methods** organisation et méthodes; **tall o.....** organisation fortement hiérarchisée; **trade union o.....** organisation syndicale; **work o.....** organisation du travail; *cpd* **o..... chart** organigramme; **flat o..... chart** organigramme plat/en râteau; **o..... theory** théorie des organisations

organizational *adj* structurel; **o..... change** changement structurel; **o..... climate** climat social; **o..... development** développement des organisations

organizing *adj* **o..... committee** comité chargé de l'organisation

orient(at)ed *pp* orienté; **market o..... approach** approche orientée vers le marché

orientation *n* orientation; **o..... training** stage d'orientation

orphan *n* orphelin

orthopaedics *npl* orthopédie

OSHA *n* *abbr* **(Occupational Safety and Health Administration)** *(US)* autorité administrative chargée spécialement de veiller au respect des dispositions en matière d'hygiène et de sécurité

ostracism *n* ostracisme

ostracize *vt* mettre en quarantaine

out of order *adj* en panne, déréglé; **the photocopy machine is o.....** la photocopieuse est déréglée/en panne

out of work *adj* sans emploi; **to be o.....** être sans emploi

out-house *adj* hors entreprise; **o..... staff** personnel extérieur à l'entreprise

out-of-court *adj* amiable; **o..... settlement** arrangement à l'a-miable; **to settle o.....** régler un conflit à l'amiable

out-of-date *adj* dépassé, périmé, démodé

out-of-pocket *adj* **o..... expenses** débours

out-of-the-box *adj* créatif; **o..... thinking** pensée originale/en dehors des sentiers battus

outbid *vt* surenchérir; **to o..... sbdy** surenchérir sur qqn

outbidding *n* surenchère

outbreak *n* **1** épidémie; **o..... of flu** épidémie de grippe; **2** éruption, poussée; **o..... of violence** montée de violence

outcome *n* résultat, issue, effet; **o..... of a negotiation** résultat d'une négociation; **the o..... of talks** l'issue d'une négociation

outfit *n* **1** uniforme; **2** équipement

outgoing *adj* sortant; **o..... Administration** l'Administration sortante

outgoings *npl* sorties d'argent, dépenses

outing *n* sortie; **annual staff o.....** sortie annuelle du personnel; **to go on an o.....** faire une sortie

outlay *n* dépense, mise de fonds; **government o.....** dépenses gouvernementales

outlet *n* **retail o.....** point de vente; **sales o.....** point de vente

outline *n* schéma, esquisse; **o..... plan** avant-projet; **o..... of a project** esquisse d'un projet

outline *vt* exposer les grandes lignes de qqch; **to o..... plans** esquisser des plans

outlook *n* perspectives, prévisions; **economic o.....** perspectives économiques, prévisions économiques

outnumber *vt* dépasser en nombre

outpatient *n* patient en consultation externe dans un hôpital

outplacement *n* outplacement

output *n* rendement, production; **low o.....** faible rendement

outside *adj* externe, extérieur; **o..... line** ligne extérieure; **o..... worker** travailleur extérieur

outsourcing *n* sous-traitance d'activités non stratégiques, externalisation

outstanding *adj* impayé, échu; **o..... bills** factures impayées; **o..... interest** intérêts échus; **o..... pay** salaire dû, salaire restant à payer

outstrip *vt* dépasser; **wage demands o..... inflation** les revendications salariales dépassent l'inflation

outvote *vt* **to o..... sbdy** mettre qqn en minorité, obtenir la majorité

outwork *n* travail à domicile

outworker *n* travailleur à domicile

overachiever *n* personne cherchant à se dépasser en permanence

overall *adj* global; **one's o..... performance** performance globale; **o..... rise in revenue** augmentation globale du revenu

overalls *npl* bleu de travail, combinaison de travail, blouse

overbilling *n* surfacturation

overbook *vi* surbooker

overbooking *n* surbooking

overcharge *vt* faire trop payer, vendre trop cher

overcome *vt* surmonter, vaincre; **to o..... obstacles** surmonter des obstacles, vaincre des obstacles, venir à bout des obstacles

overdraft *n* découvert; **bank o.....** découvert bancaire

overemployment *n* suremploi

overestimate *vt* surestimer; **to o..... one's abilities** surestimer ses compétences

overfunded *adj* se dit d'un régime de retraite possédant des

fonds supérieurs à ses engagements

overhaul *vt* revoir/réviser totalement, mettre à plat; **to o.... the pay structure** revoir en totalité la structure des rémunérations

overhead *n* **1** transparent; **o..... projector** rétroprojecteur; *npl* **2** frais généraux

overload *vt* surcharger

overmanned *adj* en sureffectif; **to be o.....** être en sureffectif

overmanning *n* excédent de main-d'œuvre, sureffectif

overpaid *pp* surpayé

overpay *vt* surpayer; **to o..... sbdy** surpayer qqn

overpayment *n* trop perçu

overproduction *n* surproduction

overqualification *n* surqualification

overqualified *adj* surqualifié

overrepresented *adj* surreprésenté

override *vt* outrepasser; **to o..... an order** outrepasser un ordre

overrule *vt* **to o..... a decision** casser/rejeter une décision

overrun *vt* dépasser; **to o..... a deadline** dépasser un délai; **to o..... the time allowed** dépasser le temps alloué

overseas *adj* outre-mer

oversee *vt* surveiller

overstaff *vt* grossir/gonfler les effectifs, recruter en surnombre, surcharger en effectif

overstaffed *adj* **to be o.....** être en sureffectif

overstep *vt* dépasser; **to o..... the limits** dépasser les limites

overtime *n* heures supplémentaires; **o..... ban** interdiction d'heures supplémentaires; **o..... by plan** (*US*) plan de limitation par l'employeur des heures supplémentaires; **o..... pay** paiement des heures supplémentaires; **to work o.....** faire des heures supplémentaires

overture *n* *(nég)* avance; **to make o.....s to sbdy** faire des avances à qqn

overturn *vt* renverser; **to o..... a decision** renverser une décision

overvalue *vt* surévaluer

overview *n* vue d'ensemble; **to have an o..... of sthg** avoir une vue d'ensemble de qqch; **to make an o.....** faire un tour d'horizon

overwhelmed *adj* dépassé; **to be o..... by events** être dépassé par les événements

overwork *n* surcharge de travail, surmenage; **to suffer from o.....** souffrir de surmenage

overwork *vt* surmener, surcharger; **to o..... sbdy** surmener/surcharger qqn

overworked *pp* surmené, débordé de travail

overworking *n* surmenage

owe *vt* devoir; **to o..... money to sbdy** devoir de l'argent à qqn

own *vt* posséder, détenir

owner *n* propriétaire; **sole o.....** propriétaire unique

ownership *n* possession, propriété; **collective o.....** propriété collective; **home o.....** accession à la propriété; **private o.....** propriété privée; **state o.....** propriété de l'Etat

Pp

PA *n abbr* (**Personal Assistant**) assistant(e) de direction, secrétaire de direction

pace *n* allure

package *n* **1** enveloppe; **compensation p.....** rémunération globale; **p..... deal** marché/contrat/accord global; **2 payroll p.....** logiciel de paie

packaging *n* conditionnement, emballage

pact *n* pacte

padlock *n* cadenas

paid *pp* payé, rémunéré; **best p..... manager** manager le mieux payé; **to be p..... by the hour** être payé à l'heure; **p..... leave** congé payé; **well p..... work** travail bien rémunéré; **worst p..... worker** ouvrier le moins bien payé

paired *pp* **p..... comparison method** méthode d'évaluation comparative des postes ou des performances

pamphlet *n* tract, brochure

panel *n* panel, groupe; **arbitration p.....** panel d'arbitrage; **consumer p.....** panel de consommateurs; **p..... of experts** groupe d'experts

paper *n* **1** papier, document; **identity p.....s** papiers d'identité; **working p.....** document de travail; **2** bulletin; **ballot p.....** bulletin de vote; **spoilt p.....** bulletin nul; **3 to read a p.....** faire une conférence; **4** épreuve; **exam p.....** épreuve d'un examen

paper clip *n* trombone, attache trombone

paperwork *n* écritures; **excessive p.....** paperasse, paperasserie

parachute *n* **golden p.....** indemnité spéciale de départ destinée aux dirigeants d'une entreprise en cas de rachat de celle-ci

paragraph *n* alinéa, paragraphe

paramount *adj* capital, d'importance suprême; **project of p..... importance** projet d'une importance capitale, projet de la plus haute importance

parental *adj* parental; **p..... leave** congé parental

parity *n* égalité, parité; **wage p.....** écart des salaires, parité des salaires

parking *n* stationnement; **p..... expenses** frais de stationnement; **p..... ticket** contravention; **to issue a p..... ticket to sbdy** dresser une contravention à qqn

part *n* pièce; **spare p.....s** pièces détachées

part-time *adv* à temps partiel; **p..... employment** emploi à temps partiel; **p..... work** travail à temps partiel

part-timer *n* travailleur à temps partiel

partial *adj* partiel; **p..... disability** invalidité partielle

participate *vi* participer

participation *n* participation; **worker p.....** participation des salariés à la gestion de l'entreprise

participative *adj* participatif; **p..... management** management participatif

particular *n* détail, caractéristique, indication, renseignement; **p.....s of a position** caractéristiques d'un poste; **p.....s of employment** conditions d'embauche

partner *n* associé, partenaire; **senior p.....** associé principal; **sleeping p.....** bailleur de fonds, commanditaire

partnership *n* association, partenariat; **to dissolve a p.....** dissoudre une association; **to form a p.....** s'associer avec qqn; **to go into p..... with sbdy** s'associer avec qqn; **limited p.....** société en commandite

party *n* **1** groupe; **working p.....** groupe de travail; **2** partie, personne, signataire; **to be a p..... to**

sthg être partie prenante à qqch; **opposing p.....** partie adverse; **third p.....** tierce personne; **third p..... insurance** assurance au tiers; **p..... to a contract** signataire d'un contrat; **3** parti; **conservative p.....** parti conservateur; **labour p.....** parti travailliste; **political p.....** parti politique

pass *n* **1** note moyenne, mention passable; **to get a p..... in marketing** avoir la moyenne en marketing, réussir son examen de marketing sans mention; **p..... degree** diplôme obtenu sans mention; **2** laissez-passer; **to have a p.....** avoir un laissez-passer

pass *vt* **1** passer, admettre, accepter, faire passer, voter, adopter; **to p..... a law** voter une loi, adopter une loi; **to p..... a project** accepter un projet; **2** refiler *(fam)*, transmettre; **to p..... the buck** refiler la responsabilité aux autres *(fam)*; **3** réussir, être admis/reçu; **to p..... a test** réussir un test; **to p..... an exam** être reçu à un examen

pass on *vi* répercuter; **the rise in costs will be passed on to the consumer** l'augmentation des coûts sera répercutée sur le consommateur

passageway *n* couloir, passage

passport *n* passeport

password *n* mot de passe

pastime *n* centre d'intérêts, passe-temps, violon d'Ingres, hobby

patent *n* brevet d'invention

paternalism *n* paternalisme

paternalistic *adj* paternaliste

path *n* parcours; **career p.....** parcours de carrière

path-goal *cpd* **p..... theory** théorie de management selon laquelle une équipe attend de son manager la détermination des objectifs et des moyens pour les atteindre

patient *n* malade, patient

patronage *n* mécénat

pattern bargaining *cpd* négociation collective où il est fait référence à des accords passés

pay *n* salaire, paie, prime, indemnité; **basic p.....** salaire de base; **dirty work p.....** prime de salissure; **to dock p.....** retenir de l'argent sur la paie afin de sanctionner un salarié (retards, absence,...); **fall-back p.....** salaire minimum garanti dans le cadre d'un système de rémunération aux résultats; **half p.....** demi-salaire; **isolation p.....** prime d'éloignement; **itemized p..... statement** bulletin de paie, feuille/fiche de paie; **p..... in lieu of notice** indemnité compensatrice de préavis; **profit-related p.....** *voir* PRP; **seniority p.....** prime d'ancienneté; **severance p.....** indemnité de licenciement; **stepped p..... system** système de paie par paliers; **take-home p.....** salaire net; **terminated employee's final p.....** solde de tout compte; **to cut sbdy's p.....** amputer le salaire de qqn; **vacation p.....** prime de vacances; *cpd* **p..... bill** masse salariale; **p..... bracket** tranche de salaire; **p..... cheque** (chèque de) salaire; **p..... day** jour de paie; **p..... freeze** gel des salaires; **p..... negotiations** négociations salariales; **p..... package** rémunération globale; **p..... packet** enveloppe de paie/salaire; **p..... review** révision des salaires; **p..... review body** organisme public chargé de préconiser les niveaux d'augmentations salariales pour certaines catégories de fonctionnaires; **p..... rise** augmentation de salaire; **p..... round** négociations annuelles sur les salaires par branches d'activités; **p..... slip** feuille de paie, fiche de paie, bulletin de salaire; **p..... under notice** préavis payé

pay *vt* régler, verser, payer; **to p..... by cheque** régler par chèque; **to p..... by the hour** payer à l'heure; **to p..... cash** payer comptant; **to p..... compen-**

sation verser des indemnités; **to p.....** **salaries** payer les salaires

pay as you earn *loc voir* PAYE

pay as you go *loc (US)* retraite par répartition

payback *cpd* **p..... period** période d'amortissement

pay off *vt* amortir, rembourser; **business which pays off** affaire payante; **to p..... an investment** amortir un investissement; **to p..... a loan** rembourser un emprunt; **to p..... workers** renvoyer des salariés

payable *adj* exigible, payable; **instalments p.....** échéances exigibles; **p..... in 3 instalments** payable en 3 traites/versements

PAYE *n abbr* (**Pay As You Earn**) système britannique de retenue des impôts à la source par prélèvement direct sur le salaire

payee *n* bénéficiaire

paymaster *n* intendant, caissier, trésorier

payment *n* paiement, versement, rétribution; **default on p.....** cessation de paiements; **one-off p.....** paiement forfaitaire; **p..... in kind** versement en nature; **p..... of tax arrears** redressement fiscal

payroll *n* paie, masse salariale; **to be on the p.....** être salarié; **to be off the p.....** ne pas être salarié; **to cut the p.....** réduire la masse salariale; **p..... costs** coûts salariaux; **total p.....** masse salariale; **p..... ledger** livre de paie; **p..... system** système de paie; **p..... tax** taxe payée par une entreprise en fonction du nombre de salariés

PBR *n abbr* (**Payment By Results**) salaire aux résultats

peace *n* ordre, paix; **to disturb the p.....** troubler l'ordre public; **industrial p.....** paix sociale

peak *n* pointe, apogée, record; **work p.....** pointe de travail; **p..... of one's career** apogée/sommet de sa carrière; **p..... season** pleine saison; **p..... unemployment** chômage record

peer *n* pair; **one's p.....s** ses pairs; **p..... group appraisal** système d'appréciation par un groupe de collègues de même niveau hiérarchique

peg *vt* indexer; **to p..... prices** indexer les prix; **to p..... wages to inflation** indexer les salaires sur l'inflation

pegged *pp* indexé

pegging *n* indexation

penal *adj* pénal; **p..... responsibility** responsabilité pénale

penalize *vt* pénaliser

penalty *n* sanction, majoration, pénalité, peine; **to implement a stiff p.....** appliquer/infliger une peine/sanction sévère; **to impose a p.....** imposer une sanction; **financial p.....** sanction pécuniaire; **p..... charge after payment deadline** majoration après la date limite de paiement; **p..... clause** clause pénale, clause de pénalité

pending *adj* en instance, en cours, en attente; **matter p.....** affaire en cours; **p..... file** dossier en attente/en cours/en instance; **p..... further investigation** en attendant un examen plus approfondi

penetration *n* pénétration; **market p.....** pénétration du marché

pension *n* retraite, rente, pension; **commutation of a p.....** échange de ses points/droits de retraite contre un versement global immédiat; **contracted-out occupational p..... scheme** régime de retraite complémentaire privé permettant l'obtention d'une pension au moins égale à celle versée par l'Etat; **contributory p..... scheme** régime de retraite complémentaire auquel cotisent l'employeur et le salarié; **deferred p.....** rente/pension différée; **disability p.....** pension/rente d'invalidité; **full p.....** retraite à taux plein; **graduated p..... scheme** élément du régime d'assurance vieillesse (appliqué entre 1961 et 1978) offrant une pension de retraite proportionnelle au salaire; **non-contributory p.....** **scheme** régime de retraite sans participation des salariés; **occupational p.....** **scheme** régime de retraite complémentaire géré par une entreprise; **old age p.....** pension de vieillesse; **orphan's p.....** rente éducation; **personal p.....** **plan** régime de retraite personnel par capitalisation; **portable p.....** pension transférable entre caisses de retraite; **retirement p.....** pension de retraite; **self-administered p.....** **scheme** régime de retraite complémentaire privé au sein duquel les administrateurs sont chargés directement de la gestion des fonds, au lieu de la sous-traiter à une compagnie d'assurance; **state p.....** retraite de la Sécurité Sociale; **survivor's p.....** pension de réversion; **to draw a p.....** toucher une pension; **widow(er)'s p.....** rente de conjoint; **p..... fund** caisse de retraite complémentaire, fonds de pension; **p..... plan** régime de retraite; **p..... scheme** régime de retraite; **p..... book** livret de retraite

pension *vt* **to p..... sbdy off** mettre qqn à la retraite

pensionable *adj* de retraite, qui ouvre droit à la retraite; **p..... earnings** salaire servant de base au calcul de la retraite; **to be of p..... age** avoir (atteint) l'âge de la retraite

pensioner *n* retraité, e

people *n* personnes; **p..... orientated** centré sur les individus

per annum *cpd* par an

per capita *cpd* par personne, par tête; **p..... expenditure** dépenses par personne

per day *cpd* par jour

per diem *cpd* par jour

per head *cpd* par tête

per pro *abbr* **(per procurationem)** par procuration (p.p.)

perform *vt* exécuter, accomplir; **to p..... a task** exécuter une tâche

performance *n* performance, résultat; **p..... rating** notation de la performance; **p..... related** lié aux résultats; **p..... appraisal** évaluation de la performance; **inadequate p.....** incompétence

period *n* période, délai, exercice; **accounting p.....** exercice comptable; **annual vacation p.....** période des congés annuels; **anticipated time p..... needed** délai prévu; **base p.....** période de référence; **conditional employment p.....** *(US)* période d'essai; **cooling-off p.....** pause prévue lors de conflits sociaux pendant laquelle aucune action ne peut être engagée par les parties; **delivery p.....** délai de livraison; **learning p.....** période d'apprentissage; **off-peak p.....** période creuse; **over a long p.....** sur une longue période; **prescribed time p.....** délai prescrit; **prescription p.....** *(jur)* délai de prescription; **probationary p.....** période probatoire, période d'essai; **reference p.....** période de référence; **running-in p.....** période de rodage; **slack p.....** temps mort, période creuse; **trial p.....** période d'essai; **waiting p.....** délai de carence, période d'attente, temps d'attente, délai de franchise; **within a 2 month p.....** dans un délai de 2 mois; **p..... of disqualification** période pendant laquelle une femme enceinte ne peut prétendre aux indemnités maladie de la Sécurité Sociale; **p..... of notice** délai de préavis

periodic *adj* périodique; **p..... review** révision périodique

perishables *n* denrées périssables

perjury *n* faux témoignage

perks *npl* avantages sociaux

permanent *adj* permanent; **p..... employment** emploi stable/permanent; **p..... health insurance** *voir* PHI

permission *n* permission, permis, autorisation; **planning p.....**

permis de construire; **prior p.....** autorisation préalable; **to ask for p..... to do sthg** demander la permission de faire qqch; **to give sbdy p..... to do sthg** autoriser qqn à faire qqch

permit *n* carte, titre, licence; **residence p.....** carte de séjour, titre de séjour; **work p.....** permis de travail

perquisites *npl voir* perks

person *n* personne, individu; **elderly p.....** personne âgée; **in p.....** en personne; **p..... specification** profil de candidat; **p.....-to-person call** rendez-vous téléphonique

personable *adj* de belle prestance, de bonne présentation

personal *adj* personnel, individuel; **for p..... use only** à usage personnel uniquement; **p..... allowance** prestation individuelle; **p..... call** appel personnel; **p..... effects** effets personnels; **p..... matter** affaire personnelle; **p..... pension scheme** régime de retraite personnel

personality *n* personnalité; **p..... clash** conflit de personnalité; **p..... test** test de personnalité

personnel *n* personnel; **Head of P.....** Directeur du personnel; **p..... department** service du personnel; **p..... management** gestion du personnel; **P..... Manager** Chef du personnel; **P..... Officer** Responsable du personnel; **p..... policy** politique du personnel; **p..... specification** profil du candidat

PERT *n abbr* (**Programme Evaluation and Review Technique**) Pour Eliminer les Retards et les Temps morts

PEST *n abbr* (**Political, Economic, Social, Technical**) **P..... analysis** analyse globale de l'environnement de l'entreprise

petition *n* pétition, action, requête; **to file a p.....** intenter une action en justice

petty theft *n* petit vol, larcin

phase *n* étape, phase

phase in *vt* introduire progressivement; **to p..... legislation** introduire progressivement des lois

phase out *vt* supprimer progressivement; **to p..... legislation** supprimer progressivement des lois

PhD *n abbr* (**Doctor of Philosophy**) doctorat

PHI *n abbr* (**Permanent Health Insurance**) système facultatif de couverture à la charge de l'employeur en cas de longue maladie (intervenant généralement après 6 mois d'arrêt)

physical *adj* physique, matériel; **p..... damage** dégâts matériels; **p..... examination** examen médical

physician *n* (US) médecin

picket *n* piquet; **flying p.....** piquet «volant» se déplaçant d'un établissement à un autre; **roving p.....** piquet mobile; **to be on p..... duty** faire partie d'un piquet de grève; **to cross p..... lines** franchir les piquets de grève; **to man a p..... line** constituer un piquet de grève

picket *vi* faire le piquet de grève

picketing *n* piquet; **lawful p.....** piquets de grève autorisés; **mass p.....** piquet de grève regroupant de nombreux participants; **peaceful p.....** piquets de grève pacifiques; **secondary p.....** piquets de grève de solidarité

pie chart *n* camembert, diagramme en secteur

piece rate *cpd* salaire à la tâche/pièce, taux à l'unité

piecework *n* travail à la pièce, travail à la tâche; **p..... wage** salaire à la pièce

pigeonhole *n* casier (boîte aux lettres)

pilfering *n* chapardage (*fam*)

pin up *vt* afficher, punaiser, épingler; **to p..... a notice** afficher une note

pink slip *n* (*US*) attestation donnée par l'employeur au salarié au moment de la rupture de son contrat, nécessaire pour son inscription au chômage : attestation ASSEDIC (*équiv*)

pit oneself *vpr* se mesurer ; **to p.....against a task** se mesurer à une tâche

pitch *n* **sales p.....** argumentaire de vente

pitfall *n* écueil, embûche ; **p.....s to avoid** écueils à éviter

pittance *n* maigre revenu, salaire de misère, somme dérisoire

placard *n* pancarte ; **to bear p.....s** porter des pancartes

placate *vt* apaiser, calmer

place *n* lieu, siège, place ; **meeting p.....** lieu de réunion ; **the negotiations will take p..... soon** les négociations auront lieu bientôt ; **the meeting takes p..... at 5 o'clock** la réunion a lieu à 17h ; **three p.....s on the committee** trois sièges au comité ; **to put oneself in sbdy's p.....** se mettre à la place de qqn ; **p..... of birth** lieu de naissance ; **p..... of work** lieu de travail

place *vt* passer, placer ; **to p..... an order** passer une commande ; **to p..... staff** placer du personnel

placement *n* placement, reclassement ; **industrial p.....** stage ouvrier ; **p..... service** service de placement

placings *npl* classement ; **competitive exam p.....** classement d'un concours

plaintiff *n* plaignant, partie civile

plan *n* plan, projet, programme, schéma, régime ; **action p.....** plan d'action ; **business p.....** projet industriel ; **change of p.....** changement de programme ; **contingency p.....** plan d'urgence ; **master p.....** (*info*) schéma directeur ; **our future p.....s** nos projets pour l'avenir ; **pension p.....** régime de retraite ; **savings p.....** plan d'épargne ; **training p.....** plan de formation ; **5-year p.....** plan à 5 ans

plan *vti* projeter, prévoir, concevoir ; **to p..... changes** prévoir des changements

planning *n* plan, planification ; **career p.....** plan(s) de carrière ; **manpower p.....** gestion prévisionnelle des emplois ; **succession p.....** plans de succession ; **town and country p.....** aménagement du territoire

plant *n* usine, établissement, installation industrielle ; **P..... Manager** Directeur d'usine ; **to close down a p.....** fermer une usine ; **to set up a p.....** implanter une usine ; **p.....-hire firm** entreprise de location de matériel de construction

plasterer *n* plâtrier

play *n* jeu ; **role p.....** jeu de rôle

PLC *n abbr* (**Public Limited Company**) société anonyme cotée en Bourse

plea *n* 1 appel ; **p..... for moderation** appel à la modération ; 2 (*jur*) plaidoirie

pleading *n* plaidoirie, plaidoyer

pleasure *n* agrément ; **p..... trip** voyage d'agrément

plebiscite *n* plébiscite

pledge *vt* promettre ; **to p..... support** promettre une aide

plenary *adj* plénier ; **p..... session** séance plénière

plough back *vt* réinvestir

ploy *n* manœuvre, astuce, stratagème ; **intimidation p.....** manœuvre d'intimidation

plumber *n* plombier

plus *adj* plus ; **a 100 p..... staff** un effectif de plus de 100 personnes

plus *n* atout ; **his qualification is a p.....** sa formation est un atout

poach *vt* débaucher

poaching *n* débauchage; **p.....** **of labour** débauchage de main-d'œuvre

pocket *n* poche; **out-of-p.....** expenses débours; **p.....** **calculator** calculatrice de poche

point *n* point, seuil, étape, but; **assembly p.....** point de rassemblement; **to be awarded p.....s** se voir attribuer des points; **breakeven p.....** seuil de rentabilité; **starting p.....** point de départ; **to go straight to the p.....** aller droit au but; **to reach a p.....** **in one's career** parvenir à une étape de sa carrière; **p.....** **of view** point de vue; **p.....** **of no return** point de non-retour; **p.....s system** système d'évaluation par points

police record *n* casier judiciaire; **to have a clean p.....** avoir un casier judiciaire vierge

policy *n* 1 police; **this p.....** **matures in 1999** cette police d'assurance arrive à échéance en 1999; **accident insurance p.....** police d'assurance-accidents; **all-in p.....** police tous risques; **all-risks p.....** police tous risques; **comprehensive insurance p.....** police globale; **endowment p.....** police à capital différé; **insurance p.....** police d'assurance; **to take out a p.....** souscrire à une police d'assurance; 2 politique; **budgetary p.....** politique budgétaire; **company p.....** politique d'entreprise; **compensation p.....** politique salariale; **employment p.....** politique de l'emploi; **fiscal p.....** politique fiscale; **human resource p.....** politique des ressources humaines; **monetary p.....** politique monétaire; **pricing p.....** politique de prix

policy-maker *n* décideur

policyholder *n* assuré

polytechnic *n* IUT (Institut Universitaire de Technologie) *(équiv)*

politicization *n* politisation

poll *n* sondage, scrutin; **findings of a p.....** résultats d'un sondage;

opinion **p.....** sondage d'opinion; **to conduct a p.....** faire un sondage; **to go to the p.....s** aller aux urnes

polling *n* élection, vote, scrutin; *cpd* **p.....** **booth** isoloir; **p.....** **day** jour des élections, jour du scrutin; **p.....** **station** bureau de vote

pool *n* réservoir, pool, mise en commun, vivier; **p.....** **of labour** réservoir de main-d'œuvre; **p.....** **of talent** vivier de compétences; **talent p.....** vivier de potentiels; **typing p.....** pool (de dactylos)

pooling *n* pooling, mise en commun; **insurance p.....** pooling en assurance

poorly-paid *adj* mal payé; **p.....** **staff** personnel mal payé

population *n* population; **gainfully employed p.....** population active; **p.....** **growth** croissance démographique; **p.....** **trends** tendances démographiques; **working p.....** population active

portfolio *n* portefeuille

position *n* fonction, poste, situation; **bargaining p.....** prise de position lors d'une négociation; **by virtue of his p.....** de par ses fonctions; **key p.....** poste clé; **ladder p.....** poste tremplin; **p.....** **of authority** poste à responsabilités; **springboard p.....** poste tremplin; **to have a good p.....** avoir une bonne situation/place; **to take up one's p.....** entrer en fonction; **vacant p.....** poste à pourvoir

positioning *n* positionnement; **brand p.....** positionnement d'une marque

possession *n* jouissance; **to have p.....** **of property** avoir la jouissance d'un bien; **to take p.....** **of property** entrer en jouissance d'un bien; **to take p.....** **of sthg** prendre possession de qqch

post *n* poste; **first-aid p.....** poste de secours; **to apply for a p.....** faire acte de candidature pour un poste

post *vt* afficher; **to p..... sthg on a bulletin board** *(US)* afficher qqch au tableau d'affichage

poster *n* affiche

postgraduate *n* étudiant/diplômé du troisième cycle

postgraduate *adj* du troisième cycle

posting *n* **1** affichage; **job p.....s** affichage des postes vacants; **p..... and bidding** affichage interne des postes à pourvoir; **2** affectation, nomination; **p..... abroad** affectation à l'étranger

postnatal *adj* post-natal

postpone *vt* ajourner, remettre à plus tard; **to p..... a decision** ajourner une décision

postponement *n* ajournement, remise/renvoi à plus tard

potential *n* potentiel; **earning p.....** niveau de salaire auquel une personne peut prétendre; **high p.....** haut potentiel; **to have p.....** avoir du potentiel

potential *adj* potentiel; **high p..... manager** cadre à potentiel

power *n* pouvoir, capacité, force; **bargaining p.....** pouvoir de négociation; **decision-making p.....** pouvoir/capacité de décision; **disciplinary p.....** pouvoir disciplinaire; **discretionary p.....s** pouvoirs discrétionnaires; **purchasing p.....** pouvoir d'achat; **to maintain the balance of p.....** maintenir l'équilibre des forces; **earning p.....** niveau de salaire auquel une personne peut prétendre; **p..... of attorney** délégation de pouvoir, procuration; **p..... of veto** droit de véto; **p..... play** rapport de force; **p..... struggle** rapport de force, lutte de pouvoir

p.p. *abbr* **(per procurationem)** par procuration

PPP *n abbr* **(Private Patients Plan)** nom d'une mutuelle britannique privée

PR *n abbr* **(Public Relations)** RP (Relations Publiques)

practical *adj* pratique

practice *n* **1** usage, us, pratique, habitude; **company p.....** les usages; **customs and p.....** us et coutumes; **standard p.....** pratique courante; **to put sthg into p.....** mettre qqch en pratique; **unfair labour p.....** pratique illégale en matière d'emploi; *npl* **business p.....s** pratiques commerciales; **restrictive p.....s** discrimination à l'embauche; **2** cabinet; **legal p.....** cabinet d'avocats; **to have a p.....** avoir un cabinet; **medical p.....** cabinet médical

practitioner *n* médecin, praticien; **general p.....** médecin généraliste

pre-condition *n* condition préalable

pre-funded *adj* **p..... pension plan/scheme** retraite par capitalisation

pre-hearing *n* **p..... assessment** audience préliminaire d'un "Industrial Tribunal" destinée à évaluer le bien-fondé d'une demande

pre-retirement *n* préretraite

pre-tax *cpd* avant impôts; **p..... profits** bénéfices avant impôts

preamble *n* préambule

precaution *n* précaution; **safety p.....s** mesures de sécurité

precedence *n* priorité; **the company agreement takes p..... over labour law** l'accord d'entreprise prime sur le droit du travail

precedent *n* précédent; **to set a p.....** créer un précédent

predecessor *n* prédécesseur

predictive *adj* prévisionnel; **p..... techniques** techniques prévisionnelles

preferential *adj* préférentiel; **p..... shop** entreprise donnant la priorité à l'embauche d'employés syndiqués; **p..... treatment** traitement de faveur

pregnancy *n* grossesse

pregnant *adj* enceinte; **to be p.....** être enceinte

prejudice *n* préjugé, préjudice; **deep-seated p.....** préjugé profondément enraciné; **racial p.....** préjugés raciaux; **without p.....** sans préjudice

prejudiced *pp* **to be p..... against sthg** avoir des préjugés contre qqch

preliminary *adj* préalable

premises *npl* lieux, locaux, immeuble; **exhibition on company p.....** exposition sur les lieux de travail; **to vacate the p.....** quitter les lieux; **work p.....** lieux de travail

premium *n* prime; **insurance p.....** prime d'assurance; **night shift p.....** prime de nuit; **p..... on capital stock** prime d'émission

premium *adj* **p..... pay** sursalaire, salaire supplémentaire, salaire majoré; **overtime is paid at p..... rate** les heures supplémentaires donnent lieu à une majoration de salaire

prepayment *n* paiement d'avance

prescription *n* **1** ordonnance médicale; **2** *(jur)* délai de prescription

presence *n* présence, assiduité

present *adj* présent; **to be p..... at a meeting** assister à une réunion

presentation *n* présentation, remise; **p..... of medals ceremony** cérémonie de remise des médailles; **to make a p.....** faire une présentation

preservation *n* maintien; **p..... of rights** maintien des droits

preside *vi* présider; **to p..... over a meeting** présider une réunion

President *n* Président

press *n* presse; **national p.....** presse nationale; **p..... cutting** coupure de presse; **p..... release** communiqué de presse; **trade p.....** presse professionnelle

press *vt* **to p..... demands** faire pression pour obtenir gain de cause

pressure *n* pression; **mounting p.....** pression croissante; **p..... group** groupe de pression; **to be subject to p.....** être soumis à des pressions; **to put p..... on sbdy** faire pression sur qqn; **to work under p.....** travailler sous pression; **under the p..... of events** sous la pression des événements

pressurize *vt* pressuriser, faire pression sur qqn

prevention *n* prévention; **accident p.....** prévention des accidents

price *n* prix, tarif, cours; **bargain p.....** prix cassé/avantageux; **buying p.....** prix d'achat; **closing p.....** prix de clôture; **cost p.....** prix de revient; **current p.....** prix courant; **high p.....** prix élevé; **list p.....s** tarifs (du catalogue); **reduced p.....** prix d'ami; **retail p.....** prix de détail; **retail p..... index** indice des prix à la consommation; **unbeatable p.....** prix défiant toute concurrence; **wholesale p.....** prix de gros; **p..... to pay to obtain sthg** prix à payer pour obtenir qqch; **p.....-cutting war** guerre des prix; **p..... list** liste des tarifs; **p..... of a raw material** cours d'une matière première

price *vpr* **to p..... oneself out of the market** demander un salaire trop élevé

pricing *n* tarification, prix; **p..... of guarantees** tarification des garanties; **p..... policy** politique des prix

prime *adj* prioritaire, principal; **p..... objective** objectif prioritaire

principle *n* principe; **to agree in p.....** être d'accord sur le principe; **agreement in p.....** accord de principe; **declaration of p.....s** déclaration de principes

print *vt* imprimer

print out *n* listing *(info)*, impression

printed matter *n* imprimé

printer *n* imprimeur

printing *n* impression

prior *adj* préalable

priorise *vt* prioriser; **to p.....** **one's tasks** prioriser ses tâches

priority *n* priorité; **to have p.....** **over** être prioritaire

privacy *n* intimité, vie privée

private *adj* privé, personnel; **in p.....** en privé; **p.....** **and confidential** personnel et confidentiel; **p.....** **life** vie privée

privatization *n* privatisation

privilege *n* privilège

prize *n* prix; **p.....** **giving** distribution des prix, remise des prix

pro forma *adj* **p.....** **invoice** facture pro forma

proactive *adj* prévisionnel

probation *n* essai; **on p.....** à l'essai

probationary *adj* d'essai, probatoire; **p.....** **period** période d'essai, période probatoire

probationer *n* engagé à l'essai, stagiaire

problem *n* problème; **to be plagued by p.....s** être assailli de problèmes; **to solve a p.....** résoudre un problème; **p.....** **area** domaine difficile/à problèmes; **p.....** **solving** résolution de problèmes

procedural *adj* **p.....** **agreement** accord définissant les procédures de négociation entre les partenaires sociaux; **p.....** **default** non-respect de la procédure de licenciement

procedure *n* procédure, démarche; **administrative p.....s to follow** démarches administratives à suivre; **appeals p.....** procédure d'appel; **claims p.....** procédure de réclamation; **disciplinary p.....** procédure disciplinaire; **dismissal p.....** procédure de licenciement; **grievance p.....** procédure de réclamation; **litigation p.....** procédure contentieuse; **p.....** **to follow** procédure/marche à suivre

proceedings *npl* **1** séance, poursuites, délibérations; **appeal p.....** procédure d'appel; **court p.....** séance de tribunal; **legal p.....** poursuites judiciaires; **to start legal p.....** engager des poursuites judiciaires; **2** procès-verbal, actes; **p.....** **of a conference** actes d'un congrès; **p.....** **of a convention** actes d'un congrès

proceeds *n* produit, *(ass)* capital versé; **sales p.....** produit des ventes

process *n* processus, procédé; **decision-making p.....** processus de prise de décision; **manufacturing p.....** procédé de fabrication

process *vt* analyser, traiter; **to p.....** **figures** analyser des chiffres; **to p.....** **job applications** traiter des candidatures

processing *adj* **p.....** **fee** frais de dossier; **word p.....** traitement de texte

product *n* produit

production *n* **1** production, rendement; **p.....** **targets** objectifs de rendement; **2** présentation; **on p.....** **of the relevant documents** sur présentation des justificatifs

productivity *n* productivité

profession *n* métier, profession

professional *adj* professionnel; **p.....** **body** association professionnelle, ordre professionnel; **to be a p.....** être un professionnel; **p.....** **qualifications** compétences professionnelles

professionalism *n* professionnalisme

professor *n* professeur

proficiency *n* compétence

profile *n* profil; **job p.....** profil de poste; **to keep a low p.....** garder un profil bas

profit *n* bénéfice, résultat, produit, profit; **after-tax p.....s** bénéfice net après impôts; **company p.....** résultat d'une société; **gross p.....** bénéfice avant impôts; **to make p.....** faire des bénéfices; **p..... centre** centre de profit; **p.....-related pay** *voir* PRP

profit-sharing *cpd* participation, intéressement; **p..... scheme** plan de participation aux résultats/fruits de l'expansion, plan d'intéressement

profitability *n* rentabilité

profitable *adj* rentable

program(me) *n* plan, programme, logiciel; **computer p.....** programme informatique; **to draw up a p.....** établir un programme; **implementation p.....** plan d'exécution; **ten-point p.....** programme en dix points

progress *n* progrès; **to make great p.....** faire de gros progrès; **the talks are making p....** les discussions avancent

progression *n* progression; **automatic wage p.....** progression automatique des salaires

prohibit *vt* interdire

prohibited *pp* interdit

prohibition *n* interdiction; **p..... notice** ordre de cesser une activité reconnue dangereuse par le "Health and Safety Executive"

project *n* projet; **p..... management** gestion de projet; **p..... manager** chef de projet

projective *adj* projectif; **p..... test** test de projection

proletariat *n* prolétariat

promise *n* promesse; **p..... of employment** promesse d'embauche

promote *vt* promouvoir

promoted *pp* promu; **to be p..... to a position** être promu à un poste

promotion *n* 1 promotion, avancement; **to be passed over for p.....** se faire passer devant (pour une promotion); **to get p.....** avoir de l'avancement; **to obtain p.....** être promu; **to offer good p..... prospects** offrir de belles perspectives d'avancement; **p..... by seniority** promotion à l'ancienneté; **p..... from within** promotion interne; **2** promotion; **sales p.....** promotion des ventes

promulgate *vt* promulguer; **to p..... a reform** promulguer une réforme; **to p..... a decree** promulguer un décret

proof *n* preuve, vérification; **burden of p.....** charge de la preuve; **firep.....** ignifuge; **the onus of p..... is on** la charge de la preuve incombe à; **unless we have p..... to the contrary** jusqu'à preuve du contraire; **waterp.....** étanche; **written p.....** preuve écrite; **p..... of a hypothesis** vérification d'une hypothèse

propaganda *n* propagande

property *n* propriété, bien; **intellectual p.....** propriété intellectuelle; **lost p.....** objets perdus; **private p.....** propriété privée; **p..... tax** taxe foncière

proportion *n* proportion, prorata; **in p..... to sthg** en proportion de qqch, proportionnellement à qqch; **in p..... to time worked** au prorata temporis du travail effectué

proportional *adj* proportionnel; **p..... representation** représentation proportionnelle; **p..... voting system** scrutin proportionnel

proposal *n* proposition; **salary p.....** proposition salariale

proprietor *n* propriétaire

proprietress *n* propriétaire

pros and cons *npl* **the p.....** le pour et le contre

prosecute *vt* poursuivre en justice

prosecution *n* poursuite; **counsel for the p.....** avocat/procureur général

prospect *vi* démarcher; **to p..... customers** démarcher les clients

prospection *n* démarchage; **sales p.....** démarchage commercial

prospective *adj* futur; **p..... employer** futur/éventuel employeur

prospects *npl* perspectives, débouchés; **advancement p.....** perspectives d'avancement; **career p.....** débouchés de carrière, perspectives de carrière; **future p.....** perspectives d'avenir; **(gloomy) job p.....** perspectives (sombres) pour l'emploi; **promotion p.....** perspectives de promotion

prospectus *n* prospectus

prosthesis *n* prothèse

protect *vt* protéger; **to p..... staff from accidents** protéger les employés contre les accidents

protection *n* protection

protectionism *n* protectionnisme

protectionist *adj* protectionniste

protective *adj* **1** protecteur, de protection; **p..... award** indemnité versée par un employeur à un salarié après l'avoir menacé de licenciement économique sans avoir respecté les obligations de consultation des partenaires sociaux; **p..... clothing** vêtement de protection; **2** conservatoire; **p..... measure** mesure conservatoire

protest *n* agitation, protestation, grève, manifestation; **hotbed of p.....** foyer d'agitation; **in p..... at** en guise de protestation à; **sign of p.....** signe de protestation; **sit-down p.....** grève sur le tas; **to do sthg under p.....** faire qqch à son corps défendant; **to lodge a p.....** se plaindre, protester; **to organize a p.....** organiser une manifestation; **to stage a p.....** organiser une manifestation; **p..... march** défilé, manifestation; **p..... movement** mouvement de protestation, mouvement revendicatif

protest *vi* protester; **to p..... against/about sthg** protester contre qqch

protester *n* contestataire, manifestant

protocol *n* protocole

prove *vt* prouver; **to p..... one's ability** faire ses preuves

proven *pp* confirmé; **p..... experience** expérience confirmée

provide for *vt* subvenir; **to p..... staff needs** subvenir aux besoins du personnel

provident *adj* prévoyant, de prévoyance; **p..... fund** caisse de prévoyance

provision *n* disposition, stipulation; **legal p.....s** dispositions légales; **p.....s of a contract** stipulations d'un contrat; **p.....s of a law** dispositions d'une loi

provisional *adj* provisoire

proviso *n* clause conditionnelle, condition restrictive

proxy *n* pouvoir, procuration; **to give sbdy p..... to do sthg** donner pouvoir à qqn pour faire qqch; **to vote by p.....** voter par procuration

PRP *n abbr* (**Profit-Related Pay**) système d'intéressement des salariés aux résultats de l'entreprise permettant - en cas de bénéfices - une augmentation du salaire net grâce à une défiscalisation partielle du salaire

prune *vt* diminuer, réduire; **to p..... costs** diminuer les coûts; **to p..... spending** réduire les dépenses

psychiatry *n* psychiatrie

psychoanalysis *n* psychanalyse

psychologist *n* psychologue

psychology *n* psychologie; **industrial p.....** psychologie industrielle

psychometric *adj* **p..... test** test psychométrique

psychometrics *n* psychométrie

psychomotor *adj* psychomoteur; **p..... tests** tests psychomoteurs

psychotechnics *adj* psychotechnique

public *n* public; **general p.....** grand public; **to do sthg in p.....** faire qqch en public

public *adj* public; **p..... spending** dépenses publiques; **p..... holiday** jour férié; **p..... officer** *(US)* fonctionnaire; **p..... relations** relations publiques

publication *n* édition, parution, sortie; **p..... of a brochure** édition d'une brochure; **p..... of a newspaper** parution/sortie d'un journal

publicity *n* publicité

publish *vt* publier; **to p..... the findings of a study** publier les résultats d'une étude

publishing *n* édition; **p..... house** maison d'édition

pull out *vi* se retirer; **to p..... of negotiations** se retirer des négociations

punch in *vi* 1 saisir; **to p..... data** saisir des données; 2 pointer (en arrivant)

punch out *vi* pointer (en partant)

punctual *adj* ponctuel

punctuality *n* ponctualité

punish *vt* punir

punishment *n* sanction

punitive *adj* punitif; **p..... damages** *(US)* dommages-intérêts destinés à sanctionner fortement la partie responsable (somme supérieure aux dommages-intérêts habituellement versés); **p..... measures** mesures punitives

purchase *n* achat; **compulsory p.....** expropriation

purchase *vt* acheter, racheter

purchasing *n* achat; **Central P..... Unit** centrale d'achats; **P..... Department** Département des Achats; **p..... power** pouvoir d'achat

put *vt* mettre; **to p..... sthg on the agenda** inscrire qqch à l'ordre du jour

put back *vt* décaler, retarder; **to p..... a meeting** décaler une réunion

put down *vt* **to put one's name down for sthg** s'inscrire sur une liste

put in *vt* **to p..... a lot of work** passer du temps au travail, travailler beaucoup; **to p..... extra hours** faire des heures supplémentaires; **to p..... overtime** faire des heures supplémentaires

put off *vt* reporter; **to p..... a meeting** repousser/reporter une réunion

put out *vt* éteindre; **to p..... a fire** éteindre un incendie

put right *vt* remédier; **to p..... a situation** remédier à une situation

put up *vt* augmenter; **to p..... prices** augmenter les prix

put up with *vt* tolérer; **to p..... sthg or resign** se soumettre ou se démettre

Qq

qualification *n* qualification, compétence, niveau de qualification *npl* diplômes; **to have the q.....s for the job** avoir les qualités requises pour le poste

qualified *adj* diplômé, compétent, qualifié; **to be a q..... engineer** être un ingénieur diplômé; **to be highly q.....** être très qualifié; **clauses q..... by conditions** clauses assorties de conditions; **he is the most q..... for the job** il est le plus compétent pour le poste; **q..... plan** plan de retraite fiscalement avantageux

qualify *vi* **1** avoir droit; **to q..... for benefit** avoir droit à une allocation; **2** obtenir un diplôme; **to q..... as a doctor** obtenir son diplôme de médecin; **3** remplir les conditions; **to q..... for membership** remplir les conditions d'admission

qualifying *adj* **q..... period** période probatoire

quality *n* qualité; **total q.....** qualité totale; *cpd* **q..... assurance** assurance qualité; **q..... circle** cercle de qualité; **q..... control** contrôle (de) qualité

quantifiable *adj* quantifiable; **q..... objectives** objectifs quantifiables

quarter *n* **1** trimestre; **to pay by q.....** payer par trimestre; **2** quart **q.....-page advertisement** annonce; quart de page; **3** milieu; **business q.....s** milieux d'affaires

quarterly *adj* trimestriel; **q..... publication** revue trimestrielle; **q..... statement of contributions** bordereau de cotisations trimestrielles

quartile *n* (*stat*) quartile

quash *vt* annuler, casser; **to q..... a sentence** annuler un jugement, casser un jugement

query *n* demande d'explications, question

question *n* question, sujet; **to call into q..... his/her abilities** mettre ses compétences en cause; **closed q.....** question fermée; **examination q.....** sujet d'examen; **open-ended q.....** question ouverte; **q..... and answer session** séance de questions; **to raise a q.....** soulever une question

question *vt* questionner, mettre en cause, mettre en doute; **to q..... sthg** mettre qqch en doute

questionable *adj* douteux; **q..... undertaking** affaire douteuse

questionnaire *n* questionnaire; **employment q.....** questionnaire d'embauche; **multiple-choice q.....** questionnaire à choix multiple

queue *n* queue, file d'attente; **canteen q.....** queue à la cantine; **dole q.....** file de chômeurs

queue up *vi* faire la queue

quit *vi* (*US*) (*fam*) démissionner, donner sa démission

quittance *n* quitus

quorum *n* quorum; **there was not a q.....** le quorum n'a pas été atteint; **to have a q.....** constituer un quorum

quota *n* quota, quote-part, quotient, contingentement; **export q.....s** contingentement des exportations; **intelligence q.....** quotient intellectuel

quotation *n* **1** citation; **2** cotation, devis; **stock market q.....** cotation en bourse; **to obtain stock market q.....** être coté en bourse; **to make a q.....** faire un devis

quoted *pp* coté; **company q..... on the stock exchange list** société cotée en bourse

Rr

R&D *n abbr* (**Research and Development**) recherche et développement

racial *adj* racial; **r..... discrimination** discrimination raciale

racism *n* racisme

raiding *n* débauchage

raise *n* (*US*) augmentation, hausse; **to ask for a r..... in salary** demander une augmentation de salaire; **r..... in capital** augmentation de capital; **to get a r..... (in salary)** obtenir une hausse de salaire; **salary r.....** augmentation de salaire

raise *vt* augmenter, relever, majorer, soulever; **to r..... funds** réunir des fonds; **to r..... a question at a meeting** soulever une question/un point dans une réunion; **to r..... a price** majorer un prix; **to r..... salaries** augmenter les salaires

raising *n* relèvement; **r..... of contributions** relèvement des cotisations

rally *n* rassemblement; **to stage a r.....** organiser un rassemblement

RAM *n abbr* (**Random Access Memory**) (*info*) mémoire vive

rampage *n* saccage; **to go on the r.....** se livrer au saccage

ramspecking *n* (*US*) accès/recrutement à un poste de fonctionnaire du gouvernement américain sans avoir rempli les conditions requises

random *n* aléatoire; **to check sthg at r.....** contrôler qqch de manière aléatoire; **to conduct a r..... check** effectuer un contrôle aléatoire; **r..... inspection** inspection surprise; **r..... sample** échantillon aléatoire; **r..... sampling** échantillonnage aléatoire

range *n* gamme, fourchette, éventail; **price r.....** fourchette de prix; r..... **of cover** étendue des garanties (assurance); **r..... of indifference** seuil de salaire au-delà duquel une augmentation ne représente plus un élément de motivation; **r..... of products** gamme de produits; **r..... of salaries** éventail/fourchette de salaires; **salary r.....** fourchette de salaires

rank *n* 1 rang, échelon; **the lower r.....s** les bas échelons; **thinning r.....s** raréfaction des membres; 2 classement; **class r.....** rang de sortie; **in r..... order** par ordre d'importance

rank *vt* classer; **to r..... criteria** classer des critères

rank and file *n* base; **the r.....** la base; **union r.....** base syndicale

ranked *pp* classé; **to be r..... second** être classé deuxième

ranking *adj* **senior-r..... official** responsable de haut rang

ransack *vt* saccager; **to r..... the offices** saccager les bureaux

rat race *n* course à l'argent, foire d'empoigne

rate *n* taux, pourcentage, tarif, prix; **absenteeism r.....** taux d'absentéisme; **accession r.....** taux d'accroissement du personnel; **accident frequency r.....** taux de fréquence des accidents; **accident severity r.....** taux de gravité des accidents; **bank r.....** taux bancaire; **base r.....** taux de base; **daily r.....** taux journalier; **degressive r.....** taux dégressif; **depreciation r.....** taux d'amortissement; **employment r.....** (*US*) pourcentage d'actifs; **flagged r.....** taux faible; **flat r.....** prix fixe/forfaitaire; **full r.....** plein tarif, taux plein; **the going r.....** le taux en vigueur; **growth r.....** taux de croissance; **guaranteed r.....** taux garanti; **half-life survival r.....** période au bout de laquelle la moitié d'un groupe de salariés recrutés au même moment a quitté l'entreprise; **high r.....** taux élevé; **hourly r.....** taux horaire; **increased r.....** taux majoré; **inflation**

r..... taux d'inflation; **interest r.....** taux d'intérêt; **labour force participation r.....** pourcentage de personnes réellement en poste parmi la population active; **lending r.....** taux d'escompte; **market r.....** taux du marché; **mortality r.....** taux de mortalité; **natural r..... of unemployment** taux de chômage naturel; **overtime r.....** taux de majoration des heures supplémentaires; **the r..... lies between 5 and 7%** le taux se situe entre 5 et 7%; **r..... buster** opérateur produisant plus que les autres et de ce fait rejeté par le groupe; **r..... of a currency** cours d'une monnaie; **r..... of exchange** taux de change; **r..... of pay** salaire; **r..... of production** cadence de production; **separation r.....** taux de départs, taux de turnover; **standard r.....** taux normal, barème d'impôt; **unemployment r.....** taux de chômage; **wastage r.....** pourcentage de départs naturels **npl** impôts locaux; **r..... payer** contribuable (impôts locaux)

rate vt estimer; **to r..... sbdy highly** estimer beaucoup qqn

ratification n validation, ratification

ratify vt entériner, valider, ratifier; **to r..... an agreement** entériner un accord; **to r..... a decision** valider une décision; **to r..... a treaty** ratifier un traité

rating n évaluation; **performance r.....** évaluation de la performance

ratio n rapport, ratio, taux, proportion; **cashflow r.....** ratio de rendement; **long term debt r.....** ratio d'endettement à long terme; **loss r.....** taux de pertes; **net profitability r.....** ratio de rentabilité nette

rationalization n rationalisation

rationalize vt rationaliser

raw adj brut; **r..... data** données brutes; **r..... labour** main-d'œuvre inexpérimentée

re-elect vt réélire

re-election n réélection

re-employ vt réemployer

re-engage vt réembaucher, réengager (pas nécessairement dans le même poste)

re-engagement n réembauchage, réengagement (pas nécessairement dans le même poste)

re-invoice vt refacturer; **to r..... a subsidiary** refacturer une filiale

reach vi atteindre; **an agreement has been reached** un accord est intervenu; **to r..... an agreement** tomber d'accord; **to r..... the office at 9 o'clock** gagner le bureau à 9 heures

reaction n réaction; **chain r.....** réaction en chaîne

reading n lecture; **r..... of a bill** lecture d'un projet de loi, passage d'un projet de loi à l'Assemblée; **speed r.....** lecture rapide

readjust vt réajuster; **to r..... salaries** réajuster les salaires

real adj **(budgetary column)** réel, réalisé (colonne au budget); **r..... earnings** salaire réel; **r..... income** revenu réel

real estate n immobilier; **r..... agent** agent immobilier

reapply vi **to r..... for a job** postuler une deuxième fois pour un poste

reappoint vt renommer

reappointment n renouvellement de nomination/de mandat

reason n raison, motif; **r.....s for dismissal** motifs de licenciement

reasonable adj **r..... person hypothesis** (US) norme de comportement supposé raisonnable utilisée par les tribunaux pour juger l'action d'une personne

reasoning n raisonnement

reassign vt réaffecter

reassignment n réaffectation, réattribution

rebate n ristourne

rebuke vt blâmer

rebuttal *n* réfutation

receipt *n* réception, récépissé, reçu; **to acknowledge r..... of** accuser réception de; **to issue a r.....** délivrer un récépissé; **r..... of final pay** reçu pour solde de tout compte; **rent r.....** quittance de loyer *npl* recette

receiver *n* syndic; **official r.....** syndic de faillite

receivership *n* redressement judiciaire; **to go into r.....** entrer en redressement judiciaire

reception *n* accueil; **r..... desk** l'accueil

receptionist *n* hôtesse, réceptionniste

recess *n* suspension d'audience, vacances (parlementaires)

recession *n* récession

recipient *n* bénéficiaire

reckonable year *n* pour la détermination des droits de Sécurité Sociale, retraite et capital-décès, année au cours de laquelle des cotisations ont été payées pendant au moins 50 semaines

reclaimable *adj* récupérable; **r..... VAT** TVA récupérable

recognition *n* reconnaissance; **staff r.....** reconnaissance du personnel; **(trade) union r.....** reconnaissance syndicale

recognize *vt* reconnaître; **to r..... a union** reconnaître un syndicat

recommend *vt* recommander; **to heartily r..... sbdy** recommander chaudement qqn

recommendation *n* recommandation; **to adopt a r.....** suivre une recommandation; **to follow a r.....** suivre une recommandation; **to make r.....s** faire des recommandations

reconcile *vt* réconcilier, rapprocher, faire concorder; **to r..... the accounts** rapprocher les comptes; **to r..... differing points of view** réconcilier des positions diverses

reconciliation *n* rapprochement; **r..... of accounts** rapprochement des comptes; **r..... with bank statements** rapprochement bancaire

reconsider *vt* reconsidérer; **to r..... one's position** reconsidérer sa position

record *n* **1** dossier, fichier; **clean police r.....** casier judiciaire vierge; **employee r.....s** dossiers du personnel; **medical r.....s** dossiers médicaux; **personnel r.....s** fichiers du personnel; **2** archives, enregistrement, état; **to keep company r.....s** garder les archives de l'entreprise; **to keep a r..... of sthg** garder une trace de qqch; **service r.....** état de service; **to have a good r..... of success** avoir à son actif de belles réussites; **3 track r.....** antécédents professionnels; **4 to go on r..... as saying that** déclarer publiquement que; **off the r.....** officieusement; **on the r.....** officiellement

record *vt* enregistrer

recorder *n* rapporteur d'une réunion

recording *n* enregistrement

recoup *vt* compenser, récupérer; **to r..... a loss** compenser une perte; **to r..... lost time** récupérer le temps perdu

recourse *n* recourir; **to have r..... to a fixed-term contract** recourir à un contrat à durée déterminée

recoverable *adj* récupérable; **r..... debt** dette récupérable

recovery *n* **1** guérison, rétablissement; **to wish sbdy a speedy/swift r.....** souhaiter à qqn un prompt rétablissement; **2** reprise, redressement; **economic r.....** reprise économique, redressement économique

recreation *n* loisirs; **r..... services** services et lieux de détente/loisirs offerts aux salariés

recreational *adj* **r..... facilities** équipement de loisir (terrains de sports, salles de jeux...)

recrimination *n* récrimination

recruit *n* recrue, nouvel embauché

recruit *vt* recruter

recruiter *n* recruteur

recruitment *n* recrutement, embauche, sélection; **graduate r.....** recrutement de jeunes diplômés; **r..... process** processus de sélection; **r..... ratio** taux d'embauche

recycling *n* recyclage

red *adj* **to be in the r.....** être dans le rouge/à découvert, être déficitaire; **r..... circle rate** salaires supérieurs au minimum défini pour un poste

red herring *n* diversion

red tape *n* bureaucratie, paperasserie

redeploy *vt* réaffecter, reclasser

redeployment *n* reclassement, reconversion; **industrial r.....** reconversion industrielle, redéploiement industriel

redhibitory *adj* rédhibitoire

redress *n* réparation

redress *vt* redresser, réparer; **to r..... a grievance** réparer un tort

reduce *vt* diminuer, réduire, baisser; **to r..... the number of accidents** diminuer le nombre d'accidents; **to r..... staff** réduire les effectifs; **to r..... prices/salaries** baisser les prix/salaires

reduction *n* **1** réduction, diminution, compression; **manpower r.....** compression des effectifs; **r..... of staff** réduction/compression des effectifs/du personnel; **r..... of working hours** réduction du temps de travail; **2** allégement, dégrèvement, minoration, abattement; **tax r.....** allégement d'impôts, décote, dégrèvement fiscal, dégrèvement d'impôts, minoration des impôts

redundancy *n* licenciement économique, suppression de poste(s); **r..... payment** indemnité de licenciement; **compulsory r.....** licenciement du fait de l'employeur;

mass **r.....** licenciement collectif; **voluntary r.....** licenciement par appel au volontariat

redundant *adj* **1** licencié; **to be made r.....** être licencié pour raisons économiques; **to make sbdy r.....** licencier qqn pour raisons économiques; **2** redondant, à double emploi

reengineering *n* reconfiguration: réorganisation de l'entreprise à partir des processus et non pas des fonctions

refer *vt* saisir; **to r..... a matter to the courts** saisir un tribunal, renvoyer une affaire devant les tribunaux

referee *n* référence : personne désignée par un candidat pour des références morales ou professionnelles

reference *n* **1** référence, recommandation; **character r.....** référence morale; **to give a r.....** donner une référence; **to give sbdy a r.....** donner une recommandation à qqn; **job r.....** référence professionnelle; **letter of r.....** lettre de recommandation; **2** repère; **point of r.....** point de repère; **r..... period** période de référence; **r..... salary** traitement de référence

referendum *n* référendum

referral *n* renvoi; **r..... to the courts** renvoi au tribunal

reform *n* réforme; **to implement r.....s** mettre en place des réformes; **to shelve a r.....** mettre au placard une réforme, mettre une réforme en sommeil

reform *vt* réformer; **to r..... the procedures** refondre les procédures

refresher *adj* **r..... course** cours de mise à niveau, cours de recyclage

refund *n* ristourne

refurbishing *n* remise en état, remise à neuf; **r..... of a flat** remise en état d'un appartement

refusal *n* refus; **explanation for a r..... must be given** le refus doit être motivé; **r.....** **to work** refus de travailler; **wilful r.....** refus délibéré

refuse *vt* refuser; **to r..... point-blank to do sthg** refuser net de faire qqch

refute *vt* réfuter; **to r..... an allegation** réfuter une accusation

regain *vt* regagner, reprendre; **to r..... ground** regagner du terrain; **to r..... influence** regagner de l'influence; **to r..... the initiative** reprendre l'initiative

region *n* **1** département (*géog*); **2** alentours; **to earn in the r..... of £20000** gagner aux alentours de 20000 livres; **salary in the r..... of** salaire de l'ordre de

register *n* registre; **to keep a r.....** tenir un registre; **r..... of businesses** registre du commerce; **to be on the unemployment r.....** être inscrit à l'ANPE (*équiv*), être inscrit au chômage

register *vt* **1 to r..... a drop in earnings** accuser une baisse de revenu; **2** s'inscrire; **to r..... as unemployed** s'inscrire à l'ANPE

registered *adj* enregistré, agréé, recommandé, reconnu; **r.... disabled person** travailleur handicapé (reconnu par l'Etat) pouvant travailler sur certains postes définis; **r..... dealer** fournisseur agréé; **r..... letter** lettre recommandée

registrar *n* greffier

registration *n* dépôt; **r..... of a list of candidates** dépôt d'une liste de candidats; **r..... number** numéro d'immatriculation; **r..... of a trademark** dépôt d'une marque

regular *adj* régulier, fixe, permanent; **r..... employee** (*US*) employé à temps plein; **r..... income** (*US*) revenu fixe; **r..... staff** (*US*) effectif permanent

regularization *n* régularisation; **year-end r.....** régularisation (des comptes) en fin d'année

regulation *n* règlement, règle; **to lay down rules and r.....s** établir le règlement; **safety r.....s** règles de sécurité, règlement de sécurité

rehabilitation *n* réadaptation, rééducation; **job r.....** réadaptation professionnelle; *cpd* **r..... centre** centre de rééducation

rehire *vt* réembaucher

rehiring *n* réembauchage; **to have r..... priority** avoir priorité de réembauchage

reimburse *vt* rembourser

reimbursed *pp* remboursé; **to be r..... for sthg** être remboursé pour qqch

reimbursement *n* remboursement; **r..... of expenses** remboursement des frais

reinstate *vt* réintégrer; **to r..... an employee** réintégrer un salarié (dans le même poste)

reinstatement *n* réintégration; **r..... order** ordre de réintégration; **r..... of an employee** réintégration d'un salarié (dans le même poste)

reinsurance *n* réassurance

reject *n* rebut

reject *vt* refuser, rejeter; **to r..... an offer** refuser une offre; **to r..... a proposal** rejeter une proposition

relapse *n* rechute; **to have a r.....** faire une rechute

relation *n* relation; **to break off r.....s with sbdy** rompre les relations avec qqn; **business r.....** relation d'affaires; **employee r.....s** relations sociales; **to have good r.....s with one's colleagues** avoir de bons rapports avec ses collègues; **to have poor labour r.....s** avoir de mauvaises relations sociales; **human r.....s** relations humaines; **industrial r.....s** relations sociales; **labour r.....s** relations sociales; **public r.....s** relations extérieures, relations publiques; **strained r.....s** relations tendues

relationship *n* rapport; **to have a good r..... with one's colleagues** avoir de bons rapports avec ses collègues; **power r.....** rapport de force

relative *n* parent; *npl* famille; **close r.....s** famille proche

relax *vt* assouplir, desserrer; **to r.....** **controls** assouplir/relâcher les contrôles; **to r..... provisions** assouplir les dispositions

relay *vt* retransmettre; **to r..... a message** retransmettre un message

release *n* **1 day-r..... studies** études/formation en alternance d'une ou deux journées par semaine; **2** communiqué; **press r.....** communiqué de presse; **3** dispense; **r..... from working out notice** dispense d'exécution de préavis

release *vt* libérer; **to r..... sbdy from his/her contract** libérer qqn de ses obligations contractuelles

relevant *adj* pertinent; **to have r..... experience** posséder une expérience pertinente

reliability *n* fiabilité

reliable *adj* fiable

relief *n* **1** assistance, secours; **r..... fund** fonds de secours; **2** relève; **r..... manager** remplaçant (cadre); **r..... shift** équipe de remplacement; **r..... workers** remplaçants (ouvriers); **3** *(US)* allégement, dégrèvement; **to obtain tax r.....** obtenir un allégement fiscal, obtenir un dégrèvement fiscal/d'impôts

relieve *vt* destituer; **to r..... sbdy of his/her duties** destituer qqn de ses fonctions

relieved *pp* destitué; **to be r..... of one's duties** être destitué de ses fonctions

relinquish *vt* renoncer; **to r..... a clause** renoncer à une clause; **to r..... a right** renoncer à un droit

relocate *vt* **1** réimplanter; **to r..... a company** réimplanter une société; *vi* **2** déménager

relocating partner *n* conjoint d'un salarié transféré

relocation *n* **1** réimplantation, relocalisation; **company r.....** réimplantation d'une entreprise; **2** déménagement; **r..... allowance** prime d'installation, prime de rideaux; **r..... assistance** accompagnement à la mobilité géographique (aide proposée aux salariés qui déménagent); **r..... expenses** frais de déménagement

reluctance *n* réticence; **r..... to do sthg** réticence à faire qqch

reluctant *adj* réticent; **to be r..... to do sthg** être réticent à faire qqch

remark *n* observation; **to make a r.....** faire une observation

remedial *adj* rattrapage; **r..... classes** cours de rattrapage; **r..... transfer** réaffectation d'un salarié à un poste plus adapté, suite à des difficultés rencontrées dans le poste précédent

remedy *n* remède

reminder *n* rappel; **to send a r.....** envoyer une lettre de rappel; **final r.....** dernier rappel

removal *n* **1** renvoi; **r..... from office** renvoi du travail, révocation; **2** déménagement; **r..... allowance** indemnité de déménagement; **r..... expenses** frais de déménagement

remunerate *vt* rémunérer

remuneration *n* rémunération, émoluments

renew *vt* renouveler, reconduire; **to r..... a contract for one year** reconduire un contrat pour un an; **to r..... a lease** reconduire un bail; **to r..... a trial period** renouveler une période d'essai

renewal *n* renouvellement, reconduction; **r..... of a contract** renouvellement d'un contrat; **r..... of a contract by tacit agreement** tacite reconduction d'un contrat; **r..... notice** avis de renouvellement;

r..... **of tenure** prorogation d'un mandat

rent *n* loyer; r..... **allowance** allocation de loyer

rent *vt* louer

rent-a-boss *cpd* service de mise à disposition temporaire/intérim de dirigeants

rental *n* location

rental *adj* locatif; r..... **value** valeur locative

reopening *n* r..... **clause** clause de renégociation applicable pendant la durée d'un accord

reorganization *n* restructuration; **company** r..... restructuration d'une société

repair *vt* réparer

repairing *n* remise en état; r..... **of a machine** remise en état d'une machine

repatriate *n* rapatrié

repatriate *vt* rapatrier

repatriation *n* rapatriement; r..... **for health reasons** rapatriement sanitaire

repayment *n* remboursement

repeal *n* abrogation, annulation

repeal *vt* abroger; **to** r..... **a law** abroger une loi

repeat *vt* renouveler, répéter; **to** r..... **an experience** renouveler une expérience

repercussion *n* répercussion

repetitive *adj* répétitif; r..... **work** travail répétitif

replace *vt* remplacer; **to** r..... **sbdy** remplacer qqn

replacement *n* 1 remplaçant (**person**); 2 remplacement, renouvellement; r..... **charts** organigrames de remplacement; r..... **rate** taux de renouvellement

replenish *vt* réapprovisionner; **to** r..... **stocks** réapprovisionner les stocks

reply *n* réponse; **negative** r..... **to a candidacy** réponse négative à une candidature

report *n* constat, rapport, compte rendu, procès-verbal; **accident** r..... constat (d'accident); **activity** r..... rapport d'activité; **annual** r..... rapport annuel; **certified r.....** constat d'huissier; **expense** r..... note de frais; **to issue a** r..... faire paraître/publier un rapport; **to make a** r..... faire un constat; **medical** r..... rapport médical; **meeting** r..... compte rendu d'une réunion, procès-verbal d'une réunion; **progress** r..... rapport sur l'état d'avancement (de qqch); **to submit a** r..... présenter un rapport; **to write up a** r..... rédiger un compte rendu

report *vi* 1 se présenter; **to** r..... **for work** se présenter au travail; **to** r..... **sick** se faire porter malade; 2 dépendre de, rapporter à; **to** r..... **to sbdy** dépendre directement de qqn

reporting *adj* r..... **system** système de reporting, système de remontée d'informations

representation *n* représentation; **employee** r..... représentation du personnel; **to make** r.....**s to sbdy** entreprendre des démarches auprès de qqn; **proportional** r..... représentation proportionnelle; **staff** r..... représentation du personnel

representational *adj* r..... **rights** droit de représentation reconnu à un syndicat lui permettant d'intervenir sur des questions disciplinaires mais pas sur les négociations salariales ou les conditions de travail

representative *n* mandataire, délégué, représentant; **medical** r..... délégué médical; **staff** r..... délégué du personnel; **union** r..... représentant syndical

representative *adj* représentatif; r..... **character of sthg** caractère représentatif de qqch

representativeness *n* représentativité; **r..... of a union** représentativité d'un syndicat

reprieve *n* sursis; **to win a r.....** obtenir un sursis

reprimand *n* réprimande, blâme; **oral r.....** réprimande verbale; **to administer a r.....** donner un blâme

reprimand *vt* blâmer, réprimander

reprisal *n* représailles, mesure de rétorsion

repudiate *vt* désavouer, rejeter; **to r..... an agreement** refuser d'honorer un accord

repudiatory *adj* **r..... breach** rupture légitime d'un contrat de travail initiée par la partie lésée lorsque l'autre partie manifeste de manière non équivoque sa volonté de rupture ou ne respecte pas les termes du contrat

request *n* requête, demande; **at your own r.....** à votre demande; **certificates available upon r.....** certificats disponibles sur demande

requirement *n* **1** exigence; **job r.....s** exigences du poste; **to meet the r.....s** satisfaire les exigences; **2** condition; **eligibility r.....** condition d'attribution, condition à remplir; **entry r.....** condition d'admission; **to meet the r.....s** remplir les conditions; **r..... to fulfil** condition à remplir

requisition *n* **r..... form** fiche de poste à pourvoir, demande de personnel (envoyée par un service à la direction du personnel)

rescind *vt* résilier; **to r..... a contract** résilier un contrat

research *n* recherche; **to carry out r.....** faire de la recherche; **market r.....** étude de marché; **r..... and development** recherche et développement; *cpd* **r..... worker** chercheur

reservation *n* réticence; **to have r.....s about sthg** émettre des réticences sur qqch

reserve *n* réserve, provision; **pool of labour in r.....** réserve de main-d'œuvre; **legal r.....** *(fin)* réserve légale; **r..... for holiday leave** provisions pour congés payés; **profit-sharing r.....** réserve de participation

reserve *vt* réserver; **to r..... a room** réserver une chambre

residence *n* domicile; **r..... permit** carte de résident; **to take up r..... in France** élire domicile en France

resident *n* résident, e

residual *adj* **r..... unemployment** chômage résiduel

resign *vi* démissionner; **to be forced to r.....** être « démissionné », être contraint de démissionner; **to r..... from one's post** démissionner, se démettre de ses fonctions

resignation *n* démission; **to tender one's r.....** donner sa démission

resigned *pp* démissionnaire; **to have r.....** être démissionnaire

resistance *n* résistance; **to put up stiff/fierce r..... to sbdy** opposer une résistance farouche à qqn; **r..... to change** résistance au changement

resistant *adj* résistant; **heat r.....** résistant à la chaleur

resolution *n* résolution; **to make r.....s** prendre des résolutions; **to put a r.....** proposer une résolution; **to pass/carry/adopt a r.....** adopter une résolution; **to reject a r.....** rejeter une résolution

resolve *vt* résoudre; **to r..... a dispute** résoudre un conflit

resort *vi* **1** recours; **to r..... to force** avoir recours à la force; **2** (lieu); **seaside r.....** station balnéaire

resource *n* moyen, ressource; **to have the necessary r.....s** avoir les moyens; **human r.....s management** gestion des ressources humaines

resourceful *adj* débrouillard *(fam)*

resourcing *n* **employee r.....** fait de fournir les ressources humaines nécessaires au bon fonctionnement d'une organisation à un moment donné (recrutement, gestion des emplois...)

respect *n* respect; **to earn the r.....** **of sbdy** gagner le respect de qqn

respite *n* répit, relâche, *(jur)* sursis; **to gain a r.....** obtenir un sursis

response *n* réponse; **disappointing r..... to a mailing** réponse décevante à un mailing

responsibility *n* responsabilité, charge; **criminal r.....** responsabilité pénale; **to shun one's responsibilities** fuir ses responsabilités; **to take on responsibilities** assumer des responsabilités; **r..... for breach of contract** imputabilité de la rupture d'un contrat

responsible *adj* responsable; **to be r..... to sbdy** être responsable envers qqn; **to be r..... for sthg** être responsable de qqch, avoir la charge de qqch; **those r..... for damage caused** les responsables des dégâts; **r..... for a special project** chargé de mission

responsibly *adv* **to behave r.....** se conduire avec sérieux, se conduire de manière responsable

rest *n* repos; **r..... period** période de repos; **Sunday r.....** repos dominical; **weekly r..... day** repos hebdomadaire

restart *vi* redémarrer, reprendre le travail

restless *adj* agité; **to grow r.....** devenir agité, s'agiter

restock *vt* réapprovisionner les stocks

restocking *n* réapprovisionnement

restraint *n* modération, rigueur; **to exercise r.....** faire preuve de modération; **wage r.....** rigueur salariale; **pay r.....** restriction salariale

restriction *n* restriction, limitation; **budgetary r.....s** restrictions budgétaires; **expenditure r.....s** restrictions de dépenses; **r..... of output** limitation de la production

restrictive *adj* **r..... covenant** clause de non-concurrence; **r..... trade practices** entraves à la libre concurrence

restructuring *n* restructuration

result *n* résultat

resume *vt* reprendre; **to r..... talks** reprendre des pourparlers; **to r..... work** reprendre le travail

resume *n (US)* curriculum vitae

resumption *n* reprise; **r..... of talks** reprise des discussions/négociations; **r..... of work** reprise du travail

retail *adv* détail, vente au détail; **to sell r.....** vendre au détail

retailer *n* détaillant

retain *vt* garder, retenir; **to r..... staff** garder du personnel, retenir le personnel, fidéliser le personnel

retained *pp* retenu; **r..... benefits** droits de retraite ou de prévoyance acquis auprès d'un ancien employeur pouvant être cumulés avec un nouveau régime ou liquidés en temps voulu; **r..... earnings** bénéfice mis en réserve

retainer *n* abonnement forfaitaire annuel versé à un prestataire de services (conseil en management, juridique,...) offrant au client un service permanent et immédiat

retaliation *n* représailles, rétorsion; **in r.....** par représailles

retaliatory *adj* **r..... discharge** *(US)* licenciement décidé par un employeur à titre de représaille/punition envers un salarié, le plus souvent illégal; **r..... measure** mesure de rétorsion

retention *n* maintien, retention; **employee r.....** retention du personnel; **staff r.....** maintien des effectifs; **job r.....** maintien de l'emploi

retire *vi* prendre sa retraite

retiree *n* retraité

retirement *n* retraite; **to bring sbdy out of r.....** tirer qqn de sa retraite; **early r.....** préretraite, retraite anticipée; **full r..... benefit** retraite à taux plein; **involuntary r.....** départ forcé à la retraite; **mandatory r..... age** âge obligatoire de la retraite; **r..... plan** régime de retraite; **semi-r.....** semi-retraite; **voluntary r.....** départ volontaire à la retraite

retract *vt* retirer; **to r..... a statement** retirer des propos

retrain *vi* se recycler, se reconvertir; **to r..... in the field of finance** se recycler dans la finance

retraining *n* recyclage, reconversion; **to do vocational r.....** faire une reconversion professionnelle

retreat *vt* reculer; **to r..... from a negotiating position** faire marche arrière dans une négociation

retrenchment *n* (*US*) réduction (des effectifs, des coûts salariaux...) en période de difficulté économique

retroactive *adj* rétroactif; **r..... measure** mesure à effet rétroactif

retroactively *adv* rétroactivement

return *n* **1** retour; **r..... to normal** retour à la normale; **by r..... of post** par retour du courrier; **r..... trip** voyage aller-retour; **2** rentabilité, retour; **r..... on investment** rentabilité d'un investissement, retour sur investissement

return *vi* revenir, retourner; **to r..... to normal** revenir à la normale; **to r..... to the past** retourner en arrière

revaluation *n* revalorisation; **r..... of pensions** revalorisation des pensions

reveal *vt* exposer, révéler; **to r..... an act of fraud** exposer une fraude

revenue *n* chiffre d'affaires, recette

review *n* **1** révision; **judicial r.....** révision judiciaire; **salary r.....** révision des salaires; **scheme under r.....** projet en cours d'examen; **2** récapitulatif; **3** revue (magazine)

review *vt* revoir, réviser; **to r..... a case** revoir un cas; **to r..... downwards** réviser à la baisse; **to r..... salaries** réviser des salaires; **to r..... a sentence** réviser un procès; **to r..... upwards** réviser à la hausse

revise *vi* réviser; **to r..... for an exam** réviser pour un examen

revision *n* révision; **r..... of a collective agreement** révision d'une convention collective

revoke *vt* abroger, revenir sur; **to r..... a decision** revenir sur une décision; **to r..... a law** abroger une loi

reward *n* récompense, rétribution

reward *vt* récompenser; **to r..... effort** récompenser des efforts

rewarding *adj* enrichissant, gratifiant; **r..... work** travail enrichissant, travail gratifiant

rework *n* travail nécessité lorsqu'un produit ou un service n'a pas été réalisé correctement la première fois

rich *adj* riche; **to strike it r.....** faire fortune, gagner le gros lot

rider *n* avenant; **to add a r..... to a contract** ajouter un avenant à un contrat

rig *vt* truquer; **to r..... an election** truquer une élection

rigging *n* truquage; **ballot-r.....** fraude électorale

right *n* droit, avantage; **all r.....s reserved** tous droits réservés; **acquired r.....s** droits acquis; **civic r.....** droit civique; **civil r.....s** droits civils; **established r.....s** avantages acquis; **to exercise one's r.....s** exercer ses droits; **to forfeit one's r.....s** renoncer à ses droits; **to give the r.....** to ouvrir droit à; **to have a r.....** **over sthg** avoir droit sur qqch; **to have a r.....** **to sthg** avoir droit à qqch; **to have the r.....** **to examine a file** avoir le droit de regard sur un dossier; **human r.....s** droits de l'homme; **inalienable r.....** droit inaliénable; **information r.....** droit à l'information; **reproduction r.....s** droits de reproduction; **to reserve the r.....** **to do sthg** s'arroger le droit de faire qqch, se réserver le droit de faire qqch; **as of r.....** de plein droit; **r..... of appeal** droit d'appel; **r..... to examine** droit de regard; **r..... to vote** droit de vote; **r..... to work** droit au travail; **social r.....s** acquis sociaux; **vested r.....s** avantages acquis, droits acquis; **to violate a r.....** violer un droit; **to waive one's r.....s** renoncer à ses droits; **women's r.....s** droits de la femme

rightsizing *n* forme de "downsizing" (*voir* downsizing) où les décisions de licenciement sont prises essentiellement sur la base des postes et activités et non des personnes

riot *n* émeute; **r..... police** CRS (Compagnie Républicaine de Sécurité) (*équiv*); **to spark (off) r.....s** déclencher des émeutes

riot *vi* faire une émeute

rise *n* augmentation, hausse; **meteoric r.....** ascension fulgurante; **price r.....** augmentation de prix; **salary r.....** augmentation/hausse de salaire; **wage r.....** augmentation/hausse de salaire

rise *vi* accéder, grimper, monter; **to r..... to an important position** accéder à un poste important; **to r..... to the top** grimper dans la hiérarchie, gravir les échelons

rise up against *vi* s'élever contre; **to r..... a decision** s'élever contre une décision

rising *adj* montant, montée; **to be r.....** être en hausse; **r..... tide of unemployment** montée du chômage; **r..... trend** tendance à la hausse

risk *n* risque; **calculated r....** risque calculé; **r..... management** gestion des risques; **to run a r.....** courir un risque; **to take a r.....** prendre un risque

risk-taking *cpd* prise de risques

risky *adj* hasardeux; **r..... enterprise** activité hasardeuse; **r..... business** activité hasardeuse

rivalry *n* rivalité; **r..... between departments** rivalité entre départements

riven *pp* union **r..... by tensions** syndicat déchiré par des tensions

road show *n* campagne de communication interne/«tournée» de l'équipe de direction dans les différentes unités d'une entreprise

robot *n* robot

robotics *npl* robotique

robotization *n* robotisation

rock *vt* **(not) to r..... the boat** (ne pas) faire des vagues

rock bottom *adj* **r..... prices** prix sacrifiés

role *n* rôle; **r..... expectations** ensemble des comportements attendus pour le tenant d'un poste; **r..... model** modèle de comportement, exemple à suivre, maître à penser; **r..... play** jeu de rôle; **the r..... of the works council** les attributions du comité d'entreprise

roll *n* liste; **electoral r.....** liste électorale; **membership r.....** liste des adhérents; **union r.....** liste des syndiqués

rolling *adj* **r..... budget** budget en continu sur les douze derniers mois

room *n* salle, local; **board r.....** salle du conseil; **private r.....** chambre particulière; **r..... to manoeuvre** marge de manœuvre; **waiting r.....** salle d'attente; **union r.....** local syndical

rope *n* **to learn the r.....s** faire ses classes

roster *n* liste, tableau; **duty r.....** liste de service, tableau d'horaires; **promotion r.....** tableau d'avancement

rota *n* **r..... system** système par roulement

rotating *adj* tournant; **r..... shifts** équipes tournantes

rotation *n* rotation; **job r.....** rotation d'emplois

rotator *n* (US) salarié en travail posté changeant de période/d'équipe

rough copy *n* brouillon

round *n* ronde, tour; **the guard does his r.....s** le gardien fait sa ronde; **r..... of bargaining** tour de négociations; **r..... of talks** série de négociations; **r..... of voting** tour de scrutin

round *adj* arrondi; **r..... figures** chiffres arrondis; **r..... table discussion** table ronde; *adv* **to go r..... the offices** faire un tour des bureaux; **to go r..... the table** faire un tour de table

round off *vi* arrondir; **to r..... to the nearest franc** arrondir au franc près

round trip *cpd* aller-retour

round up *vi* arrondir; **to r..... to the nearest franc** arrondir au franc supérieur

routine *n* habitudes

routine *adj* routine; **to carry out a r..... check** procéder à une vérification de routine; **r..... medical test** examen médical de routine

row *n* dispute

Rowan plan *n* (US) système de prime, moins répandu aujourd'hui, dont le montant était lié à la variation du taux de productivité

royalties *npl* redevance, royalties, droits d'auteur

RSA *n* *abbr* (**Royal Society of Arts**) organisme de formation délivrant des diplômes professionnels dans le domaine du secrétariat et de l'administration

rug ranking *cpd* expression familière désignant le système de rémunération par lequel le salaire d'une secrétaire est fonction du niveau hiérarchique du cadre pour le/laquelle elle travaille (et non de sa performance)

rule *n* règle, règlement; **to break the r.....s** transgresser/enfreindre les règles; **company r.....s and regulations** règlement intérieur; **to do sthg according to the r..... book** faire qqch dans les règles de l'art; **ground r.....s** règles du jeu; **to lay down r.....s** élaborer un règlement, établir des règles; **by r..... of thumb** empiriquement; **r.....s and regulations** règlement; **stringent r.....** règle stricte; **work r.....s** réglementation de travail; **to work to r.....** faire la grève du zèle; **2 slide r.....** règle à calculer

rule *vi* décider, juger; **the court r.....s that** la cour décide que

rule of thumb *cpd* à vue de nez

rule out *vt* exclure; **to r..... an increase in taxes/salaries** exclure une augmentation des impôts/salaires

ruling *n* décision, jugement; **court r.....** décision de justice; **government r.....** décision gouvernementale

rumour *n* bruit, rumeur; **r..... going around** bruit qui court; **to spread a r.....** faire courir une rumeur

run *vt* courir; **to r..... an ad** passer une annonce; **to r..... an organization** diriger une organisation; **the agreement will r.... for one year** l'accord est valable/applicable un an; **the cost is running at** le coût s'élève à; **inflation is running at 5%** l'inflation s'élève à 5%; **the period r.....s from January 1st to March 31st** la période s'étend du 1er janvier au 31 mars; **to r..... for election** se présenter à une élection; **to r..... a risk** courir un danger

run in *vi* roder

run out *vi* s'écouler; **time has r.....** le temps s'est écoulé; **stock has r.....** le stock est épuisé; **to r..... of options** être en panne de possibilités

run-up *n* **r..... to an election** phase finale d'une élection

rundown *n* bilan; **to give a r..... on sthg** dresser un bilan de qqch

running *n* marche, fonctionnement; **smooth r..... of a company** bonne marche d'une entreprise; **to take over the r..... of a factory** prendre la direction d'une usine; **r..... of a stand** tenue d'un stand

running *adj* courant; **r..... costs** dépenses courantes, coûts de fonctionnement

running-in *adj* rodage; **r..... period** période de rodage

Ss

s.a.e. *n abbr* **(stamped addressed envelope)** enveloppe affranchie libellée à son adresse

sabbatical *adj* sabbatique; **s.....** **leave** congé sabbatique; **s.....** **year** année sabbatique

sabotage *n* sabotage

sack *vt (fam)* virer, *(fam)* renvoyer, *(fam)* mettre à la porte, licencier; **to get s.....ed** se faire virer, être renvoyé; **to get the s.....** se faire renvoyer, être mis à la porte

sacking *n (fam)* renvoi, licenciement

safe *adj* sûr; **s.....** **investment** placement sûr; **s.....** **place** lieu sûr

safeguard *n* garantie; **s.....** **against sthg** garantie contre qqch

safeguard *vt* protéger, sauvegarder; **to s.....** **installations** protéger des installations

safety *n* sécurité, sauvegarde; **s.....** **regulations** consignes de sécurité; **s.....** **clause** clause de sauvegarde; **s.....** **committee** comité de sécurité; **s.....** **officer** responsable d'hygiène et de sécurité; **s.....** **representative** salarié nommé par un syndicat pour traiter des questions d'hygiène et de sécurité; **s.....** **precautions** mesures de sécurité; **s.....** **valve** soupape (de sécurité); **s.....** **at work** sécurité au travail

salaried *adj* salarié; **s.....** **staff** personnel salarié

salary *n* salaire, appointements, traitement; **annual s.....** salaire annuel, traitement annuel; **attractive s.....** salaire motivant; **basic s.....** salaire de base, salaire fixe; **career average s.....** salaire moyen servant à calculer le montant d'une retraite; **to draw a s.....** toucher un salaire; **final average s.....** salaire moyen servant à la détermination d'une prestation; **fixed s.....** salaire/ap-pointements fixes; **gross s.....** salaire brut; **negotiable s.....** salaire à déterminer; **net s.....** salaire net; **notional s.....** salaire de référence; **s.....** **administration** gestion des rémunérations; **s.....** **attrition** baisse de la masse salariale liée à des départs naturels; **s.....** **bands** niveaux/fourchettes de salaires; **s.....** **clubs** entreprises d'un même secteur d'activité se regroupant pour réaliser des enquêtes/études de salaires; **s.....** **differentials** écarts/différentiels de salaires; **s.....** **expectations** prétentions salariales; **s.....** **package** salaire/rémunération global(e); **s.....** **review** révision des salaires; **s.....** **scale** grille de salaires, échelle des salaires; **s.....** **structure** structure salariale; **s.....** **survey** enquête de salaires, étude sur les rémunérations; **starting s.....** salaire d'embauche/de départ; **to take a s.....** **cut** accepter une réduction de salaire; **total s.....** **bill** masse salariale

sale *n* vente, cession; **to be on s.....** être en vente; **clearance s.....** liquidation, soldes; **retail s.....** vente au détail; **s.....** **of a company** cession d'une entreprise; *npl* **s.....s agreement** promesse de vente; **s.....s appeal** argumentaire de vente; **s.....s force** force de vente; **s.....s office** bureau de vente; **s.....s outlet** point de vente; **s.....s pitch** argumentaire de vente; **s.....s promotion** promotion des ventes; **s.....s rep(resentative)** représentant de commerce, représentant commercial, VRP; **s.....s techniques** techniques de vente

salesman *n* commercial, vendeur

salesmanship *n* art de la vente

saleswoman *n* vendeuse

sample *n* échantillon; **adequate s.....** échantillon représentatif

sampling *n* échantillonnage; **acceptance s.....** test sur échantillon; **random s.....** échantillonnage aléatoire

sanction *n* **1** sanction; **to impose s.....s** prendre des sanctions contre; **2** autorisation, approbation

sanction *vt* sanctionner; **to s.....
sbdy** sanctionner qqn

sandwich *n* **s..... course** formation en alternance

sap *vt* miner, saper; **to s..... morale** miner/saper le moral

satisfaction *n* satisfaction; **job s.....** satisfaction au travail

satisfy *vt* satisfaire; **to s..... requirements** satisfaire les exigences

save *vt* **1** gagner; **to s..... space in the office** gagner de la place au bureau; **to s..... time** gagner du temps; **2** épargner, faire des économies, économiser; **s.....-as-you-earn scheme** plan d'épargne par prélèvement à la source

savings *npl* épargne, économies; **company s..... scheme** plan d'épargne entreprise; **to make s.....** faire des économies

say *n* **to have one's s..... on sthg** avoir son mot à dire sur qqch

SAYE *n abbr* (**Save As You Earn**) épargne par prélèvement à la source

SBU *n abbr* (**Strategic Business Unit**) regroupement d'un ensemble d'activités d'une entreprise présentant des similitudes de ressources et de savoir-faire

scab *n* briseur de grève

scaffolding *n* échafaudage

scalar *n* **s..... principle** principe du respect de la voie hiérarchique

scale *n* échelle, grille, barème; **economies of s.....** économies d'échelle; **incremental s.....** barème progressif; **incremental salary s.....** grille d'augmentation progressive des salaires; **large-s..... redundancies** licenciements à grande échelle; **salary s.....** grille de salaires, échelle des salaires; **sliding s.....** échelle mobile; **sliding wage s.....** échelle mobile des salaires

scale back *vt* réduire; **to s..... benefits** réduire les avantages sociaux

scale down *vt* réduire proportionnellement

scale up *vt* augmenter proportionnellement

scapegoat *n* bouc émissaire

scar *n* cicatrice; **the strike has left s.....s** la grève a laissé des séquelles

scarce *adj* rare; **s..... jobs** emplois rares

scatter diagram *cpd* (*graph*) nuage de points

scenario *n* scénario

scene *n* décor, terrain, scène; **to set the s.....** planter le décor, préparer le terrain; **to work behind the s.....s** travailler en coulisses

schedule *n* **1** programme, calendrier (*US*), horaire, emploi du temps; **heavy s.....** emploi du temps chargé; **to be ahead of s.....** avoir de l'avance sur son programme; **to be behind s.....** être en retard; **to be on s.....** ne pas être en retard sur son programme; **work s.....** horaires de travail; **bargaining s.....** calendrier d'une négociation; **vacation s.....** calendrier des vacances; **2** barème; **tax s.....** barème des impôts

schedule *vt* programmer; **to s..... two meetings** programmer deux réunions

scheduling *n* planning, ordonnancement; **s..... of production** ordonnancement de production

scheme *n* régime, plan, système; **bonus s.....** système de primes; **complementary pension s.....** régime de retraite complémentaire; **employee savings s.....** plan d'épargne d'entreprise; **managers' pension s.....** régime de retraite des cadres; **pension s.....** régime de retraite; **savings s.....** plan d'épargne; **savings-related retirement s.....** plan d'épargne retraite ; **Social Security s.....** régime de Sécurité Sociale

scholar *n* étudiant suivant des études supérieures

scholarship *n* bourse d'études

school *n* école, lycée ; **business s.....** école de commerce/de gestion ; **high s.....** *(US)* lycée ; **infant s.....** école maternelle ; **night s.....** école du soir ; **s..... fees** frais de scolarité ; **secondary s.....** école secondaire, lycée ; **s..... of thought/thinking** école de pensée

school-leaver *n* jeune ayant terminé ses études secondaires

schooling *n* scolarité, scolarisation ; **compulsory s.....** scolarité obligatoire

science park *n* technopole

scientific *adj* scientifique ; **s..... management** organisation scientifique du travail

scope *n* champ d'application, portée ; **outside the s..... of an agreement** en dehors du champ d'application d'un accord ; **s..... of a law** portée d'une loi ; **s..... of agreement** champ d'application d'un accord ; **to fall/come within the s..... of an agreement** entrer dans le champ d'application d'un accord

score *n* résultat ; **test s.....** résultat d'un test

scratch *n* **(not) to be up to s.....** (ne pas) être à la hauteur

screen *n* écran ; **computer s.....** écran d'ordinateur ; **smoke s.....** écran de fumée

screen *vt* trier, sélectionner ; **to s..... applicants** trier/sélectionner des candidats

screening *n* présélection, tri ; **s..... of candidates** présélection des candidats, tri des candidats

scrutineer *n* assesseur, scrutateur

scrutiny *n* examen minutieux

seal *n* sceau ; **s..... of approval** sceau d'approbation

seaman *n* marin

search *n* recherche ; **executive s.....** recherche de dirigeants, recrutement (de dirigeants) par approche directe

search *vt* 1 chercher ; **to s..... for staff** chercher du personnel ; **to s..... for a solution** chercher une solution ; 2 fouiller ; **to s..... staff** fouiller le personnel

season *n* saison ; **busy s.....** pleine saison ; **high s.....** haute saison ; **low s.....** basse saison ; **off s.....** morte saison, hors saison ; **slack s.....** morte saison

seasonal *adj* saisonnier ; **s..... unemployment** chômage saisonnier ; **s..... variation** variation saisonnière ; **s..... work** travail saisonnier ; **s..... worker** travailleur saisonnier

seasonally *adv* **s..... adjusted figures** chiffres corrigés des variations saisonnières

second *vt* seconder ; **to s..... sbdy** seconder qqn

second-hand *cpd* **s..... item** article d'occasion

secondary *adj* secondaire ; **s..... education** études secondaires ; **s..... picketing** piquets de grève de solidarité ; **s..... school** école secondaire, lycée

secondee *n* personne détachée/mise à disposition

seconded *pp* 1 secondé ; **to be s..... by sbdy** être secondé par qqn ; 2 détaché ; **to be s..... overseas** être détaché à l'étranger

secondment *n* détachement, affectation provisoire, prêt/mise à disposition temporaire de personnel ; **s..... abroad** détachement à l'étranger

secrecy *n* secret ; **professional s.....** secret professionnel

secret *n* secret ; **to disclose a s.....** trahir/dévoiler un secret ; **to keep a s.....** garder un secret ; **s..... ballot** vote à bulletins secrets ; **trade s.....s** secrets de fabrication

secretarial *adj* de secrétariat; **s.....
college** école de secrétariat; **s.....
course** cours de secrétariat; **s.....
work** travail de secrétariat

secretary *n* **1** secrétaire; **executive
s.....** secrétaire de direction; **bilingual s.....** secrétaire bilingue;
2 Secrétaire; **Company S.....** Secrétaire Général; **General S.....**
Secrétaire Général; **3** ministre, directeur; **principal private s.....** directeur de cabinet; **S..... of Labor**
(US) ministre du Travail

section *n* section, branche; **union
s.....** section syndicale

sector *n* secteur; **private s.....** secteur privé; **public s.....** secteur
public; **s..... of industry** secteur
d'activité, branche professionnelle; **sectoral agreements** accords de branche

security *n* sécurité; **job s....** sécurité de l'emploi; **s..... guard**
gardien; **s..... of tenure** sécurité
d'un emploi, titularisation; **Social
S.....** protection sociale, Sécurité
Sociale; **tight s..... measures** mesures de sécurité strictes; **to offer
s..... for sbdy** se porter caution
pour qqn *npl* titres, valeurs

segment *n* segment

segmentation *n* segmentation;
market s..... segmentation du
marché

seizure *n* saisie; **s..... of goods (to
prevent sales)** saisie conservatoire; **s..... of property** saisie immobilière

select *vt* retenir, sélectionner, composer; **to s..... a candidacy** retenir
une candidature; **to s..... a team**
composer une équipe

selection *n* sélection, tri

self-actualization *n* épanouissement personnel

self-assessment *n* auto-évaluation

self-discipline *n* autodiscipline

self-employed *npl* **the s.....** les
travailleurs indépendants

self-employed *adj* **to be s.....** travailler pour son compte, être travailleur indépendant

self-financing *n* autofinancement

self-fulfillment *n* épanouissement personnel

self-funding *n* autofinancement;
s..... scheme plan autofinancé

self-instruction *n* auto-appren-
tissage

self-made man *n* autodidacte,
self-made man

self-regulation *n* autorégulation

self-service *n* libre-service

self-starter *n* personne auto-
motivée et autonome

self-taught *adj* autodidacte

sell *vt* vendre; **to s..... by
mail order** vendre par correspondance; **to s..... retail** vendre au
détail; **to s..... short** vendre à
découvert; **to s..... wholesale**
vendre en gros

sell off *vt* brader, écouler,
liquider

selling *n* vente; **art of s.....** art de
la vente, art de vendre; **direct
s.....** vente directe

sellout *n* capitulation; **s..... to
union demands** capitulation aux
revendications syndicales

semester *n* semestre

semi-retired *adj* semi-retraité

semi-skilled *adj* **s..... worker**
ouvrier spécialisé

seminar *n* séminaire

send *vt* expédier

sender *n* expéditeur

senior *adj* supérieur, plus âgé,
avec plus d'ancienneté; **s..... management** cadres supérieurs; **at a
s..... level** de haut niveau

seniority *n* ancienneté; **s.....
pay/bonus** prime d'ancienneté;
promotion by s..... avancement à
l'ancienneté

sense *n* sens; **common s.....** bon sens

sentence *n* jugement, condamnation, peine; **to pass s.....** prononcer un jugement; **to review a s.....** réviser un procès

sentence *vt* juger, condamner; **to s..... sbdy to prison** condamner qqn à la prison

separation *n* *(US)* départ d'un employé

sequestrate *vt* confisquer, saisir, séquestrer

sequestration *n* séquestration, mise sous séquestre, saisie conservatoire

series *n* série; **s..... of exercises** série d'exercices; **s..... of problems** série de problèmes

serious *adj* grave, sérieux, important; **s..... damage** dégâts importants; **s..... accident** accident grave

SERPS *n abbr* **(State Earnings-Related Pension Scheme)** régime de retraite complémentaire géré par l'Etat

serve *vi* **she served as a saleswoman for two years** elle a exercé la fonction de vendeuse pendant deux ans

service *n* **1** service, département; **after-sales s.....** service après-vente; **welfare s.....** service social; **2** service, ancienneté; **for s.....s rendered** pour services rendus; **contract of s.....** contrat de travail *(équiv)*; **contract for s.....s** contrat de sous-traitance; **length of s.....** ancienneté; **minimal s.....** service minimum; **military s.....** service national; **past s.....** nombre d'années d'ancienneté précédant l'adhésion d'un salarié à un régime; **personalized s......** service personnalisé; **s..... contract** contrat de service; **s..... medal** médaille d'ancienneté

service *vt* réviser, entretenir; **to s..... a machine** réviser une machine

session *n* réunion, séance, action; **briefing s.....** réunion préparatoire; **closing s.....** séance de clôture; **debriefing s.....** réunion de compte rendu; **opening s.....** séance d'ouverture; **training s.....** action de formation, séance de formation; **work s.....** séance de travail

set *n* ensemble; **s..... of proposals** ensemble de propositions

set *vt* fixer, assigner; **to s..... a rate at** fixer un taux à; **to s..... sbdy goals** assigner des objectifs à qqn

set out *vt* présenter, indiquer, articuler *(jur)*; **to s..... rules** énoncer/ exposer les règles; **to s..... the terms in writing** exposer les conditions par écrit; **to s..... the facts** articuler les faits *(jur)*

set price *n* forfait

set up *vt* créer, lancer, fonder; **to s..... a company** créer une entreprise *vi* s'installer; **to s..... on one's own** s'installer à son compte

setback *n* recul, échec, revers; **social s.....** recul social; **to suffer a s.....** subir un échec, subir un revers

setting up *n* implantation, création, lancement; **s..... of a company** constitution d'une société; **s..... of a factory** implantation d'une usine

settle *vt* régler, solder; **to s..... a bill** régler une facture; **to s..... a claim** régler un litige; **to s..... an account** solder un compte; **to s..... one's differences** régler un différend; **to s..... a dispute** régler un conflit

settlement *n* accord, règlement, transaction; **out-of-court s.....** accord à l'amiable, règlement à l'amiable (en cas de licenciement); **s..... of a bill** règlement d'une facture

settling *n* règlement; **s..... of scores** règlement de comptes

sever *vt* rompre; **to s..... a relationship** rompre une relation

severance *n* séparation, rupture, licenciement; **s.....** **pay** indemnité de licenciement

severity *n* gravité; **s.....** **of an accident** gravité d'un accident

sexism *n* discrimination sexuelle

sexual *adj* sexuel; **s.....** **discrimination** discrimination sexuelle; **s.....** **harassment** harcèlement sexuel

shadow *vt* fait de suivre un salarié plus expérimenté que soi en vue d'apprendre son métier

shadowing *n* système d'apprentissage où des jeunes sont placés auprès de salariés plus expérimentés qu'eux (*voir* shadow)

shake up *n* restructuration, remaniement; **company s.....** restructuration interne

shake up *vt* restructurer, remanier; **to s.....** **the organization** réorganiser l'entreprise

share *n* 1 action; **'A' s.....s** actions ordinaires avec droit de vote; **'B' s.....s** actions ordinaires avec droit de vote limité; **to have s.....s in a company** avoir une participation dans une entreprise; **ordinary s.....** action ordinaire; **preference s.....** action privilégiée; **registered s.....** action nominative; **s.....** **issue** émission d'actions; **2** part, quotepart; **market s.....** part du marché

share *vt* répartir, partager; **to s..... profits amongst the staff** répartir les bénéfices entre les employés; **to s..... risks** partager les risques

shareholder *n* actionnaire *npl* actionnariat

sharing *n* partage; **work s.....** partage du travail

shed *vt* se défaire; **to s..... staff** réduire le personnel, se défaire du personnel, dégraisser (*fam*)

sheet *n* feuille, fiche; **attendance s.....** feuille de présence; **fact s.....** fiche de renseignements; **identification s.....** fiche signalétique; **information s.....** fiche d'information; **s.....** **of paper** feuille de papier; **time s.....** feuille d'heures/de présence

shelf *n* rayon, étagère; **empty shelves** rayons vides

shelter *n* paradis; **tax s.....** paradis fiscal

shelve *vt* mettre au placard, abandonner; **to s..... a reform** mettre une réforme au placard; **to s..... plans** abandonner des projets

shift *n* équipe, roulement; **alternating s..... system** système de travail par équipes alternant jour et nuit; **backs.....** équipe du soir; **coupled s..... system** système de travail par équipes chevauchantes; **day s.....** équipe de jour; **discontinuous s.....s** système de travail par équipes avec périodes d'interruption entre les équipes; **double day s.....** travail en deuxhuit; **eight-hour s.....** équipe travaillant huit heures; **evening s.....** équipe du soir; **fixed s..... system** travail par équipes fixes; **morning s.....** équipe du matin; **night s.....** équipe de nuit; **night s..... pay** prime de nuit; **s..... premium** prime d'équipe; **split s.....** travail par équipe où les salariés peuvent travailler dans deux équipes ne se succédant pas; **swing s.....** travail par équipes tournantes; **three s..... system** les trois-huit; **to work (in) s.....s** travailler par roulement/par équipe; **to work (in) three s.....s** travailler les trois-huit; **to work double s.....s** travailler en deux-huit; **twilight s.....** équipe de nuit

shiftwork *n* travail par roulement, travail par équipes, travail en équipes successives, travail posté

shipbuilding *n* chantiers navals

shipment *n* expédition, envoi, chargement

shipper *n* expéditeur

shirker *n* tire-au-flanc

shoddy *pp* bâclé; **s..... workmanship** travail bâclé

shoot up *vi* monter; **prices will s.....** les prix vont monter en flèche

shop *n* atelier, boutique; **assembly s.....** atelier de montage; **closed s.....** entreprise embauchant exclusivement des employés syndiqués; **machine s.....** atelier d'usinage; **modified union s.....** (US) entreprise dans laquelle l'adhésion à un syndicat devient obligatoire pour les nouveaux embauchés; **open s.....** entreprise où l'adhésion à un syndicat n'est pas obligatoire; **repair s.....** atelier de réparations; **s.....** **assistant** vendeur, vendeuse; **s.....** **floor** la base; **on the s.....** **floor** à la base; **s.....** **floor workers** ouvriers de la base; **s.....** **steward** délégué syndical; **union s.....** (US) entreprise où l'adhésion à un syndicat est obligatoire; **to shut up s.....** fermer boutique

shopkeeper *n* commerçant

short circuit *vt* court-circuiter; **to s.....** **one's superiors** court-circuiter la hiérarchie

short time *n* **to work s.....** travailler en horaire réduit, être en chômage partiel

short-handed *cpd* **to be s.....** être à court de personnel

short-run *cpd* court terme; **in the s.....** à court terme

short-staffed *adj* **to be s.....** manquer de personnel, être à court de personnel

short-term *cpd* court terme; **in the s.....** à court terme

shortage *n* pénurie, manque, insuffisance; **acute s......** grave pénurie; **chronic s.....** insuffisance chronique; **labour s.....** pénurie de main-d'œuvre; **staff s.....s** pénuries de personnel

shortcoming *n* défaut

shorten *vt* réduire, abréger, raccourcir; **to s.....** **the workweek** réduire la durée hebdomadaire du travail

shortfall *n* écart, déficit, manque, nombre insuffisant; **there is a s.....** **of £1000** il manque 1000 livres

shorthand *n* sténo(graphie); **s.....** **typist** sténo-dactylo

shortlist *n* sélection; **to draw up a s.....** établir une liste des personnes retenues/sélectionnées

shortlist *vt* sélectionner; **to s.....** **applicants** sélectionner des candidats

shortlisted *pp* sélectionné, retenu; **to be s.....** être sélectionné; **your candidacy has not been s.....** votre candidature n'a pas été retenue

shoulder *vt* endosser; **to s.....** **the responsibility for a mistake** endosser la responsabilité d'une erreur

show *n* salon, exposition; **trade s.....** salon professionnel; **s.....** **of hands** vote à main levée

showdown *n* épreuve de force

shut *vi* fermer; **to s.....** **up shop** fermer boutique; **to s.....** **the factory gates** fermer les portes de l'usine

shut down *vt* fermer; **to s.....** **a plant** fermer une usine

shutdown *n* arrêt, fermeture; **emergency s.....** arrêt d'urgence; **factory s.....** fermeture d'usine

shy away *vi* **to s.....** **from work** répugner à travailler

sick *adj* malade; **to be off s.....** être absent pour cause de maladie; **occupational s.....** **pay** indemnités maladie/accident du travail versées à des travailleurs indépendants (hors régime général); **s.....** **leave** congé-maladie, absence pour maladie; **to report s.....** informer son employeur de son absence pour maladie; **statutory s.....** **pay** (*voir* SSP)

sickness *n* maladie; **state s.....** **benefit** indemnités maladie versées par l'Etat à ceux qui ne bénéficient pas du régime général (travailleurs indépendants...)

sign *vt* signer

sign on *vi* s'inscrire; **to s.....** **for a job** se faire embaucher pour un poste; **to s.....** the dole s'inscrire à l'ANPE

signatory *n* signataire

signature *n* signature, émargement

signed *pp* émargé, signé

silver *n* **s.....** circle rate *(US)* système de prime lié à l'ancienneté

simulation *n* jeu, simulation

sinecure *n* sinécure

single *n* célibataire

single-step *cpd* **s..... day work system** système de rémunération prévoyant une prime journalière à pourcentage fixe en fonction des résultats atteints

sister *n* soeur

sister-in-law *n* belle-sœur

sit *vi* siéger; **the committee s.....s every week** le comité siège toutes les semaines; **to s..... on a committee** siéger à un comité

sit-down *n* occupation; **s..... protest** occupation d'usine; **s..... strike** grève sur le tas, grève avec occupation d'usine

sit-in *n* occupation d'usine

site *n* 1 chantier; **building s.....** chantier de construction; **on s.....** sur le chantier; **s..... engineer** ingénieur de chantier; **s..... foreman** chef de chantier; 2 emplacement, site; **the factory is on an excellent s.....** l'usine a un excellent emplacement

situation *n* emploi, situation; **s.....s vacant** offres d'emploi; **s.....s wanted** demandes d'emploi

six-monthly *adj* semestriel

size *n* taille; **s..... of a firm** taille d'une entreprise

skeleton *n* **s..... service** service réduit; **s..... staff** personnel réduit

skilful *adj* habile, adroit; **to be s..... at doing sthg** être habile à faire qqch

skill *n* compétence, qualité, dextérité, habileté; **core s.....s** compétences de base; **s.....s analysis** analyse des compétences; **s.....s inventory** inventaire des compétences, cartographie des compétences; **to acquire s.....s** acquérir des compétences; **to have the required s.....s** posséder les qualités requises

skilled *adj* spécialisé, qualifié, compétent; **s..... labour** main-d'œuvre spécialisée; **s..... worker** ouvrier qualifié

skin *n* peau; **to save one's s.....** sauver sa peau

slack *adj* faible; **business is s.....** les affaires marchent au ralenti; **s..... demand** faible demande; **s..... period** période creuse, heures creuses, accalmie de l'activité

slacken *vi* se ralentir; **the demand has s.....ed** la demande s'est ralentie

slander *n* diffamation, calomnie (orale)

slander *vt* diffamer (oralement)

sleeping partner *cpd* bailleur de fonds, commanditaire

slide *n* diapositive, transparent

sliding *adj* mobile; **s..... scale** échelle mobile

slight *adj* faible; **s..... advantage** faible avantage

slip *n* relevé, bon, bulletin, feuille, fiche, bordereau; **bank identification s.....** relevé d'identité bancaire; **delivery s.....** bon de livraison; **pay s.....** bulletin de salaire, feuille de paie, fiche de paie, bulletin de paie; **pink s.....** *(US)* attestation donnée par l'employeur au salarié au moment de la rupture de son contrat, nécessaire pour son inscription au chômage : attestation ASSEDIC *(équiv)*

slogan *n* slogan, devise; **to chant s.....s** scander des slogans

slot *n* créneau, plage; **time s.....** créneau horaire, plage horaire; **to fill a s.....** occuper un créneau

slow down *vt* ralentir ; **to s..... a process** ralentir un processus

slowdown *n* ralentissement ; **s..... of inflation** ralentissement de l'inflation

slump *n* baisse, effondrement, récession ; **s..... in factory output** forte baisse de la production ; **s..... in orders** effondrement des commandes

slump *vi* s'effondrer ; **the market has slumped** le marché s'effondre

small-scale *adj* à petite échelle

smallholder *n* exploitant, petit exploitant/cultivateur

smallholding *n* exploitation ; **to possess a s.....** posséder une petite exploitation

SME *n abbr* (**Small and Medium sized Enterprises**) PME (Petites et Moyennes Entreprises)

smoker *n* fumeur ; **passive s.....** fumeur passif

smoking *n* **no-s..... area** espace non-fumeur ; **s..... area** espace fumeur ; **s..... is forbidden** il est interdit de fumer ; **s..... zone** zone fumeur

SMP *n abbr* (**Statutory Maternity Pay**) indemnités journalières versées par l'employeur pendant le congé de maternité

snag *n* écueil

snowball *vi* faire boule de neige ; **the protest is s.....ing** la protestation fait boule de neige

soaring *adj* galopant, grandissant ; **s..... inflation** inflation galopante

social *adj* social ; **s..... climber** arriviste, ambitieux ; **s..... club** association, amicale ; **s..... event** activité sociale ; **s..... fund scheme** système de prêts par l'Etat à des familles démunies ; **s..... insurance** (*US*) assurances sociales ; **S..... Security** Sécurité Sociale

society *n* société ; **affluent s.....** société d'abondance ; **consumer s.....** société de consommation

sociogram *n* sociogramme

sociometry *n* sociométrie

soften *vt* atténuer ; **to s..... the impact of sthg** atténuer le choc de qqch

soft skills *cpd* compétences non quantitatives

software *n* logiciel, software, programme informatique, progiciel

sold out *pp* épuisé, vendu ; **item s.....** article épuisé ; **we've been s.....!** ils nous ont vendus !

sole *adj* unique, exclusif ; **s..... employer** employeur unique ; **s..... trader** entrepreneur individuel, indépendant ; **s..... right** droit exclusif

solemn *adj* **s..... and binding agreement** engagement sur l'honneur

solicitation *n* sollicitation

solicitor *n* avocat

solidarity *n* solidarité

solution *n* solution

solve *vt* résoudre ; **to s..... a problem** résoudre un problème

solvent *adj* solvable

son-in-law *n* beau-fils, gendre

sophomore *n* (*US*) élève en deuxième année d'université

sort out *vt* arranger, régler ; **to sort things out** arranger les choses ; **to s..... a problem** régler un problème

sought after *pp* prisé, recherché ; **to be highly s.....** être très prisé, être très recherché

sound *adj* fiable ; **s..... forecast** prévisions fiables

sounding board *n* **to serve as a s......** servir de miroir pour aider à la réflexion

source *n* source ; **deduction at s.....** retenue à la source ; **s.....s of law** sources de droit ; **taxed at s.....** imposé/retenu à la source

sourcing *n* s..... of candidates identification/recherche de candidats

space *n* espace; **advertising s.....** espace publicitaire; **s..... on a form** cadre sur un formulaire

span *n* amplitude, étendue; **work day s.....** amplitude de la journée de travail; **s..... of control** nombre de subordonnés rapportant directement à un responsable

spare parts *npl* pièces de rechange, pièces détachées

spare time *n* loisirs; **what do you do in your s.....?** que faites-vous pendant vos heures de loisirs?

sparingly *adv* avec modération; **to use a tactic s.....** utiliser une tactique avec modération

spate *n* série; **s..... of dismissals** licenciements en cascade, série de licenciements

speak *vi* parler, prendre la parole; **to call on sbdy to s.....** donner la parole à qqn

speaker *n* intervenant; **conference s.....** intervenant à une conférence, conférencier

speaking *n* prise de parole, parole; **public s.....** prise de parole en public; **s..... time** temps de parole

specialization *n* spécialisation

specialize *vi* se spécialiser

specification *n* spécification; **technical s.....s** fiche technique, cahier des charges

specify *vt* stipuler, spécifier, préciser

speculation *n* spéculation

speech *n* discours; **to deliver a s.....** prononcer un discours

speed *n* vitesse; **typing s.....** vitesse de frappe

speed up *vt* accélérer; **to s..... the production rate** accélérer la cadence de production

spend *vt* passer, dépenser; **to s..... money** dépenser de l'argent; **to s..... time doing sthg** passer du temps à faire qqch

spendthrift *n* **to be a s.....** être dépensier, jeter de l'argent par les fenêtres, être un panier percé *(fam)*

spin-off *n* 1 retombées; **economic s.....** retombées économiques; 2 essaimage

spirit *n* esprit; **competitive s.....** esprit de compétition; **team s.....** esprit d'équipe

splinter *n* scission; *cpd* **s..... group** groupe dissident

split *adj* partagé; **s.....-brain hypothesis** théorie du double cerveau (hémisphère droit et gauche); **s..... holidays** congés fractionnés, fractionnement des congés; **s..... pay** salaire partagé; **s.....-shift** travail par équipe où les salariés peuvent travailler dans deux équipes ne se succédant pas; **s..... vote** partage (égal) des voix

splitting *n* fractionnement

spokesman *n* porte-parole

spokesperson *n* porte-parole

sponsor *n* parrain, sponsor

sponsor *vt* parrainer, sponsoriser

sponsorship *n* parrainage, mécénat

sporadic *adj* intermittent; **s..... work** travail intermittent

spouse *n* conjoint, époux/épouse

spread *n* 1 répartition; **budgetary s.....** répartition budgétaire; 2 marge, écart (écart entre le cours à l'achat et à la vente d'une valeur mobilière)

spread *vt* répartir; **to s..... work over several days** répartir le travail sur plusieurs jours

spreading *n* extension; **s..... of industrial action** extension d'un conflit

spreadsheet *n* tableur

spying *n* espionnage; **industrial s.....** espionnage industriel

squeeze *n* restriction, compression; **credit s.....** restrictions de crédit; **job s.....** compression des postes

SRCC *n abbr* **(Strike, Riot, Civil Commotion)** risques de grèves ou de guerres civiles souvent exclus des assurances individuelles

SSP *n abbr* **(Statutory Sick Pay)** indemnités maladie versées par la Sécurité Sociale

staff *n* personnel, employés, salariés; **ancillary s.....** personnel auxiliaire; **to cut s.....** réduire les effectifs; **field s.....** les opérationnels; **salaried s.....** les salariés; **skeleton s.....** personnel minimum/réduit; **support s.....** personnel fonctionnel/indirect; **to be a member of s.....** faire partie du personnel; **to be on the s.....** faire partie du personnel; **to reduce s..... numbers** réduire les effectifs; **s..... agency** agence d'intérim ou de recrutement; **s..... association** association de salariés créée à l'initiative de l'employeur chargée de représenter le personnel et de gérer les œuvres sociales; **s..... canteen** restaurant d'entreprise; **s..... club** club d'entreprise chargé d'animer les activités sociales, culturelles et sportives; **s..... handbook** livret d'accueil; **s..... management** pouvoir fonctionnel; **s..... position** poste fonctionnel

staff *vt* pourvoir en personnel, employer du personnel; **to s..... the factory** pourvoir l'usine en personnel

staffer *n (US)* salarié, membre du personnel

staffing *n* dotation en personnel; **s..... levels** effectif, nombre de salariés

stage *n* étape, phase

stage *vt* organiser; **to s..... an event** organiser un événement; **to s..... a rally** organiser un rassemblement

stagger *vt* échelonner; **to s..... holidays** échelonner les vacances

staggered *pp* décalé, échelonné; **s..... hours** horaire décalé; **holidays/vacations s..... over 4 months** congés échelonnés sur 4 mois

stake *n* **1** participation; **to have a s..... in a company** avoir une participation dans une entreprise; **2** *npl* enjeux; **to put a lot at s.....** jouer gros; **the s.....s are high** l'enjeu est important; **to raise the s.....s** monter les enchères

stake *vt* jouer, miser sur qqch; **to s..... one's all** jouer son va-tout

stalemate *n* impasse; **to reach s.....** aboutir à une impasse

stall *vi* caler; **negotiations have s.....ed** les négociations ont calé, les négociations sont en panne; **to s..... for time** essayer de gagner du temps, temporiser

stamp *n* cachet, tampon; **company s.....** cachet de l'entreprise

stamp *vt* tamponner; **to s..... a document** tamponner un document

stamped *pp* timbré; **to send a s..... addressed envelope** envoyer une enveloppe timbrée libellée à son adresse

stance *n* attitude, prise de position; **aggressive s.....** attitude agressive

stand *n* stand, banc; **exhibition s.....** stand d'exposition; **witness s.....** *(US)* banc des témoins

stand *vi* se présenter; **to s..... for election** se présenter à une élection; **to s..... for office** se présenter à une élection; **to s..... idle** être à l'arrêt (machine), être au chômage, être inactif

stand-by *n* **1** astreinte, faction, garde; **s..... pay** prime d'astreinte; **to be on s..... (duty)** être de faction, être de garde; **2 to be on s.....** être sur une liste d'attente

stand down *vi* se désister; **to s..... at an election** se désister à une élection

stand in for *vt* remplacer; **to s.....** **sbdy** remplacer qqn

stand up for *vt* **to s.....** **one's rights** défendre ses droits; **to s..... sbdy** prendre fait et cause pour qqn

standard *n* 1 norme; **(not) to be up to s.....** (ne pas) être conforme aux normes; **performance s.....s** normes d'exécution; **production s.....s** normes de production; **to comply with s.....s** respecter les normes; **to meet s.....s** satisfaire aux normes; **violation of a s.....** violation d'une norme; 2 niveau; **living s.....s** niveau de vie; **s..... of living** niveau de vie; **s..... of performance** niveau de performance; 3 **s..... deviation** *(stat)* écart type; **s..... letter** lettre type

standardization *n* standardisation

standing *n* statut; **legal s.....** statut juridique

standpoint *n* attitude

standstill *n* paralysie, arrêt; **production has come to a s.....** la production est paralysée; **production is at a s.....** la production est paralysée/à l'arrêt

start *n* démarrage; **s..... of an advertising campaign** démarrage d'une campagne publicitaire

start *vt* entamer; **to s..... legal proceedings** entamer une action en justice

start out *vi* débuter; **to s..... in the profession** faire ses débuts dans le métier; **to s..... in life as a metal worker** débuter dans la vie professionnelle comme ajusteur

start up *vt* mettre en marche; **to s..... a machine** mettre en marche une machine

starting *adj* de début, de départ; **s..... date** date d'entrée; **s..... point** point de départ; **s..... salary** salaire d'embauche, salaire de départ

starting up *n* démarrage, mise en route; **s..... of a machine** mise en marche/route d'une machine

state *n* état, pouvoirs publics; **member s.....** État membre; **welfare s.....** État providence; **s..... of health** état de santé; **s..... pension scheme** régime d'assurance vieillesse (CNAVTS *équiv*)

state-owned *adj* étatique; **s..... company** entreprise étatique

statement *n* 1 relevé, état, compte, bordereau; **bank s.....** relevé bancaire; **financial s.....** état financier; **profit and loss s.....** compte de pertes et profits; **s..... of account** relevé de compte; **s..... of contribution** bordereau de cotisations; **s..... of income** déclaration de revenus; **s..... of operating results** compte d'exploitation; **yearly s.....** déclaration annuelle; 2 déclaration, communiqué; **s..... of principles** déclaration de principes; **to issue a s.....** publier un communiqué; **written s.....** déclaration écrite

station *n* poste; **work s.....** poste/station de travail

statistics *npl* statistiques

status *n* état, situation, statut; **civil s.....** état civil; **legal s.....** personnalité juridique, statut légal; **loss of s.....** perte de prestige, perte de statut; **marital s.....** situation de famille; **s..... symbol** signe extérieur de richesse

status quo *n* statu quo

status report *cpd* point sur l'activité, état d'avancement des travaux

statute *n* loi; **s..... of limitations** *(US)* loi de prescription; **to be on the s..... book** être dans le code

statutory *adj* obligatoire, statutaire; **s..... instruments** décrets d'application; **s..... maternity pay** *voir* SMP; **s..... notice** délai minimum légal de préavis; **s..... pension scheme** régime de retraite obligatoire; **s..... sick pay** *voir* SSP

stay *n* séjour; **s..... abroad** séjour à l'étranger

steady *adj* stable; **s.....** **job** emploi stable

steering *adj* **s.....** **committee** comité d'orientation, comité de pilotage

stem *vt* enrayer; **to s.....** **unemployment** enrayer le chômage

step *n* 1 étape; **to follow the 5 s.....s** suivre les 5 étapes; 2 mesure; **to take s.....s to remedy a situation** prendre des mesures pour remédier à une situation; **to take unprecedented s.....s** prendre des mesures sans précédent; 3 démarche; **to take s.....s to get sthg** entreprendre des démarches pour obtenir qqch

step up *vt* augmenter, accroître, intensifier; **to s.....** **up overtime** accroître les heures supplémentaires; **to s.....** **industrial action** intensifier la grève

stepchild *n* beau-fils, belle-fille

stepdaughter *n* belle-fille

stepfather *n* beau-père

stepmother *n* belle-mère

stepparents *npl* beaux-parents

stepped *adj* par paliers; **s.....** **pay system** système de paie par paliers

stepson *n* beau-fils

stereotype *n* cliché, stéréotype

stiff *adj* sévère; **to implement a s.....** **penalty** appliquer/infliger une peine/sanction sévère

stipulate *vt* stipuler; **the rules s.....** **that** les règles stipulent que

stipulation *n* clause; **s.....** **in a contract** clause d'un contrat

stir up *vt* soulever, provoquer; **to s.....** **discontent** provoquer le mécontentement

stock *n* 1 action; **common s.....** actions ordinaires, actions cotées en Bourse; **preferred s.....** actions de priorité; **s.....** **exchange** Bourse; **s.....** **market** *(US)* Bourse; **s.....** **option** option d'achat d'actions; **s.....** **option plan** plan d'option sur actions/titres, plan d'option d'achat d'actions; **s.....** **purchase plan** plan d'achat d'actions; **s.....s and shares** valeurs mobilières; 2 stock; **to be out of s.....** être en rupture de stocks; **closing s.....** stock en fin de mois/d'année; **(not) to have in s.....** (ne pas) avoir en stock; **opening s.....** stock en début de mois/année; **s.....** **building** constitution de stocks; **s.....** **control** contrôle des stocks; **s.....** **depletion** épuisement des stocks; **s.....** **management** gestion des stocks; **s.....** **turnover** rotation des stocks; **s.....** **valuation** valorisation/évaluation des stocks; 3 **s.....** **in trade** fonds de commerce

stockbroker *n* agent de société de Bourse

stocklist *n* inventaire

stocktaking *n* inventaire; **to do s.....** faire un inventaire

stop *vt* arrêter, cesser, faire opposition; **to s.....** **payment of a cheque** faire opposition à un chèque; **to s.....** **production** arrêter la production; **to s..... sbdy's wages** cesser le versement du salaire de qqn; **to s.....** **work** cesser le travail; **to s.....** **working** arrêter de travailler

stoppage *n* arrêt, cessation, débrayage; **work s.....** arrêt de travail pour cause de grève

storage *n* entreposage; **s.....** **space** espace de rangement, aire de stockage

store *n* 1 magasin; **department s.....** grand magasin; 2 dépôt, entrepôt; **company s.....** économat

store *vt* entreposer, stocker

straighten out *vt* résoudre; **to s..... a problem** *(US)* résoudre un problème

strain *vt* **to s..... relations** tendre les relations

strained *pp* tendu; **relations have become s.....** les relations sont devenues tendues

straits *npl* **to be in financial s.....** avoir des difficultés financières

strategic *adj* stratégique; **s..... planning** planning stratégique, plan d'action stratégique

strategy *n* stratégie

streamline *vt* dégraisser, rationaliser, moderniser; **to s..... an organization** rationaliser une entreprise; **to s..... one's activities** rationaliser ses activités

streamlining *n* rationalisation

street *n* rue; **to take to the s.....s** descendre dans la rue

strength *n* force, point fort; **show of s.....** démonstration de force; **test of s.....** épreuve de force

stress *n* stress

stressful *adj* stressant

stretched *pp* **he is not fully s..... in his job** on n'exige pas assez de lui, on ne lui en demande pas suffisamment

strife *n* lutte; **internal s.....** luttes internes

strike *n* 1 grève; **all-out s.....** grève totale; **to avert a s.....** éviter une grève; **to be on s.....** être en grève; **to call a s.....** appeler à la grève, lancer un mot d'ordre de grève; **to call off a s.....** annuler un mot d'ordre de grève, arrêter la grève; **to come out on s.....** se mettre en grève; **general s.....** grève générale; **to give advance notice of s..... action** déposer un préavis de grève; **to go on s.....** se mettre en grève; **go-slow s.....** grève perlée; **hunger s.....** grève de la faim; **illegal s.....** grève illicite; **indefinite s.....** grève illimitée; **industry-wide s.....** grève d'une branche; **lightning s.....** grève éclair, grève surprise; **official s.....** grève officiellement déclenchée par les syndicats; **protest s.....** grève de protestation; **rotating s.....** grève tournante; **selective s.....** grève bouchon; **sit-down s.....** grève sur le tas; **sit-in s.....** grève avec occupation

des locaux; **sympathy s.....** grève de solidarité; **to take s..... action** se mettre en grève; **to trigger a s.....** déclencher une grève; **token s.....** grève symbolique; **unofficial s.....** grève sauvage; **to ward off a s.....** éviter une grève; **warning s.....** grève d'avertissement; **wave of s.....s** vague de grèves; **whipsaw s.....** grève sélective; **widespread s.....** grève largement suivie; **wildcat s.....** grève sauvage; *cpd* **s..... ballot** vote pour ou contre une grève; **s.....-breaker** briseur de grève; **s..... call** mot d'ordre de grève; **s..... committee** comité de grève; **s..... fund** fonds de grève; **s..... movement** mouvement de grève; **s..... notice** avis de grève; **s..... pay** aide financière versée par les syndicats aux grévistes; **s..... picket** piquet de grève; **s.....-prone industry** industrie sujette aux grèves; 2 **s..... price** (*fin*) prix d'exercice (d'une option)

strike off *vt* radier; **to strike sbdy off a list** radier qqn d'une liste

strikebound *adj* **s..... industry** activité paralysée/immobilisée par une grève

striker *n* gréviste

string-pulling *cpd* piston

stringent *adj* strict; **s..... rules** règles strictes

struck off *pp* radié; **to be s..... a list** être radié d'une liste

structural *adj* structurel; **s..... unemployment** chômage structurel

structure *n* structure, pyramide; **age s.....** pyramide des âges; **price s.....** structure des prix; **salary s.....** structure salariale

struggle *n* lutte; **class s.....** lutte des classes; **power s.....** lutte de pouvoir

struggle *vi* lutter

study *n* 1 étude; **case s.....** étude de cas; **feasibility s.....** étude de faisabilité; **methods s.....** étude des méthodes; **overall s.....** étude d'ensemble; **s..... group** cercle d'études ; **s..... leave** absence pour suivre une formation ; **organizational climate s.....** étude de climat social, baromètre ; **time and motion s.....** étude des temps et mouvements ; **to conduct a s.....** mener une étude ; **to make an expert s.....** faire une expertise ; **2** bureau, étude (profession libérale)

study *vt* étudier, faire des études

stumbling-block *cpd* pierre d'achoppement

style *n* style ; **life s.....** style de vie ; **management s.....** style de management, style de direction

subcommittee *n* sous-commission

subcontract *vt* sous-traiter

subcontracting *n* sous-traitance

subcontractor *n* sous-traitant

sub-group *n* sous-groupe

subject *n* **1** objet, sujet ; **s..... of contention** objet du litige ; **2** *(éduc)* matière ; **optional s.....s** matières facultatives

subject to *adj* sous réserve, soumis à, assujetti à ; **to be s..... conditions** être assujetti à des conditions ; **employment offer s..... government approval** offre d'emploi sous réserve de l'autorisation administrative ; **s..... appeal** susceptible d'appel *(jur)*

subject *vt* soumettre ; **to s..... sbdy to a test** soumettre qqn à une épreuve

submit *vt* soumettre ; **to s..... a claim** soumettre une revendication ; **to s..... a proposal** soumettre une proposition ; **to s..... a thesis** soumettre/présenter une thèse

subordinate *n* subalterne, subordonné

subpoena *n* assignation en justice, assignation à comparaître

subrogation *n* subrogation

subscribe *vi* s'abonner, cotiser ; **to s..... to a review** s'abonner à une revue

subscriber *n* abonné, cotisant ; **magazine s.....** abonné à un magazine ; **telephone s.....** abonné au téléphone

subscription *n* cotisation, abonnement ; **to settle one's s.....** s'acquitter de sa cotisation

subsidiary *n* filiale

subsidize *vt* subventionner ; **to s..... training** subventionner la formation

subsidy *n* subvention

subsistence *n* **s..... money** acompte sur salaire ; **s..... wage** salaire de misère

substandard *adj* médiocre

substantive *adj* **s..... agreement** accord passé entre les partenaires sociaux portant sur les conditions de travail (salaires, horaires, congés...)

substitute *n* remplacement ; **s..... product** produit de substitution/remplacement

subtitle *n* sous-titre

succeed *vi* **1** réussir, arriver ; **to s..... in doing sthg** réussir à faire qqch ; *vt* **2** succéder ; **to s..... sbdy** succéder à qqn, remplacer qqn

successful *adj* réussi

succession *n* suite, succession, remplacement ; **s..... of events** suite d'événements ; **s..... planning** plan(s) de remplacements

successor *n* successeur

sue *vt* poursuivre en justice, intenter un procès

suffer *vt* subir ; **to s..... the consequences of sthg** subir les conséquences de qqch

suggestion *n* idée, suggestion ; **s..... box** boîte à idées ; **s..... scheme** programme/campagne de valorisation des idées dans l'entreprise

suicide *n* suicide; **s.....** **attempt** tentative de suicide

suit *n* poursuite, procès; **laws.....** poursuites judiciaires; **legal s.....** poursuites judiciaires; **to bring a s.....** **against sbdy** intenter un procès à qqn; **to file a s.....** **against sbdy** intenter un procès contre qqn

suitable *adj* adapté, adéquat; **s.....** **candidate** candidat correspondant au profil recherché

sum *n* somme; **lump s.....** paiement forfaitaire; **s.....** **of money** somme d'argent

summary *n* sommaire, résumé, synthèse; **to make a s.....** **of sthg** faire le résumé de qqch

summary *adj* **s.....** **dismissal** licenciement sur le champ; **s.....** **explanation** explication sommaire

summit *n* sommet; **s.....** **meeting** réunion au sommet

summon *vt* sommer, convoquer; **to s.....** **sbdy to appear** citer qqn à comparaître; **to s.....** **sbdy** convoquer qqn

summons *n* citation, convocation, assignation, mise en demeure; **s.....** **to appear** *(jur)* citation à comparaître; **writ of s.....** assignation en justice, assignation à comparaître

Sunday *n* dimanche; **S.....** **trading** ouverture le dimanche; **S.....** **working** travail le dimanche

sundries *npl* frais divers

sunlighter *n* personne continuant à occuper un emploi à temps plein au-delà de l'âge normal de la retraite

superannuation *n* retraite; **s.....** **fund** caisse de retraite; **s.....** **plan/scheme** régime de retraite

superintendant *n* commissaire de police

superior *n* hiérarchique, supérieur; **immediate s.....** hiérarchique direct, responsable hiérarchique, supérieur hiérarchique

supersede *vt* remplacer; **the Act s.....s previous legislation** la loi remplace et annule la législation en vigueur

supervise *vt* conduire, superviser; **to s.....** **works** conduire des travaux

supervision *n* surveillance, contrôle, maîtrise; **to be under medical s.....** être sous surveillance médicale; **to work under s.....** travailler sous contrôle

supervisor *n* superviseur, agent de maîtrise

supervisory *adj* **s.....** **staff** maîtrise, agents de maîtrise

supplementary *adj* supplémentaire, additionnel; **s.....** **benefit** indemnité/allocation supplémentaire versée par l'Etat à des chômeurs

supplier *n* fournisseur

supplies *npl* fournitures, provisions, approvisionnement; **office s.....** fournitures de bureau

supply *n* offre; **s.....** **and demand** l'offre et la demande

support *n* soutien, aval, appui; **to broaden one's s......** élargir sa base; **to get management s.....** **for sthg** obtenir l'aval de la direction pour qqch; *cpd* **s.....** **staff** personnel fonctionnel/administratif

support *vt* appuyer, soutenir; **to s.....** **a request** appuyer une demande; **to s.....** **sbdy** soutenir qqn

supporting *adj* **s.....** **document** pièce justificative

surface *n* surface; **work s.....** plan de travail

surgeon *n* chirurgien; **dental s.....** chirurgien dentiste

surgery *n* 1 cabinet; **dental s.....** cabinet dentaire; 2 chirurgie

surname *n* nom de famille

surpass *vt* 1 dépasser; **the results s.....** **all our expectations** les résultats dépassent toutes nos attentes/espérances; *vpr* se dépasser

surplus *n* excédent; s..... **labour** excédent de main-d'œuvre

surrender *n* rachat; s..... **value** valeur de rachat d'une assurance

surrender *vi* capituler, se rendre

surroundings *npl* cadre; **working s.....** cadre de travail

surveillance *n* surveillance; s..... **of the premises** surveillance des locaux

survey *n* enquête, sondage; **employee attitude s.....** étude de climat social; **field s.....** enquête sur le terrain; **manpower s.....** enquête sur les effectifs; **organizational climate s....** étude de climat social; **salary s.....** enquête sur les salaires; **sample s.....** enquête auprès d'un échantillon restreint; **staff satisfaction s.....** enquête de satisfaction du personnel

survivor *n* survivant; s.....'s **pension** pension de survivant

suspend *vt* remettre, suspendre; **to s..... a decision** remettre une décision; **to s..... sbdy** suspendre qqn de ses fonctions, mettre qqn à pied; **to s..... talks** interrompre des négociations

suspended *pp* suspendu; **to be s..... from one's position** être suspendu de ses fonctions

suspension *n* mise à pied, interruption, suspension; **3 days' s.....** 3 jours de mise à pied; s..... **of talks** interruption des négociations; s..... **pending investigation** mise à pied conservatoire;

s..... **without pay** absence non rémunérée due à une mise à pied disciplinaire ou à une mise au chômage technique

suspicious *adj* suspect; s..... **packages** paquets suspects

sustain *vt* **to s..... an injury** se blesser; **to s..... a loss** subir une perte

sweated *pp* exploité; s..... **labour** main-d'œuvre exploitée

sweatshop *n* atelier où les ouvriers sont exploités

SWELL *n abbr* **(Single Woman Earning Lots in London)** célibataire londonienne à hauts revenus

switch off *vt* éteindre, fermer; **to s..... the light** éteindre/fermer la lumière; **to s..... the mains** éteindre/fermer l'électricité

switchboard *n* standard (téléphonique)

sworn *pp* assermenté; s..... **translator** traducteur assermenté

SWOT *abbr* **(Strengths, Weaknesses, Opportunities, Threats) to do a S..... analysis** analyser une situation en examinant les forces, faiblesses, opportunités et menaces

symposium *n* colloque

system *n* mode, système, régime; **ballot s.....** mode de scrutin; **compensation s.....** système de rémunération; s.....s **analyst** *(info)* analyste-programmeur

systemic *adj* systémique

Tt

table *n* **1** table; **bargaining t.....** table des négociations; **round t..... discussion** table ronde; **2** tableau; **depreciation t.....** tableau d'amortissement

table *vt* présenter, soumettre; **to t..... a motion** présenter une motion

tackle *vt* s'attaquer à; **to t..... a problem** s'attaquer à un problème, aborder un problème

tactic *n* manœuvre, tactique; **delaying t.....** manœuvre dilatoire, tactique dilatoire; **strong arm t.....s** usage de la force

tag *n* étiquette; **price t.....** étiquette (de prix)

tailor *vt* **to t..... training to staff needs** concevoir une formation adaptée aux besoins du personnel

tailor-made *adj* sur mesure

take *vt* prendre; **to t..... a controlling interest in a company** prendre le contrôle d'une société; **to t..... charge of sthg** prendre qqch en charge; **to t..... an exam** passer un examen; **to t..... an oath** prêter serment; **to t..... steps to deal with a problem** prendre des mesures pour traiter un problème; **to t..... sthg into account** prendre qqch en compte

take back *vt* reprendre; **to t..... a dismissed employee** reprendre un employé licencié

take home *vt* gagner; **to t..... £500 a week** gagner 500 livres net par semaine

take-home pay *cpd* salaire net

take on *vt* embaucher, accéder; **to t..... a candidate** embaucher un candidat; **to t..... a new job** accéder à un nouveau poste; **to take sbdy on probation** prendre qqn à l'essai

take out *vt* souscrire; **to t..... an insurance policy** souscrire à une assurance

take over *vi* remplacer; **to t..... from sbdy** remplacer qqn, prendre la suite de qqn

take up *vt* commencer, accéder, occuper; **to t..... a cause** plaider une cause; **to t..... one's duties** entrer en fonction; **to t..... a job** prendre ses fonctions, entrer en fonction; **to t..... new responsibilities** accéder à de nouvelles responsabilités

takeover *n* prise de contrôle, rachat, OPA, prise en charge; **company t.....** rachat d'une société; **to make a t..... bid** faire une offre publique d'achat; **t..... of a company** prise de contrôle d'une société; **t..... period** période de passation de consignes; **t..... of responsibility for a department** prise en charge d'un département

talent *n* potentiels, salariés à fort potentiel; **t..... pool** vivier de potentiels

talk *n* discours, exposé, discussion; **to give a t..... on sthg** faire un exposé sur qqch; *npl* négociations, discussions, pourparlers; **breakdown of t.....s** rupture des négociations; **to enter into t.....s with unions** entrer en pourparlers avec les syndicats; **to hold t.....s** tenir des négociations, entrer en pourparlers; **joint t.....s** négociations paritaires; **to resume t.....s** reprendre des discussions; **resumption of t.....s** reprise de négociations; **round of t.....s** tour de négociations; **t.....s were held last year** des discussions ont eu lieu l'année dernière; **to walk out of t.....s** quitter la table des négociations

tape *n* bande; **magnetic t.....** bande magnétique; **video t.....-recorder** magnétoscope

tardiness *n* retard

target *n* cible; **production t.....** objectif de production

target *vt* viser, cibler

targeted *pp* visé, ciblé; **t.....** **customers** clientèle ciblée; **the t.....** **figure** le chiffre visé

tariff *n* tarif

task *n* tâche, travail; **to complete a t.....** accomplir une tâche; **menial t.....** besogne, tâche subalterne; *cpd* **t.....** **analysis** analyse des tâches; **t.....** **force** groupe de travail affecté à un projet spécifique; **t.....** **orientated** centré sur la tâche; **t.....** **payment system** système de rémunération à la tâche

tax *n* impôt, taxe; **after-t.....** **profit** bénéfice après impôts; **to be in the top/lowest t.....** **bracket** être dans la tranche d'impôt supérieure/inférieure; **capital gains t.....** impôt sur les plus-values; **corporation t.....** impôt sur les sociétés; **direct t.....** impôt direct; **exclusive of t.....** hors taxe (HT); **to impose a t.....** imposer, taxer, frapper d'un impôt; **inclusive of t.....** Toutes Taxes Comprises (TTC); **income t.....** impôt sur le revenu; **indirect t.....** impôt indirect; **land t.....** impôt foncier; **to levy a t.....** prélever une taxe, percevoir un impôt; **to pay t.....es** payer des impôts; **PAYE t.....** système britannique de retenue des impôts à la source par prélèvement direct sur le salaire; **poll t.....** taxe foncière, impôts locaux; **pre-t.....** **profit** bénéfice avant impôts; **property t.....** taxe foncière; **to put a t.....** **on sthg** frapper qqch d'un impôt, imposer/taxer qqch; **to raise a t.....** lever un impôt; **road t.....** vignette automobile; **t.....** **deducted at source** impôt prélevé à la source; **wealth t.....** impôt sur la fortune; **windfall t.....** impôt sur les bénéfices exceptionnels; *cpd* **t.....** **abatement** réduction d'impôt; **t.....** **allowance** exonération fiscale; **t.....** **arrears** redressement fiscal; **t.....** **bracket** tranche d'imposition; **t.....** **code** numéro donné par les autorités fiscales britanniques aux employeurs indiquant le taux d'imposition de chaque salarié; **t.....** **collection** perception des impôts; **t.....** **credit** crédit d'impôt;

t..... **equalization** système de régularisation fiscale permettant à une entreprise d'assurer qu'un expatrié ne soit ni pénalisé ni avantagé par l'application du régime fiscal de son pays d'accueil; **t.....** **evasion** fraude fiscale; **t.....** **form** feuille d'impôts; **t.....** **haven** paradis fiscal; **t.....** **inspector** inspecteur des impôts; **t.....** **law** Code des impôts; **t.....** **rebate** remboursement d'impôt; **t.....** **reduction** abattement fiscal; **t.....** **relief** abattement fiscal; **t.....** **return** feuille d'impôts; **t.....** **schedules** barèmes fiscaux; **t.....** **shelter** paradis fiscal; **t.....** **year** année fiscale

tax *vt* imposer, frapper d'un impôt; **to t.....** **companies** imposer les entreprises

taxable *adj* imposable, soumis à l'impôt; **t.....** **income** revenu imposable; **t.....** **wage base** (US) part du salaire servant d'assiette pour le calcul des cotisations de l'employeur au régime d'assurance-chômage

taxation *n* fiscalité, impôt, imposition; **direct t.....** impôts directs; **indirect t.....** impôts indirects; **double t.....** double imposition; *cpd* **double t.....** **agreement** accord fiscal bilatéral entre pays permettant d'éviter la double imposition

tax-deductible *adj* déductible des impôts

tax-effective *adj* fiscalement avantageux

tax-exempt *adj* exonéré d'impôt, non imposable

tax-free *adj* exonéré d'impôt, non imposable

taxman *n* percepteur

taxpayer *n* contribuable

Taylorism *n* Taylorisme

TCN *n abbr* (**Third Country National**) salarié de nationalité "X" travaillant pour une société de nationalité "Y" dans un pays "Z"

tea break *n* pause café (*équiv*); **to have/take a t.....** faire/prendre une pause café

teacher *n* enseignant, professeur

teaching *adj* enseignement; **to be in the t..... profession** être dans l'enseignement; **t..... staff** personnel enseignant

team *n* équipe; **management t.....** équipe de direction; *cpd* **t..... briefing** a) réunion préparatoire d'une équipe b) processus de communication interne, « en cascade »; **t..... building** développement du travail en équipe; **t..... spirit** esprit d'équipe; **t.....work** travail en équipe

team up with *vi* **to t..... sbdy** faire équipe avec qqn

TEC *n abbr* (**Training and Enterprise Council**) commission régionale composée de professionnels et chargée, en liaison avec des représentants de l'Etat, de préconiser des actions de formation adaptées aux besoins des entreprises

technical *adj* technique; **t..... college** lycée technique

technician *n* technicien

technique *n* technique; **new t.....s** techniques nouvelles

technocracy *n* technocratie

technocrat *n* technocrate

technological *adj* technologique

technology *n* technologie; **advanced t.....** technologie de pointe; **information t.....** informatique; **t..... transfer** transfert de technologie

tedious *adj* ennuyeux; **t..... work** travail ennuyeux

telephone *n* téléphone; **to be on the t.....** être au téléphone; *cpd* **to place a t..... call** donner un coup de téléphone; **t..... exchange** standard téléphonique; **t..... number** numéro de téléphone; **t..... operator** standardiste

telephonist *n* standardiste

teleworking *n* télétravail

temp *n* intérimaire, travailleur temporaire, secrétaire intérimaire;

cpd **t..... agency** agence/société d'intérim, agence de travail temporaire

temping *n* intérim, travail temporaire/intérimaire

temporary *adj* intérimaire, temporaire; **t..... staff** intérimaires; **t..... work** travail temporaire

tender *n* **competitive t.....** appel d'offres; **invitation to t.....** appel d'offres

tender *vt* offrir, remettre, donner; **to t..... one's resignation** remettre sa démission

tentative *adj* provisoire; **to reach a t..... agreement** parvenir à un accord provisoire

tenure *n* **1** mandat; **2** titularisation; **security of t.....** titularisation; **to have t.....** être titulaire/titularisé

term *n* **1** échéance, délai, terme; **in the long t.....** à longue échéance, à long terme; **in the medium t.....** à moyen terme; **in the short t.....** à court terme; **t..... of payment** délai de paiement; **2** terme, énoncé; **technical t.....** terme technique; **t.....s of a problem** énoncé d'un problème; **3 t..... of office** mandat; *npl* **4** conditions, termes; **sales t.....s** conditions de vente; **t.....s of an agreement** termes d'un accord; **t.....s and conditions of employment** conditions d'embauche; **t.....s of a contract** termes d'un contrat; **t.....s of payment** conditions de paiement; **t.....s of settlement** conditions de règlement; **5 to come to t.....s with a situation** finir par accepter une situation

terminal *n* terminal; **computer t.....** terminal d'ordinateur

terminate *vt* **1** résilier; **to t..... a contract** résilier un contrat; **2** licencier; **to t..... an employee** licencier un employé

termination *n* **1** résiliation; **t..... of a lease** résiliation d'un bail; **2** cessation, rupture; **t..... clause** clause expliquant les conditions de rupture de contrat; **t..... of**

employment contract cessation du contrat de travail

test *n* test, essai, épreuve; **ability t....** test d'aptitude; **aptitude t.....** test d'aptitude; **battery of t.....s** batterie de tests; **to conduct a t.....** faire un essai; **to give sbdy a t.....** faire passer un test à qqn; **intelligence t.....** test d'intelligence; **level t.....** test de niveau; **medical t.....s** analyses médicales; **personality t.....** test de personnalité; **to put a hypothesis to the t.....** mettre une hypothèse à l'épreuve; **to put sbdy to the t.....** mettre qqn à l'épreuve; **to take a t.....** passer un test; **t..... of knowledge** test de connaissances; **trade t.....** test commercial; *cpd* **t..... case** décision d'un tribunal qui fait jurisprudence

test *vt* tester; **to t..... sbdy** tester qqn

testify *vi* témoigner, déposer; **to t..... against sbdy** témoigner contre qqn; **to t..... in sbdy's favour** témoigner en faveur de qqn

testimonial *n* recommandation, référence

testimony *n* témoignage, déposition; **t..... of a witness** déposition d'un témoin

testing *n* test; **to do t.....** faire passer des tests

textile *n* **t..... industry** industrie du textile

thalassotherapy *n* thalassothérapie

thankless *adj* ingrat; **t..... task** tâche ingrate

theatre *n* **operating t.....** bloc opératoire

theft *n* vol

theory *n* théorie

thesis *n* thèse

think tank *n* groupe de réflexion composé d'experts

thinking *n* pensée; **lateral t.....** pensée latérale; **positive t.....** pensée positive

third party *cpd* **t..... insurance** assurance au tiers

threat *n* menace; **bomb t.....** alerte à la bombe; **death t.....s** menaces de mort; **to make t.....s** proférer des menaces; **strike t.....** menace de grève; **the t..... of unemployment hangs over the economy** la menace de chômage pèse sur l'économie

threaten *vt* menacer; **to t..... sbdy with sthg** menacer qqn de qqch

360-degree feedback *cpd* méthode d'évaluation et/ou de développement basée sur l'appréciation d'un salarié par son supérieur hiérarchique, ses pairs, ses subordonnés et ses clients ou fournisseurs

threshold *n* seuil; **to cross a t.....** franchir un seuil; **tax t.....** seuil d'imposition; *cpd* **t..... agreement** accord d'indexation par paliers des salaires sur l'inflation

thrift *n* épargne, économie; **t..... plan** plan d'épargne

throw out *vt* rejeter; **to t..... an offer** rejeter une offre

thrust *n* **strategic t.....** priorités stratégiques

thwart *vt* faire échec, faire échouer; **to t..... a strike** faire échouer une grève; **to t..... negotiations** faire échouer des négociations

ticket *n* billet, ticket, titre; **meal t.....** *(US)* ticket-restaurant, titre-restaurant; **transport t.....** titre de transport

tidy *adj* rangé; **t..... office** bureau rangé

tie *n* lien; **to have t.....s to a company** avoir des liens avec une société

time *n* **1** temps; **allowed t.....** temps alloué; **compressed t.....** temps réduit; **cycle t.....** durée d'un cycle; **down t.....** temps d'arrêt; **free t.....** temps libre; **full-t.....** **employment** travail à temps plein; **half-t.....** mi-temps; **half-t..... work** travail à mi-temps; **(not) to have t..... to do sthg** (ne pas) avoir le temps de faire qqch; **idle t.....** temps mort; **just-in-t.....** juste-à-temps; **lead t.....** délai de démarrage; **leisure t.....** temps libre; **methods t.....** **management** méthode des temps élémentaires; **on-call t.....** *(US)* période d'astreinte; **overtime paid at double t.....** heures supplémentaires payées à 200%; **overtime paid at t..... and a half** heures supplémentaires payées à 150%; **part-t.....** temps partiel; **part-t..... employment** travail à temps partiel; **to play for t.....** temporiser, chercher à gagner du temps; **real t.....** temps réel; **reduced t.....** temps réduit; **to save t.....** gagner du temps; **to serve one's t..... in a position** faire son temps dans un poste; **spare t.....** heures de loisirs; **speaking t.....** temps de parole; **to spend t..... doing sthg** passer du temps à faire qqch; **to take t..... to do sthg** mettre du temps pour faire qqch; **t..... card** carte de pointage; **t..... is money** le temps, c'est de l'argent; **t..... sharing** temps partagé; **t..... to think** temps de réflexion; **to waste t.....** perdre du temps, gaspiller du temps; **to work full-t.....** travailler à temps complet; **t..... frame** plage horaire, période de temps; **t..... management** gestion du temps; **t..... and motion study** études des temps et mouvements; **t..... rate** taux horaire; **t..... recovery schemes** systèmes de récupération du temps; **t..... scale** échelle du temps; **t..... sheet** feuille d'heures de présence, feuille de temps; **t..... span** créneau horaire, fourchette de temps; **t..... span of discretion** théorie liant la fréquence de contrôles du travail d'une personne à son niveau de responsabilité; **2** heure, horaire; **to arrive on t.....** arriver à l'heure; **closing t.....** heure de fermeture; **lunch t.....** heure du déjeuner; **at meal t.....s** aux heures des repas; **short-t.....** horaire (de travail) réduit; **summer t.....** horaire d'été; **t..... for a break** heure de la pause; **winter t.....** horaire d'hiver

time clock *n* pointeuse; **t..... card** carte de pointeuse

time-consuming *adj* **t..... activity** activité consommatrice de temps, activité chronophage

timekeeping *n* chronométrage; **poor t.....** manque de ponctualité, non-respect des horaires

time limit *n* délai fixé; **enrolment t.....** délai d'inscription; **delivery t.....** délai de livraison; **t..... to complete the study** délai pour achever l'étude; **within the t..... allowed** dans les délais impartis

time off *n* congé, repos; **earned t.....** système de prime versée sous forme de repos/congé supplémentaire payé; **t..... for public duties** congé pour exercice des fonctions publiques; **t..... in lieu** repos compensateur; **to take t.....** prendre congé

time-saving *adj* **t..... process** procédé permettant un gain de temps

timetable *n* calendrier, agenda; **busy t.....** emploi du temps chargé, agenda plein; **holiday t.....** calendrier des vacances

tip *n* pourboire

tiredness *n* fatigue

tiring *adj* fatigant; **t..... work** travail fatigant

tit for tat *loc* un prêté pour un rendu

title *n* intitulé, titre; **job t.....** intitulé de poste/fonction; **t..... deed** titre de propriété

toe *vt* **to t..... the line** jouer le jeu

token *adj* symbolique; **to make a t..... gesture** faire un geste symbolique; **t..... strike** grève symbolique

tone down *vt* atténuer; **to t..... one's language** atténuer ses propos

tongue *n* langue; **mother t.....** langue maternelle

tool *n* outil, support; **communication t.....** support d'information; **work t.....** outil de travail; *npl* **to down t.....s** cesser le travail

top *adj* supérieur; **t..... executive** cadre dirigeant, cadre supérieur; **t..... management** encadrement supérieur; **t..... manager** cadre dirigeant, cadre supérieur

top hat pension plan *n* régime de retraite supplémentaire généralement destiné aux cadres supérieurs, régime chapeau

top-down *adj* descendant; **t..... information** information descendante

topic *n* sujet, thème; **discussion t.....** sujet de discussion

tort *n* (en droit civil), acte délictuel, dommage subi

total *n* total

totality *n* intégralité, totalité

touch *vt* toucher; **to t..... base with sbdy** reprendre contact avec qqn

TPM *n abbr* **(Total Productive Maintenance)** maximisation du taux d'utilisation des équipements avec constitution de stocks

TQM *n abbr* **(Total Quality Management)** gestion de la qualité totale

track *n* 1 voie; **to be on the right t.....** être sur la bonne voie; 2 antécédents; **to have a good t..... record** avoir de bons antécédents, avoir fait ses preuves

tracking *adj* **t..... system** système de traçabilité

tract *n* tract; **union t.....** tract syndical

trade *n* 1 commerce; **balance of t.....** balance commerciale; 2 profession, métier; **skilled t.....** corps de métier; **to learn a t.....** apprendre un métier; *cpd* **t..... association** association professionnelle; **t.....s council** organisme régional regroupant plusieurs syndicats; **t..... dispute** litige commercial; **t..... fair** foire commerciale; **t.....**

name raison sociale; **t..... press** presse professionnelle; **t..... union syndicat**; **t..... unionist** syndicaliste

trade-off *n* contrepartie, échange en contrepartie

trade off *vi* échanger

trademark *n* marque; **registered t.....** marque déposée

tradesman *n* commerçant

trading *n* **Sunday t.....** ouverture (des magasins) le dimanche

traffic *n* circulation; **heavy t.....** circulation dense

train *vt* entraîner, former; **to t..... as an architect** suivre une formation d'architecte; **to t..... staff** former le personnel; **t..... the trainer** formation de formateurs

trainee *n* stagiaire, apprenti; **graduate t.....** stagiaire diplômé de l'enseignement supérieur; **management t.....** jeune cadre en formation au management; **t..... manager** jeune cadre en formation au management; **t..... solicitor** avocat stagiaire

traineeship *n* stage de formation

trainer *n* animateur/animatrice (de formation), formateur/formatrice

training *n* formation, entraînement, enseignement; **to be out of t.....** manquer d'entraînement; **foundation t.....** formation générale/de base; **in-house t.....** formation intra-entreprise; **instructor-led t.....** méthode traditionnelle de formation où le formateur/l'intervenant délivre un cours/une présentation; **on-the-job t.....** formation sur le tas, formation pratique; **off-the-job t.....** formation à l'extérieur de l'entreprise; **remedial t.....** cours de rattrapage, formation de réinsertion; **technology-based t.....** formation basée sur les nouvelles technologies (CD-Rom, internet...); **theoretical t.....** formation théorique; **trainer t.....** formation de formateurs; **T..... and Enter-**

prise Council *voir* TEC; **vocational** t... formation professionnelle; *cpd* t..... **board** organisme public chargé de dispenser des formations professionnelles par secteur d'activité; t..... **centre** centre de formation; t..... **credit scheme** programme de « crédit-formation » offrant à des jeunes en recherche d'emploi des bons leur permettant de suivre des formations en entreprise ou dans des organismes spécialisés; t..... **period** stage en entreprise; **web-based** t..... formation à distance via Internet; **Youth T.....** programme de formation en alternance d'un à deux ans visant à faciliter l'intégration des jeunes dans la vie professionnelle *(équiv* SIVP)

transactional *adj* transactionnel; t..... **analysis** analyse transactionnelle

transcript *n* relevé de notes

transfer *n* **1** mutation, transfert; **to seek a** t..... demander une mutation; **company** t..... transfert d'entreprise; **regional** t..... mutation géographique; t..... **of undertaking** modification de la situation juridique d'une entreprise (rachat, vente, fusion...) assurant le maintien des contrats de travail en cours; **2** virement; **bank** t..... virement bancaire; **giro** t..... virement postal; t..... **of funds** virement de fonds

transfer *vt* **1** muter, transférer; **to** t..... **an employee** muter un salarié; **to** t..... **one's property** céder ses biens; **2** virer; **to** t..... **money** virer de l'argent

translation *n* traduction

translator *n* traducteur; **sworn** t..... traducteur assermenté

transparency *n* transparent

transplacement *n* transplacement

trap *n* piège; **to lay a** t..... tendre un piège; **to thwart a** t..... déjouer un piège

trauma *n* traumatisme

traumatic *adj* traumatisant

travel *n* voyage, déplacement; *cpd* t..... **agent** agent de voyage; t..... **allowance** indemnité de déplacement; t..... **expenses** frais de déplacement, frais de voyages; **to make** t..... **arrangements** prendre ses dispositions pour un voyage, préparer un voyage

travel *vi* se déplacer, voyager

tread *vt* **the negotiations are** t.....**ing water** les négociations font du surplace, les négociations piétinent

treat *vt* **1** soigner; **to** t..... **a sick person** soigner un malade; **2** traiter; **to** t..... **a problem** traiter un problème

treatment *n* traitement; **course of** t..... traitement médical; **medical** t..... acte médical et chirurgical; **to suffer ill-**t..... subir de mauvais traitements

tree *n* arbre; **decision** t..... arbre décisionnel, arbre de décision

trend *n* tendance; **downward** t..... tendance à la baisse; **market** t..... tendance du marché; **upward** t..... tendance à la hausse

trial *n* **1** procès; **to be on** t..... être en procès; **to stand** t..... **for sthg** passer en justice; *cpd* **2** essai; t..... **period** période d'essai; **to take sbdy on a** t..... **basis** prendre qqn à l'essai

trial and error *loc* par tâtonnements; **to proceed by** t..... avancer par tâtonnements

tribunal *n* tribunal; **arbitration** t..... tribunal d'arbitrage; **Employment Appeals T.....** Cour d'appel traitant des litiges liés aux relations du travail (saisie après contestation d'une décision prise par un "Industrial Tribunal"); **Industrial T.....** conseil des prud'hommes *(équiv)*; **to refer to a** t..... saisir un tribunal

trick *n* truc; t.....**s of the trade** secrets du métier

trim *vt* réduire; **to t..... the budget** réduire le budget; **to t..... staff** réduire le personnel

trip *n* déplacement, voyage; **to be on a t.....** être en déplacement; **business t.....** voyage d'affaires; **to go on a business t.....** voyager pour affaires; **one-way t.....** voyage aller simple; **return t.....** voyage aller-retour; **round t.....** aller-retour; **study t.....** voyage d'études

tripartite *adj* tripartite

triplicate *n* trois exemplaires; **to fill out a form in t.....** remplir un formulaire en trois exemplaires

trouble *n* ennui, difficulté; **to get into t.....** attirer les ennuis, avoir des ennuis; **to run into t.....** se heurter à des difficultés

troubled *adj* **to be t..... with bad health** avoir des ennuis de santé

troublemaker *n* agitateur, provocateur, fauteur de troubles

troubleshooter *n* expert appelé en cas de problème

trough *n* (*graph*) creux

truce *n* trêve

true *adj* **t.... certified copy** copie certifiée conforme

trust *n* **1** confiance; **breach of t.....** abus de confiance; **to win sbdy's t.....** gagner la confiance de qqn, mettre qqn en confiance; **2** fonds; **open end investment t.....** fonds commun de placement; **3** statut permettant aux écoles et aux établissements médicaux de recevoir un financement gouvernemental

trustee *n* **t..... of a pension fund** administrateur d'une caisse de retraite

TUC *n abbr* (**Trades Union Congress**) confédération nationale des syndicats britanniques

tug-of-war *n* bras de fer, partie de bras de fer

tuition *n* cours, scolarité; *cpd* **t..... fees** frais de scolarité

turn around *vt* redresser; **to turn a company around** redresser une entreprise

turn down *vt* refuser; **to t..... a proposal** refuser une proposition; **to t..... an employment offer** refuser une proposition d'emploi, décliner une offre d'emploi; **to turn sbdy down for a job** refuser qqn pour un poste; **to be turned down for a job** se voir refuser un poste

turn up *vi* arriver; **to t..... for work** arriver au travail

turnaround *n* revirement, redressement; **company t.....** redressement d'une société

turning-point *n* tournant

turnkey *n* **t..... operation** opération clé en main

turnout *n* participation; **t..... at an election** participation à une élection

turnover *n* **1** rotation; **staff t.....** rotation du personnel, turnover; **stock t.....** rotation des stocks; **2** chiffre d'affaires

tutor *n* tuteur

twins *npl* jumeaux, jumelles; **identical t.....** vrais jumeaux

two-tier *adj* **t..... system** système à deux vitesses

typesetter *n* pigiste

typewriter *n* machine à écrire

typewriting *n* dactylographie

typewritten *pp* dactylographié

typing pool *n* pool de dactylos/secrétaires

typist *n* dactylo

Uu

U-turn *n* demi-tour, revirement; **to do a U.....** faire demi-tour, faire un revirement à 180°

UEL *n abbr* (**Upper Earnings Limit**) plafond de salaire au-dessus duquel les cotisations sociales ne sont pas dues

ultimatum *n* ultimatum; **to give an u.....** donner un ultimatum; **to set an u.....** poser un ultimatum

umpteenth *adj* énième; **the u..... General Manager** le énième Directeur Général

unacceptable *adj* inacceptable; **the terms are u.....** les conditions sont inacceptables

unanimous *adj* unanime; **u..... vote** vote unanime, vote à l'unanimité

unanimously *adv* à l'unanimité, unanimement; **to be approved u.....** faire l'unanimité, être approuvé à l'unanimité

unattended *adj* **to leave a machine u.....** laisser une machine sans surveillance

unauthorized *adj* non autorisé; **u..... persons** personnes étrangères au service

unbalanced *adj* déséquilibré; **u..... budget** budget déséquilibré

uncap *vt* déplafonner

uncommitted *adj* non impliqué, non engagé

uncompromising *adj* intraitable

unconditional *adj* inconditionnel; **u..... offer** offre inconditionnelle

underachiever *n* personne travaillant en dessous de ses capacités, qui ne donne pas toute sa mesure

underemployed *pp* sous-employé

underemployment *n* sous-emploi

underestimate *vt* sous-estimer; **to u..... an employee** sous-estimer un salarié

undergo *vt* subir; **to u..... alterations** subir des modifications; **to u..... changes** subir des changements; **to u..... a test** passer un examen (médical)

underlying *adj* sous-jacent

underman *vt* ne pas affecter/recruter suffisamment de personnel

undermanned *adj* **to be u.....** être en sous-effectif, être à court de personnel, manquer de personnel

undermanning *n* sous-effectif, manque de personnel

undermine *vt* miner, saper *(fam)*

underpaid *adj* sous-payé

underproduction *n* sous-production

underqualified *adj* sous-qualifié

underrepresent *vt* sous-représenter

underrepresented *adj* sous-représenté

undersell *vt* brader

underselling *n* bradage

undersigned *adj* soussigné; **I, the u.....** je, soussigné

understaff *vt* ne pas affecter/recruter suffisamment de personnel

understaffed *adj* **to be u.....** être en sous-effectif, manquer de personnel, être à court de personnel

understaffing *n* sous-effectif, manque de personnel

understanding *n* accord, entente; **to come to an u.....** parvenir à un accord

undertake *vt* **1** entreprendre; **to u..... a study** entreprendre une étude; **2** s'engager, promettre; **to u..... to do sthg** s'engager à faire qqch

undertaking *n* **1** engagement, promesse; **to make an u.....** faire une promesse; **2** entreprise; **transfer of u.....** modification de la situation juridique d'une entreprise (rachat, vente, fusion,...) assurant le maintien des contrats de travail en cours

underworked *adj* sous-employé

underwrite *vt* (*ass*) garantir

underwriter *n* assureur, syndicat d'assurance

undue *adj* **u..... hardship** privations indues

unearned *adj* **u..... income** revenu non salarial

unemployed *n* demandeur d'emploi, chômeur; **the u.....** les demandeurs d'emploi, les chômeurs; **the long-term u.....** les chômeurs (de) longue durée

unemployment *n* chômage; **acute u.....** chômage grave; **high u.....** chômage élevé; **mass u.....** chômage massif; **rising u.....** chômage croissant; **seasonal u.....** chômage saisonnier; **structural u.....** chômage structurel; *cpd* **u..... benefit** allocations de chômage; **to collect u..... benefit** toucher le chômage; **u..... compensation** (*US*) allocations de chômage

unfair *adj* injuste, déloyal, abusif, inéquitable; **u..... competition** concurrence déloyale; **u..... dismissal** licenciement abusif; **u..... labour practices** pratiques illégales en matière d'emploi; **u..... treatment of women** traitement inéquitable des femmes

unfairly *adv* injustement; **to be treated u.....** être traité de manière inéquitable

unfilled *adj* non pourvu; **u..... vacancies** postes non pourvus

unfit *adj* inapte; **u..... for work** inapte au travail, inapte à travailler

UNICE *n* *abbr* (**Union of Industrial and Employers' Confederation of Europe**) Union des Confédérations de l'Industrie et des Employeurs d'Europe

uniform *n* uniforme, tenue, tenue de service

unilateral *adj* unilatéral; **u..... decision** décision unilatérale

union *n* **1** union; **monetary u.....** union monétaire; **2** syndicat; **general u.....** syndicat interprofessionnel; **house u.....** syndicat maison; **to join a u.....** adhérer à un syndicat; **labour u.....** (*US*) syndicat; **trade u.....** syndicat; *cpd* **non u..... worker** ouvrier non syndiqué; **trade u..... movement** mouvement syndical; **u..... buster** casseur de syndicats; **u..... busting** tactique d'un employeur visant à supprimer/dissoudre un syndicat; **u... density** taux de syndicalisation; **u..... dues** cotisations syndicales; **u..... leader** dirigeant syndical; **u..... official** responsable syndical; **u..... recognition** reconnaissance d'un syndicat; **u..... shop** (*US*) entreprise où l'adhésion à un syndicat est obligatoire; **u..... subscriptions** cotisations syndicales

unionization *n* syndicalisation

unionized *pp* syndiqué; **to be u.....** être syndiqué

unionism *n* syndicalisme; **dual u.....** appartenance à deux syndicats

unionist *n* **trade u.....** syndicaliste

unit *n* unité; **production u.....** unité de production; **u..... of competence** (*éduc*) unité de valeur; **work u.....** unité de travail

unit *adj* unitaire; **u..... price** prix unitaire; **u..... trust** SICAV (Société d'Investissement à Capital Variable) (*équiv*)

unite *vi* unir; **"workers of the world, u.....!"** "Prolétaires du monde, unissez-vous!"

unity *n* unité; **u..... of command** principe selon lequel chaque salarié ne doit être rattaché qu'à un seul responsable

university *n* université, fac(ulté); **u.....** **campus** campus universitaire; **u.....** **course** cours d'université; **u.....** **degree** diplôme universitaire; **u.....** **graduate** diplômé de l'université

unjustified *adj* injustifié; **u.....** **union claims** revendications syndicales injustifiées

unlawful *adj* illégal

unlawfully *adv* illégalement

unmarried *adj* célibataire; **u.....** **mother** mère célibataire

unofficial *adj* officieux; **u.....** **strike** grève sauvage

unofficially *adv* officieusement

unpaid *adj* non rémunéré; **u.....** **leave** congé sans solde

unpunctuality *n* manque de ponctualité

unrest *n* agitation, troubles; **industrial u.....** troubles sociaux

unrewarding *adj* ingrat; **u.....** **work** travail ingrat

unsafe *adj* dangereux

unskilled *adj* non qualifié; **u.....** **workforce** ouvriers non qualifiés

unsocial *adj* **to work u..... hours** travailler en dehors des heures de travail normales

unsolicited *adj* **u..... job application** candidature spontanée

unsuccessful *adj* infructueux, sans succès; **to be u..... at doing sthg** ne pas réussir à faire qqch; **u..... job application** candidature non retenue

unsuitable *adj* inconvenable, inapproprié; **u..... candidates** candidats ne convenant pas/inadaptés, candidats n'ayant pas le profil requis

untrained *adj* sans formation, non qualifié

unvested *adj* non acquis

unwaged *n* sans emploi; **the u.....** les sans emploi

unwarranted *adj* injustifié

unyielding *adj* intransigeant

up *n* haut; **u.....s-and-downs** des hauts et des bas; **u......-market** haut de gamme; **the lease is u.....** **for renewal** le bail est à renouveler; **sales are u.....** les ventes sont en hausse

up *vt* augmenter, hausser; **to u.....** **salaries** augmenter les salaires

up-to-date *adj* à jour; **to bring sthg u.....** mettre qqch à jour; **to keep u.....** tenir à jour; **u..... records** dossiers à jour

update *vt* mettre à jour; **to u.....** **sthg** mettre qqch à jour

updating *n* mise à jour, remise à jour

upgrade *vt* **1** améliorer, moderniser; **2** promouvoir, revaloriser, requalifier; **to u..... jobs** revaloriser des postes

upgrading *n* promotion

upheaval *n* bouleversement, agitation

uphold *vt* confirmer; **to u..... a claim** maintenir une revendication; **to u..... a decision** confirmer une décision

upkeep *n* entretien; **u..... of a machine** entretien d'une machine

upper *adj* supérieur; **u..... age limit** limite d'âge supérieure; **u..... earnings limit** plafond de salaire au-dessus duquel les cotisations sociales ne sont pas dues; **u..... limit** plafond

uproar *n* chahut, tumulte

upward *adj* ascendant; **u..... communication** communication ascendante; **u..... mobility** promotion, avancement vers un niveau hiérarchique supérieur

urge *vt* préconiser, conseiller/recommander vivement; **to u.....** **sbdy to take a course of action** pousser qqn à adopter une ligne de conduite

use *n* usage, utilisation; **for internal u..... only** à usage strictement interne; **to make good u..... of sthg**

faire bon usage de qqch; **for per-sonal u.....** à usage personnel; **pri-vate u..... of company property** utilisation à des fins personnelles des biens de l'entreprise

use up *vt* consommer, utiliser, dépenser; **to u..... energy** con-sommer de l'énergie; **to u..... one's energy** dépenser son éner-gie

user-friendly *adj* convivial; **u..... information systems** infor-matique conviviale

utmost *adj* **of the u..... importance** de la plus grande importance; **u..... good faith** devoir d'une par-tie d'un contrat de révéler tous les faits en relation avec celui-ci sans que l'autre partie n'ait à le demander

Vv

vacancy *n* vacance, poste à pourvoir, poste vacant; **casual v.....** poste temporaire à pourvoir; **to fill a v.....** pourvoir un poste

vacant *adj* vacant, libre; **appointments v.....** offres d'emplois; **situations v.....** postes vacants, offres d'emplois; **v..... offices** bureaux libres

vacate *vt* quitter; **to v..... a job** quitter un poste

vacation *n* (US) congé; **annual v.....** congé annuel; **to go on v.....** partir en congé; **v..... carryover** report de congés

vaccination *n* vaccination

valid *adj* valable, valide; **to have a v..... reason** avoir une raison valable; **the offer is v..... until** l'offre est valable jusqu'à; **v..... passport** passeport valable

validate *vt* valider, authentifier

validation *n* validation; **v..... of a test** validation d'un test

validity *n* validité; **face v..... of a test** pertinence d'un test; **predictive v..... of a test** validité d'un test pour prévoir la compétence (future) d'un individu; **v..... of a test** validité d'un test

valuables *npl* objets de valeur; **to safeguard v.....s** sauvegarder des objets de valeur

value *n* valeur; **absolute v.....** valeur absolue; **added v.....** valeur ajoutée; **book v.....** valeur comptable; **company v.....s** valeurs de l'entreprise; **current v.....** valeur actuelle; **face v.....** valeur nominale; **to gain in v.....** prendre de la valeur; **to lose v.....** perdre de la valeur; **market v.....** valeur marchande; **monetary v.....** valeur vénale; **to place v..... on sthg** accorder de la valeur à qqch, valoriser qqch; **present v.....** valeur actuelle; **relative v.....** valeur relative; **scale of v.....s** échelle de valeurs; **surrender v.....** valeur de rachat d'une assurance; **(good) v..... for money** (bon) rapport qualité/prix; *cpd* **v..... analysis** analyse de la valeur

value *vt* évaluer; **to v..... a company's assets** évaluer les actifs d'une société

variance *n* écart; **budget v.....** écart par rapport au budget

variation *n* variation, modification; **seasonal v.....s** variations saisonnières; **v..... of a contract** modification d'un contrat

vary *vt* modifier; **to v..... a contract** modifier un contrat

VAT *n abbr* (Value Added Tax) TVA (Taxe à/sur la Valeur Ajoutée)

VDT disease *n abr* (Video Display Terminals) risque ou maladie professionnelle attribuable à l'utilisation de terminaux au travail

VDU *n abbr* (Visual Display Unit) écran (d'un ordinateur)

vending *adj* **v..... machine** distributeur automatique

vent *n* ouverture; **air v.....** bouche d'aération

venture *n* **joint v.....** société en participation, joint venture

verbal *adj* oral, verbal; **v..... agreement** accord verbal; **v..... warning** avertissement oral

verdict *n* jugement, verdict; **favourable v.....** jugement en sa faveur; **unfavourable v.....** jugement défavorable; **to return a v.....** rendre un verdict

verify *vt* vérifier, contrôler

versatility *n* polyvalence, adaptabilité, faculté d'adaptation

vertical *adj* vertical; **v..... integration** intégration verticale

vested *adj* acquis; **to have a v..... interest in a company** détenir des parts dans une société; **holidays become v..... after 1 year of service** avoir droit aux congés après 1 année d'ancienneté ; **v..... benefits** prestations auxquelles un salarié a droit sans conditions dans le cadre d'un plan de retraite d'entreprise ; **v..... rights** (*ass*) droits acquis pouvant être transférés d'une entreprise à une autre

vestibule *cpd* **v..... training** formation par mise en situation (reproduction exacte des conditions de travail)

vesting *n* acquisition de droits ; **immediate v.....** fait de pouvoir bénéficier dès son embauche d'un régime de retraite ou de prévoyance

vet *vt* examiner ; **to v..... applications** examiner des candidatures

veteran *n* ancien combattant, vétéran

veto *n* véto ; **right of v.....** droit de véto

veto *vt* mettre son véto

vetting *n* **positive v.....** enquête de sécurité sur une personne utilisant des informations confidentielles dans son travail

viable *adj* viable

vicarious *adj* **v..... liability** principe de responsabilité civile de l'employeur des actes commis par ses salariés pendant le travail

vice-presidency *n* vice-présidence

vice-president *n* vice-président, directeur ; **V....., Human Resources** (*US*) Directeur des Ressources Humaines

victimize *vt* exercer des représailles contre qqn, tromper, escroquer qqn

viewpoint *n* optique, perspective ; **to look at sthg from a certain v.....** regarder qqch dans une certaine optique ; **different v....s on a problem** perspectives différentes sur un problème

violate *vt* violer ; **to v..... the terms of an agreement** violer les termes d'un accord

violation *n* violation, attentat ; **to be in v..... of a rule** violer une règle ; **v..... of rights** attentat aux droits

virtual classroom *n* cours/classe virtuel(le)

visa *n* visa ; **to apply for a v.....** faire une demande de visa ; **blanket v.....** visa global ; **diversity v.....** visa de résidence aux Etats-Unis attribué par voie de tirage au sort ; **to obtain a v.....** obtenir un visa

vision *n* vision, vue ; **1 v..... care** soins optiques/ophtalmologiques ; **v..... care plan** régime de prévoyance pour les soins optiques/ophtalmologiques ; **2 v..... statement** projet d'entreprise, vision de l'entreprise à long terme (typiquement à 10 ans)

vocation *n* vocation

vocational *adj* professionnel ; **v..... guidance** orientation professionnelle ; **v..... training** formation professionnelle

voice *n* voix ; **consultative v.....** voix consultative ; **v..... mail** messagerie vocale

voluntarily *adv* volontairement, bénévolement ; **to do sthg v.....** faire qqch bénévolement

voluntary *adj* volontaire, bénévole ; **to do v..... work** faire du bénévolat ; **v..... leave** congé sans solde pris par un salarié afin de contribuer à un programme de réduction des coûts (*US*) ; **v..... organization** organisation bénévole ; **v..... redundancy** licenciement par appel au volontariat ; **v..... service overseas** *voir* VSO ; **v..... worker** bénévole

volunteer *n* volontaire, bénévole

volunteer *vi* **to v..... to do sthg** se porter volontaire pour faire qqch

vote *n* bulletin, vote, voix, scrutin ; **blank v.....** bulletin blanc, bulletin de vote blanc ; **block v.....** votes groupés ; **casting v.....** voix prépondérante ; **deciding v.....** voix prépondérante ; **majority v.....** scrutin majoritaire, vote majoritaire; **postal v.....** vote par correspondance; **to put a motion/proposal to the v.....** mettre au vote une proposition; **to put to a v.....** soumettre à un vote; **quashed v.....** vote annulé; **with right to v.....** avec voix délibérative; **spoilt v.....** vote nul; **straw v.....** vote d'essai; **tally of v.....s** décompte des voix; **to tally v.....s** compter les voix; **to take a v.....** procéder à un vote; **v.....s cast** suffrage exprimé, voix exprimées; **v..... of confidence** vote de confiance; **v..... by proxy** vote par procuration; **v..... by show of hands** vote à main levée; **17 v.....s in favour, 4 v.....s against** 17 voix pour, 4 voix contre

vote *vt* voter; **to v..... against a proposal** voter contre une proposition; **to v..... by proxy** voter par procuration; **to v..... in favour of a proposal** voter pour une proposition; **to v..... by a show of hands** voter à main levée

voter *n* électeur

voting *n* vote; **round of v.....** tour de scrutin

voucher *n* bon, coupon; **cash v.....** bon de caisse; **discount v.....** bon de réduction; **luncheon v.....** chèque-restaurant, ticket-restaurant; **sales v.....** bon d'achat; **v..... program** (*US*) système de remboursement de soins médicaux par lequel des bons de dépense sont octroyés à un salarié pour couvrir tout ou partie des soins des personnes à sa charge

VSO *n* **(Voluntary Service Overseas)** coopération technique effectuée par des volontaires dans des pays en voie de développement

V-time programs *n* (*US*) système d'horaire de travail alternatif où le temps de travail et la rémunération sont réduits volontairement

Ww

wage *n* salaire (hebdomadaire ou journalier); **back w.....s** arriérés de salaire; **basic w.....** salaire de base; **hourly w.....** salaire horaire, taux horaire; **minimum w.....** salaire minimum; **piecework w.....** salaire à la pièce, salaire à la tâche; **subsistence w.....** salaire de subsistance; **weekly w.....** salaire hebdomadaire; *cpd* **w..... administration** administration de la paie; **w..... ceiling** plafond des salaires; **w..... claims** revendications salariales; **w..... compression** compression des salaires; **w..... differentials** écarts salariaux, différentiels de salaires; **w..... drift** dérive des salaires; **w..... floor** salaire minimum; **w..... freeze** gel des salaires, blocage des salaires; **w..... packet** enveloppe contenant le bulletin de paie et le paiement du salaire en espèces; **w..... restraint** rigueur salariale, restrictions salariales; **w..... review** révision des salaires; **w..... scale** échelle des salaires; **w..... settlement** accord salarial; **w..... spiral** surenchère d'augmentations de salaires; **w..... survey** enquête des salaires; **total w..... bill** masse salariale

wage *vt* **to w..... a campaign** partir en campagne

wage-earner *n* salarié; **low w.....** gagne-petit

waiting *adj* **w..... days** *(ass)* période de franchise, délai de carence; **w..... time** *(US)* période pendant laquelle un salarié cesse momentanément de travailler - du fait par exemple de l'arrêt d'une machine - donnant lieu néanmoins à une rémunération

waiting game *n* attentisme; **to play a w.....** faire de l'attentisme, jouer l'attentisme

waive *vt* déroger, renoncer; **to w..... a restriction** déroger à une contrainte; **to w..... changes** renoncer à des changements

waiver *n* dérogation, exonération; **w..... of breach of contract** cas de licenciement abusif du fait d'une invocation tardive des motifs; **w..... clause** clause d'abandon; **w..... of premiums** exonération du paiement des primes; **to grant a w.....** accorder une dérogation

walking the talk *cpd* faire ce que l'on dit

walk off *vi* **to w..... the job** cesser le travail; **the labourers walked off the site** les ouvriers ont quitté le chantier

walk out *vi* débrayer, quitter; **to w..... of talks** quitter la table des négociations; **the office staff walked out at the union's call** les employés de bureau ont débrayé à l'appel du syndicat

walkout *n* grève, débrayage

warehouse *n* dépôt, entrepôt

warehouseman *n* magasinier, manutentionnaire

warehousing *n* magasinage

WARN *n abbr* **(Worker Adjustment and Retraining Notification)** *(US)* obligation faite à un employeur de plus de 100 salariés d'informer son personnel au moins 60 jours à l'avance de son intention de fermer l'entreprise ou de procéder à un plan de licenciement collectif

warn *vt* avertir

warning *n* mise en garde, avertissement; **final written w.....** dernier avertissement écrit; **to heed a w.....** tenir compte d'un avertissement; **to ignore a w.....** ne pas tenir compte d'un avertissement; **verbal w.....** avertissement oral

warrant *n* mandat, autorisation; **w..... for arrest** mandat d'arrêt

warranty *n* garantie

wastage *n* **natural w.....** départs naturels de l'entreprise (retraite, démissions,...)

waste *n* gaspillage; **w..... of resources** gaspillage de ressources; **w..... of money** perte d'argent;

w..... of time perte de temps; *cpd* w..... paper basket corbeille à papier

waste *vt* gaspiller; to w..... resources gaspiller des ressources; to w..... money gaspiller de l'argent; to w...... time perdre du temps

watchdog *n* 1 chien de garde; 2 *cpd* w..... committee comité de surveillance

watchman *n* gardien; night w..... gardien de nuit

watershed *n* tournant; historical w..... date historique

wave *n* vague, série; w..... of strikes vague/série de grèves

way out *n* sortie; to find an honourable w..... *(nég)* trouver une porte de sortie honorable

WBT *n abbr* (Web-Based Training) formation à distance via Internet

WCL *n abbr* (World Confederation of Labour) CTM (Confédération Mondiale du Travail)

weak *adj* faible; to be w..... in English être faible en anglais

weakness *n* point faible

wear out *vi* user; *vpr* to wear oneself out s'user, s'épuiser

wearing out *n* usure

wedlock *n* mariage; to be born out of w..... être un enfant naturel

wedding *n* mariage

weed out *vt* éliminer; to w..... poor candidates éliminer de mauvais candidats

week *n* semaine; 4-day w..... semaine de 4 jours; forty hour w..... semaine de 40 heures; reduced workw..... semaine de travail réduite

weekend *n* fin de semaine, week-end

weekly *adj* hebdomadaire

weigh up *vt* mesurer; to w..... a risk mesurer un risque; to w..... the pros and cons peser le pour et le contre

weight *vt* pondérer

weighting *n* pondération; London w..... allowance prime de coût de la vie à Londres

weld *vt* souder

welder *n* soudeur

welfare *n* assistance sociale; company w..... facilities œuvres sociales; w..... services services sociaux; w..... state Etat-Providence

well pay *n* prime d'assiduité

well-off *adj* riche; to be w..... être riche; the w..... les nantis

well-paid *adj* bien payé; to have a w..... job avoir un travail bien rémunéré

well-qualified *adj* (bien) qualifié

what if calculation *loc* simulation; examen des hypothèses

whip-round *n* collecte; to organize a w..... organiser une collecte

whistleblower law *n (US)* loi protégeant un salarié lorsqu'il dénonce des infractions commises par son employeur

white *adj* blanc; w..... paper livre blanc

white-collar *adj* col blanc; w..... union syndicat représentant les cols blancs

whizz kid *n* petit prodige

whole *n* intégralité, totalité; to be paid the w..... of one's salary être payé l'intégralité de son salaire

wholesale *n* vente en gros

wholesaler *n* grossiste

widespread *adj* généralisé; w..... strikes grèves généralisées

widow *nf* veuve; w.....'s payment indemnité forfaitaire versée par la Sécurité Sociale aux veuves; w.....'s pension rente de veuve calculée sur la base de l'âge de la veuve et des cotisations versées par le défunt

widowed *adj* w..... **mother's allowance** rente versée à une veuve ayant des enfants à charge

widower *nm* veuf

wildcat *adj* w..... **strike** grève sauvage

wilful *adj* délibéré; w..... **misconduct** faute intentionnelle; w..... **refusal** refus délibéré

will *n* volonté; **against one's w.....** contre sa volonté

willpower *n* volonté

win *vt* gagner, remporter; **to w..... a contract** remporter un contrat; **to w..... a court case** gagner un procès

win over *vt* gagner; **to w..... the team's confidence** gagner la confiance de l'équipe

win-win *cpd* gagnant-gagnant; **w..... situation** (*nég*) situation d'où les deux parties sortent gagnantes

wind up *vt* liquider; **to w..... a company** liquider une société

wing *n* aile; **w..... of a building** aile d'un immeuble

winner *n* gagnant, gagneur

withdraw *vt* retirer; **to w..... an offer** retirer une offre *vi* se désister; **to w..... from an election** se désister à une élection

withdrawal *n* 1 désengagement, désistement (*jur*); 2 retrait, annulation; **w..... of candidacy** retrait de candidature; **w..... of cooperation** annulation de coopération; 3 retrait; **cash w.....** retrait d'argent, retrait d'espèces

withhold *vt* retenir; **to w..... raises** bloquer les augmentations; **to w..... wages** bloquer les salaires

witholding tax *n* prélèvement à la source, impôt retenu à la source

without prejudice payment *loc* indemnité versée par une partie en vue d'éviter une procédure contentieuse, sans qu'elle reconnaisse sa responsabilité pour les torts causés

witness *n* témoin; **to call sbdy to w.....** prendre qqn à témoin, citer qqn comme témoin

woman *n* femme; **businessw.....** femme d'affaires

won over *pp* gagné; **to be w..... by a cause** être gagné par une cause

word *n* mot, parole; **w.....s per minute (WPM)** mots par minute; **to have w.....s with sbdy** avoir/échanger des mots avec qqn; **to keep one's w.....** tenir sa parole; *cpd* **w..... processing** traitement de texte; **w..... processor** un traitement de texte

wording *n* formulation, énoncé, libellé; **w..... of a contract** termes d'un contrat; **w..... of a text** (*jur*) énoncé d'un texte, libellé d'un texte

word-of-mouth *cpd* de bouche à oreille; **w..... recruitment** recrutement par bouche à oreille/réseau

work *n* 1 travail, emploi; **botched w.....** travail bâclé; **casual w.....** travail occasionnel; **clerical w.....** travail de bureau; **to come home from w.....** rentrer du travail; **community w.....** travail pour la collectivité; **to do home w.....** travailler à domicile; **to do piecew.....** travailler à la pièce; **to do shiftw.....** travailler par roulement, travailler par équipes; **equal pay for equal w.....** à travail égal, salaire égal; **factory w.....** travail en usine; **farmw.....** travaux agricoles; **to get down to w.....** se mettre au travail; **to go to w.....** aller au travail; **to go back to w.....** reprendre le travail, retourner au travail; **to have w.....** avoir du travail, avoir un emploi; **home w.....** travail à domicile, télétravail; **to look for w.....** chercher du travail; **manual w.....** travail manuel; **monoto-**

nous w..... travail répétitif; **night w.....** travail de nuit; **non-stop w.....** travail continu; **office w.....** travail de bureau; **to be out of w.....** être sans emploi; **periodic w.....** travail intermittent; **physical w.....** travail physique; **piecew.....** travail à la pièce; **relief w.....** relève (travail); **renovation w.....** travaux de réfection; **to resume w.....** reprendre le travail; **resumption of w.....** reprise du travail; **seasonal w.....** travail saisonnier; **shiftw.....** travail en roulement, travail par équipes; **shoddy w.....** travail baclé; **spoiled w.....** rebuts; **Sunday w.....** travail dominical; **teamw.....** travail en équipe; **temporary w.....** travail temporaire; **w..... in progress** travail en cours; *cpd* **w..... conditions** conditions de travail; **w.....day** jour de travail; **w..... experience** expérience professionnelle; **w..... permit** permis de travail; **w..... psychology** psychologie du travail; **w..... practices** méthodes de travail; **w..... schedule** horaire de travail; **w..... station** poste de travail; **w..... study** analyse/étude des tâches visant à améliorer la productivité; **2** ouvrage, œuvre; **w..... of art** œuvre d'art

work *vi* travailler; **to w..... as an accountant** travailler comme comptable; **to w..... flat out** travailler à plein rendement, travailler d'arrache-pied; **to w..... freelance** travailler comme indépendant; **to w..... for a pittance** travailler pour une bouchée de pain; **to w..... hard** travailler dur; **to w..... in a factory** travailler en usine; **to w..... in a team** travailler au sein d'une équipe; **to w..... on the assembly line** travailler à la chaîne; **to w..... on the side** travailler au noir (si deuxième emploi); **to w..... under sbdy** travailler pour qqn

work out *vt* **1** effectuer; **to w..... one's notice** effectuer son préavis; *vi* **2** s'arranger; **things are working out** les choses s'arrangent

work-to-rule *n* grève du zèle

workable *adj* réalisable; **w..... solution** solution réalisable/valable

workaholic *n* bourreau de travail, obsédé du travail

worker *n* travailleur, employé, manœuvre, ouvrier; **blue-collar w.....** col-bleu, travailleur manuel; **casual w.....** travailleur occasionnel; **clerical w.....** employé de bureau; **disadvantaged w.....** travailleur défavorisé; **farm w.....** travailleur agricole; **foreign w.....** travailleur étranger; **freelance w.....** travailleur indépendant; **frontier w.....** travailleur frontalier; **illegal w.....** travailleur clandestin; **immigrant w.....** travailleur immigré; **manual w.....** manœuvre, travailleur manuel; **migrant w.....** travailleur immigré; **office w.....** employé de bureau; **peripheral w.....** extra; **relief w.....** ouvrier de renfort; **seasonal w.....** travailleur saisonnier; **semi-skilled w.....** ouvrier semi-qualifié; **skilled w.....** ouvrier qualifié; **unskilled w.....** ouvrier non qualifié, ouvrier spécialisé; **white-collar w.....** col blanc; **to be a hard w.....** être travailleur/bosseur; *cpd* **w..... director** représentant du personnel siégant au Conseil d'Administration; **w.....'s compensation** indemnité pour accident de travail ou maladie professionnelle; **w..... participation** management participatif (participation des salariés aux décisions de l'entreprise)

workfare *n* Travaux d'Utilité Collective (TUC) *(équiv)*

workforce *n* force de travail, main-d'œuvre, personnel

working *adj* de travail; **w..... capital** fonds de roulement; **w..... conditions** conditions de travail; **w..... hours** temps de travail; **w..... lunch** déjeuner de travail; **w..... party** groupe de travail; **w..... session** séance de travail; **w..... week** semaine de travail

workload *n* charge de travail; **to have a heavy/light w.....**

avoir une charge de travail importante/peu importante

workman *n* ouvrier; **w.....'s association** association ouvrière; **w.....'s compensation** indemnité pour accident de travail ou maladie professionnelle

workmanlike *adj* **to do sthg in a w..... manner** faire qqch avec soin

workmanship *n* maîtrise, travail professionnel, professionnalisme

workmate *n* collègue de travail

workplace *n* lieu de travail

works *n* **1** usine; **at the w.....** à l'usine; **steel w.....** usine métallurgique *cpd*; **European W..... Council** Comité d'Entreprise Européen; **w..... committee** comité d'établissement, comité d'entreprise; **w..... council** comité d'établissement, comité d'entreprise; **w..... manager** Directeur d'usine; **w..... rule-book** règlement intérieur; **2** travaux; **public w.....** travaux publics

workshare *n* partage du travail

workshop *n* atelier

workshy *adj* fainéant, paresseux

workweek *n* durée du travail hebdomadaire

worsen *vi* s'aggraver; **the organizational climate is worsening** le climat social s'aggrave; **the economic situation is worsening** la conjoncture économique s'aggrave

would-be *adj* prétendu; **w..... employer** futur employeur

wound up *pp* liquidé; **to be w.....** être mis en liquidation judiciaire

WPM *npl abbr* **(Words Per Minute)** mots par minute

wreck *vt* faire échouer, saboter; **to w..... the negotiations** faire échouer les négociations

writ *n* injonction; **to issue a w..... against sbdy** assigner qqn en justice; **to serve a w..... on sbdy** assigner qqn en justice

write off *vt* **to w..... bad debts** passer aux pertes et profits; **to w..... a loss** passer en pertes

writing *n* écrit, rédaction; **in w.....** par écrit; **w..... of a text** rédaction d'un texte

wrong *n* préjudice, tort; **moral w.....** préjudice moral; **to right a w.....** redresser un tort

wrong *adj* faux/fausse; **to be on the w..... track** être sur une fausse piste; **to dial the w..... number** faire un faux numéro; **to take the w..... decision** prendre la mauvaise décision

wrong foot *vt* prendre le contrepied; **to w..... sbdy** prendre qqn à contre-pied

wrongdoer *n* malfaiteur

wrongdoing *n* méfaits; **to deny w.....** refuser d'admettre ses méfaits/erreurs

wronged *pp* lésé; **the w..... party** la partie lésée

wrongful *adj* irrégulier; **w..... discharge** *(US)* licenciement irrégulier (non-respect de la procédure); **w..... dismissal** licenciement irrégulier (non-respect de la procédure)

wrongfully *adv* **to be dismissed w.....** être licencié de manière irrégulière

wrongly *adv* à tort; **to be w..... accused of sthg** être accusé à tort de qqch

Xx

x-ray *n* radiographie; **to have an x.....** **taken** passer une radiographie

Yy

yardstick *n* étalon, mesure

year *n* année; **academic y.....** année scolaire/universitaire; **base y.....** année de référence; **calendar y.....** année civile; **to be in the final y.....** *(éduc)* être en classe de terminale *(équiv)*; **financial y.....** exercice financier; **fiscal y.....** année fiscale; **leap y.....** année bissextile; **one y..... roll over method** méthode de "tax equalization" selon laquelle l'entreprise rembourse, après coup, l'excédent d'impôt payé à l'étranger par un expatrié; **reckonable y.....** pour la détermination des droits de Sécurité Sociale retraite et capital-décès, année au cours de laquelle des cotisations ont été payées pendant au moins 50 semaines; **sabbatical y.....** année sabbatique; **school y.....** année scolaire; **tax y.....** année d'imposition; **y..... to date** cumul année

yearbook *n* annuaire; **company y.....** annuaire d'entreprise; **alumni y.....** annuaire des anciens élèves

yearly *adv* annuellement

yellow *adj* **y..... dog contract** *(US)* contrat interdisant au salarié d'adhérer à un syndicat (désormais non autorisé)

yes-man *n* béni-oui-oui

yield *n* rendement; **y..... management** gestion du rendement

yield *vt* **1** céder; **to y..... ground** céder du terrain; **2** rapporter; **to y..... interest** rapporter des intérêts

youth *n* jeunesse; *cpd* **Y..... Employment Officer** organisme chargé d'aider les jeunes au chômage; **Y..... Training** *voir* YT

YT *n abbr* **(Youth Training)** programme de formation en alternance d'un à deux ans visant à faciliter l'intégration des jeunes dans la vie professionnelle *(équiv* SIVP)

YUPPY *n abbr* **(Young Urban Professional)** jeune cadre dynamique

Zz

ZBB *n abbr* **(Zero Based Budget)** BBZ (Budget Base Zéro)

zero defects *npl* zéro-défaut

zero hours contract *cpd* contrat de travail, où le travail n'est pas garanti, et où le salarié n'est rémunéré qu'en fonction du travail fourni

zip code *n* *(US)* code postal

zipper *adj* **z..... clause** *(US)* clause interdisant toute remise en question des conditions de travail pendant la durée d'un contrat

zone *n* zone; **development z.....** zone industrielle; **enterprise z.....** zone industrielle

Photocomposition JSI LENS - 253792L
Imprimé en France - JOUVE, 18, rue Saint-Denis, 75001 PARIS
N° 265907X. - Dépôt légal : Mars 1999